오직 스터디 카페 멤버에게만
주어지는 특별 혜택!

이기적 스터디 카페

이기적 스터디 카페

 합격을 위한 기적 같은 선물
또기적 합격자료집

 혼자 공부하기 외롭다면?
온라인 스터디 참여

 모든 궁금증 바로 해결!
전문가와 1:1 질문답변

 1년 내내 진행되는
이기적 365 이벤트

 도서 증정 & 상품까지!
우수 서평단 도전

 간편하게 한눈에
시험 일정 확인

합격까지 모든 순간 이기적과 함께!
이기적 365 EVENT

QR코드를 찍어 이벤트에 참여하고 푸짐한 선물 받아가세요!

1. 기출문제 복원하기
이기적 책으로 공부하고 시험을 봤다면 7일 내로 문제를 제보해 주세요!

2. 합격 후기 작성하기
당신만의 특별한 합격 스토리와 노하우를 전해 주세요!

3. 온라인 서점 리뷰 남기기
온라인 서점에서 책을 구매하고 평점과 리뷰를 남겨 주세요!

4. 정오표 이벤트 참여하기
더 완벽한 이기적이 될 수 있게 수험서의 오류를 제보해 주세요!

※ 이벤트별 혜택은 변경될 수 있으므로 자세한 내용은 해당 QR을 참고해 주세요.

도서 인증하면 고퀄리티 강의가 따라온다!
100% 무료 강의

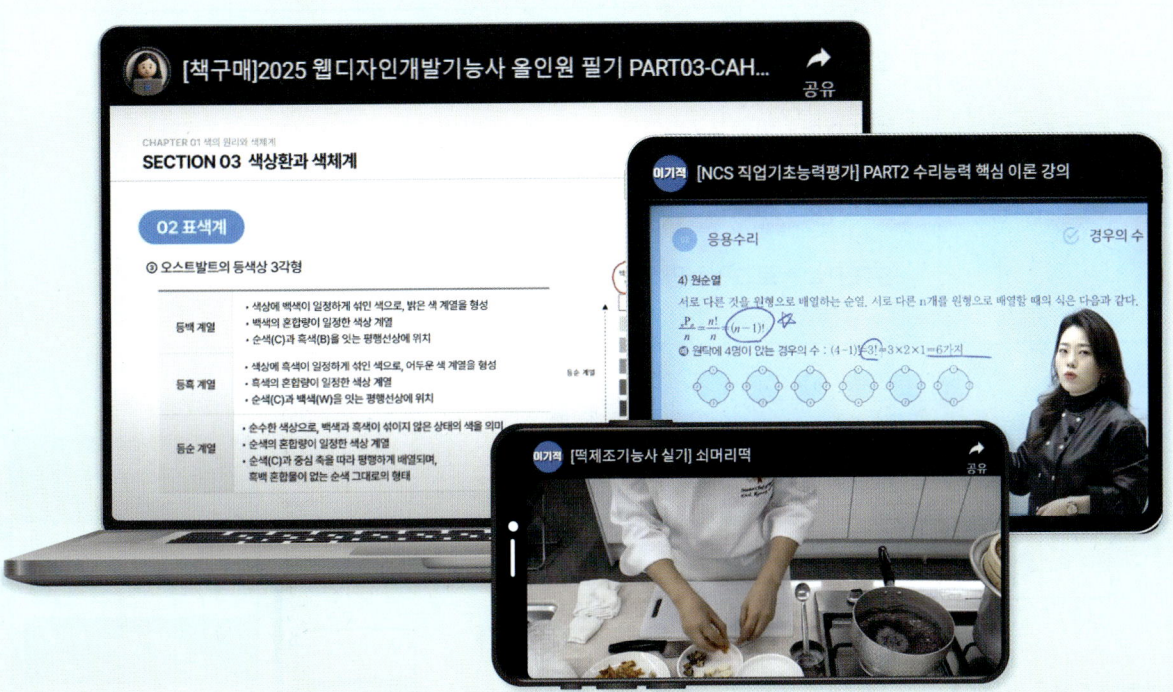

이용방법

STEP 1

이기적 홈페이지
(https://license.youngjin.com/) 접속

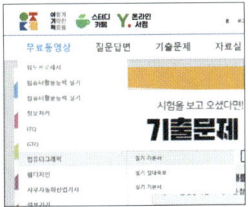

STEP 2

무료 동영상
게시판에서 도서와
동일한 메뉴 선택

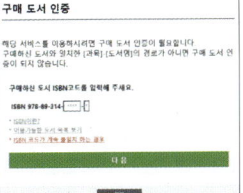

STEP 3

책 바코드 아래의
ISBN 코드와
도서 인증 정답 입력

STEP 4

이기적 수험서와
동영상 강의로
학습 효율 UP!

※ 도서별 동영상 제공 범위는 상이하며, 도서 내 차례에서 확인할 수 있습니다.

◀ 이기적 홈페이지 바로가기

영진닷컴 이기적

문제 풀고 실력 업그레이드!
CBT 온라인 문제집

CBT 온라인 문제집 이용 가이드

- **STEP 1** CBT 사이트 (cbt.youngjin.com) 접속하기
- **STEP 2** 과목을 선택하고 시작하기 버튼 클릭하기
- **STEP 3** 시간에 맞춰 문제 풀고 합격 여부 확인하기
- **STEP 4** 로그인하면 MY 페이지에서 응시 결과 확인 가능

글자 크기 조절
글자 크기 100% 150% 200%

안 푼 문제 수 확인 가능
· 전체 문제 수 : 40 · 안 푼 문제 수 : 40

실제 시험처럼 시간 재며 풀기
제한 시간 40분
남은 시간 37분 39초

답안 표기란

모바일 접속도 가능

답안 표기란에 체크

안 푼 문제로 바로 이동 가능
합격 결과 즉시 확인

이기적 CBT

합격을 위해 모두 드려요.
이기적 합격 솔루션!
이기적이 여러분을 위해 준비했어요

저자가 직접 알려주는, 무료 동영상 강의

동영상 강의와 함께라면 자격증 독학도 어렵지 않습니다.
이기적이 준비한 동영상 강의로 꼼꼼하게 대비하세요.

혼자 공부하는 게 막막하다면, SQLD 스터디

이기적이 운영하는 SQLD 스터디에 참여해 보세요.
스터디원에게만 제공되는 추가자료와 우수 참가자 혜택까지!

무엇이든 물어보세요, 1:1 질문답변

공부하다 이해가 가지 않는 내용이 있다면 편하게 질문하세요.
이기적 스터디 카페에서 전문가가 친절하게 답변 드립니다.

문제풀이로 반복 학습, CBT 온라인 문제집

PC와 모바일로 언제 어디서든 문제를 풀어보세요.
이기적이 준비한 실전 대비 문제들로 최종 합격까지!

※ 〈2026 이기적 SQLD SQL 개발자 이론+기출문제〉를 구매하고 인증한 회원에게만 드리는 자료입니다.

◀ 모든 혜택 한 번에 보기

정오표 바로가기 ▶

또, 드릴게요! 이기적이 준비한 선물
또기적 합격자료집

도서구매자 신청 시 100% 증정

PDF 파일 제공

1 시험에 관한 A to Z 합격 비법서
책에 다 담지 못한 혜택은 또기적 합격자료집에서 확인

2 편리하고 똑똑한 디지털 자료
PC · 태블릿 · 스마트폰으로 언제든 열람하고 필요한 부분만 출력 가능

3 초보자, 독학러 필수 신청
혼자서도 충분한 학습 플랜과 수험생 맞춤 구성으로 한 번에 합격

※ 도서 구매 시 추가로 증정되는 PDF용 자료이며 실제 도서가 아닙니다.

◀ 또기적 합격자료집 받으러 가기

이렇게 기막힌 적중률

SQL 개발자
SQLD 이론+기출문제

"이" 한 권으로 합격의 **"기적"**을 경험하세요!

중요도에 따라 분류하였습니다.
- 상 : 반드시 보고 가야 하는 이론
- 중 : 보편적으로 다루어지는 이론
- 하 : 알고 가면 좋은 이론

▶ 표시된 부분은 동영상 강의가 제공됩니다.
이기적 홈페이지(license.youngjin.com)에 접속하여 시청하세요.

▶ 본 도서에서 제공하는 동영상은 1판 1쇄 기준 2년간 유효합니다.
단, 출제기준안에 따라 동영상 내용은 변경될 수 있습니다.

PART 01 데이터 모델링의 이해

CHAPTER 01 데이터 모델링

- 상 SECTION 01 데이터 모델의 이해 — 18
- 중 SECTION 02 엔터티 — 34
- 중 SECTION 03 속성 — 43
- 상 SECTION 04 관계 — 51
- 상 SECTION 05 식별자 — 62

CHAPTER 02 데이터 모델과 SQL

- 상 SECTION 01 정규화 — 78
- 중 SECTION 02 관계와 조인의 이해 — 95
- 하 SECTION 03 모델이 표현하는 트랜잭션의 이해 — 103
- 하 SECTION 04 NULL 속성의 이해 — 108
- 하 SECTION 05 본질식별자 vs 인조식별자 — 113

PART 02 SQL 기본 및 활용

CHAPTER 01 SQL 기본

- 하 SECTION 01 관계형 데이터베이스 개요 — 122
- 상 SECTION 02 SELECT 문 — 130
- 상 SECTION 03 함수(Function) — 145
- 상 SECTION 04 WHERE 절 — 166
- 상 SECTION 05 GROUP BY, HAVING 절 — 186
- 중 SECTION 06 ORDER BY 절 — 203
- 상 SECTION 07 조인 — 213
- 상 SECTION 08 표준 조인 — 222

CHAPTER 02 SQL 활용

- SECTION 01 서브쿼리 240
- SECTION 02 집합 연산자 263
- SECTION 03 그룹 함수 276
- SECTION 04 윈도우 함수 292
- SECTION 05 TOP-N 쿼리 317
- SECTION 06 계층형 질의와 셀프 조인 327
- SECTION 07 PIVOT 절과 UNPIVOT 절 345
- SECTION 08 정규 표현식 362

CHAPTER 03 관리 구문

- SECTION 01 DML 382
- SECTION 02 TCL 394
- SECTION 03 DDL 412
- SECTION 04 DCL 433

PART 03 기출 유형문제

기출 유형문제 01회	440
기출 유형문제 02회	454
기출 유형문제 03회	469
기출 유형문제 04회	485
기출 유형문제 05회	501

PART 04 실전 모의고사

실전 모의고사 01회	518
실전 모의고사 02회	530
정답 & 해설	544

또기적 합격자료집

- 실습 환경 세팅 및 데이터 파일
- SQL 실습형 문제

※ **참여 방법** : '이기적 스터디 카페' 검색 → 이기적 스터디카페(cafe.naver.com/yjbooks) 접속 → '구매 인증 PDF 증정' 게시판 → 구매 인증 → 메일로 자료 받기

이 책의 구성

STEP 1 핵심만 정리한 이론

전문가가 핵심만 정리한
이론으로 학습

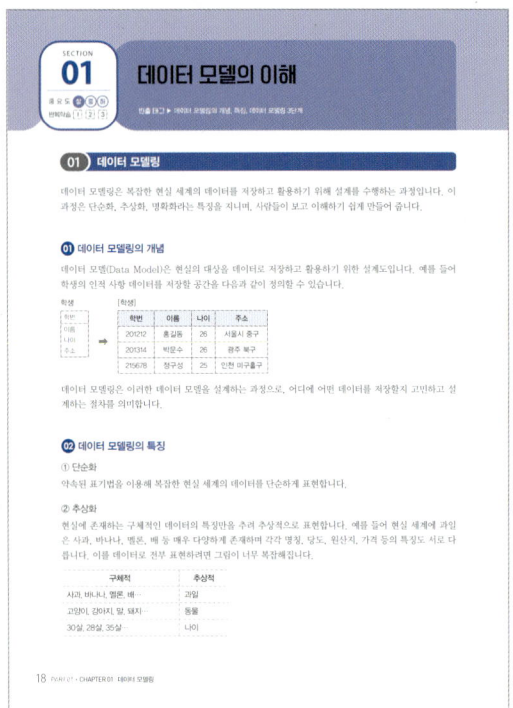

- 표와 그림으로 쉽게 정리한 핵심 이론
- 이론과 연계된 동영상 강의 시청
- 다양한 TIP으로 학습 능률 상승

STEP 2 이론 복습 & 유형 파악

섹션별 기출문제로
이론 복습

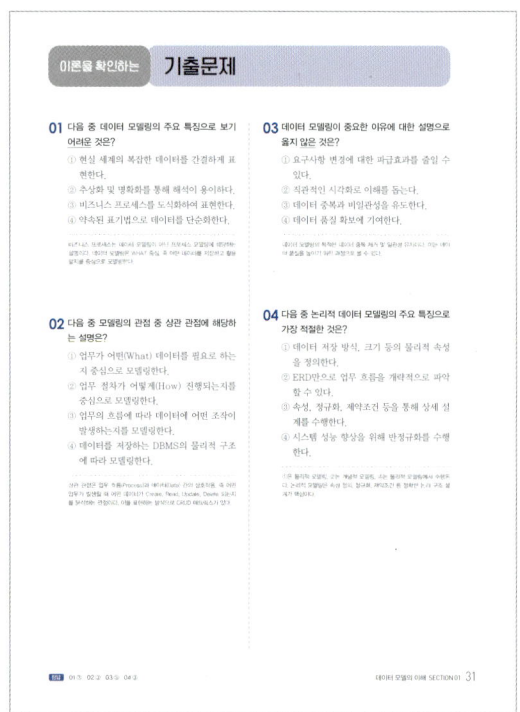

- 기출문제로 이론 복습
- 문제 풀며 바로 실력 테스트
- 빠른 이해를 돕는 상세하고 친절한 해설

STEP 3 기출문제와 모의고사

기출 유형문제와 실전 모의고사로
시험 완벽 대비

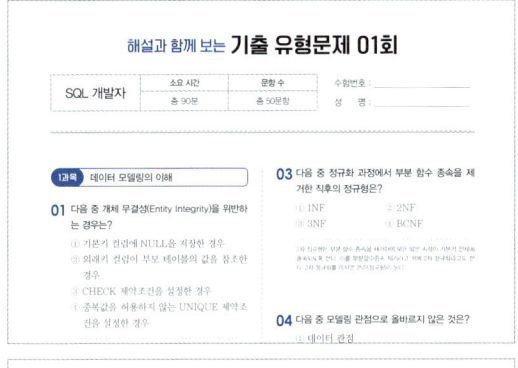

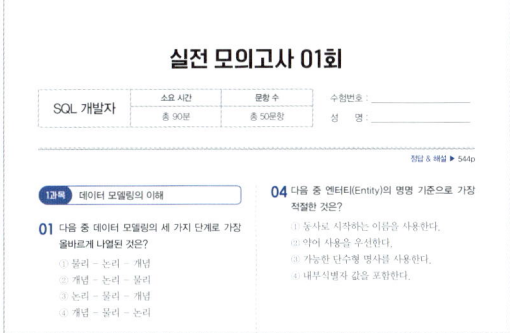

- 최신 출제 경향을 반영한 문제
- 기출 유형문제로 시험 유형 파악
- 실전 모의고사로 실력 체크

BONUS 또기적 합격자료집

도서 구매자 특별 제공
실습 데이터 파일 + SQL 실습 문제

- 직접 써보는 스터디 플랜 양식
- 실습 환경 세팅과 데이터 파일 제공
- SQL 실습 문제로 쿼리 완전 정복

시험의 모든 것

시험 알아보기

● **SQL의 정의**

SQL(Structed Query Language)이란 데이터베이스를 직접적으로 엑세스할 수 있는 언어로, 데이터를 정의하고(Data Definition), 조작하며(Data Manipulation), 조작한 결과를 적용하거나 취소할 수 있고(Transaction Control), 접근권한을 제어하는(Data Control) 처리들로 구성된다.

● **SQL 개발자의 직무**

SQL 개발자(SQLD, SQL Developer)란 데이터베이스와 데이터 모델링에 대한 지식을 바탕으로 응용 소프트웨어를 개발하면서 데이터를 조작하고 추출하는 데 있어 정확하고 최적의 성능을 발휘하는 SQL을 작성할 수 있는 개발자를 말한다.
SQL 개발자는 데이터 모델링에 대한 기본 지식을 바탕으로 SQL 작성, 성능 최적화 등 데이터베이스 개체 설계 및 구현 등에 대한 전문지식 및 실무적 수행 능력을 필수로 한다.

● **응시 자격**

자격 제한 없음

● **시험 형식**

- 객관식 4지, 택일형 50문항 출제
- PBT(Paper Based Test) 방식으로 90분 동안 진행

● **시험 응시**

신분증 및 수험표, 컴퓨터용 사인펜 지참

출제 기준

● **과목별 주요항목**

과목	항목
데이터 모델링의 이해	데이터모델의 이해
	엔터티
	속성
	관계
	식별자
데이터 모델과 SQL	정규화
	관계와 조인의 이해
	모델이 표현하는 트랜젝션의 이해
	Null 속성의 이해
	본질식별자 vs 인조식별자
SQL 기본	관계형 데이터베이스 개요
	SELECT 문
	함수
	WHERE 절
	GROUP BY, HAVING 절
	ORDER BY 절
	조인
	표준 조인
SQL 활용	서브 쿼리
	집합 연산자
	그룹 함수
	윈도우 함수
	TOP N 쿼리
	계층형 질의와 셀프 조인
	PIVOT 절과 UNPIVOT 절
	정규 표현식
관리 구문	DML
	TCL
	DDL
	DCL

접수 및 응시

● 접수 방법
데이터자격검정 홈페이지에서 접수

● 접수 기간
시험일로부터 한 달 전쯤 진행

● 시험 회차
연 4회 시행

● 수험표 발급
시험일 약 2주 전(휴일이면 전일) 금요일 오후 4시부터 홈페이지 접수조회 페이지에서 확인 및 출력 가능

● 검정수수료
SQL 개발자(SQLD) : 50,000원
(원서 접수 마감일 18시까지 계좌이체 및 카드결제 가능)

● 합격 기준
총점 60점 이상

● 과락 기준
과목별 40% 미만 취득 시 과락

합격 발표

● 사전점수 공개 및 재검토 접수
- 사전점수(가채점)는 공개시작일 오후 4시부터 공개최종일 오후 5시 59분까지 발표
- 접수된 재검토 신청은 검토 기간을 거쳐 결과발표일에 통보

● 합격 발표
합격 발표 기간에 데이터자격검정 홈페이지에서 결과 확인

● 자격증 발급
- 상장형 자격증 발급
- 데이터자격검정 홈페이지(dataq.or.kr)에서 로그인 > 마이페이지 > 자격증 관리에서 발급/신청

● 보수교육
- 자격 취득 후 유효기간은 합격일로부터 2년이며, 보수교육을 이수해야 영구 전환(격일로부터 2년이 지나기 전 6개월부터 이수 가능)
- 데이터자격검정 홈페이지(dataq.or.kr)에서 로그인 > 마이페이지 > 보수교육에서 무료로 이수 가능

고사장 및 시험 관련 문의
- 시행처 : 한국데이터산업진흥원
- dataq.or.kr

📞 1877-9817

시험 출제 경향

우리의 목표는 합격! 어렵게 느껴지는 부분은 개념을 확립하고, 자신 있는 파트는 다양한 문제를 풀어보며 집중하세요. 마무리 체크를 원하는 수험생, 중요한 부분에 집중하고 싶은 수험생은 자주 출제되는 기출 태그를 꼭 짚어보세요.

▶ SQL 개발자 자격시험 (총 50문항, 각 문항당 2점)

과목명	문항 수	배점	시험 시간	합격 기준
데이터 모델링의 이해	10개	20점	90분 (1시간 30분)	총점 60점 이상 (과목별 40% 미만 취득 시 과락)
SQL 기본 및 활용	40개	80점		
총계	50개	100점		

PART 01 데이터 모델링의 이해 — 튼튼한 기본기로 최대한 고득점 하자!

10문항

1과목은 비교적 공부하기 수월한 파트이므로 꼼꼼히 학습하여 높은 점수를 받는 것이 좋습니다. 주로 데이터 모델러가 만든 모델링을 개발자의 입장에서 해석할 수 있는 능력을 확인하는 문제들이 출제됩니다.

01 데이터 모델링 — 50%
빈출 태그 데이터 모델링, 엔터티, 인스턴스, 속성, 도메인, 속성 명명 규칙, 관계, 표기법, 관계차수, 식별자

02 데이터 모델과 SQL — 50%
빈출 태그 이상현상, 정규형, 정규화, 반정규화, 관계, 조인, 트랜잭션, NULL, 식별 관계

PART 02 SQL 기본 및 활용 — 기본 문법에 충실히! 다양한 패턴 연습으로 고득점!

40문항

2과목은 실제 SQL을 사용할 수 있는지 평가하는 문제들이 출제됩니다. 그러므로 컴퓨터로 직접 쿼리를 작성해보면서 공부하는 것을 추천합니다. 내용도 넓고 암기도 필요하여 높은 점수를 얻기 까다롭습니다. 복원된 기출문제를 통해 유형에 익숙해지며 시험에 대비하세요.

01 SQL 기본 — 40%
빈출 태그 DBMS, 데이터베이스, SELECT, ALIAS, 연산자, 자료형, WHERE, GROUP BY, HAVING, ORDER BY, 조인, 표준 조인

02 SQL 활용 — 40%
빈출 태그 서브쿼리, 커티션 곱, 집합 연산자, UNION, 윈도우 함수, TOP-N 쿼리, 계층형 질의, 셀프 조인, PIVOT/UNPIVOT, 정규 표현식

03 관리 구문 — 20%
빈출 태그 DML, TCL, DDL, DCL

20일 학습 플랜

SQLD 20일 학습 플랜은 하루 2~3시간 공부량을 기준으로 하며, 상황에 따라 적절히 조정해 사용할 수 있습니다. 동영상 강의 & 또기적 합격자료집과 함께 학습하면 더욱 효과적입니다.

DAY	PART	CHAPTER	학습 내용	학습 날짜	☑ 완료
1일차	데이터 모델링의 이해	데이터 모델링	1. 데이터 모델의 이해, 2. 엔터티	월 일	☐
2일차			3. 속성, 4. 관계자, 5. 식별자	월 일	☐
3일차		데이터 모델과 SQL	1. 정규화, 2. 관계와 조인의 이해	월 일	☐
4일차			3. 모델이 표현하는 트랜잭션의 이해 4. null 속성의 이해 5. 본질식별자 vs 인조식별자	월 일	☐
5일차	SQL 기본 및 활용	SQL 기본	1. 관계형 데이터베이스 개요 2. SELECT 문	월 일	☐
6일차			3. 함수	월 일	☐
7일차			4. WHERE 절	월 일	☐
8일차			5. GROUP BY 절, HAVING 절 6. ORDER BY 절	월 일	☐
9일차			7. 조인, 8. 표준 조인	월 일	☐
10일차		SQL 활용	1. 서브쿼리, 2. 집합연산자	월 일	☐
11일차			3. 그룹 함수, 4. 윈도우 함수	월 일	☐
12일차			5. Top N 쿼리 6. 계층형 질의와 셀프 조인	월 일	☐
13일차			7. PIVOT 절과 UNPIVOT 절 8. 정규표현식	월 일	☐
14일차		관리 구문	1. DML, 2. TCL	월 일	☐
15일차			3. DDL, 4. DCL	월 일	☐
16일차	기출 유형문제		기출 유형문제 01~02회	월 일	☐
17일차			기출 유형문제 03~04회	월 일	☐
18일차			기출 유형문제 05회	월 일	☐
19일차	실전 모의고사		실전 모의고사 01~02회	월 일	☐
20일차	핵심요약 및 오답노트 정리, 최종점검			월 일	☐

Q SQL 개발자(SQLD)는 어떤 시험인가요?

A SQL 개발자(SQL Developer)는 한국데이터산업진흥원에서 주관하는 국가공인 자격시험으로, 데이터베이스 설계 · 구현 · 운영에 필요한 SQL 기본 및 활용 능력을 평가합니다.
데이터 모델링, SQL 작성 및 튜닝, 데이터베이스 운영 전반에 대한 이해가 필요하며, IT · 데이터 직무에서 기본 역량으로 인정받아 현업에서도 활용도가 매우 높습니다.

Q SQLD 시험의 난이도는 어느 정도인가요?

A SQLD는 데이터베이스를 처음 접하는 사람도 이해할 수 있는 수준으로 구성되어 있습니다.
문제 난이도는 입문자도 충분히 도전할 만한 수준이며, 비슷한 유형의 문제가 반복 출제되는 특징이 있어 기출 유형문제를 꾸준히 연습하면 합격권 점수를 충분히 확보할 수 있습니다.

Q 비전공자도 SQLD를 취득할 수 있을까요?

A 물론입니다. 비전공자 또는 입문자라면 데이터베이스 기본 개념을 먼저 익히고, DB 툴을 활용해 직접 SQL을 실행해보는 것이 좋습니다.
이 책은 복잡한 이론을 핵심 개념과 실습 위주로 이해할 수 있게 구성하여, 처음 접하는 독자도 단계적으로 따라가며 쉽게 공부할 수 있습니다. 3~4주 정도 꾸준히 학습한다면 충분히 합격할 수 있습니다.
만약 공부하다 이해가 잘 안되고 막히는 부분이 있어도 걱정하지 말고 이기적 스터디 카페에 질문을 올려주세요. 최선을 다해 도와드리겠습니다.

Q 시험에서 유의해야 할 사항이 있나요? 시험 당일 준비물은 무엇인가요?

A SQL 개발자 시험은 필기시험으로 진행됩니다. 시험 당일 ① 신분증, ② 검정색 필기구(컴퓨터용 사인펜 또는 볼펜), ③ 수험표를 지참해야 합니다. 특히 답안지에는 컴퓨터용 사인펜 또는 검정색 볼펜만 사용이 가능합니다. 수정테이프나 수정액을 활용해 수정할 수 없으며 시험 종료 5분 전까지 새 답안지로 교체가 가능한 점을 유의해야 합니다.

Q 자격 취득 유효기간은 어떻게 되나요?

A SQL 개발자 시험에 합격하셨다면 자격의 유효기간은 2년입니다. 다만, 합격일로부터 1년 6개월 경과 ~ 2년 이내 기간에 보수교육을 이수하면 자격 취득의 유효기간이 영구로 전환됩니다. 보수교육은 데이터 자격검정 홈페이지에서 무료로 이수할 수 있습니다.

저자의 말

안녕하세요. 개발부터 강의까지 다양한 서비스를 제공하는 개발자이자 강사 강태우(이월)입니다. 최근 데이터의 중요성이 커지면서 다양한 직군에서 데이터 처리 능력을 요구하는 사회가 되었습니다. 이에 자연스레 SQLD 자격증의 인기가 높아지고 있는데요. 여러분들에게 도움이 되고자 강의 실력과 노하우를 담아 SQLD 집필서를 만들게 되었습니다.

여러분은 이 교재를 통해 다음 내용을 습득할 수 있습니다.

(1) 데이터를 효율적으로 저장하고 관리하기 위한 데이터 모델을 설계하고 구축하는 방법
(2) 데이터 모델과 SQL의 관계를 이해하고 활용하는 방법
(3) 기본적인 SQL 문법을 익히고 원하는 데이터를 효과적으로 조회하는 방법
(4) 고급 SQL 기법을 활용한 다양한 데이터 조회 및 분석 방법
(5) 데이터의 입력, 수정, 삭제와 같은 조작 기능뿐만 아니라, 트랜잭션 제어, 데이터 정의 및 권한 관리를 포함한 관리 방법

이 책은 여러분들께 SQL 지식에 대한 원리와 흐름을 이해할 수 있도록 상세한 내용을 담아 집필했습니다. 그럼에도 부족하거나 이해가 잘 안되는 부분이 있으리라 생각합니다. 그래서 강의 영상과 QnA를 준비해 든든한 지원을 해드리고자 합니다. 저는 여러분이 암기 위주의 합격이 아니라, 이해 기반의 학습을 통해 시험에 합격하고 실무에서도 이를 활용해 원하는 바를 성취하도록 최선을 다해 돕겠습니다.

끝으로 좋은 질문과 영감을 던져주는 실력 있는 동료들, 항상 격려와 응원을 보내주신 고마운 부모님과 은지, 그리고 이 책을 구매해 주신 수험생들께 깊은 감사를 드립니다.

메일 : xodn__love@naver.com

저자 강태우(이월)

PART 01

데이터 모델링의 이해

파트 소개

데이터 모델링의 이해 파트에서는 데이터 모델링의 기본적인 용어에 대해 다룹니다. 엔터티와 속성, 관계의 의미를 분명히 이해해야 하며, 정규화와 반정규화, 트랜잭션, 식별자 구분 등 실제 데이터베이스 모델링에 필요한 이론을 학습합니다.

CHAPTER

01

데이터 모델링

학습 방향

데이터베이스 설계의 기초가 되는 개념들을 학습합니다. SECTION 1에서는 1과목의 전반적인 내용을 다루므로, 가볍게 읽어보고 뒷부분을 학습한 뒤 다시 처음으로 돌아와 개념을 정리하면 효과적입니다.

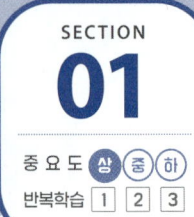

데이터 모델의 이해

빈출 태그 ▶ 데이터 모델링의 개념, 특징, 데이터 모델링 3단계

01 데이터 모델링

데이터 모델링은 복잡한 현실 세계의 데이터를 저장하고 활용하기 위해 설계를 수행하는 과정입니다. 이 과정은 단순화, 추상화, 명확화라는 특징을 지니며, 사람들이 보고 이해하기 쉽게 만들어 줍니다.

01 데이터 모델링의 개념

데이터 모델(Data Model)은 현실의 대상을 데이터로 저장하고 활용하기 위한 설계도입니다. 예를 들어 학생의 인적 사항 데이터를 저장할 공간을 다음과 같이 정의할 수 있습니다.

학생
| 학번 |
| 이름 |
| 나이 |
| 주소 |

➡

[학생]

학번	이름	나이	주소
201212	홍길동	26	서울시 중구
201314	박문수	26	광주 북구
215678	정구성	25	인천 미추홀구

데이터 모델링은 이러한 데이터 모델을 설계하는 과정으로, 어디에 어떤 데이터를 저장할지 고민하고 설계하는 절차를 의미합니다.

02 데이터 모델링의 특징

① 단순화

약속된 표기법을 이용해 복잡한 현실 세계의 데이터를 단순하게 표현합니다.

② 추상화

현실에 존재하는 구체적인 데이터의 특징만을 추려 추상적으로 표현합니다. 예를 들어 현실 세계에 과일은 사과, 바나나, 멜론, 배 등 매우 다양하게 존재하며 각각 명칭, 당도, 원산지, 가격 등의 특징도 서로 다릅니다. 이를 데이터로 전부 표현하려면 그림이 너무 복잡해집니다.

구체적	추상적
사과, 바나나, 멜론, 배…	과일
고양이, 강아지, 말, 돼지…	동물
30살, 28살, 35살…	나이

추상화는 이처럼 구체적인 대상들로부터 특징만 추출해 간결하게 표현해 주는 것입니다.

③ 명확화(=해석 용이성)

추상화, 단순화 등을 통해 복잡한 현실 세계의 데이터를 쉽게 표현함으로써 해석하는 사람들로 하여금 대상을 명확하게 파악할 수 있게 해줍니다.

02 데이터 모델링의 관점

모델링에는 여러 관점이 존재하며 SQLD 시험에 주로 출제되는 모델링은 '데이터 모델링'입니다. 이 외에 프로세스 관점, 상관 관점과의 차이를 물어보는 문제가 출제되니 각 특징을 가볍게 알아봅시다.

01 데이터 관점 모델링

업무가 어떤(What) 데이터와 관련이 있는지를 중심으로 모델링합니다. 예를 들어 "회원가입"이라는 업무에 필요한 데이터는 "회원ID", "패스워드", "이름", "나이" 등입니다.

이처럼 어떤 데이터가 필요한지의 관점에 따라 모델링하는 것을 데이터 관점 모델링이라고 하며, 우리가 앞으로 주로 진행할 모델링입니다.

02 프로세스 관점 모델링

업무가 어떻게(How) 진행되는지 관점에서 모델링합니다. 예를 들어 "회원가입"이라는 업무의 흐름은 다음과 같습니다.

(1) 사용자가 회원가입 화면에서 필요한 정보를 입력한다.
(2) 만약 필수 입력 정보를 입력하지 않으면 알림을 띄운다.
(3) 모든 데이터가 정상 입력되었으면 회원가입 완료 알림을 띄운다.
(4) 로그인 화면으로 이동해서 로그인을 유도한다.

이처럼 어떤 데이터가 필요한지 중점을 두는 게 아니라 업무가 어떠한 흐름으로 진행되는지에 중점을 두는 모델링 방식입니다.

03 상관 관점 모델링

상관 관점은 업무(How)에 따라 데이터(What)와 어떻게 작용하는지 관점에서 모델링합니다. 예를 들어 "회원가입"이라는 업무 흐름이 발생한다면 회원 관련 데이터가 추가(CREATE)됩니다.
반면, "회원탈퇴"라는 업무 흐름이 발생한다면 회원 데이터가 삭제(DELETE)됩니다. "마이페이지 수정" 등의 업무 흐름이 발생한다면 회원 데이터가 수정(UPDATE) 됩니다. 이러한 관계는 CRUD 매트릭스(Create, Read, Update, Delete) 형태로 분석해 표현할 수 있습니다.

구분	CREATE(등록)	READ(조회)	UPDATE(수정)	DELETE(삭제)
회원가입	○			
회원 조회		○		
회원 수정			○	
회원 탈퇴				○

▲ CRUD 매트릭스

03 데이터 모델링의 중요성

건물을 지을 때 설계도가 없다면 어떻게 될까요? 정해진 기준이나 규칙 없이, 누군가는 벽부터 세우고 누군가는 천장을 먼저 만들려고 할 것입니다. 어떤 이는 벽돌을 사용하고, 또 어떤 이는 철근을 임의로 배치할 것입니다. 이렇게 제각각 지어진 건물은 구조적으로 불안정해지고, 결국 무너지거나 큰 사고로 이어질 수 있습니다. 그리고 이미 지어진 구조를 고치려면 더 많은 시간과 비용이 들 수밖에 없습니다.

데이터 모델링도 마찬가지입니다. 처음에는 문제없어 보여도 시간이 지나며 기능이 추가되거나 요구사항이 바뀔 때 전체 시스템을 수정해야 하는 큰 리스크로 이어질 수 있습니다. 이러한 상황을 방지하려면, 개발에 앞서 데이터 구조를 명확히 정의하고 체계적으로 설계하는 데이터 모델링 과정이 반드시 필요합니다. 지금부터 데이터 모델링이 왜 중요한지 3가지 관점에서 알아보겠습니다.

01 파급효과, 간결한 표현, 데이터 품질

1) 파급효과

설계 없이 개발을 시작하면 요구사항이 바뀌거나 기능이 추가될 때, 구조 전체를 수정해야 하므로 예상치 못한 파급효과가 발생할 수 있습니다. 반면, 모델링을 통해 미리 구조를 설계하고 이를 기반으로 개발을 진행한다면, 변경 사항이 생겨도 영향 범위를 최소화할 수 있습니다.

2) 복잡한 정보 요구 사항의 간결한 표현

요구사항이 글로만 정리되어 있다면 이해가 어려울 수 있고, 사람마다 다르게 해석될 수 있습니다. 특히 개발자, 디자이너, DBA 등 다양한 직군이 협업해야 할 경우, 이러한 해석 차이는 의사소통의 오류로 이어집니다.
복잡한 요구사항을 그림으로 표현하면, 모든 직군이 쉽게 이해할 수 있고 공통된 방향으로 나아갈 수 있습니다. 데이터 모델링은 이런 시각화를 가능하게 하여 협업의 기준이 되는 설계도를 제공합니다.

3) 데이터 품질(중복, 비유연성, 비일관성)

좋은 데이터 모델은 결국 신뢰할 수 있는 고품질 데이터를 만들어냅니다. 기업 입장에서 데이터는 중요한 자산이기 때문에, 정확하고 일관된 데이터를 유지하는 것이 매우 중요합니다. 데이터 모델링을 제대로 하지 않으면 왜 품질이 떨어지는지 3가지 키워드로 알아보겠습니다.

① 중복

동일한 데이터를 여러 저장소에서 관리하면 데이터가 중복되어 데이터 품질이 하락할 수 있습니다.
예를 들어 우리들의 계좌 정보(입출금기록, 잔액 등)가 여러 데이터 저장소에서 관리되고 있다고 가정해 봅시다. 월급날이 되어 해당 계좌로 입금이 되었습니다. 그런데 한 데이터 저장소에만 월급이 추가되었고, 나머지 저장소에는 추가되지 않았습니다. 이후 계좌 정보를 조회할 때마다 월급 결과가 다르게 나온다면 이 데이터를 믿을 수 없게 됩니다.

> 신뢰할 수 없다 = 믿을 수 없는 데이터다 = 데이터의 품질이 좋지 않다.

따라서 같은 데이터를 여러 번 저장하지 않도록 중복 없이 설계하는 것이 중요합니다.

② 비유연성

비유연성이란, 데이터와 프로세스(업무) 설계가 너무 긴밀하게 연관되어 업무 변화나 새로운 요구사항에 쉽게 대응하지 못하는 상황을 의미합니다.

> [예시]
> 상황 : 고객마다 연락처를 1개만 저장하도록 설계한다.
> 업무 변화 : 고객이 개인/회사 등 여러 연락처를 저장해야 한다.
> 문제점 : 이미 1개만 저장하도록 설계했기에 설계를 바꾸거나, 쉼표로 연락처를 구분해 입력해야 한다.
>
> [유연한 상황]
> 이미 여러 연락처가 입력되도록 설계했다면 별도의 수정이 필요 없었을 것이다.

따라서 사소한 업무 변화에도 데이터 설계가 흔들리지 않도록 유연한 설계를 해야 합니다.

③ 비일관성

비일관성이란 같은 상황인데도 데이터가 다르게 저장되는 것을 의미합니다. 즉, 입력 규칙이나 흐름이 일관되지 않아 데이터를 믿기 어려운 상태가 되는 것입니다.
예를 들어, 우리가 이사를 하면 전입신고를 통해 주소를 변경하고, 동시에 주소 이력을 남기게 됩니다. 이러한 과정이 항상 동일하게 처리되어야, 주민등록등본에서 과거 이사 이력을 확인할 수 있습니다. 하지만 시스템이 다음과 같이 작동한다면 문제가 생깁니다.

> [비일관성 예시]
> A의 전입신고 처리 : (1) 주소 변경 → (2) 주소 이력 등록
> B의 전입신고 처리 : (1) 주소 변경 (※ 이력 누락)
> → 같은 행위를 했지만, A만 이력이 남고 B는 남지 않아 B는 이전 주소지를 알 수 없게 됨
> → 데이터가 일관되지 않아 신뢰할 수 없음

이처럼 같은 업무 흐름이 항상 동일하게 적용되도록 설계되어야 합니다.

이를 위해서는 데이터 모델 내에 주소 이력 등록이 반드시 포함되도록 구조를 표현해야 하며, 이런 구조적 설계가 바로 데이터 품질의 핵심입니다.

02 좋은 데이터 모델링이란?

위에서 말한 내용을 정리해 좋은 데이터 모델링의 기준을 아래와 같이 정리할 수 있습니다.

① 현업 요구사항과 비즈니스 규칙 반영

단순히 데이터를 저장하는 것이 목적이 아니라 업무에서 요구하는 흐름과 규칙이 데이터 설계에 반영되어야 합니다.

> [예시]
> 고객이 상품을 주문할 때, 결제 완료된 후에만 배송할 수 있도록 해야 한다. 따라서 데이터가 결제 전에 배송현황 데이터가 [배송 중]일 수는 없다.

② 데이터 중복 방지 및 재사용 가능

동일한 데이터를 여러 곳에 따로 저장하면 중복과 불일치가 발생할 수 있습니다. 한 곳에 저장된 데이터를 여러 업무에서 함께 사용하는 구조가 바람직합니다.

③ 업무 관련자 간 의사소통에 용이

데이터 모델을 보고 누구나 쉽게 업무 구조를 이해하고 의견을 나눌 수 있어야 합니다. 개발자뿐 아니라 현업 사용자(고객)도 회의에 참여해 함께 논의해야 하기 때문입니다.

④ 데이터의 일관성과 유연성

같은 상황에서 항상 같은 방식으로 저장되고, 변화에도 쉽게 대응할 수 있어야 합니다.

04 데이터 모델링의 3단계

01 데이터 모델링의 순서

데이터 모델링은 다음의 3단계 순서로 진행됩니다.

> (1) 개념적 데이터 모델링 → (2) 논리적 데이터 모델링 → (3) 물리적 데이터 모델링

각 단계가 진행됨에 따라 데이터 모델링이 점점 더 구체적인 설계로 나아가게 됩니다.

▲ 데이터 모델링 과정을 집 짓기에 비유한다면?

1) 데이터 모델링 3단계

① 개념적 데이터 모델링

현업의 요구사항을 기반으로 어떤(What) 데이터가 필요한지 결정하는 단계입니다. 이 시점에 복잡한 요구사항을 간결한 그림인 ERD(Entity – Relationship Diagram)으로 만듭니다.

> [복잡한 데이터 요구사항 명세서 예]
> - 하나의 회원은 하나 이상의 쿠폰을 가질 수도 있고 쿠폰이 없을 수도 있다.
> - 회원과 상품은 다대다 관계이며, 회원은 여러 상품을 구매할 수 있고, 혹은 안 살수도 있다.
> - 반대로 하나의 상품은 재고가 존재하는 한 여러 회원이 구매할 수 있고, 혹은 아무도 구매하지 않을 수 있다.
> - 제조사는 상품을 제조하며 하나 이상 제조할 수 있다.
> - 제조사가 새로 생겨서 데이터에 등록된 시점에는 상품이 없으므로 상품을 제조하지 않는 제조사가 초기에 있을 수 있다.
> - 하지만 특정 상품은 반드시 특정 제조사에 의해 만들어져야 한다.

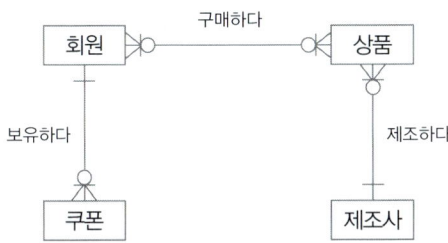

▲ 요구사항으로부터 필요한 엔터티 및 관계를 추출해 만든 ERD

② 논리적 데이터 모델링

개념적 모델링한 결과를 토대로 속성 입력, 식별자 설정, 제약조건, 정규화 등을 반영하여 보다 상세한 설계도를 만드는 과정입니다. 이 과정에서 현업이 요구하는 데이터 사항을 모두 반영해야 하고 데이터 중복이 생기지 않도록 정규화해야 합니다. 세 가지 데이터 모델링 단계 중 가장 신경 써야 하는 중요한 단계입니다.

③ 물리적 데이터 모델링

논리적 모델을 실제 DBMS에 맞게 물리적 속성(데이터 타입, 크기, 저장 방식 등)으로 구체화하는 단계입니다.

> [예시]
> - 회원ID 속성은 최대 20Byte로 제한 → VARCHAR2(20)
> - 예상 데이터 건수가 10억 건이라면 → 파티셔닝(여러 작은 단위로 분할) 고려

2) 데이터 모델링 3단계 요약

단계	주요 목적	표현 내용	특징
개념적 모델링	비즈니스 이해에 중점	엔터티, 관계	단순 구조, ERD
논리적 모델링	정확한 설계에 중점	속성, 식별자, 정규화, 제약조건	요구사항 완전 반영
물리적 모델링	실제 구현에 중점	데이터 타입, 크기, 인덱스, 파티션 등	DBMS에 맞춘 구조화

02 개념적 데이터 모델링과 특징

1) 개념적 데이터 모델링

개념적 데이터 모델링은 데이터 모델링의 첫 번째 단계로 복잡한 업무의 데이터 요구사항을 단순한 그림(ERD)으로 표현하는 과정입니다. 이 단계에서는 가장 높은 추상화 레벨을 가지며 업무를 기준으로 포괄적인 수준의 모델링을 수행합니다.

2) 개념적 데이터 모델링의 주요 특징

특징	설명
추상화, 단순화, 명확화	복잡한 요구사항을 엔터티, 속성, 관계로 추상화하여 단순한 ERD로 표현해 각 분야의 사람들이 명확하게 설계 대상을 인지할 수 있음
업무 중심적	ERD만 보고도 업무 방향을 파악할 수 있을 만큼 업무 중심적으로 표현. 현업과 개발자 간의 효과적인 의사소통이 가능함
EA 수립에 활용	EA는 전사 아키텍쳐(Enterprise Architecture)를 의미하며, 기업을 전산화할 때 추상적, 개괄적으로 모델링을 할 수 있음 예 고객, 계약, 지급 등 업무를 엔터티로 정의하고 관계 정의 예 고객은 여러 계약을 맺을 수 있으므로 고객과 계약 파트 협업
DBMS 독립적	Oracle, Mysql, SQL Server 등 다양한 DBMS에서도 동일하게 ERD를 사용할 수 있어 특정 기술에 종속되지 않음

03 논리적 데이터 모델링과 특징

1) 논리적 데이터 모델링

논리적 데이터 모델링은 개념적 모델을 바탕으로 데이터의 구조를 상세하게 설계하는 단계입니다. 이 단계에서는 실제 구현을 고려해 속성, 식별자, 정규화, 관계 등 구체적인 요소를 반영하며, 요구사항을 완전히 반영하기 위한 반복 설계가 이뤄집니다.

2) 논리적 데이터 모델링의 주요 특징

특징	설명
모든 요구사항의 반영	논리적 모델링 단계에서 현업의 모든 데이터 요구사항이 반영되어야 하며, 3가지 모델링 중 가장 시간이 오래 걸림
key, 속성, 관계 등 정의	ERD는 단순히 엔터티와 관계만을 표현했다면, 논리적 모델링에서는 속성, 식별자, 정규화 및 관계 설정 작업을 통해 상세한 설계도를 작성
재사용성이 높음	재사용성이 높다는 의미는 논리적 모델링이 활용도가 매우 높다는 의미로, 데이터 설계에서만 쓰이는 게 아니라, 실제 개발, 유지보수, 운영 등 프로그램 전반에 걸쳐서 해당 논리적 모델을 사용
DBMS 종속적	• DBMS 독립적인 개념적 모델링과 달리, 논리적 모델링은 특정 DBMS에 맞춰 설계 • DBMS(Oracle, Mysql, SQL Server 등) 마다 제공하는 기능과 문법이 조금씩 다르기 때문에 이 시점에는 특정 DBMS에 맞춰야 함 예 Oracle의 시퀀스 기능을 Mysql은 AUTO_INCREMENT를 사용
정규화 수행	논리적 모델링 단계에서 반드시 수행하는 작업으로, 데이터 이상 현상(Anomaly)을 방지하기 위해 엔터티를 분리하는 정규화 작업이 이루어짐

> **더 알기 TIP**
>
> 논리적 모델링은 본래 DBMS에 독립적으로 설계하는 것이 원칙입니다. 하지만 실제 프로젝트에서는 사용하는 DBMS의 특성을 염두에 두고 설계를 진행하는 경우가 많아, 일부 종속적인 요소가 고려될 수 있습니다. 따라서 시험에서는 논리적 모델링 단계에서도 DBMS 종속적 특성이 반영된다고 이해해도 무방합니다.

3) 논리적 데이터 모델링 그리는 과정

논리적 데이터 모델링은 다음과 같은 순서로 진행됩니다. 이 순서는 이해를 돕기 위한 흐름일 뿐이며, SQLD 시험에서는 정확한 순서의 암기보다는 설계 해석 능력이 더 중요합니다.

```
(1) 속성 입력
(2) 식별자 지정
(3) 정규화
(4) 관계 설정
(5) N:N 관계 해소
```

① 엔터티 밑에 속성을 모두 입력

ERD는 말 그대로 엔터티(Entity)와 관계(Relationship)만을 이용한 그림(Diagram)이므로 별도 속성을 입력하지 않았습니다. 논리적 모델링에서 속성을 모두 나열해 줍니다.

② 속성 중 식별자를 선택

엔터티(=저장소)는 유일한 인스턴스(=구체적인 데이터)를 식별하는 식별자를 반드시 하나 가져야 합니다. 엔터티가 보유한 속성 중에서 식별자가 될 수 있는 속성 조합을 고릅니다.

예를 들어 회원 엔터티에서는 회원을 유일하게 식별할 수 있는 속성으로 "회원ID"가 있으며, 경우에 따라 주민등록번호도 사용할 수 있습니다. 반면 회원 엔터티의 "이름" 속성은 동명이인이 있을 수 있어 유일한 회원을 식별하지 못하므로 식별자가 되기 어렵습니다.

▲ IE 방식 식별자 표기   ▲ Barker 방식 식별자 표기

더 알기 TIP

모델을 표현하는 IE 표기법과 Barker 표기법
- IE 표기법에서는 식별자를 선을 기준으로 위에 있으면 식별자, 아래는 일반속성
- Barker 표기법은 속성 중에 # 기호가 붙은 속성이 식별자(*는 필수속성, o는 선택속성)

③ 정규화 수행

정규화란, 엔터티 내 데이터의 이상(Anomaly) 현상이 발생하는 것을 막기 위해 엔터티를 분리하는 작업입니다. 정규화는 후에 별도 파트로 설명하며 지금은 논리적 모델링에서는 반드시 정규화를 수행한다 정도로 이해하면 됩니다.

④ 엔터티 간의 관계 설정

정규화로 분리된 엔터티가 서로 연관될 수 있도록 관계를 설정하는 작업입니다. 부모 엔터티의 식별자 속성을 자식 엔터티에 외래 키 속성으로 부여해 관계를 설정하며, 추후 정규화에서 다시 설명할 예정입니다.

⑤ 만약 관계가 N:N이라면 1:N, N:1로 해소

이 부분도 정규화에서 설명합니다.

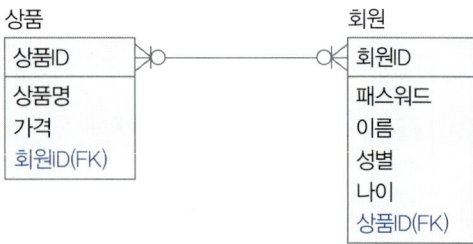

[상품]

상품ID	상품명	가격	회원ID
P0001	상품1	500	A
P0002	상품2	600	A
P0003	상품3	700	B
P0001	상품1	500	B
P0002	상품2	600	C

[회원]

회원ID	패스워드	이름	성별	나이	상품ID
A	11111	김진철	남	23	P0001
B	22222	신나래	여	24	P0001
C	33333	김흥수	남	26	P0002
A	11111	강태우	남	23	P0002
B	22222	허민아	여	24	P0003

▲ N:N 관계

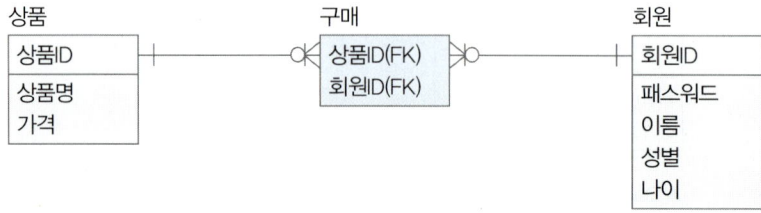

[상품]

상품ID	상품명	가격
P0001	상품1	500
P0002	상품2	600
P0003	상품3	700

[구매]

상품ID	회원ID
P0001	A
P0002	A
P0003	B
P0001	B
P0002	C

[회원]

회원ID	패스워드	이름	성별	나이
A	11111	김진철	남	23
B	22222	신나래	여	24
C	33333	김흥수	남	26

▲ N:1 관계로 해소

04 물리적 데이터 모델링과 특징

1) 물리적 데이터 모델링

물리적 데이터 모델링은 논리적 모델을 기반으로, 실제 데이터베이스에 적용할 수 있는 구조로 변환하는 과정입니다. 이 단계에서는 SQL을 이용해 테이블을 생성하고, 속성의 자료형, 크기, 저장 방식 등 물리적인 요소까지 함께 설계합니다.

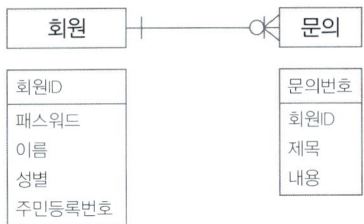

[회원]

회원ID	패스워드	이름	성별	주민등록번호
AAAAA	12345	김형식	남	951212-1111111
BBBBB	67890	비두기	여	930202-2222222
CCCCC	KIKIKI	김제현	남	000323-0333333

[문의]

문의번호	회원ID	제목	내용
1	AAAAA	문의남깁니다.	상품은 언제쯤 도착하나요?
2	BBBBB	환불요청	상품 사이즈가 잘못왔어요.. 환불받고...
3	AAAAA	재문의남깁니다.	상품이 도착했는데 파손이 된 것 같은....
4	AAAAA	감사합니다.	친절한 응대해주셔서 정말 감사합니다.

▲ 논리적 모델링

```
CREATE TABLE 회원 (
    회원ID      VARCHAR2(20) PRIMARY KEY,
    패스워드     VARCHAR2(50) NOT NULL,
    이름        VARCHAR2(20),
    성별        VARCHAR2(1),
    나이        NUMBER
);

CREATE TABLE 문의번호 (
    문의번호     NUMBER PRIMARY KEY,
    회원ID      VARCHAR2(20) NOT NULL,
    제목        VARCHAR2(200),
    내용        VARCHAR2(4000)
);
```

▲ 물리적 모델링

위 예시는 논리적 모델링 상태의 회원 엔터티를 물리적 모델링하기 위해 CREATE TABLE 문법을 사용하고 있습니다. 이때 각 속성별로 VARCHAR2(20), NUMBER 등 자료형을 이용해 해당 속성이 어떤 형태로 얼마(몇 byte)나 입력할지 명시하게 됩니다. 즉, 데이터베이스에 저장될 실제 물리적인 크기까지 고려하는 것입니다.

2) 물리적 데이터 모델링의 주요 특징

특징	설명
DB가 이해할 수 있는 형태로 변환	논리적 모델링은 사람이 이해할 수 있는 설계도이므로, 컴퓨터가 이해할 수 있도록 SQL 명령어를 이용해 변환함
성능과 저장공간 고려	데이터의 물리적인 크기 고려, 대용량 처리, 인덱스 구성, 파티셔닝 등 물리 성능 요소를 함께 설계함
가장 구체적인 모델링 단계	개념적 모델링이 업무 중심의 추상화된 모델링이었다면, 물리적 모델링은 컴퓨터가 이해할 수 있는 매우 구체적인 단계의 모델링
반정규화(=역정규화) 수행	논리적 모델링에서 필수인 정규화가 엔터티를 분리한다면, 물리적 모델링에서 수행하는 반정규화는 반대로 엔터티를 중복/통합하는 방법

➕ 더 알기 TIP

정규화 vs 반정규화
- 정규화 : 중복을 줄이고 이상 현상을 막기 위해 엔터티를 분리
- 반정규화 : 성능을 높이기 위해 엔터티를 통합하거나 일부 중복을 허용하는 방식

05 데이터베이스의 독립성

데이터베이스 독립성이란, 데이터 구조가 변경되더라도 다른 계층에 영향을 주지 않는 성질을 말합니다. 이러한 독립성을 보장하기 위해, 데이터베이스는 3단계 스키마 구조를 따릅니다. 여기서 '스키마(Schema)'는 데이터베이스를 바라보는 관점(Viewpoint)으로 이해하면 좋습니다.

01 ANSI-SPARC에서 정의한 3단계 스키마 구조

1) 데이터베이스의 스키마 구조

- 데이터베이스는 내부적으로 외부 스키마, 개념 스키마, 내부 스키마라는 3단계 스키마 구조를 가집니다.
- 각 스키마는 서로 독립적이므로, 내용이 변경되어도 영향을 받지 않습니다.

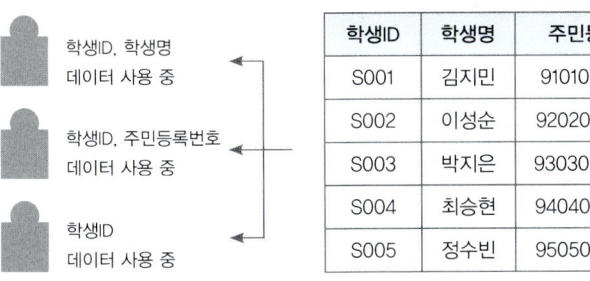
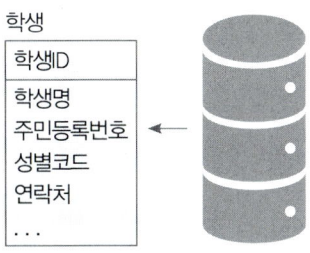

사용자 혹은 프로그램   구축된 학생 저장소   데이터베이스

스키마	관점	설명
외부 스키마 (External Schema)	사용자 관점	사용자별로 필요한 데이터만 선택적으로 볼 수 있는 구조
개념 스키마 (Conceptual Schema)	통합 관점	전체 데이터를 통합적으로 표현한 구조 ⓓ ERD
내부 스키마 (Internal Schema)	물리적 관점	데이터가 실제 저장되는 구조와 방식 등 물리적인 성능 고려

2) 3단계 스키마 구조

① 외부(External) 스키마 – 사용자 맞춤 뷰

하나의 데이터베이스를 여러 사용자가 사용할 때, 각 사용자마다 보는 데이터가 다를 수 있습니다. 예를 들어 [학생] 정보에 대해 A 사용자는 "학생ID, 학생명"만 조회하고 싶고, B 사용자는 "학생ID, 주민등록번호"만 조회하고 싶을 수 있습니다. 이처럼 사용자별로 필요한 데이터만 보여주는 관점을 외부 스키마라고 합니다.

> 외부 스키마 키워드 : 사용자별, 각각의, 여럿의 관점
> → 일반 사용자의 관점에서 바라본 스키마

② 개념(Conceptual) 스키마 – 통합된 논리 구조

외부 스키마가 사용자 각각의 관점을 정의한다면, 개념 스키마는 하나의 통합적인 관점을 제공합니다. 즉, 개념 스키마는 여러 사용자가 바라보는 하나의 통합적인 관점의 스키마입니다. 예를 들어, 위 그림의 학생이라는 저장소는 하나만 존재하지만, 각 사용자는 이 엔터티에서 일부 정보만 자신이 원하는 관점으로 사용합니다(외부 스키마).

> 개념 스키마 키워드 : 통합적, 하나의
> → 설계자 혹은 개발자의 관점에서 바라본 스키마

③ 내부(Internal) 스키마

실제로 데이터가 저장되는 물리적인 구조를 고려한 방법입니다. 예를 들어 개념 스키마에서 "학생ID"와 "이름"이 정의되어 있다면, 내부 스키마에서는 이들을 각각 50byte의 문자형, 100byte의 문자형 등으로 명시하여 물리적인 저장 방식까지 고려합니다.

> 내부 스키마 키워드 : 물리적인, 실제, 저장구조
> → 실제 DB의 물리적인 구조를 고려한 스키마

02 데이터베이스 3단계 스키마 구조의 독립성

3단계 스키마 구조에서는 각 관점(외부, 개념, 내부)이 서로 영향을 주지 않고 독립적으로 변경될 수 있도록 설계되어 있습니다. 이러한 독립성은 두 가지로 구분됩니다.

① 논리적 독립성(개념 스키마와 외부 스키마 간의 독립성)

개념스키마에 변경이 생겨도, 외부 사용자에게 영향을 주지 않습니다. 예를 들어 사용 중인 프로그램에 개발팀이 "[회원] 저장소에 입학일자 속성을 추가"한다고 해서 외부 사용자들이 [회원] 저장소의 사용을 중단할 필요가 없이 기존처럼 사용하면 된다는 것입니다.
단, 속성 삭제는 외부 스키마에 영향을 줄 수 있지만 여기서는 독립성 개념에 집중합니다.

② 물리적 독립성(외부, 개념 스키마와 내부 스키마 간의 독립성)

물리적인 저장 구조가 바뀌어도 논리적인 개념 구조에 영향을 주지 않습니다. 예를 들어 DB 용량 증설을 위해 하드디스크를 추가한다고 해서 [회원] 저장소의 스키마를 변경할 필요가 없습니다.

독립성은 다른 스키마에 영향을 주지 않으므로 유지보수 및 변경을 유연하게 할 수 있게 됩니다.

06 데이터 모델의 이해관계자

데이터 모델의 이해관계자란, 데이터 모델을 기반으로 설계, 개발, 운영, 활용에 참여하는 사람들을 의미합니다. 프로젝트의 규모와 성격에 따라 다양한 직군이 데이터 모델에 관여하게 됩니다.

구분	역할
개발자	실제 정보시스템 구축을 위해 데이터 모델(설계도)을 읽을 수 있어야 함
DBA	데이터베이스의 백업, 복구, 접근 권한, SQL 튜닝 등 전반적인 데이터베이스를 관리하는 전문가
현업 담당자 (고객)	• 실제 업무를 이해하고 있는 고객이 함께 참여해 데이터 모델을 읽으면서 요구사항이 잘 진행되었는지, 누락된 사항이 없는지 읽을 수 있어야 함 • 최근에는 기획, 영업, 마케터 등 다양한 직군에서도 데이터를 직접 다루는 능력을 중요한 역량으로 평가하고 있으며 이에 따라 SQL 및 모델링에 대한 이해도를 요구하는 경우가 점점 많아지고 있음
전문 모델러	대형 프로젝트의 경우 데이터 모델링을 전문적으로 하는 역할이 존재하며, 일반적인 경우로는 현업의 요구사항을 개발자가 DB모델링까지 겸하는 경우가 많음

▲ 주요 이해관계자 및 역할

이론을 확인하는 기출문제

01 다음 중 데이터 모델링의 주요 특징으로 보기 어려운 것은?

① 현실 세계의 복잡한 데이터를 간결하게 표현한다.
② 추상화 및 명확화를 통해 해석이 용이하다.
③ 비즈니스 프로세스를 도식화하여 표현한다.
④ 약속된 표기법으로 데이터를 단순화한다.

비즈니스 프로세스는 데이터 모델링이 아닌 프로세스 모델링에 해당하는 설명이다. 데이터 모델링은 WHAT 중심, 즉 어떤 데이터를 저장하고 활용할지를 중심으로 모델링한다.

02 다음 중 모델링의 관점 중 상관 관점에 해당하는 설명은?

① 업무가 어떤(What) 데이터를 필요로 하는지 중심으로 모델링한다.
② 업무 절차가 어떻게(How) 진행되는지를 중심으로 모델링한다.
③ 업무의 흐름에 따라 데이터에 어떤 조작이 발생하는지를 모델링한다.
④ 데이터를 저장하는 DBMS의 물리적 구조에 따라 모델링한다.

상관 관점은 업무 흐름(Process)과 데이터(Data) 간의 상호작용, 즉 어떤 업무가 발생할 때 어떤 데이터가 Create, Read, Update, Delete 되는지를 분석하는 관점이다. 이를 표현하는 방식으로 CRUD 매트릭스가 있다.

03 데이터 모델링이 중요한 이유에 대한 설명으로 옳지 않은 것은?

① 요구사항 변경에 대한 파급효과를 줄일 수 있다.
② 직관적인 시각화로 이해를 돕는다.
③ 데이터 중복과 비일관성을 유도한다.
④ 데이터 품질 확보에 기여한다.

데이터 모델링의 목적은 데이터 중복 제거 및 일관성 유지이다. 이는 데이터 품질을 높이기 위한 과정으로 볼 수 있다.

04 다음 중 논리적 데이터 모델링의 주요 특징으로 가장 적절한 것은?

① 데이터 저장 방식, 크기 등의 물리적 속성을 정의한다.
② ERD만으로 업무 흐름을 개략적으로 파악할 수 있다.
③ 속성, 정규화, 제약조건 등을 통해 상세 설계를 수행한다.
④ 시스템 성능 향상을 위해 반정규화를 수행한다.

①은 물리적 모델링, ②는 개념적 모델링, ④는 물리적 모델링에서 수행된다. 논리적 모델링은 속성 정의, 정규화, 제약조건 등 정확한 논리 구조 설계가 핵심이다.

정답 01 ③ 02 ③ 03 ③ 04 ③

05 다음 중 개념적 모델링의 특징으로 보기 <u>어려운</u> 것은?

① 추상화된 엔티티와 관계로 표현한다.
② 업무 중심의 표현으로 이해관계자 간 의사소통이 용이하다.
③ DBMS별로 종속적이다.
④ EA 수립에 활용될 수 있다.

개념적 모델링은 DBMS 독립적으로 설계된다. EA(Enterprise Architecture, 전사 아키텍처)란, 기업 전체의 비즈니스, 정보, 인프라, 기술 구조 등을 통합적으로 관리하는 프레임워크이다. 개념적 모델링의 컨셉은 복잡한 기업의 구조를 개념적으로 표현하기 용이하다.

06 다음 중 데이터 품질을 저하시키는 요소로 볼 수 <u>없는</u> 것은?

① 동일한 데이터를 여러 저장소에 중복 저장한다.
② 업무 변화에 따라 데이터 모델을 유연하게 수정하기 어렵다.
③ 전입신고 시 주소 이력이 누락되었다.
④ 물리적 모델링 시 컬럼에 NOT NULL 제약 조건을 지정하지 않았다.

④는 물리적 설계의 제약조건 설정과 관련된 내용으로, 데이터 품질 자체를 직접적으로 저하시키는 요소는 아니다. 반면, ①, ②, ③은 데이터 중복, 구조의 비유연성, 정보 누락과 관련되어 데이터의 정확성, 일관성, 완전성을 해치는 대표적인 품질 저하 요소이다.

07 다음 중 데이터 모델링의 3단계 순서로 올바른 것은?

① 개념적 → 물리적 → 논리적
② 논리적 → 개념적 → 물리적
③ 개념적 → 논리적 → 물리적
④ 물리적 → 개념적 → 논리적

데이터 모델링은 추상적 개념부터 구체적 구조로 점차 정제되어 나가며, 개념적 → 논리적 → 물리적 순으로 수행된다.

08 다음 중 논리적 모델링과 물리적 모델링을 비교한 설명으로 옳지 <u>않은</u> 것은?

① 논리적 모델링은 정규화를 통해 이상 현상을 방지한다.
② 물리적 모델링은 저장 방식과 데이터 타입 등을 설계한다.
③ 논리적 모델링은 성능 향상을 위해 반정규화를 수행한다.
④ 물리적 모델링은 대량 데이터 처리를 위해 파티셔닝 등을 고려한다.

반정규화
무결성보다는 조회 성능 향상이 목적이다.

파티셔닝(Partitioning)
- 대용량 테이블을 논리적으로 여러 개의 작은 단위로 나누는 기술이다.
- 예를 들어, 10억 건의 데이터를 가진 테이블을 1억 건씩 10개의 파티션으로 나누면, 특정 조건의 데이터를 조회할 때 전체 테이블을 스캔(탐색)하지 않고, 해당 파티션만 조회하므로 성능을 크게 향상시킬 수 있다.
- 물리적 모델링 단계에서 성능 향상을 위해 적용되며, 내부적으로 테이블이 분리되어 있지만, 사용자 입장에서는 여전히 하나의 테이블로 인식된다.

09 다음은 데이터 모델링 과정에서 잘못된 설계 사례에 대한 설명이다. 이를 바르게 개선한 설계 방식으로 적절한 것을 모두 고르시오.

> [상황 설명]
> 한 고객은 최대 2개의 연락처(개인용, 회사용)를 저장할 수 있도록 고객 테이블에 연락처1, 연락처2라는 속성을 추가하여 설계하였다. 그러나 이후 요구사항이 변경되어, 고객이 최대 5개까지의 연락처를 등록할 수 있도록 확장해야 했고, 이로 인해 설계 변경과 테스트에 많은 비용이 발생하였다. 이 상황에 대한 바람직한 개선 방법으로 적절한 것을 모두 고르시오.

> ㄱ. 고객 엔터티에서 연락처 속성을 분리하여 별도의 '연락처' 엔터티로 설계한다.
> ㄴ. 고객과 연락처 간 관계를 1:1로 제한하여 정규성을 유지한다.
> ㄷ. 고객과 연락처 간 관계를 1:M으로 설정하고 외래키를 통해 연결한다.
> ㄹ. 연락처는 고객 테이블의 한 컬럼에 쉼표로 구분된 문자열 형태로 저장한다.
> ㅁ. 연락처1, 연락처2를 연락처 속성으로 통일하고, 연락처 유형(개인, 회사 등)을 나타내는 속성을 추가한다.

① ㄱ, ㄴ, ㄷ
② ㄱ, ㄷ, ㄹ
③ ㄱ, ㄴ, ㅁ
④ ㄱ, ㄷ, ㅁ

보기의 상황은 고정된 속성 방식으로 데이터를 설계해, 요구사항 변경에 유연하게 대응하지 못한 사례이다.
ㄱ. 연락처를 별도의 엔터티로 분리하면, 연락처 수가 바뀌더라도 고객 테이블을 수정할 필요가 없어 유연한 설계가 된다.
ㄷ. 고객 한 명이 여러 연락처를 가질 수 있으므로, 고객과 연락처는 1:M 관계로 설계하는 것이 타당하다.
ㅁ. 연락처 유형(개인/회사 등)을 속성으로 추가하면, 데이터 구분과 관리가 쉬워지고, 확장성도 확보된다.

오답 피하기
ㄴ. 1:1 관계는 연락처를 하나만 갖는 구조이므로, 유연성 요구에 어긋난다.
ㄹ. 쉼표로 구분된 문자열은 원자성(Atomicity) 원칙을 위반하며, 검색·관리·정합성 측면에서도 부적절하다.

10 데이터베이스의 3단계 스키마 중 실제 데이터의 저장 구조를 다루는 것은?

① 외부 스키마
② 개념 스키마
③ 내부 스키마
④ 사용자 스키마

내부 스키마는 데이터베이스의 물리적 저장 구조를 정의하는 스키마로, DB가 데이터를 실제로 저장하는 방법을 표현한다.

엔터티

빈출 태그 ▶ 엔터티, 인스턴스, 기본/키 엔터티, 메인 엔터티, 행위 엔터티

앞서 데이터 모델링의 개념을 살펴보았습니다. 이제부터 데이터 모델링을 구성하는 핵심 요소인 엔터티, 속성, 관계, 식별자를 하나씩 학습하겠습니다. 이 과정을 통해 기본적인 데이터 모델을 해석할 수 있는 기초 능력을 갖추게 됩니다.

01 엔터티의 개념

01 엔터티(Entity) 와 인스턴스(Instance)의 정의

1) 엔터티

엔터티란, 업무에 필요한 정보를 저장 및 관리하기 위한 집합적·포괄적인 대상(명사, Things)을 의미합니다. 예를 들어 아래 요구사항에서 어떤 정보가 필요한지 파악해 봅시다.

> [예시]
> 온라인 쇼핑몰에 회원가입 기능을 추가하려고 합니다.
> 회원ID, 패스워드, 이름, 성별, 나이 정보를 받고, 연락처는 최대 2개까지 입력받습니다.
> 또한, 회원이 구매할 수 있는 상품 정보도 저장합니다.
> 상품은 상품명과 카테고리를 조합해 식별하며, 가격 정보도 포함합니다.

이 요구사항에서 "회원"과 "상품"은 저장 대상이므로 각각 엔터티로 추출됩니다.

| 회원 | | 상품 |

엔터티는 네모 박스로 표현하며 항상 명사형으로 작성합니다.

2) 인스턴스

인스턴스는 엔터티에 속한 개별적인 데이터를 의미합니다. 예를 들어 "회원" 엔터티에는 여러 명의 회원 정보가 들어가고, 그 각각이 인스턴스입니다.

[예시]

[회원] 엔터티

회원ID	패스워드	이름	성별	나이
AAAAA	12345	김형식	남	25
BBBBB	67890	문배수	남	52
CCCCC	kikiki	기현서	여	30

→ 인스턴스

[인스턴스 읽는 방식]
- 회원ID가 AAAAA인 인스턴스의 이름은 김형식, 성별은 남, 나이는 25이다.
- 회원ID가 BBBBB인 인스턴스의 이름은 문배수, 성별은 남, 나이는 52이다.

02 엔터티의 집합적·포괄적 의미

엔터티는 2개 이상의 인스턴스를 가져야 하고, 업무 단위로 묶여야 합니다. 다시 요구사항을 보며 엔터티의 정의에서 말하는 '포괄적'의 의미를 구체적으로 확인해 봅시다.

[예시]
온라인 쇼핑몰에 회원가입 기능을 추가하려고 합니다.
"회원ID", 패스워드, 이름, 성별, 나이 정보를 받고, 연락처는 최대 2개까지 입력받습니다.
또한, 회원이 구매할 수 있는 상품 정보도 저장합니다.
상품은 상품명과 카테고리를 조합해 식별하며, 가격 정보도 포함합니다.

누군가는 "회원" 대신 "회원ID", "이름" 등을 각각 엔터티로 추출할 수도 있습니다. 두 엔터티 모두 인스턴스가 둘 이상 존재하니 가능하지만, 엔터티가 너무 세분화되면 관리가 힘들어지므로 적절한 업무 단위로 묶어줘야 합니다.

① 잘못된 설계

회원ID 엔터티, 패스워드 엔터티, 이름 엔터티로 세분화

[회원ID]

회원ID
AAAAA
BBBBB
CCCCC

[패스워드]

패스워드
12345
67890
kikiki

[이름]

이름
김형식
문배수
기현서

② 올바른 설계

회원이라는 업무 단위로 엔터티를 생성하고 각 항목(회원ID, 패스워드, 이름)을 속성으로 지정

[회원] 엔터티

회원ID	패스워드	이름	성별	나이
AAAAA	12345	김형식	남	25
BBBBB	67890	문배수	남	52
CCCCC	kikiki	기현서	여	30

02 엔터티의 특징

요구사항에서 추출한 엔터티가 적절한지 판단하기 위한 기준은 다음과 같습니다.

특징	설명
업무에 필요로 할 것	실제 업무 흐름에 사용되는 정보여야 한다.
2개 이상의 인스턴스를 가질 것	엔터티는 집합이므로 최소 2개의 인스턴스가 있어야 한다.
속성을 1개 이상 가질 것	엔터티를 설명할 수 있는 속성이 1개 이상 필요하다.
다른 엔터티와 한 개 이상 관계를 가질 것	다른 엔터티와 최소 1개 이상 관계를 가져야 한다(통계성/코드성 엔터티는 예외).
식별자가 존재할 것	인스턴스를 고유하게 식별하는 식별자가 있어야 한다.

▲ 엔터티의 5가지 특징

[예시]
온라인 쇼핑몰에 회원가입 기능을 추가하려고 합니다.
"회원ID", 패스워드, 이름, 성별, 나이 정보를 받고, 연락처는 최대 2개까지 입력받습니다.
또한, 회원이 구매할 수 있는 상품 정보도 저장합니다.
상품은 상품명과 카테고리를 조합해 식별하며, 가격 정보도 포함합니다.

① 업무에 필요로 할 것

예를 들어 아래의 [진료기록] 엔터티는 해당 요구사항에서 다루는 업무와 직접적인 관련이 없으므로 올바른 엔터티가 아닙니다.

| 회원 | | 상품 |

| 진료기록 |

② 2개 이상의 인스턴스를 가질 것

만약 회원, 상품이 단 1개만 존재한다면 엔터티가 될 수 없습니다.

③ 속성을 1개 이상 가질 것

엔터티는 자신의 인스턴스를 설명할 수 있는 속성을 최소 1개 이상 보유해야 하며 엔터티가 의미 있게 사용되려면 속성이 최소 2개 이상이어야 합니다.
- 엔터티가 되기 위한 최소 조건 : 속성이 1개 이상
- 엔터티가 의미 있게 사용되기 위한 조건 : 속성이 2개 이상

[예시]
"회원ID가 AAAAA인 사람의 이름은 김형식이다."와 같이 속성 조합으로 의미를 생성할 수 있다.

회원ID
AAAAA
BBBBB
CCCCC

회원ID	이름
AAAAA	김형식
BBBBB	문배수
CCCCC	기현서

④ 다른 엔터티와 한 개 이상 관계를 가질 것

관계는 엔터티끼리의 논리적 연결을 통해 의미 있는 정보를 표현할 수 있도록 해줍니다. 회원과 상품 사이에는 "구매하다"라는 논리적 관계가 존재해 "구매"의 의미를 표현할 수 있습니다. 이 경우 프로젝트의 의도마다 관계가 다를 수 있습니다. 예를 들어 "거래 플랫폼"이라면 회원과 상품 사이에 "판매하다"라는 관계도 표현할 수 있습니다.

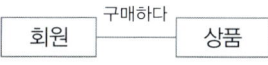

이런 관계선을 엔터티는 최소 1개 이상 가져야 합니다. 단, 통계성 또는 코드성 엔터티는 관계를 갖지 않아도 예외로 인정됩니다. 이는 SECTION 4 관계에서 자세히 다뤄보겠습니다.

⑤ 식별자가 존재할 것

회원 엔터티의 회원ID 속성은 중복 데이터가 없으므로 유일한 인스턴스를 구분할 수 있습니다. 이처럼 엔터티 내에 유일한 인스턴스를 식별할 수 있는 식별자가 존재해야 합니다.

회원ID	패스워드	이름	성별	나이
AAAAA	12345	김형식	남	25
BBBBB	67890	문배수	남	52
CCCCC	kikiki	기현서	여	30
DDDDD	newman	김형식	남	33

→ 중복되는 데이터 X

03 엔터티의 분류

엔터티는 유무형 성질에 따라, 또는 엔터티 발생 시점에 따라 분류할 수 있습니다. 시험에서는 용어와 키워드 중심으로 출제되므로, 개념과 키워드 정도만 익혀도 충분합니다.

01 유무형에 따른 분류

엔터티는 "눈에 보이는가? 보이지 않는가?"를 기준으로 다음과 같이 분류됩니다.

분류	설명	예시
유형 엔터티	눈에 보이는 실체	학생, 교재, 교수 등
개념 엔터티	눈에 보이지 않고 개념적으로 존재하는 대상	강의, 학과 등
사건 엔터티	일종의 무형 엔터티로 업무 수행 중에 발생하며, 발생량이 많음	구매, 주문, 수강 등

예를 들어 [수강]과 같은 사건 엔터티는, 여러 학생이 여러 과목을 수강하면서 유형·개념 엔터티보다 훨씬 많은 데이터가 생성됩니다.

> **기적의 TIP**
>
> 위 예시는 상황에 따라 달라질 수 있습니다. 예를 들어 "여행상품"은 눈에 보이지 않으니 개념 엔터티가 되지만, 마트에서 판매하는 '상품'은 유형 엔터티가 됩니다. 시험 관점에서 엔터티는 유무형에 따라 유형/개념/사건으로 구분된다는 것을 암기하고 넘어가면 됩니다.

02 발생 시점에 따른 분류

발생 시점에 따른 분류란, 엔터티가 업무 진행 중 어느 시점에 생성되었는지에 따라 분류한 것입니다. 생성 순서에 따라 기본(키) 엔터티 → 메인 엔터티 → 행위 엔터티로 분류합니다.

분류	설명	예시
기본(키) 엔터티	프로젝트 초반에 정의, 독립 생성 가능, 주식별자 보유	회원, 상품
메인(중심) 엔터티	기본 엔터티로부터 파생, 업무의 중심적인 역할	구매, 주문
행위 엔터티	엔터티 간 행위 발생 시 생성, 시간에 따라 누적됨	주문이력, 배송상태이력

① 기본(키) 엔터티

프로젝트 초반에 업무에 필요로 해서 도출한 엔터티로 독립적인 데이터 생성이 가능합니다. 예를 들어 회원, 상품 등은 외부의 데이터 도움 없이 독립적으로 인스턴스를 만들 수 있습니다.

② 메인 엔터티

메인 엔터티는 기본 엔터티로부터 파생되어 업무의 주된 역할을 하는 엔터티입니다. 스스로 생성되지 못하고 기본(키) 엔터티로부터 데이터를 참조하여 생성합니다.

[예시]
- 기본(키) 엔터티 : 회원, 상품
- 메인 엔터티 : 구매

[구매] 엔터티

구매번호	회원ID	상품ID
1	AAAAA	P00001
2	BBBBB	P00002

→ 회원ID 정보와 상품ID 정보를 참조해야 구매 정보를 만들 수 있음

③ 행위 엔터티

시간에 따라 발생하는 행위 데이터를 관리하는 엔터티입니다. 가장 많은 데이터가 쌓이며 대표적인 예시로 [이력] 엔터티가 있습니다.

[예시]
- 메인 엔터티 : 구매
- 행위 엔터티 : 주문이력, 배송이력 등

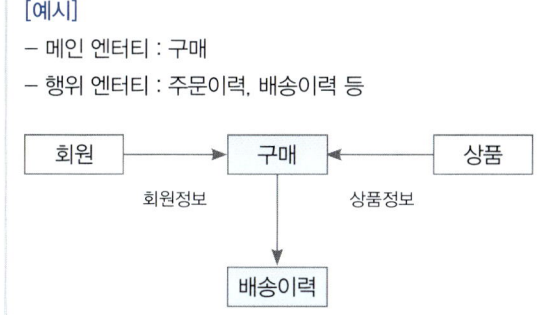

[배송이력] 엔터티

배송번호	구매번호	배송상태	일시
1	1	배송대기	2025-02-11 16:43:10
2	1	배송완료	2025-02-11 20:30:23
3	2	배송대기	2025-02-10 15:00:12
4	2	배송완료	2025-02-15 12:12:12

기적의 TIP

위 분류도 상황에 따라 달라질 수 있습니다. 시험 관점에서 엔터티는 발생 시점에 따라 기본(키) 엔터티, 메인 엔터티, 행위 엔터티로 나뉜다는 것과 특징 정도만 기억하고 넘어가면 됩니다.

04 엔터티 명명 규칙(Naming)

엔터티 이름은 모델의 가독성과 의사소통의 효율성에 큰 영향을 주므로, 정해진 명명 규칙을 따르는 것이 중요합니다.

규칙	설명	예시
현업 용어 사용	서비스를 이용하는 대상(현업)에게 익숙한 용어로 작성해야 함	전봇대(X) → 전주(O)(고객이 전기 업계일 경우)
약어는 가급적 지양	약어는 직관성이 떨어지고, 사용자 간 오해의 소지가 큼(단, 조직 내 합의된 약어는 가능)	CU(X) → CUSTOMER(O)(단, 전체가 협의했다면 가능)
단수형 명사 사용	엔터티 자체가 집합 개념이므로, 복수형(s)이 불필요함	CUSTOMERS(X) → CUSTOMER(O)
이름은 유일하게	전체 데이터 모델에서 엔터티 이름은 유일해야 함	[연락처], [연락처](X) → [회원연락처], [직원연락처](O)
생성 의도에 맞는 이름을 부여	엔터티가 어떤 데이터를 저장하는지 이름만 보고도 명확히 알 수 있어야 함	연락처(X) → 회원연락처(O)

▲ 엔터티 명명 시 지켜야 할 5가지 규칙

이론을 확인하는 기출문제

01 다음 중 엔터티의 정의에 대한 설명으로 가장 적절한 것은?

① 논리적 데이터 모델에서 속성의 집합이다.
② 관계형 데이터베이스의 특정 관계(Relationship)를 의미한다.
③ 업무에 필요한 정보를 저장·관리하기 위한 집합적이고 포괄적인 대상이다.
④ 하나 이상의 인스턴스로 구성된 관계형 테이블이다.

엔터티(Entity)는 업무에 필요한 정보를 저장 및 관리하는 포괄적이고 집합적인 대상을 의미하며, 반드시 2개 이상의 인스턴스를 가져야 한다.

02 다음 요구사항에서 식별할 수 있는 엔터티로 적절한 것을 모두 고르시오.

[요구사항]
- 사용자가 쇼핑몰에 회원가입을 합니다.
- 회원ID, 이름, 나이, 연락처 등의 정보를 받고, 상품은 상품명과 카테고리로 구분되며, 가격 정보를 포함합니다.
- 회원은 여러 상품을 구매할 수 있습니다.

ㄱ. 회원   ㄴ. 회원ID   ㄷ. 상품
ㄹ. 상품명   ㅁ. 구매

① ㄱ, ㄷ, ㅁ
② ㄴ, ㄷ, ㅁ
③ ㄴ, ㄹ, ㅁ
④ ㄱ, ㄴ, ㄷ

엔터티는 업무 단위로 묶여 관리되어야 하며, 너무 세분화된 '회원ID', '상품명'은 엔터티보다는 속성에 적합하다. '회원', '상품', '구매'는 집합적이고 독립된 인스턴스를 가지므로 엔터티이다.

03 다음 중 엔터티의 특징에 해당하지 않는 것은?

① 다른 엔터티와 반드시 2개 이상의 관계를 가져야 한다.
② 하나 이상의 속성을 가져야 한다.
③ 두 개 이상의 인스턴스를 가져야 한다.
④ 고유하게 식별할 수 있는 식별자를 가져야 한다.

엔터티는 최소 1개의 관계를 가져야 하며, 통계성·코드성 엔터티는 관계를 가지지 않아도 된다.

04 다음 중 올바른 엔터티 명명 규칙으로 적절한 것은?

① 고객 → CUSTOMERS
② 고객 → CUSTOMER
③ 고객연락처 → USER?_PHONE
④ 고객연락처 → 123_USER_PHONE

엔터티는 단수형 명사를 사용해야 하므로 'Customers'는 부적절하다. 엔터티 명명규칙 중 특수문자는 '#(샵)', '_(밑줄)', '$(달러 기호)'만 가능하며 문자로 시작해야 한다.

05 다음 중 유무형 기준에 따른 엔터티의 종류로 올바르지 않은 것은?

① 개념 엔터티
② 사건 엔터티
③ 유형 엔터티
④ 무형 엔터티

유무형 기준에 따른 엔터티의 종류는 "개념", "사건", "유형" 엔터티가 있다. "무형" 엔터티가 아니라 "개념" 엔터티 임에 주의해야 한다.

정답 01 ③ 02 ① 03 ① 04 ② 05 ④

06 다음 중 기본(키) 엔터티에 대한 설명으로 적절하지 <u>않은</u> 것은?

① 업무 초기에 정의된다.
② 주식별자를 보유한다.
③ 기본 엔터티는 메인 엔터티의 참조 대상이 된다.
④ 독립적으로 생성될 수 없다.

기본 엔터티는 독립적으로 생성되며, 메인 엔터티는 기본 엔터티를 참조하여 생성된다. 즉, 기본 엔터티가 메인 엔터티의 참조 대상이다. 그 외 설명은 모두 기본(키) 엔터티의 특징이다.

07 다음 SQL 데이터 모델에서 회원, 상품, 구매, 구매이력 엔터티가 있다. 각각 어떤 분류에 해당하는지 올바르게 짝지어지지 <u>않은</u> 것은?

> 엔터티 : 회원, 상품, 구매, 구매이력

① 회원 – 기본 엔터티
② 구매 – 메인 엔터티
③ 구매이력 – 행위 엔터티
④ 상품 – 메인 엔터티

- '회원', '상품'은 독립적으로 생성될 수 있는 기본 엔터티이다.
- '구매'는 회원과 상품으로부터 데이터를 참조해 생성되며 업무의 중심이 되는 메인 엔터티이다.
- '구매이력'은 시간에 따라 누적되는 행위 엔터티이다.

08 다음 중 [회원] 엔터티가 되기 위한 최소 조건으로 가장 적절한 것은?

① 인스턴스가 1개 이상이어야 한다.
② 속성이 1개 이상이어야 한다.
③ 관계가 2개 이상이어야 한다.
④ 식별자가 반드시 존재하지 않아도 된다.

엔터티가 되기 위한 최소 요건은 속성 1개 이상이어야 한다는 것이다. 인스턴스는 2개 이상이어야 하며, 관계는 최소 1개 이상 보유해야 한다. 엔터티는 식별자를 반드시 보유해야 한다.

09 다음 중 올바른 ERD 설계 예시로 판단되는 것은?

> ㄱ. "회원ID", "이름", "나이"를 각각 별도의 엔터티로 설계한다.
> ㄴ. "회원"이라는 하나의 엔터티에 "회원ID", "이름", "나이" 속성을 포함한다.
> ㄷ. "회원ID"를 식별자로 하여 "회원" 엔터티를 설계한다.
> ㄹ. "이름" 속성을 식별자로 하여 "회원" 엔터티를 설계한다.

① ㄱ, ㄴ
② ㄱ, ㄷ
③ ㄴ, ㄷ
④ ㄷ, ㄹ

ㄴ. 집합적·포괄적 엔터티 설계에 부합한다.
ㄷ. 유일 식별자를 이용한 설계이다.

오답 피하기

ㄱ. 지나친 세분화로 인한 잘못된 설계이다.
ㄹ. 잠재적으로 중복될 위험이 있기 때문에 명칭은 식별자로 지정하지 않는다.

10 다음 중 [이력] 엔터티에 대한 설명으로 적절하지 <u>않은</u> 것은?

① 시간 순으로 발생하는 데이터를 기록한다.
② 엔터티 간의 행위로 인해 발생한다.
③ 기본 엔터티로 분류된다.
④ 대표적으로 주문이력, 배송상태이력 등이 있다.

[이력] 엔터티는 시간에 따라 발생하는 행위 데이터를 저장하며, 행위 엔터티에 해당한다.

정답 06 ④ 07 ④ 08 ② 09 ③ 10 ③

SECTION 03 속성

빈출 태그 ▶ 속성, 속성값, 기본·설계·파생 속성, PK, FK, 일반 속성, 도메인, 속성 명명 규칙

01 속성의 정의와 특징

01 속성의 정의

속성(Attribute)은 엔터티가 가지는 업무상 관리해야 할 구체적인 정보 항목을 의미합니다. 또한 속성은 엔터티에 속한 인스턴스를 구체적으로 설명하는 요소입니다.

[회원] 엔터티

회원ID	패스워드	이름	성별	나이
AAAAA	12345	김형식	남	25
BBBBB	67890	문배수	남	52
CCCCC	kikiki	기현서	여	30

- 회원 엔터티는 3개의 인스턴스와 '회원ID', '패스워드', '이름', '성별', '나이' 속성을 가집니다.
- 회원ID, 패스워드, 이름, 성별, 나이는 속성을 이용해 각각의 인스턴스를 설명할 수 있습니다.
- 예를 들어 회원ID 속성값이 "AAAAA"인 인스턴스의 이름 속성은 김형식입니다.

02 속성의 특징

속성의 특징은 다음과 같습니다.

① 업무상 필요로 하는 데이터이다.
엔터티와 마찬가지로 속성도 업무에서 관리하고자 하는 정보여야 합니다.

② 의미상 더 이상 분리되지 않는 최소의 단위이다.
속성은 의미상 더 이상 나눌 수 없는 최소 단위의 데이터여야 합니다. 예를 들어 "나이"는 의미상 더는 분리될 수 없는 데이터 단위입니다. 반면 "이름나이" 속성은 "이름", "나이"로 의미상 분리할 수 있기에 적절한 속성이 아닙니다.

③ 엔터티의 공통적인 특징을 설명하고, 인스턴스의 구체적인 내용을 설명한다.
모든 인스턴스가 같은 속성을 가지며, 속성값으로 인스턴스를 구체적으로 설명할 수 있습니다.

④ 주식별자에 함수적 종속해야 한다.
정규화 개념과 관련 있으며, 이후에 자세히 설명합니다.

⑤ 하나의 속성은 하나의 속성값만 가진다.

하나의 속성에는 하나의 속성값만 가져야 합니다. 아래 그림처럼 연락처에 콤마(,)을 이용해 여러 데이터를 입력하면 다중값이 됩니다. 이처럼 다중값을 허용하면 안 되므로, 1차 정규화를 통해 별도 엔터티로 분리해야 합니다.

[회원]

회원ID	이름	연락처
AAAAA	김형찬	010-1111-2222, 010-3333-4444
BBBBB	산만희	010-5555-6666

→ 다중값 발생

[회원]

회원ID	이름	연락처
AAAAA	김형찬	010-1111-2222
AAAAA	김형찬	010-3333-4444
BBBBB	산만희	010-5555-6666

[회원]

회원ID	이름
AAAAA	김형찬
BBBBB	산만희

회원ID	연락처
AAAAA	010-1111-2222
AAAAA	010-3333-4444
BBBBB	010-5555-6666

▲ 1차 정규화 전 다중값이 들어있는 연락처 속성을 별도 엔터티로 분리

03 엔터티, 인스턴스, 속성, 속성값의 관계

엔터티, 인스턴스, 속성, 속성값은 다음과 같은 관계를 가집니다.

개념	정의	관계
엔터티	저장할 데이터의 집합	• 인스턴스 : 최소 2개 이상 인스턴스를 가져야 함 • 속성 : 최소 1개 이상 속성을 가져야 함
인스턴스	엔터티 안의 개별 데이터	속성값들의 조합으로 구성됨
속성	인스턴스를 설명하는 항목	하나의 속성에 하나의 속성값만 존재해야 함
속성값	속성에 입력되는 실제 값	

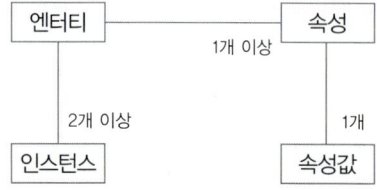

02 속성의 분류

속성은 특성에 따른 분류와 엔터티 구성 방식에 따른 분류로 나눌 수 있습니다. 시험에서는 이 분류 기준을 물어보는 문제가 자주 출제되므로, 각 분류의 키워드와 특징 중심으로 익히는 것이 중요합니다.

01 특성에 따른 분류

속성은 특성에 따라 기본 속성, 설계 속성, 파생 속성으로 분류할 수 있습니다.

분류	설명	예시
기본 속성	요구사항에서 직접 도출된 속성	학과명, 학과계열, 학생수 등
설계 속성	설계 편의나 식별을 위해 만든 속성	학과ID(D001, D002,⋯)
파생 속성	다른 속성들로부터 계산되는 속성	학과계열학생수 = 공학 계열 학생수의 합계

① 기본 속성

기본 속성은 요구사항에서 직접 도출된 정보로, 전체 속성 중 가장 큰 비중을 차지합니다.
다음 학과 엔터티에서는 '학과명', '학과계열', '학생수'가 기본 속성이 됩니다.

[학과] 엔터티

학과ID	학과명	학과계열	학생수	학과계열학생수
D001	소프트웨어공학과	공학	10	35
D002	심리분석학과	사회	21	21
D003	기계공학과	공학	25	35

② 설계 속성

업무상 편의를 위해 특정한 규칙을 적용하여 직접 만든 속성입니다. 예를 들어 위 학과 엔터티는 원래 '학과명', '학과계열'을 조합해서 유일한 인스턴스를 식별했습니다.

> [예시]
> 학과명이 "소프트웨어공학과"이면서 학과계열이 "공학"인 인스턴스

그런데 이 방식은 동일한 '학과명'이나 '학과계열' 조합이 들어올 수도 있다는 점과, 명칭(이름)이라서 조회하기가 조금 번거롭다는 단점이 있습니다. 그래서 편의상 인스턴스 식별을 쉽게 하기 위해 D001, D002, D003처럼 단순한 증가하는 값을 이용하는 '학과ID' 속성을 만들었습니다. 이를 설계 속성이라고 합니다.

③ 파생 속성

파생 속성은 다른 속성의 영향을 받아 계산되는 속성을 의미합니다. 학과 엔터티의 학과계열학생수 속성은 데이터가 추가될 때마다 새롭게 계산되어 저장됩니다.

- 인스턴스 추가 전 – 공학계열의 학생수 10+25=35명

학과ID	학과명	학과계열	학생수	학과계열학생수
D001	소프트웨어공학과	공학	10	35
D002	심리분석학과	사회	21	21
D003	기계공학과	공학	25	35

- 인스턴스 추가 후 – 공학계열의 학생수 10+25+15=50명

학과ID	학과명	학과계열	학생수	학과계열학생수
D001	소프트웨어공학과	공학	10	50
D002	심리분석학과	사회	21	21
D003	기계공학과	공학	25	50
D004	분자생명학과	공학	15	50

파생 속성을 이용하면 별도의 계산을 하지 않고 바로 조회할 수 있다는 장점이 있지만, 데이터가 변경될 때마다 재계산해 저장해야 하므로, 상황에 따라 사용 여부를 판단해야 합니다.

> **＋ 더 알기 TIP**
>
> **실무에서 파생 속성을 자주 사용할까?**
> 실무에서는 조회 성능을 높이기 위해 파생 속성을 활용하기도 합니다. 하지만 시험 관점에서는 정규화를 더 강조하기 때문에, 파생 속성을 너무 자주 사용하지 않도록 권고합니다. 만약 지문에서 "파생 속성을 자주 사용하면 좋다"라고 한다면 틀린 답으로 이해하고 넘어가주세요.

02 엔터티 구성 방식에 따른 분류

속성은 엔터티를 구성하는 방식에 따라 Primary Key(PK), Foreign Key(FK), 일반 속성으로 구분됩니다.

① PK(Primary Key)
- 논리적 모델링에서는 식별자로 불리며 유일한 인스턴스를 식별하는 역할을 합니다.
- 물리적 모델링에서 primary key로 명칭만 바뀌고 의미는 식별자와 동일합니다.

② FK(Foreign Key)

다른 엔터티와 관계를 맺기 위해 외부에서 빌려온 식별자를 외래키라고 합니다.

③ 일반 속성
- PK와 FK 기능이 아닌 나머지 속성들을 의미합니다.
- 일반 속성 중 다중값인 대상을 다중 속성이라고 하며, 이는 정규화 대상에 해당합니다.

아래 예시를 보며 한 번 더 이해해 봅시다.

[회원]

회원ID PK	패스워드	이름	성별	나이
AAAAA	12345	김형식	남	25
BBBBB	67890	문배수	남	52
CCCCC	kikiki	기현서	여	30

[상품]

상품ID PK	상품명	가격
P00001	헤어드라이기	60000
P00002	SQLD교재	30000
P00003	노트북	1500000

[구매]

구매번호 PK	회원ID	상품ID FK
1	AAAAA	P00001
2	BBBBB	P00002

[회원] 엔터티의 회원ID와
[상품] 엔터티의 상품ID를 각각 참조해 저장

- 참고로 외래키(FK)로 빌려줄 수 있는 속성은 식별자와 UNIQUE KEY만 가능합니다.

속성구분	회원	상품	구매
Primary Key(PK)	회원ID	상품ID	구매번호
Foreign Key(FK)	X(없음)	X(없음)	회원ID (from 회원엔터티) 상품ID (from 상품엔터티)
일반속성	패스워드, 이름, 성별, 나이	상품명, 가격	X (없음)

03 도메인(Domain)

도메인이란 속성에 입력될 수 있는 데이터의 타입, 허용 범위, 형식 등을 정의한 제약 조건의 집합입니다. 이를 통해 속성값의 일관성과 유효성을 유지할 수 있습니다.

[회원] 엔터티

회원ID	패스워드	이름	성별	나이
AAAAA	12345	김형식	남	25
BBBBB	67890	문배수	남	52
CCCCC	kikiki	기현서	여	30

- 나이 속성은 일반적으로 "숫자" 타입으로 입력받고 보통 0~200 사이의 값을 받게 됩니다. 이때 나이 속성의 도메인은 숫자 타입이면서 0~200 사이가 됩니다.
- 이름 속성은 일반적으로 "문자" 타입으로 입력받고, 내국인 대상이라면 한글로 최대 10자까지 입력받게 됩니다. 이때 이름 속성의 도메인은 문자 타입이면서 최대 한글로 10자가 됩니다.

> 기적의 TIP
>
> 도메인은 시험에서 자주 출제되므로 반드시 개념을 정확히 이해하고 넘어가야 합니다.

04 속성 명명 규칙(Naming)

엔터티 명명 규칙과 같이 속성에도 명명 규칙이 존재하며, 규칙에 맞게 명칭을 작성해야 합니다.

① 가급적 현업 용어를 쓴다.

해당 서비스를 사용하는 현업의 관점에서 사용하는 용어로 속성명을 지정하는 게 좋습니다.

② 가급적 불필요한 약어 사용은 자제한다.

약어를 임의로 사용하면 의사소통에 혼동을 줄 수 있으므로 되도록 지양해야 하고, 협의를 한다면 제한적으로 사용할 수 있습니다. 예를 들어 employee라는 속성명이 너무 길어서 emp로 쓰겠다고 공식적으로 협의를 한다면 괜찮습니다.

③ 서술식, 수식어 등은 제한하고 명사형, 복합명사를 사용한다.

예로 속성명을 "중요한고객의이름(importantCustomerName)"처럼 수식어나 서술식으로 명명하지 않고 "vip고객명(vip_cust_name)"처럼 명사형을 이용합니다.

> **기적의 TIP**
>
> 공식적인 협의가 되었다는 전제하에 customer → cust로 약어를 사용했습니다. 이처럼 협의가 된다면 괜찮지만, 임의로 사용하면 다른 사람이 해당 속성의 의미를 이해하기 어렵겠죠?

④ 전체 데이터 모델에서 유일한 속성명을 확보한다.

가급적 모든 엔터티에 대해 유일한 속성명을 부여하는 것이 바람직합니다. 서로 다른 엔터티는 속성명이 동일해도 되기 때문에 실무상 아래와 같이 쓰기도 합니다.

- [회원] 엔터티 : 이름
- [직원] 엔터티 : 이름

하지만 가급적 전체 데이터 모델에 유일한 속성명을 부여하는 것이 좋습니다.

- [회원] 엔터티 : 회원_이름(CUST_NAME)
- [직원] 엔터티 : 직원_이름(EMP_NAME)

> **더 알기 TIP**
>
> **현업에서는 엔터티, 속성명을 어떻게 결정하고 사용할까?**
>
> 실제 프로젝트에서는 다양한 직군(개발자, 디자이너, 현업 등)이 협업하게 되며, 용어를 제각각 사용할 경우 혼란이 발생합니다. 그래서 미리 용어를 정의해 놓는데, 이를 '단어사전'이라고 합니다.
>
> 예를 들어 [회원] 정보를 저장하기 위한 엔터티 이름은 human, person, customer 등 다양할 수 있지만 미리 특정 단어(예 human)로 정의해 놓고 사용합니다. 만약 회원을 human, 이름을 name으로 미리 정의했다면 회원명은 human_name처럼 정해진 단어를 조합해서 사용합니다. 이를 통해 공식적인 단어 체계를 기반으로 일관된 협업이 가능해집니다.

이론을 확인하는 기출문제

01 다음 중 속성(Attribute)의 정의로 가장 적절한 것은?

① 엔터티를 유일하게 식별하는 값이다.
② 업무상 관리해야 할 인스턴스 전체의 값이다.
③ 인스턴스를 설명하는 구체적인 정보 항목이다.
④ 속성값을 기준으로 엔터티를 구분하는 방법이다.

> 속성은 엔터티가 관리해야 할 구체적인 정보 항목이며, 인스턴스를 구체화하는 데 사용된다.

02 속성의 특징으로 옳지 않은 것은?

① 의미상 더 이상 분리되지 않는 최소 단위여야 한다.
② 하나의 속성은 다중값을 가질 수 있다.
③ 업무상 필요로 하는 데이터여야 한다.
④ 일반 속성은 주식별자에 함수적으로 종속되어야 한다.

> 하나의 속성에는 하나의 값만 존재해야 하며, 다중값 속성은 별도 엔터티로 분리해야 한다(1차 정규화 개념).

03 다음 중 특성에 따른 속성 분류와 설명으로 올바르지 않은 것은?

① 기본 속성 – 업무로부터 도출되는 속성
② 설계 속성 – 업무상 필요에 따라 변형하거나 새로 도출한 속성
③ 일반 속성 – PK/FK에 포함되지 않은 속성
④ 파생 속성 – 다른 컬럼으로부터 계산되어 만들어지는 속성

> 일반 속성은 특성에 따른 분류가 아닌 엔터티 구성방식에 따른 분류에 해당한다.

04 다음 중 기본 속성이 아닌 속성은?

① 근속연수
② 직원명
③ 부서별인원수
④ 주소

> 기본 속성은 요구사항에서 직접 도출된 정보이며, 부서별인원수는 부서 데이터를 집계해 만들어진 파생 속성이다.

05 다음 시나리오에 대해 기본 속성으로만 짝지어진 것은?

> - 은행은 고객 정보를 관리하기 위해 고객ID, 고객명, 생년월일, 계좌번호를 입력받도록 설계했다.
> - 생년월일을 이용해서 나이 정보를 계산해 속성으로 저장한다.
> - 고객이 개인이면 DV01, 고객이 법인이면 DV02 값을 고객구분코드 속성으로 추가한다.

① 고객ID, 고객구분코드, 계좌번호
② 고객ID, 생년월일, 나이
③ 계좌번호, 고객구분코드
④ 고객ID, 생년월일, 계좌번호

> 고객구분코드는 업무상 존재하지 않지만, 시스템 분류 및 관리의 편의를 위한 정의한 설계 속성이다. 나이는 생년월일 속성으로부터 파생된 속성이므로 파생속성이며, 그 외에는 기본속성이다.

정답 01 ③ 02 ② 03 ③ 04 ①, ③ 05 ④

06 다음 중 속성과 속성값에 대한 설명으로 가장 적절한 것은?

① 하나의 속성은 여러 개의 속성값을 가져야 한다.
② 속성값은 속성의 자료형에 상관없이 입력할 수 있다.
③ 하나의 속성은 하나의 속성값만을 가진다.
④ 속성이 입력받을 수 있는 범위를 스키마라고 한다.

속성은 의미상 최소 단위이며 하나의 값만을 가져야 한다. 다중값은 1NF 위반이다. 속성값은 속성의 자료형에 맞게 입력되어야 하며, 속성이 입력받을 수 있는 범위는 도메인이다.

07 다음 중 파생 속성에 대한 설명으로 적절하지 않은 것은?

① 다른 속성값을 기반으로 계산되어 도출된다.
② 저장된 값을 바로 조회할 수 있어 성능상 유리하다.
③ 데이터가 변경될 경우에도 별도의 갱신은 필요 없다.
④ 정규화 원칙에 따라 주의가 필요한 속성이다.

파생 속성은 값이 변할 때마다 재계산 및 갱신이 필요하며, 그로 인해 정규화 원칙에서 주의 대상이 된다.

08 다음 중 속성의 명명 규칙으로 적절하지 않은 것은?

① 가급적 명사형으로 표현한다.
② 가능한 한 현업 용어를 사용한다.
③ 데이터 모델 전체에서 유일하게 명명하는 것이 바람직하다.
④ 의미가 길면 임의로 약어를 사용하는 것이 권장된다.

약어는 반드시 협의된 약어만 사용해야 하며, 임의로 사용하는 것은 혼란을 초래할 수 있으므로 지양한다.

09 다음 중 도메인(Domain)의 정의로 가장 적절한 것은?

① 엔터티가 정의된 공간
② 속성 간의 종속 관계
③ 속성값의 데이터 타입, 형식, 허용 범위 등의 제약조건
④ 속성명을 정하는 명명 규칙

도메인은 속성값의 유효성을 보장하기 위한 데이터 형식, 범위, 형식 등 제약 조건의 집합이다.

10 아래 상황에서 "총주문금액" 속성의 가장 적절한 속성 분류는?

[주문상세]
엔터티에 존재하는 "총주문금액" 속성은, "주문수량×단가"의 계산을 통해 자동 생성된다. 이 속성은 검색 시 빠른 결과를 위해 저장된다.

① 기본 속성
② 파생 속성
③ 설계 속성
④ 외래 속성

"총주문금액"은 다른 속성으로부터 계산되며, 이는 전형적인 파생 속성이다. 성능 개선을 위한 저장 여부는 부가적인 설명이다.

정답 06 ③ 07 ③ 08 ④ 09 ③ 10 ②

SECTION 04 관계

빈출 태그 ▶ IE 표기법, Barker 표기법, 관계명, 관계차수, 관계 선택성

01 관계(Relationship)의 정의

관계란, 두 개 이상의 엔터티 간에 논리적으로 연결된 의미 있는 연관성을 말합니다. 관계를 통해 서로 다른 데이터를 연결하여 새로운 정보를 도출할 수 있습니다. 현재 실무에서 사용되는 대부분의 정형(Formal) 데이터베이스는 관계형 데이터베이스입니다.

> **기적의 TIP**
> - 정형(Formal) 데이터베이스 : 정해진 형식과 구조를 가지는 데이터베이스
> - 관계형(Relational) 데이터베이스 : 정형 데이터베이스 중 하나로, 엔터티끼리의 관계를 이용해 데이터를 조합해 새로운 정보를 만들어 내는 데이터베이스

아래 예시로 엔터티 간의 관계를 알아봅시다.

학생 —소속되다— 학과

[학생] 엔터티

회원ID	이름	나이	연락처	소속학과ID
AAAAA	A학생	25	02-111-1111	D001
BBBBB	B학생	52	010-2222-3333	D002

[학과] 엔터티

학과ID	학과명
D001	소프트웨어공학과
D002	독일언어문문학과

- 학생 엔터티와 학과 엔터티 사이에는 "소속"이라는 논리적 관계를 가질 수 있습니다.
- 이를 통해 "어떤 학생이 어떤 학과에 소속되어 있다"라는 의미 있는 정보를 만들어 낼 수 있습니다.
  - 예) A학생은 D001학과에 소속되어 있고, D001은 소프트웨어공학과이다.

02 관계의 분류

01 관계의 목적에 따른 분류

관계는 형성 목적에 따라 '존재적 관계'와 '행위적 관계'로 나눌 수 있습니다.

분류	설명	예시
존재적 관계	단순히 소속되거나 포함되는 관계	학생 ↔ 학과(소속되다), 직원 ↔ 부서(소속되다)
행위적 관계	행위로 인해 연결되는 관계	회원 ↔ 상품(구매하다), 사용자 ↔ 게시글(작성하다)

02 ERD와 클래스 다이어그램에서의 관계 표현 방식

ERD(데이터 모델링)와 UML(프로세스 모델링)은 동일한 관계라도 표기 방식이 다릅니다. 시험에 나오는 부분은 한정적이므로 ERD에 좀 더 집중하고, 차이점만 가볍게 숙지하고 넘어가겠습니다.

분류	ERD (데이터 모델링)	UML (프로세스 모델링)
존재적 관계 (연관 관계)	실선 (―――――)	실선 (――――▶)
행위적 관계 (의존 관계)	실선 (―――――)	점선 (┄┄┄┄▶)
주 사용처	데이터 구조 설계	시스템 흐름, 클래스 설계 등
예시	연관(존재) 관계 – 소속되다 [학생]――――[학과] 의존(행위) 관계 – 구매하다 [학생]――――[상품]	연관(존재) 관계 – 소속되다 [학생]――――▶[학과] 의존(행위) 관계 – 구매하다 [학생]┄┄┄┄▶[상품]

- 존재적 관계를 UML에서는 연관(Association) 관계로 표현합니다.
- 행위적 관계를 UML에서는 의존(Dependency) 관계로 표현합니다.
- ERD는 존재적 관계(=연관 관계), 행위적 관계(=의존 관계) 모두 실선으로 표현합니다.
- UML은 존재적 관계(=연관 관계)는 실선, 행위적 관계(=의존 관계)는 점선으로 표현합니다.

03 관계 표기 및 읽는 법

엔터티끼리 선을 이용해서 "관계"를 표현했다면, 여기에 관계명, 관계차수, 관계 선택성 개념을 추가함으로써 더 많은 정보를 표현할 수 있습니다. 이때 여러 가지 표기 방식이 존재하는데, 시험에서 자주 출제되는 IE, Barker 표기법을 위주로 설명합니다.
관계 표기 읽는 방법은 강의와 병행하여 학습하면 이해가 더욱 쉽습니다.

> **기적의 TIP**
>
> **잠깐! IE 표기법, Barker 표기법이란?**
> 데이터 모델링을 설계하기 위한 ERD를 그릴 때 사용하는 모델링 표기법 종류입니다. SQLD 1과목은 IE, Barker 표기법으로 그려진 모델링을 읽고 해석하는 능력이 중요합니다.

01 관계 표현 3요소

구분	설명
관계명(Membership)	두 엔터티 간의 논리적인 관계를 동사로 명시
관계차수(Degree/Cardinality)	인스턴스가 얼마나 관계에 참여하는지(1:1, 1:N, N:M) 명시
관계 선택성(Optionality)	인스턴스가 반드시 관계에 참여해야 하는지 여부를 명시

1) 관계 표기법 – 관계명(Membership) with IE, Barker 표기법

① 관계명은 엔터티끼리의 논리적인 관계를 "현재형의 동사"로 표현합니다.
　　예) 소속하다, 구매하다, 보유하다 등
② 관계명은 애매한 표현이나 과거·미래 시제로 작성하지 않도록 주의해야 합니다.
　　예) 소속했다, 관계가 있다, 구매했을 것이다. 등
③ 관계명은 두 엔터티 간의 연결이므로 양방향 해석이 가능합니다.

관계명은 IE와 Barker 표기법 모두 동일하게 작성합니다.

예시	해석
학생 → 학과	학생은 학과에 소속된다.
학과 → 학생	학과는 학생을 소속(보유)한다.
교수 → 강의	교수는 강의를 진행한다.
강의 → 교수	강의는 교수에 의해 진행된다.

2) 관계 표기법 – 관계차수(Degree/Cardinality) with IE, Barker 표기법

① 관계차수는 엔터티 내의 인스턴스가 각각 관계에 "얼마나" 관계에 참여하는가를 물어봅니다.
② 관계차수의 종류는 1:M(일대다), 1:1(일대일), N:M(다대다) 관계가 존재합니다.
③ IE 표기법, Barker 표기법 모두 다(M or N) 쪽 관계 차수는 까치발(〈) 기호로 표시합니다.

① IE 표기 방식에서의 관계차수 해석

IE 표기법에서는 '하나'를 문자 I로 표현하며, 숫자 1처럼 이해하면 쉽습니다.

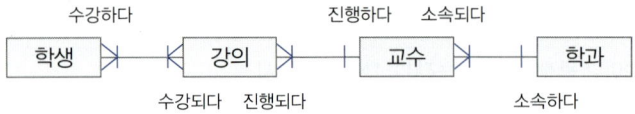

관점	해석
학생 → 강의	하나의 학생은 하나(I)의 강의를 수강하거나, 여러(〈) 강의를 수강할 수 있다.
강의 → 학생	하나의 강의는 하나(I)의 학생에게 수강되거나, 여러(〉) 학생에게 수강된다.
강의 → 교수	하나의 강의는 하나(I)의 교수에 의해 진행된다.
교수 → 강의	하나의 교수는 하나(I)의 강의를 진행하거나 여러(〉) 강의를 진행할 수 있다.

이때 학생과 강의의 관계를 M:N(다:다) 관계라고 하며 양쪽에 까치발이 존재합니다. 강의와 교수의 관계를 1:M(일대다) 관계라고 하며 실무의 대부분을 차지하는 유형입니다.

② Barker 표기 방식에서의 관계차수 해석

Barker 표기에서는 일(하나)을 따로 표현하지 않습니다. IE와의 차이점에 주의하세요.

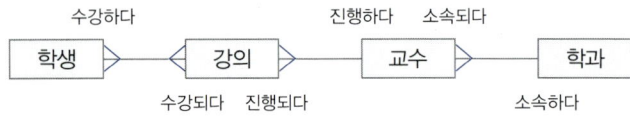

관점	해석
학생 → 강의	하나의 학생은 하나의 강의를 수강하거나, 여러(〈) 강의를 수강할 수 있다.
강의 → 학생	하나의 강의는 하나의 학생에게 수강되거나, 여러(〉) 학생에게 수강된다.
강의 → 교수	하나의 강의는 하나의 교수에 의해 진행된다.
교수 → 강의	하나의 교수는 하나의 강의를 진행하거나 여러(〉) 강의를 진행할 수 있다.

③ 1:1 관계 추가로 확인

[학생]

학생ID	학생명
S001	김지민
S002	이정순
S003	박지은
S004	최승현

[학생세부정보]

학생ID	주민등록번호	성별	연락처
S001	9101012234567	여	010-1111-5678
S002	9202021345678	남	010-2222-6789
S003	9303032456789	여	010-3333-7890
S004	9404041567890	남	010-4444-8901

1:1 관계

▲ IE 표기 방식   ▲ Barker 표기 방식

- IE 표기법 : 하나를 I로 표현하므로 하나(I)의 학생이 하나(I)의 학생세부정보를 등록합니다. 예로 학생 ID가 S001인 학생의 데이터는 학생세부정보에 최대 하나만 입력될 수 있습니다.
- Barker 표기법 : 하나(I)의 의미를 따로 표현하지 않으므로 긴 선만 이어진 것을 볼 수 있습니다.

3) 관계 표기법 – 관계 선택성(Optionality) with IE, Barker 표기법

① 관계 선택성은 엔터티 내의 인스턴스가 관계에 "반드시" 참여해야 하는가를 물어봅니다.
② 반드시 참여한다면 "필수" 참여이고, 반드시 참여할 필요가 없으면 "선택" 참여입니다.

① IE 표기 방식에서의 관계 선택성 해석

IE 표기에서는 선택 관계를 O 기호로 표시합니다. 쉽게 숫자 0을 생각하면 됩니다. O 기호가 없다면 "필수" 관계로 반드시 참여한다는 의미가 됩니다.

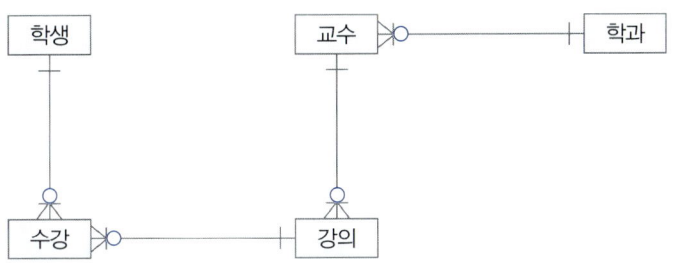

관점	해석
학과 → 교수	• 하나의 학과는 하나(I)의 교수를 보유하거나, 여러() 교수를 보유할 수 있다. • 혹은 신생 학과와 같이 아무런 교수도 보유하고 있지 않을 수(O) 있다.
교수 → 학과	• 하나의 교수는 반드시 하나의(I) 학과에 소속되어야 한다. • 교수 → 학과 쪽으로 읽을 때 학과 쪽에 O 기호가 없으므로 필수 참여이다.
교수 → 강의	• 하나의 교수는 하나(I)의 강의를 진행하거나, 여러() 강의를 진행할 수 있다. • 혹은 신입 교수와 같이 어떤 강의도 진행하지 않을 수(O) 있다.
강의 → 교수	하나의 강의는 반드시 하나의(I) 교수에 의해 진행되어야 한다.

② Barker 표기 방식에서의 관계 선택성 해석

Barker는 선택 관계를 O로 표현하지 않고 반대쪽 선을 "점선"으로 표현합니다. IE와 표기법도 다르고, 기준 엔터티의 반대쪽 선을 점선으로 바꾸기에 헷갈릴 수 있으니 천천히 읽고 이해해 봅시다.

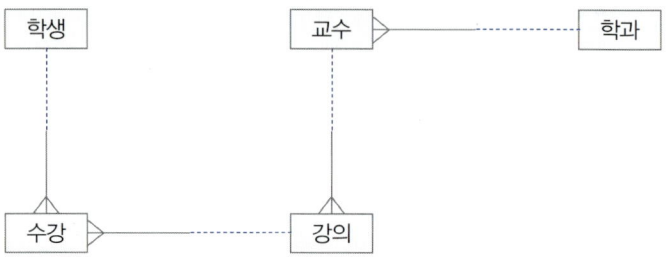

해석 전에, Barker 표기법은 따로 하나(I) 표시를 하지 않는다는 점을 기억해야 합니다.

관점	해석
학과 → 교수	• 하나의 학과는 하나의 교수를 보유하거나, 여러(〉) 교수를 보유할 수 있다. • 혹은 아무런 교수도 보유하고 있지 않을 수 있다(교수 반대쪽 선을 점선으로).
교수 → 학과	• 하나의 교수는 반드시 하나의 학과에 소속되어야 한다. • 교수→학과 쪽으로 교수 쪽의 선이 실선이기 때문이다.
교수 → 강의	• 하나의 교수는 하나의 강의를 진행하거나, 여러(〈) 강의를 진행할 수 있다. • 혹은 어떤 강의도 진행하지 않을 수 있다(교수 반대쪽 선을 점선으로).
강의 → 교수	하나의 강의는 반드시 하나의 교수에 의해 진행되어야 한다.

04 관계 체크 사항

엔터티 간의 관계를 설정할 때 "이 관계가 적합한지" 판단하는 4가지 체크리스트를 제공합니다. 키워드를 중심으로 체크리스트 목록을 기억하면 좋습니다.

> **관계 체크리스트 4가지**
> (1) 두 개의 엔터티 사이에 관심 있는 연관 규칙이 있는가?
> (2) 두 개의 엔터티 사이에 정보의 조합이 발생하는가?
> (3) 업무기술서, 장표에 관계연결에 대한 규칙이 서술되어 있는가?
> (4) 업무기술서, 장표에 관계연결을 가능하게 하는 동사(Verb)가 있는가?

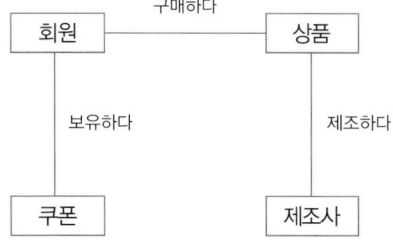

① 두 엔터티 사이에 관심이 있는 연관 규칙이 있는가?

→ 두 엔터티 사이에 업무에 필요한 논리적인 규칙이 있는지를 물어봅니다.

② 두 엔터티 사이에 정보의 조합이 발생하는가?

→ 예를 들어 [회원] 엔터티와 [상품] 엔터티를 조합해 "구매하다"라는 정보를 조합해 낼 수 있습니다.

③ 업무기술서, 장표에 관계연결에 대한 규칙이 서술되어 있는가?

→ 여기서 '규칙'은 관계차수 및 선택성이 적절히 표현되어 있는지를 의미합니다.

④ 업무기술서, 장표에 관계연결을 가능하게 하는 동사(Verb)가 있는가?

→ 동사는 관계명이 적절하게 표현되는지를 의미합니다.

05 ERD(Entity Relationship Diagram)

01 ERD의 정의와 필요성

① ERD의 정의

ERD(Entity Relationship Diagram)란 엔터티(Entity) 간의 논리적인 관계(Relationship)를 그림(Diagram)으로 도식화한 것을 의미합니다. ERD는 여러 표기법이 존재하며 시험에서는 주로 IE, Barker 표기법이 출제됩니다.

② ERD의 필요성

항목	설명
복잡한 요구사항을 시각화	글로 이해하기 어려운 데이터 요구사항을 그림으로 간략하게 표현
구성원 간 의사소통 도구	개발자, 기획자, 현업이 함께 이해하고 소통하도록 돕는 도구
개념적 모델링의 산출물	데이터 모델링의 첫 번째 단계에서 도출되는 대표 결과물

예시로 다음 데이터 요구사항을 ERD로 간략하게 표현할 수 있습니다.

> [데이터 요구사항 명세서]
> - 한 명의 회원은 하나 이상의 쿠폰을 가질 수도 있고, 쿠폰이 없을 수도 있다.
> - 특정 쿠폰은 반드시 회원만 가질 수 있다.
> - 회원과 상품은 다대다 관계이다.
> - 회원은 여러 상품을 구매할 수 있고 혹은 안 살 수도 있다.
> - 반대로 하나의 상품은 재고가 존재하는 한 여러 회원이 구매할 수 있고 혹은 아무도 구매하지 않을 수 있다.

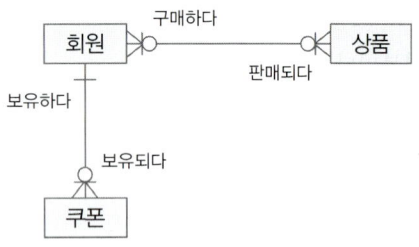

▲ ERD 예시

02 ERD 그리는 순서

단계	설명
① 엔터티 도출	요구사항에서 엔터티를 추출한다.
② 엔터티 배치	엔터티를 적절히 배치하고 중심이 되는 엔터티를 왼쪽 상단에 둔다.
③ 관계선 그리기	적절히 배치된 엔터티에 대해 관계가 있는 엔터티끼리 선을 그어준다.
④ 관계명 작성	현재형 동사로 관계명을 표현한다. ◉ 포함한다, 구매한다 등
⑤ 관계차수 작성	관계 차수를 표현한다. ◉ 1:1, 1:N, M:N 등
⑥ 관계 선택성 표시	관계가 필수인지 선택인지 선택성을 표현한다. ◉ O, (barker일 경우) 반대쪽에 점선 표시 등

이 일련의 과정을 통해 데이터 요구사항으로부터 엔터티를 뽑고, 적당히 배치하고, 관계선을 연결하고, 관계명, 관계차수, 관계 선택성을 표현하면 ERD가 완성됩니다.

> **기적의 TIP**
>
> 실무에서는 꼭 이 순서를 지키진 않지만, 시험에서는 ERD 그리는 순서를 문제로 물어보는 경우가 있으니 가볍게 순서를 암기하세요.

06 엔터티와 관계

일반적으로 엔터티는 다른 엔터티와 최소 하나 이상의 관계를 맺어야 의미가 있습니다. 엔터티 간의 관계는 데이터 모델의 논리성과 유기성을 확보하는 데 중요합니다. 예외적으로, 코드성 엔터티와 통계성 엔터티는 직접적인 관계 없이도 독립적으로 존재할 수 있습니다.

1) 코드성 엔터티

[회원] 엔터티

회원 ID	이름	국가코드
1001	김철수	KR
1002	John	US

[배송주소] 엔터티

주소ID	수령인	국가코드	상세주소
5001	이영희	KR	서울특별시 강남구...
5002	Michael	US	123 Main St, NY, USA

[국가코드] 엔터티 (코드성 엔터티)

국가코드	국가명
KR	대한민국
US	미국
JP	일본

국가코드 엔터티는 국가명을 코드화하여 정리한 코드성 테이블입니다. 이 엔터티는 회원이나 배송주소 등 여러 엔터티에서 공통으로 참조되며, 국가 정보를 일관되게 관리하기 위한 기준 데이터 역할을 합니다. 이처럼 코드성 엔터티는 여러 엔터티에 연계될 수 있기에 오히려 관계를 표현하면 데이터 모델이 복잡해질 수 있으므로 예외적으로 관계를 생략합니다.

2) 통계성 엔터티

통계ID	월	총접속자수
1	2025-04	12,345
2	2025-05	10,987

통계성 엔터티는 특정 기간의 수치 데이터를 저장하는 용도로 사용되며, 분석 및 리포트 목적으로 활용되기 때문에 다른 엔터티와의 관계없이도 독립적인 의미를 가집니다.

이론을 확인하는 기출문제

01 다음 중 관계(Relationship)에 대한 설명으로 가장 적절한 것은?

① 하나의 테이블 내부에서 컬럼들이 서로 계산되는 방식이다.
② 서로 다른 속성(Attribute) 간의 연산 관계를 의미한다.
③ 두 개 이상의 엔터티(Entity) 간에 의미 있는 연결을 나타낸다.
④ 한 개체(Entity) 내의 데이터가 중복되지 않도록 하는 규칙이다.

관계(Relationship)는 두 개 이상의 엔터티 사이에 논리적으로 의미 있는 연결을 의미하며, 이를 통해 데이터의 정보 조합을 표현할 수 있다.

02 다음 중 '존재적 관계'에 해당하는 예시는?

① 회원 ↔ 상품(구매하다)
② 학생 ↔ 학과(소속되다)
③ 직원 ↔ 급여(수령하다)
④ 사용자 ↔ 게시글(작성하다)

단순 소속/포함의 관계는 '존재적 관계'로 분류된다. 구매, 수령, 작성은 '행위적 관계'로 분류된다.

03 다음 중 ERD에서 IE 표기법 기준으로 '선택적 참여'를 나타내는 기호는?

① O
② I
③ <
④ *

IE 표기법에서 선택 관계는 O 기호로 표현된다.

04 Barker 표기법에서 '필수 참여'를 나타내는 방법으로 가장 적절한 것은?

① 관계선의 반대편을 점선으로 그린다
② 관계선의 반대편을 실선으로 그린다
③ 관계선 위에 I 기호를 표시한다
④ 별도의 기호 없이 표기하지 않는다

Barker 표기법은 '필수 참여'를 관계선의 반대편을 실선으로 그린다. '선택 참여'라면 관계선의 반대편을 점선으로 표시한다. 관계선 위에 I 기호를 표현하는 것은 Barker 표기에서 "식별관계"를 의미한다.

05 다음 관계차수 중, 양쪽 모두 까치발(< 또는 >)이 존재하는 경우의 의미로 가장 적절한 것은?

① 1:1 관계
② 1:N 관계
③ M:N 관계
④ 0:1 관계

까치발 기호가 양쪽에 있을 경우 M:N(다대다) 관계를 의미한다.

06 아래 중 관계 설정의 체크리스트 항목으로 보기 어려운 것은?

① 두 엔터티 사이에 관심 있는 연관규칙이 존재하는가?
② 업무기술서, 장표에 관계연결을 가능하게 하는 명사(Noun)가 있는가?
③ 두 엔터티 사이에 정보의 조합이 발생하는가?
④ 업무기술서, 장표에 관계연결에 대한 규칙이 서술되어 있는가?

'업무기술서, 장표에 관계연결을 가능하게 하는 동사(Verb)가 있는가?'가 올바른 표현이다. 이는 사실상 관계명을 동사로 표현하라는 의미로 볼 수 있다.

정답 01 ③ 02 ② 03 ① 04 ② 05 ③ 06 ②

07 다음 중 ERD(Entity Relationship Diagram)의 주된 목적에 해당하지 <u>않는</u> 것은?

① 데이터 간 관계를 시각적으로 표현하여 이해를 돕는다.
② 데이터 처리 속도를 향상시키기 위한 인덱스를 정의한다.
③ 시스템 이해관계자 간 의사소통 도구로 활용될 수 있다.
④ 데이터 요구사항을 구조화하여 설계의 기초로 삼는다.

ERD는 데이터 구조와 관계를 시각적으로 표현하고 설계의 기반이 되는 도구이며, 데이터베이스 성능 향상 목적으로는 거리가 멀다. ERD는 특히 개발자, 설계자, 사용자 간의 의사소통 수단으로도 매우 유용하다.

08 다음 중 ERD(Entity Relationship Diagram) 작성 순서로 올바른 것은?

> ㄱ. 관계선을 연결한다.
> ㄴ. 관계차수를 표현한다.
> ㄷ. 엔터티 배치한다.
> ㄹ. 엔터티를 도출한다.
> ㅁ. 관계 선택성을 표시한다.
> ㅂ. 관계명을 작성한다.

① ㄱ → ㄴ → ㄷ → ㄹ → ㅁ → ㅂ
② ㄹ → ㄷ → ㄱ → ㄴ → ㅂ → ㅁ
③ ㄹ → ㄷ → ㄱ → ㅂ → ㄴ → ㅁ
④ ㄷ → ㄹ → ㄱ → ㅂ → ㄴ → ㅁ

ERD 작성의 올바른 순서는 다음과 같다.
ㄹ. 엔터티 도출 → ㄷ. 엔터티 배치 → ㄱ. 관계선 연결 → ㅂ. 관계명 작성 → ㄴ. 관계차수 표현 → ㅁ. 관계 선택성 표시

09 다음 중 ERD 상의 관계 표현에 대한 설명으로 가장 적절하지 <u>않은</u> 것은?

① IE 표기법에서는 'l'는 하나를 의미하며 '〈'는 다수(여럿)를 의미한다.
② Barker 표기법은 하나의 의미를 별도로 표현하지 않는다.
③ IE 표기법에서 'O'는 선택관계를 의미한다.
④ Barker 표기법에서 선택 관계는 실선으로 표현한다.

Barker 표기법에서 선택 관계는 관계선의 반대쪽을 '점선'으로 표현한다.

10 다음 중 '엔터티와 관계'의 일반적인 원칙에 부합한 설명은?

① 엔터티는 최소 둘 이상의 관계를 가져야 한다.
② 통계성 엔터티는 최소 하나 이상의 관계를 가져야 한다.
③ 코드성 엔터티는 여러 엔터티와 관계를 맺어야 하므로 중앙에 배치한다.
④ M:N 관계일 경우 1:N, M:1로 분리해줘야 한다.

통계성 엔터티는 다른 엔터티와 직접적인 관계가 없어도 그 자체로 의미가 있으므로 독립적으로 존재할 수 있다. 코드성 엔터티는 이를 참조하는 엔터티가 많아 관계로 표현하면 너무 복잡해질 수 있기에 예외를 두는 편이다. 다대다 관계는 1:다 관계로 서로 쪼개야 한다.

정답 07 ② 08 ③ 09 ④ 10 ④

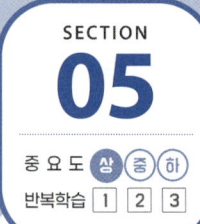

식별자

빈출 태그 ▶ 주식별자, 보조식별자, 내부식별자, 외부식별자, 단일식별자, 복합식별자, 본질식별자, 인조식별자, PK의 특징, 식별 관계 vs 비식별 관계

01 식별자의 정의와 분류

01 식별자의 정의

식별자란 엔터티 안의 인스턴스를 유일하게 식별할 수 있는 속성의 집합입니다. 모든 엔터티는 반드시 하나의 식별자를 가져야 합니다. 다음 회원 엔터티 예시를 통해 식별자로 적합한 속성이 무엇인지 알아봅시다.

[회원] 엔터티

회원ID	이름	성별	나이
AAAAA	김형식	남	25
BBBBB	문배수	남	52
CCCCC	김형식	여	30

- 이름 속성(부적합) → 이름은 속성값이 동일한 값이 들어올 수 있으므로 유일한 인스턴스 식별이 어렵습니다.
- 회원ID 속성(적합) → 회원ID는 중복 없이 입력되어 유일한 인스턴스를 식별할 수 있습니다.
- 이름 + 성별 속성(부적합) → 이름 + 성별 조합은 현재는 중복이 없을 수 있지만, 앞으로 동일한 이름과 성별을 가진 회원이 등록될 가능성이 있어 식별자로 부적합합니다.

02 식별자의 분류

식별자는 다음 4가지 기준에 따라 분류할 수 있습니다.

구분	종류	설명
대표성 여부	주식별자 vs 보조식별자	엔터티를 대표하는 식별자인가?
스스로 생성(자생) 여부	내부식별자 vs 외부식별자	엔터티에 원래 있던 식별자인가?
단일 속성 여부	단일식별자 vs 복합식별자	속성 하나로 식별자가 구성되었는가?
대체 여부	본질식별자 vs 인조식별자	업무상 편의를 위해 대체한 식별자인가?

① 대표성 여부에 따른 구분(주식별자 vs 보조식별자)

분류	설명	예시
주식별자 (Primary Identifier)	여러 보조식별자 중에서 엔터티를 대표로 선택된 단 하나의 식별자	회원ID
보조식별자 (Alternate Identifier)	주식별자가 될 수 있지만 선택되지 않은 나머지 식별자들	주민등록번호

주민등록번호도 유일한 인스턴스를 구분할 수 있으니 식별자가 될 수 있지만, 회원ID가 선택되어 주식별자가 되었으니 주민등록번호는 보조식별자입니다. 무엇을 주식별자로 선택해야 하는지는 이후 "주식별자 도출 기준"에서 설명합니다.

② 스스로 생성(자생) 여부에 따른 구분(내부식별자 vs 외부식별자)

분류	설명	예시
내부식별자 (Internal Identifier)	엔터티 내부에 원래부터 존재한 식별자	• 회원 엔터티의 회원ID • 문의 엔터티의 문의번호
외부식별자 (Foreign Identifier)	다른 엔터티와의 관계를 표현하기 위해 A 엔터티에서 B 엔터티에게 A의 식별자를 빌려주면 B 엔터티에서 외부식별자로 불림	문의 엔터티에서 사용되는 회원ID

아래 ERD를 보면 하나의 회원이 여러 문의를 남길 수도, 남기지 않을 수도 있습니다. 혹은 하나의 문의는 하나의 회원이 남길 수도 있고, 혹은 비회원(회원ID가 없는 사람)이 남길수도 있습니다.

우리는 ERD로도 이해할 수 있지만 실제 데이터 간의 관계를 표현하려면 아래와 같이 외부식별자를 이용해야 합니다.

[회원]

회원ID(PK)	이름	성별	주민등록번호
AAAAA	김형식	남	951212-1111111
BBBBB	비두기	여	930202-2222222
CCCCC	김제현	남	000323-3333333

[문의]

→ 외부 식별자(FK) : 회원 엔터티에서 받아온 회원ID

문의번호(PK)	회원ID(FK)	제목	내용
1	AAAAA	문의 남깁니다.	상품은 언제쯤 도착하나요?
2	BBBBB	환불요청	상품 사이즈가 잘못 왔어요. 환불받고 싶…
3	AAAAA	문의 남깁니다.	상품이 도착했는데 파손이 된 경우에는…
4		비회원입니다.	사이트 회원가입을 해야만 환불을 할 수 있나요??

③ 단일속성 여부에 따른 구분(단일식별자 vs 복합식별자)

분류	설명	예시
단일식별자 (Single Identifier)	속성 1개로 구성된 식별자	회원ID
복합식별자 (Composite Identifier)	2개 이상의 속성으로 구성된 식별자	회원ID + 구분코드 ⓔ 집/회사 주소 구분

[회원주소]

회원ID	구분코드	주소
AAAAA	집	서울특별시 관악구 oo동
BBBBB	집	서울특별시 중구 oo동
CCCCC	집	부산광역시
AAAAA	회사	광주광역시 북구 oo동

→ 회원ID 내 중복 속성값 존재
(유일한 인스턴스 구분 불가)

→ 구분코드 속성과 함께 사용하여 유일한 인스턴스 구분

- 회원주소 엔터티는 회원ID만으로는 유일한 인스턴스를 구분할 수 없습니다.
- 대신 회원ID와 구분코드를 함께 사용하면, 유일한 인스턴스를 구별할 수 있습니다.

④ 대체 여부에 따른 구분(본질식별자 vs 인조식별자)

분류	설명	예시
본질식별자 (Original Identifier)	원래 존재하던 속성으로 구성으로 업무적인 의미가 있음	회원ID, 주민등록번호 등
인조식별자 (Surrogate Identifier)	새로 만든 임의의 식별자로 업무적인 의미가 없음	주소ID, 상품ID 등(보통 순번 기반)

[회원주소]

회원ID	구분코드	주소
AAAAA	집	서울특별시 관악구 oo동
BBBBB	집	서울특별시 중구 oo동
CCCCC	집	부산광역시
AAAAA	회사	광주광역시 북구 oo동

[회원주소]

주소ID	회원ID	구분코드	주소
1	AAAAA	집	서울특별시 관악구 oo동
2	BBBBB	집	서울특별시 중구 oo동
3	CCCCC	집	부산광역시
4	AAAAA	회사	광주광역시 북구 oo동

→ 식별자였던, 회원ID + 구분코드 대신 "주소ID" 식별자를 새롭게 생성

회원주소 엔터티의 본질식별자가 "회원ID + 구분코드"일 경우, 데이터를 입력할 때마다 이 두 값의 조합이 이미 존재하는지 매번 확인해야 하는 번거로움이 있습니다. 반면, 주소ID와 같이 자동 증가하는 임의의 식별자를 사용하면, 중복 여부를 따로 확인하지 않아도 되어 입력이 훨씬 간편해집니다.

또한, 식별자 분류를 반드시 하나의 기준으로만 할 필요는 없습니다.

속성	식별자 유형
[회원] 엔터티 – 회원ID	주식별자, 내부식별자, 단일식별자, 본질식별자
[회원주소] 엔터티 – 주소ID(임의의 식별자 사용)	주식별자, 내부식별자, 단일식별자, 인조식별자
[회원주소] 엔터티 – 회원ID	외부식별자
[회원주소] 엔터티 – 회원ID + 구분코드(식별자 조합해서 사용)	주식별자, 외부식별자(회원ID), 내부식별자(구분코드), 복합식별자, 본질식별자

02 주식별자

주식별자는 엔터티의 인스턴스를 유일하게 구별하는 엔터티의 대표 식별자로, 엔터티는 반드시 하나의 주식별자를 가져야 합니다. 주식별자의 특징과 여러 보조식별자로부터 주식별자를 도출하는 기준을 살펴보겠습니다.

01 주식별자의 특징

주식별자는 유일성, 최소성, 불변성, 존재성 4가지의 특징을 가집니다.

특징	설명
유일성	엔터티 내 각각의 인스턴스를 유일하게 식별할 것
최소성	최소한의 속성 조합으로 식별자를 구성할 것
불변성	주식별자로 지정된 속성은 가급적 변하지 않을 것
존재성	주식별자로 지정된 속성은 반드시 값이 입력될 것(NULL이 될 수 없음)

[회원] 엔터티

회원ID(PK)	이름	성별	주민등록번호
AAAAA	김형식	남	951212-1111111
BBBBB	비두기	여	930202-2222222
CCCCC	김제현	남	000323-3333333

① 유일성

회원ID는 현재 중복되는 값이 없도록 입력되어 유일성을 만족하고 있습니다.

② 최소성

주식별자는 최소한의 속성 조합으로 구성되어야 합니다. 예를 들어, 아래와 같은 조합도 유일성을 만족할 수 있지만 여러 속성이 조합되어 있습니다. 회원ID는 하나의 속성만으로 유일한 인스턴스 식별이 가능하므로 회원ID가 선택됩니다.

> 아래와 같이 여러 조합으로도 유일한 식별이 가능하지만 "최소성"도 만족해야 함
> - 회원ID + 주민등록번호
> - 회원ID + 이름 + 성별 + 주민등록번호

③ 불변성

주식별자로 지정된 속성은 변경되지 않아야 합니다.

> **기적의 TIP**
>
> 주식별자는 변경 자체는 가능합니다. 하지만 실무에서는 주식별자의 값이 변경되는 경우가 거의 없습니다. 그러니 시험 관점에서 "주식별자 속성의 값은 변경되면 안 된다."로 기억하세요.

④ 존재성

주식별자는 값이 반드시 있어야 합니다. 즉, NULL(빈 값)을 허용하지 않습니다. 다음의 학생 엔터티 예시를 보겠습니다.

[학생] 엔터티

학생ID	이름
S014	김성민
S019	김주은
	강태식
	정구성

→ 학생ID 속성에 값이 없는 경우가 존재함

NULL 개념을 주식별자 속성에 허용하게 되면 대상 식별도 어렵고, 빈 값이 중복되는 문제가 발생하게 됩니다(NULL 개념은 조금 뒤에서 다룹니다).

02 주식별자 도출 기준

주식별자를 선택할 때는 아래 3가지 기준을 충족해야 합니다. 이를 통해 아래의 예시에서 주민등록번호가 주식별자가 되지 못하는 이유를 알아봅시다.

기준	설명
업무에서 자주 사용될 것	조회 · 검색 등에 자주 쓰이는 속성이어야 함
이름, 내역처럼 불명확한 속성은 배제할 것	이름이나 내역과 같은 속성은 중복되기 쉽고 오탈자의 가능성도 있어 식별자로 적합하지 않음
너무 많은 속성으로 이루어지지 말 것	최소한의 속성 조합으로 인스턴스를 구분해야함(최소성)

[회원]

회원ID	이름	성별	주민등록번호
AAAAA	김형식	남	951212-1111111
BBBBB	비두기	여	930202-2222222
CCCCC	김제현	남	000323-3333333

① 해당 업무에서 자주 이용되는 속성이어야 한다.

회원ID는 내부적으로 회원의 정보, 구매 내역, 보유한 쿠폰 정보 등 다양한 검색 조건에 활용됩니다. 반면 주민등록번호는 내부적으로 암호화(매우 긴 값)되어 사용하기 어렵거나, 최근에는 개인정보 보호법으로 아예 수집이 불가한 경우도 있습니다.

> 901212-1111111 → 암호화 → asdk2jk31jlfjldqkj231p2jr141 등 임의 문자열로 변환해 저장

② 명칭, 내역처럼 이름으로 기술되는 것은 주식별자로 지정하지 않는다.

이름과 같은 속성은 데이터가 중복될 가능성이 있고, 오타로 입력될 가능성이 있으므로 주식별자로 부적합합니다.

③ 너무 많은 속성으로 이루어지지 않도록 한다(= 최소성을 만족해야 함).

너무 많은 속성으로 식별자가 구성되면 유일한 인스턴스를 조회할 시 다소 번거로울 수 있습니다. 회원ID + 이름 + 주민등록번호 등의 조합도 가능하지만, 회원ID가 주식별자가 된 이유입니다.

03 식별 관계 vs 비식별 관계

01 식별 관계와 비식별 관계 정의

식별 관계와 비식별 관계는 외부식별자의 사용 방식에 따라 구분됩니다.

유형	의미	다른 이름
식별 관계	외부식별자가 주식별자로 포함되어 사용됨	강한연결관계
비식별 관계	외부식별자가 일반속성으로 사용됨	약한연결관계

기적의 TIP

외부식별자란?
사람은 ERD만 봐도 충분히 엔터티 간의 논리적인 관계를 이해할 수 있습니다. 하지만 실제 데이터로 관계가 있음을 표현하려면 어느 한쪽 엔터티에 외부식별자를 추가해서 관계를 표현해야 합니다. 이는 이후 외래키(Foreign Key) 개념으로 확장됩니다.

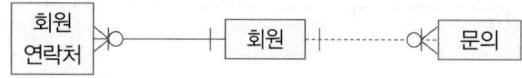

[회원] (주식별자 : 회원ID)

회원ID(PK)	회원명	나이
tae123	태현	25
woo444	우진	24
kim555	김찬	24

[문의] (주식별자 : 문의번호)

문의번호(PK)	회원ID(FK)	문의내용
1	tae123	문의 드립니다..
2	tae123	궁금한 게 있는데..
3	woo444	환불 받으려면..

[회원연락처] (주식별자 : 회원ID + 구분코드)

회원ID(PK, FK)	구분코드(PK)	연락처
tae123	집전화	02-123-1234
tae123	휴대폰	010-1234-1234
kim555	휴대폰	010-5678-5678

① 식별 관계(회원연락처 엔터티와 회원 엔터티)

- [회원연락처] 엔터티는 [회원] 엔터티의 회원ID를 외부식별자로 사용해 어떤 회원이 보유한 연락처인지 관계를 표현합니다.
- [회원연락처] 엔터티가 [회원] 엔터티의 회원ID를 주식별자의 일부로 사용하므로 두 엔터티는 강한연결관계를 가집니다.

② 비식별 관계(문의 엔터티와 회원 엔터티)

- [문의] 엔터티는 [회원] 엔터티의 회원ID를 외부식별자로 사용해 어떤 회원이 문의한 글인지 관계를 표현합니다.
- [문의] 엔터티가 [회원] 엔터티의 회원ID를 주식별자가 아닌 일반속성으로 사용하므로 두 엔터티는 약한연결관계입니다.

02 식별 관계와 비식별 관계 표기 방식(IE, Barker)

① IE에서의 식별/비식별 관계 표현

IE는 강한연결관계를 실선으로, 약한연결관계를 점선으로 관계선을 표현합니다(Barker 표기법의 관계 선택사항과 헷갈리지 않도록 주의).

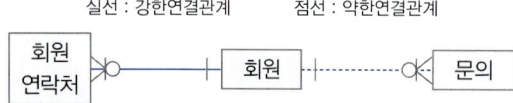

② Barker에서의 식별/비식별 관계 표현

Barker는 강한연결관계는 외부식별자가 있는 쪽에 수직바(|)를 작성하고 약한연결관계는 따로 표현하지 않습니다(IE 표기 방식의 관계차수인 하나(|)와 혼동되지 않도록 주의).

강한연결관계 수직바로 표시   약한연결관계 따로 표시 X

03 식별 관계와 비식별 관계의 특징

식별 관계와 비식별 관계의 특징에 대해 알아봅시다. 참고로 외부식별자를 빌려준 쪽은 부모 엔터티, 받은 쪽이 자식 엔터티라고 부릅니다.

항목	식별 관계 예) 회원연락처.회원ID	비식별 관계 예) 문의.회원ID
외부식별자의 위치	주식별자에 포함됨	일반 속성으로 사용
값 필수 입력 여부	반드시 입력됨 (주식별자의 존재성)	입력 선택 가능 (NULL 허용 가능)
데이터 독립 생성 가능 여부	불가능, 부모 없으면 생성 안 됨 (주식별자에 빈 값 입력 불가)	가능, 부모 없이도 생성 가능 (독립적인 주식별자를 쓰기 때문)
생명주기 연계	부모 삭제 시 자식도 함께 삭제	부모 삭제되어도 자식은 남길 수 있음
식별자 확장	상속 구조로 주식별자 길이 증가(=확장)	주식별자 확장되지 않음(=차단됨)

➕ 더 알기 TIP

- 식별자 상속 : 부모 엔터티의 주식별자가 자식 엔터티의 식별자에 포함되는 것
- 식별자 차단 : 부모 식별자를 참조하되 자식 식별자에는 포함되지 않는 것(비식별)

다음 예시를 통해 식별 관계와 비식별 관계를 구분해 봅시다.

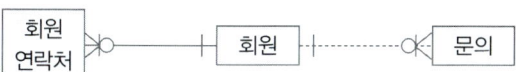

[회원] (주식별자 : 회원ID)

회원ID(PK)	회원명	나이
tae123	태현	25
woo444	우진	24
kim555	김찬	24

[문의] (주식별자 : 문의번호)

문의번호(PK)	회원ID(FK)	문의내용
1	tae123	문의 드립니다..
2	tae123	궁금한 게 있는데..
3	woo444	환불 받으려면..

[회원연락처] (주식별자 : 회원ID + 구분코드)

회원ID(PK, FK)	구분코드(PK)	연락처
tae123	집전화	02-123-1234
tae123	휴대폰	010-1234-1234
kim555	휴대폰	010-5678-5678

① 외부식별자가 주식별자에 포함된다.
- 문의 엔터티의 회원ID는 일반 속성에 입력되어 있으므로 비식별 관계입니다.
- 회원연락처 엔터티의 회원ID는 주식별자의 구성원이므로 식별 관계입니다.

② 외부식별자에 값이 반드시 입력되어야 한다(주식별자의 존재성).
- 주식별자는 반드시 값이 입력되어야 하는 존재성 특징을 가집니다.
- 따라서 식별 관계인 회원연락처 엔터티의 회원ID는 반드시 값이 입력되어야 합니다.
- 반대로 비식별 관계인 문의 엔터티의 회원ID는 일반 속성이므로 필요에 따라 값을 입력하면 됩니다.

③ 데이터 독립 생성 가능 여부
- 비식별 관계에서는 외부식별자가 일반속성으로 사용되고, 주식별자는 독립적으로 존재하므로 자식 엔터티가 부모 없이도 생성될 수 있습니다(단, 문의 엔터티의 회원ID가 NULL 입력이 가능해야 함).

[회원] (주식별자 : 회원ID)

회원ID(PK)	회원명	나이
tae123	태현	25
woo444	우진	24
kim555	김찬	24

[문의] (주식별자 : 문의번호)

문의번호(PK)	회원ID(FK)	문의내용
1	tae123	문의 드립니다..
2	tae123	궁금한 게 있는데..
3	woo444	환불 받으려면..
4		비회원입니다.

- 반면, 외부식별자가 주식별자의 구성원인 강한연결관계는 존재성 규칙으로 인해 독립적인 데이터 생성이 불가능합니다(즉, 부모 엔터티의 데이터에 의존하게 됨).

④ 생명주기 연계
- 생명주기 연계란, 부모 엔터티의 데이터가 소멸할 때 자식 엔터티의 데이터도 함께 소멸할지, 남아있을지 결정하는 것을 의미합니다.
- 식별 관계는 부모 엔터티의 데이터가 소멸할 때 자식도 함께 소멸하고 싶은 경우에 적합한 방식입니다. 실무에서는 이러한 상황에 대비해, 외래키에 ON DELETE CASCADE 제약조건을 설정하여 부모 삭제 시 자식도 자동으로 삭제되도록 구현합니다(FOREIGN KEY 참고).

실선 : 강한연결관계

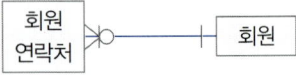

[회원] (주식별자 : 회원ID)

회원ID(PK)	회원명	나이
~~tae123~~	~~태현~~	~~25~~
woo444	우진	24
kim555	김찬	24

→ 삭제

[회원연락처] (주식별자 : 회원ID + 구분코드)

회원ID(PK, FK)	구분코드(PK)	연락처
~~tae123~~	~~집전화~~	~~02-123-1234~~
~~tae123~~	~~휴대폰~~	~~010-1234-1234~~
kim555	휴대폰	010-5678-5678

→ 삭제

- 비식별관계는 부모 엔터티의 데이터가 소멸해도 자식이 남아있길 원할 때 적합합니다.

점선 : 약한연결관계

[회원] (주식별자 : 회원ID)

회원ID(PK)	회원명	나이
~~tae123~~	~~태현~~	~~25~~
woo444	우진	24
kim555	김찬	24

→ 삭제

[문의] (주식별자 : 문의번호)

문의번호(PK)	회원ID(FK)	문의내용
1	tae123	문의 드립니다..
2	tae123	궁금한 게 있는데..
3	woo444	환불 받으려면..

> **기적의 TIP**
>
> 위 내용은 외래키의 제약조건 개념을 더 알아야 하므로 지금은 가볍게 읽고 넘어가면 됩니다.

⑤ 식별자 확장

- 식별 관계는 부모 엔터티의 식별자를 자식 엔터티에게 빌려줄수록 자식 엔터티의 주식별자 속성 조합이 증가하게 됩니다. 이를 '부모 엔터티의 식별자를 자식 엔터티에 이전한다'고 합니다.

실선 : 강한연결관계

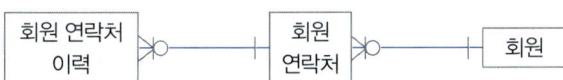

[회원] (주식별자 : 회원ID)

회원ID(PK)	회원명	나이
tae123	태현	25
woo444	우진	24
kim555	김찬	24

[회원연락처] (주식별자 : 회원ID + 구분코드)

회원ID(PK, FK)	구분코드(PK)	연락처
tae123	집전화	02-123-1234
tae123	휴대폰	010-1234-1234
kim555	휴대폰	010-5678-5678

[회원연락처이력] (주식별자 : 회원ID + 구분코드 + 순번)

회원ID(PK, FK)	구분코드(PK, FK)	순번(PK)	연락처
tae123	집전화	1	02-111-1111
tae123	집전화	2	02-123-1234
kim555	휴대폰	1	010-5678-5678

[부모 엔터티 식별자 이전]
- 회원 엔터티 : 회원ID
- 회원연락처 엔터티 : 회원ID + 구분코드
- 회원연락처이력 엔터티 : 회원ID + 구분코드 + 순번

강한 종속성으로 자식 엔터티 식별자에 부모 엔터티 식별자가 포함됨

- 반면, 비식별 관계는 부모 엔터티의 주식별자와 독립적으로 이용할 수 있으므로 상속할 필요가 없습니다. 이를 '부모 엔터티의 식별자를 자식 엔터티에 차단한다'고 합니다.

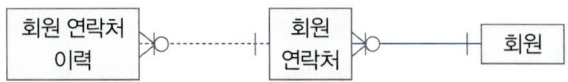

[회원] (주식별자 : 회원ID)

회원ID(PK)	회원명	나이
tae123	태현	25
woo444	우진	24
kim555	김찬	24

[회원연락처] (주식별자 : 회원ID + 구분코드)

회원ID(PK, FK)	구분코드(PK)	연락처
tae123	집전화	02-123-1234
tae123	휴대폰	010-1234-1234
kim555	휴대폰	010-5678-5678

[회원연락처이력] (주식별자 : 이력번호)

이력번호(PK)	회원ID(FK)	구분코드(FK)	연락처
1	tae123	집전화	02-111-1111
2	tae123	집전화	02-123-1234
3	kim555	휴대폰	010-5678-5678

[부모 엔터티 식별자 차단]
- 회원 : 회원ID
- 회원연락처 : 회원ID + 구분코드
- 회원연락처이력 : 이력번호 ← 자식 엔터티의 식별자에 부모의 식별자가 포함되지 않음

04 식별 vs 비식별, 언제 무엇을 써야 할까?

상황에 따라 둘 다 적절히 혼용하는 것이 좋습니다. 예를 들어 자식 엔터티가 독립적인 식별자를 필요로 하거나, 부모 엔터티의 데이터가 사라져도 영향을 받고 싶지 않거나, 식별자 조합이 길어서 단순한 식별자를 사용하고 이전(상속)을 차단하고 싶다면 비식별 관계로 연결합니다. 반면 강력한 무결성 관계를 필요로 하거나, 인덱스 생성을 낭비하고 싶지 않다면 식별 관계로 연결합니다.

기준	식별관계 적합	비식별관계 적합
데이터 무결성 중시	O	X
독립적 생성 필요	X	O
삭제 연쇄 필요	O	X
식별자 간결함 중시	X	O
조인 줄이기 원함	O	X

▲ 식별 관계 VS 비식별 관계 적합 기준 요약

만약 극단적으로 식별, 비식별 관계를 하나만 사용하면 어떻게 될까요? 아래와 같은 문제들이 발생할 수 있습니다.

① 식별 관계만 이용할 경우 – 특정 데이터를 찾기 위한 주식별자 조건이 많아짐

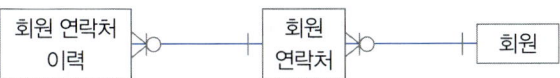

실선 : 강한연결관계

[회원] (주식별자 : 회원ID)

회원ID(PK)	회원명	나이
tae123	태현	25
woo444	우진	24
kim555	김찬	24

[회원연락처] (주식별자 : 회원ID + 구분코드)

회원ID(PK, FK)	구분코드(PK)	연락처
tae123	집전화	02-123-1234
tae123	휴대폰	010-1234-1234
kim555	휴대폰	010-5678-5678

[회원연락처이력] (주식별자 : 회원ID + 구분코드 + 순번)

회원ID(PK, FK)	구분코드(PK)	순번(PK)	연락처
tae123	집전화	1	02-111-1111
tae123	집전화	2	02-123-1234
kim555	휴대폰	1	010-5678-5678

tae123 회원의 첫 번째 집전화 이력을 가져오려면?

```
SELECT *
  FROM 회원연락처이력
 WHERE 회원ID = 'tae123'
   AND 구분코드 = '집전화'
   AND 순번 = 1
```
→ 특정 데이터 하나를 찾기 위해 여러 조건이 발생

② 비식별 관계만 이용할 경우 – 데이터를 찾기 위해 여러 엔터티를 연결해 찾아야 함(조인 증가)

점선 : 약한연결관계

[회원] (주식별자 : 회원ID)

회원ID(PK)	회원명	나이
tae123	태현	25
woo444	우진	24
kim555	김찬	24

[회원연락처] (주식별자 : 연락처순번)

연락처순번(PK)	회원ID(FK)	구분코드	연락처
1	tae123	집전화	02-123-1234
2	tae123	휴대폰	010-1234-1234
3	kim555	휴대폰	010-5678-5678

[회원연락처이력] (주식별자 : 이력번호)

이력번호(PK)	연락처순번(FK)	연락처
1	1	02-111-1111
2	1	02-123-1234
3	3	010-5678-5678

tae123 회원의 첫 번째 집전화 이력을 가져오려면?

```
SELECT *
  FROM 회원 A
     , 회원연락처 B
     , 회원연락처이력 C
 WHERE A.회원ID = B.회원ID
   AND B.연락처순번 = C.연락처순번
   AND C.이력번호 = ( SELECT MIN(이력번호)
                      FROM 회원연락처이력
                     WHERE 연락처순번 = B.연락처순번
                    )
   AND A.회원ID = 'tae123'
   AND B.구분코드 = '집전화' ;
```

→ 엔터티 3개를 모두 연계해서 찾아야 함

③ 둘을 적절히 사용한 경우

점선 : 약한연결관계   실선 : 강한연결관계

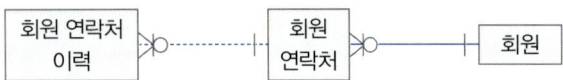

[회원] (주식별자 : 회원ID)

회원ID(PK)	회원명	나이
tae123	태현	25
woo444	우진	24
kim555	김찬	24

[회원연락처] (주식별자 : 회원ID + 구분코드)

회원ID(PK, FK)	구분코드(PK)	연락처
tae123	집전화	02-123-1234
tae123	휴대폰	010-1234-1234
kim555	휴대폰	010-5678-5678

[회원연락처이력] (주식별자 : 이력번호)

이력번호(PK)	회원ID(FK)	구분코드	연락처
1	tae123	집전화	02-111-1111
2	tae123	집전화	02-123-1234
3	kim555	휴대폰	010-5678-5678

tae123 회원의 첫 번째 집전화 이력을 가져오려면?

```
SELECT *
  FROM 회원연락처이력
 WHERE 회원ID = 'tae123'
   AND 구분코드 = '집전화'
   AND 이력번호 = (SELECT MIN(이력번호)
                   FROM 회원연락처이력
                  WHERE 회원ID = 'tae123'
                    AND 구분코드 = '집전화') ;
```

이론을 확인하는 기출문제

01 다음 중 식별자에 대한 설명으로 옳지 <u>않은</u> 것은?

① 식별자는 엔터티 내에서 인스턴스를 유일하게 구별할 수 있어야 한다.
② 주식별자는 NULL 값을 가질 수 없다.
③ 하나의 엔터티에는 주식별자와 보조식별자가 모두 존재할 수 없다.
④ 식별자는 자생(스스로생성) 여부에 따라 내부 또는 외부 식별자로 구분할 수 있다.

하나의 엔터티는 하나의 주식별자와 여러 개의 보조식별자를 가질 수 있다. 주식별자는 대표 식별자이고, 나머지는 보조식별자로 분류된다. 예를 들어 학생ID는 주식별자, 주민등록번호는 보조식별자로 분류된다.

02 다음 중 주식별자의 특징으로 올바르지 <u>않은</u> 것은?

① 유일성   ② 최소성
③ 변경 가능성   ④ 존재성

주식별자는 일반적으로 값이 변경되지 않아야 하므로 "불변성"이라는 특징이 있다. 실무적으로 변경이 가능한 경우도 있지만, 시험에서는 "변경되지 않아야 한다"고 보는 것이 정답이다.

03 다음 중 내부식별자의 예시로 가장 적절한 것은? (단, 회원과 회원주소는 회원ID를 기준으로 1:다 관계이다.)

① 문의 엔터티의 문의내용
② 회원주소 엔터티의 회원ID
③ 회원 엔터티의 회원ID
④ 주문 엔터티의 주문일시

오답 피하기
① 문의내용은 식별자가 되기 어렵다.
② 회원주소의 엔터티 내에 있는 회원ID는 외부식별자이다.
③ 주문일시는 식별자가 되기 어렵다.

04 다음 중 복합식별자의 특징으로 가장 적절한 설명은?

① 하나의 속성으로 구성된다.
② 보조식별자로만 사용된다.
③ 여러 속성을 조합하여 유일성을 만족한다.
④ 외부식별자는 될 수 없다.

복합식별자는 2개 이상의 속성으로 유일한 인스턴스를 구별한다.
예 회원ID + 구분코드

05 다음 중 인조식별자의 장점으로 적절한 것은?

① 데이터 중복 여부를 계속 검사해야 한다.
② 자동 증가하는 개념과 함께 사용하면 입력이 간편하다.
③ 업무적으로 명확한 의미를 가진다.
④ 항상 복합식별자로 구성된다.

인조식별자는 일반적으로 자동으로 증가하는 객체(시퀀스 등)와 함께 사용되며 식별자의 중복 여부를 고민하지 않아도 되기 때문에 입력이 간편하다는 장점이 있다. 다만 식별자가 중복되지 않으므로 식별 속성 외의 정보는 그대로 중복으로 입력될 수 있다. (예를 들어 주문 버튼을 더블클릭하면 동일한 주문정보가 2회 입력될 수 있음) 단일식별자,복합식별자 모두 인조식별자를 구성할 수는 있으나 일반적으로는 단일식별자로 구성된다.

06 식별 관계의 의미로 올바른 것은?

① 부모테이블의 식별자를 자식테이블이 자신의 주식별자의 일부로 사용하는 것이다.
② 자식테이블의 식별자를 부모테이블이 자신의 주식별자의 일부로 사용하는 것이다.
③ 부모테이블의 식별자를 자식테이블이 자신의 일반속성으로 사용하는 것이다.
④ 자식테이블의 식별자를 부모테이블이 자신의 일반속성으로 사용하는 것이다.

부모테이블에서 자식테이블로 식별자가 상속되며, 이를 자식테이블이 주식별자의 일부로 쓰면 식별관계이고, 일반속성으로 쓰이면 비식별관계이다.

정답 01 ③ 02 ③ 03 ③ 04 ③ 05 ② 06 ①

07 다음 중 비식별 관계의 특징으로 옳지 <u>않은</u> 것은?

① 외부식별자가 주식별자에 포함되지 않는다.
② 자식 엔터티가 부모 없이도 생성 가능하다.
③ 생명주기를 부모와 독립적으로 유지할 수 있다.
④ 자식 엔터티의 주식별자는 항상 외부식별자를 포함한다.

비식별관계에서는 외부식별자가 일반 속성으로 사용되므로, 자식의 주식별자에는 포함되지 않는다.

08 다음 ERD에서 식별자 구성이 적절한 것은? (단, 한 명의 회원은 여러 주소 정보를 입력받을 수 있다.)

| 회원ID |
| 구분코드 |
| 주소 |

① 회원ID
② 회원ID + 주소
③ 구분코드 + 주소
④ 회원ID + 구분코드

오답 피하기
① 회원 속성만 식별자로 지정하면 한 명의 회원당 하나의 주소만 입력 가능하므로 적절하지 않다.
②, ③ 만약 주소를 변경해야 할 경우 식별자를 변경하게 되므로, 주식별자의 불변성에 적합하지 않다.

09 다음 중 주식별자 도출 기준에 포함되지 <u>않는</u> 것은?

① 업무에서 자주 사용되는 속성
② 최대한 많은 속성을 조합하여 구성
③ 오탈자 및 중복 발생 가능성이 낮은 속성
④ 조회 및 검색에 활용되기 쉬운 속성

주식별자는 최소성의 원칙을 지키기 위해 가능한 적은 수의 속성으로 구성되어야 한다. 많은 속성의 조합은 비효율적이다.

10 다음 ERD 구조 설명을 토대로 옳지 <u>않은</u> 설명을 고르시오.

[ERD 구조 설명]
1. 회원과 회원연락처는 회원ID 속성 기준 식별 관계로 연결되어 있다.
2. 회원연락처와 회원연락처이력은 회원ID, 구분코드 속성 기준 식별 관계로 연결되어 있다.
3. 회원연락처이력 엔터티에는 "작성일자", "연락처번호", "변경사유"인 일반 속성이 존재한다.

① 회원연락처이력은 회원 엔터티의 주식별자 속성을 상속받는다.
② 회원연락처이력 엔터티는 독립적인 트랜잭션에서 개별적으로 Insert가 가능하다.
③ 회원연락처 엔터티는 회원ID만으로 유일한 인스턴스를 식별할 수 없다.
④ 회원연락처이력 엔터티는 최소 6개의 속성을 보유하고 있다.

• 회원 엔터티로부터 계속 식별 관계로 상속되므로 회원연락처이력 엔터티는 회원 엔터티의 주식별자를 상속받는다.
• 회원연락처이력 엔터티에 데이터가 입력되려면 회원ID 및 구분코드를 참조 받아야 Insert가 가능하다.
• 현재 회원연락처이력이 3개의 일반속성을 가지고, 2개의 식별자 속성을 상속받은 상태에서 유일한 식별을 하려면 식별자에 속성을 하나 더 추가해야 한다.

CHAPTER

02

데이터 모델과 SQL

학습 방향

정규화, 식별자 구분, 트랜잭션 표현, NULL 속성 처리 등 데이터 모델의 핵심 개념과 함께, 관계와 조인의 이해를 통해 실무 기반의 데이터 구조 설계 방법을 다룹니다. SQL 문법 이전에 데이터 구조에 대한 이해를 탄탄히 다지는 데 중점을 두어 학습합니다.

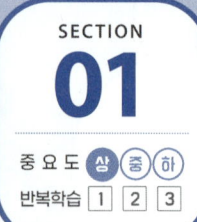

SECTION 01 정규화

빈출 태그 ▶ 이상 현상(삽입 이상, 갱신 이상, 삭제 이상), 1차 · 2차 · 3차 정규화, 정규형, 반정규화

01 정규화 개념

01 정규화와 이상 현상

1) 정규화(Normalization)
정규화는 데이터의 이상 현상을 방지하기 위해 논리적 데이터 모델링 과정에서 반드시 수행되는 과정으로, 엔터티를 분리해 데이터의 품질을 향상시키는 작업입니다.

2) 이상(Anomaly) 현상
이상 현상은 중복된 데이터나 모델의 부정확한 구조로 인해 예기치 못하게 데이터의 일관성이 깨지는 문제를 의미하여 세 가지 유형으로 나눕니다.

구분	설명	문제 예시
삽입 이상	특정 데이터를 입력할 수 없음	교수 정보 없이 학생을 추가할 수 없는 구조
갱신 이상	한 값 변경 시 다른 곳과 불일치	학생 이름을 여러 줄에 작성했는데 하나만 수정됨
삭제 이상	하나를 삭제했더니 다른 정보까지 손실	학생 삭제 시 교수 정보도 함께 사라짐

3) 이상 현상의 예시

① 삽입 이상

삽입 이상은 데이터를 입력할 때, 원치 않은 정보가 입력되거나 혹은 원하는 정보를 입력할 수 없는 현상을 이야기합니다. 예를 들어 아래 학생 엔터티는 학생ID, 이름, 교수ID, 교수명 속성을 가지고 있습니다.

학생ID	이름	교수ID	교수명
AAA	강감찬	교11	나교수

이때 학생 정보만 입력하고 싶어도 교수ID, 교수명까지 의도치 않게 고려를 해야 합니다. 이러한 현상을 삽입 이상이라고 합니다.

학생ID	이름	교수ID	교수명
AAA	강감찬	교11	나교수
BBB	김성수	???	???

엔터티를 [학생]과 [교수]로 분리하면 삽입 이상 문제가 해결됩니다.

[학생]

학생ID	이름
AAA	강감찬
BBB	김성수

[교수]

교수ID	교수명
교11	나교수

② 갱신 이상

갱신 이상은 데이터가 변경되면서 데이터의 일관성이 깨지는 것을 의미합니다. 아래 학생 엔터티는 학생ID, 이름, 연락처구분, 연락처 속성을 가지고 있습니다.

학생ID	이름	연락처구분	연락처
AAA	강감찬	휴대폰	010-1231-1231
AAA	강감찬	집전화	02-1231-1231
BBB	김현수	집전화	02-222-3333

이때 강감찬 학생이 개명을 해서 이름이 "강진수"로 바뀌어 아래와 같이 변경했습니다. 문제는 한쪽의 데이터만 변경해 데이터의 일관성이 깨지게 되었습니다.

학생ID	이름	연락처구분	연락처
AAA	강진수	휴대폰	010-1231-1231
AAA	강감찬	집전화	02-1231-1231
BBB	김현수	집전화	02-222-3333

이 경우, 학생ID가 AAA인 학생의 이름이 강진수인지 강감찬인지 확신할 수 없게 됩니다. 이를 갱신 이상이라고 합니다.

엔터티를 [학생]과 [학생연락처]로 분리하면 갱신 이상 문제와 데이터 중복문제도 해결됩니다.

[학생]

학생ID	이름
AAA	강진수

[학생연락처]

연락처구분	연락처	학생ID(FK)
휴대폰	010-1231-1231	AAA
집전화	02-1231-1231	AAA

③ 삭제 이상

삭제 이상은 데이터를 삭제할 때 원하지 않은 데이터도 삭제되는 현상을 의미합니다. 아래 엔터티는 학생ID, 이름, 교수ID, 교수명 속성을 가지고 있습니다.

학생ID	이름	교수ID	교수명
AAA	강감찬	교11	나교수
CCC	김시시	교33	강산

이때 AAA 학생의 정보를 삭제하려고 하면 의도치 않게 교수ID가 교11인 대상도 삭제됩니다. 이를 삭제 이상이라고 합니다.

학생ID	이름	교수ID	교수명
CCC	김시시	교33	강산

엔터티를 [학생]과 [교수]로 분리하면 삭제 이상 문제가 해결됩니다.

[학생]

학생ID	이름
CCC	김시시

[교수]

교수ID	교수명
교11	나교수
교33	강산

이처럼 엔터티를 적절히 분리함으로써 이상 현상을 방지하고 중복 데이터를 없애, 일관성 있는 데이터를 관리할 수 있게 됩니다. 이를 "정규화" 작업이라고 합니다.

02 정규화 진행하기

01 함수적 종속 개념

정규화를 진행하려면 이에 기반이 되는 함수적 종속 개념을 알아야 합니다. 본격적인 정규화 설명에 앞서 함수적 종속을 먼저 살펴보겠습니다.

> f(x) = y, x에 의해 y가 결정되며 이때 y는 x에 함수적으로 종속한다고 한다.

관계형 데이터베이스에서 어떤 속성 A의 값에 따라 속성 B가 결정될 때 A→B라고 표현합니다. 이를 함수 종속이라고 하며 A를 결정자, B를 종속자라고 부릅니다.

[학생] 엔터티 (주식별자 : 학생ID)

학생ID	학생명	성별	학과코드	학과명
S001	김지민	여	D002	기계공학과
S002	이성순	남	D003	행정학과
S003	박지은	여	D004	수학과
S004	최승현	남	D005	화학과
S005	정수빈	여	D006	독일언어문학과
S006	이동욱	남	D007	철학과
S007	김하은	여	D001	컴퓨터공학과
S008	박시우	남	D002	기계공학과
S009	최서윤	여	D003	행정학과
S010	정도윤	남	D004	수학과

위 예시에서 학생ID는 주 식별자이므로 유일한 인스턴스를 식별할 수 있습니다. 즉, 학생ID 속성이 나머지 속성들을 유일하게 식별할 수 있으므로 아래와 같이 표현할 수 있습니다.

| X : {학생ID} → Y : {학생명, 성별, 학과코드, 학과명}

학과코드는 하나의 학과명만을 가지므로, 아래와 같이 함수적으로 종속됩니다.

| X : {학과코드} → Y : {학과명}

그렇다면 성별코드를 결정자로, 학과코드를 종속자로 할 수 있을까요? 불가능합니다.

| X : {성별} → Y : {학과코드} 불가능

똑같은 성별일 때도 학과코드가 다르게 나올 수 있기 때문입니다(여→D002, D004 등).

02 정규화 전체적인 흐름 알아보기

정규화는 여러 단계에 걸쳐 진행되며 1차, 2차, 3차, BCNF, 4차, 5차 정규화가 존재합니다. 각 정규화 단계를 자세히 학습하기 전에 정규화의 전반적인 흐름에 대해 알아봅니다.
각 단계는 반드시 이전 단계를 완료해야 그다음 단계로 넘어갈 수 있고, 도중에 건너뛸 수 없습니다. 예로, 1차 정규화를 하면 1차 정규형이 되고, 2차 정규화의 대상이 됩니다.

더 알기 TIP

정규화와 정규형
정규화는 정규형이 되기 위한 과정을 의미합니다. 1차 정규형(Normal Form, NF)이 되려면 1차 정규화를 해야 합니다.

1) 정규화 과정

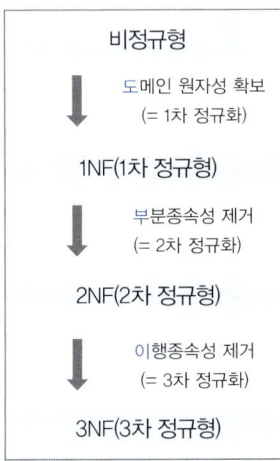

* 실무는 주로 3NF까지 수행

① 비정규형

아무런 정규화도 이뤄지지 않은 상태로 데이터 중복이나 이상 현상이 발생할 수 있습니다.

② 1차 정규형(1NF, 1 Normal Form)
- 비정규형을 "1차 정규화"하면 "1차 정규형"이 됩니다.
- 1차 정규화의 미션은 도메인 원자성을 확보하는 것입니다.

③ 2차 정규형(2NF, 2 Normal Form)
- 대상이 반드시 1차 정규형(1NF)이어야 하며 "2차 정규화"를 진행해 "2차 정규형"을 만듭니다.
- 2차 정규화의 미션은 부분 종속성을 제거하는 것입니다.

④ 3차 정규형(3NF, 3 Normal Form)
- 대상이 반드시 2차 정규형(2NF)이어야 하며, "3차 정규화"를 진행해 "3차 정규형"을 만듭니다.
- 3차 정규화의 미션은 이행 종속성을 제거하는 것입니다.

⑤ 보이스코드 정규형(BCNF)
- 대상이 반드시 3차 정규형(3NF)이어야 하며, "BCNF 정규화"를 진행해 "BCNF 정규형"을 만듭니다.
- BCNF 정규화의 미션은 결정자 모두 후보키여야 하는 것입니다.

⑥ 4차 정규형(4NF)
- 대상이 반드시 BCNF 정규형이여야 하며, "4차 정규화"를 진행해 "4차 정규형"을 만듭니다.
- 4차 정규화의 미션은 다치 종속 제거하는 것입니다.

⑦ 5차 정규형(5NF)
- 대상이 반드시 4차 정규형이여야 하며, "5차 정규화"를 진행해 "5차 정규형"을 만듭니다.
- 5차 정규화의 미션은 조인 종속 제거하는 것입니다.

2) 정규화 순서

시험 및 실무 관점에서는 3차 정규화까지는 이해하고 실습할 수 있어야 합니다. 그 이상은 가볍게 흐름 및 키워드 정도만 암기하고 넘어가도 됩니다.

> 비정규형 → 도메인원자성 제거 → 1NF → 부분 종속 제거 → 2NF → 이행 종속 제거 → 3NF → 결정자 모두 후보키 → BCNF → 다치종속제거 → 4NF → 조인종속제거 → 5NF

개념 체크

01. 다음 중 이행 종속 제거를 거친 정규형은 무엇인가?

정답 3NF

02. 1NF가 되기 위해서는 어떤 작업을 해야 하는가?

정답 1차 정규화 또는 도메인 원자성 확보

03. 결정자가 모두 후보키인 정규형은 무엇인가?

정답 BCNF

03 1차 정규화

1) 1차 정규화의 개념

1차 정규화는 비정규형에서 '도메인 원자성'을 확보하여 1차 정규형으로 전환하는 과정입니다. 도메인 원자성이란, 도메인이 다중값이거나 비슷한 속성이 여러 개이면 원자적으로 하나만 두라는 의미입니다.

2) 1차 정규화의 예시

 예시1 – 속성에 다중값이 있을 경우

학생ID	이름	연락처
1111	강감찬	010-1111-1111, 010-3333-3333
2222	김홍수	010-1111-2222

⬇

학생ID	이름	연락처
1111	강감찬	010-1111-1111
1111	강감찬	010-3333-3333
2222	김홍수	010-1111-2222

 예시2 – 비슷한 속성이 여러 개 있을 경우

학생ID	이름	연락처1	연락처2	연락처3
1111	강감찬	010-1111-1111	010-3333-3333	010-5555-5555
2222	김홍수	010-1111-2222	010-4444-4444	

⬇

학생ID	이름	연락처
1111	강감찬	010-1111-1111
1111	강감찬	010-3333-3333
1111	강감찬	010-5555-5555
2222	김홍수	010-1111-2222
2222	김홍수	010-4444-4444

04 2차 정규화

1) 2차 정규화의 개념

2차 정규화는 1차 정규형(1NF)에서 '부분종속제거'를 통해 2차 정규형으로 전환하는 과정입니다. 부분종속제거란 식별자를 제외한 나머지 모든 속성들이 식별자에 의해 완전히 종속되지 않고, 식별자의 부분 속성만으로도 일부 속성을 종속하는 것을 제거하라는 의미입니다.

[학생]

학번	과목코드	학생이름	과목명
1001	CS101	홍길동	자료구조
1002	CS101	김철수	자료구조
1001	MA101	홍길동	수학개론

위 학생 엔터티는 주식별자가 [학번 + 과목코드]로 이루어져 있습니다. 식별자는 유일한 인스턴스를 구분할 수 있기 때문에 식별자가 아닌 나머지 일반속성들을 "완전함수종속"할 수 있습니다.

| X(학번, 과목코드) → Y(학생이름, 과목명)

그런데 주식별자의 부분 속성인 과목코드만으로도 과목명을 유일하게 식별할 수 있습니다. 이를 "부분함수종속"이라고 하며, 2차 정규화는 이런 현상을 제거해야 합니다.

| X(과목코드) → Y(과목명)

2) 2차 정규화 방법 – 배신자를 끌어내라

부분 종속 관계에 있는 속성을 분리하여 새로운 엔터티로 나눕니다. 다음 [과목]과 [학생] 엔터티 예시를 보겠습니다.

① 부분 종속에 참여한 배신자 속성들을 따로 분리합니다. (과목코드, 과목명)

[과목]

과목코드	과목명
CS101	자료구조
MA101	수학개론

[학생]

학번	학생이름
1001	홍길동
1002	김철수
1001	홍길동

② 서로 데이터의 연관성을 유지하기 위해 과목코드를 다시 학생 쪽에 외부식별자로 붙여줍니다.

[과목]

과목코드	과목명
CS101	자료구조
MA101	수학개론

[학생]

학번	학생이름	과목코드
1001	홍길동	CS101
1002	김철수	CS101
1001	홍길동	MA101

이제 [과목] 엔터티도 과목코드 식별자에 나머지 속성이 '완전함수종속'하고 [학생] 엔터티도 학번 식별자에 나머지 속성이 모두 '완전함수종속'하게 되었습니다.

05 3차 정규화

1) 3차 정규화의 개념

3차 정규화는 2차 정규형(2NF)에서 '이행종속제거'를 통해 3차 정규형으로 전환하는 과정입니다. 이행 종속성이란 식별자가 아닌 일반속성들끼리 함수 종속이 발생하는 경우를 뜻하며, '이행종속제거'는 이러한 이행 종속성을 제거하라는 의미입니다.

이행 종속 공식은 다음과 같습니다.

> ※ 이행 종속 공식
> | X(식별자) → Y(일반속성)이고 Y(일반속성) → Z(일반속성)이면, X→Z이다.

다음 [사원] 엔터티 예시를 보겠습니다.

[사원]

사번(pk)	부서코드	부서명
2001	D01	인사팀
2002	D02	개발팀
2003	D01	인사팀

현재 식별자인 사번이 나머지 부서코드, 부서명을 유일하게 식별하고 있으므로 완전함수종속 상태입니다. 하지만 식별자가 아닌 일반 속성 "부서코드"가 "부서명"을 유일하게 식별하고 있습니다. 이를 이행 종속이라고 하며 제거하기 위해 엔터티를 분리해야 합니다.

2) 3차 정규화 방법 – 2차 정규화와 동일 방식

3차 정규화도 동일하게 문제가 되는 속성들을 따로 분리한 후 외부식별자로 연결해 주면 됩니다. 위에서 언급한 [사원] 엔터티 예시로 3차 정규화를 해보겠습니다.

① 이행 종속에 참여한 배신자 속성을 따로 분리합니다.

[부서]

부서코드(pk)	부서명
D01	인사팀
D02	개발팀

[사원]

사번(pk)
2001
2002
2003

② 데이터의 논리적인 연결을 위해 외부식별자로 연결해 줍니다.

[부서]

부서코드(pk)	부서명
D01	인사팀
D02	개발팀

[사원]

사번(pk)	부서코드
2001	D01
2002	D02
2003	D01

03 반정규화의 개념

01 반정규화의 개념, 예시, 목적

반정규화(Denormalization)는 정규화를 통해 분리된 엔터티를 다시 합치거나 중복을 허용하는 작업으로 물리적 모델링에서 수행합니다. 반정규화의 목적은 조회 성능 향상입니다.

1) 정규화 vs 반정규화 개념 비교

구분	정규화	반정규화
목적	이상 현상 제거, 데이터 무결성 유지, 경우에 따라 조회 성능 향상	조회 성능 향상
방식	엔터티 분리, 중복 제거	엔터티 통합, 중복 허용
품질 영향	데이터 품질 ↑	데이터 품질 ↓ (신뢰성 저하 위험)
사용 시기	논리 모델링 중 반드시 수행	물리 모델링에서 필요 시 적용

정규화로 엔터티를 분리하면 원하는 데이터를 조회할 때 여러 엔터티를 이용해 조인해야 하기에 조회 성능이 떨어질 수 있다는 단점이 있습니다. 하지만 데이터 품질과 이상 현상 방지가 더 중요하기 때문에 논리적 모델링 과정에서 정규화를 반드시 수행하게 됩니다.

이후 조회 성능이 너무 안 좋다 싶으면 의도적으로 엔터티를 다시 합치는 반정규화 작업을 물리적 모델링 시점에 수행합니다. 이 경우, 여러 엔터티가 아닌 하나의 엔터티만 조회해도 되므로 조회 성능이 좋아질 수 있지만 데이터 품질 및 이상 현상 발생 위험이 있습니다.

2) 반정규화 예시

[회원] (주식별자 : 회원ID)

회원ID(PK)	회원명	나이
tae123	태현	25
woo444	우진	24
kim555	김찬	24

[회원연락처] (주식별자 : 회원ID + 구분코드)

회원ID(PK, FK)	구분코드(PK)	연락처
tae123	집전화	02-123-1234
tae123	휴대폰	010-1234-1234
kim555	휴대폰	010-5678-5678

[회원] 반정규화 결과

회원ID	회원명	나이	구분코드	연락처
tae123	태현	25	집전화	02-123-1234
tae123	태현	25	휴대폰	010-1234-1234
woo444	우진	24		
kim555	김찬	24	휴대폰	010-5678-5678

회원 tae123의 휴대폰 번호와 회원명을 조회하려면 정규화 상태의 엔터티는 [회원] 엔터티와 [회원연락처]를 연결해 데이터를 조회해야 합니다.

```sql
SELECT A.회원명 , B.연락처
  FROM 회원 A
     , 회원연락처 B
 WHERE A.회원ID = B.회원ID
   AND A.회원ID = 'tae123'
   AND B.구분코드 = '휴대폰' ;
```

반면, 반정규화된 회원 엔터티는 하나의 엔터티만 조회해도 원하는 결과를 얻을 수 있습니다.

```sql
SELECT 연락처
  FROM 회원
 WHERE 회원ID = 'tae123'
   AND 구분코드 = '휴대폰';
```

3) 반정규화를 하는 이유
정규화는 데이터의 일관성과 안정성엔 좋지만, 조회할 때 여러 엔터티를 찾아야 하므로 성능이 떨어질 수 있습니다. 이럴 때 조회 성능 개선을 목적으로 일부 엔터티에 반정규화 작업을 수행합니다.

02 반정규화 결정 단계

반정규화는 선택 사항이며 이상 현상이 발생할 수 있어 가급적 피해야 하는 작업입니다. 조회 속도도 중요하지만 데이터 품질이 훨씬 중요하기 때문입니다.

단계	설명
① 정규화 수행	논리 모델링 단계에서 먼저 정규화를 철저히 수행한다(정규화 필수).
② 조회 성능 분석	물리 모델링 단계에서 조회가 느리다고 판단되는 구간을 분석한다. 예 매달 약 10억 건의 주문이 입력될 때 주문한 회원 정보도 필요하다면?
③ 대안 검토	무작정 반정규화를 진행하기보다 인덱스, 파티셔닝 다른 방안을 우선 검토한다.
④ 최종 반정규화 적용	중복과 이상 현상을 개발자가 직접 관리해야 하므로 정말 필요한 경우에만 적용한다.

04 정규화 vs 반정규화 성능 비교

정규화는 조회 성능이 향상될 수도, 감소할 수도 있으나, 조작(삽입, 삭제, 수정) 성능은 무조건 향상됩니다. 반정규화는 조회 성능이 향상될 수 있으나, 조작 성능은 무조건 감소합니다.

01 정규화 vs 반정규화

구분	정규화	반정규화
조회 성능	조회 성능 향상 or 감소	조회 성능 향상 가능
삽입/수정/삭제 성능	항상 성능 우수(이상 현상 없음)	항상 성능 저하(중복·이상 발생)
데이터 품질	중복 없음, 무결성 유지	중복 존재, 품질 저하 우려
사용 시점	논리 모델링 단계(필수)	물리 모델링 단계(선택)

1) 조회 성능

① 정규화 상태

아래 4개의 엔터티가 정규화 상태로 존재할 때 학생ID가 S015인 학생의 주민등록번호를 찾아봅시다.

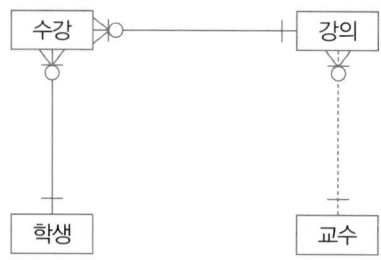

▲ 데이터 버전(정규화 상태)

[수강]

학생ID	강의ID	중간고사점수	기말고사점수
S014	CL001	(NULL)	(NULL)
S014	CL002	(NULL)	(NULL)
S014	CL003	(NULL)	(NULL)
S015	CL004	(NULL)	(NULL)
S015	CL005	(NULL)	(NULL)
S015	CL006	(NULL)	(NULL)
S016	CL007	(NULL)	(NULL)
S016	CL008	(NULL)	(NULL)
S017	CL009	(NULL)	(NULL)

[강의]

강의ID	강의명	지도교수ID	학점
CL001	데이터베이스 이해	P001	3
CL002	네트워크 프로그래밍	P001	3
CL003	빅데이터 분석과 활용	P008	3
CL004	기계 요소학	P002	3
CL005	기계 설비 이해	P002	3
CL006	자동차 엔진 설계	P009	3
CL007	행정학 개론	P003	3
CL008	공공 정책 분석	P010	3

[학생]

학생ID	학생명	주민등록번호
S012	박지민	0202123345678
S013	최지현	0303164456789
S014	김성민	0404243567890
❶ S015	이서진	0504154678901
S016	박지훈	0606163789012
S017	정서연	9707172890123

[교수]

교수ID	교수명	소속학과ID
P001	김교수	D001
P002	이교수	D002
P003	박교수	D003
P004	최교수	D004
P005	정교수	D005
P006	한교수	D006

S018	최성우	9808181901234
S019	김주은	9909192012345

P007	유교수	D007
P008	조교수	D001
P009	임교수	D002
P010	황교수	D003
P011	송교수	D004

이 경우 [학생] 엔터티만 조회해도 원하는 주민등록번호를 찾을 수 있습니다. 따라서 조회 성능이 향상된다고 볼 수 있습니다.

```
SELECT 주민등록번호
  FROM 학생
 WHERE 학생ID = 'S015';
```

이번에는 S015 학생이 수강하는 과목들을 가르치는 교수명을 찾아봅시다.

[수강]

학생ID	강의ID	중간고사점수	기말고사점수
S014	CL001	(NULL)	(NULL)
S014	CL002	(NULL)	(NULL)
S014	CL003	(NULL)	(NULL)
S015	CL004	(NULL)	(NULL)
S015	CL005	(NULL)	(NULL)
S015	CL006	(NULL)	(NULL)
S016	CL007	(NULL)	(NULL)
S016	CL008	(NULL)	(NULL)
S017	CL009	(NULL)	(NULL)

[강의]

강의ID	강의명	지도교수ID	학점
CL001	데이터베이스 이해	P001	3
CL002	네트워크 프로그래밍	P001	3
CL003	빅데이터 분석과 활용	P008	3
CL004	기계 요소학	P002	3
CL005	기계 설비 이해	P002	3
CL006	자동차 엔진 설계	P009	3
CL007	행정학 개론	P003	3
CL008	공공 정책 분석	P010	3

[학생]

학생ID	학생명	주민등록번호
S012	박지민	0202123345678
S013	최지현	0303164456789
S014	김성민	0404243567890
S015	이서진	0504154678901
S016	박지훈	0606163789012
S017	정서연	9707172890123
S018	최성우	9808181901234
S019	김주은	9909192012345

[교수]

교수ID	교수명	소속학과ID
P001	김교수	D001
P002	이교수	D002
P003	박교수	D003
P004	최교수	D004
P005	정교수	D005
P006	한교수	D006
P007	유교수	D007
P008	조교수	D001
P009	임교수	D002
P010	황교수	D003
P011	송교수	D004

이 경우, [학생] 엔터티에서 시작해 [수강] → [강의] → [교수] 엔터티 순으로 관계를 따라가야 하므로, 총 4개 엔터티를 모두 조회해야 합니다. 여러 엔터티를 연결하고 찾는 과정에서 조회 성능이 감소할 수 있습니다.

```
SELECT DISTINCT D.교수명
  FROM 학생 A, 수강 B, 강의 C, 교수 D
 WHERE A.학생ID = B.학생ID
   AND A.강의ID = C.강의ID
   AND C.교수ID = D.교수ID
   AND A.학생ID = 'S015';
```

즉, 정규화는 참고해야 하는 엔터티에 개수에 따라 조회 성능이 증가할 수도, 감소할 수도 있습니다.

② 반정규화 상태

이번에는 수강 엔터티에 교수명 속성을 추가하는 컬럼 반정규화를 해보겠습니다.

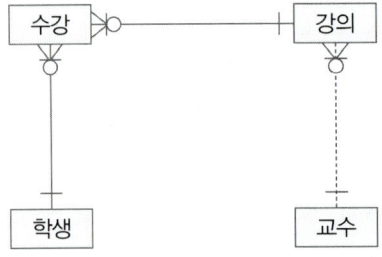

▲ 데이터 버전(정규화 상태) - 수강 엔터티에 교수ID 정보를 중복 저장

이제 [교수] 엔터티에도 교수명이 있고, [수강] 엔터티에도 교수명이 있는 데이터 중복 상태가 됩니다.

[수강]

학생ID	강의ID	교수명	중간고사점수	기말고사점수
S014	CL001	김교수	(NULL)	(NULL)
S014	CL002	조교수	(NULL)	(NULL)
S014	CL003	이교수	(NULL)	(NULL)
S015	CL004	이교수	(NULL)	(NULL)
S015	CL005	이교수	(NULL)	(NULL)
S015	CL006	임교수	(NULL)	(NULL)
S016	CL007	박교수	(NULL)	(NULL)
S016	CL008	황교수	(NULL)	(NULL)
S017	CL009	최교수	(NULL)	(NULL)

[강의]

강의ID	강의명	지도교수ID	학점
CL001	데이터베이스 이해	P001	3
CL002	네트워크 프로그래밍	P001	3
CL003	빅데이터 분석과 활용	P008	3
CL004	기계 요소학	P002	3
CL005	기계 설비 이해	P002	3
CL006	자동차 엔진 설계	P009	3
CL007	행정학 개론	P003	3
CL008	공공 정책 분석	P010	3

[학생]

학생ID	학생명	주민등록번호
S012	박지민	0202123345678
S013	최지현	0303164456789
S014	김성민	0404243567890
S015	이서진	0504154678901
S016	박지훈	0606163789012
S017	정서연	9707172890123
S018	최성우	9808181901234
S019	김주은	9909192012345

[교수]

교수ID	교수명	소속학과ID
P001	김교수	D001
P002	이교수	D002
P003	박교수	D003
P004	최교수	D004
P005	정교수	D005
P006	한교수	D006
P007	유교수	D007
P008	조교수	D001
P009	임교수	D002
P010	황교수	D003
P011	송교수	D004

```
SELECT DISTINCT B.교수명
  FROM 학생 A , 수강 B
 WHERE A.학생ID = B.학생ID
   AND A.학생ID = 'S015' ;
```

이제 [학생], [수강] 엔터티만 이용해도 S015 학생이 수강하는 강의의 교수명을 조회할 수 있어 조회 성능이 향상되었습니다. 하지만 아래와 같은 문제가 발생합니다.

> **교수 엔터티의 교수명이 바뀐다면?**
> 교수 엔터티의 교수명이 바뀌면 수강 엔터티에 있는 교수명도 모두 갱신해야 하므로 불필요한 갱신이 반복되고 갱신 누락 위험도 생기게 됩니다.

2) 삽입/수정/삭제 성능

① 정규화 상태

삽입 이상, 수정(갱신) 이상, 삭제 이상을 모두 해결하였으므로 무조건 성능이 향상됩니다.

② 반정규화 상태

삽입 이상, 수정(갱신) 이상, 삭제 이상이 발생할 위험이 있어 무조건 성능이 감소합니다.

이론을 확인하는 기출문제

01 다음 중 정규화(Normalization)에 대한 설명으로 옳지 <u>않은</u> 것은?

① 정규화는 이상 현상을 제거하여 데이터 무결성을 유지하기 위한 과정이다.
② 정규화는 물리적 모델링 단계에서 수행된다.
③ 정규화를 통해 중복 데이터를 제거할 수 있다.
④ 정규화의 결과로 데이터 품질이 향상된다.

정규화는 논리적 모델링 단계에서 수행되며, 물리적 모델링에서는 반정규화를 고려할 수 있다.

02 다음 중 삽입 이상(Insert Anomaly)의 예로 가장 적절한 것은?

① 한 학생의 이름을 여러 줄에 입력했으나 한 줄만 수정되어 일관성이 깨진다.
② 학생을 입력하려 했으나 교수 정보가 없어 입력할 수 없다.
③ 한 학생을 삭제했더니 교수 정보도 함께 사라졌다.
④ 교수ID가 잘못되어 교수명 조회가 되지 않는다.

삽입 이상은 특정 정보를 입력할 때 원치 않은 다른 정보도 강제로 입력해야 하는 현상을 의미한다.

오답 피하기
①은 갱신 이상, ③은 삭제 이상에 해당한다.

03 1차 정규형이 되기 위한 조건으로 가장 적절한 것은?

① 식별자에 대한 부분 종속 제거한다.
② 일반속성 간의 이행 종속 제거한다.
③ 도메인의 원자성 확보해야 한다.
④ 후보키가 유일성을 만족해야 한다.

1차 정규형이 되려면 1차 정규화를 진행해야 하며, 1차 정규화는 도메인 원자성 확보, 즉 다중값 속성을 제거하는 것이다.

오답 피하기
① 2차 정규형이 되기 위한 조건이다.
② 3차 정규형이 되기 위한 조건이다.
④ 후보키의 기본 조건이다.

04 다음 테이블이 2차 정규화를 위반하는 이유로 가장 적절한 것은? (단, 현재 테이블의 주식별자는 학번+과목코드 이다.)

학번	과목코드	학생명	과목명
1001	CS101	홍길동	자료구조
1002	CS101	김철수	자료구조

① 학생명과 과목명이 이행 종속 관계이다.
② 과목코드가 후보키가 아니다.
③ 과목명이 학번에만 종속된다.
④ 과목명이 주식별자의 일부에만 종속된다.

과목명이 주식별자 [학번, 과목코드] 중 과목코드에만 종속되어 부분 함수 종속이 발생했다.

정답 01 ② 02 ② 03 ③ 04 ④

05 다음 중 3차 정규화를 만족시키기 위한 작업으로 적절한 것은?

① 다치 종속을 제거한다.
② 일반 속성들 간의 종속성을 제거한다.
③ 후보키를 재정의한다.
④ 주식별자를 분해한다.

3차 정규화는 이행 종속(일반속성 → 일반속성)을 제거하는 과정이다.

06 다음 중 정규화로 인해 직접적으로 얻을 수 있는 효과가 아닌 것은?

① 데이터 무결성 향상
② 조회 성능 향상
③ 중복 데이터 제거
④ 이상 현상 제거

정규화는 조인 수가 늘어나기 때문에 조회 성능은 향상되지 않을 수 있다(경우에 따라 오히려 성능 저하 가능).

07 다음 중 BCNF 정규형에 해당하기 위한 조건은?

① 모든 결정자가 후보키여야 한다.
② 기본키가 아닌 일반 속성끼리 종속되면 안 된다.
③ 다치 종속이 제거되어야 한다.
④ 조인 종속이 제거되어야 한다.

BCNF는 결정자가 반드시 후보키여야 만족하는 정규형이다.

오답 피하기
② 3NF가 되기 위한 조건이다.
③ 4NF가 되기 위한 조건이다.
④ 5NF가 되기 위한 조건이다.

08 다음 테이블이 진행해야 할 정규화는 무엇인가?

사번(PK)	부서코드	부서명
1001	D01	인사팀
1002	D02	개발팀
1003	D01	인사팀

① 도메인 원자성을 위반하였다. → 1차 정규화
② 사번이 부서코드에 부분 종속되어 있다. → 2차 정규화
③ 부서코드가 부서명을 결정하고 있다. → 3차 정규화
④ 사번이 부서명을 직접 결정하지 못한다. → BCNF 정규화

일반속성인 부서코드가 부서명을 결정하고 있으므로, 이행종속이 발생했다. 이를 제거하기 위해 3차 정규화(이행 종속 제거)를 수행해야 한다.

정답 05 ② 06 ② 07 ① 08 ③

09 다음 관계를 보고 수행해야 할 정규화 단계와 그에 따른, 대처가 적절한 것을 고르시오.

> [X : 결정자, Y : 종속자]
> X : {상품ID, 카테고리} → Y : {상품명, 등록시점, 상품설명}
> X : {상품ID} → Y : {상품명}

① 2차 정규화를 수행해야 하며, 그 결과 {상품ID, 상품설명}을 따로 분리해 1:1 관계를 유지한다.
② 1차 정규화를 수행해야 하며, 도메인 원자성 확보를 위해 카테고리를 정규화한다.
③ 3차 정규화를 수행해야 하며, 이행 종속 관계를 제거하여 각각 {상품ID, 상품명}, {카테고리, 등록시점}, {상품ID, 상품설명}으로 분리해야 한다.
④ 2차 정규화를 수행해야 하며, 그 결과 {상품ID, 상품명}을 따로 분리해 1:다 관계로 유지한다.

위 종속성은 부분종속을 의미하며, 이를 제거해야 하는 2차 정규화를 수행해야 한다. 정규화 시 {상품ID, 상품명}과 {상품ID, 카테고리, 등록시점, 상품설명}으로 분리되며 1:다 관계를 가진다.

10 다음 테이블에 대해 정규화를 수행할 때, 가장 먼저 가장 먼저 해야하는 작업은?

주문ID	고객명	연락처1	연락처2
O001	홍길동	010-1111	010-2222
O002	김철수	010-3333	NULL

① 이행 종속 제거
② 부분 종속 제거
③ 도메인 원자성 확보
④ 다치 종속 확보

이 문제는 속성도 원자적으로 이루어져야 하는 1차 정규형에 위배되었기에 1차 정규화를 수행해야 한다. 즉, 비슷한 컬럼들(연락처1, 연락처2)을 하나의 컬럼(연락처)으로 두어야 한다.

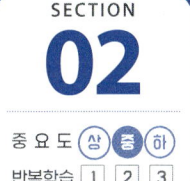

관계와 조인의 이해

빈출 태그 ▶ 관계, 조인, 계층형 데이터 모델, 상호배타적 데이터 모델

01 관계와 조인의 개념

01 관계의 개념

관계(Relationship)는 두 개 이상의 엔터티 간의 논리적인 연결을 의미하며, 이를 통해 여러 데이터를 조합하여 새로운 정보를 생성할 수 있습니다.

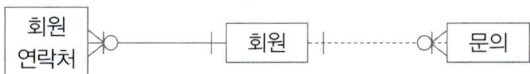

[회원] (주식별자 : 회원ID)

회원ID(PK)	회원명	나이
tae123	태현	25
woo444	우진	24
kim555	김찬	24

[문의] (주식별자 : 문의번호)

문의번호(PK)	회원ID(FK)	문의내용
1	tae123	문의 드립니다..
2	tae123	궁금한 게 있는데..
3	woo444	환불 받으려면..

[회원연락처] (주식별자 : 회원ID + 구분코드)

회원ID(PK, FK)	구분코드(PK)	연락처
tae123	집전화	02-123-1234
tae123	휴대폰	010-1234-1234
kim555	휴대폰	010-5678-5678

실제 데이터에서 관계를 표현하려면 부모 엔터티의 식별자를 자식 엔터티에 외부식별자로 줘야 합니다. 이때, 외부식별자가 자식 엔터티의 주식별자로 포함되면 식별 관계, 자식 엔터티의 일반 속성으로 사용되면 비식별 관계입니다.

02 조인의 개념

조인(Join)은 여러 엔터티에 분산된 데이터를 한 번에 통합 조회하는 SQL 기법입니다. 정규화로 엔터티를 분리했지만, 실무에서는 여러 엔터티로부터 필요한 데이터를 한 번에 조회해야 하는 경우가 매우 많습니다. 하지만 데이터 품질이 더 중요하기 때문에 정규화를 먼저하고, 여러 대상을 조인해서 데이터를 조회합니다.

[회원] (주식별자 : 회원ID)

회원ID(PK)	회원명	나이
tae123	태현	25
woo444	우진	24
kim555	김찬	24

[문의] (주식별자 : 문의번호)

문의번호(PK)	회원ID(FK)	문의내용
1	tae123	문의 드립니다..
2	tae123	궁금한 게 있는데..
3	woo444	환불 받으려면..

[회원연락처] (주식별자 : 회원ID + 구분코드)

회원ID(PK, FK)	구분코드(PK)	연락처
tae123	집전화	02-123-1234
tae123	휴대폰	010-1234-1234
kim555	휴대폰	010-5678-5678

예를 들어, tae123 회원의 이름, 나이, 휴대폰 번호 및 문의 내역을 조회해야 하는 요구사항이 있다고 가정해 봅시다. 조인 개념이 없다면, 관련 데이터를 조회하기 위해 아래와 같이 각각의 엔터티를 별도로 조회해야 하므로 복잡하고 비효율적인 방식이 됩니다.

```
SELECT 회원명, 나이
    FROM 회원
    WHERE 회원ID = 'tae123' ;

SELECT 연락처
    FROM 회원연락처
    WHERE 회원ID = 'tae123'
      AND 구분코드 = '휴대폰';

SELECT 문의내용
    FROM 문의
    WHERE 회원ID = 'tae123' ;
```

조인 개념을 활용하면 한 번의 명령어로 원하는 데이터를 모두 가져올 수 있습니다.

```
SELECT A.회원명, A.나이, B.연락처, C.문의내용
  FROM 회원 A
     , 회원연락처 B         여러 엔터티를 한 번에 조회
     , 문의 C
 WHERE A.회원ID = B.회원ID(+)
   AND A.회원ID = C.회원ID(+)
   AND A.회원ID = 'tae123'
   AND B.구분코드(+) = '휴대폰' ;
```

기적의 TIP

아직 SQL의 조인 구문과 (+) 연산자에 대해서는 배우지 않았으므로, 해당 내용은 2과목에서 자세히 설명할 예정입니다. 따라서 현재는 흐름만 가볍게 이해하고 넘어가면 됩니다.

02 데이터 모델에서 관계를 읽는 법

01 일반적인 형태의 관계 데이터 모델

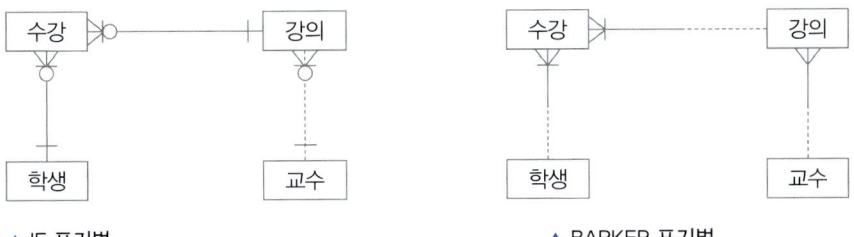

▲ IE 표기법   ▲ BARKER 표기법

데이터모델에서 볼 수 있는 가장 일반적인 관계 형태로 두 엔터티끼리 하나의 선으로 연결합니다.

02 계층형 데이터 모델

계층형 데이터 모델은 자기 자신의 엔터티와 관계를 갖는 경우입니다. 보통 데이터의 계층 구조를 표현하고자 할 때 많이 사용합니다. 예 부서 내 조직도, 프로그램 메뉴

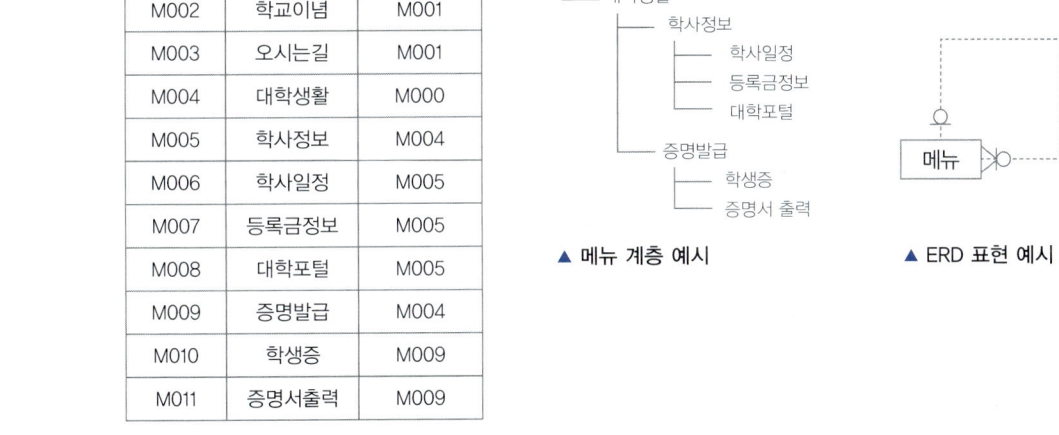

▲ 메뉴와 상위메뉴 정보를 저장한 메뉴 엔터티   ▲ 메뉴 계층 예시   ▲ ERD 표현 예시

위 메뉴 엔터티는 메뉴ID속성과 상위메뉴ID 라는 속성이 서로 계층적인 관계를 보여주고 있습니다. 예를 들어 M000(홈)은 상위메뉴가 없으므로 최상위 메뉴입니다. M001(학교소개)의 상위메뉴ID는 M000이므로 학교소개의 상위메뉴는 홈입니다.

구분	해석
메뉴ID 기준 해석	하나의 메뉴ID는 하나의 상위메뉴ID를 가질 수도 있고, 없을 수도 있다. ⓓ M000은 상위메뉴ID가 없으며 그 외에는 상위메뉴ID를 하나만 가져야 함
상위메뉴ID 기준 해석	하나의 상위메뉴ID는 여러 메뉴ID를 가질 수도 있고, 없을 수도 있다. ⓓ M000을 상위메뉴ID로 가지는 대상은 M001, M004 등 여러 개이며 M011을 상위메뉴ID로 가지는 대상은 현재 없음

▲ 양방향으로 관계 읽어보기

헷갈린다면 아래 풀어서 작성한 관계를 읽어보면서 계층적인 관계를 이해하면 됩니다. 오른쪽 방향(→)으로 읽을 때는 상위메뉴ID, 왼쪽 방향(←)으로 읽을 때는 메뉴ID 기준으로 각 메뉴의 계층 구조를 파악할 수 있습니다.

▲ ERD 표현 예시

> 기적의 TIP
>
> 계층 구조를 표현할 수 있는 SQL은 2과목에서 자세히 다룰 예정입니다.

03 상호배타적 데이터 모델

상호배타적 데이터 모델이란, 엔터티 간에 동일한 인스턴스가 존재하지 않도록 설계된 구조를 말합니다. 예를 들어 [홀수, 짝수], [개인, 법인] 등이 상호 배타적 데이터의 대표적인 예입니다. 즉, [개인] 엔터티에는 [법인] 정보가 있을 리 없고, [법인] 엔터티에는 [개인] 정보가 있을 리 없도록 배타적으로 설계한 모델입니다.

데이터 모델에서는 배타적 모델을 다음과 같이 표현합니다. IE 표기법은 별도로 상호배타 관계 표기를 지원하지 않아 우회적으로 선을 직접 그려줍니다.

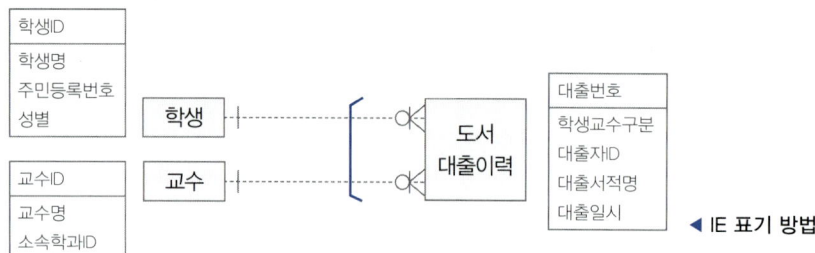

◀ IE 표기 방법

Barker 표기법은 배타적 관계를 exclusive 표현을 통해 표현할 수 있습니다.

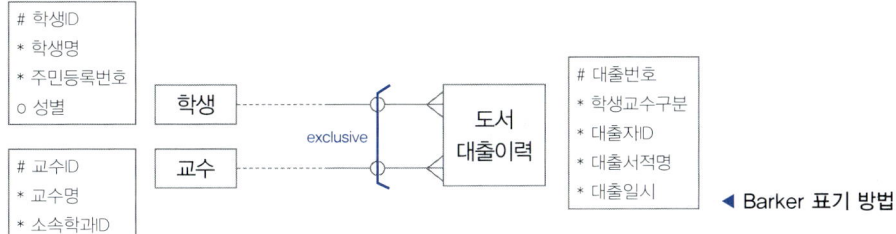

◀ Barker 표기 방법

데이터 예시를 통해 배타 관계의 의미를 이해해 봅시다.

[학생]

학생ID	학생명	주민등록번호	성별
S001	홍길동	900101-1234567	남
S002	김영희	920303-2234567	여

[교수]

교수ID	교수명	소속학과ID
P001	이철수	CSE
P002	박미정	ENG

[도서대출이력]

대출번호	학생교수구분	대출자ID	대출서적명	대출일시
L001	학생	S001	운영체제론	2024-09-01 10:00:00
L002	교수	P001	컴파일러 설계	2024-09-02 14:30:00
L003	학생	S002	만화로보는OS	2025-04-21 12:23:11
L004	교수	P001	이기적SQLD	2025-04-22 12:12:12

특정 학생이 도서를 대출한 정보만 보고 싶다면 다음과 같이 조회하면 됩니다. [학생]과 [교수] 엔터티는 배타적 관계이므로 서로 데이터가 겹칠 일이 전혀 없습니다.

```
SELECT 대출번호, 대출서적명, 대출일시
  FROM 도서대출이력
 WHERE 학생교수구분 = '학생'
   AND 대출자ID = '원하는학생ID' ;
```

특정 교수가 도서를 대출한 정보만 보고 싶다면 다음과 같이 조회하면 됩니다.

```
SELECT 대출번호, 대출서적명, 대출일시
  FROM 도서대출이력
 WHERE 학생교수구분 = '교수'
   AND 대출자ID = '원하는교수ID' ;
```

이론을 확인하는 기출문제

01 다음 중 관계(Relationship)에 대한 설명으로 옳지 <u>않은</u> 것은?

① 관계란 두 개 이상의 엔터티 간 논리적인 연결이다.
② 실무에서는 1:다 관계가 많으며, 1쪽이 부모가 되는 경우가 많다.
③ 외부식별자가 주식별자에 포함되면 비식별 관계이다.
④ 관계는 보통 자식 엔터티에 부모 엔터티의 식별자가 외래키로 존재한다.

외부식별자가 주식별자에 포함되면 식별 관계, 포함되지 않고 일반 속성으로만 쓰일 경우 비식별 관계이다.

02 다음 중 조인(Join)의 목적과 가장 거리가 <u>먼</u> 것은?

① 정규화된 엔터티 간의 데이터를 하나로 통합 조회하기 위해 사용한다.
② 데이터의 품질 향상을 위해 중복을 허용한다.
③ 여러 엔터티에 흩어진 정보를 한 번에 조회할 수 있도록 한다.
④ 실무에서 데이터를 가공하거나 분석할 때 다양한 조인 방식을 활용한다.

정규화는 중복을 제거하고 데이터 품질을 향상시키며, 조인은 중복된 데이터를 허용하는 것이 아니라 분산된 데이터를 통합하기 위한 수단이다. ②는 반정규화에 대한 설명이다.

03 다음 중 일반적인 관계형 데이터 모델의 특징으로 적절하지 <u>않은</u> 것은? (단, IE 표기법 기준)

① 관계가 있는 엔터티끼리 선으로 연결된다.
② 식별자 관계는 실선으로 표현한다.
③ 비식별 관계는 점선으로 표현한다.
④ 엔터티 간의 관계는 한 개만 가능하다.

하나의 엔터티 쌍 사이에는 복수의 관계가 존재할 수 있다. 예를 들어 [회원]과 [상품] 사이에 "중고거래하다"라는 관계가 있다면 회원은 "판매자"로도 관계를 가지고, "구매자"로도 관계를 가질 수 있다.

04 다음 중 계층형 데이터 모델에 대한 설명으로 적절한 것은?

① 부모와 자식 관계가 불분명하여 구조를 단순하게 만든다.
② 한 엔터티 내에서 자기 자신과 관계를 가지는 구조이다.
③ 일반적으로 조인을 사용할 수 없어 실무에서 사용되지 않는다.
④ M:N 관계의 대표적 예시이다.

계층형 모델은 자기참조(Self Join) 구조로, 대표적으로 조직도, 메뉴 구조 등이 이에 해당한다.

정답 01 ③ 02 ② 03 ④ 04 ②

05 다음 중 상호배타적 데이터 모델에 대한 설명으로 적절하지 않은 것은?

① 하나의 인스턴스가 두 엔터티에 동시에 존재하지 않도록 설계한다.
② Barker 표기법에서는 exclusive 표시를 통해 배타 관계를 표현할 수 있다.
③ 상호배타적 모델인 두 엔터티에 대해 UNION과 UNION ALL의 결과 개수가 다르다.
④ IE 표기법에서는 상호배타적 관계 표기를 지원하지 않아 괄호와 유사한 선을 그어준다.

> 상호배타적 모델이란, 두 엔터티에 동일한 인스턴스(데이터)가 동시에 존재하지 않도록 설계된 구조를 말한다. 예를 들어 짝수와 홀수가 동시에 존재할 수 없는 구조가 이에 해당한다. 즉, 애초에 중복되는 데이터가 없으므로 UNION, UNION ALL 연산 모두 동일한 개수를 반환한다.(UNION과 UNION ALL은 2과목에서 학습 예정)

06 다음 중 관계를 구성할 때 식별 관계에 해당하는 조건은?

① 외부 식별자가 자식 엔터티의 일반 속성으로 존재한다.
② 자식 엔터티의 주식별자가 부모 엔터티의 식별자를 포함한다.
③ 두 엔터티 간 M:N 관계가 존재한다.
④ 부모 엔터티는 반드시 상호배타적 관계여야 한다.

> 식별 관계는 자식 엔터티의 주식별자가 부모의 식별자를 포함하는 관계이다.

07 다음 중 관계형 데이터 모델에서 조인의 필요성을 가장 잘 설명한 것은?

① 데이터 정규화를 통해 중복을 제거하면 조인이 불필요해진다.
② 조인은 두 개 이상의 엔터티로부터 한 번에 데이터를 가져올 수 있다.
③ 조인은 동일한 엔터티 내 속성 간 중복을 제거하는 기술이다.
④ 조인을 사용하면 데이터의 무결성을 보장할 수 없다.

> 조인은 정규화로 인해 분리된 엔터티들 간의 연결 고리로, 분산된 데이터를 하나로 통합해 보여줄 수 있다.

08 다음은 어느 관계형 모델의 일부이다. 관계를 옳게 해석한 것은?

> [회원] : 회원ID(PK), 회원명, 생년월일
> [회원연락처] : 연락처ID(PK), 회원ID(FK), 연락처, 구분코드

① 회원과 회원연락처는 1:1 관계이며, 하나의 회원은 하나의 연락처만 가질 수 있다.
② 회원연락처 엔터티는 독립적인 인스턴스 생성이 가능하다.
③ 회원ID가 주식별자로 사용되므로 회원연락처는 식별 관계이다.
④ 회원연락처는 독립 엔터티로, 회원 엔터티와 아무런 관계가 없다.

> 회원연락처는 회원ID를 일반속성으로 참조하고 있으며, 주식별자에 포함되지 않으므로 비식별 관계에 해당된다.

정답 05 ③ 06 ② 07 ② 08 ②

09 다음 중 계층형 데이터 모델의 특성에 대한 설명으로 가장 적절한 것은?

① 상위 엔터티와 하위 엔터티는 항상 서로 다른 이름의 엔터티로 구성된다.
② 계층형 구조는 데이터의 중복을 허용하지 않아 사용할 수 없다.
③ 하나의 엔터티가 자기 자신과 관계를 가지는 구조로, 상위-하위 구조 표현이 가능하다.
④ 계층형 모델은 오직 1:1 관계만 표현할 수 있다.

계층형 모델은 예를 들어 메뉴 엔터티 내에 메뉴ID와 상위메뉴ID처럼, 하나의 테이블이 자기 자신을 참조하면서 상-하위 관계를 계층 구조로 표현할 수 있게 한다.

10 아래는 도서 대출 이력을 관리하는 모델이다. 학생과 교수 엔터티가 상호배타 관계인 경우 다음 설명으로 옳은 것은? (단, 대출자ID는 학생ID 혹은 교수ID가 입력되며 각각 학생교수구분값에 의해 구분된다.)

[학생] : 학생ID(PK), 이름
[교수] : 교수ID(PK), 이름
[도서대출이력] : 대출번호(PK), 대출자ID, 학생교수구분, 대출서적명

① 도서를 대출한 이력과 학생 이름을 함께 조회하려면 학생, 교수 엔터티를 모두 조인해야 한다.
② 대출자ID는 중복되어 들어올 수 없다.
③ 학생과 교수는 도서대출이력 테이블과 M:N 관계를 가진다.
④ 상호배타적 모델이므로, 하나의 대출 이력은 반드시 학생과 교수 중 하나에 연결된다.

오답 피하기
① 대출 이력과 학생 이름을 알기 위해선 학생 엔터티와 대출이력 엔터티만 조인하면 된다. 교수 엔터티에는 학생 관련 정보가 있을 수 없는 배타적인 구조이다.
② 학생ID와 교수ID 값이 배타적일 뿐, 대출자ID 자체는 동일한 값이 들어올 수 있다.
③ 현재 학생과 교수는 각각 도서대출이력 엔터티와 1:다 관계이다.

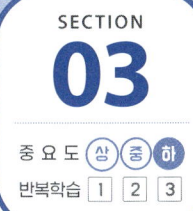

모델이 표현하는 트랜잭션의 이해

빈출 태그 ▶ 트랜잭션, 선택 관계, 필수 관계

01 데이터 모델에서의 트랜잭션

01 트랜잭션(Transaction)

트랜잭션이란, 하나의 논리적인 업무 단위를 의미하며 모두 성공하거나, 아예 실패해야 합니다. 트랜잭션의 개념은 "송금"과 같은 논리적인 업무 흐름으로 이해할 수 있습니다.

아래 예시는 철수가 영희에게 10,000원을 송금하는 업무를 상세한 과정으로 표현한 것입니다.

> (1) 철수는 영희에게 보내려는 계좌가 맞는지 조회한다.
> (2) 철수 계좌의 잔액이 송금할 금액(10,000원) 이상인지 조회한다.
> (3) 철수 계좌의 잔액에 10,000원을 뺀다.
> (4) 영희 계좌의 잔액에 10,000원을 더한다.
> (5) 송금 완료!

만약 (3)에서 오류가 발생해 송금에 실패했는데도 철수 계좌에 10,000원이 빠져 있으면 어떻게 될까요? 철수는 보냈지만 영희는 받은 적이 없으니 공중에서 10,000원이 사라지는 일이 발생하게 됩니다. 따라서 송금 업무 도중에 하나라도 실패하면 이전 (1)~(3)까지의 작업을 모두 롤백해야 합니다. (5)까지 정상적으로 성공했다면 변경 사항을 데이터베이스에 영구 반영하게 됩니다.

이처럼 트랜잭션은 모두 성공하거나, 아예 되돌려야하는 원자성 성질을 가지게 됩니다. 더 자세한 내용은 TCL 섹션에서 설명할 예정입니다. 이번 섹션에서는 트랜잭션 개념이 데이터 모델에 어떻게 반영되는지를 중심으로 살펴보겠습니다.

02 트랜잭션 개념을 모델에서 표현하는 방법

> [요구사항]
> • 회원 가입할 때 회원명, 나이와 더불어 휴대폰번호는 필수로 입력해야 한다.
> • 집전화는 입력해도 되고, 안 해도 된다.
>
> [트랜잭션으로 표현하면]
> (1) 회원 엔터티에 회원 정보를 추가한다.
> (2) 회원연락처 엔터티에 휴대폰 정보를 추가한다.
> (3) 회원 가입 완료!

[회원] (주식별자 : 회원ID)

회원ID(PK)	회원명	나이
tae123	태현	25
kim555	김찬	24

[회원연락처] (주식별자 : 회원ID + 구분코드)

회원ID(PK, FK)	구분코드(PK)	연락처
tae123	집전화	02-123-1234
tae123	휴대폰	010-1234-1234
kim555	휴대폰	010-5678-5678

요구사항에 따르면, 회원 가입 시에는 [회원] 엔티티뿐 아니라, [회원연락처] 엔티티에도 반드시 연락처 정보가 함께 등록되어야 합니다. 하지만 개발자는 ERD의 선택(O) 관계를 보고 다음과 같이 해석했습니다.

방향	해석
회원 → 회원연락처	하나의 회원은 하나 혹은 여러 연락처를 보유할 수 있으며, 연락처가 없는 회원도 있을 수 있다.
회원연락처 → 회원	하나의 연락처는 반드시 하나의 회원에 의해 보유되어야 한다.

그 결과, 회원 정보가 입력되어도 회원연락처는 선택적으로 등록되게 설계했기 때문에 연락처가 누락되는 경우가 발생하게 되었습니다. 따라서 요구사항에 맞도록 트랜잭션 요건을 반영하려면, 데이터 모델에서 선택 관계를 필수 관계로 바꿔야 합니다.

[회원] (주식별자 : 회원ID)

회원ID(PK)	회원명	나이
tae123	태현	25
kim555	김찬	24

[회원연락처] (주식별자 : 회원ID + 구분코드)

회원ID(PK, FK)	구분코드(PK)	연락처
tae123	집전화	02-123-1234
tae123	휴대폰	010-1234-1234
kim555	휴대폰	010-5678-5678

방향	해석
회원 → 회원연락처	• 하나의 회원은 하나 혹은 여러 연락처를 보유할 수 있다. • 단, 선택이 아닌 필수 관계이므로 연락처는 반드시 존재해야 한다.
회원연락처 → 회원	하나의 연락처는 반드시 하나의 회원에 의해 보유되어야 한다.

기적의 TIP

실무에서 트랜잭션 개념은 정말 중요합니다. 로직이 하나라도 실패하면 모두 되돌려야 하는 경우도 있고, 때로는 로직이 도중에 실패해도 이전 내용들은 영구 반영하길 원하기도 합니다. 이런 다양한 트랜잭션 요구사항도 논리적 모델링 단계에서 모두 반영되어야 합니다.

이론을 확인하는 기출문제

01 트랜잭션에 대한 설명으로 옳지 않은 것은?

① 트랜잭션은 논리적인 작업 단위를 의미한다.
② 트랜잭션은 업무를 하나로 묶어 성능이 증가한다.
③ 트랜잭션의 실행 도중 오류가 발생하면 되돌릴 수 있다.
④ 트랜잭션은 데이터 모델링에도 표현할 수 있다.

트랜잭션은 여러 개의 SQL연산으로 구성될 수 있으며, 반드시 하나의 연산만 포함되어야 한다는 제한은 없다.

02 다음 중 트랜잭션 개념이 모델에 제대로 반영된 경우는?

[요구사항]
회원 엔터티와 회원연락처 엔터티가 존재하며, 회원가입 시 회원 정보와 휴대폰 정보가 반드시 등록되어야 한다.

① ERD에서 회원연락처와 회원이 선택 관계로 설정되어 있다.
② ERD에서 회원연락처와 회원이 필수 관계로 설정되어 있다.
③ ERD에서 연락처 정보를 별도의 테이블로 분리하고, 회원과의 관계는 설정하지 않았다.
④ 회원연락처 엔터티 없이 연락처 정보를 회원 엔터티에 포함시켰다.

필수 관계로 설정되어야만 회원가입 시 연락처 등록을 보장할 수 있으므로 트랜잭션 요건을 만족하게 된다.

03 다음 중 트랜잭션의 특성 중 '원자성'에 해당하는 설명은?

① 트랜잭션 내에서 사용되는 데이터는 외부와 격리된다.
② 트랜잭션은 모두 성공하거나 모두 실패해야 한다.
③ 트랜잭션 처리 결과는 영구히 반영된다.
④ 동시에 여러 트랜잭션이 수행될 수 있다.

원자성(Atomicity)은 트랜잭션이 모두 성공하거나, 하나라도 실패하면 전체를 롤백하는 성질이다.

04 아래 ERD 해석으로 잘못된 것은?

① 회원은 여러 문의사항을 남길 수 있다.
② 회원가입 시 반드시 문의가 등록되어야 한다.
③ 회원이 아니어도 문의를 남길 수 있다.
④ 문의 엔터티는 회원 엔터티의 식별자를 일반 속성으로 상속받는다.

회원에서 문의로 향하는 관계는 1:다 선택 관계이므로 문의를 남기지 않는 회원도 존재할 수 있다.

05 다음 중 논리적 모델링 단계에서 트랜잭션 요구사항을 반영해야 하는 이유로 적절하지 않은 것은?

① 구현 전에 설계 오류를 미리 방지할 수 있다.
② 성능 튜닝을 할 수 있다.
③ 데이터 정합성을 확보할 수 있다.
④ 트랜잭션 로직을 명확히 할 수 있다.

성능 튜닝은 구현 이후 물리적 설계 단계에서 주로 수행되며, 논리 모델링의 주요 목적은 정합성과 로직 표현이다.

06 다음 중 트랜잭션의 특성과 처리 방식에 대한 설명으로 옳지 않은 것은?

① 트랜잭션은 논리적인 작업 단위로 모두 성공하거나 모두 실패해야 한다.
② 트랜잭션 수행 도중 오류 발생 시, 이전 단계의 작업은 롤백 될 수 있다.
③ 트랜잭션을 통해 데이터의 정합이 깨지는 것을 방지할 수 있다.
④ 트랜잭션 안에는 하나의 엔터티만 사용할 수 있다.

트랜잭션은 단일 테이블이 아닌 여러 개의 테이블을 포함할 수 있다. 예를 들어 송금 업무에서는 입금/출금이 각각 다른 테이블에 적용될 수 있으며, 이 모든 작업을 하나의 트랜잭션으로 묶어야 한다.

07 아래 상황에서 가장 바람직한 모델링 방식은?

[요구사항]
주문과 주문상세는 1:M 관계이며, 주문 시 주문상세는 반드시 1개 이상 입력되어야 한다.

① 주문 → 주문상세 : 선택 관계
② 주문 → 주문상세 : 필수 관계
③ 주문상세 → 주문 : 선택 관계
④ 주문상세 → 주문 : 관계없음

주문 후에는 반드시 상세 내역이 존재해야 하므로 필수 관계로 설정해야 트랜잭션 요건에 부합한다.

08 다음 중 트랜잭션 설계 시 가장 우선적으로 고려해야 할 요소는 무엇인가?

① 트랜잭션에 포함될 SQL 구문 수
② 트랜잭션 수행 시간의 평균
③ 업무 흐름을 반영하는 데이터 처리 절차와 관계
④ 테이블에 존재하는 NULL 값의 개수

트랜잭션은 업무의 흐름과 데이터 간의 관계를 기반으로 설계되어야 하며, 어떤 순서로 어떤 엔터티가 처리되는지가 가장 핵심이다. 단순히 수행 시간이나 SQL 개수는 부차적인 요소이다.

정답 05 ② 06 ④ 07 ② 08 ③

09 다음 ERD를 참고하여 트랜잭션 요구사항이 반영되지 않은 문제점을 찾으시오.

> [ERD 정보]
> • 회원 엔터티와 회원연락처 엔터티가 존재
> • 관계선 : 회원 → 회원연락처(선택 관계로 표기)
> • 요구사항 : 회원 가입 시 반드시 휴대폰 등록 필수

① 트랜잭션 요구사항을 정확히 반영한 구조이다.
② 회원연락처 엔터티가 없어 트랜잭션 표현이 불가능하다.
③ 회원연락처의 관계가 선택이라서 필수 등록이 보장되지 않는다.
④ 회원연락처가 다대다 관계로 잘못 모델링되어있다.

필수 등록 요구사항이 있는데 선택 관계로 설정되어 트랜잭션 반영이 부족하다.

10 트랜잭션 개념을 데이터 모델링 시 반영할 때 가장 바람직한 방법은?

① 트랜잭션을 엔터티 단위로 나누어 처리한다.
② 모든 관계를 선택 관계로 설정해 유연성을 높인다.
③ 논리적 모델링 단계에서 트랜잭션 흐름을 엔터티 관계로 명확히 표현한다.
④ 트랜잭션 처리는 구현 단계에서 고려하므로 모델링에 포함하지 않는다.

트랜잭션 요구사항은 논리적 모델링 단계에서 관계와 흐름을 통해 명확히 표현해야 한다.

정답 09 ③ 10 ③

SECTION 04 NULL 속성의 이해

빈출 태그 ▶ NULL의 개념 및 특징, NULL의 표현

01 NULL

01 NULL의 개념

1) NULL 데이터의 의미
NULL은 데이터를 저장할 공간은 존재하지만, 값이 아직 입력되지 않은 상태를 의미합니다.

> **기적의 TIP**
>
> 주의! 숫자 0이나 공백(' ')과는 전혀 다른 개념입니다.

2) 실생활의 NULL의 개념 - 집과 사람

상태	의미
집에 사람이 살고 있음	공간(집)과 사람(=데이터) 모두 존재하는 상태
집은 있지만 사람이 없음	공간(집)은 있지만 사람(=데이터)은 없는 상태 → NULL
집 자체가 없음	공간 자체가 없는 상태 → 공집합 (∅)

집은 언제든 사람이 거주할 수 있으나, 때로는 비어있을 수도 있습니다. 이처럼 공간은 존재하지만, 값이 없는 상태가 바로 NULL입니다.

3) 엔터티 내에서 NULL의 개념

[학생]

학생ID	이름	성별	졸업일자
S001	김민지	F	2023-02-20
S002	박철수	M	2022-08-15
S003	최유리	F	
S004	정하준	M	2024-02-25
S005	한지민	F	

- 학생ID가 S003, S005인 대상은 아직 졸업을 하지 않아 졸업일자가 비어 있어 NULL로 표현됩니다.
- 해당 학생들이 졸업하면 졸업일자가 데이터로 채워지게 됩니다.

> 학생ID가 S003인 학생의 이름은 최유리이고 졸업일자는 아직 입력되지 않았다. (NULL)

02 NULL의 특징

- NULL은 비교 연산이나 산술 연산에서 정상적으로 작동하지 않으며, 연산 결과는 모두 NULL이 됩니다.
  예) NULL+1=NULL
- 집계 함수에서 NULL 데이터는 제외합니다.
- NULL은 숫자 0, 문자열 'NULL', 빈 문자열(' ')과 완전히 다른 개념임을 유념합니다.

> **기적의 TIP**
>
> NULL은 SQL 파트 전반에 걸쳐 학습하게 됩니다. 지금은 가볍게 NULL의 개념, 특징 정도를 읽어보고 데이터 모델에서 NULL 데이터를 표현하는 방법에 집중합시다.

02 데이터 모델에서 NULL을 표현하는 법

데이터 모델은 특정 속성에 대해 NULL 값을 허용할지 여부를 제약조건으로 설정할 수 있습니다. 예를 들어 주민등록번호는 비어 있을 수 없으며 필수로 입력되어야 한다면, 반드시 입력되어야 하는 속성으로 NULL을 허용하지 않도록 설정합니다. 반대로 성별의 경우 반드시 입력될 필요가 없고 비어 있어도 상관없다면, 성별 속성은 NULL을 허용하도록 설정할 수 있습니다.

1) IE 표기방식에서 NULL 표현

- IE 표기방식은 NULL 표현 여부를 알 수 없습니다.
- IE 표기방식에서는 속성이 입력된 박스 안에 선을 기준으로 위 속성들이 주식별자입니다.
  예) 학생 엔터티의 학생ID, 도서대출이력 엔터티의 대출번호

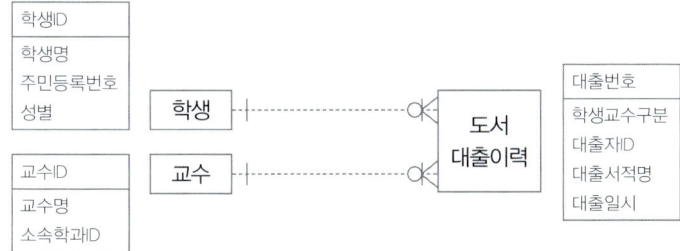

2) Barker 표기방식에서의 NULL 표현

- Barker 표기방식은 NULL 허용을 o 기호로 표현하고, NULL 비허용을 * 기호로 속성 옆에 표시합니다.
- Barker 표기방식에서는 주식별자를 # 기호로 표현합니다.

```
* : NULL 허용 안 함 → 반드시 값이 있어야 함(NOT NULL)
o : NULL 허용 → 입력하지 않아도 됨
# : 주식별자(Primary Key) 표현
```

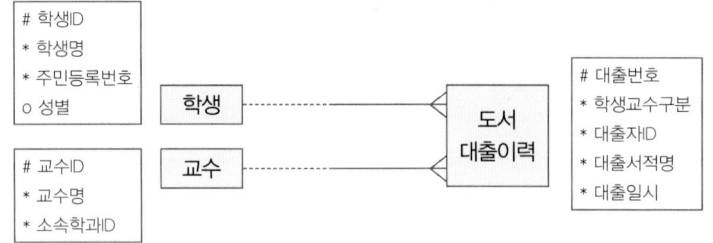

- 위 속성 중 성별 속성은 NULL을 허용하므로 선택적으로 입력해도 된다는 의미입니다.
- 학생명, 주민등록번호 등은 * 표시가 붙어 NULL을 허용하지 않으므로 필수로 입력해야 합니다.

이론을 확인하는 기출문제

01 다음 중 NULL에 대한 설명으로 옳지 <u>않은</u> 것은?

① NULL은 값이 아직 입력되지 않은 상태를 의미한다.
② NULL은 숫자 0과 동일하게 취급된다.
③ NULL은 비교 연산이나 산술 연산에 포함되면 결과는 NULL이 된다.
④ 집계 함수 사용 시 NULL 값은 제외된다.

NULL은 값이 존재하지 않음을 나타내며 숫자 0과는 전혀 다른 개념으로 사용된다.

02 아래 중 NULL 값에 대한 처리 결과로 옳은 것은?

```
SELECT 100 + NULL FROM DUAL;
```

① 100　　② 0
③ NULL　　④ 에러 발생

NULL과의 산술 연산은 정상적인 연산이 불가하므로 NULL을 반환한다.

03 다음 중 NULL 값이 포함된 경우에도 결과에 영향을 받지 <u>않는</u> 집계 함수는?

① COUNT(*)
② SUM(컬럼명)
③ AVG(컬럼명)
④ COUNT(컬럼명)

COUNT(*)는 NULL 값을 포함해서 집계를 수행하며, 그 외 보기 ②, ③, ④는 입력한 컬럼의 값이 NULL이 있으면 이를 제외하고 집계를 수행한다.(group by 단계에서 학습 예정)

04 다음 중 Barker 표기법에서 속성이 NULL을 허용하는 경우 사용하는 기호는?

① *　　② #
③ o　　④ !

Barker 표기법에서 o는 NULL 허용, *는 NULL 비허용, #는 주식별자를 의미한다.

05 다음 중 NULL이 허용되지 않은 속성에 대한 설명으로 적절하지 <u>않은</u> 것은?

① 반드시 값을 입력해야 한다.
② 데이터 모델링 시 * 기호로 표시한다(Barker 표기법).
③ SQL에서 INSERT(데이터 입력) 시 해당 속성은 생략할 수 있다.
④ 데이터 무결성 유지에 활용될 수 있다.

NULL 비허용 속성은 INSERT 시 반드시 값을 입력해야 하며, 생략 시 오류가 발생한다. NULL 비허용 속성은 필수로 값이 입력되어야 하는 속성에 활용될 수 있어 무결성 유지에도 활용할 수 있다.

06 다음 중 NULL 처리와 관련하여 적절하지 <u>않은</u> SQL은?

① SELECT NVL(NULL, 0) FROM DUAL;
② SELECT COL1 FROM EMP WHERE COL2 IS NULL;
③ SELECT COL1 + COL2 FROM EMP;
④ SELECT * FROM EMP WHERE COL3 = NULL;

NULL 값 비교는 = 비교 연산자로 할 수 없으며 IS NULL을 사용해야 한다. ①의 NVL은 데이터가 NULL일 때 대체값을 반환하는 함수로 Function에서 자세히 다룬다.

정답 01 ②　02 ③　03 ①　04 ③　05 ③　06 ④

07 다음 중 IE 표기법에 대한 설명으로 옳지 <u>않은</u> 것은?

① 주식별자는 속성 상단에 위치한다.
② NULL 허용 여부를 명시하지 않는다.
③ 엔터티 간의 관계를 시각적으로 표현할 수 있다.
④ NULL 비허용 속성은 * 표시로 나타낸다.

IE 표기법에서는 NULL 허용 여부를 표기하지 않으며, *는 Barker 표기법에서 사용된다.

08 다음 학생 테이블에서 졸업일자 컬럼의 값이 NULL인 학생 수를 구하는 SQL로 적절한 것은? (단, DBMS는 oracle이다.)

학생ID	이름	졸업일자
S001	김민지	2023-02-20
S002	박철수	2022-08-15
S003	최유리	NULL
S004	정하준	2024-02-25
S005	한지민	NULL

① SELECT COUNT(*) FROM 학생 WHERE 졸업일자 IS NULL;
② SELECT COUNT(졸업일자) FROM 학생;
③ SELECT COUNT(*) FROM 학생 WHERE 졸업일자 = ' ' ;
④ SELECT COUNT(*) FROM 학생 WHERE 졸업일자 = NULL;

NULL 비교는 IS NULL로 해야 하며, NULL은 숫자 0, 빈 문자열('')과는 다른 개념이다.

09 Barker 표기법에서 아래와 같은 속성이 있을 때 해당 속성에 대한 설명으로 옳은 것은?

```
SELECT 100 + NULL FROM DUAL ;

# 학생ID
* 학생명
o 성별
* 주민등록번호
```

① 모든 속성이 NULL을 허용한다.
② 주민등록번호는 NULL이 가능하다.
③ 성별은 NULL을 허용한다.
④ 학생명은 선택적으로 입력할 수 있다.

---

*는 NULL 비허용, o는 NULL 허용이므로 성별만 NULL 허용이다. 참고로 #는 식별자를 의미하며, 식별자는 중복 입력이 불가하고 NULL을 비허용하는 특성을 가진다.

10 NULL을 포함한 연산 결과를 제어하고 싶을 때 사용되는 함수로 가장 적절한 것은?

① NVL
② TO_CHAR
③ SYSDATE
④ MOD

NVL(컬럼, 대체값)을 사용하면 NULL일 때 다른 값으로 대체해 계산할 수 있어 연산 오류를 방지할 수 있다.

정답 07 ④ 08 ① 09 ③ 10 ①

SECTION 05 본질식별자 vs 인조식별자

빈출 태그 ▶ 본질식별자, 인조식별자

식별자에서는 다음과 같은 내용을 학습했습니다.
- 식별자는 대체여부에 따라 본질식별자와 인조식별자로 구분할 수 있다.
- 외부식별자가 자식 엔터티의 주식별자의 일부로 쓰이면 식별 관계, 일반속성으로 쓰이면 비식별 관계이다.

이번 섹션에서는 본질식별자와 인조식별자의 개념을 바탕으로, ERD에서의 표현 방식과 각각의 장단점을 살펴봅니다.

01 본질식별자 vs 인조식별자

01 본질식별자와 인조식별자

1) 본질식별자와 인조식별자 정의

구분	설명
본질식별자	업무에서 자연스럽게 생성되며, 고유성을 갖는 속성으로 구성된 식별자
인조식별자	업무상 존재하지 않지만, 시스템 구현이나 개발의 효율성을 위해 새롭게 생성된 식별자

2) 증명서발급이력 테이블 설계 예제

[현업 요구사항]
증명서발급이력은 사용자별·증명서타입별로 하루에 한 번만 발급할 수 있다.

① 본질식별자 기반 설계

[증명서발급이력] (주식별자 : 발급자ID + 증명서타입코드 + 발급일자)

발급자ID	증명서타입코드	발급일자	증명서내용
tae123	재학증명서	2025-04-21	tae123의 재학증명서 2025년 4월 21일에 출력
tae123	휴학증명서	2025-04-21	tae123의 휴학증명서 2025년 4월 21일에 출력
tae123	졸업증명서	2025-04-22	tae123의 졸업증명서 2025년 4월 22일에 출력
kim555	재학증명서	2025-04-23	kim555의 재학증명서 2025년 4월 23일에 출력
kim555	재학증명서	2025-04-24	kim555의 재학증명서 2025년 4월 24일에 출력
hwai111	성적증명서	2025-03-11	hwai111의 성적증명서 2025년 3월 11일에 출력

발급자ID+증명서타입코드+발급일자 조합으로 유일 인스턴스를 식별합니다.
- 장점 : DBMS가 자동으로 중복여부를 판단해주고, 중복이면 오류를 반환
- 단점 : 업무 변경에 유연하게 대응하기 어렵고, 구현 측면에서 관리가 복잡해질 수 있음

② 인조식별자 기반 설계

개발 측면에서의 편의성을 위해 별도의 식별자(발급번호)를 만들어 자동으로 증가하는 값을 입력받도록 합니다.

[증명서발급이력] (주식별자 : 발급번호)

발급번호	발급자ID	증명서타입코드	발급일자	증명서내용
1	tae123	재학증명서	2025-04-21	tae123의 재학증명서 2025년 4월 21일에 출력
2	tae123	휴학증명서	2025-04-21	tae123의 휴학증명서 2025년 4월 21일에 출력
3	tae123	졸업증명서	2025-04-22	tae123의 졸업증명서 2025년 4월 22일에 출력
4	kim555	재학증명서	2025-04-23	kim555의 재학증명서 2025년 4월 23일에 출력
5	kim555	재학증명서	2025-04-24	kim555의 재학증명서 2025년 4월 24일에 출력
6	hwai111	성적증명서	2025-03-11	hwai111의 성적증명서 2025년 3월 11일에 출력

발급번호라는 단일 식별자를 새로 생성하여 자동 증가 값으로 관리합니다.
- 장점 : 데이터 입력이 간편
- 단점 : 식별자가 중복되지 않으므로 DBMS가 중복 여부를 판단해줄 수 없음

예를 들어 사용자가 "발급" 버튼을 연속으로 누를 경우 중복 내용이 들어갈 수 있습니다.

[증명서발급이력] (주식별자 : 발급번호)

발급번호	발급자ID	증명서타입코드	발급일자	증명서내용
1	tae123	재학증명서	2025-04-21	tae123의 재학증명서 2025년 4월 21일에 출력
2	tae123	휴학증명서	2025-04-21	tae123의 휴학증명서 2025년 4월 21일에 출력
3	tae123	졸업증명서	2025-04-22	tae123의 졸업증명서 2025년 4월 22일에 출력
4	kim555	재학증명서	2025-04-23	kim555의 재학증명서 2025년 4월 23일에 출력
5	kim555	재학증명서	2025-04-24	kim555의 재학증명서 2025년 4월 24일에 출력
6	hwai111	성적증명서	2025-03-11	hwai111의 성적증명서 2025년 3월 11일에 출력
7	tae123	졸업증명서	2025-04-22	tae123의 졸업증명서 2025년 4월 22일에 출력

→ 동일한 데이터가 중복으로 입력됨

따라서 데이터를 입력하기 전에 데이터 중복 여부를 확인하는 로직을 직접 만들어야 합니다.

[문제 상황]
동일한 데이터가 중복으로 입력됨

```
INSERT INTO 증명서발급이력 (발급번호, 발급자ID, 증명서타입코드, 발급일자)
VALUES (1, 'A001', '01', '2024-01-01');  - 정상

INSERT INTO 증명서발급이력 (발급번호, 발급자ID, 증명서타입코드, 발급일자)
VALUES (2, 'A001', '01', '2024-01-01');  - 인조식별자는 다르나 중복 발생
```

[사전 체크 쿼리(중복 방지)]

```
SELECT COUNT(*)          ──▶ COUNT는 데이터의 행 개수를 출력해주는 집계 함수
  FROM 증명서발급이력
 WHERE 발급자ID = 'A001'
   AND 증명서타입코드 = '01'
   AND 발급일자 = '2024-01-01';
```

- 만약 결과가 1인 경우, 이미 조건에 해당하는 데이터가 있다는 의미이므로 데이터가 중복되지 않게 입력 불가 알림을 띄웁니다.
- 만약 결과가 0인 경우, 조건에 대한 데이터가 없으므로 중복되지 않으니 입력 가능합니다.

3) 본질식별자 vs 인조식별자 비교

항목	본질식별자	인조식별자
유일성 보장	DB가 자동으로 중복 차단	로직으로 중복 여부를 직접 확인해야 함
업무 의미	식별자 자체가 의미를 가짐	단순 번호로 업무 의미 없음
복잡도	복합키(=복합식별자) 구성 시 조건 복잡	단일 식별자 구성으로 간단
개발 편의성	조건 복잡, 인덱스 관리 용이	편리하나 인덱스 낭비, 성능 최적화 고려 필요
무결성 관리	구조 자체로 데이터 무결성 확보	어플리케이션에서 별도 처리 필요

02 데이터모델에서의 표현 방법

본질식별자 또는 인조식별자 중 어느 식별자를 사용할지는 새로운 엔터티를 설계할 때 결정하게 됩니다. 예를 들어, 정규화를 통해 하나의 [회원] 엔터티가 [회원]과 [회원연락처]로 분리되었다고 가정합시다. 이때 [회원연락처] 엔터티는 [회원]의 회원ID를 받아와야 하고, 다음 두 방식 중 하나를 선택할 수 있습니다.

1) 본질식별자 기반 설계(식별 관계, 본질식별자 중심)

- 회원ID + 구분코드를 주식별자로 사용합니다.
- 외부에서 받은 식별자를 자식 엔터티의 주식별자에 그대로 포함합니다.

[회원] (주식별자 : 회원ID)

회원ID(PK)	회원명	나이
tae123	태현	25
woo444	우진	24
kim555	김찬	24

[회원연락처] (주식별자 : 회원ID + 구분코드)

회원ID(PK, FK)	구분코드(PK)	연락처
tae123	집전화	02-123-1234
tae123	휴대폰	010-1234-1234
kim555	휴대폰	010-5678-5678

2) 인조식별자 기반 설계(비식별 관계, 인조식별자 중심)

- 연락처순번이라는 새로운 식별자를 생성하여 주식별자로 사용합니다.
- 외부식별자는 일반 속성으로만 존재합니다.

[회원] (주식별자 : 회원ID)

회원ID(PK)	회원명	나이
tae123	태현	25
woo444	우진	24
kim555	김찬	24

[회원연락처] (주식별자 : 연락처순번)

연락처순번(PK)	회원ID(FK)	구분코드	연락처
1	tae123	집전화	02-123-1234
2	tae123	휴대폰	010-1234-1234
3	kim555	휴대폰	010-5678-5678

> **기적의 TIP**
>
> 식별자 섹션에서 다뤘던 식별 관계 vs 비식별 관계의 IE/Barker 표기법과도 개념이 연결됩니다.

3) 식별 관계 vs 비식별 관계 요약

구분	설명
식별 관계	부모로부터 받은 외부식별자를 자식 엔터티의 주식별자에 포함해서 연결
비식별 관계	외부식별자는 일반 속성으로 두고, 인조식별자를 새로 생성

이론을 확인하는 기출문제

01 다음 중 본질식별자에 대한 설명으로 옳지 않은 것은?

① 업무에서 자연스럽게 생성되는 속성으로 구성된다.
② 데이터 입력 시 식별자에 대한 중복여부를 고려해야 한다.
③ 복합키로 구성되는 경우가 많아 관리가 간편하다.
④ 업무적으로도 의미를 지니는 속성이다.

> 본질식별자는 주로 복합키로 구성되어 관리나 개발 측면에서 복잡성을 유발할 수 있다. 관리가 간편하다는 것은 오히려 인조식별자의 장점이다.

02 인조식별자를 사용하는 경우에 발생할 수 있는 문제로 적절한 것은?

① 식별자의 의미를 직관적으로 파악할 수 있다.
② 업무 변경 시 유연하게 대처하기 어렵다.
③ 데이터 중복 입력 가능성이 존재한다.
④ 인덱스를 최소화하여 성능이 개선된다.

> 인조식별자는 시스템이 자동으로 부여하기 때문에 동일한 내용을 가진 중복 레코드가 여러 건 입력될 수 있어, 중복 방지 로직이 필요하다. 예를 들어 사용자가 구매버튼을 두 번 연달아 누르면 똑같은 데이터가 2회 입력될 수 있다.

03 본질식별자를 사용할 때의 장점으로 옳은 것은?

① 항상 단일 속성으로 구성된다.
② 데이터 무결성 확보를 위한 별도의 로직이 필요하다.
③ 식별자 자체가 데이터의 의미를 내포한다.
④ 관계형 모델에서 사용할 수 없다.

> 본질식별자는 업무적으로 의미 있는 속성을 식별자로 사용하기 때문에, 데이터를 해석하기 쉽고 식별자 자체에 의미가 있다. 예를 들어, 사용자 아이디인 "hello123"을 그대로 식별자로 사용하는 것이, 단순히 일련번호 1로 식별하는 것보다 사람이 이해하기에 더 직관적이다.

04 다음 중 본질식별자에 대한 설명으로 가장 적절한 것은?

① 업무와 무관한 속성을 식별자로 사용한다.
② 인조식별자보다 구조가 단순해 개발이 용이하다.
③ 주로 단일 속성으로 구성되며, 업무 의미는 없다.
④ 복합키 형태로 구성될 수 있으며, 중복 입력을 DB 자체에서 차단할 수 있다.

> 본질식별자는 업무상 의미 있는 속성의 조합(복합키)으로 구성될 수 있으며, 이 자체가 주식별자이기 때문에 DB가 자동으로 중복을 차단할 수 있다.

정답 01 ③ 02 ③ 03 ③ 04 ④

05 다음 중 인조식별자를 사용하는 이유로 보기 적절하지 않은 것은?

① 단일 속성으로 식별자가 구성되므로 복합 속성보다 관리가 쉽다.
② 자식 엔터티가 독립적으로 인스턴스를 가지고 싶을 때 사용한다.
③ 데이터의 중복 여부를 DB가 자동으로 감지하여 차단할 수 있다.
④ 유일한 인스턴스를 조회할 경우 조회 조건이 복합 속성보다 단순하다.

인조식별자는 유일성을 제공하긴 하지만, 업무 의미를 반영하지 않기 때문에 중복 데이터가 입력될 가능성이 높으며, 이를 DB 구조만으로 차단할 수는 없다. 별도의 중복 체크 로직이 필요하다.

06 다음 중 인조식별자의 특징으로 옳지 않은 것은?

① 일반적으로 단일 속성으로 사용하며 관리가 간편하다.
② 사용자가 쉽게 의미를 파악할 수 있다.
③ 자동 증가 등의 방식으로 생성할 수 있다.
④ 데이터가 중복 입력될 수 있어 별도의 무결성 로직이 필요하다.

인조식별자는 단순히 생성된 번호이므로, 업무 의미가 내포되어 있지 않으며 사용자가 의미를 쉽게 파악하기 어렵다.

07 아래 테이블 간의 관계를 보고 옳은 설명을 나열한 것을 고른 것은? (단, 연락체ID는 숫자 1부터 자동으로 증가하는 값이다.)

[회원] : 회원ID(pk), 회원명
[회원연락처] : 연락체ID(pk), 회원ID(fk), 연락처번호

A. 회원연락처는 인조식별자 기반의 설계이다.
B. 두 엔터티는 비식별 관계로 연결되어 있다.
C. 회원ID는 외래키로만 사용되며, 주식별자에는 포함되지 않는다.
D. 연락처번호는 본질식별자이다.

① A, B
② A, B, C
③ B, D
④ A, B, D

A : 연락체ID는 새로 생성된 인조식별자이므로 맞는 설명이다.
B : 외래키가 일반속성으로 쓰이면 비식별 관계이므로 맞는 설명이다.
C : 회원ID는 주식별자에 포함되지 않고 외래키로만 쓰이므로 맞는 설명이다.

오답 피하기
D : 연락처번호는 고유하지 않으므로 본질식별자라고 보기 어렵다.

08 다음 중 본질식별자에 대한 설명으로 옳지 않은 것은?

① 복합키 형태로 구성될 수 있다.
② 인조식별자보다 검색 성능이 항상 우수하다.
③ 데이터 무결성을 스키마 구조만으로 확보할 수 있다.
④ 사용자가 키의 의미를 직관적으로 파악할 수 있다.

본질식별자는 여러 속성으로 구성될 수 있기 때문에 복합키 인덱스 생성, 조인 조건 등에서 성능이 저하될 수 있다.

09 다음 중 식별 관계의 특징으로 옳은 것은?

① 자식 엔터티는 부모 엔터티와 무관하게 독립적인 식별자를 가진다.
② 외래키는 일반 속성으로만 사용되며, 주식별자에 포함되지 않는다.
③ 자식 엔터티의 주식별자는 부모 식별자를 참조할 필요가 없다.
④ 자식 엔터티의 주식별자에 부모 엔터티의 식별자가 포함된다.

식별 관계는 자식 엔터티의 주식별자(PK)가 부모 엔터티의 식별자를 포함하는 관계이다. 즉, 자식의 식별자는 부모 없이는 식별될 수 없으며, 부모와 존재적으로 종속되어 있다. 따라서 외래키는 주식별자의 일부로 사용된다.

정답 09 ④

PART

02

SQL 기본 및 활용

파트 소개

SQL 기본 문법부터 조인, 서브쿼리, 윈도우 함수, PIVOT 등 다양한 활용 기법까지 단계별로 학습합니다. 데이터베이스를 효과적으로 다루기 위한 실전 중심의 내용을 포함하고 있습니다.

CHAPTER

01

SQL 기본

학습 방향

이번 챕터에서는 관계형 데이터베이스의 개념을 이해하고, SELECT 문과 각 절 (WHERE, GROUP BY, HAVING, ORDER BY)의 활용 방법을 익히는 것이 중요합니다. 또한 함수 사용법과 조인 및 표준 조인을 학습하여 다양한 조건과 구조의 데이터를 효율적으로 조회할 수 있도록 합니다.

SECTION 01 관계형 데이터베이스 개요

중요도 상 중 하
반복학습 1 2 3

빈출 태그 ▶ 데이터베이스, DBMS, RDBMS, 테이블, SQL

01 관계형 데이터베이스 용어 정리

01 관계형 데이터베이스 용어 정리

1) 데이터베이스

데이터베이스(Database)는 구조화된 형태로 데이터를 저장해 두는 집합입니다. 우리가 자주 사용하는 Excel도 데이터를 행과 열로 저장할 수 있다는 점에서 하나의 데이터베이스라고 볼 수 있습니다.

▲ 데이터베이스 예시 – Excel

2) DBMS

DBMS(DataBase Management System)는 기존 데이터베이스(Database)에 관리 기능을 추가한 소프트웨어입니다. DBMS의 개념을 자세히 살펴봅시다.
- DBMS는 데이터를 저장하고 조회하는 기능을 제공하는 데이터베이스이다.
- 이 외에 백업, 복구, 보안, 동시성 제어 등 다양한 기능을 추가로 제공한다.
- 대표적인 제품으로는 Oracle, MySQL, SQL Server 등이 있다.

> **기적의 TIP**
>
> SQLD 시험 문제는 대부분 Oracle 기반으로 출제되며, 가끔 비교용으로 SQL Server 내용이 나오기도 합니다. 또한, 하나의 DBMS만 할 줄 알아도 나머지 DBMS를 습득하기 훨씬 용이해집니다.

3) RDBMS

RDBMS(Relational DBMS)는 엔터티 간의 관계(Relationship)를 기반으로 데이터의 논리적인 의미를 처리하는 DBMS입니다. 지금까지 배운 ERD 구조처럼 엔터티와 관계를 이용합니다. 대부분의 DBMS는 RDBMS입니다(Oracle, MySQL, SQL Server 등).
관계형 외에도 계층형, 네트워크형 DBMS도 존재하지만 중요도는 비교적 낮은 편입니다. 컴퓨터 레지스트리가 일종의 계층형 데이터베이스입니다(데이터를 계층적으로 표현).

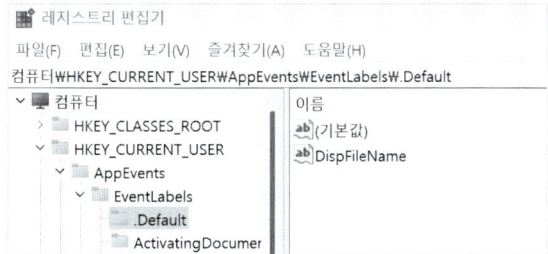

▲ 계층형 데이터베이스 예시 – 레지스트리 편집기

4) 테이블

테이블(Table)은 RDBMS에서 데이터를 저장되고 조회하는 2차원 배열 형태의 저장소입니다. 엔터티와 동일하며 모델링 단계에 따라 이름만 다릅니다(엔터티, 릴레이션, 테이블 모두 동일 대상).

모델링 단계	명칭
개념적 모델	엔터티(Entity)
논리적 모델	릴레이션(Relation)
물리적 모델	테이블(Table)

또한 물리적 모델링 단계에서는 인스턴스를 튜플(Tuple)이라 부르고, 속성을 컬럼(Column)이라고 부릅니다.

지금부터는 엔터티를 '테이블', 속성을 '컬럼', 인스턴스를 '튜플'로 명칭을 고정하겠습니다.

5) SQL

SQL(Structured Query Language)은 "구조화된 질의 언어"로 데이터베이스에 특정 구조(형식)에 맞게 질문하는 언어입니다. SQL은 다음 예시와 같이 작성됩니다.

```
SELECT * FROM 학생 WHERE 성별 = '남';
```

02 SQL 문법 분류

앞으로 2과목 전반에 걸쳐 배우게 될 SQL의 문법 종류를 가볍게 알아봅시다.

분류	명칭	설명	예시
DDL	Data Definition Language	데이터 구조 정의	CREATE, ALTER, DROP, RENAME, TRUNCATE
DML	Data Manipulation Language	데이터 조작	SELECT, INSERT, UPDATE, DELETE, MERGE
DCL	Data Control Language	권한 부여 및 회수	GRANT, REVOKE
TCL	Transaction Control Language	트랜잭션 제어	COMMIT, ROLLBACK, SAVEPOINT

> **더 알기 TIP**
>
> **SELECT 문은 DML에 속하나요?**
> SELECT 문은 데이터를 직접 변경하지 않지만, 테이블의 데이터를 "조회"하는 목적이므로 일반적으로 DML에 포함합니다. 일부 자료에서는 조회와 조작을 따로 분류하기도 합니다. SQLD 시험에서는 DML로 분류되므로 그 기준에 따라 학습합시다.

① DDL(Data Definition Language, 데이터 정의어)
- CREATE : 테이블을 생성한다(물리적 모델링 시 엔터티를 테이블로 변환할 때 사용).
- ALTER : 테이블의 구조를 변경한다(컬럼 추가, 컬럼 삭제, 이름 변경 등).
- DROP : 테이블을 삭제한다.
- RENAME : 테이블 이름 자체를 변경한다.
- TRUNCATE : 테이블을 초기화한다(테이블을 최초 생성한 시점으로 초기화한다).

② DML(Data Manipulation Language, 데이터 조작어)
- INSERT : 테이블에 데이터를 추가(삽입)한다.
- UPDATE : 테이블에 데이터를 변경한다.
- DELETE : 테이블로부터 데이터를 삭제한다.
- SELECT : 테이블에서 데이터를 조회한다.
- MERGE : 하나 이상의 테이블에 있는 데이터를 병합한다.

③ DCL(Data Control Language, 데이터 제어어)
- GRANT : 특정 객체(테이블, 뷰 등)에 대한 접근 권한을 부여한다.
- REVOKE : 특정 객체(테이블, 뷰 등)에 대한 접근 권한을 제거한다.

④ TCL(Transaction Control Language, 트랜잭션 제어 언어)
- COMMIT : 데이터 변경 사항을 데이터베이스에 영구 반영한다.
- ROLLBACK : 작업을 취소해서 이전 상태로 되돌린다.
- SAVEPOINT : 이전 상태로 되돌릴 지점을 정한다.

> **기적의 TIP**
>
> 분류(DDL, DML 등)에 어떤 문법(CREATE, UPDATE 등)이 있는지 물어보는 문제가 매우 자주 출제되므로 확실하게 키워드와 종류를 기억하세요.

02 STANDARD SQL

01 STANDARD SQL

SQL 문법을 본격적으로 배우기 전에 먼저 살펴볼 내용이 있습니다. SQL은 다양한 DBMS 간 호환을 위한 표준 규격을 제시한다는 점입니다.

1) 표준(STANDARD)의 필요성

우리가 사용하는 SQL은 Oracle, MySQL, PostgreSQL 등 다양한 DBMS에서 실행되지만, DBMS마다 지원하는 SQL 문법이 조금씩 다릅니다. 예를 들어, 문자열을 합치는 방법만 봐도 Oracle은 '홍' || '길동', MySQL은 CONCAT('홍', '길동')처럼 표현 방식이 서로 다를 수 있습니다. 따라서 DBMS마다 다른 문법을 배워야 한다는 불편함이 존재했습니다.

이런 불편함을 줄이고자 국제표준화기구(ISO)와 미국국립표준협회(ANSI)가 함께 SQL의 표준 문법 규격을 만들었습니다. 이를 STANDARD SQL이라고 합니다. 즉, STANDARD SQL 방식을 이용하면 어떤 DBMS에서도 동일한 기능을 사용할 수 있습니다.

> **기적의 TIP**
>
> 단, DBMS 별로 차별화한 문법은 별도로 학습해야 합니다. STANDARD SQL은 표준 규격일 뿐 강제 사항은 아님을 기억합시다.

2) 수학적 개념에 기반한 STANDARD SQL

STANDARD SQL은 단순한 규칙 모음이 아니라, 수학의 집합 이론과 관계 이론을 근간으로 설계된 언어입니다. 따라서 SQL은 집합 연산이나 관계 연산 같은 수학적 개념으로도 표현이 가능하며, 이를 이해하면 SQL의 동작 원리를 훨씬 더 깊이 있게 이해할 수 있습니다. 지금부터 일반 집합 연산자와 순수 관계 연산자를 통해 그 개념을 간단히 살펴보겠습니다.

02 일반 집합 연산자

일반 집합 연산자는 수학에서 배운 집합의 연산 개념을 SQL로 표현한 것입니다. 쉽게 말해 두 테이블 간 데이터를 합치거나 비교할 때 사용됩니다.

집합 연산	SQL 키워드	기능
UNION(합집합, A∪B)	UNION	두 테이블의 중복을 제거한 전체 데이터 집합
INTERSECTION(교집합, A∩B)	INTERSECT	두 테이블에 모두 존재하는 데이터만 추출
DIFFERENCE(차집합, A−B)	MINUS(또는 EXCEPT)	한쪽 테이블에는 존재하지만, 다른 쪽에 없는 데이터 추출
PRODUCT(곱집합, A×B)	CROSS JOIN	모든 조합의 데이터를 생성 (Cartesian Product)

> **기적의 TIP**
>
> MINUS는 Oracle에서 사용, EXCEPT는 SQL Server 등에서 사용합니다.

집합 연산자의 예시로 아래 테이블 A와 테이블 B를 합집합 연산해 보겠습니다.

[A] 테이블

COL1	COL2
1	2
2	3
3	4

[B] 테이블

COL1	COL2
1	2
2	5
3	6

A 테이블은 {(1, 2), (2, 3), (3, 4)} 집합, B 테이블은 {(1, 2), (2, 5), (3, 6)} 집합으로 표현할 수 있으며, 둘을 합집합으로 표현하면 AB = {(1, 2), (2, 3), (3, 4), (2, 5), (3, 6)}이 됩니다.

이를 SQL로 표현하면 아래와 같습니다.

```
SELECT * FROM A
 UNION
SELECT * FROM B ;
```

[실행 결과]

COL1	COL2
1	2
2	3
3	4
2	5
3	6

여기서는 간단히 일반 집합 연산자의 개념과 종류만 알아보고, 이후 SQL 활용 파트에서 자세히 다룹니다.

03 순수 관계 연산자

순수 관계 연산자는 SQL 문법을 수학적 기호로 표현한 개념입니다. 실무에서는 거의 사용되지 않지만, SQL의 연산 원리를 이론적으로 이해하는 데 도움이 됩니다. SQLD 시험에서는 기호의 의미와 간단한 해석 정도만 알아두면 충분합니다.

기호	기호명	의미	SQL의 매칭 키워드
σ	SELECTION	테이블에서 필요한 튜플(행)만 추출	WHERE
π	PROJECTION	테이블에서 필요한 컬럼(열)만 추출	SELECT
⋈	JOIN	두 테이블을 조건에 따라 연결	JOIN
÷	DIVIDE	집합 나눗셈	현재 사용하지 않음

➕ 더 알기 TIP

- σ(selection) 기호는 SQL의 WHERE과 매칭됩니다.
- π(projection) 기호는 SQL의 SELECT와 매칭됩니다.

σ(selection)가 SQL의 SELECT와 다름을 주의하세요.

아래의 조회 쿼리(SQL)를 순수 관계 연산자로 표현해 보겠습니다.

```
SELECT TAB1.COL1
  FROM TAB1 INNER JOIN TAB2 ON (TAB1.COL1 = TAB2.COL2)
 WHERE TAB1.COL1 = 'A';
```

$$\pi_{TAB1.COL1}(\sigma_{TAB1.COL1='A'}(TAB1 \bowtie_{TAB1.COL1 = TAB2.COL2} TAB2))$$

- $\pi_{TAB1.COL1}$: SELECT TAB1.COL
  → 조건에 맞는 열(컬럼)만 필터링
- $\sigma_{TAB1.COL1='A'}$: WHERE TAB1.COL1 = 'A'
  → 조인 결과에서 조건에 맞는 행(튜플)만 필터링
- $TAB1 \bowtie TAB2$: FROM TAB1 INNER JOIN TAB2 ON (TAB1.COL1 = TAB2.COL2)
  → 두 테이블을 특정 컬럼을 기준으로 조인

이론을 확인하는 기출문제

01 다음 중 데이터베이스에 대한 설명으로 적절하지 않은 것은?

① 데이터를 구조화된 형태로 저장한다.
② DBMS 없이도 데이터베이스는 백업, 복구가 가능하다.
③ Excel도 일종의 데이터베이스로 볼 수 있다.
④ DBMS는 여러 사용자가 동시에 접근할 수 있다.

> 데이터베이스는 데이터를 저장하고 조회할 수 있는 구조 자체를 의미하며, 이에 편의를 제공하기 위해 백업, 복구, 동시성 제어 등의 기능을 수행하는 프로그램이 DBMS(데이터베이스 관리시스템)이다.

02 다음 중 관계형 데이터베이스(RDBMS)의 특징으로 가장 적절한 것은?

① 데이터를 계층적으로 관리한다.
② 테이블 간의 관계를 기반으로 데이터를 처리한다.
③ SQL을 사용하지 않는다.
④ 절차적 프로그래밍 언어 기반으로 동작한다.

> 관계형 데이터베이스는 엔터티 간 관계를 기반으로 데이터를 논리적으로 처리한다. SQL은 대표적인 비절차적 프로그래밍 언어이다.

03 다음 중 SQL의 분류와 그 예로 옳은 것을 모두 고른 것은?

```
ㄱ. DDL – ALTER
ㄴ. DML – SELECT
ㄷ. DCL – INSERT
ㄹ. TCL – COMMIT
```

① ㄱ, ㄴ, ㄷ   ② ㄴ, ㄷ, ㄹ
③ ㄱ, ㄴ, ㄹ   ④ ㄱ, ㄹ

> DCL의 예시는 GRANT, REVOKE이며, INSERT는 DML이다.

04 다음 중 테이블, 릴레이션, 엔터티에 대한 설명으로 옳은 것은?

① 테이블은 개념적 모델링 단계에서 사용된다.
② 릴레이션은 물리적 모델에서 사용된다.
③ 엔터티는 논리적 모델에서 사용된다.
④ 테이블은 물리적 모델에서 사용된다.

> 테이블은 물리적 모델의 용어이며, 개념적 모델에서의 엔터티, 논리적 모델에서의 릴레이션과 같은 대상을 지칭한다.

05 다음 중 순수 관계 연산자와 SQL 키워드가 바르게 연결된 것은?

① σ, SELECT
② π, WHERE
③ ⋈, JOIN
④ ÷, ORDER BY

> ⋈는 JOIN, σ는 WHERE, π는 SELECT와 매칭된다.

정답 01 ② 02 ② 03 ③ 04 ④ 05 ③

06
다음 SQL 문장의 밑줄 친 부분에 대응되는 순수 관계 연산자로 가장 적절한 것은?

SELECT * FROM 사원 <u>WHERE 부서 = '개발'</u>;

① π
② σ
③ ⋈
④ ÷

WHERE 조건은 σ(selection) 연산과 매칭된다. σ가 셀렉션이라서 SQL의 SELECT와 헷갈리지 않도록 주의해야 한다. SQL의 select는 π(projection) 기호와 매칭된다.

07
다음 중 일반 집합 연산자에 대한 설명으로 옳지 않은 것은?

① UNION은 중복 제거 후 결합한다.
② INTERSECT는 공통된 튜플만 반환한다.
③ MINUS는 SQL Server에서 사용된다.
④ CROSS JOIN은 곱집합을 반환한다.

MINUS는 Oracle에서 사용되며, SQL Server 등에서는 EXCEPT를 사용한다.

08
다음 SQL 중 오류가 발생하는 문장은? (단, A, B 테이블은 동일한 컬럼 개수와 순서, 자료형을 가진다.)

① SELECT * FROM A UNION SELECT * FROM B;
② SELECT * FROM A INTERSECT SELECT * FROM B;
③ SELECT * FROM A MINUS SELECT * FROM B;
④ SELECT * FROM A + SELECT * FROM B;

"+"는 SQL의 집합 연산자가 아니다.

09
다음 SQL 문장의 순수 관계 연산자 해석으로 가장 적절한 것은?

SELECT S.이름
  FROM 학생 S JOIN 수강 C ON (S.학번 = C.학번)
  WHERE C.과목 = 'SQL';

① π 이름 (σ 과목='SQL' (학생 ⋈_{학생.학번 = 수강.학번} 수강))
② σ 과목='SQL' (π 이름 (학생 ⋈_{학생.학번 = 수강.학번} 수강))
③ π 과목 (σ 이름='SQL' (학생 ⋈_{학생.학번 = 수강.학번} 수강))
④ σ 이름='SQL' (π 과목 (학생 ⋈_{학생.학번 = 수강.학번} 수강))

FROM에서 학생과 수강을 각각 학번 컬럼으로 이너 조인(⋈)하고, WHERE에서 필터링을 수행(σ 과목='SQL')한 후 SELECT에서 원하는 컬럼만 가져온다(π 이름).

10
다음 두 테이블의 합집합 결과를 구하는 SQL을 작성하려고 한다. 올바른 SQL은?

[A] 테이블

ID	NAME
1	홍길동
2	이순신

[B] 테이블

ID	NAME
2	이순신
3	강감찬

① SELECT * FROM A + B;
② SELECT * FROM A UNION ALL SELECT * FROM B;
③ SELECT * FROM A INTERSECT SELECT * FROM B;
④ SELECT * FROM A UNION SELECT * FROM B;

UNION은 중복을 제거한 합집합을 반환한다.

정답 06 ② 07 ③ 08 ④ 09 ① 10 ④

SECTION 02 SELECT 문

빈출 태그 ▶ SELECT 문, DISTINCT, ALL, ALIAS, 산술 연산자, 연결 연산자, 자료형, 리터럴

01 SELECT 전체 문법과 개념

01 SELECT 문법 구성 요소

SQL에서 데이터를 조회하는 데 사용하는 가장 중요한 문법이 바로 SELECT입니다. 현업에서도 사용하는 SQL의 80~90% 이상이 SELECT 문일 정도로 핵심적인 문법입니다. SELECT 문은 다음 6개의 키워드로 구성됩니다.

구문	설명	실행 순서
SELECT	출력할 컬럼(열)을 지정	5
FROM	데이터를 가져올 테이블을 지정	1
WHERE	행(튜플) 필터링 조건 지정	2
GROUP BY	특정 컬럼 기준으로 행을 그룹화	3
HAVING	그룹화된 결과에 조건을 지정	4
ORDER BY	결과를 특정 컬럼 기준으로 정렬 (기본 오름차순 정렬)	6

> **기적의 TIP**
>
> 이 6가지 문법이 SQL 기본의 핵심 주제입니다. 이번 섹션에서는 SELECT 문의 전체 구조를 개략적으로 익히고, 각 요소는 각 섹션별로 하나씩 자세히 다룰 예정입니다.

02 SELECT 문법의 기본 기능

SELECT는 테이블에서 원하는 컬럼만 골라서 출력할 수 있도록 도와주는 문법입니다.

[STUDENT] 테이블

STUDENT_ID	STUDENT_NAME	AGE	GENDER	MAJOR
S001	김현태	23	남	기계공학과
S002	도연우	23	여	산업공학과

① 이름만 조회하고 싶은 경우

```
SELECT STUDENT_NAME
  FROM STUDENT ;
```

[출력 결과]

STUDENT_NAME
김현태
도연우

② 이름과 나이, 전공만 조회하고 싶은 경우

```
SELECT STUDENT_NAME, AGE, MAJOR
   FROM STUDENT ;   쉼표(,)로 여러 컬럼을 구분하여 나열
```

[출력 결과]

STUDENT_NAME	AGE	MAJOR
김현태	23	기계공학과
도연우	23	산업공학과

> **기적의 TIP**
>
> - FROM : 데이터를 가져올 테이블을 지정하는 곳
> - ;(세미콜론) : SQL 문장의 끝을 나타내는 마침표 역할

02 SELECT에서 사용하는 기술

01 애스터리스크(*) – 전체 컬럼 선택

SELECT 문에서 * 기호는 테이블의 모든 컬럼을 조회하겠다는 의미입니다. 예를 들어, STUDENT 테이블의 모든 컬럼을 조회하려면 다음과 같이 작성합니다.

[STUDENT] 테이블

STUDENT_ID	STUDENT_NAME	AGE	GENDER	MAJOR
S001	김현태	23	남	기계공학과
S002	도연우	23	여	산업공학과

```
SELECT *  ← STUDENT 테이블에 정의된 컬럼을 모두 출력하라는 의미
   FROM STUDENT;
```

[출력 결과]

STUDENT_ID	STUDENT_NAME	AGE	GENDER	MAJOR
S001	김현태	23	남	기계공학과
S002	도연우	23	여	산업공학과

아래와 같이 모든 컬럼을 나열하면 어떨까요? 똑같은 결과가 출력됩니다.

```
SELECT STUDENT_ID
     , STUDENT_NAME
     , AGE
     , GENDER
     , MAJOR
  FROM STUDENT ;
```

[출력 결과]

STUDENT_ID	STUDENT_NAME	AGE	GENDER	MAJOR
S001	김현태	23	남	기계공학과
S002	도연우	23	여	산업공학과

➕ 더 알기 TIP

실무에서의 애스터리스크 사용

실무 관점에서는 다음과 같은 이유로 애스터리스크(*) 사용이 가급적 권장되지 않습니다.
- 불필요한 컬럼까지 조회해서 성능이 저하될 수 있습니다.
- 어떤 컬럼을 사용하는지 SQL만 보고 알 수 없습니다.

따라서 필요한 컬럼만 명시하는 것이 가장 좋습니다.

02 DISTINCT / ALL - 중복 제거 또는 전체 표시

1) DISTINCT

DISTINCT는 조회 결과에서 중복 데이터를 제거할 때 사용합니다. DISTINCT는 중복 제거 시 컬럼들의 조합 기준으로 판단합니다.

① STUDENT 테이블에서 중복 없이 MAJOR 컬럼 값을 조회

[STUDENT] 테이블

STUDENT_ID	STUDENT_NAME	AGE	GENDER	MAJOR
S001	김현태	23	남	기계공학과
S002	도연우	23	여	산업공학과
S003	이동천	24	남	기계공학과
S004	김영선	25	여	기계공학과
S005	송리안	26	여	철학과

```
SELECT DISTINCT MAJOR
  FROM STUDENT ;
```

[출력 결과]

MAJOR
기계공학과
산업공학과
철학과

② STUDENT 테이블에서 중복 없이 MAJOR와 GENDER 컬럼 값을 조회

```
SELECT DISTINCT GENDER, MAJOR
  FROM STUDENT ;
```

[출력 결과]

GENDER	MAJOR
남	기계공학과
여	기계공학과
여	산업공학과
여	철학과

이때, '남+기계공학과'와 '여+기계공학과'는 서로 다른 조합으로 간주하므로, DISTINCT 기준에서는 중복이 아닙니다.

2) ALL

ALL은 중복을 제거하지 않고 전체 데이터를 그대로 조회합니다. 기본값이므로 보통 생략됩니다.

```
SELECT ALL MAJOR    ── SELECT MAJOR와 동일한 결과
  FROM STUDENT ;
```

[출력 결과]

MAJOR
기계공학과
산업공학과
기계공학과
기계공학과
철학과

03 ALIAS(AS) - 출력 컬럼에 별칭 부여

1) ALIAS

AS 키워드를 이용해 조회 결과로 출력할 컬럼명을 임시로 지정하거나 변경하여 출력할 수 있습니다.

[STUDENT] 테이블

STUDENT_ID	STUDENT_NAME	AGE	GENDER	MAJOR
S001	김현태	23	남	기계공학과
S002	도연우	23	여	산업공학과
S003	이동천	24	남	기계공학과
S004	김영선	25	여	기계공학과
S005	송리안	26	여	철학과

```
SELECT STUDENT_ID AS S_ID
     , STUDENT_NAME AS 이름
     , AGE AS 나이__
     , GENDER 성별
  FROM STUDENT;
```

[출력 결과]

S_ID	이름	나이__	성별
S001	김현태	23	남
S002	도연우	23	여
S003	이동천	24	남
S004	김영선	25	여
S005	송리안	26	여

→ 부여된 별칭으로 컬럼명 변경

이때, 테이블의 컬럼명이 실제로 변경되는 것이 아니라, 출력 시점에 임시로 별칭이 부여됩니다.

2) ALIAS 작성 시 주의사항

항목	설명
문자 시작	반드시 문자로 시작해야 하며, 숫자나 특수문자로 시작할 수 없다.
예약어 금지	SELECT, FROM 같은 SQL 예약어는 별칭으로 사용할 수 없다.
허용 특수문자	_, $, #만 사용할 수 있다.
특수문자/공백 포함	공백이나 특수문자는 큰따옴표(" ")로 감싸면 사용할 수 있다.
AS 생략	AS는 선택 사항이며, 컬럼 뒤에 띄어쓰기 후 별칭을 바로 적어도 된다.
자동 대문자화	Oracle은 기본적으로 ALIAS를 대문자로 출력하며, 소문자를 유지하려면 큰따옴표("")로 감싸야 한다.

아래 예시를 통해 ALIAS 적용이 가능한 경우와 불가능한 경우를 구분해 봅시다.

① 문자로 시작

```
SELECT COL1 AS 안녕123     가능
     , COL2 AS 123안녕     불가능
     , COL3 AS _안녕123    불가능
  FROM TAB1 ;
```

② 예약어 금지

```
SELECT COL1 AS SELECT    불가능
     , COL2 AS HELLO     가능
     , COL3 AS AS        불가능
  FROM TAB1 ;
```

③ 허용 특수문자는 _, $, #만 가능

```
SELECT COL1 AS HI_123     가능
     , COL2 AS HI 123     불가능! 띄어쓰기도 일종의 특수문자로 인식
     , COL3 AS HI_123$    가능
  FROM TAB1 ;
```

> **기적의 TIP**
>
> SQL은 명칭(컬럼명, 테이블명, ALIAS명 등)에 띄어쓰기를 쓸 수 없습니다. 따라서 언더바(_) 기호를 이용해 복합 명사를 표현합니다. 예를 들어 사용자 이름이라면 USER_NAME으로 사용합니다.

④ 특수문자/공백 포함

```
SELECT COL1 AS "HI 123"
     , COL2 AS "%@!@#$%"        가능(큰따옴표로 감싼 특수문자는 사용할 수 있음)
  FROM TAB1 ;
```

[출력 결과]

HI 123	%@!@#$%
A	100
B	200

큰따옴표(" ")로 별칭을 감싸주면 모든 제약이 사라지게 됩니다.

⑤ AS 생략 가능(컬럼 뒤에 한 칸 띄고 바로 별칭 부여)

```
SELECT COL1 AS HI    가능
     , COL2 HELLO    가능
  FROM TAB1;
```

[출력 결과]

HI	HELLO
A	100
B	200

⑥ 자동 대문자화

```
SELECT COL1 AS hello        ┐ 가능(대문자로 자동 변경)
     , COL2 yourname        ┘
     , COL3 "no"            ┐
     , COL4 AS "my MAjor"   ┘ 가능(큰따옴표는 내부 명칭을 그대로 출력)
  FROM TAB1;
```

[출력 결과]

HI	HELLO	no	my MAjor
1	1	3	4
5	5	7	8

04 산술 연산자

1) 컬럼 간 연산

SELECT에 컬럼 입력 외에도 리터럴, 컬럼과 리터럴, 컬럼과 컬럼끼리의 사칙연산도 가능합니다. 단, NULL이 연산에 포함되는 순간 결과는 무조건 NULL이 됩니다.

➕ 더 알기 TIP

리터럴이란 단순히 "값"을 의미한다고 보면 됩니다.
- 숫자 리터럴 : 10, 50, 3.5
- 문자 리터럴 : 'A', '안녕하세요', '소속'
- 날짜 리터럴 : 2025-04-23 12:12:12

[TAB1] 테이블

COL1	COL2	COL3
100	400	600
200	500	(NULL)
300	(NULL)	(NULL)
(NULL)	(NULL)	(NULL)

```
SELECT COL1 + 100              AS 컬럼1    컬럼과 숫자 리터럴을 더한다.
     , COL1 / 50               AS 컬럼2    컬럼과 숫자 리터럴을 나눈다.
     , COL1 + COL2             AS 컬럼3  ┐
     , COL1 + COL2 + COL3      AS 컬럼4  ┘  컬럼과 컬럼끼리 더한다.
  FROM TAB1 ;
```

[출력 결과]

컬럼1	컬럼2	컬럼3	컬럼4
200	2	500	1100
300	4	700	
400	6		

SELECT 문은 테이블의 전체 데이터를 일괄처리 하는 것이 아니라, 각 행(Row)을 하나씩 순차적으로 처리합니다. 즉, 연산(산술, 연결 등)은 테이블의 각 행(튜플)에 대해 한 번씩 반복 수행된다는 뜻입니다.

2) 연산 진행 순서

아래의 테이블 예시와 함께 연산이 진행되는 순서를 알아봅시다.

[TAB1] 테이블

COL1	COL2	COL3	
100	400	600	① 첫 번째 행
200	500	(NULL)	② 두 번째 행
300	(NULL)	(NULL)	③ 세 번째 행
(NULL)	(NULL)	(NULL)	④ 네 번째 행

① 첫 번째 행 → COL1=100, COL2=400, COL3=60

```
COL1 + 100            100 + 100 = 200
COL1 / 50             100 / 50 = 2
COL1 + COL2           100 + 400 = 500
COL1 + COL2 + COL3    100 + 400 + 600 = 1100
```

[출력 결과]

컬럼1	컬럼2	컬럼3	컬럼4
200	2	500	1100

② 두 번째 행 → COL1=200, COL2=500, COL3=NULL

```
COL1 + 100              200 + 100 = 300
COL1 / 50               200 / 50 = 4
COL1 + COL2             200 + 500 = 700
COL1 + COL2 + COL3      200 + 500 + NULL = NULL → NULL이 포함되면 결과도 NULL
```

[출력 결과]

컬럼1	컬럼2	컬럼3	컬럼4
200	2	500	1100
300	4	700	

③ 세 번째 행 → COL1=300, COL2=NULL, COL3=NULL

```
COL1 + 100              300 + 100 = 400
COL1 / 50               300 / 50 = 6
COL1 + COL2             300 + NULL = NULL
COL1 + COL2 + COL3      300 + NULL + NULL = NULL
```

[출력 결과]

컬럼1	컬럼2	컬럼3	컬럼4
200	2	500	1100
300	4	700	
400	6		

④ 네 번째 행 → COL1=NULL, COL2=NULL, COL3=NULL

```
COL1 + 100              NULL + 100 = NULL
COL1 / 50               NULL / 50 = NULL
COL1 + COL2             NULL + NULL = NULL
COL1 + COL2 + COL3      NULL + NULL + NULL = NULL
```

[출력 결과]

컬럼1	컬럼2	컬럼3	컬럼4
200	2	500	1100
300	4	700	
400	6		

05 연결 연산자

연결 연산자는 SELECT에서 데이터를 이어 붙이는 기능을 제공합니다. 산술 연산자처럼 한 행(=튜플)씩 처리되며, 데이터끼리 연결(Concatenation)됩니다. Oracle은 || 기호를 이용하고, SQL Server는 + 기호를 이용합니다.

[TAB1] 테이블

이름	나이	학교
이모자	20	A대학
김현정	24	B대학
나는널	NULL	NULL

```
-- Oracle
SELECT 이름 || '님의 현재 나이는 ' || 나이 || '살 입니다' AS 이름과나이
     , 학교
  FROM TAB1 ;


-- SQL Server
SELECT 이름 + '님의 현재 나이는 ' + 나이 + '살 입니다' AS 이름과나이
     , 학교
  FROM TAB1 ;
```

[출력 결과] Oracle

이름과나이	학교
이모자님의 현재 나이는 20살 입니다	A대학
김현정님의 현재 나이는 24살 입니다	B대학
나는널님의 현재 나이는 살 입니다	NULL

[출력 결과] SQL Server

이름과나이	학교
이모자님의 현재 나이는 20살 입니다	A대학
김현정님의 현재 나이는 24살 입니다	B대학
NULL	NULL

➕ 더 알기 TIP

Oracle과 SQL Server는 각각 연결 연산 시 NULL의 처리 방식이 다릅니다.
- Oracle은 연결 연산 중에 NULL이 있으면 NULL을 무시하고 나머지 문자열을 이어 붙입니다.
- SQL Server는 연결 연산 중에 NULL이 하나라도 있으면 결과 전체가 NULL이 됩니다.

03 자료형과 리터럴 이해하기

01 자료형과 리터럴의 개념

SQL에서 가장 기초적이면서 중요한 개념 중 하나가 자료형(Data Type)과 리터럴(Literal)입니다.

1) 리터럴

리터럴은 쉽게 말해 변수나 연산 결과가 아닌 "값" 그 자체를 의미합니다.
- 100 → 숫자 리터럴
- '안녕' → 문자 리터럴
- 2024-01-01 12:12:12 → 날짜 리터럴

2) 자료형

자료형은 이런 값(=리터럴)들을 구분하고 담을 수 있는 그릇입니다. 동물을 포유류, 파충류 등으로 분류하듯, 데이터도 문자형, 숫자형, 날짜형과 같은 자료형으로 분류하여 저장합니다. 이를 통해 데이터의 일관성과 무결성을 유지할 수 있습니다.

02 ORACLE에서 자주 쓰는 자료형 3가지

Oracle에는 여러 자료형이 있지만, 대표적으로 3가지 자료형을 많이 사용합니다.

자료형	설명	예시
VARCHAR2(n)	문자형, 최대 n 바이트까지 입력 가능	'홍길동', 'A123'
NUMBER	숫자형	5, 12.5, -0.001
DATE	날짜형	'2024-01-01', '2024-04-16 14:30:00'

> **기적의 TIP**
>
> SQL Server는 Oracle과 자료형이 조금 다릅니다. 이는 후에 DDL에서 따로 설명합니다. 시험에서는 Oracle 문법이 대부분 출제되니 Oracle 문법에 먼저 집중합시다.

1) 자료형과 리터럴 개념이 중요한 이유

관계형 데이터베이스에서는 모든 컬럼에 자료형이 반드시 지정되어야 하며, 입력되는 값(=리터럴)은 그 자료형과 반드시 일치해야 합니다. 예를 들어 문자형 컬럼에는 'A123' 같은 문자가 들어가야 하고, 숫자형 컬럼에는 123 같은 숫자만 들어가야 합니다. 이를 통해 데이터베이스는 일관성 있는 데이터를 입력받을 수 있어 데이터 품질이 향상됩니다.

2) 자료형이 결정되는 시점은?

논리적 모델링에서 컬럼을 설계한 후에 물리적 모델링 시점에서 실제 물리적인 크기나 자료형을 지정하게 됩니다.

[예시] CREATE TABLE 구문(DDL 문법)

```
CREATE TABLE STUDENT (
    STUDENT_ID    VARCHAR2(6),     문자형(최대 6바이트)
    STUDENT_NAME  VARCHAR2(20),    문자형(최대 20바이트)
    MID_SCORE     NUMBER           숫자형
);
```

- VARCHAR2(6) : 문자형, 최대 6바이트까지 입력받을 수 있다.
- NUMBER : 숫자만 입력받을 수 있고, 문자나 특수문자 입력 시 오류가 발생한다.

이론을 확인하는 기출문제

01 다음 중 SELECT 문에서 데이터의 정렬을 지정하는 키워드는 무엇인가?

① WHERE
② GROUP BY
③ ORDER BY
④ HAVING

ORDER BY는 결과 데이터를 정렬할 때 사용하는 구문이며, SELECT 문의 마지막에 위치한다.

02 다음 SQL의 실행 순서로 옳은 것은?

```
SELECT col1
FROM table1
WHERE col1 > 10
GROUP BY col2
HAVING COUNT(*) > 1
ORDER BY col3;
```

① SELECT → FROM → WHERE → GROUP BY → HAVING → ORDER BY
② FROM → WHERE → GROUP BY → HAVING → SELECT → ORDER BY
③ FROM → SELECT → WHERE → GROUP BY → HAVING → ORDER BY
④ FROM → GROUP BY → HAVING → SELECT → WHERE → ORDER BY

SQL 문은 FROM → WHERE → GROUP BY → HAVING → SELECT → ORDER BY 순서로 실행된다. 위에서 아래로 실행되지 않음에 주의해야 한다.

03 다음 중 테이블의 모든 컬럼을 조회하는 SQL 문은?

① SELECT ALL FROM STUDENT;
② SELECT ALL_COLUMNS FROM STUDENT;
③ SELECT * FROM STUDENT;
④ SELECT DISTINCT * FROM STUDENT;

애스터리스크(*)는 테이블의 모든 컬럼을 조회하는 문법이다. DISTINCT는 중복된 행을 제거하고 출력하며, ALL은 중복된 행도 모두 출력하라는 의미지만, 대부분의 DBMS에서 ALL은 기본값이므로 생략해도 동일하게 작동한다.

04 다음 SQL 실행 결과로 올바른 것을 고르시오.

```
SELECT DISTINCT DEPT_ID, GENDER
FROM EMPLOYEE;
```

[EMPLOYEE] 테이블

DEPT_ID	GENDER
A001	M
A001	M
A001	F
B001	F

① 중복 없이 3건 출력된다.
② 중복 없이 2건 출력된다.
③ 4건 출력된다.
④ DEPT_ID만 기준으로 중복 제거된다.

DISTINCT는 SELECT에 나열된 모든 컬럼의 조합 기준으로 중복 제거를 수행한다. 위 경우는 (A001, M), (A001, F), (B001, F) → 3건이 출력된다.

05 다음 SQL 중 ALIAS를 잘못 사용한 것은?

① `SELECT STUDENT_NAME AS 이름 FROM STUDENT;`
② `SELECT STUDENT_NAME 이름 FROM STUDENT;`
③ `SELECT STUDENT_NAME AS 1이름 FROM STUDENT;`
④ `SELECT STUDENT_NAME AS "이름" FROM STUDENT;`

ALIAS는 문자로 시작해야 하며, 숫자나 특수문자로 시작할 수 없다. 2의 경우 AS는 생략 가능하므로 해석에 주의해야 한다.

---

06 다음 SQL 문 실행 시 출력 결과로 올바른 것은?

```
SELECT COL1 + COL2 AS TOTAL
  FROM TAB1;
```

[TAB1] 테이블

COL1	COL2
100	NULL
NULL	50
NULL	NULL

① 100, 50, 0
② NULL, 50, NULL
③ NULL, NULL, NULL
④ 100, NULL, NULL

NULL은 정상적인 산술 연산이 불가능하다. 산술 연산 시 NULL이 포함되면 결과는 NULL이 된다.

---

07 연결 연산에 대한 설명 중 옳은 것은?

① Oracle에서 + 기호를 사용해 문자열을 연결한다.
② SQL Server에서는 || 기호를 사용해 문자열을 연결한다.
③ Oracle에서는 NULL과 문자열을 연결하면 전체가 NULL이 된다.
④ SQL Server에서는 NULL이 포함되면 전체 결과가 NULL이 된다.

Oracle은 NULL을 무시하고 나머지 문자열이 연결되며, SQL Server는 NULL이 포함되면 전체 결과가 NULL이 된다. Oracle은 연결 연산으로 || 기호를 사용하고 SQL Server는 + 기호를 사용한다.

---

08 다음 중 출력 결과로 '홍길동님의 나이는 30살입니다'를 생성하는 SQL은?(단, Oracle 기준이다.)

> USER_INFO 테이블은 NAME, AGE 컬럼을 가지고 있으며 각각 이름, 나이 정보가 입력된다.

① `SELECT NAME || "님의 나이는 " || AGE || "살입니다" FROM USER_INFO;`
② `SELECT NAME + '님의 나이는 ' + AGE + '살입니다' FROM USER_INFO;`
③ `SELECT NAME || '님의 나이는 ' || AGE || '살입니다' FROM USER_INFO;`
④ `SELECT '님의 나이는 ' || NAME || AGE || '살입니다' FROM USER_INFO;`

Oracle에서는 문자열 연결에 || 연산자를 사용하며, 문자열은 작은따옴표를 사용해서 표현한다.

정답 05 ③ 06 ③ 07 ④ 08 ③

09 다음 중 컬럼 ALIAS 사용에 대한 설명으로 옳지 않은 것은?

① 큰따옴표를 사용하면 공백과 특수문자를 포함할 수 있다.
② Oracle에서는 ALIAS를 기본적으로 대문자로 출력한다.
③ 컬럼명 뒤에 ALIAS를 붙일 경우 AS를 명시해야 한다.
④ _, $, # 특수문자는 ALIAS에 포함될 수 있다.

AS는 생략할 수 있으며, 컬럼명 뒤에 띄어쓰기로 별칭을 바로 붙여도 된다. ◎ SELECT COL1 HELLO) → COL1 대신 HELLO라는 컬럼명으로 결과 출력

10 다음 중 자료형과 리터럴에 대한 설명으로 옳지 않은 것은?

① '홍길동'은 문자형 리터럴이다.
② 10.5는 숫자형 리터럴이다.
③ DATE 타입에는 2023-01-01 10:00:00 같은 리터럴이 들어갈 수 있다.
④ 자료형은 논리 모델링 단계에서 결정된다.

자료형은 물리적인 크기를 고려하는 물리 모델링 단계에서 결정된다. 논리 모델링 단계에서는 어떤 속성이 필요한지를 정의할 뿐, 실제 저장 방식이나 크기는 지정하지 않는다.

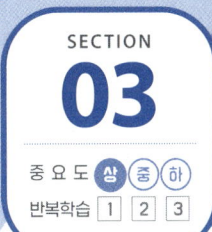

함수(Function)

빈출 태그 ▶ 문자형·숫자형·날짜형·형변환 함수, NULL 함수, CASE·DECODE 문법, 단일행 함수

01 함수의 개념과 특징

01 함수의 개념

함수(Function)는 입력값을 받아 특정 연산을 수행한 뒤, 하나의 결과값을 반환하는 구조입니다. 수학의 함수인 f(x) = y처럼, 입력된 값 x에 따라 y가 결정됩니다.

자판기에서 음료를 뽑아 마시는 과정을 생각해 봅시다.

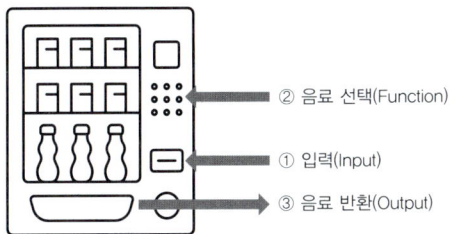

① 입력(Input)
② 음료 선택(Function)
③ 음료 반환(Output)

자판기는 돈(① 입력값)과 ② 버튼 선택에 따라 음료(③ 출력값)를 제공합니다. 이처럼 자판기가 작동하는 과정은 입력한 값과 선택에 따라 원하는 결과를 얻을 수 있다는 점에서 함수와 비슷합니다.

02 SQL에서 함수의 종류

SQL에서는 함수가 크게 두 가지로 나뉩니다.

항목	설명
내장형 함수(Built-in Function)	• DBMS 제조사에서 미리 만들어 제공하는 함수이다. • 함수명, 입력 값, 기능을 알면 즉시 사용할 수 있다.
사용자정의 함수(User-defined Function)	사용자가 직접 정의하여 사용하는 함수이다(SQLD에서는 별도로 다루지 않음).

본 책에서는 SQLD의 시험 범위인 내장형 함수만 다루도록 하겠습니다.

02 내장형 함수

01 문자형 함수

1) 문자형 함수의 종류

문자형 함수란 문자 데이터를 처리할 때 사용하는 함수를 의미합니다. 주로 문자열을 가공하거나 길이를 계산하거나 특정 문자열을 치환하는 기능 등을 제공합니다.

함수 (함수명 다를 경우, Oracle/SQL Server 순서로 기재)	설명 및 예시
UPPER(문자열)	영어 소문자를 대문자로 변환 예) UPPER('hello') → 'HELLO'
LOWER(문자열)	영어 대문자를 소문자로 변환 예) LOWER('SQL') → 'sql'
CONCAT(문자열1, 문자열2)	문자열 2개 연결 예) CONCAT('A', 'B') → 'AB'
SUBSTR(문자열, 시작 위치, 개수)	문자열 일부 추출 예) SUBSTR('19940216', 1, 4) → '1994'
ASCII(문자)	문자의 아스키코드 반환 예) ASCII('A') → 65
CHR(숫자) / CHAR(숫자)	아스키코드를 문자로 변환 예) CHR(65) → 'A'
LENGTH(문자열) / LEN(문자열)	문자열 길이 반환 예) LENGTH('abc123') → 6
LTRIM(문자열, 지정 문자) / LTRIM(문자열)	왼쪽 공백 또는 지정 문자 제거 예) LTRIM(' SQL') → 'SQL', LTRIM('###ABC', '#') → 'ABC'
RTRIM(문자열, 지정 문자) / RTRIM(문자열)	오른쪽 공백 또는 지정 문자 제거 예) RTRIM('SQL ') → 'SQL', RTRIM('ABC###', '#') → 'ABC'
TRIM([leading | trailing | both] 지정 문자 FROM 문자열)	앞/뒤/양쪽의 특정 문자 제거 예) TRIM(BOTH '#' FROM '#A#B#') → 'A#B'
REPLACE(문자열, 기존 문자, 변경 문자)	문자열 치환 예) REPLACE('안녕하세요', '안녕', '반가워') → '반가워하세요'

2) 문자형 함수 예시

① UPPER(문자열)

문자열 내 영어 소문자를 대문자로 변환합니다.

```
SELECT UPPER('hello123abc') AS RESULT
  FROM DUAL;
```

[출력 결과]

RESULT
HELLO123ABC

② LOWER(문자열)

문자열 내 영어 대문자를 소문자로 변환합니다.

```sql
SELECT LOWER('SQLExam2024') AS RESULT
  FROM DUAL;
```

[출력 결과]

RESULT
sqlexam2024

③ CONCAT(문자열1, 문자열2)

두 문자열을 연결합니다(두 개만 연결 가능, 그 이상은 연결 연산자 이용).

```sql
SELECT CONCAT('SQL', 'D') AS RESULT
     , CONCAT(CONCAT('A' , 'B') , 'C') AS RESULT2
     , 'A' || 'B' || 'C' AS RESULT3    Oracle 기준(SQL Server는 'A' + 'B' + 'C')
  FROM DUAL ;
```

[출력 결과]

RESULT	RESULT2	RESULT3
SQLD	ABC	ABC

더 알기 TIP

함수는 중첩해서 사용할 수 있으며 안에서부터 실행됩니다.
예 CONCAT(CONCAT('A', 'B'), 'C'))
(1) CONCAT('A', 'B') 실행으로 'AB' 반환
(2) CONCAT('AB', 'C') 실행으로 'ABC' 반환

④ SUBSTR(문자열, 시작 위치, 길이)

문자열에서 원하는 부분을 잘라냅니다. 시작 위치가 음수면 문자열 끝에서부터 계산합니다.

```sql
SELECT SUBSTR('19940216', 1, 4) AS BIRTH_YEAR
     , SUBSTR('19940216', 5, 2) AS BIRTH_MONTH
     , SUBSTR('19940216', 2) AS RESULT3    마지막 인자가 생략되면 끝까지
     , SUBSTR('19940216', -2) AS 마지막2자리  16
  FROM DUAL;
```

[출력 결과]

BIRTH_YEAR	BIRTH_MONTH	RESULT3	마지막2자리
1994	02	9940216	16

⑤ ASCII(문자) / CHR(숫자)(SQL Server는 CHAR(숫자))
- ASCII : 문자를 ASCII 코드 값으로 반환합니다.
- CHR : ASCII 코드 값을 문자로 반환합니다.

```
SELECT ASCII('A') AS ASCII_A
     , CHR(65) AS CHR_65    SQL Server는 CHAR(65)
  FROM DUAL;
```

[출력 결과]

ASCII_A	CHR_65
65	A

⑥ LENGTH(문자열)(SQL Server는 LEN(문자열))

문자열의 문자 수를 반환합니다.

```
SELECT LENGTH('Hello SQL') AS 문자길이    SQL Server는 LEN('Hello SQL')
  FROM DUAL;
```

[출력 결과]

문자길이
9

⑦ LTRIM(문자열, 지정문자) / LTRIM(문자열)(SQL Server는 지정 문자 불가)

문자열의 왼쪽에서 지정된 문자(또는 공백)를 제거합니다.

```
SELECT LTRIM('   SQL') AS result1    지정 문자 미입력 시 공백을 제거
     , LTRIM('###ABC', '#') AS result2
  FROM DUAL;
```

[출력 결과]

RESULT1	RESULT2
SQL	ABC

SQL Server에서는 LTRIM(문자열)만 사용 가능하며, 공백만 제거할 수 있습니다.

⑧ RTRIM(문자열, 지정문자) / RTRIM(문자열)(SQL Server는 지정 문자 불가)

문자열의 오른쪽에서 지정된 문자(또는 공백)를 제거합니다.

```
SELECT RTRIM('SQL   ') AS result1    지정 문자 미입력 시 공백을 제거
     , RTRIM('ABC###', '#') AS result2
  FROM DUAL;
```

[출력 결과]

RESULT1	RESULT2
SQL	ABC

SQL Server에서는 RTRIM(문자열)만 사용 가능하며, 공백만 제거할 수 있습니다.

⑨ TRIM([leading|trailing|both] 지정 문자 FROM 문자열)

문자열에서 앞/뒤/양쪽의 특정 문자를 제거합니다. 생략 시 both가 기본값이며, 공백 제거가 기본 동작입니다.

```
SELECT TRIM(BOTH '#' FROM '#A#B#') AS result1
     , TRIM(' Hello ') AS result2
  FROM DUAL;
```

[출력 결과]

RESULT1	RESULT2
A#B	Hello

SQL Server에서는 leading, trailing, both 문법을 지원하지 않으며, 공백만 제거 가능합니다.
예) TRIM(' Hello ') → 'Hello'

⑩ REPLACE(문자열, 기존 문자, 바꿀 문자)

문자열 내 특정 문자를 다른 문자로 바꿔줍니다.

```
SELECT REPLACE('안녕하세요', '안녕', '반가워') AS result
  FROM DUAL;
```

[출력 결과]

RESULT
반가워하세요

02 숫자형 함수

1) 숫자형 함수의 종류

숫자 데이터를 처리할 때 사용하는 함수들로, 계산, 반올림, 버림, 절댓값 등 다양한 기능을 제공합니다.

함수	설명 및 예시
ABS(숫자)	절댓값 반환 예) ABS(-5) → 5
SIGN(숫자)	양수/음수/0 구분 (1, -1, 0 반환) 예) SIGN(-10) → -1
MOD(숫자1, 숫자2)	나머지 반환 예) MOD(10, 3) → 1
CEIL(숫자)	올림 처리 예) CEIL(3.1) → 4

FLOOR(숫자)	내림 처리 ⓔ FLOOR(3.9) → 3
ROUND(숫자, 자릿수)	반올림 ⓔ ROUND(1.456, 2) → 1.46
TRUNC(숫자, 자릿수)	특정 자릿수 이하 버림 ⓔ TRUNC(1.456, 2) → 1.45
POWER(밑, 지수)	제곱 계산 ⓔ POWER(2, 3) → 8

2) 숫자형 함수 예시

① ABS(숫자)

숫자의 절댓값을 반환합니다.

```
SELECT ABS(-10) AS RESULT1
     , ABS(10) AS RESULT2
  FROM DUAL;
```

[출력 결과]

RESULT1	RESULT2
10	10

② SIGN(숫자)

숫자의 부호를 반환합니다(양수 → 1, 음수 → -1, 0 → 0).

```
SELECT SIGN(-5) AS neg_val
     , SIGN(0) AS zero_val
     , SIGN(100) AS pos_val
  FROM DUAL;
```

[출력 결과]

NEG_VAL	ZERO_VAL	POS_VAL
-1	0	1

③ MOD(숫자1, 숫자2)

첫 번째 숫자를 두 번째 숫자로 나눈 나머지를 반환합니다.

```
SELECT MOD(10, 3) AS result
  FROM DUAL;
```

[출력 결과]

RESULT
1

④ CEIL(숫자)

소수점 이하가 있으면 무조건 올림 처리합니다.

```
SELECT CEIL(3.1) AS result
  FROM DUAL;
```

[출력 결과]

RESULT
4

⑤ FLOOR(숫자)

소수점 이하를 버리고 내림 처리합니다.

```
SELECT FLOOR(3.9) AS RESULT
  FROM DUAL;
```

[출력 결과]

RESULT
3

⑥ ROUND(숫자, 자릿수)

지정한 자릿수까지 반올림합니다. 음수로 지정하면 점(.) 기준 왼쪽으로 자릿수만큼 이동해 반올림합니다.

```
SELECT ROUND(123.456, 2) AS RESULT1
     , ROUND(123.456, -2) AS RESULT2
  FROM DUAL;
```

[출력 결과]

RESULT1	RESULT2
123.46	100

⑦ TRUNC(숫자, 자릿수)

자릿수까지만 값을 유지하고, 그 이후는 모두 버립니다. 음수로 지정하면 점(.) 기준 왼쪽으로 자릿수만큼 이동합니다.

```
SELECT TRUNC(123.456, 2) AS RESULT1
     , TRUNC(123.456, -2) AS RESULT2
  FROM DUAL;
```

[출력 결과]

RESULT1	RESULT2
123.45	100

⑧ POWER(밑, 지수)

밑수를 지수만큼 제곱한 값을 반환합니다.

```
SELECT POWER(2, 4) AS result
  FROM DUAL;
```

[출력 결과]

RESULT
16

03 날짜형 함수

1) 날짜형 함수의 종류

날짜형 함수는 현재 시간이나 날짜를 가져오거나, 날짜에서 특정 정보(연도, 월, 일 등)를 추출할 때 사용합니다.

함수 (함수명 다를 경우, Oracle/SQL Server 순서로 기재)	설명 및 예시
SYSDATE / GETDATE()	현재 날짜와 시간 반환 예 SYSDATE → 2024-04-23 10:20:00
EXTRACT(단위 FROM 날짜) / DATEPART(단위, 날짜)	날짜에서 연/월/일 등 추출 예 EXTRACT(YEAR FROM SYSDATE) → 2024

2) 날짜형 함수 예시

① SYSDATE(SQL Server는 GETDATE())

현재 시스템 날짜와 시간을 반환합니다.

```
[Oracle]
SELECT SYSDATE AS 현재시간
  FROM DUAL;

[SQL Server]
SELECT GETDATE() AS 현재시간;
```

[출력 결과]

현재시간
2025-04-23 10:20:00

② EXTRACT(단위 FROM 날짜)(Oracle)

날짜에서 연도, 월, 일을 추출합니다.

```
SELECT EXTRACT(YEAR FROM SYSDATE) AS 연도
     , EXTRACT(MONTH FROM SYSDATE) AS 월
     , EXTRACT(DAY FROM SYSDATE) AS 일
  FROM DUAL;
```

[출력 결과]

연도	월	일
2025	04	23

③ DATEPART(단위, 날짜)(SQL Server)

Oracle의 EXTRACT와 동일한 기능으로, 연, 월, 일을 추출합니다.

```
SELECT DATEPART(YEAR, GETDATE()) AS 연도
     , DATEPART(MONTH, GETDATE()) AS 월
     , DATEPART(DAY, GETDATE()) AS 일 ;
```

[출력 결과]

연도	월	일
2025	04	23

더 알기 TIP

Oracle에서는 날짜에 숫자를 더하면 일(Day) 단위로 계산됩니다. 이를 활용하면 날짜 계산을 쉽게 할 수 있습니다.

```
SELECT SYSDATE              AS 현재
     , SYSDATE + 1           AS 하루_뒤
     , SYSDATE + 1/24        AS 한시간_뒤
     , SYSDATE + 3/24        AS 세시간_뒤
     , SYSDATE + 1/24/60     AS 일분_뒤
     , SYSDATE + 1/24/60/60  AS 일초_뒤
  FROM DUAL;
```

[출력 결과]

현재	하루_뒤	한시간_뒤	세시간_뒤	일분_뒤	일초_뒤
2025-04-23 00:00:00	2025-04-24 00:00:00	2025-04-23 01:00:00	2025-04-23 03:00:00	2025-04-23 00:01:00	2025-04-23 00:00:01

04 형변환 함수

1) 형변환 함수의 종류

형변환 함수는 문자형, 숫자형, 날짜형 간의 자료형 변환을 수행합니다. 특히 날짜-문자 간의 변환은 실무와 시험에서 자주 등장합니다.

함수	설명 및 예시
TO_CHAR(날짜, 포맷)	날짜를 문자열로 변환 예 TO_CHAR(SYSDATE, 'YYYY-MM-DD')
TO_DATE(문자, 포맷)	문자를 날짜형으로 변환 예 TO_DATE('20250101', 'YYYYMMDD')
TO_NUMBER(문자)	문자를 숫자형으로 변환 예 TO_NUMBER('12345') → 12345
CAST(값 AS 자료형)	SQL Server 형변환 예 CAST(123 AS VARCHAR)
CONVERT(자료형, 값, 스타일)	SQL Server 형변환 + 포맷 예 CONVERT(VARCHAR, GETDATE(), 120)

2) 형변환 함수 예시

① TO_CHAR(날짜, 포맷)

날짜 데이터를 문자열로 변환합니다.

```
SELECT SYSDATE                          AS 현재날짜
     , TO_CHAR(SYSDATE, 'YYYY-MM-DD') AS 날짜문자열
  FROM DUAL;
```

[출력 결과]

현재날짜	날짜문자열
2025-04-23 12:23:34	2025-04-23

➕ 더 알기 TIP

포맷(Format) 종류도 중요하므로 기억해주세요.
- YYYY : 연도 4자리
- MM : 월 2자리(1월이면 01, 10월이면 10)
- DD : 일 2자리(1일이면 01, 20일이면 20)
- HH24 : 시간(24시간제) 0~23
- MI : 분 0~59
- SS : 초 0~59

② TO_DATE(문자, 포맷)

문자열을 날짜형으로 변환합니다. 포맷 사용 시 문자열 형식과 매칭되어야 합니다.

```
SELECT TO_DATE('20250302', 'YYYYMMDD') AS 날짜값1
     , TO_DATE('2025030212', 'YYYYMMDDHH24') AS 날짜값2
     , TO_DATE('20250302123456', 'YYYYMMDDHH24MISS') AS 날짜값3
     , TO_DATE('202503', 'YYYYMMDDHH24') AS 날짜값4    → 오류!!
  FROM DUAL;
```

[출력 결과] (날짜값4 제외)

날짜값1	날짜값2	날짜값3
2025-03-02 00:00:00	2025-03-02 12:00:00	2025-03-02 12:34:56

- 날짜값1은 별도 시, 분, 초를 포맷으로 지정하지 않아 기본값(00)으로 세팅
- 날짜값3은 초 단위까지 모두 포맷으로 지정해 초 단위 모두 세팅
- 날짜값4는 문자열이 6자리인데, 포맷은 10자리(년4-월2-일2-시2)를 요구하므로 ORA-01840: 입력된 값의 길이가 날짜 형식에 비해 부족함 에러 발생

③ TO_NUMBER(문자)

문자를 숫자로 변환합니다.

```
SELECT TO_NUMBER('12345') AS 숫자값
     , TO_NUMBER('12호45') AS 숫자값2   → 오류!! 숫자변환이 불가능한 값
  FROM DUAL;
```

[출력 결과] (숫자값2 제외)

숫자값
12345

숫자값2는 문자를 숫자로 변환할 수 없어 ORA-01722: invalid number 에러가 발생합니다.

④ CAST(값 AS 자료형)(SQL Server의 형변환)

값을 지정한 자료형으로 변환합니다.

```
SELECT CAST(123 AS VARCHAR)            AS 숫자를문자로변환
     , CAST('2025-04-22' AS DATETIME)  AS 문자를날짜로변환
     , CAST(GETDATE() AS VARCHAR(30))  AS 날짜를문자로변환 ;
```

[출력 결과]

숫자를문자로변환	문자를날짜로변환	날짜를문자로변환
123	2025-04-22 00:00:00.000	Apr 22 2025 3:30PM

기적의 TIP

SQL Server에서는 형변환 시 CAST 함수를 사용한다는 것만 기억해주세요.

⑤ CONVERT(자료형, 값, 스타일)(SQL Server의 형변환)

값을 지정한 자료형과 포맷으로 변환합니다. CAST보다 강력한 형변환이 가능합니다.

```
SELECT CONVERT(VARCHAR, 123)                  AS 숫자를문자로변환,
     , CONVERT(DATETIME, '2025-04-22')         AS 문자를날짜로변환,
     , CONVERT(VARCHAR(30), GETDATE(), 109)    AS 날짜를문자로변환 ;
```

[출력 결과]

숫자를문자로변환	문자를날짜로변환	날짜를문자로변환
123	2025-04-22 00:00:00.000	Apr 22 2025 3:40:55:000PM

> **기적의 TIP**
>
> SQL Server에서는 형변환 시 CONVERT 함수를 사용합니다. 109 등의 표현은 형변환을 코드화시킨 것으로, 시험에서는 보통 코드 번호까지는 묻지 않습니다. 형변환 방식만 이해하면 충분합니다.

3) 형변환 방식 : 명시적 vs 암시적

형변환 함수는 크게 명시적 형변환과 암시적 형변환으로 나눌 수 있습니다. 명시적 형변환은 위의 형변환 함수를 직접 사용하여 변환을 하는 방식이며, 암시적 형변환은 산술 연산이나 비교 연산 시 DBMS가 자동으로 자료형을 변환하는 방식입니다.

구분	설명	예시
명시적 형변환	사용자가 직접 형변환 함수를 명시	TO_NUMBER('5') → 숫자 5
암시적 형변환	DBMS가 자동으로 내부적으로 변환	1 + '5' → 자동으로 '5'를 숫자 5로 변환

```
SELECT 1 + '5' AS TEST1 FROM DUAL;    ― 결과 : 6
SELECT 2 + '안녕' AS TEST2 FROM DUAL;  ― 결과 : 오류 (invalid number)

SELECT *
  FROM EMP
 WHERE EMP_ID = '123';    ― EMP_ID가 숫자형이면 TO_NUMBER('123') 가능

SELECT *
  FROM EMP
 WHERE EMP_ID = 'ABC';    ― EMP_ID가 숫자형이면 TO_NUMBER('ABC')는 invalid number
```

- TEST1 컬럼의 경우 1과 '5'를 연산하기 전에 형을 맞춰야합니다. 그래서 문자열인 '5'를 내부적으로 TO_NUMBER('5')를 실행해 숫자형으로 맞춘 뒤 1+5 연산을 진행합니다.
- TEST2 컬럼의 경우 '안녕'을 TO_NUMBER('안녕')으로 형변환을 시도하지만 숫자로 변환되지 않으므로 오류가 발생합니다.

> **더 알기 TIP**
>
> 어떤 자료형을 기준으로 형변환을 할까요?
> - 숫자 값과 문자 값이 있으면 숫자 값을 기준으로 형을 맞춰야 합니다.
> - 날짜 값과 문자 값이 있으면 날짜 값을 기준으로 형을 맞춰야 합니다.

05 NULL 함수

1) NULL 함수의 종류

NULL은 공간은 존재하지만 값이 비어 있는 상태를 의미하며, 일반적인 산술 및 비교 연산에서 예외를 발생시키거나 결과를 NULL로 만들어버릴 수 있습니다. 이를 보완하기 위한 함수들이 존재하며, 이를 NULL 관련 함수라고 부릅니다.

함수 (함수명 다를 경우, Oracle/SQL Server 순서로 기재)	설명 및 예시
NVL(값1, 값2) / ISNULL(값1, 값2)	값1이 NULL이면 값2를 반환, ISNULL은 SQL Server 전용(Oracle의 NVL 기능과 동일) 예 NVL(NULL, '대체값') → '대체값' / ISNULL(NULL, '대체값') → '대체값'
NULLIF(값1, 값2)	값1과 값2가 같으면 NULL 반환, 값1과 값2가 다르면 값1 반환 예 NULLIF(10, 10) → NULL / NULLIF(10, 20) → 10
COALESCE(값1, 값2, ...)	여러 값 중 첫 번째로 NULL이 아닌 값 반환 예 COALESCE(NULL, NULL, '대체') → '대체'

2) NULL 함수 예시

① NVL(값1, 값2)(SQL Server는 ISNULL(값1, 값2))

값1이 NULL이면 값2를 반환합니다.

[Oracle]
```
SELECT NVL(NULL, '대체값') AS RESULT1
     , NVL('데이터', '대체값') AS RESULT2
  FROM DUAL;
```

[SQL Server]
```
SELECT ISNULL(NULL, '대체값') AS RESULT1
     , ISNULL('데이터', '대체값') AS RESULT2
```

[출력 결과]

RESULT1	RESULT2
대체값	데이터

② NULLIF(값1, 값2)

값1과 값2가 같으면 NULL, 다르면 값1을 반환합니다.

```sql
SELECT NULLIF(10, 10) AS SAME
     , NULLIF(10, 20) AS DIFFERENT
  FROM DUAL;
```

[출력 결과]

SAME	DIFFERENT
(NULL)	10

③ COALESCE(값1, 값2, ...)

여러 값 중에서 첫 번째로 NULL이 아닌 값을 반환합니다.

```sql
SELECT COALESCE(NULL, NULL, '대체값') AS RESULT1
     , COALESCE(10, 20, 30) AS RESULT2
     , COALESCE(NULL, NULL, NULL) AS RESULT3
  FROM DUAL;
```

[출력 결과]

RESULT1	RESULT2	RESULT3
대체값	10	NULL

> **기적의 TIP**
>
> COALESCE는 여러 값을 순서대로 확인하면서 NULL이 아닌 첫 번째 값을 반환합니다.

03 CASE와 DECODE 문법

CASE 문법과 DECODE 문법은 조건에 따라 서로 다른 결과를 반환할 수 있는 구문으로 조건에 따라 다른 값을 반환할 수 있습니다. 시험, 실무에서 모두 자주 활용되므로 기본 문법과 사용 예제를 반드시 숙지해야 합니다.

01 CASE 문법(Oracle, SQL Server 공통)

[CASE 문법]
- CASE로 시작하고 END로 끝나야 한다.
- 내부에 WHEN ~ THEN ~ ELSE로 조건과 값을 작성한다.
- ELSE를 따로 지정하지 않을 경우 조건에 맞는 값이 없으면 NULL을 반환한다.
- SIMPLE CASE와 SEARCHED CASE가 있다.

1) SIMPLE CASE 문법

CASE 뒤에 입력된 "기준값"이 WHEN 뒤에 있는 값과 일치하면 THEN 값을 출력합니다. WHEN에 매칭되는 것이 없을 경우 ELSE 값을 반환합니다.

```
SELECT CASE 기준값 WHEN 조건1 THEN 결과1
                 WHEN 조건2 THEN 결과2
                 ELSE 기본값
        END AS 결과
  FROM DUAL;
```

[SIMPLE CASE 문법 예시]

```
SELECT CASE '재학생' WHEN '재학생' THEN '재학중입니다'
                   WHEN '졸업생' THEN '졸업생입니다'
                   ELSE '정보없음'
        END AS 결과
  FROM DUAL;
```

[출력 결과]

결과
재학중입니다

2) SEARCHED CASE 문법

CASE WHEN 뒤에 조건식(SEARCH)을 지정할 수 있으며, 조건식이 참(TRUE)이면 해당 THEN을 반환합니다. 맞는 조건이 없으면 ELSE 값을 반환합니다.

```
SELECT CASE WHEN 조건1 THEN 결과1
            WHEN 조건2 THEN 결과2
            ELSE 기본값
        END AS 결과
  FROM 테이블명;
```

[SEARCHED CASE 문법 예시]

```
SELECT 학생ID, 점수,
       CASE WHEN 점수 >= 90 THEN 'A'
            WHEN 점수 >= 80 THEN 'B'
            WHEN 점수 >= 70 THEN 'C'
            ELSE 'F'
        END AS 등급
  FROM 학생;
```

[출력 예시]

학생ID	점수	등급
1	100	A
2	85	B
3	60	F

> **기적의 TIP**
>
> CASE 문은 SELECT, WHERE, ORDER BY 등 다양한 위치에서 사용 가능합니다.

02 DECODE 문법(Oracle)

DECODE도 CASE와 동일하게 조건에 따라 다른 값을 반환할 수 있습니다.

```
DECODE(기준값, 조건1, 결과1, 조건2, 결과2, ..., DEFAULT값)
```

예를 들어 기준값이 조건1과 일치(=)하면 결과1을 반환합니다. 기준값과 조건1이 다르고 조건2가 일치하면 결과2를 출력합니다. 매칭되는 조건이 없으면 DEFAULT(기본)값을 반환합니다.

[DECODE CASE 문법 예시]

```
SELECT DECODE('안녕', '안녕', '나도안녕', '누구세요') AS TEST1,
       DECODE('1', '0', '영', '1', '일', '2', '이', '3이상') AS TEST2,
       DECODE('Z', 'Z', 0, 'A', 1, 'B', 2, 3) AS TEST3,
       DECODE('ZZZ', 'A', 1, 'B', 2, 3) AS TEST4
  FROM DUAL;
```

[출력 결과]

TEST1	TEST2	TEST3	TEST4
나도안녕	일	0	3

> **기적의 TIP**
>
> DECODE는 CASE보다 문법은 간결하지만, 비교 연산(=)만 가능하다는 제약이 있습니다. 또한, 출력되는 값이나 디폴트 값이 동일한 자료형으로 구성되어야 합니다.

03 CASE와 DECODE의 비교 및 변환 가능성

비교 항목	DECODE	CASE
지원 DB	Oracle 전용	Oracle, SQL Server 모두 지원
비교 조건	= 만 가능(동등 조건만 가능)	=, 〉, 〈, BETWEEN 등 가능
기본값 처리	마지막 입력값	ELSE 키워드 사용(미입력 시 NULL)
유연성	낮음	높음

SIMPLE CASE 문법은 '=' 기반으로 비교하므로 DECODE와 서로 완전히 대체할 수 있습니다.

> [예시]
> SIMPLE CASE와 DECODE 변환법
> - CASE 방식 : CASE 기준값 WHEN 조건1 THEN 결과1 ELSE 기본값 END
> - DECODE 방식 : DECODE(기준값, 조건1, 결과1, 기본값)

SEARCHED CASE 문법은 '=' 이외의 조건도 가능하므로 DECODE로 완전히 대체할 수는 없습니다. 즉, SIMPLE CASE 문법은 DECODE로 100% 호환이 가능하나, SEARCHED CASE 는 비교 조건이 〉, 〈 등 동등 비교(=)가 아닐 수 있어 DECODE로의 100% 변환은 되지 않습니다.

04 단일행 함수 실제 활용 예시

SQL에서 지금까지 배운 함수들은 모두 단일행 함수입니다. 단일행 함수란, 하나의 튜플(입력값)에 대해 하나의 결과(출력값)를 반환하는 함수입니다.

아래 예시를 통해 실제 테이블에 단일행 함수를 활용해보겠습니다.

[STUDENT] 테이블

STUDENT_ID	STUDENT_NAME	AGE	GENDER	MAJOR
S0001	김현태	23	남	기계공학과
S0002	도연우	23	여	산업공학과
S0003	이동천	24	남	기계공학과
S0004	김영선	25	여	기계공학과
S0005	송리안	26	여	철학과

1) LENGTH() 함수 - 이름의 글자 수 구하기

```sql
SELECT STUDENT_ID
     , STUDENT_NAME
     , LENGTH(STUDENT_NAME) AS NAME_LENGTH
  FROM STUDENT;
```

[출력 결과]

STUDENT_ID	STUDENT_NAME	NAME_LENGTH
S0001	김현태	3
S0002	도연우	3
S0003	이동천	3
S0004	김영선	3
S0005	송리안	3

2) SUBSTR() 함수 – 학과명에서 앞 2글자 추출

```
SELECT STUDENT_ID
     , MAJOR
     , SUBSTR(MAJOR, 1, 2) AS MAJOR_PREFIX
  FROM STUDENT;
```

[출력 결과]

STUDENT_ID	MAJOR	MAJOR_PREFIX
S0001	기계공학과	기계
S0002	산업공학과	산업
S0003	기계공학과	기계
S0004	기계공학과	기계
S0005	철학과	철학

3) CASE 문 – 나이에 따라 연령대 분류

```
SELECT STUDENT_ID
     , AGE
     , CASE WHEN AGE < 24 THEN '20대 초반'
            WHEN AGE BETWEEN 24 AND 25 THEN '20대 중반'
            ELSE '20대 후반'
        END AS 연령대
  FROM STUDENT;
```

[출력 결과]

STUDENT_ID	AGE	연령대
S0001	23	20대 초반
S0002	23	20대 초반
S0003	24	20대 중반
S0004	25	20대 중반
S0005	26	20대 후반

이론을 확인하는 기출문제

01 다음 중 SUBSTR('SQLD2024', 5, 2)의 결과로 알맞은 것은?

① SQ ② LD
③ 20 ④ 24

SUBSTR('SQLD2024', 5, 2)는 다섯 번째 문자부터 두 글자를 잘라낸다. 문자열 기준으로 S(1), Q(2), L(3), D(4), 2(5), 0(6), 2(7), 4(8) → 5번째부터 2글자는 20이다.

02 다음 중 NULLIF(100, 100)의 결과로 올바른 것은?

① 100 ② 0
③ NULL ④ 오류 발생

NULLIF(a, b)는 a와 b가 같으면 NULL, 다르면 a를 반환한다. 즉, 100 = 100이므로 NULL을 반환한다.

03 다음 SQL의 결과는?

```
SELECT LENGTH(REPLACE('SQL D', ' ',
'')) AS LEN FROM DUAL;
```

① 4 ② 5
③ 6 ④ 7

'SQL D'에서 공백을 제거하면 'SQLD'가 되므로 길이를 구하는 LENGTH는 4가 나온다.

04 다음 SQL의 결과를 예측하시오.

```
SELECT TO_CHAR(TO_DATE('20250519',
'YYYYMMDD'), 'YYYY-MM-DD') AS 결과 FROM
DUAL;
```

① 2025-05-19
② 2025/05/19
③ 19-05-2025
④ 2025년 5월 19일

문자열 '20250519'를 TO_DATE 함수로 날짜형으로 변환하면 2025-05-19 00:00:00 형태가 되며, 이를 TO_CHAR 함수로 포맷 'YYYY-MM-DD'를 지정하여 문자형으로 변환하면 '2025-05-19'가 된다.

05 다음 중 RTRIM('HELLO###', '#')의 결과는?

① HELLO ② HELLO###
③ HELLO# ④ HEL

RTRIM은 오른쪽부터 지정된 글자를 제거하는 함수이다. 'HELLO###'에서 #기호를 오른쪽에서 제거하다가 #가 아닌 문자를 만나면 실행을 종료한다.

06 다음 SQL 문을 실행했을 때 결과는?

```
SELECT TO_DATE('202501', 'YYYYMMDD')
FROM DUAL;
```

① 오류 발생
② 2025-01-01
③ 2025-01-00
④ 2025-01-

포맷이 'YYYYMMDD'이므로 8자리 문자열이 필요하나, 입력값이 6자리이므로 오류가 발생한다.
[오류 내용] ORA-01861: literal does not match format string

정답 01 ③ 02 ③ 03 ① 04 ① 05 ① 06 ①

07 CEIL(3.1) + FLOOR(3.9)의 결과는?

① 6   ② 7
③ 8   ④ 9

CEIL은 올림 함수이므로 4가 출력되고, FLOOR은 내림 함수이므로 3이 출력되어 합계인 7이 답이 된다.

08 다음 SQL의 결과를 고르면?

```
SELECT CASE
       WHEN 10 BETWEEN 1 AND 5 THEN 'A'
       WHEN 10 BETWEEN 6 AND 10 THEN 'B'
       ELSE 'C' END AS RESULT
  FROM DUAL;
```

① A   ② B
③ C   ④ NULL

CASE 문법은 조건에 맞는 WHEN의 결과값을 출력하고, 조건이 일치하면 그 이후의 조건은 실행하지 않는다. 즉, WHEN 10 BETWEEN 6 AND 10 THEN 'B'가 매칭되며 최종 결과로 'B'가 출력된다.

09 다음 중 NULL 관련 함수로 적절하지 않은 것은?

① NVL
② ISNULL
③ NULLIF
④ ROUND

ROUND는 숫자 반올림 함수이며, NULL 처리와는 무관하다.

10 다음 중 'SqL'을 모두 대문자로 변환하는 함수는?

① LOWER('SqL')
② UPPER('SqL')
③ INITCAP('SqL')
④ CAPITAL('SqL')

UPPER는 모든 영문자를 대문자로 변환한다.

오답 피하기
① LOWER는 모든 영문자를 소문자로 변환한다.
③ INITCAP은 공백 기준 각 단어의 첫 글자만 대문자로 변환한다 (INITCAP('sql is fun') → Sql Is Fun).
④ CAPITAL이라는 함수는 존재하지 않는다.

11 MOD(10, 3)의 결과는?

① 1   ② 2
③ 3   ④ 4

MOD는 나머지를 구하는 함수로 10을 3으로 나눈 나머지 1이 반환됩니다.

12 TO_NUMBER('12A34')의 실행 결과는?

① 1234
② 12
③ 오류 발생
④ 0

TO_NUMBER는 숫자로 변환할 수 없는 값이 들어오면 오류 ORA-01722: invalid number를 반환한다.

정답 07 ② 08 ② 09 ④ 10 ② 11 ① 12 ③

13 다음 중 COALESCE(NULL, NULL, 'X')의 결과는?

① NULL
② X
③ 0
④ 오류 발생

COALESCE는 NULL이 아닌 첫 번째 값을 반환하는 함수로 세 번째 인자인 'X'을 반환한다.

14 다음 SQL 결과는?

```
SELECT CHR(ASCII('A') + 1) AS RESULT
FROM DUAL;
```

① A   ② B
③ C   ④ Z

ASCII는 문자를 아스키코드로 변환하는 함수이며, CHR는 아스키코드를 문자로 변환하는 함수이다. 문자 'A'는 아스키코드로 65이며, 이에 1을 더한 66은 문자로 'B'를 의미한다('C'는 67).

15 다음 쿼리의 결과를 예측하시오.

```
SELECT CASE WHEN NULLIF(30, 30) IS
NULL THEN 'NULL'
     ELSE 'NOT NULL'
     END AS RESULT
FROM DUAL;
```

① NULL
② NOT NULL
③ 오류 발생
④ 'NULL'

NULLIF(30, 30)의 결과는 NULL이므로 NULL IS NULL 조건에 해당하는 'NULL'이 반환된다.

SECTION 04 WHERE 절

빈출 태그 ▶ WHERE 문, 비교·논리 연산자, 부정 연산자(NOT), NULL 연산자, SQL 연산자(IN/BETWEEN/LIKE)

01 WHERE 문법 및 사용 이유

01 WHERE 절

WHERE 절은 테이블에서 원하는 행(튜플)만 필터링하여 조회할 수 있도록 도와주는 SQL 문법입니다. SELECT, FROM과 함께 자주 사용되며, 실무에서도 매우 빈번하게 사용되는 필수 문법입니다.

1) SQL 실행 순서

테이블로부터 데이터를 조회하는 SQL은 아래 순서로 실행됩니다.

SELECT	⑤ 테이블에서 컬럼을 명시해 원하는 컬럼만 가져온다.	필수
FROM	① 데이터를 가져올 테이블을 지정한다.	
WHERE	② 테이블에서 조건을 명시해 원하는 튜플만 가져온다.	
GROUP BY	③ 특정 컬럼을 기준으로 대상을 그룹화한다.	선택
HAVING	④ 그룹화한 결과를 기준으로 원하는 튜플만 가져온다.	
ORDER BY	⑥ 특정 컬럼을 기준으로 정렬해 재출력한다.	

FROM → WHERE → GROUP BY → HAVING → SELECT → ORDER BY 순서대로 실행됩니다.

2) WHERE 절이 필요한 이유

예를 들어, 어떤 사이트의 유저 정보가 100만 명이 저장된 테이블에 있다고 가정해 보겠습니다. 이때, 1명의 유저 정보를 찾는 방법은 다음과 같습니다.

- WHERE 없이 전체 데이터를 조회할 경우 : 원하는 1명의 유저를 찾기 위해 100만 명의 데이터를 모두 조회해야 합니다.
- WHERE을 사용할 경우 : 조건을 활용해서 원하는 1명의 유저 정보만 가져올 수 있습니다.

즉, WHERE 절은 내가 원하는 튜플(행)만 볼 수 있게 함으로써 불필요한 데이터를 제거하고, 빠른 결과를 반환해줍니다.

3) WHERE 절의 예시 – 전체 직원 중에 DEPT가 개발팀인 대상만 추출하기

[EMPLOYEE] 테이블

EMP_ID	EMP_NAME	DEPT	GENDER	SALARY	BONUS	JOIN_DATE	RETIRE_DATE
E001	김지훈	인사팀	남	4000	NULL	2021-01-10	NULL
E002	이수민	개발팀	여	4500	300	2020-03-01	NULL
E003	박준형	인사팀	남	3800	250	2021-05-15	NULL
E004	정유진	마케팅팀	여	4700	NULL	2019-07-01	2023-12-31
E005	오세훈	개발팀	남	5200	500	2022-02-20	NULL
E006	김수연	마케팅팀	여	4600	200	2020-08-12	NULL
E007	최현우	개발팀	남	5100	400	2021-11-30	NULL
E008	이지영	인사팀	여	3900	NULL	2018-09-05	2022-03-01
E009	하진우	영업팀	남	4300	300	2023-01-01	NULL
E010	배소연	영업팀	여	4100	150	2020-12-25	NULL

```
SELECT EMP_ID, EMP_NAME, DEPT    → ③ 테이블의 전체 컬럼이 아닌, EMP_ID, EMP_NAME, DEPT 컬럼만 선택하여 출력한다.
    FROM EMPLOYEE                → ① 데이터를 조회할 테이블을 명시한다.
    WHERE DEPT = '개발팀';        → ② 테이블의 모든 튜플을 추출하지 않고 '개발팀' 조건에 일치하는 대상만 추출한다.
```

[실행 결과]

EMP_ID	EMP_NAME	DEPT
E002	이수민	개발팀
E005	오세훈	개발팀
E007	최현우	개발팀

02 연산자

이번에는 WHERE 절에서 사용할 수 있는 조건 연산자를 학습합니다. 각 연산자의 사용법을 익히고 조합하면, 보다 정밀한 데이터 조회가 가능합니다.

01 비교/논리 연산자

비교 연산자는 =, !=, >, <, >=, <= 등의 기호를 사용해 값을 비교하는 연산자입니다. 논리 연산자는 AND, OR 연산으로 조건들을 조합할 수 있도록 도와줍니다.
- AND 연산은 앞의 조건과 뒤의 조건이 모두 참이어야 참(TRUE)을 반환합니다.
- OR 연산은 앞의 조건과 뒤의 조건 중 하나라도 참이면 참(TRUE)을 반환합니다.

[EMPLOYEE] 테이블

EMP_ID	EMP_NAME	DEPT	GENDER	SALARY	BONUS	JOIN_DATE	RETIRE_DATE
E001	김지훈	인사팀	남	4000	NULL	2021-01-10	NULL
E002	이수민	개발팀	여	4500	300	2020-03-01	NULL
E003	박준형	인사팀	남	3800	250	2021-05-15	NULL
E004	정유진	마케팅팀	여	4700	NULL	2019-07-01	2023-12-31
E005	오세훈	개발팀	남	5200	500	2022-02-20	NULL
E006	김수연	마케팅팀	여	4600	200	2020-08-12	NULL
E007	최현우	개발팀	남	5100	400	2021-11-30	NULL
E008	이지영	인사팀	여	3900	NULL	2018-09-05	2022-03-01
E009	하진우	영업팀	남	4300	300	2023-01-01	NULL
E010	배소연	영업팀	여	4100	150	2020-12-25	NULL

1) 비교 연산 예시 - 급여가 5000 이상인 사원을 조회

예시와 더불어 WHERE 절이 실행되는 순서를 분석해보겠습니다.

```
SELECT EMP_ID, EMP_NAME, SALARY    → ③ 원하는 컬럼만 출력하도록 필터링한다.
  FROM EMPLOYEE                     → ① 데이터를 조회할 테이블을 명시한다.
 WHERE SALARY >= 5000;
         └→ ② SALARY에 값을 하나씩 대입하면서 조건이 참인 대상만 가져온다.
            예 WHERE 4000 ≥ 5000은 거짓이므로 해당 튜플 출력 안 함
            예 WHERE 5200 ≥ 5000은 참이므로 해당 튜플 출력함
```

①에서는 EMPLOYEE 테이블을 명시하고, ②에서는 WHERE 조건 값이 참인 대상만 가져옵니다. 다음 ①~②까지의 실행 결과를 보겠습니다.

[실행 결과]

EMP_ID	EMP_NAME	DEPT	GENDER	SALARY	BONUS	JOIN_DATE	RETIRE_DATE
E005	오세훈	개발팀	남	5200	500	2022-02-20	NULL
E007	최현우	개발팀	남	5100	400	2021-11-30	NULL

③에서는 원하는 컬럼만 출력하도록 필터링합니다. 위 예시에서는 EMP_ID, EMP_NAME, SALARY를 출력하게 됩니다.

[실행 결과]

EMP_ID	EMP_NAME	SALARY
E005	오세훈	5200
E007	최현우	5100

2) 논리 연산 예시

① AND 연산

부서가 개발팀인 여사원의 EMP_ID, EMP_NAME, DEPT, SALARY를 조회합니다.

```
SELECT EMP_ID, EMP_NAME, DEPT, SALARY
  FROM EMPLOYEE
 WHERE DEPT = '개발팀'
   AND GENDER = '여' ;
```

[실행 결과]

EMP_ID	EMP_NAME	DEPT	SALARY
E002	이수민	개발팀	4500

[AND 논리 연산 원리]

EMP_ID	EMP_NAME	DEPT	GENDER	SALARY	BONUS	JOIN_DATE	RETIRE_DATE
E005	오세훈	개발팀	남	5200	500	2022-02-20	NULL
E002	이수민	개발팀	여	4500	300	2020-03-01	NULL

- EMP_ID = 'E005'인 튜플이 출력되지 않은 이유 : WHERE DEPT = '개발팀' 조건은 참(TRUE)이지만 AND 연산 뒤에 GENDER = '여' 조건은 거짓(FALSE) 입니다. AND 연산은 양쪽 조건이 모두 참일 때만 TRUE를 반환하므로 해당 튜플은 출력되지 않습니다.
- EMP_ID = 'E002'인 튜플이 출력된 이유 : WHERE DEPT = '개발팀' 조건과 AND 연산 뒤에 GENDER = '여' 조건이 모두 참(TRUE)이므로 출력됩니다.

② OR 연산

영업팀 또는 마케팅팀에 속한 사원을 조회합니다.

```
SELECT EMP_ID, EMP_NAME, DEPT
  FROM EMPLOYEE
 WHERE DEPT = '영업팀'
    OR DEPT = '마케팅팀';
```

[실행 결과]

EMP_ID	EMP_NAME	DEPT
E004	정유진	마케팅팀
E006	김수연	마케팅팀
E009	하진우	영업팀
E010	배소연	영업팀

[OR 논리 연산 원리]
EMP_ID가 E004인 대상의 DEPT는 마케팅일 때 WHERE 실행은 다음과 같습니다. OR 조건은 여러 조건 중 하나라도 참이면 TRUE를 반환합니다.

```
SELECT EMP_ID, EMP_NAME, DEPT
  FROM EMPLOYEE
 WHERE '마케팅팀' = '영업팀'      → 거짓(FALSE)
    OR '마케팅팀' = '마케팅팀';   → 참(TRUE)
```

③ AND와 OR 순서

AND는 OR보다 우선순위가 높아 먼저 실행됩니다. OR를 먼저 실행하거나 원하는 순서대로 실행하고 싶다면 괄호를 사용해야 합니다. 예를 들어, 부서가 인사팀 혹은 개발팀이면서, 급여(SALARY)가 4000 이상인 대상을 조회한다고 가정해 봅시다. 아래 쿼리의 실행 결과를 먼저 예상한 뒤 실제 결과를 확인해 보세요.

```
SELECT EMP_ID, DEPT, SALARY
  FROM EMPLOYEE
 WHERE DEPT = '인사팀'
    OR DEPT = '개발팀'
   AND SALARY >= 4000 ;
```

[실행 결과] (SALARY가 4000 미만인 대상도 출력됨)

EMP_ID	DEPT	SALARY
E001	인사팀	4000
E003	인사팀	3800
E008	인사팀	3900
E002	개발팀	4500
E005	개발팀	5200
E007	개발팀	5100

실행 결과, 예상치 못한 값(인사팀인데 4000 미만인 값)들도 함께 출력되었습니다.

```
SELECT EMP_ID, DEPT, SALARY
  FROM EMPLOYEE
 WHERE DEPT = '인사팀'
    OR ( DEPT = '개발팀'
   AND SALARY >= 4000 ) ;   → AND 연산이 먼저 실행
```

AND 연산보다 OR 연산이 우선되었기 때문에 DEPT = '개발팀' AND SALARY >= 4000인 조건이 먼저 수행되어 [E002, E005, E007]이 출력되고, 이후 OR 조건으로 DEPT = '인사팀'인 대상이 출력된 것입니다.

부서가 인사팀이거나 개발팀이면서 연봉이 4000 이상인 요청을 올바르게 실행하려면 괄호를 사용하면 됩니다. 괄호는 연산의 우선순위가 가장 높습니다.

```sql
SELECT EMP_ID, DEPT, SALARY
  FROM EMPLOYEE
 WHERE (DEPT = '인사팀'
    OR DEPT = '개발팀')      → 괄호가 가장 먼저 실행
   AND SALARY >= 4000  ;
```

[실행 결과] (정상적으로 실행됨)

EMP_ID	DEPT	SALARY
E001	인사팀	4000
E002	개발팀	4500
E005	개발팀	5200
E007	개발팀	5100

02 부정 연산자(NOT)

부정 연산자는 NOT, !=, 〈〉, ^= 등으로 표현하며, 조건의 참/거짓을 반대로 변환합니다. 즉, 결과가 참(TRUE)이면 거짓(FALSE)으로, 거짓이면 참으로 바꿉니다.

[EMPLOYEE] 테이블

EMP_ID	EMP_NAME	DEPT	GENDER	SALARY	BONUS	JOIN_DATE	RETIRE_DATE
E001	김지훈	인사팀	남	4000	NULL	2021-01-10	NULL
E002	이수민	개발팀	여	4500	300	2020-03-01	NULL
E003	박준형	인사팀	남	3800	250	2021-05-15	NULL
E004	정유진	마케팅팀	여	4700	NULL	2019-07-01	2023-12-31
E005	오세훈	개발팀	남	5200	500	2022-02-20	NULL
E006	김수연	마케팅팀	여	4600	200	2020-08-12	NULL
E007	최현우	개발팀	남	5100	400	2021-11-30	NULL
E008	이지영	인사팀	여	3900	NULL	2018-09-05	2022-03-01
E009	하진우	영업팀	남	4300	300	2023-01-01	NULL
E010	배소연	영업팀	여	4100	150	2020-12-25	NULL

아래는 조건 중에 개발팀이 아닌 사원을 조회하는 쿼리입니다.

```sql
SELECT EMP_ID, EMP_NAME, DEPT
  FROM EMPLOYEE
 WHERE DEPT != '개발팀';
```

[필터링 후 출력 결과]

EMP_ID	EMP_NAME	DEPT
E001	김지훈	인사팀
E003	박준형	인사팀
E004	정유진	마케팅팀
E006	김수연	마케팅팀
E008	이지영	인사팀
E009	하진우	영업팀
E010	배소연	영업팀

아래 표현식은 모두 동일한 의미입니다.

```
WHERE DEPT != '개발팀'
WHERE DEPT <> '개발팀'
WHERE DEPT ^= '개발팀'
WHERE NOT DEPT = '개발팀'
```

03 NULL 연산자(IS NULL, IS NOT NULL)

NULL은 '=' 비교가 불가능하므로 전용 연산자인 IS NULL, IS NOT NULL을 사용합니다. 실무에서는 데이터가 비어 있는(NULL) 경우가 많으며, IS NULL, IS NOT NULL 조건을 자주 활용합니다.

[EMPLOYEE] 테이블

EMP_ID	EMP_NAME	DEPT	GENDER	SALARY	BONUS	JOIN_DATE	RETIRE_DATE
E001	김지훈	인사팀	남	4000	NULL	2021-01-10	NULL
E002	이수민	개발팀	여	4500	300	2020-03-01	NULL
E003	박준형	인사팀	남	3800	250	2021-05-15	NULL
E004	정유진	마케팅팀	여	4700	NULL	2019-07-01	2023-12-31
E005	오세훈	개발팀	남	5200	500	2022-02-20	NULL
E006	김수연	마케팅팀	여	4600	200	2020-08-12	NULL
E007	최현우	개발팀	남	5100	400	2021-11-30	NULL
E008	이지영	인사팀	여	3900	NULL	2018-09-05	2022-03-01
E009	하진우	영업팀	남	4300	300	2023-01-01	NULL
E010	배소연	영업팀	여	4100	150	2020-12-25	NULL

1) 재직 중인 사원 조회(RETIRE_DATE가 비어있는 사원)

```
SELECT EMP_ID, EMP_NAME, RETIRE_DATE
  FROM EMPLOYEE
WHERE RETIRE_DATE IS NULL;
```

[출력 결과]

EMP_ID	EMP_NAME	RETIRE_DATE
E001	김지훈	NULL
E002	이수민	NULL
E003	박준형	NULL
E005	오세훈	NULL
E006	김수연	NULL
E007	최현우	NULL
E009	하진우	NULL
E010	배소연	NULL

2) 퇴직한 사원 조회(RETIRE_DATE가 입력된 사원)

```
SELECT EMP_ID, EMP_NAME, RETIRE_DATE
  FROM EMPLOYEE
WHERE RETIRE_DATE IS NOT NULL;
```

[출력 결과]

EMP_ID	EMP_NAME	RETIRE_DATE
E004	정유진	2023-12-31
E008	이지영	2022-03-01

3) 재직 중이면서 SALARY가 5000 이상인 사원 조회

```
SELECT EMP_ID, EMP_NAME, RETIRE_DATE, SALARY
  FROM EMPLOYEE
WHERE RETIRE_DATE IS NULL
  AND SALARY >= 5000 ;
```

[출력 결과]

EMP_ID	EMP_NAME	RETIRE_DATE	SALARY
E005	오세훈	NULL	5200
E007	최현우	NULL	5100

04 SQL 연산자(IN, BETWEEN, LIKE)

SQL 연산자를 이용해 더 직관적이고 강력한 조회 조건을 줄 수 있습니다. SQL 연산자에는 IN, BETWEEN, LIKE가 있습니다.

[EMPLOYEE] 테이블

EMP_ID	EMP_NAME	DEPT	GENDER	SALARY	BONUS	JOIN_DATE	RETIRE_DATE
E001	김지훈	인사팀	남	4000	NULL	2021-01-10	NULL
E002	이수민	개발팀	여	4500	300	2020-03-01	NULL
E003	박준형	인사팀	남	3800	250	2021-05-15	NULL
E004	정유진	마케팅팀	여	4700	NULL	2019-07-01	2023-12-31
E005	오세훈	개발팀	남	5200	500	2022-02-20	NULL
E006	김수연	마케팅팀	여	4600	200	2020-08-12	NULL
E007	최현우	개발팀	남	5100	400	2021-11-30	NULL
E008	이지영	인사팀	여	3900	NULL	2018-09-05	2022-03-01
E009	하진우	영업팀	남	4300	300	2023-01-01	NULL
E010	배소연	영업팀	여	4100	150	2020-12-25	NULL

1) IN 연산자

IN은 여러 값을 동시에 비교할 때 사용하며 OR 조건을 조합한 것과 완벽히 동일합니다.

```
SELECT EMP_ID, EMP_NAME, DEPT
  FROM EMPLOYEE
 WHERE DEPT IN ('개발팀', '영업팀', '인사팀');
```

아래 쿼리와 동일한 의미(OR로 풀어 쓴 것)
```
SELECT EMP_ID, EMP_NAME, DEPT
  FROM EMPLOYEE
 WHERE DEPT = '개발팀'
    OR DEPT = '영업팀'
    OR DEPT = '인사팀' ;
```

[출력 결과]

EMP_ID	EMP_NAME	DEPT
E001	김지훈	인사팀
E002	이수민	개발팀
E003	박준형	인사팀
E005	오세훈	개발팀
E007	최현우	개발팀
E008	이지영	인사팀
E009	하진우	영업팀
E010	배소연	영업팀

NOT IN 연산자는 뒤에 입력된 값들을 제외한 대상을 조회합니다.

```sql
SELECT EMP_ID, EMP_NAME, DEPT
  FROM EMPLOYEE
 WHERE DEPT NOT IN ('개발팀', '영업팀');
```

[출력 결과]

EMP_ID	EMP_NAME	DEPT
E001	김지훈	인사팀
E003	박준형	인사팀
E004	정유진	마케팅팀
E006	김수연	마케팅팀
E008	이지영	인사팀

NOT IN 연산자를 이용할 때, NOT IN 뒤에 입력된 값 중 NULL이 하나라도 포함되면 아무런 데이터도 출력되지 않으므로 주의해야 합니다.

```sql
SELECT EMP_ID, EMP_NAME, DEPT
  FROM EMPLOYEE
 WHERE DEPT NOT IN ('개발팀', '영업팀', NULL);
```

[출력 결과](아무것도 출력되지 않음)

이유를 풀어보면 다음과 같습니다.

> - IN은 OR 조건과 같으므로 아래 (1)의 쿼리를 풀어쓰면 (2)가 된다.
>
>   (1) WHERE DEPT IN ('개발팀', '영업팀', NULL)
>   (2) WHERE DEPT = '개발팀'
>   OR DEPT = '영업팀'
>   OR DEPT = NULL
>
> - OR 조건은 하나라도 참이면 조건이 참이 된다. 따라서 DEPT = NULL과 같은 비교 불가한 조건은 참이 될 수 없지만, 나머지 조건에 부합한 대상은 출력된다.
>
> 부정(NOT, !)은 기존 연산자를 바꾸는 성질이 있다. 예를 들어 = 에 !가 붙으면 !=이 되고, AND에 NOT이 붙으면 OR, OR에 NOT이 붙으면 AND가 된다.
>
> - 아래 (1)을 풀어쓰면 (2)가 된다.
>
>   (1) WHERE DEPT NOT IN ('개발팀', '영업팀', NULL)
>   (2) WHERE DEPT != '개발팀'
>   AND DEPT != '영업팀'
>   AND DEPT != NULL
>
> - AND 조건은 모두 참이어야 참이 되므로, 조건 중 하나가 NULL이면 전체 결과도 NULL이 된다.

2) BETWEEN 연산자

BETWEEN 연산자는 범위 조건을 간단하게 표현할 수 있습니다. A BETWEEN X AND Y는 A >= X AND A <= Y와 동일하며, 숫자, 문자, 날짜 모두 BETWEEN 연산을 사용할 수 있습니다.

```
SELECT EMP_ID, EMP_NAME, SALARY
  FROM EMPLOYEE
 WHERE SALARY BETWEEN 3500 AND 4200 ;


아래 쿼리와 완벽하게 동일
SELECT EMP_ID, EMP_NAME, SALARY
  FROM EMPLOYEE
 WHERE SALARY >= 3500
   AND SALARY <= 4200 ;
```

[출력 결과]

EMP_ID	EMP_NAME	SALARY
E001	김지훈	4000
E003	박준형	3800
E008	이지영	3900
E010	배소연	4100

NOT BETWEEN은 해당 범위를 제외한 조건을 표현합니다. 다음은 연봉이 3500~4200 사이가 아닌 사원, 즉 SALARY가 3500 미만이거나 4200 초과인 대상을 조회하는 쿼리입니다.

```
SELECT EMP_ID, EMP_NAME, SALARY
  FROM EMPLOYEE
 WHERE SALARY NOT BETWEEN 3500 AND 4200 ;
```

[출력 결과]

EMP_ID	EMP_NAME	SALARY
E002	이수민	4500
E004	정유진	4700
E005	오세훈	5200
E006	김수연	4600
E007	최현우	5100
E009	하진우	4300

BETWEEN 연산자 사용 시 주의사항을 정리해봅시다.

(1) BETWEEN A OR B는 없다.
→ BETWEEN은 무조건 AND입니다.

(2) BETWEEN은 무조건 ~이상 ~이하 개념이다.
→ WHERE COL1 >= 50 AND COL1 < 60과 WHERE COL1 BETWEEN 50 AND 60은 다른 개념입니다.

(3) BETWEEN 조건에서 A는 B보다 작거나 같아야 한다.
→ WHERE COL1 BETWEEN 100 AND 80 는 앞 값(100)이 뒤 값(80)보다 크므로 반환 값이 없습니다.

3) LIKE 연산자

문자열 패턴을 비교할 수 있으며 와일드카드 '%'와 '_'를 사용합니다. 와일드카드란 특정한 의미를 지닌 기호로, 단순한 문자가 아닌 특수 조건을 가진 조건으로 해석됩니다. LIKE 문법을 쓸 때 '%, _'는 단순한 문자가 아니라 다음과 같은 특수한 기능을 수행하게 됩니다.

%	0개 이상의 임의의 문자를 매칭한다.
_	정확히 1개의 문자를 매칭한다.

다음은 이름이 '김'으로 시작하는 경우를 조회하는 쿼리입니다.

```
SELECT EMP_ID, EMP_NAME
  FROM EMPLOYEE
 WHERE EMP_NAME LIKE '김%';
```

[출력 결과]

EMP_ID	EMP_NAME
E001	김지훈
E006	김수연

다음은 사번이 'E'로 시작하고 중간에 2글자가 있으면서 끝이 1인 경우를 조회하는 쿼리입니다.

```
SELECT EMP_ID, EMP_NAME
  FROM EMPLOYEE
 WHERE EMP_ID LIKE 'E__1';
```

[출력 결과]

EMP_ID	EMP_NAME
E001	김지훈

> **기적의 TIP**
>
> LIKE 조건은 대소문자를 구분하기 때문에 LIKE 'E%'와 LIKE 'e%'는 다른 결과입니다. 대소문자 구분 없이 검색하려면 LOWER(컬럼) LIKE 'e%'와 같이 사용할 수 있습니다.

다음은 이름에 '지'가 포함된 사원을 조회하는 쿼리입니다.

```sql
SELECT EMP_ID, EMP_NAME
  FROM EMPLOYEE
 WHERE EMP_NAME LIKE '%지%';
```

[출력 결과]

EMP_ID	EMP_NAME
E001	김지훈
E008	이지영

NOT LIKE는 해당 패턴이 아닌 데이터를 조회합니다. 다음은 이름이 '이'로 시작하지 않는 사원을 조회하는 쿼리입니다.

```sql
SELECT EMP_ID, EMP_NAME
  FROM EMPLOYEE
 WHERE EMP_NAME NOT LIKE '이%';
```

[출력 결과]

EMP_ID	EMP_NAME
E001	김지훈
E003	박준형
E004	정유진
E005	오세훈
E006	김수연
E007	최현우
E009	하진우
E010	배소연

05 연산자 우선순위

우선순위	연산자	설명
1순위	괄호( )	괄호로 묶인 연산이 가장 먼저 실행
2순위	=, >, <, >=, <=,	비교 연산자
	IN, BETWEEN, LIKE	SQL 연산자
	IS NULL, IS NOT NULL	NULL 연산자
3순위	NOT	부정을 의미하는 연산자
4순위	AND	양쪽 조건이 모두 참일 때 참
5순위	OR	양쪽 조건 중 하나만 참이어도 참

[연산자 우선순위 예제]

```
SELECT *
  FROM EMPLOYEE
 WHERE DEPT = '디자인팀'
    OR DEPT = '영업팀'
   AND SALARY >= 5000;
```

① DEPT = '디자인팀', DEPT = '영업팀', SALARY ≥ 5000 각각 조건이 실행된다.
② 그다음 AND 조건이 실행된다.
③ 마지막으로 OR 조건이 실행된다.

[연산자 우선순위 예제] (괄호가 있을 경우)

```
SELECT *
  FROM EMPLOYEE
 WHERE DEPT = '디자인팀'
    OR ( DEPT = '영업팀'
   AND SALARY >= 5000 ) ;
```

① (DEPT = '영업팀' AND SALARY ≥ 5000)가 가장 먼저 실행된다.
② 괄호 내부에서 DEPT = '영업팀', SALARY ≥ 5000이 실행된 후 AND 조건이 실행된다.
③ 외부 OR 조건이 실행된다.

03 날짜 조건 조회

실무나 시험에서 자주 요구되는 조건 중 하나는 날짜 데이터를 기준으로 특정 기간의 데이터만 조회하는 쿼리입니다. 이때 WHERE 절과 형변환 함수(TO_DATE, TO_CHAR)를 함께 사용하게 됩니다.

[증명서발급이력] 테이블

ISSUE_ID	STUDENT_ID	ISSUE_TYPE	ISSUE_DT
1	S001	성적증명서	2024-01-20 12:12:12
2	S002	재학증명서	2024-01-20 13:00:01
3	S003	성적증명서	2024-01-20 14:59:59
4	S004	졸업증명서	2024-01-20 15:00:00
5	S005	재학증명서	2024-03-20 14:15:12

1) 특정 기간 내 데이터 조회하기 – TO_DATE 활용

다음은 2024년 1월 20일 오후 1시부터 오후 3시 사이에 발급된 데이터만 조회하는 쿼리입니다.

```sql
SELECT *
  FROM 증명서발급이력
 WHERE ISSUE_DT >= TO_DATE('20240120130000', 'YYYYMMDDHH24MISS')
   AND ISSUE_DT <= TO_DATE('20240120150000', 'YYYYMMDDHH24MISS');
```

YYYY : 연도 / MM : 월 / DD : 일 /
HH24 : 시(24시간제) / MI : 분 / SS : 초

문자열 '20240120130000'과 '20240120150000'을 TO_DATE 함수를 사용해 날짜형으로 변환하고 있습니다. 그 결과 2024년 1월 20일 13시 이상 2024년 1월 20일 15시 이하인 ISSUE_DT 데이터만 조회할 수 있습니다.

[출력 결과]

ISSUE_ID	STUDENT_ID	ISSUE_TYPE	ISSUE_DT
2	S002	재학증명서	2024-01-20 13:00:01
3	S003	성적증명서	2024-01-20 14:59:59
4	S004	졸업증명서	2024-01-20 15:00:00

'미만(<)' 조건을 사용할 경우에는 주의해야 합니다.

```sql
SELECT *
  FROM 증명서발급이력
 WHERE ISSUE_DT >= TO_DATE('20240120130000', 'YYYYMMDDHH24MISS')
   AND ISSUE_DT <  TO_DATE('20240120150000', 'YYYYMMDDHH24MISS');
```
→ 15시 미만

위 경우 2024년 1월 20일 15시 0분 0초 "미만" 조건이기 때문에 14시 59분 59초 날짜값까지만 포함됩니다. 즉, 아래 쿼리와 동일한 의미를 가집니다.

```sql
SELECT *
  FROM 증명서발급이력
 WHERE ISSUE_DT >= TO_DATE('20240120130000', 'YYYYMMDDHH24MISS')
   AND ISSUE_DT <= TO_DATE('20240120145959', 'YYYYMMDDHH24MISS');
```

[출력 결과]

ISSUE_ID	STUDENT_ID	ISSUE_TYPE	ISSUE_DT
2	S002	재학증명서	2024-01-20 13:00:01
3	S003	성적증명서	2024-01-20 14:59:59

2024년 1월 20일 15:00:00은 조건에서 제외됩니다.

2) 날짜의 일자만 비교하기 – TO_CHAR 활용

문자열로 변환 후 비교하는 방식도 있습니다. 다음은 2024년 1월 20일에 발급된 데이터만 조회하는 쿼리입니다.

```
SELECT *
  FROM 증명서발급이력
 WHERE TO_CHAR(ISSUE_DT, 'YYYYMMDD') = '20240120';
```

TO_CHAR 함수를 적용해서 ISSUE_DT 날짜값을 문자열로 만든 후 비교하는 방식입니다.

ISSUE_DT
2024-01-20 12:12:12 → '20240120'
2024-01-20 13:00:01 → '20240120'
2024-01-20 14:59:59 → '20240120'
2024-01-20 15:00:00 → '20240120'
2024-03-20 14:15:12 → '20240320'

이후 조건 '20240120'에 맞는 대상만 출력하면 아래와 같이 출력됩니다.

[출력 결과]

ISSUE_ID	STUDENT_ID	ISSUE_TYPE	ISSUE_DT
1	S001	성적증명서	2024-01-20 12:12:12
2	S002	재학증명서	2024-01-20 13:00:01
3	S003	성적증명서	2024-01-20 14:59:59
4	S004	졸업증명서	2024-01-20 15:00:00

2024년 1월 20일 13시 00분 ~ 13시 59분 발급된 데이터만 조회하는 쿼리는 다음과 같습니다.

```
SELECT *
  FROM 증명서발급이력
 WHERE TO_CHAR(ISSUE_DT, 'YYYYMMDDHH24') = '2024012013' ;
```

[출력 결과]

ISSUE_ID	STUDENT_ID	ISSUE_TYPE	ISSUE_DT
2	S002	재학증명서	2024-01-20 13:00:01

이론을 확인하는 기출문제

01 다음 중 부서가 '개발팀'이 아닌 직원들의 이름과 부서를 조회하는 SQL로 올바른 것은?

[EMPLOYEE] 테이블

EMP_ID	EMP_NAME	DEPT
E001	김지훈	인사팀
E002	이수민	개발팀
E003	박준형	인사팀

① SELECT EMP_NAME, DEPT FROM EMPLOYEE WHERE DEPT = '개발팀';
② SELECT EMP_NAME, DEPT FROM EMPLOYEE WHERE DEPT != '개발팀';
③ SELECT EMP_NAME, DEPT FROM EMPLOYEE WHERE NOT DEPT = '인사팀';
④ SELECT EMP_NAME, DEPT FROM EMPLOYEE WHERE DEPT IN ('개발팀');

'개발팀'이 아닌 직원을 조회해야 하므로 부정 연산자 !=를 사용해야 한다.

02 다음 SQL의 실행 결과는?

[EMPLOYEE] 테이블

EMP_NAME	SALARY
김지훈	4000
이수민	4500
박준형	3800
정유진	4700
오세훈	5200

SELECT EMP_NAME
  FROM EMPLOYEE
WHERE SALARY BETWEEN 4000 AND 5000;

① 김지훈, 박준형
② 김지훈, 이수민, 정유진
③ 이수민, 정유진, 오세훈
④ 정유진, 오세훈

BETWEEN은 이상/이하 조건이므로 4000~5000 사이의 대상인 김지훈, 이수민, 정유진이 출력된다.

03 다음 SQL의 실행 결과는?

[EMPLOYEE] 테이블

EMP_ID	BONUS
E001	NULL
E002	300
E003	NULL

SELECT EMP_ID
  FROM EMPLOYEE
WHERE BONUS IS NULL;

① E001, E002
② E001, E003
③ E002
④ 없음

IS NULL 연산자는 NULL인 데이터만 조회할 수 있다.

정답 01 ② 02 ② 03 ②

04 요구사항에 맞게 아래 (ㄱ)에 들어갈 값은?

[요구사항]
인사팀 혹은 개발팀에 소속된 직원 중에 연봉이 4000 이상인 직원의 이름을 구하시오.

```
SELECT EMP_NAME
    FROM EMPLOYEE
        (ㄱ)
```

① WHERE (DEPT = '인사팀' OR DEPT = '개발팀') AND SALARY >= 4000
② WHERE DEPT = '인사팀' OR (DEPT = '개발팀' AND SALARY >= 4000)
③ WHERE DEPT = '개발팀' OR SALARY >= 4000
④ WHERE (DEPT = '인사팀' AND SALARY >= 4000) OR DEPT = '개발팀'

AND가 OR보다 우선순위가 높기 때문에 괄호로 의도한 순서를 보장해야 한다. 그렇지 않으면 DEPT = '개발팀' AND SALARY ≥ 4000 이 먼저 실행되고, 이후에 DEPT='인사팀' 조건과 OR 연산을 하게 된다.

05 다음 중 이름이 '이'로 시작하는 사원을 조회하는 SQL은?

① WHERE EMP_NAME LIKE '%이'
② WHERE EMP_NAME LIKE '_이%'
③ WHERE EMP_NAME LIKE '이%'
④ WHERE EMP_NAME LIKE '%이%'

LIKE '이%'는 '이'로 시작하는 모든 문자열을 의미한다. %는 0개 이상의 문자를 매칭할 수 있다.

06 다음 SQL 중 실행 결과로 올바른 것은?

[EMPLOYEE] 테이블

EMP_NAME	SALARY
김지훈	3800
이수민	4000
박준형	4500
정유진	5200

```
SELECT SALARY
    FROM EMPLOYEE
WHERE SALARY NOT BETWEEN 4000 AND 5000;
```

① 3800, 5200   ② 4000, 4500
③ 3800   ④ 5200

NOT BETWEEN 4000 AND 5000은 4000 미만이거나 5000을 초과하는 대상을 의미하므로 3800, 5200이 출력된다.

07 다음 SQL 실행 결과는?

[EMPLOYEE] 테이블

EMP_NAME	DEPT	GENDER
이수민	개발팀	여
배소연	영업팀	여
오세훈	개발팀	남
하진우	영업팀	남

```
SELECT EMP_NAME
    FROM EMPLOYEE
WHERE DEPT IN ('개발팀', '영업팀') AND
GENDER = '여';
```

① 이수민   ② 배소연
③ 이수민, 배소연   ④ 이수민, 하진우

개발팀이거나 영업팀이면서 성별이 여성인 대상은 이수민과 배소연이다.

08 다음 SQL의 결과는 무엇인가?

[EMPLOYEE] 테이블

EMP_NAME	BONUS
김지훈	NULL
이수민	300
박준형	400
정유진	200

```
SELECT COUNT(BONUS) AS CNT
  FROM EMPLOYEE
 WHERE BONUS NOT IN (NULL, 300);
```

① 1 ② 2
③ 3 ④ 0

NOT IN 조건에 NULL이 포함되면, 비교 자체가 불확실한 결과 (UNKNOWN)가 되어, 어떤 값도 이 조건을 만족하지 않게 된다. 따라서 WHERE BONUS NOT IN (NULL, 300)은 모든 행을 제외하게 되고, COUNT(BONUS)는 조건을 만족하는 NULL이 아닌 행 수가 없기 때문에 0이 반환된다.

09 다음 중 연산자 우선순위가 가장 높은 것은?

① AND ② OR
③ NOT ④ LIKE

연산자 우선순위는 괄호 > 비교/SQL 연산자 > NOT > AND > OR 순이다.

10 날짜 검색을 위해 아래 SQL을 사용했을 때, 포함되지 않는 행은?

[발급이력] 테이블

발급구분	ISSUE_DT
A	2024-01-20 13:00:01
A	2024-01-20 14:59:59
B	2024-01-20 15:00:00

```
SELECT ISSUE_DT
  FROM 발급이력
 WHERE ISSUE_DT >= TO_DATE('20240120130000','YYYYMMDDHH24MISS')
   AND ISSUE_DT <  TO_DATE('20240120150000','YYYYMMDDHH24MISS');
```

① 2024-01-20 13:00:01
② 2024-01-20 14:59:59
③ 2024-01-20 15:00:00
④ 모두 포함됨

조건 < TO_DATE('20240120150000')는 2024년 1월 20일 15시 0분 0초 "미만"을 의미하며, 이는 2024년 1월 20일 14시 59분 59.99999… 초 "이하"의 시간을 조회하게 된다.

11 다음 중 "성적증명서"를 발급받은 학생 중 2024년 3월에 발급받은 경우만 조회하는 SQL은?

① WHERE ISSUE_TYPE = '성적증명서' AND TO_CHAR(ISSUE_DT,'MM') = '03'
② WHERE ISSUE_TYPE = '성적증명서' AND TO_CHAR(ISSUE_DT,'YYYYMM') = '202403'
③ WHERE ISSUE_TYPE = '성적증명서' AND ISSUE_DT ='202403'
④ WHERE ISSUE_TYPE = '성적증명서' AND TO_DATE(ISSUE_DT,'YYYYMM') = '202403'

오답 피하기
① 연도와 상관없이 3월인 데이터를 모두 추출하므로 적합하지 않는다.
③ 자동 형변환되어 ISSUE_DT = TO_DATE('202403')으로 시도하지만, 포맷 형식이 달라 ORA-01861: literal does not match format string 오류를 발생시킨다.
④ 날짜값을 TO_DATE로 변환하면 오류가 발생한다.

정답 08 ④ 09 ④ 10 ③ 11 ②

12 다음 중 다음 SQL과 동일한 결과를 반환하는 SQL은?

```
SELECT EMP_NAME
  FROM EMPLOYEE
 WHERE NOT (DEPT = '인사팀' OR SALARY < 4000);
```

① WHERE DEPT != '인사팀' AND SALARY >= 4000
② WHERE DEPT = '인사팀' AND SALARY < 4000
③ WHERE DEPT != '인사팀' OR SALARY >= 4000
④ WHERE DEPT = '인사팀' OR SALARY >= 4000

드모르간 법칙 적용
NOT (A OR B) → NOT A AND NOT B. 부정 개념이 붙으면 = 는 ≠ 이 되고, OR 는 AND, AND는 OR가 된다.

13 다음 SQL의 결과를 가장 정확히 설명한 것은?

```
SELECT EMP_ID, BONUS
  FROM EMPLOYEE
 WHERE BONUS NOT IN (300, NULL);
```

① BONUS가 300인 직원은 제외된다.
② BONUS가 300인 행만 출력된다.
③ 어떤 행도 출력되지 않는다.
④ BONUS가 NULL인 행만 출력된다.

NOT IN에 NULL 포함 → 결과 전체가 NULL 판단 → 모든 행 필터링 불가

14 다음 중 출력 결과가 다른 하나는?

① TO_CHAR(ISSUE_DT, 'YYYYMMDDHH24') = '2024012013'
② TO_CHAR(ISSUE_DT, 'YYYYMMDD') = '20240120' AND TO_CHAR(ISSUE_DT, 'HH24') = '13'
③ ISSUE_DT ≥ TO_DATE('20240120130000') AND ISSUE_DT ≤ TO_DATE('20240120135959')
④ ISSUE_DT = TO_DATE('20240120130000') OR ISSUE_DT = TO_DATE('20240120135959')

다른 보기는 모두 2024년 1월 20일 13시 0분 0초부터 13시 59분 59초까지를 바라보고 있지만 ④는 2024년 1월 20일 13시 0분 0초와 2024년 1월 20일 13시 59분 59초 데이터를 조회한다.

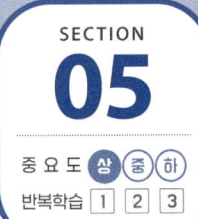

SECTION 05 GROUP BY, HAVING 절

빈출 태그 ▶ GROUP BY, 집계 함수, HAVING

01 GROUP BY

GROUP BY는 특정 컬럼 기준으로 데이터를 그룹화하고, 합계, 평균, 개수 등 집계 결과를 도출할 때 사용합니다. 실무와 SQLD 시험에서 매우 빈출 되는 문법이며, 집계 함수와 함께 자주 활용됩니다.

01 GROUP BY의 기능

GROUP BY의 기능을 알아보기 전에 SQL 실행 순서를 한 번 더 짚고 넘어가겠습니다. GROUP BY는 WHERE 이후, SELECT보다 먼저 실행됩니다.

```
SELECT     ④ 최종 출력 컬럼 결정  ┐
  FROM     ① 대상 테이블 지정     ┘ 필수
 WHERE     ② 조건 필터링          ┐
GROUP BY   ③ 그룹화               ┘ 선택
```

[수강생정보] 테이블

학생ID	학생이름	소속반
S0001	김현철	A
S0002	문현중	A
S0003	강문치	B
S0004	박나선	B
S0005	신태강	B
S0006	물고기	C
S0007	자라니	C
S0008	공팔두	C
S0009	최팔현	C

1) GROUP BY를 사용한 쿼리

다음은 소속 반별로 학생수를 세는 쿼리입니다.

```sql
SELECT 소속반, COUNT(*) AS 반별인원수
  FROM 수강생정보
 GROUP BY 소속반;
```

[실행 순서 분석]
① FROM 수강생정보 → 데이터를 가져올 테이블을 명시합니다.
② GROUP BY 소속반
→ 소속반 컬럼을 기준으로 동일한 데이터를 그룹화합니다.
→ GROUP BY에 사용된 컬럼을 기준으로 실제 출력할 행이 줄어듭니다.

GROUP BY로 실제 행이 줄어든 결과는 다음과 같습니다.

소속반
A
B
C

SELECT 소속반, COUNT(*) AS 반별인원수 → 그룹화한 컬럼과 함께 집계함수인 COUNT를 이용한 집계결과를 반환합니다.

소속반 별로 개수를 세어 적용한 결과는 다음과 같습니다.

소속반	반별인원수
A	2
B	3
C	4

이처럼 GROUP BY를 이용하면 원하는 컬럼을 기준으로 그룹화해 합계, 평균, 최대, 최소, 개수 등 집계 정보를 쉽게 구할 수 있게 됩니다.

02 GROUP BY 사용 시 주의사항

GROUP BY를 사용하면 SELECT 절에는 GROUP BY에 명시한 컬럼 및 표현식, 혹은 집계 함수만 사용할 수 있습니다.

[오류 예시]

```
SELECT 소속반, 학생이름, COUNT(*)  → 오류! 학생이름은 GROUP BY에 사용되지 않은 컬럼
  FROM 수강생정보
 GROUP BY 소속반;
```

[오류 발생 이유]
현재 소속반을 기준으로 그룹화를 했기에 실제 출력 행이 줄어들었습니다.

소속반
A
B
C

그룹화하지 않은 학생이름 컬럼은 각 그룹(A, B, C)에 어떤 값을 표시할지 결정할 수 없으므로 오류가 발생합니다.

집계 함수는 여러 행을 입력받아 하나의 결과를 반환하므로 SELECT에서 사용 가능합니다.

```
SELECT 소속반, COUNT(*)
  FROM 수강생정보
 GROUP BY 소속반;
```

[출력 결과]

소속반	COUNT(*)
A	2
B	3
C	4

> **기적의 TIP**
>
> GROUP BY에 컬럼 외에 표현식도 가능합니다.
>
> ```
> SELECT SUBSTR(학생이름, 1, 1) AS 이름첫번째자리
>      , COUNT(*) AS 개수
>   FROM 수강생정보
>  GROUP BY SUBSTR(학생이름, 1, 1) ;
> ```

03 GROUP BY와 함께 쓰이는 집계 함수

단일행 함수는 하나의 행을 입력받아 하나의 결과를 반환합니다. 반면, 집계 함수는 여러 행을 입력받아 하나의 결과를 반환하는 다중행 함수입니다. 다중행 함수에는 집계 함수, 그룹 함수, 윈도우 함수가 있으며, 이에 대한 자세한 내용은 이후에 학습하도록 하겠습니다.

학생ID	학생이름	소속반
S0001	김현철	A
S0002	문현중	A
S0003	강문치	B
S0004	박나선	B
S0005	신태강	B
S0006	물고기	C
S0007	자라니	C
S0008	공팔두	C
S0009	최팔현	C

소속반	COUNT(학생이름)
A	2
B	3
C	4

다중행 함수는 여러 행을 입력받아
행 개수 집계해 하나의 결과로 출력

직원ID	연락처	REPLACE(연락처, '-', '')
A0001	062-123-1234	0621231234
A0001	010-1231-1234	01012311234
A0002	062-254-6342	0622546342
A0002	010-2544-6342	01025446342
A0003	062-776-5231	0627765231

단일행 함수는 하나의 행을 입력받아 하나의 결과를 출력

1) 집계 함수의 종류

집계 함수의 종류는 다양하지만 자주 사용하는 몇 가지만 알아보겠습니다.

집계 함수	설명	NULL 처리 여부	사용 가능한 자료형
COUNT(*)	전체 행 수	NULL 포함	모든 자료형
COUNT(컬럼)	NULL 제외 행 수	NULL 제외	모든 자료형
SUM(컬럼)	합계 계산	NULL 제외	숫자형
AVG(컬럼)	평균 계산	NULL 제외	숫자형
MAX(컬럼)	최대값	NULL 제외	숫자/문자/날짜
MIN(컬럼)	최소값	NULL 제외	숫자/문자/날짜

다음 성적표 테이블을 통해 집계 함수의 사용 예시를 살펴보겠습니다.

[성적표] 테이블

학생ID	과목	성적
S0001	국어	90
S0001	수학	85
S0001	영어	100
S0002	국어	100
S0002	수학	100
S0002	영어	20
S0003	국어	100
S0003	수학	100
S0003	영어	20
S0004	국어	85
S0004	수학	40
S0004	영어	60
S0005	국어	100
S0005	수학	100
S0005	영어	100
S0006	국어	NULL
S0006	수학	NULL
S0006	영어	NULL

2) COUNT – 그룹별로 튜플의 개수를 세는 함수

```sql
SELECT 학생ID
     , COUNT(*) AS 전체건수
     , COUNT(성적) AS 유효성적건수
  FROM 성적표
 GROUP BY 학생ID;
```

[출력 결과]

학생ID	전체건수	유효성적건수
S0001	3	3
S0002	3	3
S0003	3	3
S0004	3	3
S0005	3	3
S0006	3	0

- COUNT는 집계 함수 중 유일하게 애스터리스크(*)를 쓸 수 있습니다.
- COUNT(*)는 NULL 여부에 상관없이 카운트, COUNT(컬럼)은 NULL 제외하고 카운트합니다.
- COUNT는 행의 개수를 세는 함수이므로 모든 자료형에서 사용할 수 있습니다.

실행 결과, 학생ID를 기준으로 실제 행이 줄어들었고, 각 그룹화된 학생ID 별로 집계를 했습니다. 이때, COUNT(성적) 은 성적 컬럼 기준으로 개수를 세는데, NULL 데이터는 무시합니다.

S0005	국어	100
S0005	수학	100
S0005	영어	100
S0006	국어	NULL
S0006	수학	NULL
S0006	영어	NULL

따라서 S0005의 COUNT(성적)은 100, 100, 100으로 3건이 집계된 것이고, S0006의 COUNT(성적)은 NULL, NULL, NULL이므로 카운트하지 않아 0이 출력되었습니다. 만약 S0006의 국어 성적이 NULL이 아니었다면 집계 결과는 1이 됩니다.

더 알기 TIP

COUNT(*), COUNT(1), COUNT(0)의 차이

```
SELECT 학생ID
     , COUNT(*) AS TEST_1
     , COUNT(1) AS TEST_2
     , COUNT(0) AS TEST_3
  FROM 성적표
 GROUP BY 학생ID;
```

COUNT(*), COUNT(1), COUNT(0)은 모두 동일한 의미로 해석됩니다. 조금 헷갈린다면, 셋 모두 NULL을 포함해 센다고 기억하면 됩니다.
- COUNT(*) : NULL을 포함해서 개수를 센다(즉, 무조건 센다).
- COUNT(1) : 그룹 내 1이라는 표현식이 NULL이 아니면 개수를 센다(1은 상수이므로 무조건 센다).
- COUNT(0) : 그룹 내 0이라는 표현식이 NULL이 아니면 개수를 센다(0은 상수이므로 무조건 센다).

3) SUM, AVG - 그룹별로 대상을 모두 더하거나, 평균을 구하는 함수

```
SELECT 학생ID
     , AVG(성적) AS 평균성적
     , SUM(성적) AS 성적합계
  FROM 성적표
 GROUP BY 학생ID;
```

- SUM, AVG 모두 NULL 데이터는 무시하고 집계를 진행합니다.
- SUM, AVG 집계함수는 숫자 자료형만 이용할 수 있습니다.

[출력 결과]

학생ID	평균성적	성적합계
S0001	91.67	275
S0002	73.33	220
S0003	73.33	220
S0004	61.67	185
S0005	100.00	300
S0006	NULL	NULL

- AVG, SUM도 동일하게 입력된 컬럼에 대해 NULL 데이터는 무시하고 연산을 진행합니다.
- 단, 모든 값이 NULL이면 결과도 NULL이 됩니다. **예** S0006 학생
- 예를 들어 데이터가 100, 70, NULL이라면 SUM 집계함수는 NULL을 무시하고 100 + 70 = 170을 연산합니다.
- AVG 집계 함수는 NULL을 무시하고, 그 개수만큼 나누는 분모를 차감합니다. 즉, (100 + 70) / 2로 진행해 85가 출력됩니다.

> **기적의 TIP**
>
> 만약 S0006의 국어 성적이 60이라면 S0006의 SUM(성적)은 60, AVG(성적)은 60이 됩니다.

4) MAX, MIN - 그룹별로 대상의 최댓값, 최솟값을 구하는 함수

```
SELECT 학생ID
     , MAX(성적) AS 최고성적
     , MIN(성적) AS 최저성적
  FROM 성적표
 GROUP BY 학생ID;
```

- MAX, MIN 모두 NULL 데이터는 무시하고 집계를 진행합니다.
- MAX, MIN은 모든 자료형을 이용할 수 있습니다.
  ➡ MAX(숫자)는 최댓값, MAX(문자)는 사전 기준 큰 문자, MAX(날짜)는 최신 날짜

[출력 결과]

학생ID	최고성적	최저성적
S0001	100	85
S0002	100	20
S0003	100	20
S0004	85	40
S0005	100	100
S0006	NULL	NULL

- MAX, MIN도 동일하게 입력된 컬럼에 대해 NULL 데이터는 무시하고 연산을 진행합니다.
- 단, 모든 값이 NULL이면 결과도 NULL이 됩니다. ➡ S0006 학생
- 예를 들어 데이터가 100, 70, NULL이라면 MAX 집계 함수는 NULL을 무시하고 100, 70중에 큰 100을 반환합니다. MIN일 경우 70을 반환합니다.

> **기적의 TIP**
>
> 만약 S0006의 국어 성적이 60이라면 S0006의 MAX(성적)은 60, MIN(성적)은 60이 됩니다.

04 집계 함수와 GROUP BY 포인트 정리

1) GROUP BY 없이 집계 함수 사용할 수 있을까?

결론부터 말하자면, 가능합니다. GROUP BY 없이 집계 함수를 사용하면, 테이블 전체를 하나의 그룹으로 간주하여 집계가 수행됩니다. 이를 적용하려면 GROUP BY를 생략하거나, GROUP BY()로 작성합니다.

```
SELECT COUNT(*)
  FROM 성적표;    전체 건수 18 출력
```

아래 쿼리와 동일한 의미
```
SELECT COUNT(*)
  FROM 성적표
 GROUP BY() ;    별도의 컬럼으로 그룹화한 게 아니라 전체를 대상으로 그룹화
```

하지만 집계함수와 일반 컬럼을 함께 사용하려면 반드시 GROUP BY가 필요합니다.

```
SELECT 학생ID
     , COUNT(*)
  FROM 성적표;    오류 발생. 전체를 대상으로 그룹화했으므로 학생ID를 특정할 수 없음

SELECT 학생ID
     , COUNT(*)
  FROM 성적표
 GROUP BY 학생ID;    정상 실행
```

2) 집계함수가 공집합을 처리하는 법

공집합은 조건에 맞는 행이 하나도 없는 상태(=출력 행 0건)를 의미하며, 이 경우 대부분의 집계 함수는 NULL을 반환하는 것이 표준 동작입니다. COUNT는 예외적으로 0을 반환합니다.
아래 쿼리로 예시를 알아봅시다.

① 조건이 공집합인 대상에 대한 컬럼 결과 → 출력 없음(0행)

```
SELECT 성적    결과 0건 (공집합)
  FROM 성적표
 WHERE 학생ID = '없는값';
```

[출력 결과] (출력된 행 : 0건)

성적

② 조건이 공집합인 대상에 대한 집계함수 결과 → NULL 반환(1행)

```
SELECT MAX(성적)    결과 1건(NULL 데이터 출력)
  FROM 성적표
 WHERE 학생ID = '없는값';
```

[출력 결과] (출력된 행 : 1건)

MAX(성적)

집계 함수는 공집합이어도 NULL 반환하도록 동작합니다.

③ 조건이 공집합인 대상에 대한 COUNT 집계 함수 결과 → 0 반환(1행)

```
SELECT COUNT(성적)    결과 1건(0 출력)
  FROM 성적표
 WHERE 학생ID = '없는값';    선택
```

[출력 결과] (출력된 행 : 1건)

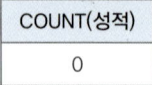

집계 함수 중 COUNT는 공집합이어도 0을 반환하도록 동작합니다.

➕ 더 알기 TIP

공집합일 때 집계 함수가 NULL을 반환하는 성질을 이용한 실무 예시를 알아봅시다.

```
SELECT NVL(MAX(순번), 0) + 1 AS 순번
  FROM 테이블;
```

만약 테이블에 데이터가 하나도 없는 공집합이라면 MAX(순번)은 NULL을 반환합니다. 그다음 NVL(MAX(순번) → NULL, 0)은 0을 반환하고, 여기에 + 1을 해서 1을 반환합니다.

위 쿼리가 실행되면 이제 테이블은 1개의 데이터를 가지고 있습니다. 이때 동일한 쿼리를 한 번 더 실행하면 MAX(순번)은 1을 반환합니다. 그다음 NVL(1, 0)은 1이 반환되므로 1 + 1인 2가 반환됩니다.

이처럼 처음 입력되는 데이터에는 1을 부여하고, 그렇지 않으면 이후 순차적인 값을 부여할 때 이 성질을 자주 활용합니다.

3) 집계 함수에 DISTINCT가 사용되면?

집계 함수를 사용할 때 입력값으로 컬럼 앞에 DISTINCT를 줄 수 있습니다. 이 경우 DISTINCT를 먼저 처리하고 나서 집계 처리를 하면 됩니다.

[TAB1] 테이블

COL1
A
A
A
B
B
C

```
SELECT COL1
     , COUNT(COL1) AS COUNT개수
     , COUNT(DISTINCT COL1) AS DIS_COUNT개수
  FROM TAB1
 GROUP BY COL1 ;
```

[출력 결과]

COL1	COUNT개수	DIS_COUNT개수
A	3	1
B	2	1
C	1	1

DISTINCT를 하면 중복을 제거하고 A, B, C만 남기 때문에 이를 각각 그룹화하면 A : 1, B : 1, C : 1이 됩니다.

02 HAVING 절

HAVING 절은 GROUP BY로 그룹화된 결과에 대해 조건 필터링을 할 수 있도록 도와주는 구문입니다. WHERE와 거의 유사하며, 단 하나의 차이점 때문에 HAVING을 사용합니다.

01 HAVING의 기능

SQL 실행 순서를 한 번 더 인지하고 HAVING의 기능을 알아보겠습니다.

SELECT	⑤ 최종 출력 컬럼 결정
FROM	① 대상 테이블 지정
WHERE	② 조건 필터링
GROUP BY	③ 그룹화
HAVING	④ 그룹화된 데이터에 대한 조건 필터링

[성적표] 테이블

학생ID	과목	성적
S0001	국어	90
S0001	수학	85
S0001	영어	100
S0002	국어	100
S0002	수학	100
S0002	영어	20
S0003	국어	100

S0003	수학	100
S0003	영어	20
S0004	국어	85
S0004	수학	40
S0004	영어	60
S0005	국어	100
S0005	수학	100
S0005	영어	100
S0006	국어	NULL
S0006	수학	NULL
S0006	영어	NULL

1) 평균 성적이 75점 이하인 학생만 조회하기

```
SELECT 학생ID, ROUND(AVG(성적), 1) AS 평균성적
  FROM 성적표
 GROUP BY 학생ID
HAVING AVG(성적) <= 75;
```

다음은 실행 순서를 분석해 보겠습니다.

① FROM 성적표

→ 데이터를 가져올 테이블을 명시합니다.

② GROUP BY 학생ID

→ 학생ID 컬럼을 기준으로 동일한 데이터를 그룹화합니다.
→ GROUP BY에 사용된 컬럼을 기준으로 실제 출력할 행이 줄어듭니다.

GROUP BY로 인해 학생ID 기준으로 그룹화된 상황은 다음과 같습니다.

학생ID
S0001
S0002
S0003
S0004
S0005
S0006

③ HAVING AVG(성적) ≤ 75

→ 학생ID 기준 그룹화한 상태에서 집계에 대한 조건 필터링을 진행합니다.

HAVING으로 집계 조건을 필터링한 상황은 다음과 같습니다.

학생ID	AVG(성적)
S0001	91.7 → 조건 안 맞음
S0002	73.3 → 조건 맞음
S0003	73.3 → 조건 맞음
S0004	61.7 → 조건 맞음
S0005	100.0 → 조건 안 맞음
S0006	NULL → 조건 안 맞음

④ SELECT 학생ID, ROUND(AVG(성적), 1) AS 평균성적

→ 원하는 컬럼 및 집계 함수만 조회합니다.

→ ROUND 함수를 추가로 사용해 소수점 첫째 자리까지 반올림 처리합니다.

[출력 결과]

학생ID	평균성적
S0002	73.3
S0003	73.3
S0004	61.7

⑤ HAVING은 집계 함수가 적용된 결과에 조건을 걸어 필터링할 수 있게 합니다.

2) 왜 WHERE 절에서 필터링을 하지 않을까?

집계 함수는 GROUP BY를 이용해 그룹화가 되어야 사용할 수 있는 함수입니다. WHERE는 GROUP BY보다 먼저 실행되므로 WHERE 시점에 집계 함수를 사용할 수 없습니다. 반면, HAVING은 GROUP BY 이후에 실행되므로 HAVING 시점에 집계 함수를 사용할 수 있습니다. 따라서 WHERE 절이 아닌 HAVING 시점에서 집계 함수를 사용하게 됩니다.

[잘못된 예시] (문법 오류)

```
SELECT 학생ID, AVG(성적) AS 평균성적
  FROM 성적표
 WHERE AVG(성적) <= 75      이 시점에 집계 함수 사용 불가!
 GROUP BY 학생ID;
```

기적의 TIP

만약 WHERE에서 집계 함수 조건 사용이 가능했다면, HAVING을 쓸 필요가 없겠죠?

02 HAVING 사용 시 주의사항

GROUP BY 이후 실행되는 HAVING은 SELECT와 동일하게 GROUP BY에 사용된 컬럼 또는 집계 함수 결과만 사용할 수 있습니다.

[잘못된 예시] (문법 오류)

```
SELECT 학생ID, AVG(성적) AS 평균성적
  FROM 성적표
 GROUP BY 학생ID
HAVING 성적 >= 75;     오류 : 성적 컬럼은 GROUP BY에 포함되지 않음
```

[올바른 예시]

```
SELECT 학생ID, AVG(성적) AS 평균성적
  FROM 성적표
 GROUP BY 학생ID
HAVING AVG(성적) >= 75;
```

이론을 확인하는 기출문제

01 다음 SQL의 실행 결과로 옳은 것은?

[수강생정보] 테이블

학생ID	학생이름	소속반
S001	김철수	A
S002	이영희	A
S003	박준형	B
S004	최현우	B
S005	정미나	B

```
SELECT 소속반, COUNT(*) AS 인원수
  FROM 수강생정보
 GROUP BY 소속반;
```

① A - 2명, B - 3명
② A - 3명, B - 2명
③ A - 5명, B - 0명
④ 오류 발생

GROUP BY 소속반으로 그룹화한 뒤 COUNT(*)로 그룹별 인원수를 세는 기본적인 집계 쿼리로 A그룹에 2명, B그룹에 3명 있다.

02 다음 중 COUNT(*)와 결과가 다를 수 있는 집계 함수는?

① COUNT(1)
② COUNT(0)
③ COUNT(컬럼명)
④ COUNT('X')

COUNT(컬럼명)은 NULL을 제외하고 계산하므로 NULL이 존재하면 COUNT(*)와 결과가 달라질 수 있다. 그 외에는 COUNT(*)과 전부 동일한 의미이다.

03 다음 SQL에서 오류가 발생하는 이유로 적절한 것은?

```
SELECT 소속반, 학생이름, COUNT(*)
  FROM 수강생정보
 GROUP BY 소속반;
```

① COUNT 함수는 소속반 컬럼과 함께 사용할 수 없다.
② GROUP BY에 포함되지 않은 컬럼을 SELECT 절에 사용했다.
③ HAVING 절이 누락되었다.
④ COUNT 함수 입력값에 *를 사용할 수 없다.

GROUP BY를 사용할 경우, SELECT 절에는 그룹화에 사용된 컬럼이나 집계 함수로 묶인 컬럼만 사용할 수 있다. 이 문제에서는 소속반을 기준으로 그룹화하고 학생이름은 GROUP BY에 포함되어 있지 않고, 집계 함수로도 묶이지 않기 때문에 오류가 발생한다. 그룹화로 인해 여러 학생이 하나의 소속반으로 묶이게 되는데, 이때 어떤 학생이름을 표시해야 할지 DB가 판단할 수 없기 때문이다.

04 아래 SQL에 대한 설명으로 옳은 것은?

```
SELECT COUNT(*) FROM 테이블;
```

① 적절한 GROUP BY를 사용하지 않아 오류가 발생한다.
② 전체 테이블을 하나의 그룹으로 집계한다.
③ 반드시 GROUP BY()를 작성해야 한다.
④ SELECT 절에 컬럼을 포함할 수 있다.

GROUP BY 없이 집계 함수를 사용하면 테이블 전체를 하나의 그룹으로 간주하고 집계한다.

정답 01 ① 02 ③ 03 ② 04 ②

05 아래는 주문정보 테이블이다. 다음 SQL 실행 결과로 옳은 것은?

[주문정보] 테이블

주문ID	고객ID	금액
O001	C001	10000
O002	C001	20000
O003	C002	15000
O004	C002	NULL
O005	C003	30000

```
SELECT 고객ID, SUM(금액)
  FROM 주문정보
 GROUP BY 고객ID;
```

① C001 : 30000, C002 : 15000, C003 : 30000
② C001 : 30000, C002 : NULL, C003 : 30000
③ C001 : NULL, C002 : NULL, C003 : NULL
④ C001 : 2건, C002 : 2건, C003 : 1건

SUM은 NULL 값을 제외하고 계산하므로 C002의 NULL은 무시되고 15000으로 집계된다.

06 HAVING 절을 사용하는 이유로 가장 적절한 것은?

① SELECT 절에서 컬럼명을 지정하기 위해
② 테이블에서 데이터를 필터링하기 위해
③ GROUP BY 결과에 대해 조건을 지정하기 위해
④ 서브쿼리를 대신 사용하기 위해

HAVING은 GROUP BY로 그룹화된 결과에 대해 조건 필터링할 때 사용한다.

07 다음 SQL에서 HAVING이 적용되는 시점은?

```
SELECT 부서, AVG(급여) AS 평균급여
  FROM 직원정보
 GROUP BY 부서
HAVING AVG(급여) > 4000;
```

① SELECT 이후
② FROM 이전
③ GROUP BY 이전
④ GROUP BY 이후, SELECT 이전

HAVING은 GROUP BY 이후, SELECT 이전에 실행되어 집계 결과에 조건을 적용한다. 조회 문법의 전체 실행 순서는 FROM → WHERE → GROUP BY → HAVING → SELECT → ORDER BY이다.

08 아래 SQL의 결과로 옳은 것은?

```
SELECT COUNT(*)
  FROM DUAL
 WHERE 1=0 ;
```

① 0   ② 1
③ NULL   ④ 오류 발생

WHERE 1=0은 일치하는 행이 하나도 없으므로 0행(공집합)을 반환한다. 집계 함수는 기본적으로 공집합일 경우 NULL을 반환하나, COUNT 집계 함수는 0을 반환한다.

09 다음 SQL의 실행 결과로 알맞은 것은?

[주문] 테이블

고객ID	상품ID
C001	P001
C001	P002
C001	P001
C002	P003
C002	P004
C002	P004
C003	P005
C003	P006
C003	P007

```
SELECT 고객ID, COUNT(DISTINCT 상품ID) AS 상품수
  FROM 주문
 GROUP BY 고객ID;
```

① C001 : 3, C002 : 2, C003 : 3
② C001 : 2, C002 : 2, C003 : 3
③ C001 : 2, C002 : 1, C003 : 3
④ C001 : 3, C002 : 1, C003 : 2

해당 쿼리는 고객ID 별로 그룹화한 후 중복되는 상품ID를 제거한 후 개수를 집계한다. 고객ID는 각각 C001, C002, C003으로 집계되며 각각 3개의 행이 존재하지만 상품ID를 기준으로 중복을 제거하면 C001은 2건, C002는 2건, C003은 3건으로 집계된다.

10 다음은 주문 테이블의 구조이다. 아래 SQL에 대한 설명으로 올바른 것은?

주문

- # 주문ID
- * 고객ID
- * 상품ID
- o 주문일시

```
SELECT 고객ID, COUNT(*), COUNT(상품ID)
  FROM 주문
 GROUP BY 고객ID;
```

① 두 COUNT 결과는 항상 같다.
② 상품ID는 NULL 허용 컬럼이다.
③ COUNT(*)는 NULL을 제외한다.
④ 오류가 발생한다.

상품ID는 NOT NULL 설정이 되어있으므로 반드시 값이 입력되어야 한다. 즉 NULL이 없기 때문에 COUNT(*) 과 COUNT(상품ID)는 동일한 행 수를 반환한다.

11 다음은 학생 테이블이다. SQL 실행 결과로 옳은 것은?

[학생] 테이블

학생ID	국어	수학	영어
S001	80	90	100
S002	70	NULL	90
S003	NULL	NULL	NULL

```
SELECT 학생ID, AVG(국어 + 수학 + 영어)
  FROM 학생
 GROUP BY 학생ID;
```

① S001 : 90, S002 : NULL, S003 : NULL
② 오류 발생
③ S001 : 75, S002 : 30, S003 : 95
④ S001 : 90, S002 : 80, S003 : NULL

국어 + 수학 + 영어는 산술 연산이므로, 세 컬럼 중 하나라도 NULL이면 전체 결과가 NULL이 된다. AVG() 함수는 그룹별 평균을 구하는 함수이지만, 이 경우 학생ID별로 한 행만 존재하므로 AVG(값)은 그 값 자체가 된다.
- S001은 세 값 모두 존재하므로 평균 = (80+90+100)/3 = 90
- S002, S003은 NULL이 포함되어 합이 NULL, 결과도 NULL

12 다음은 구매 테이블의 데이터이다. SQL 실행 결과로 옳은 것은?

[구매] 테이블

고객ID	상품ID	구매금액
C001	A001	5000
C001	A002	7000
C002	A003	8000
C002	A004	6000
C003	A005	4000
C003	A006	2000

```
SELECT 고객ID
  FROM 구매
 GROUP BY 고객ID
HAVING SUM(구매금액) >= 10000;
```

① C001, C002
② C001, C002, C003
③ C002, C003
④ C001, C003

고객ID 별로 그룹화한 후 SUM(구매금액)을 구하면 각각 C001 : 12000, C002 : 14000, C003 : 6000이다. 이를 HAVING에서 필터링하면 C003은 제외되므로 C001, C002 데이터만 출력된다.

13 다음 SQL을 실행하기 전 문서 테이블의 데이터 건수가 0건이라면, 쿼리 실행 시 올바른 결과는?

```
SELECT NVL(MAX(순번), 0) + 1 AS 다음순번
  FROM 문서;
```

① 0
② 1
③ NULL
④ 오류 발생

문서 테이블에 데이터가 하나도 없으면, MAX(순번)은 NULL을 반환한다. NVL(MAX(순번), 0) 은 NVL(NULL, 0)이 되며, 이는 0을 반환한다. 여기에 +1을 더하므로 최종 결과는 1이 된다.

14 다음 SQL이 의미하는 바는?

```
SELECT 고객ID, COUNT(*)
  FROM 주문
 GROUP BY 고객ID
HAVING COUNT(*) >= ALL (SELECT
COUNT(*) FROM 주문 GROUP BY 고객ID);
```

① 전체 고객 수를 구한다.
② 주문이 없는 고객을 구한다.
③ 주문 건수가 가장 많은 고객을 구한다.
④ 주문 건수가 1건 이상인 고객을 구한다.

HAVING 절에서 GROUP BY 결과 중 주문 수가 최대인 고객만을 추출한다.

15 아래는 성적표 테이블이다. 다음 쿼리의 결과로 옳은 것은?

[성적표] 테이블

학생ID	과목	성적
S001	국어	80
S001	수학	NULL
S002	국어	90
S002	수학	100

```
SELECT 학생ID, COUNT(성적)
  FROM 성적표
 GROUP BY 학생ID;
```

① S001 : 2, S002 : 2
② S001 : 1, S002 : 2
③ S001 : 0, S002 : 1
④ 오류 발생

COUNT(성적)은 NULL을 제외한 값만 카운트하므로 S001은 1개, S002는 2개가 출력된다.

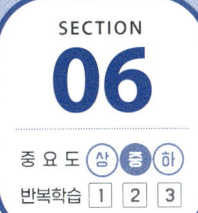

SECTION 06 ORDER BY 절

빈출 태그 ▶ ORDER BY, ORDER BY의 NULL 처리

01 ORDER BY

01 ORDER BY의 기능

ORDER BY는 SQL 실행 순서상 가장 마지막에 실행되며, 조회된 결과를 특정 컬럼 기준으로 정렬합니다.

SELECT	⑤ 컬럼(열) 기준 필터링해 결과를 출력한다.
FROM	① 데이터를 가져올 테이블을 명시한다.
WHERE	② 튜플(행) 기준으로 필터링한다.
GROUP BY	③ 특정 컬럼 및 표현식으로 그룹화한다.
HAVING	④ 그룹화된 대상에 대한 필터링을 수행한다.
ORDER BY	⑥ 출력한 결과를 특정 컬럼으로 정렬하여 재출력한다.

SELECT는 결과를 출력하고, ORDER BY는 이 출력 결과를 특정 컬럼 기준으로 정렬합니다.
정렬할 때 컬럼 뒤에 ASC(오름차순), DESC(내림차순)을 지정할 수 있고, 생략하면 기본적으로 ASC가 적용됩니다.

[MOVIE_INFO] 테이블

MOVIE_ID	MOVIE_NAME	GENRE	RELEASE_YEAR	RATING	TICKET_PRICE
M001	인터스텔라	SF	2014	9.1	12000
M002	어벤져스	액션	2012	8.9	11000
M003	인셉션	SF	2010	9.2	10000
M004	라라랜드	로맨스	2016	8.5	9000
M005	파라사이트	드라마	2019	9.0	NULL
M006	기생충	드라마	2019	8.6	10500
M007	타이타닉	로맨스	1997	9.3	NULL
M008	아바타	SF	2009	8.8	10000

```
SELECT MOVIE_NAME, RATING
  FROM MOVIE_INFO
 ORDER BY RATING [ASC] ;    오름차순일 때 ASC는 생략가능
```

다음은 실행 순서를 분석해 보겠습니다.

① FROM MOVIE_INFO
→ 데이터를 가져올 테이블을 명시합니다.

② WHERE, GROUP BY, HAVING
→ 따로 사용하지 않았지만 선택 사항이므로 오류가 발생하지는 않습니다.

③ SELECT MOVIE_NAME, RATING
→ MOVIE_NAME, RATING 컬럼 데이터를 조회합니다.

SELECT까지 실행하면 다음과 같습니다.

MOVIE_NAME	RATING
인터스텔라	9.1
어벤져스	8.9
인셉션	9.2
라라랜드	8.5
파라사이트	9.0
기생충	8.6
타이타닉	9.3
아바타	8.8

④ ORDER BY RATING [ASC]
→ 특정 컬럼 기준으로 출력된 대상을 재정렬합니다.

ORDER BY로 RATING(별점) 기준 오름차순으로 재정렬한 결과는 다음과 같습니다.

MOVIE_NAME	RATING
라라랜드	8.5
기생충	8.6
아바타	8.8
어벤져스	8.9
파라사이트	9.0
인터스텔라	9.1
인셉션	9.2
타이타닉	9.3

만약 정렬할 대상이 동일한 값을 가진다면 추가로 정렬조건을 줄 수 있습니다. 아래 쿼리는 장르로 오름차순 정렬을 하고, 장르가 동일할 경우 별점을 기준으로 내림차순 정렬합니다.

```
SELECT MOVIE_NAME, GENRE, RATING
  FROM MOVIE_INFO
 ORDER BY GENRE, RATING DESC;
```

[출력 결과]

MOVIE_NAME	GENRE	RATING
인셉션	SF	9.2
인터스텔라	SF	9.1
아바타	SF	8.8
타이타닉	로맨스	9.3
라라랜드	로맨스	8.5
파라사이트	드라마	9.0
기생충	드라마	8.6
어벤져스	액션	8.9

GENRE를 기준으로 오름차순 정렬(생략 시 ASC 적용)

GENRE가 동일한 값이라면 RATING을 기준으로 내림차순 정렬

이때, ORDER BY GENRE, RATING DESC는 "GENRE는 오름차순, RATING은 내림차순" 정렬을 의미하며, 두 컬럼 모두 내림차순으로 정렬하는 것이 아님에 주의합니다.

02 ORDER BY에서 가능한 표현

ORDER BY 뒤에 컬럼 외에도 여러 방법으로 정렬을 표현할 수 있습니다.

[MOVIE_INFO] 예시

MOVIE_ID	MOVIE_NAME	GENRE	RELEASE_YEAR	RATING	TICKET_PRICE
M001	인터스텔라	SF	2014	9.1	12000
M002	어벤져스	액션	2012	8.9	11000
M003	인셉션	SF	2010	9.2	10000
M004	라라랜드	로맨스	2016	8.5	9000
M005	파라사이트	드라마	2019	9.0	NULL
M006	기생충	드라마	2019	8.6	10500
M007	타이타닉	로맨스	1997	9.3	NULL
M008	아바타	SF	2009	8.8	10000

1) 일반 컬럼으로 정렬

```
SELECT MOVIE_NAME, TICKET_PRICE
  FROM MOVIE_INFO
 ORDER BY TICKET_PRICE ASC;
```

2) 숫자로 정렬

```
SELECT MOVIE_NAME, GENRE, RATING
  FROM MOVIE_INFO
 ORDER BY 3 DESC ;
```

- SELECT에 명시한 컬럼 순서를 이용해 숫자로 정렬할 수 있습니다. 예를 들어 RATING은 SELECT의 세 번째 위치에 있으므로 ORDER BY 3 DESC은 ORDER BY RATING DESC와 동일합니다.
- SELECT에 명시된 컬럼 개수보다 큰 수를 ORDER BY에 사용할 수 없습니다(오류 발생).
- 숫자를 사용하는 방식은 가독성이 떨어지므로 가급적 컬럼명이나 별칭을 직접 사용하는 것이 좋습니다.

3) 혼용해서 정렬

```
SELECT MOVIE_NAME, GENRE, RATING
  FROM MOVIE_INFO
 ORDER BY 3 DESC, TICKET_PRICE ;      ORDER BY RATING DESC, TICKET_PRICE와 동일
```

ORDER BY에 일반 컬럼, 별칭, 숫자 혼용 가능합니다.

4) SELECT에 사용된 별칭으로 정렬

```
SELECT MOVIE_NAME, TICKET_PRICE * 1.1 AS PRICE_WITH_VAT
  FROM MOVIE_INFO
 ORDER BY PRICE_WITH_VAT DESC;        ORDER BY TICKET_PRICE * 1.1 DESC과 동일
```

ORDER BY는 SELECT보다 이후에 실행되기 때문에 SELECT에서 생성된 AS명을 사용할 수 있습니다.

5) ORDER BY에 CASE 문법 사용

```
SELECT MOVIE_NAME, GENRE, RATING
  FROM MOVIE_INFO
 ORDER BY CASE GENRE WHEN 'SF' THEN 1
                     WHEN '액션' THEN 2
                     ELSE 3
          END, RATING DESC;
```

- 시험에 종종 나오는 유형으로 ORDER BY 뒤에 CASE를 사용하는 예시입니다.
- 위에서는 GENRE에 따라 정렬 기준을 다르게 주면서 동시에 RATING으로 내림차순 정렬합니다.

다음은 CASE 문법을 사용한 예시에서 실행 순서를 분석해보겠습니다.

① FROM MOVIE_INFO
→ 데이터를 가져올 테이블을 명시합니다.

② SELECT MOVIE_NAME, GENRE, RATING

[SELECT까지 실행 결과]

MOVIE_NAME	GENRE	RATING
인터스텔라	SF	9.1
어벤져스	액션	8.9
인셉션	SF	9.2

라라랜드	로맨스	8.5
파라사이트	드라마	9.0
기생충	드라마	8.6
타이타닉	로맨스	9.3
아바타	SF	8.8

③ ORDER BY CASE ···

→ CASE 문법에 맞게 각 튜플의 값을 치환하고 나서 정렬합니다.

→ CASE 문은 정렬 기준에만 영향을 주며, 실제 출력되는 값은 바뀌지 않음에 주의합니다.

```
ORDER BY CASE GENRE WHEN 'SF' THEN 1
                    WHEN '액션' THEN 2
                    ELSE 3
               END, RATING DESC;
```

[ORDER BY에 CASE 문법의 값으로 치환한 결과]

MOVIE_NAME	GENRE (→ORDER BY 조건에 맞게 치환)	RATING
인터스텔라	SF → 1	9.1
어벤져스	액션 → 2	8.9
인셉션	SF → 1	9.2
라라랜드	로맨스 → 3	8.5
파라사이트	드라마 → 3	9.0
기생충	드라마 → 3	8.6
타이타닉	로맨스 → 3	9.3
아바타	SF → 1	8.8

[최종 출력 결과]

MOVIE_NAME	GENRE	RATING
인셉션	SF	9.2
인터스텔라	SF	9.1
아바타	SF	8.8
어벤져스	액션	8.9
타이타닉	로맨스	9.3
라라랜드	로맨스	8.5
파라사이트	드라마	9.0
기생충	드라마	8.6

03 ORDER BY가 NULL을 처리하는 방법

정렬 시 NULL 값의 처리 방식은 DBMS마다 다릅니다.

DBMS	오름차순(ASC)	내림차순(DESC)
Oracle	마지막에 정렬한다.	가장 앞에 정렬한다.
SQL Server	가장 앞에 정렬한다.	마지막에 정렬한다.

아래의 MOVIE_INFO 테이블 예시를 통해 DBMS별 NULL을 처리하는 방식의 차이를 알아봅시다.

[MOVIE_INFO] 테이블

MOVIE_ID	MOVIE_NAME	GENRE	RELEASE_YEAR	RATING	TICKET_PRICE
M001	인터스텔라	SF	2014	9.1	12000
M002	어벤져스	액션	2012	8.9	11000
M003	인셉션	SF	2010	9.2	10000
M004	라라랜드	로맨스	2016	8.5	9000
M005	파라사이트	드라마	2019	9.0	NULL
M006	기생충	드라마	2019	8.6	10500
M007	타이타닉	로맨스	1997	9.3	NULL
M008	아바타	SF	2009	8.8	10000

```
SELECT MOVIE_NAME, TICKET_PRICE    — TICKET_PRICE를 기준으로 오름차순 정렬
  FROM MOVIE_INFO
 ORDER BY TICKET_PRICE;
```

- Oracle은 NULL을 가장 큰 값으로 인식하므로 가장 뒤로 보냅니다.
- SQL Server는 NULL을 가장 작은 값으로 인식하기에 NULL을 가장 앞으로 보냅니다.

MOVIE_ID	TICKET_PRICE
라라랜드	9000
인셉션	10000
아바타	10000
기생충	10500
어벤져스	11000
인터스텔라	12000
파라사이트	NULL
타이타닉	NULL

▲ Oracle 실행 결과

MOVIE_NAME	TICKET_PRICE
파라사이트	NULL
타이타닉	NULL
라라랜드	9000
인셉션	10000
아바타	10000
기생충	10500
어벤져스	11000
인터스텔라	12000

▲ SQL Server 실행 결과

더 알기 TIP

NULLS FIRST/NULLS LAST 명시적 정렬 옵션(Oracle 한정)

Oracle은 기본적으로 NULL을 큰 값으로 인식하지만, NULLS FIRST, NULLS LAST 옵션을 통해 정렬 위치를 명시적으로 지정할 수 있습니다.

```
SELECT MOVIE_NAME, TICKET_PRICE
  FROM MOVIE_INFO
 ORDER BY TICKET_PRICE ASC NULLS FIRST;    NULL을 정렬 기준의 가장 위에 두라는 의미
```

[출력 결과]

MOVIE_NAME	TICKET_PRICE
파라사이트	NULL
타이타닉	NULL
라라랜드	9000
인셉션	10000
아바타	10000
기생충	10500
어벤져스	11000
인터스텔라	12000

이론을 확인하는 기출문제

01 다음 중 SQL 실행 결과가 RATING 컬럼 기준으로 내림차순 정렬되도록 (A)를 채운 것은?

```
SELECT MOVIE_NAME, DIRECTOR, RATING
  FROM MOVIE_INFO
 ( A );
```

① ORDER BY RATING
② ORDER BY RATING DESC
③ ORDER BY 1
④ ORDER BY 2 DESC

명시적으로 RATING 컬럼을 기준으로 내림차순 정렬이다.

오답 피하기
① 오름차순(기본) 정렬
③ MOVIE_NAME 기준 오름차순 정렬
④ DIRECTOR 기준 내림차순 정렬

---

02 다음 SQL의 결과와 동일한 정렬을 수행하는 쿼리는?

```
SELECT MOVIE_NAME, GENRE, RATING
  FROM MOVIE_INFO
 ORDER BY RATING DESC;
```

① ORDER BY 3 DESC
② ORDER BY 2 ASC
③ ORDER BY MOVIE_NAME DESC
④ ORDER BY GENRE, RATING

ORDER BY에 숫자를 이용하면 SELECT의 N번째 컬럼을 기준으로 정렬을 수행할 수 있다. RATING이 SELECT의 3번째에 위치하므로 ORDER BY 3 DESC로 작성하면 동일한 정렬 결과를 낼 수 있다.

---

03 다음 SQL 문장의 정렬 설명으로 옳은 것은?

```
SELECT MOVIE_NAME, GENRE, RATING
  FROM MOVIE_INFO
 ORDER BY GENRE, RATING DESC;
```

① GENRE는 내림차순, RATING은 오름차순 정렬
② GENRE와 RATING 기준 오름차순 정렬
③ GENRE와 RATING 기준 내림차순 정렬
④ GENRE는 오름차순, RATING은 내림차순 정렬

ORDER BY에 명시된 컬럼은 앞에서부터 순서대로 읽는다. 즉, GENRE를 기준으로 오름차순 정렬하고, 똑같은 GENRE 값이 있다면 RATING 값 기준으로 내림차순 정렬한다.

---

04 다음 SQL 실행 결과에서 NULL 값이 가장 마지막에 출력되도록 하는 쿼리는? (단, Oracle 기준이다.)

```
SELECT MOVIE_NAME, TICKET_PRICE
  FROM MOVIE_INFO
 ( A );
```

① ORDER BY TICKET_PRICE DESC
② ORDER BY TICKET_PRICE ASC LAST NULLS
③ ORDER BY TICKET_PRICE ASC
④ ORDER BY TICKET_PRICE DESC NULLS FIRST

Oracle은 정렬 시 NULL을 큰 값으로 인식하므로 오름차순 정렬을 하면 NULL이 가장 마지막에 출력된다. 명시적으로 지정하려면 ORDER BY TICKET_PRICE ASC NULLS LAST를 사용할 수도 있다.

정답 01 ② 02 ① 03 ④ 04 ③

05 SQL Server에서 아래 쿼리를 실행했을 때, TICKET_PRICE가 NULL인 데이터는 어디에 위치하는가?

```
SELECT MOVIE_NAME, TICKET_PRICE
  FROM MOVIE_INFO
  ORDER BY TICKET_PRICE ASC;
```

① 가장 위
② 중간
③ 가장 아래
④ 정렬되지 않음

SQL Server에서는 NULL을 가장 작은 값으로 취급하므로, 오름차순(ASC) 정렬 시 결과의 맨 위에 위치한다. 이는 NULL을 가장 큰 값으로 취급하여 맨 아래에 두는 Oracle과 반대이므로 주의해야 한다.

06 다음의 (A)에 들어갈 SQL 문 중 의미가 다른 하나는?

```
SELECT MOVIE_NAME, TICKET_PRICE * 1.1
  AS PRICE_WITH_VAT
  FROM MOVIE_INFO
       (A)
```

① ORDER BY PRICE_WITH_VAT DESC ;
② ORDER BY TICKET_PRICE * 1.1 DESC ;
③ ORDER BY TICKET_PRICE DESC ;
④ ORDER BY 2 DESC ;

①, ②, ④ 모두 VAT 포함 가격(TICKET_PRICE * 1.1)을 기준으로 내림차순으로 정렬한다. ③은 가공 전 원본 컬럼(TICKET_PRICE)을 기준으로 정렬하므로 나머지 보기와 의미가 다르다.

07 다음 SQL의 실행 결과로 올바른 것은?

[MOVIE_INFO] 테이블

MOVIE_NAME	GENRE	RATING
인터스텔라	SF	9.1
어벤져스	액션	8.9
인셉션	SF	9.2
라라랜드	로맨스	8.5
파라사이트	드라마	9.0
기생충	드라마	8.6
타이타닉	로맨스	9.3
아바타	SF	8.8

```
SELECT MOVIE_NAME, GENRE, RATING
  FROM MOVIE_INFO
 ORDER BY
   CASE GENRE
        WHEN 'SF' THEN 1
        WHEN '액션' THEN 2
        ELSE 3
   END, RATING DESC;
```

①

MOVIE_NAME	GENRE	RATING
인셉션	SF	9.2
인터스텔라	SF	9.1
아바타	SF	8.8
어벤져스	액션	8.9
타이타닉	로맨스	9.3
파라사이트	드라마	9.0
기생충	드라마	8.6
라라랜드	로맨스	8.5

②

MOVIE_NAME	GENRE	RATING
어벤져스	액션	8.9
인셉션	SF	9.2
아바타	SF	8.8
인터스텔라	SF	9.1
파라사이트	드라마	9.0
라라랜드	로맨스	8.5
기생충	드라마	8.6
타이타닉	로맨스	9.3

③

MOVIE_NAME	GENRE	RATING
파라사이트	드라마	9.0
타이타닉	로맨스	9.3
라라랜드	로맨스	8.5
기생충	드라마	8.6

④

MOVIE_NAME	GENRE	RATING
인셉션	SF	9.2
아바타	SF	8.8
인터스텔라	SF	9.1
어벤져스	액션	8.9

MOVIE_NAME	GENRE	RATING
타이타닉	로맨스	9.3
라라랜드	로맨스	8.5
파라사이트	드라마	9.0
기생충	드라마	8.6
어벤져스	액션	8.9
인터스텔라	SF	9.1
인셉션	SF	9.2
아바타	SF	8.8

CASE 정렬 결과 SF는 1, 액션은 2, 나머지는 3으로 치환되어 정렬을 수행한다. 같은 정렬 결과에 대해서는 RATING DESC을 적용한다. ORDER BY와 CASE를 적절히 활용하면 원하는 조건에 맞게 정렬을 제어할 수 있다.

08 다음 SQL 문의 (A)에 ORDER BY 절을 추가하려 한다. 다음 중 오류가 발생하는 것은?

```
SELECT MOVIE_NAME, RATING
  FROM MOVIE_INFO
 ( A );
```

① ORDER BY RATING
② ORDER BY 1
③ ORDER BY 2
④ ORDER BY 3

ORDER BY의 숫자 사용은 SELECT의 컬럼 개수를 초과해 사용할 수 없다.

09 아래 SQL의 정렬 의미가 올바른 것은?

```
SELECT MOVIE_NAME, RATING
  FROM MOVIE_INFO
 ORDER BY RATING;
```

① RATING 기준 내림차순 정렬
② RATING 기준 오름차순 정렬
③ MOVIE_NAME 기준 오름차순
④ RATING 기준 정렬 없음

ORDER BY 절에서 정렬 방식을 생략하면 기본적으로 오름차순(ASC)이 적용된다.

10 다음 SQL 실행 결과의 정렬 순서를 바르게 설명한 것은?

```
SELECT MOVIE_NAME, GENRE, RATING
  FROM MOVIE_INFO
 ORDER BY 2 ASC, RATING DESC;
```

① 숫자와 컬럼은 혼용할 수 없으므로 오류 발생
② GENRE 오름차순 정렬, GENRE가 동일하면 RATING 기준 내림차순 정렬
③ RATING 오름차순 정렬, RATING이 동일하면 GENRE 기준 내림차순 정렬
④ RATING 내림차순 정렬, RATING이 동일하면 MOVIE_NAME 기준 오름차순 정렬

ORDER BY 정렬조건은 숫자, 컬럼 혼용이 가능하다. 이 경우 GENRE를 기준으로 오름차순으로 정렬하고, 동일한 GENRE가 있으면 RATING 기준 내림차순 정렬을 수행한다.

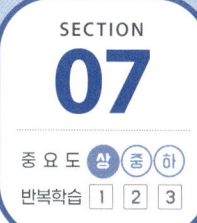

조인

빈출 태그 ▶ 조인, 동등조인, 비동등조인

01 조인(JOIN) 학습 전 기초 개념

조인(JOIN)은 두 개 이상의 테이블에서 데이터를 한 번에 조회할 수 있는 기능으로, SQL에서 반드시 이해하고 넘어가야 하는 중요한 개념입니다.

조인 문법을 배우기 전에 FROM 절에서 여러 테이블이 입력될 경우 어떻게 동작하는지, 그리고 별칭의 개념 및 주의사항을 알아보겠습니다.

01 FROM 절에 2개 이상의 테이블 입력

지금까지는 대부분 아래와 같이 FROM 절에 테이블을 하나만 지정하여 데이터를 조회했습니다.

```
SELECT *
  FROM STUDENT;
```

하지만 다음과 같이 FROM 뒤에 2개 이상의 테이블을 콤마(,)로 나열할 수 있습니다.

```
SELECT *
  FROM STUDENT, MAJOR ;
```

이 경우 데이터는 어떻게 출력될까요? 예시를 위해 2개의 테이블을 생성하고 출력해보겠습니다.

[TAB1] 테이블

COL1	COL2
1	3
2	4

[TAB2] 테이블

COL3	COL4
5	7
6	8

```
SELECT *
  FROM TAB1, TAB2 ;
```

[출력 결과]

COL1	COL2	COL3	COL4
1	3	5	7
1	3	6	8
2	4	5	7
2	4	6	8

FROM에 테이블을 2개 이상 나열하면, 각 행과 컬럼의 가능한 모든 조합이 생성됩니다. 이유는 뒤에서 다룰 예정이니 지금은 FROM에 테이블을 2개 이상 쓸 수 있다는 점만 기억하셔도 됩니다.

02 테이블에 별칭 부여

테이블이 2개 이상일 때 발생하는 문제 중 하나는 "동일한 컬럼명"입니다. 예를 들어 아래 TAB1, TAB2 테이블은 둘 다 COL2 컬럼을 보유하고 있는데, COL2 컬럼을 출력하려면 어떤 테이블의 컬럼인지 직접 명시해야 합니다. 그렇지 않으면 오류가 발생합니다.

[TAB1] 테이블

COL1	COL2
1	3
2	4

[TAB2] 테이블

COL2	COL3
5	7
6	8

```
SELECT COL1
     , TAB1.COL2 AS TAB1_COL2    TAB1의 COL2
     , TAB2.COL2 AS TAB2_COL2    TAB2의 COL2
     , COL3
  FROM TAB1, TAB2 ;
```

[출력 결과]

COL1	TAB1_COL2	TAB2_COL2	COL3
1	3	5	7
1	3	6	8
2	4	5	7
2	4	6	8

아래는 TAB1과 TAB2 테이블 모두 COL2를 가지고 있지만, 대상 테이블을 지정하지 않아 오류가 발생합니다.

```
SELECT COL1
     , COL2    오류!
     , COL3
  FROM TAB1, TAB2 ;
```

[오류 결과] ERROR - column ambiguously defined 'COL2'

결국 여러 테이블을 이용하는 순간 어떤 테이블의 컬럼인지 모두 명시해야 하는 번거로움이 발생합니다. 이 문제를 테이블 별칭으로 해결할 수 있습니다.

```
SELECT A.COL1
     , A.COL2    ─ TAB1.COL2와 동일
     , B.COL2    ─ TAB2.COL2와 동일
     , B.COL3
  FROM TAB1 A, TAB2 B ;
```

- TAB1 테이블에는 A, TAB2 테이블에는 B라는 별칭을 부여했습니다.
- 이후 SQL 문장에서 테이블명을 대신하여 별칭을 사용할 수 있게 됩니다.
- 별칭은 한 칸 띄어쓰기만으로 지정되며, AS 키워드는 사용하지 않습니다.
- 관례적으로 A, B 등 한 글자 별칭을 사용하며, 긴 테이블명을 반복하지 않아도 되어 코드가 간결해집니다.

03 테이블에 별칭 부여할 때 주의사항

테이블에 별칭을 부여하면, SQL의 나머지 절에서도 반드시 그 별칭을 사용해야 합니다. 예를 들어, FROM 절에서 TAB1에 A, TAB2에 B라는 별칭을 부여했다면 WHERE, SELECT, GROUP BY, HAVING, ORDER BY에 사용되는 컬럼에서도 별칭을 이용해야 합니다.

```
[올바른 예시]
SELECT A.COL1
     , B.COL2
     , B.COL3
  FROM TAB1 A
     , TAB2 B
 WHERE A.COL2 = B.COL2
 ORDER BY A.COL1 ;

[잘못된 예시]
SELECT A.COL1
     , B.COL2
     , TAB2.COL3    ─ 오류! 별칭을 사용하면 테이블명을 쓸 수 없음
  FROM TAB1 A
     , TAB2 B
 WHERE A.COL2 = B.COL2
 ORDER BY TAB1.COL1 ;    ─ 오류! 별칭을 사용하면 테이블명을 쓸 수 없음
```

02 조인(JOIN)

01 조인의 개념과 필요성

1) 조인의 개념

여러 테이블에 흩어져 있는 데이터를 한 번에 조회할 수 있도록 결합하는 기술입니다.

2) 조인이 필요한 이유

예를 들어 어떤 데이터를 가져오는데 5개의 테이블이 필요하다고 가정해봅시다. 각각 테이블을 조회하려면 5번의 SQL을 요청해야 하지만, 조인을 통해 테이블을 결합하면 단 한 번의 SQL로도 원하는 데이터를 가져올 수 있습니다.

> **기적의 TIP**
>
> 심부름을 하러 갈 때, 다섯 번 다녀오는 것보다 한 번에 다 사오는 게 더 편하겠죠? 실제 DB에서 데이터를 세팅하는 시간보다 네트워크로 전송하고 받는 시간이 훨씬 오래 걸리기 때문에 조인은 실무에서 일상적으로 사용됩니다.

3) 왜 조인이 생겼을까?

데이터베이스 설계 단계에서 논리적 모델링과 정규화를 통해 하나의 테이블을 여러 개로 분리했고, 이를 통해 데이터의 중복 및 이상 현상을 방지해 데이터 품질을 높일 수 있었습니다. 즉, 데이터의 품질을 위해 정규화를 우선했기 때문에 약간의 불편함을 감수하고 조인을 사용하는 것입니다.

02 조인의 실행 원리

조인의 실행 원리를 이해하기 위해 아래 시나리오를 생각해봅시다.

> **[시나리오]**
> 회원ID가 A0001인 회원의 이름과 휴대폰 번호를 찾아보시오.

[회원] 테이블

회원ID	이름
A0001	회원1
A0002	회원2
A0003	회원3

[회원연락처] 테이블

회원ID	구분코드	연락처
A0001	휴대폰	010-111-1111
A0002	집전화	02-111-1111
A0002	집전화	02-222-2222
A0004	휴대폰	010-444-4444

사람은 위 표를 보고 쉽게 "회원1"과 "010-111-1111"을 찾을 수 있을 것입니다. 하지만 컴퓨터는 기계어 (1, 0)만 이해할 수 있기 때문에 사람처럼 쉽게 정답을 파악할 수 없습니다. 결국 "가능한 모든 조합을 일단 계산하는 방식(카티션 곱)"을 기본으로 사용합니다. 이후 WHERE 절에서 조건을 통해 필요한 데이터만 필터링합니다.

1) 카티션 곱(Cartesian Product) - 테이블 간의 모든 조합 생성

아래는 [회원] 테이블과 [회원연락처], 두 테이블로부터 조합 가능한 모든 경우의 수를 산정한 결과입니다. 5개의 컬럼(회원 2 + 회원연락처 3)과 12개의 튜플(회원 3 * 회원연락처 4)이 출력되었습니다.

회원ID(회원)	이름	회원ID(연락처)	구분코드	연락처
A0001	회원1	A0001	휴대폰	010-111-1111
A0001	회원1	A0002	집전화	02-111-1111
A0001	회원1	A0002	집전화	02-222-2222

A0001	회원1	A0004	휴대폰	010-4444-4444
A0002	회원2	A0001	휴대폰	010-111-1111
A0002	회원2	A0002	집전화	02-111-1111
A0002	회원2	A0002	집전화	02-222-2222
A0002	회원2	A0004	휴대폰	010-4444-4444
A0003	회원3	A0001	휴대폰	010-111-1111
A0003	회원3	A0002	집전화	02-111-1111
A0003	회원3	A0002	집전화	02-222-2222
A0003	회원3	A0004	휴대폰	010-4444-4444

SQL에서는 테이블이 2개 이상 입력되면, 기본적으로 생성 가능한 모든 조합을 구성합니다. 이를 카티션 곱(Cartesian Product)이라고 합니다.

```
SELECT *
  FROM 회원, 회원연락처 ;    — 두 테이블의 조합 가능한 모든 경우의 수를 산정한다.
```

2) 조인 조건 – WHERE 절에서 연관 조건을 지정해 원하는 행만 필터링

카티션 곱의 문제는 서로 연관 없는 데이터도 모두 붙여 너무 많은 데이터가 발생한다는 점입니다. 그래서 서로 연관성 있는 데이터만 남도록 각 테이블의 특정 컬럼으로 조건을 작성하는데 이를 "조인 조건"이라고 합니다.

```
SELECT *
  FROM 회원 A
     , 회원연락처 B
 WHERE A.회원ID = B.회원ID ;
```

아래는 WHERE A.회원ID = B.회원ID에 일치하는 대상만 필터링한 결과입니다.

회원ID(회원)	이름	회원ID(연락처)	구분코드	연락처	조인 조건 일치 대상
A0001	회원1	A0001	휴대폰	010-111-1111	O
A0001	회원1	A0002	집전화	02-111-1111	
A0001	회원1	A0002	집전화	02-222-2222	
A0001	회원1	A0004	휴대폰	010-4444-4444	
A0002	회원2	A0001	휴대폰	010-111-1111	
A0002	회원2	A0002	집전화	02-111-1111	O
A0002	회원2	A0002	집전화	02-222-2222	O
A0002	회원2	A0004	휴대폰	010-4444-4444	
A0003	회원3	A0001	휴대폰	010-111-1111	
A0003	회원3	A0002	집전화	02-111-1111	
A0003	회원3	A0002	집전화	02-222-2222	
A0003	회원3	A0004	휴대폰	010-4444-4444	

[조인 조건으로 필터링 한 결과]

회원ID(회원)	이름	회원ID(연락처)	구분코드	연락처
A0001	회원1	A0001	휴대폰	010-111-1111
A0002	회원2	A0002	집전화	02-111-1111
A0002	회원2	A0002	집전화	02-222-2222

> **기적의 TIP**
>
> 필수는 아니지만, 일반적으로 조인 조건은 두 테이블 간의 관계를 나타내는 기본 키(PK)와 외래 키(FK) 컬럼을 이용하여 지정합니다.

3) 일반 조건 추가 – 원하는 조건을 추가로 필터링

조인 조건과 함께 원하는 일반 조건을 추가로 줄 수 있습니다.

```
SELECT *
  FROM 회원 A
     , 회원연락처 B
 WHERE A.회원ID = B.회원ID
   AND A.회원ID = 'A0001'
   AND B.구분코드 = '휴대폰' ;
```

회원ID(회원)	이름	회원ID(연락처)	구분코드	연락처	일반 조건 일치 대상
A0001	회원1	A0001	휴대폰	010-111-1111	O
A0002	회원2	A0002	집전화	02-111-1111	
A0002	회원2	A0002	집전화	02-222-2222	

[일반 조건 필터링 한 결과]

회원ID(회원)	이름	회원ID(연락처)	구분코드	연락처
A0001	회원1	A0001	휴대폰	010-111-1111

이로써 회원의 이름과 연락처를 두 테이블로부터 한 번에 가져와 표현할 수 있게 되었습니다.

03 조인의 순수 관계 연산자 표현

순수 관계 연산자에서는 조인을 나비모양(⋈)기호로 표현합니다.

[SQL]

```
SELECT A.회원ID, A.이름, B.연락처
  FROM 회원 A, 회원연락처 B
 WHERE A.회원ID = B.회원ID
   AND A.회원ID = 'A0001'
   AND B.연락처구분 = '휴대폰';
```

[순수관계연산자] (∧는 AND를 의미)

π(회원ID, 이름, 연락처)σ(회원ID='A0001' ∧ 구분='휴대폰')(회원 ⋈ 회원연락처 on 회원ID)

04 동등 조인과 비동등 조인

1) 동등 조인(Equi-Join)
- 동등 조인은 조인 조건에 동등 비교 연산자(=)만 사용하는 조인으로, 가장 일반적이고 자주 사용되는 형태입니다.
- PK-FK 관계 조인은 대부분 동등 조인에 해당합니다.

```
SELECT *
  FROM 고객 A, 주문 B
 WHERE A.고객ID = B.고객ID;
```

2) 비동등 조인(Non-Equi Join)
- 조인 조건에 동등 비교 연산자(=) 이외의 비교 연산자(>, <, BETWEEN, != 등)를 사용하는 조인입니다.
- 특정 구간 또는 조건에 따라 연결할 때 사용되며, 급여 구간별 등급처럼 범위 매칭이 필요한 상황에 주로 사용됩니다.
- 비동등 조인은 설계 구조나 데이터 타입에 따라 제약이 생길 수 있습니다.

```
SELECT *
  FROM 급여등급 A, 사원 B
 WHERE B.급여 BETWEEN A.최소급여 AND A.최대급여;
```

3) 동등 조인과 비동등 조인의 구분 기준

구분	조인 조건	쿼리 예시
동등 조인	=만 사용	A.ID = B.ID
비동등 조인	= 외 연산자(>, <, BETWEEN, != 등) 포함	A.SALARY BETWEEN B.MIN AND B.MAX

이론을 확인하는 기출문제

01 다음 SQL의 실행 결과로 옳은 것은?

```
SELECT *
  FROM EMP A, DEPT B
  WHERE A.DEPTNO = B.DEPTNO;
```

① 카티션 곱만 수행된다.
② 조인 조건이 없기 때문에 모든 행이 결합된다.
③ A 테이블과 B 테이블 간의 DEPTNO 컬럼을 기준으로 동등 조인이 수행된다.
④ 조인에서 별칭을 사용하면 오류가 발생한다.

동등 조인 형태로 A.DEPTNO = B.DEPTNO 조건을 통해 서로 DEPTNO가 일치하는 대상만 출력한다.

02 다음 SQL을 실행할 때 발생하는 오류로 올바른 것은?

```
SELECT A.ENAME, B.DNAME
  FROM EMP A, DEPT B
  WHERE EMP.DEPTNO = DEPT.DEPTNO;
```

① SELECT 절의 별칭이 잘못되었다.
② WHERE 절에서 테이블 별칭 대신 원래 테이블명을 사용해 오류가 발생한다.
③ 컬럼명이 잘못되었다.
④ 조인 조건이 누락되었다.

FROM 절에서 테이블에 별칭을 주었으면 이후 SELECT, WHERE 등 모든 절에서 해당 별칭만 사용해야 한다.

03 다음 중 두 개 이상의 테이블을 FROM 절에 나열했을 때 기본적으로 발생하는 결과는?

① 내부 조인이 자동 수행된다.
② PK-FK 관계만 있는 경우 조인이 자동으로 수행된다.
③ 동일한 컬럼명이 있으면 오류가 발생한다.
④ 모든 행의 조합(Cartesian Product)이 생성된다.

조인 조건이 없으면 기본적으로 카티션 곱이 발생해 조합 가능한 모든 경우를 반환한다.

04 다음 중 조인을 수행할 때 테이블 별칭을 사용할 경우 주의사항으로 옳지 않은 것은?

① 별칭은 FROM 절에서 정의한다.
② 별칭이 있으면 SELECT 절에서도 별칭을 사용해야 한다.
③ 별칭은 AS 키워드를 사용하여 정의한다.
④ 별칭을 사용하면 원래 테이블명은 사용할 수 없다.

SELECT에 사용하는 컬럼은 AS을 이용해 별칭을 지정하지만, 테이블 별칭은 AS 없이 공백으로 구분해 별칭을 입력한다.

05 다음 SQL을 실행했을 때의 결과 행 수를 구하시오.

```
SELECT *
  FROM T1, T2
  WHERE T1.COL1 = T2.COL1;
```

정답 01 ③ 02 ② 03 ④ 04 ③ 05 ②

[T1] 테이블

COL1
1
2
3

[T2] 테이블

COL1
2
2
3

① 2　　　　　　② 3
③ 4　　　　　　④ 5

FROM T1,T2에서 모든 경우의 수가 조합이 되어 9행이 출력된다. 그중 T1.COL1 = T2.COL1 조건을 만족하는 행은 총 3행이다(2 → 2회 매칭, 3 → 1회 매칭).

06 다음 중 조인에 대한 원리로 올바르지 않은 것은?

① FROM에 테이블이 2개 이상 붙으면 카티션 곱이 수행된다.
② 카티션 곱이란, 테이블 내 모든 경우의 수를 조합하는 방식이다.
③ A 테이블의 컬럼이 3개, B 테이블의 컬럼이 3개라면 총 9개의 컬럼이 생성된다.
④ A 테이블의 행이 4개, B 테이블의 행이 3개라면 총 12개의 행(튜플)이 생성된다.

카티션 곱을 하면 각 테이블의 컬럼 개수가 더해지므로 총 6개가 생성된다.

07 다음 중 비동등 조인에 해당하는 SQL은 무엇인가?

① WHERE A.ID = B.ID
② WHERE A.SALARY BETWEEN B.MIN AND B.MAX
③ WHERE A.ID = B.ID AND A.SALARY > 3000
④ WHERE A.ID = B.ID OR A.NAME = B.NAME

BETWEEN 조건은 범위 매칭을 위한 비동등 조인의 대표적인 형태이다.

오답 피하기
③ A.ID = B.ID는 동등 조인이며 A.SALARY > 3000은 일반 조건이다.

08 다음 중 조인의 목적으로 올바르지 않은 것은?

① 조인을 이용해 여러 테이블로부터 데이터를 한 번에 가져올 수 있다.
② 여러 번 SQL을 요청하지 않도록 하기 위함이다.
③ 조인을 이용해 새롭게 가공된 데이터를 생성할 수 있다.
④ SQL을 여러 번 요청하나, 조인을 한번 요청하나 성능은 차이가 없다.

조인을 하면 여러 테이블로부터 원하는 데이터를 한 번에 가져올 수 있다. 이를 통해 네트워크 왕복 횟수를 줄일 수 있어 개별 SQL 실행보다 성능이 향상된다. 단, 조인을 한다고 해서 새로운 데이터가 가공되어 만들어지는 것은 아니다.

09 아래 SQL의 수행 결과가 나오도록 (A)에 들어갈 내용을 고르시오.

```
SELECT A.COL1, B.COL2, B.COL3
FROM TAB1 A, TAB2 B
         (A)
```

[TAB1] 테이블

COL1	COL2
1	X
2	Y

[TAB2] 테이블

COL2	COL3
X	10
Y	20
Z	30

[수행 결과]

COL1	COL2	COL3
1	X	10
2	Y	20

① A.COL2 = B.COL2
② A.COL2(+) = B.COL2
③ A.COL2 <> B.COL2
④ A.COL2 > B.COL2

이 쿼리는 TAB1과 TAB2의 COL2값을 기준으로 동등 조인(EQUAL-JOIN)을 수행한 결과이다. TAB1.COL2와 TAB2.COL2가 같은 값일 때만 행이 연결되며, 그에 따라 두 테이블의 관련 데이터를 함께 출력한다. 따라서 (A)에는 A.COL2 = B.COL2라는 조인 조건이 들어가는 것이 가장 적절하다.

정답　06 ③　07 ②　08 ③, ④　09 ①

SECTION 08 표준 조인

빈출 태그 ▶ 표준 조인, INNER JOIN, OUTER JOIN, ANSI, NATURAL JOIN, CARTESIAN JOIN, CROSS JOIN

01 INNER JOIN

1) INNER JOIN의 개념

INNER JOIN은 두 테이블 간의 연결 기준(조인 조건)에 일치하는 행만 반환합니다. 이때, 조건에 불일치하는 데이터는 결과에 포함되지 않습니다.

2) INNER JOIN 예시

아래는 [회원] 테이블과 [회원연락처] 테이블 모두에 존재하는 회원 정보(회원ID)를 벤 다이어그램으로 나타낸 것입니다.

[회원] 테이블

회원ID	이름
A0001	회원1
A0002	회원2
A0003	회원3

[회원연락처] 테이블

회원ID	구분코드	연락처
A0001	휴대폰	010-1111-1111
A0002	집전화	02-1111-1111
A0002	집전화	02-2222-2222
A0004	휴대폰	010-4444-4444

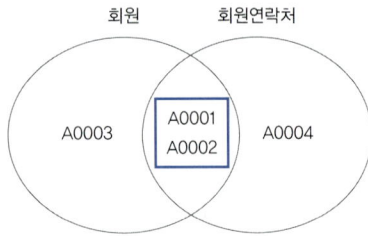

위 두 테이블을 INNER JOIN하여 공통된 회원ID를 기준으로 데이터를 조회하는 SQL 구문을 작성해 보겠습니다.

```
SELECT A.회원ID
     , A.이름
     , B.연락처
  FROM 회원 A
     , 회원연락처 B
 WHERE A.회원ID = B.회원ID;    INNER JOIN은 조인 조건을 만족하는 행만 반환
```

[실행 결과]

회원ID	이름	연락처
A0001	회원1	010-1111-1111
A0002	회원2	02-1111-1111
A0002	회원2	02-2222-2222

3) 실행 순서 분석

① FROM 회원 A, 회원연락처 B

→ 데이터를 가져올 테이블을 명시합니다.

→ 테이블이 2개 이상일 경우, 카티션 곱으로 모든 경우의 수를 출력합니다.

[FROM에 테이블 2개 이상 붙어 카티션 곱이 발생한 상황]

회원ID(회원)	이름	회원ID(연락처)	구분코드	연락처
A0001	회원1	A0001	휴대폰	010-1111-1111
A0001	회원1	A0002	집전화	02-1111-1111
A0001	회원1	A0002	집전화	02-2222-2222
A0001	회원1	A0004	휴대폰	010-4444-4444
A0002	회원2	A0001	휴대폰	010-1111-1111
A0002	회원2	A0002	집전화	02-1111-1111
A0002	회원2	A0002	집전화	02-2222-2222
A0002	회원2	A0004	휴대폰	010-4444-4444
A0003	회원3	A0001	휴대폰	010-1111-1111
A0003	회원3	A0002	집전화	02-1111-1111
A0003	회원3	A0002	집전화	02-2222-2222
A0003	회원3	A0004	휴대폰	010-4444-4444

② WHERE A.회원ID = B.회원ID

→ 서로 다른 테이블의 컬럼끼리 조인하는 것을 조인 조건이라 합니다.

[조인 조건에 일치하는 대상만 필터링]

회원ID(회원)	이름	회원ID(연락처)	구분코드	연락처
A0001	회원1	A0001	휴대폰	010-1111-1111
A0002	회원2	A0002	집전화	02-1111-1111
A0002	회원2	A0002	집전화	02-2222-2222

③ SELECT A.회원ID, A.이름, B.연락처
[SELECT로 원하는 컬럼만 출력한 상황]

회원ID	이름	연락처
A0001	회원1	010-1111-1111
A0002	회원2	02-1111-1111
A0002	회원2	02-2222-2222

이 쿼리의 문제점은, "A0003" 회원은 일치하는 연락처 정보가 없어 조인해 실패하여 출력되지 않는다는 것입니다. 이는 웹 사이트에서 연락처를 입력하지 않은 경우, 해당 사용자의 정보가 조회되지 않는 상황과 같습니다. 이러한 문제를 해결하기 위해 OUTER JOIN으로 한쪽 테이블에만 존재하는 데이터도 결과에 포함시키는 방법을 사용할 수 있습니다.

02 OUTER JOIN

01 OUTER JOIN

1) OUTER JOIN의 개념

OUTER JOIN은 조인 조건에 일치하지 않는 데이터도 출력할 수 있는 조인 방식입니다. 특정 테이블의 모든 데이터를 포함하고 조건이 맞지 않는 쪽은 NULL을 채워 보여줍니다. Oracle에서는 (+) 기호를 사용해 OUTER JOIN을 표현할 수 있습니다(SQL server는 불가).

2) OUTER JOIN 예시

아래는 [회원] 테이블과 [회원연락처] 테이블에 모두 존재하는 회원 정보(교집합)와 회원연락처에 매칭되는 데이터가 없는 회원의 정보를 벤 다이어그램으로 나타낸 것입니다.

[회원] 테이블

회원ID	이름
A0001	회원1
A0002	회원2
A0003	회원3

[회원연락처] 테이블

회원ID	구분코드	연락처
A0001	휴대폰	010-1111-1111
A0002	집전화	02-1111-1111
A0002	집전화	02-2222-2222
A0004	휴대폰	010-4444-4444

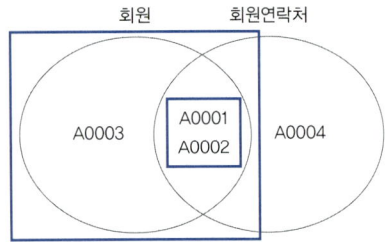

이를 SQL 구문으로 표현하면 다음과 같습니다.

```
SELECT A.회원ID
     , A.이름
     , B.연락처
  FROM 회원 A
     , 회원연락처 B
 WHERE A.회원ID = B.회원ID(+);
```

- 일단 조건 A.회원ID = B.회원ID 에 일치하는 대상을 출력합니다(INNER JOIN과 동일).
- 추가로 특정 테이블(여기서는 회원 테이블)에서 조인에 실패한 데이터(A0003)도 가져옵니다.
- 원래 A0003은 조인에 실패하는 대상이므로 회원연락처 테이블에서는 매칭할 수 있는 데이터가 없기 때문에 회원연락처 튜플쪽에는 NULL을 채워 붙여줍니다.

> **기적의 TIP**
>
> (+) 기호는 기준 테이블의 반대편 테이블에 붙으며, 그 반대편 테이블의 데이터가 없어도 기준 테이블의 행을 출력하게 만듭니다. 예를 들어, 위 쿼리에는 B.회원ID 쪽에 (+)가 붙어있으므로 그 반대쪽인 A(회원) 테이블을 기준으로 삼아 OUTER JOIN 하라는 의미가 됩니다.

3) 실행 순서 분석

① FROM 회원 A, 회원연락처 B
→ 데이터를 가져올 테이블을 명시합니다.
→ 테이블이 2개 이상일 경우, 카티션 곱으로 모든 경우의 수를 출력합니다.

[FROM에 테이블이 2개 이상 있어 카티션 곱이 발생한 상황]

회원ID(회원)	이름	회원ID(연락처)	구분코드	연락처
A0001	회원1	A0001	휴대폰	010-1111-1111
A0001	회원1	A0002	집전화	02-1111-1111
A0001	회원1	A0002	집전화	02-2222-2222
A0001	회원1	A0004	휴대폰	010-4444-4444
A0002	회원2	A0001	휴대폰	010-1111-1111
A0002	회원2	A0002	집전화	02-1111-1111
A0002	회원2	A0002	집전화	02-2222-2222
A0002	회원2	A0004	휴대폰	010-4444-4444
A0003	회원3	A0001	휴대폰	010-1111-1111
A0003	회원3	A0002	집전화	02-1111-1111
A0003	회원3	A0002	집전화	02-2222-2222
A0003	회원3	A0004	휴대폰	010-4444-4444

② WHERE A.회원ID = B.회원ID(+)
→ (+)가 붙은 반대쪽의 테이블을 기준으로 데이터를 모두 가져옵니다.
→ 원래 A0003은 조인에 실패해야 하지만 출력해주고 반대쪽은 NULL로 채웁니다.

[조인 조건에 일치하는 대상 반환] (조인에 실패한 행도 가져옴)

회원ID(회원)	이름	회원ID(연락처)	구분코드	연락처
A0001	회원1	A0001	휴대폰	010-1111-1111
A0002	회원2	A0002	집전화	02-1111-1111
A0002	회원2	A0002	집전화	02-2222-2222
A0003	회원3	NULL	NULL	NULL

③ SELECT A.회원ID, A.이름, B.연락처

[원하는 컬럼만 가져오도록 SELECT에 명시해 출력]

회원ID(회원)	이름	연락처
A0001	회원1	010-1111-1111
A0002	회원2	02-1111-1111
A0002	회원2	02-2222-2222
A0003	회원3	NULL

02 ANSI

ANSI는 미국 국가 표준 협회(American National Standards Institute)의 약자로, 여러 DBMS 간 SQL 문법을 통일하기 위해 표준 SQL 문법을 제정한 기관입니다. Oracle 전용 문법인 (+)는 MySQL, SQL Server 등에서는 지원되지 않으므로, ANSI SQL 표준 문법을 사용하는 것이 보편적입니다.

지금부터 본격적으로 ANSI 문법을 이용한 조인 기법들을 알아보겠습니다.

03 INNER JOIN, ON, USING 문법의 구조

1) INNER JOIN 구조

INNER JOIN을 ANSI 표준 조인 방식으로 표현하면 다음과 같습니다.

```
SELECT A.회원ID, B.연락처
  FROM 회원 A INNER JOIN 회원연락처 B ON ( A.회원ID = B.회원ID )  — 조인조건
 WHERE A.회원ID = 'A0001'     — 일반조건
   AND B.구분코드 = '휴대폰';   — 일반조건
```

아래 쿼리와 동일한 의미
```
SELECT A.회원ID, B.연락처
  FROM 회원 A
     , 회원연락처 B
 WHERE A.회원ID = B.회원ID        — 조인조건
   AND A.회원ID = 'A0001'        — 일반조건
   AND B.구분코드 = '휴대폰';      — 일반조건
```

- INNER JOIN : 두 테이블 사이에 INNER JOIN함을 명시합니다.
- ON : ON 뒤에 조인 조건을 명시합니다.
- SELECT 절은 기존과 동일하며, WHERE에는 일반 조건만 작성합니다.

2) USING 구문

ON은 조인 조건을 명시할 수 있습니다. USING을 사용하면 두 테이블의 공통 컬럼명을 나열만 해도 동등조인을 할 수 있습니다.

USING을 활용한 조인(위와 동일한 결과)
```
SELECT 회원ID, B.연락처
    FROM 회원 A INNER JOIN 회원연락처 B USING (회원ID) ;
```

아래 쿼리와 동일한 의미
```
SELECT A.회원ID (혹은 B.회원ID), B.연락처
    FROM 회원 A INNER JOIN 회원연락처 B ON (A.회원ID = B.회원ID) ;
```

- USING은 두 테이블이 가지는 공통된 컬럼명을 기준으로 자동 동등 조인을 생성합니다.
- USING에 지정된 공통 컬럼은 하나로 병합되며, 별칭을 붙일 수 없습니다.
- SQL Server에서는 지원되지 않습니다.
- 제약이 많은 편이라 실무에서는 USING보다 ON을 많이 사용하는 편입니다.

04 NATURAL JOIN과 INNER JOIN 비교

NATURAL JOIN은 조인 조건을 작성하지 않아도 두 테이블 간 동일한 컬럼명을 자동으로 조인 조건으로 설정합니다. 이전에 보았던 ON, USING보다 훨씬 간결한 쿼리를 작성할 수 있습니다.

```
SELECT *
    FROM 회원 NATURAL JOIN 회원연락처;    ─ 두 테이블 모두 공통 컬럼으로 "회원ID"를 가짐
```

아래 쿼리 (1), (2)와 동일한 의미
```
(1) SELECT *
    FROM 회원 A INNER JOIN 회원연락처 B ON (A.회원ID = B.회원ID) ;
(2) SELECT *
    FROM 회원 A INNER JOIN 회원연락처 B USING(회원ID) ;
```

- 위 쿼리는 회원ID가 두 테이블에 공통으로 존재하면 회원.회원ID = 회원연락처.회원ID로 자동 해석됩니다.
- ON, USING 없이도 조인이 가능하지만 모든 공통 컬럼이 자동 조인 대상이 되므로 예기치 못한 결과를 가져올 수 있어 실무에서는 거의 사용되지 않습니다.
- 별칭 사용에 제약이 있고, 컬럼명이 다른 경우 조인이 되지 않습니다.
- SQL server는 NATURAL JOIN을 지원하지 않습니다.

05 LEFT OUTER JOIN, RIGHT OUTER JOIN, FULL OUTER JOIN

이전에 Oracle은 (+) 기호를 이용해서 OUTER JOIN을 표현할 수 있다고 설명했습니다. ANSI 표준 조인의 OUTER JOIN은 방향에 따라 조회 기준이 달라집니다.

```
SELECT A.회원ID, B.연락처
  FROM 회원 A
     , 회원연락처 B
 WHERE A.회원ID = B.회원ID(+);     ─ 조인 조건
```

[출력 결과]

회원ID(회원)	연락처
A0001	010-1111-1111
A0002	02-1111-1111
A0002	02-2222-2222
A0003	NULL

1) LEFT OUTER JOIN

LEFT OUTER JOIN은 왼쪽 테이블(LEFT TABLE)의 모든 행을 기준으로 결과를 반환합니다. 오른쪽 테이블과 일치하는 데이터가 있으면 매칭, 없으면 NULL로 채웁니다.

```
SELECT A.회원ID, B.연락처
  FROM 회원 A LEFT OUTER JOIN 회원연락처 B ON A.회원ID = B.회원ID ;
```

아래 쿼리와 동일한 의미
```
SELECT A.회원ID, B.연락처
  FROM 회원 A
     , 회원연락처 B
 WHERE A.회원ID = B.회원ID(+) ;
```

- 회원 테이블(A)을 기준으로 모든 데이터를 출력합니다. 이를 해석할 수 있는 기준은 OUTER JOIN 앞에 LEFT가 붙어있고, 왼쪽에 회원 테이블이 있기 때문입니다.
- 회원연락처 테이블(B)과 조인 조건에 일치하지 않는 데이터는 NULL로 채웁니다.

[출력 결과]

회원ID(회원)	연락처
A0001	010-1111-1111
A0002	02-1111-1111
A0002	02-2222-2222
A0003	NULL

2) RIGHT OUTER JOIN

RIGHT OUTER JOIN은 오른쪽 테이블(RIGHT TABLE)의 모든 행을 기준으로 결과를 반환합니다. 왼쪽 테이블과 일치하는 데이터가 있으면 매칭, 없으면 NULL로 채웁니다.

```
SELECT A.회원ID AS 회원_회원ID
     , B.회원ID AS 회원연락처_회원ID
     , B.연락처 AS 연락처
  FROM 회원 A RIGHT OUTER JOIN 회원연락처 B ON A.회원ID = B.회원ID;
```

아래 쿼리와 동일
```
SELECT A.회원ID AS 회원_회원ID
     , B.회원ID AS 회원연락처_회원ID
     , B.연락처 AS 연락처
  FROM 회원 A
     , 회원연락처 B
 WHERE A.회원ID(+) = B.회원ID ;
```

- 회원연락처 테이블(B)을 기준으로 모든 데이터를 출력합니다. 이를 확인할 수 있는 이유는 OUTER JOIN에 RIGHT가 붙어있고, 오른쪽에 회원연락처 테이블이 있기 때문입니다.
- 회원 테이블(A)과 조인 조건에 일치하지 않는 데이터는 NULL로 채웁니다.

[출력 결과]

회원_회원ID	회원연락처_회원ID	연락처
A0001	A0001	010-1111-1111
A0002	A0002	02-1111-1111
A0002	A0002	02-2222-2222
NULL	A0004	010-4444-4444

3) FULL OUTER JOIN

FULL OUTER JOIN은 LEFT OUTER JOIN과 RIGHT OUTER JOIN을 합친 조인 방식으로, 양쪽 테이블 모두를 기준으로 하여 조인을 수행합니다. 공통된 값은 매칭하고, 어느 한쪽에만 있는 데이터도 모두 결과에 포함됩니다. 매칭되지 않는 값은 없는 쪽 컬럼에 NULL이 들어갑니다.

```
SELECT A.회원ID AS 회원_회원ID
     , B.회원ID AS 회원연락처_회원ID
     , B.연락처 AS 연락처
  FROM 회원 A FULL OUTER JOIN 회원연락처 B ON A.회원ID = B.회원ID;
```

아래 쿼리와 동일
```
SELECT A.회원ID AS 회원_회원ID
     , B.회원ID AS 회원연락처_회원ID
     , B.연락처 AS 연락처
FROM 회원 A LEFT OUTER JOIN 회원연락처 B ON A.회원ID = B.회원ID

  UNION

SELECT A.회원ID AS 회원_회원ID,
       B.회원ID AS 회원연락처_회원ID,
       B.연락처 AS 연락처
  FROM 회원 A RIGHT OUTER JOIN 회원연락처 B ON A.회원ID = B.회원ID;
```

- LEFT OUTER JOIN과 RIGHT OUTER JOIN을 합집합한 조인입니다.
- (+)기호는 한쪽에만 붙일 수 있기 때문에, 두 테이블 모두 OUTER JOIN해야 한다면 반드시 ANSI 방식인 FULL OUTER JOIN을 직접 사용해야 합니다.

```
FROM TAB1 A, TAB2 B WHERE A.COL1(+) = B.COL1(+);  — X 불가!
```

실무에서 많이 사용하지는 않지만, 시험문제에 종종 나오는 기법입니다.

[LEFT OUTER JOIN 결과]

회원_회원ID	회원연락처_회원ID	연락처
A0001	A0001	010-1111-1111
A0002	A0002	02-1111-1111
A0002	A0002	02-2222-2222
A0003	NULL	NULL

[RIGHT OUTER JOIN 결과]

회원_회원ID	회원연락처_회원ID	연락처
A0001	A0001	010-1111-1111
A0002	A0002	02-1111-1111
A0002	A0002	02-2222-2222
NULL	A0004	010-4444-4444

[출력 결과]

회원_회원ID	회원연락처_회원ID	연락처
A0001	A0001	010-1111-1111
A0002	A0002	02-1111-1111
A0002	A0002	02-2222-2222
A0003	NULL	NULL
NULL	A0004	010-4444-4444

LEFT OUTER JOIN 결과와 RIGHT OUTER JOIN 결과를 UNION(합집합)해서 중복을 제거하면 FULL OUTER JOIN과 동일한 결과가 됩니다.

4) 조인 유형별 차이 표

유형	기준 테이블	조건 불일치 시 결과	설명
INNER JOIN	둘 다	제외됨	조인 조건에 맞는 것만
LEFT OUTER JOIN	왼쪽	NULL 채워서 포함	왼쪽 기준 모든 행 출력
RIGHT OUTER JOIN	오른쪽	NULL 채워서 포함	오른쪽 기준 모든 행 출력
FULL OUTER JOIN	양쪽	모두 포함, NULL 채움	둘 다 기준(합집합)

06 일반 조건에 (+) 기호가 있는 경우

기본적으로 (+) 기호는 조인 조건에만 사용된다고 배웠습니다. 하지만 실제로는 일반 조건(추가적인 WHERE 조건)에도 (+) 기호가 붙을 수 있습니다. 이 경우에는, 일반 조건에 붙은 (+)는 그 조건 또한 조인 성사 기준에 포함된다는 의미입니다.

데이터를 보면서 정확히 이해해봅시다.

1) (+)가 일반조건에 등장하는 경우

예를 들어 다음과 같은 쿼리를 보겠습니다.

```
SELECT A.회원ID AS 회원_회원ID
     , A.이름
     , B.회원ID AS 회원연락처_회원ID
     , B.연락처
     , B.구분코드
  FROM 회원 A
     , 회원연락처 B
 WHERE A.회원ID = B.회원ID(+)    (+) 기호가 두 군데 모두 붙어 있음
   AND B.구분코드(+) = '휴대폰';
```

> [해석]
> - "회원ID"가 일치하고, 동시에 구분코드가 '휴대폰'인 경우에만 조인이 성공한 것으로 간주한다.
> - 만약 둘 중 하나라도 충족되지 않으면 조인 실패로 보고, OUTER JOIN 특성에 따라 기준 테이블(A)의 데이터는 유지하고 상대 테이블(B)는 NULL 처리한다.

2) 실행 흐름 비교

① 조인 조건에만 (+)를 붙인 경우

```
SELECT A.회원ID AS 회원_회원ID
     , A.이름
     , B.회원ID AS 회원연락처_회원ID
     , B.연락처
     , B.구분코드
  FROM 회원 A
     , 회원연락처 B
 WHERE A.회원ID = B.회원ID(+);
```

[출력 결과]

회원_회원ID	이름	회원연락처_회원ID	연락처	구분코드
A0001	회원1	A0001	010-1111-1111	휴대폰
A0002	회원2	A0002	02-1111-1111	집전화
A0002	회원2	A0002	02-2222-2222	집전화
A0003	회원3	NULL	NULL	NULL

② 조인 후 일반 조건 추가(WHERE에서 B.구분코드 = '휴대폰')

```
SELECT A.회원ID AS 회원_회원ID
     , A.이름
     , B.회원ID AS 회원연락처_회원ID
     , B.연락처
     , B.구분코드
  FROM 회원 A
     , 회원연락처 B
 WHERE A.회원ID = B.회원ID(+)
   AND B.구분코드 = '휴대폰';
```

[출력 결과]

회원_회원ID	이름	회원연락처_회원ID	연락처	구분코드
A0001	회원1	A0001	010-1111-1111	휴대폰

[해석]
- B.구분코드 = '휴대폰' 조건에 대해 집전화, NULL값은 매칭되지 않으므로 출력되지 않는다.
- 즉, (+) 기호가 없기 때문에 INNER JOIN처럼 작동한다.

③ 조인 조건과 일반 조건 모두 (+)를 붙인 경우

```
SELECT A.회원ID AS 회원_회원ID
     , A.이름
     , B.회원ID AS 회원연락처_회원ID
     , B.연락처
     , B.구분코드
  FROM 회원 A
     , 회원연락처 B
 WHERE A.회원ID = B.회원ID(+)
   AND B.구분코드(+) = '휴대폰'
```

[출력 결과]

회원_회원ID	이름	회원연락처_회원ID	연락처	구분코드
A0001	회원1	A0001	010-1111-1111	휴대폰
A0002	회원2	NULL	NULL	NULL
A0003	회원3	NULL	NULL	NULL

[해석]
- 조인 성공 기준이 회원ID 일치 + 구분코드가 '휴대폰' 모두 만족하는 경우로 한정된다.
- 둘 중 하나라도 조건이 맞지 않으면 OUTER JOIN 처리돼서 상대편(B)의 데이터는 NULL로 채워진다.

3) 표준 ANSI JOIN 문법으로 변환

(+)를 사용하지 않고 ANSI SQL 스타일로 표현할 경우 해당 조건을 ON 절 안에 넣어야 합니다.

```
SELECT A.회원ID
     , A.이름
     , B.연락처
  FROM 회원 A LEFT OUTER JOIN 회원연락처 B
    ON ( A.회원ID = B.회원ID AND B.구분코드 = '휴대폰' ) ;
```

즉, (+)가 붙은 조건은 반드시 JOIN 절 내부의 ON 조건으로 작성해야 합니다. 그렇지 않고 WHERE 절에 추가하게 되면 OUTER JOIN이 아닌 INNER JOIN으로 변경됩니다.

03 CARTESIAN JOIN, CROSS JOIN

01 CARTESIAN JOIN

CARTESIAN JOIN(카티션 곱)은 조인 조건 없이 두 테이블의 모든 가능한 조합을 생성하는 조인입니다.

```
SELECT *
  FROM 테이블A, 테이블B;
```

- FROM 절에 테이블을 2개 이상 나열했지만, WHERE 조건이 없는 경우 발생합니다.
- 가능한 모든 조합을 출력하므로 의미 없는 데이터도 출력되어 데이터 건수가 급증합니다.

02 CROSS JOIN

CARTESIAN JOIN을 ANSI 표준 문법으로 표현하면 CROSS JOIN을 사용합니다.

```
SELECT *
  FROM 테이블A CROSS JOIN 테이블B;
```

- 카티션 곱과 동일한 기능을 수행하며, 모든 가능한 행 조합을 반환합니다.
- CROSS JOIN은 ON 절이 허용되지 않으며, 두 테이블의 모든 조합을 무조건 출력합니다.

```
SELECT *
  FROM 테이블A CROSS JOIN 테이블B ON (A.컬럼 = B.컬럼)   ─ 오류! ON 사용불가!
```

> **기적의 TIP**
>
> CROSS JOIN과 CARTESIAN JOIN은 이름만 다를 뿐 같은 의미를 가집니다.

04 조인 대상 테이블의 개수와 조인 조건

조인은 항상 두 테이블씩 순차적으로 수행됩니다. 여러 테이블이 있을 경우 N-1개의 조인 조건이 필요하며, 2개 테이블 간의 조인을 반복하여 처리합니다.

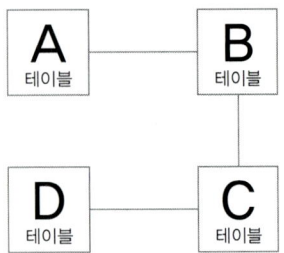

```
SELECT *
  FROM A, B, C, D          — 테이블 개수=4개
 WHERE A.직원ID = B.직원ID
   AND B.직원ID = C.직원ID   — 조인 조건=최소 3개
   AND C.직원ID = D.직원ID;
```

1) 조인 처리 순서

① A와 B를 조인한 결과, 집합 X 생성
② X와 C를 조인한 결과, 집합 Y 생성
③ Y와 D를 조인한 결과, 집합 Z 생성

2) 조인을 위해 필요한 최소 조건

- 테이블 2개 조인 시 → 최소 1개의 조인 조건 필요
- 테이블 N개 조인 시 → 최소 N-1개의 조인 조건 필요
- 예) 테이블 수 4개 시, 최소 필요한 조인 조건 수는 3개

조인 조건이 최소 필요한 수만큼 없을 경우, 카티션 곱이 발생할 수 있습니다.

이론을 확인하는 기출문제

01 다음 중 INNER JOIN에 대한 설명으로 옳지 않은 것은?

① INNER JOIN은 조인 조건을 만족하는 행만 결과로 출력한다.
② 조인 조건에 일치하지 않는 행은 NULL로 출력된다.
③ ON 절을 통해 조인 조건을 명시할 수 있다.
④ USING을 이용하면 조인 조건을 좀 더 쉽게 작성할 수 있다.

INNER JOIN은 조건을 만족하지 않으면 아예 출력되지 않는다. NULL이 채워지는 것은 OUTER JOIN이다. USING은 두 테이블이 공통으로 가지는 컬럼명을 명시하면 자동으로 동등 조인을 실행한다.

02 다음은 학생과 성적 테이블이다. 쿼리 실행 결과에 해당하는 행 수는?

[학생] 테이블

학번	이름
202301	홍길동
202302	김영희
202303	박철수

[성적] 테이블

학번	과목	점수
202301	수학	90
202302	영어	85
202304	과학	70

```
SELECT A.학번, A.이름, B.과목
FROM 학생 A INNER JOIN 성적 B ON A.학번
= B.학번;
```

① 1   ② 2
③ 3   ④ 4

INNER JOIN이고, 조건에 일치하는 대상은 총 2행(202301, 202302)이다.

03 Oracle에서 OUTER JOIN을 사용할 때 (+) 기호의 의미로 옳은 것은?

① 기준 테이블의 모든 데이터를 제외한다.
② (+)는 기준 테이블이 조인 조건에 일치하지 않으면 NULL을 반환한다.
③ (+)는 기준 테이블이 조인 조건에 일치하지 않은 데이터도 출력한다.
④ 모든 행이 반드시 양쪽에서 존재해야 한다.

Oracle의 (+) 기호는 OUTER JOIN을 표현하는 전용 문법이다. 이 기호는 조건 불일치 시 NULL로 채워질 테이블 컬럼에 붙이며, 해당 조건에 일치하지 않더라도 기준 테이블의 모든 행은 유지되고, 상대 테이블의 값은 NULL로 출력된다. 따라서 ③은 이 동작을 정확히 설명한 문장이다.

04 다음 중 ANSI SQL 표준에 맞는 LEFT OUTER JOIN 문장은?

① SELECT * FROM A, B WHERE A.id = B.id(+);
② SELECT * FROM A LEFT JOIN B ON A.id = B.id;
③ SELECT * FROM A LEFT OUTER JOIN B USING A.id = B.id;
④ SELECT * FROM A NATURAL LEFT JOIN B;

LEFT OUTER JOIN은 ANSI SQL에서 사용하는 표준 조인 방식으로, LEFT OUTER JOIN .. ON(..) 절을 사용하여 조인 조건을 명시한다. ANSI 표준 문법에 정확히 부합하는 것은 ②이며, OUTER는 생략 가능하다.

오답 피하기

① Oracle 전용 문법이다.
③ 문법 오류에 해당한다.
④ 자동 조인 조건을 사용하는 NATURAL JOIN으로서 명시적 조인 조건을 줄 수 없어 실무에서는 잘 사용되지 않는다.

정답 01 ② 02 ② 03 ③ 04 ②

05 다음 중 USING 절을 사용할 수 있는 조건으로 옳은 것은?

① 조인하는 두 테이블의 컬럼명이 다를 때
② 공통 컬럼명이 같고 동등 조인을 할 때
③ 공통 컬럼명이 없을 때
④ ON 절을 대신하여 서브쿼리를 사용하는 경우

USING은 공통 컬럼명이 동일할 때에만 사용할 수 있다.

06 다음 SQL의 결과로 옳은 것은?

[회원] 테이블

회원ID	이름
A0001	홍길동
A0002	김영희
A0003	이철수

[회원연락처] 테이블

회원ID	구분코드	연락처
A0001	휴대폰	010-1111-1111
A0002	집전화	02-1234-5678
A0004	휴대폰	010-4444-4444

```
SELECT A.회원ID, B.연락처
  FROM 회원 A, 회원연락처 B
 WHERE A.회원ID = B.회원ID(+)
   AND B.구분코드 = '휴대폰';
```

① 1건 - A0001만 출력됨
② 2건 - A0001, A0002 출력됨
③ 3건 - 모든 회원(A) 정보가 출력됨 (A0001, A0002, A0003)
④ 0건 - 아무것도 출력되지 않음

이 쿼리는 Oracle의 OUTER JOIN 문법을 사용했지만, B.구분코드 = '휴대폰' 조건에는 (+) 기호가 적용되지 않았다. Oracle에서 OUTER JOIN을 사용할 때, 기준 테이블의 반대쪽에 일반조건이 기술되면 (+) 기호를 붙여야 정상적인 OUTER JOIN이 진행된다. 그렇지 않으면 B.구분코드 = '휴대폰' 조건으로 인해 앞서 OUTER JOIN 되었던 대상들도 모두 INNER JOIN으로 변경되어 버린다.

07 다음 중 NATURAL JOIN의 특징으로 옳지 않은 것은?

① 공통 컬럼이 자동으로 조인 조건이 된다.
② 별칭(Alias)을 자유롭게 사용할 수 있다.
③ 예기치 않은 조인이 발생할 수 있다.
④ 실무에서는 거의 사용되지 않는다.

NATURAL JOIN은 별칭 사용에 제약이 있으며, 두 테이블에 존재하는 공통된 컬럼 모두 자동으로 조인되기 때문에 주의가 필요하다. 예를 들어 두 테이블 모두 A, B, C 컬럼명을 가지고 있다면 자동으로 TAB1.A = TAB2.A AND TAB1.B = TAB2.B AND TAB1.C = TAB2.C가 실행되므로 예기치 못한 조인이 발생할 수 있다.

08 다음 테이블이 있을 때 SQL 실행 시 결과 행 수로 옳은 것은?

[A] 테이블

ID	값
1	A
2	B

[B] 테이블

ID	값
2	X
3	Y

```
SELECT A.ID, A.값, B.값
FROM A FULL OUTER JOIN B ON A.ID = B.ID;
```

① 1 ② 2
③ 3 ④ 4

FULL OUTER JOIN은 양쪽으로 LEFT OUTER JOIN과 RIGHT OUTER JOIN을 한 번씩 수행한다는 의미이다. 먼저 A 테이블 기준 LEFT OUTER JOIN을 하면 ID 1, 2를 반환한다(1일 때 B 테이블은 NULL을 붙임). 이후 B 테이블 기준 RIGHT OUTER JOIN을 하면 ID 2, 3을 반환한다(3일 때 A 테이블은 NULL을 붙임). 이때 중복되는 부분은 한 번만 표현하면 되므로 1, 2, 3(2 중복 제거)가 반환된다.

09 A 테이블에 2행, B 테이블에 3행이 있을 때 다음 쿼리 결과 행 수는?

```
SELECT * FROM A CROSS JOIN B;
```

① 2
② 3
③ 5
④ 6

CROSS JOIN은 두 테이블의 곱집합을 처리하면 2행 X 3행 = 6행이 출력된다.

10 3개의 테이블을 조인할 때, 최소한 필요한 조인 조건의 수는?

① 1
② 2
③ 3
④ 4

N개의 테이블을 조인할 때 최소 N-1개의 조인 조건이 필요하다.

11 다음 SQL의 결과가 의미하는 데이터로 알맞은 설명은? (단, 하나의 회원은 연락처가 없거나 최대 하나의 연락처만 보유하고 있다.)

```
SELECT COUNT(*)
FROM 회원 A LEFT OUTER JOIN 회원연락처 B
ON A.회원ID = B.회원ID
WHERE B.회원ID IS NULL;
```

① 조인 조건에 일치한 회원 수
② 연락처가 존재하는 회원 수
③ 연락처가 없는 회원 수
④ 회원 수 전체

회원 A와 회원연락처 B를 LEFT OUTER JOIN하면 연락처가 있는 회원은 매칭되고, 연락처가 없는 회원도 B 테이블 쪽에 NULL을 붙여 모두 출력하게 된다. 이후 일반 조건 B.회원ID IS NULL인 조건을 통해 연락처가 없는 대상만 출력할 수 있다.

정답 09 ④ 10 ② 11 ③

12 회원과 회원연락처 테이블의 데이터를 참고해 아래 SQL을 실행했을 때, 실행 결과로 옳은 것은?

[회원] 테이블

회원ID	이름
A0001	홍길동
A0002	김영희
A0003	이철수

[회원연락처] 테이블

회원ID	구분코드	연락처
A0001	휴대폰	010-1111-1111
A0002	집전화	02-1234-5678
A0004	휴대폰	010-4444-4444

```
SELECT A.회원ID
     , A.이름
     , B.연락처
  FROM 회원 A, 회원연락처 B
 WHERE A.회원ID = B.회원ID(+)
   AND B.구분코드(+) = '휴대폰';
```

①
회원ID	이름	연락처
A0001	홍길동	010-1111-1111
A0002	김영희	NULL
A0003	이철수	NULL

②
회원ID	이름	연락처
A0001	홍길동	010-1111-1111

③
회원ID	이름	연락처
A0001	홍길동	010-1111-1111
A0002	김영희	02-1234-5678

④
회원ID	이름	연락처
A0001	홍길동	010-1111-1111
A0003	이철수	NULL

회원 A와 회원연락처 B를 LEFT OUTER JOIN하면, 연락처가 있는 회원은 B 테이블과 매칭되고, 연락처가 없는 회원도 A 테이블 기준으로 유지되며 B쪽 컬럼은 NULL로 채워진다. 이때 조인 조건인 B.회원ID(+) = A.회원ID 와 B.구분코드(+) = '휴대폰'을 모두 만족해야 조인이 성공한 것으로 간주된다.
- A0001은 '휴대폰' 연락처가 있어 조건을 만족하므로 연락처까지 함께 출력된다.
- A0002는 연락처는 있지만 구분코드가 '집전화'로 조건을 만족하지 못해 조인 실패 → NULL이 출력된다.
- A0003은 연락처 자체가 없어, 조인 실패 → NULL이 출력된다.

즉, 모든 회원이 출력되며 '휴대폰' 연락처가 있는 경우에만 B.연락처가 표시되고, 그 외에는 NULL이 출력된다.

정답 12 ①

CHAPTER

02

SQL 활용

학습 방향

SQL 활용 챕터에서는 서브쿼리와 집합 연산자, 그룹 함수와 윈도우 함수 등 다양한 쿼리 기법을 이해하고 TOP N 조회, 계층형 질의, PIVOT/UNPIVOT, 정규 표현식 등을 학습합니다.

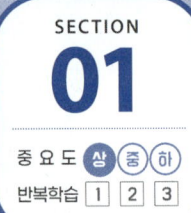

서브쿼리

빈출 태그 ▶ 서브쿼리, 스칼라 서브쿼리, 인라인 뷰, 단일행 서브쿼리, 다중행 서브쿼리

01 서브쿼리(Subquery)

01 서브쿼리의 개념

서브쿼리(Subquery)란, 하나의 SQL 문에 포함된 또 다른 SQL 문을 의미하며, 바깥쪽 쿼리(Main Query) 안에 안쪽에 위치하는 쿼리(Subquery)가 들어가 있는 구조입니다.

> **기적의 TIP**
>
> "Structured Query Language"라는 이름처럼 SQL은 데이터베이스에 질의(Query)하는 언어입니다. 여기서 Query(쿼리) 안에 또 다른 Query(쿼리)가 포함된 것이 바로 Subquery입니다.

02 서브쿼리의 필요성

서브쿼리를 활용하면 보다 풍부한 조회를 할 수 있습니다. 예를 들어 아래 직원 테이블로부터 "평균 급여보다 많이 받는 직원들" 정보를 추출해 보겠습니다.

[EMPLOYEE] 테이블

EMP_ID	EMP_NAME	DEPT	GENDER	SALARY	BONUS	JOIN_DATE	RETIRE_DATE
E001	김지훈	인사팀	남	4000	NULL	2021-01-10	NULL
E002	이수민	개발팀	여	4500	300	2020-03-01	NULL
E003	박준형	인사팀	남	3800	250	2021-05-15	NULL
E004	정유진	마케팅팀	여	4700	NULL	2019-07-01	2023-12-31
E005	오세훈	개발팀	남	5200	500	2022-02-20	NULL
E006	김수연	마케팅팀	여	4600	200	2020-08-12	NULL
E007	최현우	개발팀	남	5100	400	2021-11-30	NULL
E008	이지영	인사팀	여	3900	NULL	2018-09-05	2022-03-01
E009	하진우	영업팀	남	4300	300	2023-01-01	NULL
E010	배소연	영업팀	여	4100	150	2020-12-25	NULL

```
SELECT EMP_ID,
       EMP_NAME,
       SALARY
  FROM EMPLOYEE
 WHERE SALARY > (SELECT AVG(SALARY)
                   FROM EMPLOYEE);
```

- 서브쿼리(SELECT AVG(SALARY) FROM EMPLOYEE)를 실행하면 평균(4420)이 나옵니다.
- 즉, 4420보다 많이 받는 직원들을 출력합니다.

[출력 결과]

EMP_ID	EMP_NAME	SALARY
E002	이수민	4500
E004	정유진	4700
E005	오세훈	5200
E006	김수연	4600
E007	최현우	5100

이처럼 서브쿼리를 활용해 보다 수준 높은 SQL을 조회할 수 있게 됩니다. 실무에서도 서브쿼리는 조인과 더불어 많이 사용됩니다.

03 서브쿼리의 특징 및 주의사항

① 서브쿼리는 반드시 괄호로 감싸서 사용해야 합니다.
② 서브쿼리는 단일행, 다중행 비교 연산자와 함께 사용 가능합니다.
③ 중첩 서브쿼리 및 스칼라 서브쿼리에서는 ORDER BY를 사용할 수 없습니다.
④ 연관 서브쿼리는 메인 → 서브 순서로 실행되고, 비연관 서브쿼리는 서브 → 메인 순서로 실행됩니다.
⑤ 조인은 1:M 관계의 테이블일 경우 M쪽으로 결과 집합이 만들어지지만 서브쿼리는 1쪽 결과 집합으로 만들 수 있습니다.

02 서브쿼리 - 스칼라 서브쿼리(Scalar Subquery)

01 스칼라 서브쿼리 개념

스칼라(Scalar)란, "단 하나의"라는 뜻으로, 스칼라 서브쿼리는 결과가 단 하나의 값(1개의 컬럼, 1개의 행)만 나오는 서브쿼리를 의미합니다. 즉, 1개의 컬럼만 반환되며, 결과는 반드시 1개의 행 또는 NULL이어야 합니다. 스칼라 서브쿼리는 SELECT에서 사용됩니다.

02 스칼라 서브쿼리 예시

[회원] 테이블

회원ID	이름
A0001	회원1
A0002	회원2
A0003	회원3

[회원연락처] 테이블

회원ID	구분코드	연락처
A0001	휴대폰	010-111-1111
A0002	집전화	02-111-1111
A0002	집전화	02-222-2222
A0004	휴대폰	010-4444-4444

```
SELECT A.이름,
       (SELECT B.연락처
          FROM 회원연락처 B
         WHERE A.회원ID = B.회원ID
           AND B.구분코드 = '휴대폰') AS 휴대폰번호   ─ select에 서브쿼리를 사용
  FROM 회원 A ;
```

[출력 결과]

이름	휴대폰번호
회원1	010-111-1111
회원2	NULL
회원3	NULL

데이터를 하나씩 분석하면서 스칼라 서브쿼리의 실행원리를 알아보겠습니다.

① FROM 회원 A

→ 데이터를 가져올 테이블을 명시합니다.

② SELECT A.이름, (서브쿼리)

→ 출력될 튜플 수만큼 SELECT가 실행되며, 이때 서브쿼리도 튜플 수만큼 실행됩니다.
→ 회원 테이블에 총 3개의 행(WHERE, GROUP BY 따로 없음)이 출력되므로 서브쿼리도 3번 출력됩니다.
→ 서브쿼리 안에 메인 쿼리의 컬럼(A.회원ID)가 있으면 메인 쿼리에서 서브쿼리 순서로 실행되며, 이를 "연관 서브쿼리"라고 합니다.

- A.회원ID = 'A0001'인 경우
→ (SELECT B.연락처 FROM 회원연락처 B WHERE 'A0001' = B.회원ID AND B.구분코드 = '휴대폰')인 대상을 조회, 그 결과 '010-111-1111'이라는 한 행이 출력됨

이름	휴대폰번호
회원1	010-111-1111

- A.회원ID = 'A0002'인 경우
→ (SELECT B.연락처 FROM 회원연락처 B WHERE 'A0002' = B.회원ID AND B.구분코드 = '휴대폰')인 대상을 조회. 그 결과가 없으므로 NULL이 출력됨

이름	휴대폰번호
회원1	010-111-1111
회원2	NULL

- A.회원ID = 'A0003'인 경우('A0002' 케이스와 동일)

이름	휴대폰번호
회원1	010-111-1111
회원2	NULL
회원3	NULL

03 스칼라 서브쿼리에서 주의할 점

주의사항	설명
컬럼 수 제한	서브쿼리는 반드시 컬럼 1개만 조회해야 한다.
행 수 제한	서브쿼리 결과는 1행만 반환해야 한다.
결과 없을 때	값이 없으면 NULL을 반환한다.
ORDER BY 금지	스칼라 서브쿼리 안에서는 ORDER BY를 사용할 수 없다.

1) 컬럼이 2개 이상이면 오류

```
SELECT A.이름,
       (SELECT B.연락처, B.회원ID    ― 오류! 스칼라 서브쿼리는 컬럼을 1개만 쓸 수 있음
          FROM 회원연락처 B
         WHERE A.회원ID = B.회원ID
           AND B.구분코드 = '휴대폰') AS 휴대폰번호
  FROM 회원 A ;
```

2) 행 수가 2개 이상이면 오류 – 단일 행 하위질의에 2개 이상의 행이 리턴

```
SELECT A.이름,
       (SELECT B.연락처       ― 오류! A0002 회원은 연락처가 2개라서 불가능
          FROM 회원연락처 B
         WHERE A.회원ID = B.회원ID ) AS 휴대폰번호
  FROM 회원 A ;
```

3) 스칼라 서브쿼리는 ORDER BY 사용 불가

```
SELECT A.이름,
       (SELECT B.연락처
          FROM 회원연락처 B
         WHERE A.회원ID = B.회원ID
           AND B.구분코드 = '휴대폰'
         ORDER BY B.연락처) AS 휴대폰번호    ― 스칼라 서브쿼리는 ORDER BY 불가
  FROM 회원 A ;
```

> **기적의 TIP**
>
> ORDER BY는 기본적으로 2개 이상의 행을 정렬할 때 의미가 있는 명령어입니다. 하지만 스칼라 서브쿼리는 1행만 출력 가능하기 때문에 헷갈림을 방지하고자 ORDER BY를 쓸 수 없게 만들었습니다.

03 서브쿼리 - 인라인 뷰(Inline View)

01 인라인 뷰 개념 및 특징

1) 인라인 뷰의 개념

인라인 뷰(Inline View)란 FROM 절에 서브쿼리를 작성하여 그 결과를 마치 테이블처럼 사용하는 것을 의미합니다. 실무에서도 매우 자주 사용되며, 복잡한 조회를 유연하게 처리할 수 있습니다.

2) 인라인 뷰의 특징

① 가상의 테이블처럼 사용

여러 행, 여러 컬럼을 반환할 수 있으며, 스칼라 서브쿼리(단일 행, 단일 컬럼 반환)와는 구분됩니다.

② 메인 쿼리 컬럼 참조 불가

- 서브쿼리에서 메인 쿼리의 컬럼을 직접 참조할 수 없습니다.
- 단, Oracle 12c 이상에서는 LATERAL 키워드를 통해 참조 가능하며, 시험에서는 별도 언급이 없으면 11g 기준으로 출제됩니다.

③ 독립 실행 가능

인라인 뷰로 사용된 서브쿼리는 독립적으로 실행해볼 수 있습니다.

④ 별칭(Alias) 지정 가능

인라인 뷰에 별칭을 부여하여 메인 쿼리에서 참조합니다.

02 인라인 뷰의 예시와 실행 흐름

인라인 뷰의 특징들을 토대로 인라인 뷰 예시와 실행 흐름을 설명하도록 하겠습니다.

1) 인라인 뷰 예시

Q. 부서별로 평균 급여를 구하고, 평균급여보다 많이 받는 직원을 추출하시오.

[EMPLOYEE] 테이블

EMP_ID	EMP_NAME	DEPT	SALARY
E001	김지훈	인사팀	4000
E002	이수민	개발팀	4500
E003	박준형	인사팀	3800
E004	정유진	개발팀	4700

[예시 쿼리]

```
SELECT A.*
  FROM EMPLOYEE A
     , (
         SELECT DEPT, AVG(SALARY) AS AVG_SALARY
           FROM EMPLOYEE
          GROUP BY DEPT
       ) B
 WHERE A.DEPT = B.DEPT
   AND A.SALARY > AVG_SALARY ;
```

2) 실행 순서 분석

① 인라인 뷰는 독립적으로 실행할 수 있으므로 먼저 해석해 가상의 테이블을 그려줍니다.

→ 인라인 뷰에도 별칭을 줄 수 있으며, 위에서는 B라고 지정했습니다.

```
SELECT DEPT, AVG(SALARY) AS AVG_SALARY
  FROM EMPLOYEE
 GROUP BY DEPT
```

[인라인 뷰 독립 실행 결과]

DEPT	AVG_SALARY
인사팀	3900
개발팀	4600

② 메인 테이블 EMPLOYEE A와 가상의 테이블 B를 조인합니다.

→ FROM EMPLOYEE A, (인라인 뷰) B * 카티션 곱 상태가 됩니다.

[실행 결과]

EMP_ID	EMP_NAME	DEPT(A)	SALARY	DEPT(B)	AVG_SALARY
E001	김지훈	인사팀	4000	개발팀	4600
E001	김지훈	인사팀	4000	인사팀	3900
E002	이수민	개발팀	4500	개발팀	4600

E002	이수민	개발팀	4500	인사팀	3900
E003	박준형	인사팀	3800	개발팀	4600
E003	박준형	인사팀	3800	인사팀	3900
E004	정유진	개발팀	4700	개발팀	4600
E004	정유진	개발팀	4700	인사팀	3900

③ WHERE A.DEPT = B.DEPT AND A.SALARY > AVG_SALARY ;

→ 조건에 일치하는 대상만 필터링합니다.

[실행 결과]

EMP_ID	EMP_NAME	DEPT(A)	SALARY	DEPT(B)	AVG_SALARY
E001	김지훈	인사팀	4000	인사팀	3900
E004	정유진	개발팀	4700	개발팀	4600

④ SELECT A.*

→ A.* 는 A 테이블의 모든 컬럼을 가져오라는 의미입니다.

[출력 결과]

EMP_ID	EMP_NAME	DEPT(A)	SALARY
E001	김지훈	인사팀	4000
E004	정유진	개발팀	4700

03 인라인 뷰 사용 시 주의사항

인라인 뷰는 메인 쿼리와 별도로 먼저 독립적으로 실행되어 가상의 테이블을 생성합니다. 따라서 실행 시점에서 아직 메인 쿼리 값을 알 수 없으므로, 서브쿼리에서 메인 쿼리의 컬럼을 참조할 수 없습니다. 단, Oracle 12c는 LATERAL 키워드를 사용하면 메인 쿼리 컬럼 참조가 가능합니다.

1) 쿼리 오류 예시 – 부서별 평균 급여를 구하고, 평균 급여보다 많이 받는 직원 추출

```
SELECT A.*
  FROM EMPLOYEE A
    , (
      SELECT DEPT, AVG(SALARY) AS AVG_SALARY
           , A.EMP_NAME  ── 서브쿼리에서 메인 쿼리의 컬럼 사용불가
        FROM EMPLOYEE
       GROUP BY DEPT
     ) B
 WHERE A.DEPT = B.DEPT
   AND A.SALARY > AVG_SALARY ;
```

11g 버전에서는 오류가 발생합니다. (ORA-00904: "A"."EMP_NAME": invalid identifier)

2) LATERAL 사용 예시

12c 버전에서 LATERAL을 사용할 경우에는 서브쿼리에서 메인 쿼리의 컬럼을 참조할 수 있습니다.

```
SELECT A.*
  FROM EMPLOYEE A
     , LATERAL (
         SELECT DEPT, AVG(SALARY) AS AVG_SALARY
              , A.EMP_NAME
           FROM EMPLOYEE
          GROUP BY DEPT
       ) B
 WHERE A.DEPT = B.DEPT
   AND A.SALARY > AVG_SALARY ;
```

[출력 결과]

EMP_ID	EMP_NAME	DEPT	SALARY
E001	김지훈	인사팀	4000
E004	정유진	개발팀	4700

> **기적의 TIP**
>
> 현재 SQL 전문가(2020 개정판)에는 LATERAL 키워드에 대한 별도 언급이 없습니다. 따라서 시험 대비 시에는 예외 사항을 고려하지 않고, 인라인 뷰는 메인 쿼리 컬럼을 참조할 수 없다는 것만 기억하면 충분합니다.

04 서브쿼리 - WHERE에서 단일 행 서브쿼리 사용

앞서 우리는 SELECT에서 사용되는 스칼라 서브쿼리, FROM에서 사용되는 인라인 뷰를 학습했습니다. 이번에는 WHERE, HAVING, ORDER BY 등 다른 절에서도 사용될 수 있는 서브쿼리를 살펴보겠습니다. 실행 방식 자체는 앞서 배운 것과 거의 동일하므로, 핵심 원리만 이해하면 위치에 따라 쉽게 해석할 수 있습니다.

> **기적의 TIP**
>
> 잠깐! '스칼라 서브쿼리'와 '단일 행 서브쿼리'의 차이를 명확하게 알고 갑시다.
> - 스칼라 서브쿼리 : 반드시 1행 1열(단일 값)
> - 단일 행 서브쿼리 : 1행만 반환되면 컬럼 수는 여러 개여도 무방

01 단일 행 서브쿼리 개념 및 비연관 서브쿼리 예시

단일 행 서브쿼리란 실행 결과로 출력되는 튜플 행이 1개 이하인 서브쿼리를 의미합니다.

1) 단일행 서브쿼리

[EMPLOYEE] 사용

EMP_ID	EMP_NAME	DEPT	SALARY
E001	김지훈	인사팀	4000
E002	이수민	개발팀	4500
E003	박준형	인사팀	3800
E004	정유진	개발팀	4700

[단일행 서브쿼리 + 비연관 서브쿼리 예시]

```
SELECT *
  FROM EMPLOYEE
 WHERE SALARY >= (SELECT AVG(SALARY) FROM EMPLOYEE);
```

위 쿼리는 WHERE 위치에 서브쿼리(SELECT AVG(SALARY) FROM EMPLOYEE)가 있습니다. 서브쿼리에 메인 쿼리의 컬럼이 없으면 "비연관 서브쿼리"로 서브쿼리를 먼저 실행할 수 있습니다. 즉, 서브쿼리의 결과로 다음 튜플이 출력됩니다.

[출력 결과]

AVG(SALARY)
4250

2) 비연관 서브쿼리

이처럼 서브쿼리의 실행 결과가 1건 이하인 서브쿼리를 "단일행 서브쿼리"라고 합니다. 동시에 서브쿼리 → 메인 쿼리 순서로 실행되는 서브쿼리를 "비연관 서브쿼리"라고 합니다.

```
SELECT *
  FROM EMPLOYEE
 WHERE SALARY >= 4250 ;   ― 서브쿼리 실행 후 메인 쿼리 실행
```

[출력 결과]

EMP_ID	EMP_NAME	DEPT	SALARY
E002	이수민	개발팀	4500
E004	정유진	개발팀	4700

02 단일행 서브쿼리에 사용될 수 있는 단일행 연산자

단일행 연산자란 비교 행의 개수가 1행(또는 NULL)일 때 사용하는 연산자를 의미합니다. 일반적인 비교 연산자(〉, 〈=, = 등)는 모두 단일행 연산자에 해당합니다. 단일행 연산자를 사용할 때 다중 행(2행 이상)이 반환되면 오류가 발생합니다.

```
SELECT *
  FROM EMPLOYEE
WHERE SALARY >= (SELECT AVG(SALARY) FROM EMPLOYEE GROUP BY DEPT);
                 └─→ 실행 결과 2개의 튜플이 출력
```

[출력 결과]

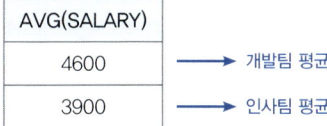

AVG(SALARY)	
4600	→ 개발팀 평균
3900	→ 인사팀 평균

서브쿼리가 여러 행을 반환하면 메인 쿼리는 무엇과 비교해야 할지 알 수 없어 오류가 발생하게 됩니다. 따라서 다음과 같은 오류 메시지가 발생합니다.

```
SELECT *
  FROM EMPLOYEE
WHERE SALARY >= 4600? 3900? 뭘로 비교해야 할지 알 수 없음! 오류
```

[오류!] ORA-01427: 단일행하위질의에 1행을 초과한 튜플이 반환되었습니다.

03 단일행 서브쿼리 + 연관 서브쿼리

이번에는 단일행 서브쿼리이면서 연관 서브쿼리인 케이스를 알아보겠습니다. 연관 서브쿼리는 메인 쿼리의 컬럼이 서브쿼리 내부에서 사용되는 서브쿼리입니다. 즉, 메인 쿼리의 각 행을 기준으로 서브쿼리가 반복 실행되므로, 실행 순서는 메인 쿼리 1건 실행 → 해당 건에 대한 서브쿼리 실행이 됩니다.

1) 사용 예시

[EMPLOYEE] 테이블

EMP_ID	EMP_NAME	DEPT	SALARY
E001	김지훈	인사팀	4000
E002	이수민	개발팀	4500
E003	박준형	인사팀	3800
E004	정유진	개발팀	4700

```
SELECT *
  FROM EMPLOYEE A
WHERE SALARY >= (SELECT AVG(SALARY) FROM EMPLOYEE WHERE A.DEPT= DEPT);
```

현재 서브쿼리 내부에 A.DEPT라는 메인 쿼리의 컬럼이 있기 때문에 서브쿼리를 독립적으로 실행할 수 없습니다.

2) 실행 순서 분석

① 메인 쿼리(EMPLOYEE A)의 첫 번째 튜플의 DEPT = '인사팀'을 서브쿼리에 대입합니다.

→ 서브쿼리 SELECT AVG(SALARY) FROM EMPLOYEE WHERE '인사팀' = DEPT의 실행 결과는 다음과 같습니다.

대입 결과, WHERE SALARY ≥ 3900인데, 현재 첫 번째 튜플의 SALARY는 4000이므로 4000 ≥ 3900은 참이 되어 출력됩니다.

[출력 결과]

EMP_ID	EMP_NAME	DEPT	SALARY
E001	김지훈	인사팀	4000

② 메인 쿼리(EMPLOYEE A)의 두 번째 튜플의 DEPT = '개발팀'을 서브쿼리에 대입합니다.

→ 서브쿼리 SELECT AVG(SALARY) FROM EMPLOYEE WHERE '개발팀' = DEPT의 실행 결과는 다음과 같습니다.

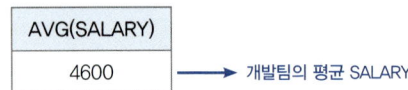

대입 결과, WHERE SALARY ≥ 4600인데, 현재 두 번째 튜플의 SALARY는 4500이므로 4600 ≥ 4500은 거짓이 되어 출력되지 않습니다.

[출력 결과]

EMP_ID	EMP_NAME	DEPT	SALARY
E001	김지훈	인사팀	4000

③ 메인 쿼리(EMPLOYEE A)의 세 번째 튜플의 DEPT = '인사팀'을 서브쿼리에 대입합니다.

→ 서브쿼리 SELECT AVG(SALARY) FROM EMPLOYEE WHERE '인사팀' = DEPT의 실행 결과는 다음과 같습니다.

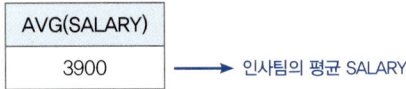

대입 결과, WHERE SALARY ≥ 3900인데, 현재 세 번째 튜플의 SALARY는 3800이므로 3800 ≥ 3900은 거짓이 되어 출력되지 않습니다.

[출력 결과]

EMP_ID	EMP_NAME	DEPT	SALARY
E001	김지훈	인사팀	4000

④ 메인 쿼리(EMPLOYEE A)의 네 번째 튜플의 DEPT = '개발팀'을 서브쿼리에 대입

→ 서브쿼리 SELECT AVG(SALARY) FROM EMPLOYEE WHERE '개발팀' = DEPT의 실행 결과는 다음과 같습니다.

AVG(SALARY)
4600

→ 개발팀의 평균 SALARY

대입 결과, WHERE SALARY ≥ 4600인데, 현재 네 번째 튜플의 SALARY는 4700이므로 4700 ≥ 4600은 참이 되어 출력됩니다.

[출력 결과]

EMP_ID	EMP_NAME	DEPT	SALARY
E001	김지훈	인사팀	4000
E004	정유진	개발팀	4700

[정리]
- 연관 서브쿼리는 서브쿼리에 메인 쿼리의 컬럼이 있는 경우를 의미한다.
- 연관 서브쿼리는 메인 쿼리 → 서브쿼리 순서로 실행된다. (서브쿼리 독립 실행 불가)

05 서브쿼리 - WHERE 절에서 다중 행 서브쿼리 사용

01 다중 행 서브쿼리의 개념 및 다중 행 연산자 종류

다중 행 서브쿼리는 서브쿼리의 실행 결과 튜플(행)이 1개 이상인 서브쿼리를 의미합니다. 출력되는 튜플이 2개 이상이면 단일 행 연산자를 사용할 수 없으며, 다중 행 연산자를 써야 합니다. 다중 행 연산자의 종류는 다음과 같습니다.

- IN
- ANY
- ALL
- EXISTS / NOT EXISTS

실무에서는 주로 IN과 EXISTS를 많이 사용하며, ANY, ALL은 비교적 사용 빈도가 낮습니다.

[EMPLOYEE] 테이블

EMP_ID	EMP_NAME	DEPT	SALARY
E001	김지훈	인사팀	4000
E002	이수민	개발팀	4500
E003	박준형	인사팀	3800
E004	정유진	개발팀	4700
E005	오세훈	영업팀	4200

[BONUS] 테이블(BONUS를 받은 직원과 받은 액수를 저장)

BONUS_ID	EMP_ID	BONUS_AMOUNT
B001	E001	300
B002	E004	500
B003	E005	200

02 IN 연산자를 이용한 다중 행 서브쿼리

IN 연산자는 다중 행 서브쿼리 결과에 대해 하나라도 일치하면 참으로 간주합니다.

1) IN 연산자 사용 예시

```
SELECT *
  FROM EMPLOYEE
 WHERE EMP_ID IN (SELECT EMP_ID FROM BONUS);
```

2) 실행 순서 분석

① SELECT EMP_ID FROM BONUS

→ 현재 서브쿼리가 비연관 서브쿼리이므로 독립적으로 먼저 실행할 수 있습니다.

[실행 결과]

EMP_ID
E001
E004
E005

② IN은 다중 행을 받을 수 있으며 아래와 같이 치환됩니다.

```
SELECT *
  FROM EMPLOYEE
 WHERE EMP_ID IN ('E001', 'E004', 'E005') ;
```

[출력 결과]

EMP_ID	EMP_NAME	DEPT	SALARY
E001	김지훈	인사팀	4000
E004	정유진	개발팀	4700
E005	오세훈	영업팀	4200

03 ANY, ALL 연산자를 이용한 다중 행 서브쿼리

ANY 연산자는 다중 행 서브쿼리 결과 중 하나라도 조건을 만족하면 참을 반환합니다. ALL 연산자는 다중 행 서브쿼리 결과가 모두 조건을 만족해야 참을 반환합니다.

1) ANY 연산자 사용 예시

```
SELECT *
  FROM EMPLOYEE
 WHERE SALARY >= ANY (
       SELECT SALARY
         FROM EMPLOYEE
        WHERE DEPT = '개발팀'
      );
```

2) 실행 순서 분석

① SELECT SALARY
　　FROM EMPLOYEE
　　WHERE DEPT = '개발팀'

→ 현재 서브쿼리가 비연관 서브쿼리이므로 독립적으로 먼저 실행할 수 있습니다.

[실행 결과]

SALARY
4500
4700

② ANY는 다중 행을 받을 수 있으며 아래와 같이 치환됩니다.

```
SELECT *
  FROM EMPLOYEE
 WHERE SALARY >= ANY (4500, 4700) ;
```

이 경우 EMPLOYEE 테이블의 SALARY가 4500보다 크거나 같고, 혹은 4700보다 크거나 같으면 대상을 반환합니다. 즉, 4500보다 크거나 같으면 반환한다는 의미입니다.

[출력 결과]

EMP_ID	EMP_NAME	DEPT	SALARY
E002	이수민	개발팀	4500
E004	정유진	개발팀	4700

3) ALL 연산자 사용 예시

```
SELECT *
  FROM EMPLOYEE
 WHERE SALARY >= ALL (
       SELECT SALARY
         FROM EMPLOYEE
        WHERE DEPT = '개발팀'
      );
```

4) 실행 순서 분석

① SELECT SALARY FROM EMPLOYEE WHERE DEPT = '개발팀'

→ 현재 서브쿼리가 비연관 서브쿼리이므로 독립적으로 먼저 실행할 수 있습니다.

[실행 결과]

SALARY
4500
4700

② ALL은 다중 행을 받을 수 있으며 아래와 같이 치환됩니다.

```
SELECT *
  FROM EMPLOYEE
 WHERE SALARY >= ALL( 4500, 4700 ) ;
```

이 경우 EMPLOYEE 테이블의 SALARY가 4500과 4700 모두에 대해 크거나 같아야 합니다. 즉, 다중 행의 조건이 모두 ≥을 만족해야 합니다.

[출력 결과]

EMP_ID	EMP_NAME	DEPT	SALARY
E004	정유진	개발팀	4700

04 EXISTS, NOT EXISTS 연산자를 이용한 다중 행 서브쿼리

EXISTS 연산자는 서브쿼리의 결과가 참이면 대상을 반환합니다. 존재 여부만 판단하기 때문에 EXISTS 에는 SELECT에 큰 의미가 없습니다. EXISTS는 대표적인 연관 서브쿼리이므로 해석에 주의해서 예시를 확인해봅시다.

```
WHERE EXISTS (SELECT 1 FROM 테이블 WHERE 메인 쿼리컬럼 = 컬럼) ;
```

- WHERE 메인 쿼리컬럼 = 컬럼 조건의 일치여부만 판단하므로 SELECT의 의미가 없습니다.
- SELECT 절은 결과의 유무만 판단하므로 임의의 값(예 1, 'X')을 넣어도 되며, 비워두면 문법 오류가 발생합니다.
- 비교할 컬럼이 없기 때문에 WHERE 절에서도 컬럼을 명시하지 않고 바로 EXISTS를 작성합니다.

1) EXISTS 연산자 사용 예시

```
SELECT *
  FROM EMPLOYEE A
 WHERE EXISTS (SELECT 1 FROM BONUS B WHERE A.EMP_ID = B.EMP_ID);
```

[EMPLOYEE] 테이블

EMP_ID	EMP_NAME	DEPT	SALARY
E001	김지훈	인사팀	4000
E002	이수민	개발팀	4500
E003	박준형	인사팀	3800
E004	정유진	개발팀	4700
E005	오세훈	영업팀	4200

[BONUS] 테이블(BONUS를 받은 직원과 받은 액수를 저장)

BONUS_ID	EMP_ID	BONUS_AMOUNT
B001	E001	300
B002	E004	500
B003	E005	200

2) 실행 순서 분석

서브쿼리에 메인 쿼리의 컬럼인 A.EMP_ID가 있으므로 메인 → 서브 순서로 해석합니다.

① SELECT 1 FROM BONUS B WHERE 'E001' = B.EMP_ID
→ EMPLOYEE 테이블의 첫 번째 튜플의 EMP_ID인 'E001'을 서브쿼리에 대입합니다.
→ 서브쿼리에 해당 조건에 맞는 데이터가 "하나라도 존재한다면(EXISTS)" 첫 번째 튜플을 출력합니다.

EMP_ID	EMP_NAME	DEPT	SALARY
E001	김지훈	인사팀	4000

② SELECT 1 FROM BONUS WHERE 'E002' = B.EMP_ID
→ EMPLOYEE 테이블의 두 번째 튜플의 EMP_ID인 'E002'을 서브쿼리에 대입합니다.
→ 서브쿼리에 해당 조건에 맞는 데이터가 "아예 없으므로" 두 번째 튜플 출력하지 않습니다.

EMP_ID	EMP_NAME	DEPT	SALARY
E001	김지훈	인사팀	4000

③ 나머지 3~5번째 튜플 실행

[출력 결과]

EMP_ID	EMP_NAME	DEPT	SALARY
E001	김지훈	인사팀	4000
E004	정유진	개발팀	4700
E005	오세훈	영업팀	4200

3) NOT EXISTS 연산자 사용 예시

NOT EXISTS는 EXISTS와 실행 원리가 동일합니다. 단, 조건에 일치하는 것이 하나라도 존재하면 대상이 되는 행을 출력하지 않습니다.

```
SELECT *
  FROM EMPLOYEE A
WHERE NOT EXISTS (SELECT 1 FROM BONUS B WHERE A.EMP_ID = B.EMP_ID);
```

4) 실행 순서 분석

서브쿼리에 메인 쿼리의 컬럼인 A.EMP_ID가 있으므로 메인 → 서브 순서로 해석합니다.

① SELECT 1 FROM BONUS B WHERE 'E001' = B.EMP_ID
→ EMPLOYEE 테이블의 첫 번째 튜플의 EMP_ID인 'E001'을 서브쿼리에 대입합니다.
→ 서브쿼리에 해당 조건에 맞는 데이터가 "하나라도 존재하므로" 출력하지 않습니다. (NOT EXISTS)

② SELECT 1 FROM BONUS WHERE 'E002' = B.EMP_ID
→ EMPLOYEE 테이블의 두 번째 튜플의 EMP_ID 인 'E002'을 서브쿼리에 대입합니다.
→ 서브쿼리에 해당 조건에 맞는 데이터가 "아예 존재하지 않으므로" 두 번째 튜플을 출력합니다.

EMP_ID	EMP_NAME	DEPT	SALARY
E002	이수민	개발팀	4500

③ 나머지 3~5번째 튜플 실행

[출력 결과]

EMP_ID	EMP_NAME	DEPT	SALARY
E002	이수민	개발팀	4500
E003	박준형	인사팀	3800

06 서브쿼리 – WHERE 절에서 다중 컬럼 서브쿼리 써보기

다중 컬럼 서브쿼리(Multi-Column Subquery)는 서브쿼리의 결과가 여러 컬럼으로 반환될 때 사용하는 방식으로 특히 IN 연산자와 함께 사용되는 경우가 많으며 다음과 같은 형태를 가집니다.

```
WHERE (컬럼1, 컬럼2) IN ((값1, 값2), (값3, 값4))
```

01 다중 컬럼 서브쿼리 해석 방법

각 괄호 쌍 내부는 AND 조건, 각 괄호 쌍 간에는 OR 조건으로 해석됩니다. 아래 쿼리와 동일한 결과를 냅니다.

```
WHERE (컬럼1 = 값1 AND 컬럼2 = 값2)
   OR (컬럼1 = 값3 AND 컬럼2 = 값4)
```

[EMPLOYEE] 테이블

EMP_ID	EMP_NAME	DEPT	POSITION	SALARY
E001	김지훈	인사팀	사원	4000
E002	이수민	개발팀	대리	4500
E003	박준형	인사팀	대리	4300
E004	정유진	개발팀	과장	4700
E005	오세훈	영업팀	사원	4200

[PROMOTION] 테이블 – 승진 대상자

TARGET_ID	DEPT	POSITION
T001	인사팀	대리
T002	영업팀	사원

02 다중 컬럼 서브쿼리 예시

```
SELECT *
  FROM EMPLOYEE
 WHERE (DEPT, POSITION) IN (SELECT DEPT, POSITION
                              FROM PROMOTION_TARGET);
```

비연관 서브쿼리를 먼저 풀이하면 아래 쿼리로 치환됩니다.

```
SELECT *
  FROM EMPLOYEE
 WHERE (DEPT, POSITION) IN (('인사팀', '대리'), ('영업팀', '사원')) ;
```

DEPT='인사팀'이고 POSITION='대리'인 튜플, 혹은 DEPT='영업팀'이고 POSITION='사원'인 튜플을 반환합니다.

[출력 결과]

EMP_ID	EMP_NAME	DEPT	POSITION	SALARY
E003	박준형	인사팀	대리	4300
E005	오세훈	영업팀	사원	4200

이론을 확인하는 기출문제

01 다음 중 전체 직원의 평균 급여보다 높은 급여를 받는 직원을 조회하는 SQL 문으로 올바른 것은?

[EMPLOYEE] 테이블

EMP_ID	EMP_NAME	SALARY
E001	김지훈	4000
E002	이수민	4500
E003	박준형	3800
E004	정유진	4700
E005	오세훈	5200

①
```
SELECT * FROM EMPLOYEE
WHERE SALARY > (SELECT AVG(SALARY)
FROM EMPLOYEE);
```

②
```
SELECT * FROM EMPLOYEE
WHERE SALARY >= ALL (SELECT
AVG(SALARY) FROM EMPLOYEE);
```

③
```
SELECT * FROM EMPLOYEE
WHERE SALARY IN (SELECT
AVG(SALARY) FROM EMPLOYEE);
```

④
```
SELECT * FROM EMPLOYEE
WHERE SALARY = ANY (SELECT
AVG(SALARY) FROM EMPLOYEE);
```

단일 행 서브쿼리는 = 또는 > 같은 단일 행 연산자와 함께 사용된다. 평균 급여보다 높은 사람을 찾으므로 > 연산자가 맞으며, ALL, ANY는 다중 행 연산자이다.

02 다음 SQL 문을 실행했을 때 나오는 결과로 알맞은 것은?

[EMPLOYEE] 테이블

EMP_ID	EMP_NAME	SALARY
E001	김지훈	4000
E002	이수민	4500
E003	박준형	3800
E004	정유진	4700
E005	오세훈	5200

```
SELECT A.EMP_NAME,
    (SELECT B.SALARY
     FROM EMPLOYEE B
     WHERE B.EMP_ID = 'E003')
    AS SAL
FROM EMPLOYEE A
WHERE A.EMP_ID = 'E001';
```

① 오류 발생(스칼라 서브쿼리는 WHERE 절에서 사용 불가)
② 김지훈, 3800
③ 김지훈, NULL
④ 2개의 행이 출력됨

서브쿼리는 EMP_ID='E003'인 사원의 SALARY(=3800)를 반환하므로 정상 실행되어 한 행이 출력된다.

정답 01 ① 02 ②

03 다음은 인라인 뷰를 활용한 SQL쿼리이다. 올바른 설명을 고르시오. (단, Oracle 11g 기준이다.)

```
SELECT E.*
  FROM EMPLOYEE E,
       (SELECT DEPT, AVG(SALARY)
          AS AVG_SAL
          FROM EMPLOYEE
         GROUP BY DEPT) D
 WHERE E.DEPT = D.DEPT
   AND E.SALARY > D.AVG_SAL;
```

① 인라인 뷰는 메인 쿼리의 컬럼을 참조할 수 있다.
② 인라인 뷰는 메인 쿼리 실행 이후 실행된다.
③ 인라인 뷰는 별도의 테이블처럼 사용되며 독립적으로 실행된다.
④ 인라인 뷰에는 ORDER BY 절을 필수로 사용해야 한다.

인라인 뷰는 FROM 절에서 사용되며 독립적으로 실행되며, 메인 쿼리의 컬럼은 참조할 수 없다.

04 다음 중 오류가 발생하는 쿼리는?

[서브쿼리 결과]

SALARY
4000
4500
4700

① WHERE SALARY = (서브쿼리)
② WHERE SALARY >= ANY (서브쿼리)
③ WHERE SALARY IN (서브쿼리)
④ WHERE SALARY = ALL (서브쿼리)

"=" 연산자는 단일 행 연산자이다. 그 외 ANY, IN, ALL은 다중 행을 입력받을 수 있는 다중 행 연산자이다.

05 다음 중 BONUS 테이블에서 보너스를 받은 사원 목록을 찾기 위한 쿼리로 적절한 것은?

[EMPLOYEE] 테이블

EMP_ID	EMP_NAME	DEPT	SALARY
E001	김지훈	인사팀	4000
E002	이수민	개발팀	4500
E003	박준형	인사팀	3800
E004	정유진	개발팀	4700
E005	오세훈	영업팀	5200

[BONUS] 테이블

BONUS_ID	EMP_ID	BONUS_AMOUNT
B001	E001	300
B002	E004	500
B003	E005	200

①
```
SELECT *
  FROM EMPLOYEE
 WHERE EXISTS (SELECT EMP_ID FROM BONUS);
```

②
```
SELECT *
  FROM EMPLOYEE
 WHERE EXISTS (SELECT 1
                 FROM BONUS B
                WHERE EMPLOYEE.EMP_ID = B.EMP_ID);
```

③
```
SELECT *
  FROM EMPLOYEE
 WHERE EMP_ID = ALL (SELECT EMP_ID FROM BONUS);
```

④
```
SELECT *
  FROM BONUS
 WHERE EMP_ID = EMPLOYEE.EMP_ID;
```

EXISTS는 대표적인 연관 서브쿼리로 메인 쿼리의 행을 하나씩 서브쿼리에 대입해 실행 결과가 참인지 거짓인지 판단한다. 실행 결과가 참이면 메인 쿼리의 행을 출력한다. EXISTS는 실행 결과만 보면 되기 때문에 SELECT에는 의미 없는 값(1, 'X' 등)이 입력되어도 상관없다. (단, 아예 안 쓰면 문법 오류)

06 보너스를 받지 못한 사원을 조회하려고 한다. 아래 SQL 중 출력 결과로 올바른 것을 반환하는 쿼리는?

[EMPLOYEE] 테이블

EMP_ID	EMP_NAME	DEPT	SALARY
E001	김지훈	인사팀	4000
E002	이수민	개발팀	4500
E003	박준형	인사팀	3800
E004	정유진	개발팀	4700
E005	오세훈	영업팀	5200

[BONUS] 테이블

BONUS_ID	EMP_ID	BONUS_AMOUNT
B001	E001	300
B002	E004	500
B003	E005	200
B004	NULL	NULL

①
```
SELECT *
  FROM EMPLOYEE
 WHERE EMP_ID NOT IN (SELECT EMP_ID FROM BONUS);
```

②
```
SELECT *
  FROM EMPLOYEE E
 WHERE NOT EXISTS (
        SELECT 1
          FROM BONUS B
         WHERE E.EMP_ID = B.EMP_ID);
```

③
```
SELECT *
  FROM EMPLOYEE
 WHERE EMP_ID IN (SELECT EMP_ID FROM BONUS);
```

④
```
SELECT *
  FROM BONUS
 WHERE EMP_ID NOT IN (SELECT EMP_ID FROM EMPLOYEE);
```

NOT EXISTS는 서브쿼리 조건을 만족하지 않는 경우에만 참이 되므로, 보너스를 받지 않은 사원을 정확히 조회할 수 있다.

오답 피하기

① BONUS 테이블에 NULL 값이 포함되어 있어 NOT IN이 항상 거짓이 되어 결과가 출력되지 않는다.
③ 보너스를 받은 사원을 조회하므로 오답이다.
④ 의미가 맞지 않는 잘못된 조건이다.

07 다음 쿼리를 올바르게 해석한 것은?

```
SELECT *
  FROM EMPLOYEE
 WHERE SALARY > ANY (
        SELECT SALARY
          FROM EMPLOYEE
         WHERE DEPT = '개발팀');
```

① 개발팀 급여 전체보다 큰 경우만 출력된다.
② 개발팀에서 가장 높은 급여보다 큰 경우 출력된다.
③ 개발팀 급여 중 하나라도 초과되면 출력된다.
④ 개발팀 전체 급여와 같은 경우만 출력된다.

ANY는 서브쿼리 결과 중 하나라도 조건을 만족하면 참이 된다. 예를 들어 개발팀 급여가 (100, 200, 300)이라면, SALARY > ANY(100, 200, 300)는 100보다만 커도 조건을 만족하므로 170, 250 등의 값도 결과에 포함된다. 즉, 개발팀 중 하나라도 급여보다 크면 출력된다.

08 다음 SQL을 실행한 결과로 출력되는 사원은 누구인가?

[EMPLOYEE] 테이블

EMP_ID	EMP_NAME	DEPT	SALARY
E001	김지훈	인사팀	4000
E002	이수민	인사팀	4200
E003	정우진	인사팀	3800
E004	박하윤	개발팀	4700
E005	강민호	개발팀	4600

```
SELECT EMP_NAME
  FROM EMPLOYEE E
 WHERE SALARY > (
        SELECT MAX(SALARY)
          FROM EMPLOYEE
         WHERE DEPT = E.DEPT
           AND EMP_ID != E.EMP_ID);
```

① 김지훈 ② 이수민
③ 박하윤 ④ 이수민, 박하윤

각 부서에서 자신을 제외한 최고 급여보다 더 높은 급여를 받는 사원을 조회하는 쿼리이다. 연관 서브쿼리이므로 메인 쿼리의 컬럼(E.DEPT, E.EMP_ID)을 하나씩 대입해 연산하면 된다.
- E.DEPT = '인사팀', E.EMP_ID = 'E001'일 때 자신을 제외한 대상 중 가장 높은 연봉은 4200이고 현재 SALARY는 4000이므로 출력하지 않음
- E.DEPT = '인사팀', E.EMP_ID = 'E002'일 때 자신을 제외한 대상 중 가장 높은 연봉은 4000이고 현재 SALARY는 4200이므로 출력함(이수민)
- E.DEPT = '인사팀', E.EMP_ID = 'E003'일 때 자신을 제외한 대상 중 가장 높은 연봉은 4200이고 현재 SALARY는 3800이므로 출력하지 않음
- E.DEPT = '개발팀', E.EMP_ID = 'E004'일 때 자신을 제외한 대상 중 가장 높은 연봉은 4600이고 현재 SALARY는 4700이므로 출력함(박하윤)
- E.DEPT = '개발팀', E.EMP_ID = 'E005'일 때 자신을 제외한 대상 중 가장 높은 연봉은 4700이고 현재 SALARY는 4600이므로 출력하지 않음

09 다음 쿼리의 결과 행 수로 알맞은 것은?

[EMPLOYEE] 테이블

EMP_ID	DEPT	POSITION
E001	인사팀	사원
E002	개발팀	대리
E003	인사팀	대리
E004	영업팀	사원

[PROMOTION_TARGET] 테이블

DEPT	POSITION
인사팀	대리
영업팀	사원

```
SELECT *
  FROM EMPLOYEE
 WHERE (DEPT, POSITION) IN (SELECT
DEPT, POSITION
  FROM PROMOTION_TARGET
);
```

① 1 ② 2
③ 3 ④ 4

다중 컬럼 서브쿼리는 내부적으로 AND 조건, 외부적으로 OR 조건을 적용한다. 서브쿼리를 실행하면 (인사팀, 대리), (영업팀, 사원) 조합이 출력되며 IN으로 연산하면 "DEPT가 인사팀이면서 POSITION이 대리인 대상"이거나 "DEPT가 영업팀이면서 POSITION이 사원인 대상"을 의미하게 된다.
(A, B) IN ((x, y), (z, w)) ⇒ ((A = x AND B = y) OR (A = z AND B = w))

정답 08 ④ 09 ②

10 다음 SQL 실행 시 발생하는 오류의 원인은?

[EMPLOYEE] 테이블

EMP_ID	EMP_NAME	DEPT	SALARY
E001	김지훈	인사팀	4000
E002	이수민	개발팀	4500
E003	박준형	인사팀	3800

```
SELECT EMP_ID,
       (SELECT DEPT, SALARY
          FROM EMPLOYEE
         WHERE EMP_ID = 'E001') AS
DEPT_SAL
  FROM EMPLOYEE;
```

① WHERE 절에 서브쿼리가 없기 때문에
② 스칼라 서브쿼리가 FROM 절에 없기 때문에
③ 서브쿼리에서 컬럼을 2개 이상 반환했기 때문에
④ EMPLOYEE 테이블에 EMP_ID가 존재하지 않기 때문에

스칼라 서브쿼리는 반드시 1개의 컬럼만 반환해야 하며, 위 쿼리는 DEPT, SALARY 2개의 컬럼을 반환하여 오류가 발생한다.

11 다음 SQL 실행 시 출력되는 행은?

[EMPLOYEE] 테이블

EMP_ID	DEPT	POSITION	SALARY
E001	인사팀	대리	4200
E002	개발팀	대리	4500
E003	영업팀	사원	4000
E004	인사팀	사원	3900

[PROMOTION_TARGET] 테이블

DEPT	POSITION
인사팀	대리
영업팀	사원

```
SELECT EMP_ID
  FROM EMPLOYEE
 WHERE (DEPT, POSITION) IN (
     SELECT DEPT, POSITION
       FROM PROMOTION_TARGET);
```

① E001만 출력
② E001, E003 출력
③ E002, E004 출력
④ 아무것도 출력되지 않음

다중컬럼 IN은 (DEPT='인사팀' AND POSITION='대리') 또는 (DEPT='영업팀' AND POSITION='사원')인 조건과 같으며 E001, E003을 만족한다.

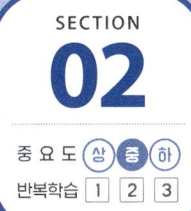

SECTION 02 집합 연산자

빈출 태그 ▶ 집합 연산자, UNION, UNION ALL, INTERSECT, MINUS(EXCEPT)

01 집합 연산자

집합 연산자란 여러 SQL 쿼리결과를 "집합(SET)"으로 간주하고 결과를 결합하는 연산자입니다. 합집합을 UNION, 교집합을 INTERSECT, 차집합을 MINUS(SQL Server는 EXCEPT)로 표현합니다.
집합 연산자는 각각의 SELECT 결과를 하나의 집합으로 보고, 지정한 연산(합집합, 교집합 등)에 따라 하나의 결과로 합치는 기능을 합니다.

> **기적의 TIP**
> - 조인(JOIN)은 두 테이블의 데이터를 가로 방향을 붙입니다.
> - 집합 연산자는 두 테이블의 데이터를 세로 방향으로 붙입니다.

[EMPLOYEE_KOREA] 테이블 – 한국 지사 직원

EMP_ID	EMP_NAME	DEPT
E001	김지훈	인사팀
E002	이수민	개발팀
E003	박준형	영업팀

[EMPLOYEE_USA] 테이블 – 미국 지사 직원

EMP_ID	EMP_NAME	DEPT
E005	오세훈	영업팀
E004	정유진	마케팅팀
E002	이수민	개발팀

02 집합 연산자의 종류와 예시

01 UNION vs UNION ALL

UNION과 UNION ALL 모두 합집합을 의미하지만, 중요한 2가지 차이점이 있습니다. UNION은 중복 제거를 위해 데이터를 정렬한 후, 중복이 제거된 값을 반환합니다. 반면 UNION ALL은 중복되는 데이터를 제거하지 않고 그대로 출력합니다. (정렬을 수행하지 않음)

	UNION	UNION ALL
중복 제거 여부	O	X
정렬 여부	O	X

1) UNION을 이용한 쿼리

```
SELECT EMP_ID, EMP_NAME
  FROM EMPLOYEE_KOREA  ― 한국지사직원

 UNION

SELECT EMP_ID, EMP_NAME
  FROM EMPLOYEE_USA  ― 미국지사직원
```

2) 실행 순서 분석

① 각 테이블의 출력 결과를 UNION합니다.

[SELECT EMP_ID, EMP_NAME
FROM EMPLOYEE_KOREA 출력 결과]

EMP_ID	EMP_NAME
E001	김지훈
E002	이수민
E003	박준형

[SELECT EMP_ID, EMP_NAME
FROM EMPLOYEE_USA 출력 결과]

EMP_ID	EMP_NAME
E005	오세훈
E004	정유진
E002	이수민

두 조합을 UNION한 결과, 자동으로 정렬 후 중복이 제거됩니다.

② 내부 결합된 데이터를 정렬합니다.

EMP_ID	EMP_NAME
E001	김지훈
E002	이수민
E002	이수민
E003	박준형
E004	정유진
E005	오세훈

③ 중복된(E002, 이수민)은 하나만 남기고 제거합니다.

[출력 결과]

EMP_ID	EMP_NAME
E001	김지훈
E002	이수민
E003	박준형
E004	정유진
E005	오세훈

3) UNION ALL을 이용한 쿼리

```
SELECT EMP_ID, EMP_NAME
  FROM EMPLOYEE_KOREA    — 한국지사직원

 UNION ALL

SELECT EMP_ID, EMP_NAME
  FROM EMPLOYEE_USA    — 미국지사직원
```

4) 실행 순서 분석

① 각 테이블의 출력 결과를 UNION합니다.

[SELECT EMP_ID, EMP_NAME FROM EMPLOYEE_KOREA 출력 결과]

EMP_ID	EMP_NAME
E001	김지훈
E002	이수민
E003	박준형

[SELECT EMP_ID, EMP_NAME FROM EMPLOYEE_USA 출력 결과]

EMP_ID	EMP_NAME
E005	오세훈
E004	정유진
E002	이수민

두 조합을 UNION ALL한 결과, 동일 값 중복 제거 및 정렬을 하지 않습니다.

[출력 결과]

EMP_ID	EMP_NAME
E001	김지훈
E002	이수민
E003	박준형
E005	오세훈
E004	정유진
E002	이수민

더 알기 TIP

실무에서의 UNION vs UNION ALL 사용 전략
- 단순히 결과를 결합만 하고 중복 제거가 필요 없다면, UNION ALL이 더 적합합니다.
- UNION은 중복 제거를 위해 정렬 및 비교 작업이 추가되므로 성능에 부담을 줄 수 있습니다.
- 따라서 정확히 중복 제거가 필요한 경우가 아니라면 UNION ALL이 더 효율적입니다.

02 INTERSECT, MINUS(EXCEPT)

다른 집합 연산자인 INTERSECT와 MINUS(EXCEPT)도 알아보겠습니다. UNION ALL을 제외한 집합 연산자는 모두 결과 집합의 중복을 제거하기 위해 내부적으로 정렬을 수행해 중복 값을 없앤 후 반환합니다.

1) INTERSECT를 이용한 쿼리

```
SELECT EMP_ID, EMP_NAME
  FROM EMPLOYEE_KOREA  — 한국지사직원

 INTERSECT

SELECT EMP_ID, EMP_NAME
  FROM EMPLOYEE_USA  — 미국지사직원
```

2) 실행 순서 분석

① 각 테이블의 출력 결과를 INTERSECT합니다.

[SELECT EMP_ID, EMP_NAME FROM EMPLOYEE_KOREA 출력 결과]

EMP_ID	EMP_NAME
E001	김지훈
E002	이수민
E003	박준형

[SELECT EMP_ID, EMP_NAME FROM EMPLOYEE_USA 출력 결과]

EMP_ID	EMP_NAME
E005	오세훈
E004	정유진
E002	이수민

두 조합을 INTERSECT한 결과, 내부 정렬 및 동일 값 중복을 제거합니다.

② 두 집합의 교집합(E002+이수민)만 출력합니다.

[출력 결과]

EMP_ID	EMP_NAME
E002	이수민

3) MINUS를 이용한 쿼리 (SQL Server는 EXCEPT 연산자로 사용)

```
SELECT EMP_ID, EMP_NAME
  FROM EMPLOYEE_KOREA  — 한국지사직원

 MINUS

SELECT EMP_ID, EMP_NAME
  FROM EMPLOYEE_USA  — 미국지사직원
```

4) 실행 흐름 분석

① 각 테이블의 출력 결과를 MINUS합니다.

[SELECT EMP_ID, EMP_NAME
FROM EMPLOYEE_KOREA 출력 결과]

EMP_ID	EMP_NAME
E001	김지훈
E002	이수민
E003	박준형

[SELECT EMP_ID, EMP_NAME
FROM EMPLOYEE_USA 출력 결과]

EMP_ID	EMP_NAME
E005	오세훈
E004	정유진
E002	이수민

두 조합을 MINUS한 결과, 내부 정렬 및 동일 값 중복을 제거합니다.

② A-B는 A-(A∩B)이므로 교집합(E002 이수민)을 제외한 A 집합을 출력합니다.

[출력 결과]

EMP_ID	EMP_NAME
E001	김지훈
E003	박준형

03 집합 연산자의 특징

01 정렬 여부와 중복 제거 여부

집합 연산자의 특징을 정리해보면 아래 표와 같습니다.

특징	UNION	UNION ALL	INTERSECT	MINUS(EXCEPT)
정렬 여부	O	X	O	O
중복 제거 여부	O	X	O	O

- UNION, INTERSECT, MINUS는 모두 내부적인 정렬 및 중복을 제거합니다.
- UNION ALL은 결과를 단순히 이어 붙이고, 중복을 허용하며, 정렬하지 않습니다.

UNION과 UNION ALL을 함께 사용할 때, 연산 순서에 따라 결과가 어떻게 달라지는지 예시를 통해 확인해 보겠습니다.

1) 예시1 - 실행 순서 분석

```
SELECT EMP_ID FROM EMPLOYEE_KOREA
UNION
SELECT EMP_ID FROM EMPLOYEE_USA
UNION ALL
SELECT EMP_ID FROM EMPLOYEE_KOREA;
```

① 먼저 각 쿼리의 실행 결과를 출력합니다.

[SELECT EMP_ID FROM EMPLOYEE_KOREA]

EMP_ID
E001
E002
E003

[SELECT EMP_ID FROM EMPLOYEE_USA]

EMP_ID
E005
E004
E002

[SELECT EMP_ID FROM EMPLOYEE_KOREA]

EMP_ID
E001
E002
E003

② UNION을 진행합니다. (데이터 정렬 및 중복 제거)

EMP_ID
E001
E002
E003
E004
E005

③ ②의 결과와 나머지 쿼리 결과를 UNION ALL 합니다. (중복 제거 안 함, 정렬 안 함)

EMP_ID
E001
E002
E003
E004
E005
E001
E002
E003

2) 예시2 – 실행 순서 분석

```
SELECT EMP_ID FROM EMPLOYEE_KOREA
UNION ALL
SELECT EMP_ID FROM EMPLOYEE_USA
UNION
SELECT EMP_ID FROM EMPLOYEE_KOREA;
```

① 먼저 각 쿼리의 실행 결과를 출력합니다.

[SELECT EMP_ID FROM EMPLOYEE_KOREA]

EMP_ID
E001
E002
E003

[SELECT EMP_ID FROM EMPLOYEE_USA]

EMP_ID
E005
E004
E002

[SELECT EMP_ID FROM EMPLOYEE_KOREA]

EMP_ID
E001
E002
E003

② 위에서 순서대로 UNION ALL 먼저 진행합니다. (중복 제거 안 함, 정렬 안 함)

EMP_ID
E001
E002
E003
E005
E004
E002

③ ②의 결과와 나머지 쿼리 결과를 UNION 합니다. (정렬 및 중복 제거)

EMP_ID
E001
E002
E003
E004
E005

02 여러 번 사용 가능

집합 연산자는 여러 번 사용할 수 있으며, 다음과 같은 우선순위를 가집니다.

INTERSECT 〉 UNION / UNION ALL / MINUS (or EXCEPT)

INTERSECT가 가장 먼저 실행되고, 그다음은 UNION, UNION ALL, MINUS(EXCEPT)가 동일한 우선순위를 가집니다. 만약 UNION을 먼저 실행하고 싶다면 괄호()를 사용하여 실행 순서를 지정하면 됩니다.

1) 괄호를 사용하지 않은 경우

```
SELECT EMP_ID FROM EMPLOYEE_KOREA      — (A)
UNION
SELECT EMP_ID FROM EMPLOYEE_USA        — (B)
INTERSECT
SELECT EMP_ID FROM EMPLOYEE_KOREA;     — (C)
```

B INTERSECT C가 먼저 실행된 후 그 결과와 A를 UNION합니다.

2) 괄호를 사용한 경우

```
( SELECT EMP_ID FROM EMPLOYEE_KOREA      ― (A)
UNION
SELECT EMP_ID FROM EMPLOYEE_USA )        ― (B)
INTERSECT
SELECT EMP_ID FROM EMPLOYEE_KOREA;       ― (C)
```

괄호가 우선순위가 높으므로 A UNION B 실행 후 그 결과를 C와 INTERSECT합니다.

03 컬럼명은 가장 처음 쿼리 집합에 따름

```
SELECT COL1 AS HELLO, COL3
   FROM TAB1
UNION
SELECT COL1, COL2
   FROM TAB2
```

집합 연산자의 컬럼명은 첫 번째 쿼리의 컬럼명을 따릅니다.

HELLO	COL3
..	..
..	..

04 집합 연산자 사용 시 주의사항

1) 집합 연산자 간의 컬럼 수와 자료형이 일치

집합 연산자에 참여하는 SELECT 문은 컬럼 수와 자료형이 모두 같아야 합니다.

[컬럼 수 불일치 예시]

```
SELECT EMP_ID, EMP_NAME
   FROM EMPLOYEE_KOREA              → 컬럼 개수가 다르면 오류 발생
UNION
SELECT EMP_ID
   FROM EMPLOYEE_USA ;
```

[자료형 불일치 예시]

```
SELECT EMP_ID  — 문자형
  FROM EMPLOYEE_KOREA

UNION ALL                    → 컬럼 자료형이 다르면 오류 발생

SELECT 100  — 숫자
  FROM DUAL;
```

> **더 알기 TIP**
>
> 자료형은 맨 처음 SELECT 문의 컬럼을 기준으로 맞춰집니다. 위 예시에서는 100이기 때문에 숫자형(NUMBER)을 기준으로 삼게 되며, Oracle은 EMP_ID를 숫자형으로 변환하려고 시도합니다. 하지만 EMP_ID가 'E001'처럼 숫자가 아닌 값을 포함하고 있어, 변환이 불가능해 오류가 발생하게 됩니다.

2) ORDER BY 마지막에만 사용

집합 연산자 사용 시, ORDER BY는 집합 연산 전체가 끝난 후에만 작성할 수 있습니다.

[오류 예시]

```
SELECT EMP_ID, EMP_NAME
  FROM EMPLOYEE_KOREA
ORDER BY EMP_ID    — 중간에 ORDER BY가 들어가면 오류 발생!

 UNION

SELECT EMP_ID, EMP_NAME
  FROM EMPLOYEE_USA;
```

[정상 예시]

```
SELECT EMP_ID, EMP_NAME
  FROM EMPLOYEE_KOREA
UNION
SELECT EMP_ID, EMP_NAME
  FROM EMPLOYEE_USA

ORDER BY EMP_ID;   — 집합 연산을 한 후에 마지막으로 정렬
```

- 이 경우, UNION으로 합쳐진 전체 결과를 EMP_ID 기준으로 정렬합니다.
- 개별 SELECT 문에서 ORDER BY를 사용할 수 없습니다.
- 집합 연산 전체 결과에 대해 한 번만 ORDER BY가 가능합니다.

이론을 확인하는 기출문제

01 다음 두 테이블이 존재할 때, 아래 SQL 문을 수행한 결과로 옳은 것은?

[EMPLOYEE_KR] 테이블

EMP_ID	EMP_NAME
E001	김철수
E002	이영희
E003	박지민

[EMPLOYEE_US] 테이블

EMP_ID	EMP_NAME
E003	박지민
E004	최수연
E005	강민호

```
SELECT EMP_ID FROM EMPLOYEE_KR
INTERSECT
SELECT EMP_ID FROM EMPLOYEE_US;
```

① E003
② E001, E002
③ E001, E003, E005
④ E003, E004, E005

INTERSECT는 교집합 연산으로, 두 테이블에 모두 존재하는 E003만 반환된다.

02 다음 중 UNION과 UNION ALL의 설명으로 옳지 않은 것은?

① UNION은 결과에서 중복된 행을 제거한다.
② UNION ALL은 중복된 행을 제거하지 않는다.
③ UNION은 중복 제거를 위해 정렬을 수행하지 않는다.
④ UNION ALL은 성능 면에서 더 유리할 수 있다.

UNION은 중복 제거를 위해 정렬을 수행한다. 따라서 ③은 틀린 설명이다. UNION은 정렬 및 중복제거 작업으로 인해 비교적 느릴 수 있다. 동일한 데이터가 없는 테이블을 합친다면 UNION ALL이 더 유리하다.

03 다음 SQL 실행 결과로 옳은 것은?

[EMPLOYEE_KR] 테이블

EMP_ID
E001
E002
E003

[EMPLOYEE_US] 테이블

EMP_ID
E003
E004

```
SELECT EMP_ID FROM EMPLOYEE_KR
MINUS
SELECT EMP_ID FROM EMPLOYEE_US;
```

① E003
② E001, E002
③ E004
④ E001, E002, E004

MINUS는 차집합 연산으로, EMPLOYEE_KR에서 EMPLOYEE_US에 없는 E001, E002가 결과로 나온다.

정답 01 ① 02 ③ 03 ②

04. 아래 SQL 수행 시 오류가 발생하는 이유로 가장 올바른 것은?

```
SELECT EMP_ID, EMP_NAME
FROM EMPLOYEE_KR
UNION
SELECT EMP_ID FROM EMPLOYEE_US;
```

① EMP_ID의 값이 중복되어서
② 컬럼 수가 일치하지 않아서
③ 데이터 타입이 달라서
④ ORDER BY가 누락되어서

집합 연산자는 SELECT 문의 컬럼 수와 타입, 순서가 같아야 하며, 위 쿼리는 컬럼 수가 일치하지 않아 오류가 발생한다.

05. 다음 SQL 수행 결과는?

[EMPLOYEE_KR] 테이블

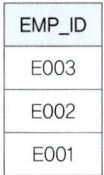

[EMPLOYEE_US] 테이블

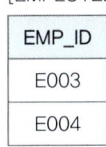

```
SELECT EMP_ID FROM EMPLOYEE_KR
UNION ALL
SELECT EMP_ID FROM EMPLOYEE_US;
```

① E003, E002, E001
② E001, E002, E003, E004
③ E003, E002, E001, E003, E004
④ E001, E002, E004

UNION ALL은 중복 제거 없이 두 결과를 단순히 결합하는 연산자이다.

06. 다음 SQL을 실행한 후 출력되는 EMP_ID의 개수는?

[EMPLOYEE_KR] 테이블

EMP_ID
E001
E002
E003

[EMPLOYEE_US] 테이블

EMP_ID
E003
E004
E005

```
(SELECT EMP_ID FROM EMPLOYEE_KR
UNION
SELECT EMP_ID FROM EMPLOYEE_US)
INTERSECT
SELECT EMP_ID FROM EMPLOYEE_KR;
```

① 1   ② 2
③ 3   ④ 5

• A : EMPLOYEE_KR (E001, E002, E003)
• B : EMPLOYEE_US (E003, E004, E005)
• A UNION B = E001, E002, E003, E004, E005
위 결과와 EMPLOYEE_KR의 INTERSECT는 E001, E002, E003 → 총 3개이다.

07. 다음 SQL 결과를 정렬하기 위한 ORDER BY 위치로 적절한 것은?

```
SELECT EMP_ID FROM EMPLOYEE_KR
UNION
SELECT EMP_ID FROM EMPLOYEE_US
```

① 첫 번째 SELECT 아래
② 두 번째 SELECT 아래
③ UNION 위쪽
④ 맨 마지막

ORDER BY는 집합 연산 전체 결과에 대해 마지막에만 적용할 수 있다. 중간에 ORDER BY를 추가하면 오류가 발생한다.

정답 04 ② 05 ③ 06 ③ 07 ④

08 다음 쿼리의 실행 결과로 올바른 것은?

```
SELECT 'A' AS COL FROM DUAL
UNION ALL
SELECT 'B' FROM DUAL
UNION
SELECT 'A' FROM DUAL;
```

① A, B
② A, B, A
③ A, A, B
④ B, A

- 첫 두 개 쿼리 : A, B (UNION ALL → 중복 허용)
- 마지막 UNION으로 중복 제거를 위해 정렬 후 제거해 A, B를 반환한다.

09 다음 SQL 실행 결과로 올바른 것은?

[USER_T1] 테이블

USER_ID	NAME
U001	홍길동
U002	이몽룡

[USER_T2] 테이블

USER_ID	NAME
U002	이몽룡
U003	성춘향

```
SELECT USER_ID AS A, NAME AS B
FROM USER_T1
UNION
SELECT USER_ID, NAME
FROM USER_T2;
```

①

A	B
U001	홍길동
U002	이몽룡
U003	성춘향

②

USER_ID	NAME
U001	홍길동
U002	이몽룡
U003	성춘향

③

NAME	USER_ID
홍길동	U001
이몽룡	U002
성춘향	U003

④

B	A
홍길동	U001
이몽룡	U002
성춘향	U003

집합 연산자의 컬럼명은 첫 번째 SELECT의 컬럼명 혹은 별칭을 따른다. 따라서 컬럼명은 A, B로 출력된다.

10 다음 SQL 실행 시 결과는?

```
SELECT 100 FROM DUAL
UNION
SELECT 'ABC' FROM DUAL;
```

① 100, 'ABC'
② 오류 발생
③ '100', 'ABC'
④ NULL

집합 연산자는 첫 번째 SELECT의 자료형에 맞춰야 하므로 아래 'ABC'를 숫자형으로 자동형변환을 시도한다. 하지만 TO_NUMBER('ABC')는 오류가 발생하므로 해당 SQL은 오류가 발생하게 된다.

정답 08 ① 09 ① 10 ②

11 다음 중 집합 연산자 관련 규칙으로 틀린 것은?

① 컬럼의 수와 자료형은 동일해야 한다.
② 모든 SELECT 문은 동일한 컬럼명을 가져야 한다.
③ ORDER BY는 전체 쿼리의 마지막에만 사용해야 한다.
④ 컬럼 자료형이 맞지 않으면 오류가 발생할 수 있다.

처음 SELECT의 컬럼명에 맞춰지므로 컬럼명이 모두 동일할 필요는 없다. 다만 컬럼 개수, 자료형은 일치해야 한다.

12 다음 중 UNION 연산을 수행한 결과로 가능한 설명은?

① 데이터가 무작위로 출력된다.
② 중복이 제거되지 않는다.
③ 정렬이 수행된다.
④ 컬럼 수가 달라도 상관없다.

UNION은 중복 제거를 위해 정렬이 수행되며, 결과는 정렬된 형태로 출력한다.

정답 11 ② 12 ③

SECTION 03 그룹 함수

빈출 태그 ▶ 그룹 함수, ROLLUP, CUBE, GROUPING SETS

01 그룹 함수(Group Function)

이전에 GROUP BY와 함께 집계 함수(Aggregation Function)를 배웠습니다. 집계 함수는 여러 행을 하나의 값으로 요약하는 다중 행 함수입니다. 다중 행 함수에는 집계 함수 외에도 그룹 함수, 윈도우 함수가 있습니다.

> [다중 행 함수 구분]
> - 집계(Aggregate) 함수 : 다중 행을 하나의 결과로 요약하는 함수
> - 그룹(Group) 함수 : GROUP BY 확장으로 다차원 집계를 지원하는 함수
> - 윈도우(Window) 함수 : 테이블 행간의 관계를 이용해 의미 있는 분석을 제공하는 함수

이번에는 그룹(Group) 함수를 학습하여 여러 집계를 한 번에 처리하는 방법을 설명합니다.

[SALES] 테이블

SALE_ID	REGION	PRODUCT	SALES_AMOUNT
1	East	Laptop	1000
2	East	Tablet	500
3	West	Laptop	700
4	West	Tablet	300
5	East	Laptop	1200
6	West	Laptop	400
7	East	Tablet	600

01 그룹 함수의 필요성

그룹 함수의 필요성을 이해하기 위해 간단한 예시를 보겠습니다.

1) 부서(Region)별 매출 합계 구하기

```
SELECT REGION, SUM(SALES_AMOUNT) AS 부서별매출합계
  FROM SALES
 GROUP BY REGION;
```

[출력 결과]

REGION	부서별매출합계
East	3300
West	1400

2) 전체 매출 합계 구하기

```
SELECT SUM(SALES_AMOUNT) AS 전체매출합계
    FROM SALES
```

[출력 결과]

전체매출합계
4700

이 외에도 [지역+상품]별로 집계를 하거나 [상품]별로 집계를 하려면 어떻게 해야 할까요? 기준이 여러 개인 집계를 하려면 각각의 쿼리를 작성해야 하므로 반복 작업이 많아집니다. 하지만 그룹 함수(ROLLUP, CUBE, GROUPING SETS)를 사용하면 한 번의 SQL로 여러 기준을 동시에 집계할 수 있습니다.

02 다차원 집계와 그룹 함수

여러 기준을 동시에 집계하는 행위를 다차원 집계라 부르며, 그룹 함수를 활용해 표현할 수 있습니다. 그룹 함수는 세 가지를 기억하면 됩니다.

- ROLLUP
- CUBE
- GROUPING SETS

이 세 가지 함수를 활용하면 GROUP BY를 반복하지 않고도 여러 차원의 집계를 한 번에 처리할 수 있습니다.

02 그룹 함수의 종류

01 ROLLUP

ROLLUP은 계층적인 다차원 집계를 쉽게 수행할 수 있도록 도와주는 그룹 함수입니다. 여기서 핵심은 "계층적(Hierarchical)"이라는 단어입니다.

1) ROLLUP 작동 원리

```
...
GROUP BY ROLLUP(컬럼1, 컬럼2, 컬럼3)
```

ROLLUP은 입력된 컬럼을 뒤에서부터 하나씩 제거하면서 순차적으로 집계를 수행합니다.

> ① (컬럼1, 컬럼2, 컬럼3) 그룹별 집계 → GROUP BY 컬럼1, 컬럼2, 컬럼3
> ② (컬럼1, 컬럼2) 그룹별 집계 → GROUP BY 컬럼1, 컬럼2
> ③ (컬럼1) 그룹별 집계 → GROUP BY 컬럼1
> ④ 전체 집계 (NULL, NULL, NULL) → GROUP BY()

입력된 컬럼 수(N)만큼 계층이 쌓이며, N+1개의 집계 결과가 만들어집니다.

2) ROLLUP 적용 예시

```sql
SELECT REGION, PRODUCT, SUM(SALES_AMOUNT)
  FROM SALES
 GROUP BY ROLLUP(REGION, PRODUCT);
```

[출력 결과]

REGION	PRODUCT	SUM(SALES_AMOUNT)
East	Laptop	2200
East	Tablet	1100
East	NULL	3300
West	Laptop	1100
West	Tablet	300
West	NULL	1400
NULL	NULL	4700

위 실행 결과를 GROUP BY로 풀어 쓰면 아래와 같습니다.

```sql
SELECT REGION, PRODUCT, SUM(SALES_AMOUNT)
  FROM SALES
 GROUP BY REGION, PRODUCT

 UNION ALL

SELECT REGION, NULL, SUM(SALES_AMOUNT)
  FROM SALES
 GROUP BY REGION

 UNION ALL

SELECT NULL, NULL, SUM(SALES_AMOUNT)
    FROM SALES ;    ── GROUP BY 명시하지 않고 집계 함수 쓰면 자동 GROUP BY() 실행
```

3) ROLLUP 특징

- 컬럼을 뒤에서부터 하나씩 소거하며 계층적으로 집계합니다.
- 컬럼 순서에 따라 결과가 달라집니다. (CUBE, GROUPING SETS는 순서에 영향을 받지 않음)

[예시]
- GROUP BY ROLLUP(A, B)일 경우
GROUP BY A, B
GROUP BY A
GROUP BY 전체와 동일

- GROUP BY ROLLUP(B, A)일 경우
GROUP BY B, A
GROUP BY B
GROUP BY 전체와 동일

→ GROUP BY A 와 GROUP BY B에서 차이가 발생해 다른 결과가 나타남

group by a, b, c와 group by c, a, b는 동일한 결과를 반환합니다.

02 CUBE

CUBE는 입력한 컬럼들의 모든 가능한 조합에 대해 집계를 수행합니다. 즉, N개의 컬럼이면 2^n개의 집계가 생성됩니다.

1) CUBE 작동 원리

```
...
GROUP BY CUBE(A, B);
```

위와 같이 작성하면 집계는 다음 순서로 수행됩니다.

① (A, B) 집계
② (A) 집계
③ (B) 집계
④ () 전체 집계

입력된 컬럼 수(N)를 기준으로 2^n 횟수만큼 GROUP BY가 실행됩니다.

2) CUBE 적용 예시

```
SELECT REGION, PRODUCT, SUM(SALES_AMOUNT)
  FROM SALES
 GROUP BY CUBE(REGION, PRODUCT);
```

[출력 결과]

REGION	PRODUCT	SUM(SALES_AMOUNT)
East	Laptop	2200
East	Tablet	1100
East	NULL	3300
West	Laptop	1100
West	Tablet	300
West	NULL	1400
NULL	Laptop	3300
NULL	Tablet	1400
NULL	NULL	4700

위 실행 결과를 GROUP BY로 풀어 쓰면 아래와 같습니다.

```
-- 1. REGION, PRODUCT 조합별 합계
SELECT REGION, PRODUCT, SUM(SALES_AMOUNT)
  FROM SALES
 GROUP BY REGION, PRODUCT

UNION ALL

-- 2. REGION별 합계 (PRODUCT는 NULL)
SELECT REGION, NULL AS PRODUCT, SUM(SALES_AMOUNT)
  FROM SALES
 GROUP BY REGION

UNION ALL

-- 3. PRODUCT별 합계 (REGION은 NULL)
SELECT NULL AS REGION, PRODUCT, SUM(SALES_AMOUNT)
  FROM SALES
 GROUP BY PRODUCT

UNION ALL

-- 4. 전체 합계 (REGION, PRODUCT 모두 NULL)
SELECT NULL AS REGION, NULL AS PRODUCT, SUM(SALES_AMOUNT)
  FROM SALES;
```

3) CUBE 특징

- 모든 컬럼 조합에 대해 집계합니다.
- 모든 차원의 집계를 수행하므로 연산량이 많아 CPU를 많이 사용합니다.
- 컬럼 순서가 바뀌어도 결과는 동일합니다.
- CUBE는 "모든 방향"으로 분석하고 싶을 때 사용합니다.

03 GROUPING SETS

GROUPING SETS는 필요한 조합만 직접 명시하여, 불필요한 집계를 생략하고 효율적으로 다차원 집계를 수행할 수 있도록 해줍니다.

1) GROUPING SETS 작동 원리

```
...
GROUP BY GROUPING SETS(A, B);
```

위와 같이 작성하면 집계는 다음 순서로 수행됩니다.

① (A) 집계
② (B) 집계

2) GROUPING SETS 적용 예시

```
SELECT REGION, PRODUCT, SUM(SALES_AMOUNT)
  FROM SALES
 GROUP BY GROUPING SETS(REGION, PRODUCT);
```

[출력 결과]

REGION	PRODUCT	SUM(SALES_AMOUNT)
East	NULL	3300
West	NULL	1400
NULL	Laptop	3300
NULL	Tablet	1400

위 실행 결과를 GROUP BY로 풀어 쓰면 아래와 같습니다.

```
-- 1. REGION별 합계 (PRODUCT는 NULL로 고정)
SELECT REGION, NULL AS PRODUCT, SUM(SALES_AMOUNT)
  FROM SALES
 GROUP BY REGION

UNION ALL

-- 2. PRODUCT별 합계 (REGION은 NULL로 고정)
SELECT NULL AS REGION, PRODUCT, SUM(SALES_AMOUNT)
  FROM SALES
 GROUP BY PRODUCT;
```

3) GROUPING SETS 특징
- 원하는 집계만 골라서 작성할 수 있습니다.
- 불필요한 조합을 제외하고 명시적으로 제어가 가능합니다.
- GROUPING SETS는 "정해진 집계만" 빠르게 처리하고 싶을 때 사용합니다.

4) ROLLUP을 GROUPING SETS로 바꾸기

```sql
SELECT REGION, PRODUCT, SUM(SALES_AMOUNT)
  FROM SALES
 GROUP BY ROLLUP(REGION, PRODUCT);
```

— GROUPING SETS로 표현
```sql
SELECT REGION, PRODUCT, SUM(SALES_AMOUNT)
  FROM SALES
 GROUP BY GROUPING SETS((REGION, PRODUCT), REGION, ());
```

- (REGION, PRODUCT)처럼 괄호를 이용해 하나의 그룹으로 지정해 집계합니다.
- ( ) 기호는 전체를 대상으로 집계합니다.

5) CUBE를 GROUPING SETS로 바꾸기

```sql
SELECT REGION, PRODUCT, SUM(SALES_AMOUNT)
  FROM SALES
 GROUP BY CUBE(REGION, PRODUCT);
```

— GROUPING SETS로 표현
```sql
SELECT REGION, PRODUCT, SUM(SALES_AMOUNT)
  FROM SALES
 GROUP BY GROUPING SETS((REGION, PRODUCT), REGION, PRODUCT, ());
```

03 GROUPING() 함수

GROUPING() 함수는 특정 컬럼이 현재 집계 결과에 포함되어 있는지를 판단할 수 있게 해줍니다. 포함되어 있으면 0, 포함되지 않았으면 1을 반환합니다.

> **더 알기 TIP**
>
> **GROUPING() 함수의 장점**
> GROUP BY에 포함되지 않은 컬럼은 결과에 NULL로 표시됩니다. 이때 NULL 대신 좀 더 의미 있는 "소계", "전체" 등의 값으로 치환해줄 수 있습니다

[SALES] 테이블

SALE_ID	REGION	PRODUCT	SALES_AMOUNT
1	East	Laptop	1000
2	East	Tablet	500
3	West	Laptop	700
4	West	Tablet	300
5	East	Laptop	1200
6	West	Laptop	400
7	East	Tablet	600

1) GROUPING 사용 예시

```
SELECT CASE
         WHEN GROUPING(REGION) = 1 AND GROUPING(PRODUCT) = 1 THEN '전체'
         ELSE REGION
       END AS REGION_INFO,

       CASE
         WHEN GROUPING(PRODUCT) = 1 THEN '소계'
         ELSE PRODUCT
       END AS PRODUCT_INFO,

       SUM(SALES_AMOUNT) AS TOTAL_SALES

  FROM SALES
 GROUP BY ROLLUP(REGION, PRODUCT);
```

2) 실행 순서 분석

① FROM SALES로 데이터를 가져올 테이블을 지정합니다.

② GROUP BY ROLLUP(REGION, PRODUCT)을 GROUP BY로 풀어 쓰면 아래와 같이 집계됩니다.

- GROUP BY REGION, PRODUCT

REGION	PRODUCT
East	Laptop
East	Tablet
West	Laptop
West	Tablet

- GROUP BY REGION

REGION
East
West

- GROUP BY 전체

③ 각각의 대상에 대해 SELECT를 적용하면 다음과 같습니다.

```
SELECT CASE WHEN GROUPING(REGION) = 1 AND GROUPING(PRODUCT) = 1 THEN '전체'
                                ELSE REGION
       END AS REGION_INFO
     , CASE WHEN GROUPING(PRODUCT) = 1 THEN '소계'
            ELSE PRODUCT
       END AS PRODUCT_INFO
     , SUM(SALES_AMOUNT) AS TOTAL_SALES
  ...
```

- GROUP BY REGION, PRODUCT
→ 둘 다 GROUP BY에 참여(GROUPING(REGION) = 0, GROUPING(PRODUCT) = 0)

REGION_INFO	PRODUCT_INFO	TOTAL_SALES
East	Laptop	2200
East	Tablet	1100
West	Laptop	1100
West	Tablet	300

- GROUP BY REGION
→ REGION만 GROUP BY에 참여(GROUPING(REGION) = 0, GROUPING(PRODUCT) = 1)
→ 원래 PRODUCT_INFO는 NULL인데 의미 있는 "소계"로 치환합니다.

REGION_INFO	PRODUCT_INFO	TOTAL_SALES
East	소계	3300
West	소계	1400

- GROUP BY 전체
→ REGION, PRODUCT 모두 GROUP BY 참여하지 않습니다.
→ GROUPING(REGION) = 1, GROUPING(PRODUCT) = 1
→ 원래 REGION_INFO는 NULL, PRODUCT_INFO는 NULL인데 의미 있는 "전체", "소계"로 치환합니다.

REGION_INFO	PRODUCT_INFO	TOTAL_SALES
전체	소계	4700

[최종 출력 결과]

REGION_INFO	PRODUCT_INFO	TOTAL_SALES
East	Laptop	2200
East	Tablet	1100
East	소계	3300
West	Laptop	1100
West	Tablet	300
West	소계	1400
전체	소계	4700

04 GROUP BY와 그룹 함수를 병행할 때 해석하는 방법

그룹 함수는 GROUP BY와 함께 사용할 수 있으며, 단순히 조합을 풀어주면 됩니다. 아래의 쿼리를 예시로 알아보겠습니다.

```
SELECT REGION, PRODUCT, SUM(SALES_AMOUNT)
  FROM SALES
 GROUP BY REGION, ROLLUP(REGION, PRODUCT) ;
```

ROLLUP(REGION, PRODUCT)을 풀어 쓰면 다음과 같습니다.

```
GROUP BY(REGION, PRODUCT)
GROUP BY(REGION)
GROUP BY()
```

여기에 앞에 있는 REGION을 붙이면 다음과 같습니다.

```
GROUP BY REGION, (REGION, PRODUCT)
GROUP BY REGION, (REGION)
GROUP BY REGION, ()
```

내용을 정리하면 다음과 같습니다.

```
GROUP BY REGION, PRODUCT    ― 동일한 컬럼은 한 번만 써도 됨
GROUP BY REGION
GROUP BY REGION
```

즉, GROUP BY REGION, PRODUCT 조합으로 1회, GROUP BY REGION으로 2회 집계합니다.

CUBE, GROUPING SETS일 때도 각각 풀어 쓰면 다음과 같습니다.

1) CUBE

```
SELECT REGION, PRODUCT, SUM(SALES_AMOUNT)
  FROM SALES
 GROUP BY REGION, CUBE(REGION, PRODUCT) ;
```

① CUBE를 아래와 같이 풀어씁니다.

```
GROUP BY REGION
GROUP BY PRODUCT
GROUP BY REGION, PRODUCT
GROUP BY ()    ― 전체
```

② 각각 REGION을 앞에 이어 붙입니다.

```
GROUP BY REGION, REGION
GROUP BY REGION, PRODUCT
GROUP BY REGION, REGION, PRODUCT
GROUP BY REGION, ()
```

③ 동일한 컬럼을 정리합니다.

```
GROUP BY REGION
GROUP BY REGION, PRODUCT
GROUP BY REGION, PRODUCT
GROUP BY REGION
```

결론적으로, 이 쿼리는 REGION으로 2회, (REGION, PRODUCT) 조합으로 2회 집계합니다.

2) GROUPING SETS

```
SELECT REGION, PRODUCT, SUM(SALES_AMOUNT)
  FROM SALES
 GROUP BY GROUPING SETS ((PRODUCT), ()), REGION ;
```

① GROUPING SETS를 아래와 같이 풀어 씁니다.

```
GROUP BY PRODUCT
GROUP BY ()  — 전체
```

② 각각 REGION을 앞에 이어 붙입니다.

```
GROUP BY PRODUCT, REGION
GROUP BY (), REGION
```

③ 동일한 컬럼을 정리합니다.

```
GROUP BY PRODUCT, REGION
GROUP BY REGION
```

결론적으로, 이 쿼리는 REGION으로 1회, (PRODUCT, REGION) 조합으로 1회 집계합니다.

> **기적의 TIP**
>
> GROUP BY 뒤에 입력된 컬럼 순서는 출력되는 데이터 결과에 영향을 주지 않습니다. 즉, GROUP BY A, B와 GROUP BY B, A는 동일한 결과를 반환합니다. (단, 출력되는 순서는 다를 수 있습니다.)

이론을 확인하는 기출문제

01 다음 SQL 문 실행 결과로 올바른 것은?

[SALES] 테이블

REGION	PRODUCT	SALES_AMOUNT
East	Laptop	1000
East	Laptop	1200
West	Tablet	300
East	Tablet	500
West	Laptop	700

```
SELECT REGION, SUM(SALES_AMOUNT)
  FROM SALES
 GROUP BY ROLLUP(REGION);
```

①
REGION	TOTAL_AMOUNT
East	2700
West	1000

②
REGION	TOTAL_AMOUNT
NULL	3700

③
REGION	TOTAL_AMOUNT
East	2700
West	1000
NULL	3700

④
REGION	TOTAL_AMOUNT
East	1350
West	500
NULL	1850

GROUP BY ROLLUP(REGION)은 계층적으로 집계를 할 수 있어 GROUP BY REGION으로 한 번, GROUP BY 전체로 한 번 수행된다.

02 다음 SQL 문 실행 결과로 옳은 것은?

[SALES] 테이블

REGION	PRODUCT	SALES_AMOUNT
East	Laptop	1000
East	Laptop	1200
West	Tablet	300
East	Tablet	500
West	Laptop	700

```
SELECT
CASE
WHEN GROUPING(REGION) = 1 THEN '전체'
ELSE REGION
END AS REGION_INFO,

CASE
WHEN GROUPING(PRODUCT) = 1 THEN '소계'
ELSE PRODUCT
END AS PRODUCT_INFO,

SUM(SALES_AMOUNT) AS TOTAL_SALES
FROM SALES
GROUP BY ROLLUP(REGION, PRODUCT);
```

①
REGION_INFO	PRODUCT_INFO	TOTAL_SALES
East	Laptop	2200
East	Tablet	500
East	소계	2700
West	Laptop	700
West	Tablet	300
West	소계	1000
전체	소계	3700

정답 01 ③ 02 ①

②

REGION_INFO	PRODUCT_INFO	TOTAL_SALES
East	Laptop	2200
East	Tablet	500
West	Laptop	700
West	Tablet	300
전체	소계	3700

③

REGION_INFO	PRODUCT_INFO	TOTAL_SALES
East	Laptop	2200
East	Tablet	500
West	Laptop	700
전체	소계	3700

④

REGION_INFO	PRODUCT_INFO	TOTAL_SALES
East	Laptop	2200
West	Laptop	700
전체	소계	3700

ROLLUP(REGION, PRODUCT)는 순서대로 다음과 같이 실행된다.
• GROUP BY REGION, PRODUCT
• GROUP BY REGION
• GROUP BY() – 전체

이 경우 GROUP BY REGION, PRODUCT로 인해 집계가 되면 REGION, PRODUCT는 GROUPING() 결과가 모두 0이다. GROUP BY REGION은 GROUPING() 결과가 REGION은 0, PRODUCT는 1이며 이는 집계에 PRODUCT가 참여하지 않았음을 의미한다. 이때 "소계"를 출력하도록 했다. 전체를 대상으로 GROUP BY 한 경우에는 REGION, PRODUCT 둘 다 1이며, 이때 REGION이 "전체"로 출력되도록 했다.

03 다음 중 CUBE 함수의 특징으로 올바르지 않은 것은?

① 모든 가능한 조합에 대해 집계를 수행한다.
② 컬럼 순서에 따라 결과가 달라진다.
③ 결과 행 수가 2^n에 비례한다.
④ CPU 연산량이 많아질 수 있다.

CUBE, GROUPING SETS는 컬럼 순서에 영향을 받지 않는다. 컬럼 순서에 영향을 받는 것은 ROLLUP이다. CUBE는 모든 가능한 조합에 대한 집계를 수행하므로 CPU 연산에 부담이 될 수 있다.

04 다음 SQL의 그룹 함수 실행 결과와 동일한 결과를 제공하는 것은?

```
SELECT REGION, PRODUCT, SUM(SALES_AMOUNT)
  FROM SALES
 GROUP BY CUBE(REGION, PRODUCT) ;
```

① GROUP BY REGION, PRODUCT
② GROUP BY GROUPING SETS(REGION, PRODUCT, (REGION,PRODUCT), ())
③ GROUP BY ROLLUP(REGION, PRODUCT)
④ GROUP BY GROUP BY REGION, PRODUCT

CUBE는 나열된 컬럼의 모든 조합으로 집계하며 총 회만큼 GROUP BY를 진행한다. 위 경우 컬럼이 두 개이므로 총 4번의 GROUP BY가 실행된다.
• GROUP BY REGION
• GROUP BY PRODUCT
• GROUP BY REGION, PRODUCT
• GROUP BY ()
GROUPING SETS는 명시된 조합만 집계하며 풀어 쓰면 CUBE와 동일한 GROUP BY를 하고 있다.

05 다음 중 GROUPING SETS를 사용했을 때와 동일한 결과를 내는 SQL은?

```
SELECT REGION, PRODUCT, SUM(SALES_AMOUNT)
  FROM SALES
 GROUP BY GROUPING SETS((REGION), (PRODUCT));
```

① GROUP BY CUBE(REGION, PRODUCT)
② GROUP BY ROLLUP(REGION, PRODUCT)
③ REGION과 PRODUCT를 각각 따로 GROUP BY해 UNION ALL
④ GROUP BY(REGION, PRODUCT)

GROUPING SETS((R), (P))는 각각 따로 GROUP BY해 UNION ALL한 결과와 동일하다.

06. 다음 중 GROUP BY ROLLUP(A, B)를 GROUPING SETS로 정확히 변환한 것은?

① GROUPING SETS((A, B), B, ())
② GROUPING SETS((A, B), A, ())
③ GROUPING SETS(A, B, ())
④ GROUPING SETS((B, A), (A), ())

ROLLUP(A, B)는 (A, B), (A), ()순으로 집계되며 이를 GROUPING SETS로 표현하면 ((A, B), (A), ())이다.

07. 다음 SQL의 실행 결과는 총 몇 행이 출력되는가?

[SALES] 테이블

REGION	PRODUCT	SALES_AMOUNT
East	Laptop	1000
West	Laptop	700
East	Tablet	500

```
SELECT REGION, PRODUCT, SUM(SALES_
AMOUNT)
  FROM SALES
 GROUP BY CUBE(REGION, PRODUCT);
```

① 4　　② 6
③ 7　　④ 8

CUBE(2개 컬럼)이므로 2^2=4 조합, 총 4번의 GROUP BY가 실행된다.
• GROUP BY REGION → 2행
• GROUP BY PRODUCT → 2행
• GROUP BY REGION,PRODUCT → 3행
• GROUP BY 전체 → 1행
총 8행이 출력된다.

08. 다음 중 ROLLUP에 대한 설명으로 올바른 것은?

① ROLLUP은 GROUP BY로 변환 불가능하다.
② 모든 컬럼의 값이 NULL인 경우 출력하지 않는다.
③ 컬럼 순서에 따라 결과가 달라질 수 있다.
④ ROLLUP은 오직 두 개 컬럼에서만 사용할 수 있다

ROLLUP은 다른 그룹 함수와 달리 컬럼의 나열 순서에 따라 집계 계층이 결정되므로, 결과가 달라질 수 있다는 점을 반드시 고려해야 한다. 예를 들어 ROLLUP(A, B)는 (A, B), (A), ()로 집계되지만 ROLLUP(B, A)는 (B, A), (B), ()로 집계된다. GROUP BY A, B나 GROUP BY B, A는 동일하므로 상관없지만 GROUP BY A와 GROUP BY B는 아예 다른 결과를 주기 때문에 컬럼 나열 순서에 따라 결과가 달라지게 된다.

09. 다음 SQL의 출력 결과 중 REGION_INFO = '전체'인 행의 TOTAL_SALES 값은?

[SALES] 테이블

REGION	SALES_AMOUNT
East	1000
East	2000
West	3000

```
SELECT
  CASE WHEN GROUPING(REGION) = 1 THEN
'전체' ELSE REGION END REGION_INFO,
    SUM(SALES_AMOUNT) AS TOTAL_SALES
  FROM SALES
 GROUP BY ROLLUP(REGION);
```

① 3000　　② 5000
③ 6000　　④ 0

ROLLUP(REGION)은 각 REGION 별로 집계를 하므로 East : 3000, West : 3000이 나온다. ROLLUP() 시 REGION이 집계에 참여하지 않으므로 "전체"로 출력되며 합계는 전체 합인 1000 + 2000 + 3000 = 6000이 출력된다.

10 아래 SQL의 실행 결과로 옳은 것은?

[SALES] 테이블

REGION	SALES_AMOUNT
East	2000
West	3000

```
SELECT REGION, SUM(SALES_AMOUNT)
  FROM SALES
 GROUP BY GROUPING SETS(REGION, ());
```

①
REGION	TOTAL_SALES
East	2000
West	3000

②
REGION	TOTAL_SALES
NULL	5000

③
REGION	TOTAL_SALES
East	2000
West	3000
NULL	5000

④
REGION	TOTAL_SALES
East	2000
NULL	2000
West	3000
NULL	3000

GROUPING SETS(REGION, ()) → REGION 별로 집계하고 전체를 기준으로 집계한 결과이다.

11 다음 중 아래 SQL의 밑줄 친 부분에 대입했을 때 동일한 집계 결과를 제공하는 SQL은?

```
SELECT REGION, PRODUCT, SUM(SALES_AMOUNT)
  FROM SALES
 GROUP BY GROUPING SETS((REGION, PRODUCT), REGION, ());
```

① GROUP BY CUBE(REGION, PRODUCT)
② GROUP BY ROLLUP(REGION, PRODUCT)
③ GROUPING SETS((REGION, PRODUCT), REGION)
④ GROUPING SETS((REGION, PRODUCT), PRODUCT)

GROUPING SETS((R, P), R, ())는 ROLLUP(R, P)과 동일한 집계를 수행한다.

12 아래 SQL의 출력 행 수는?

[SALES] 테이블

REGION	PRODUCT	SALES_AMOUNT
East	Laptop	1000
East	Tablet	500
West	Laptop	700

```
SELECT REGION, PRODUCT, SUM(SALES_
AMOUNT)
  FROM SALES
 GROUP BY GROUPING SETS((REGION),
(PRODUCT), ());
```

① 3 ② 5
③ 6 ④ 7

REGION별(2개), PRODUCT별(2개), 전체(1개) → 총 5행이 출력된다.

13 다음 SQL의 밑줄 친 부분에 대입했을 때 동일한 결과를 반환하는 것은 무엇인가?

```
SELECT REGION, PRODUCT, SUM(SALES_
AMOUNT)
  FROM SALES
 GROUP BY CUBE(REGION, PRODUCT);
```

① GROUP BY ROLLUP(REGION, PRODUCT)
② GROUP BY GROUPING SETS((REGION, PRODUCT), (REGION), (PRODUCT), ())
③ GROUP BY GROUPING SETS((REGION, PRODUCT), (REGION))
④ GROUP BY CUBE(PRODUCT), REGION

CUBE(A, B)는 GROUPING SETS (A, B, (A, B), ())와 동일하다.

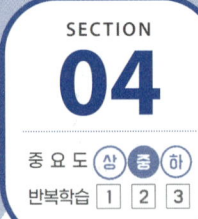

윈도우 함수

빈출 태그 ▶ 윈도우 함수, 순위 함수, 집계 함수, 순서 함수, 비율 함수, PARTITION BY GROUP BY

01 윈도우 함수(Window Function)

윈도우 함수는 테이블 행 간의 관계를 정의하여 순위, 누적합, 이전/다음 값 등을 계산하는 함수입니다. 예를 들어 다음과 같은 질문이 있다고 가정해봅시다.

- "내 이전 행의 값은 무엇일까?"
- "전체 데이터에서 현재 행의 순위는 몇 등일까?"
- "지금까지 합산된 총액은 얼마일까?"

이런 질문에 대한 답을 쉽게 구할 수 있게 도와주는 것이 바로 윈도우 함수입니다. 윈도우 함수는 종류가 다양하지만, 시험과 실무에서 자주 등장하는 함수들 위주로 학습해보겠습니다.

- 순위 계산(RANK, DENSE_RANK, ROW_NUMBER)
- 그룹 내 누적 집계(SUM, AVG, COUNT 등)
- 이전/다음 행 값 조회(LAG, LEAD)
- 비율 계산(RATIO_TO_REPORT, PERCENT_RANK, CUME_DIST)

> **기적의 TIP**
>
> 윈도우 함수 또한 여러 행을 입력받아 연산을 수행하므로, 다중 행 함수의 한 종류입니다. 따라서 다중 행 함수에는 집계 함수, 그룹 함수, 윈도우 함수가 포함됩니다.
>
> ```
> 함수 ─┬─ 내장 함수(BUILT-IN) ─┬─ 단일 행 함수
>       │                      └─ 다중 행 함수 ─┬─ 집계 함수
>       │                                      ├─ 그룹 함수
>       │                                      └─ 윈도우 함수
>       └─ 사용자 정의 함수(USER-DEFINED)
> ```

윈도우 함수의 문법 형태는 아래와 같습니다. 만약 문제에서 OVER()라는 구문이 보인다면, 윈도우 함수 관점에서 접근해 문제를 풀면 됩니다.

WINDOW_FUNCTION([입력값]) OVER ([PARTITION BY 컬럼] [ORDER BY 절] [WINDOWING 절])
  [ ] 기호는 선택적으로 사용할 수 있다는 의미

WINDOW_FUNCTION에는 사용할 함수를 지정하며, OVER() 절 안에는 그룹 기준(PARTITION BY), 정렬 기준(ORDER BY), 범위 지정(WINDOWING) 등을 설정할 수 있습니다.

02 윈도우 함수의 기본 문법과 종류

01 윈도우 함수 기본 문법

윈도우 함수는 반드시 OVER() 절과 함께 사용되어야 합니다. 따라서 함수에 OVER()가 있다면 윈도우 함수임을 인지하고 문제를 풀이하면 됩니다.

윈도우 함수(입력값) OVER ([PARTITION BY 컬럼] [ORDER BY 컬럼] [WINDOWING 절])

- 윈도우 함수 : 어떤 함수를 적용할지 선택 ⓔ RANK(), SUM(), LAG() 등
- OVER() : 윈도우 함수가 사용된다는 표시
- PARTITION BY : 그룹을 나누는 기준(선택적)
- ORDER BY : 정렬 기준(선택적)
- WINDOWING 절 : 윈도우 함수에 사용될 행의 범위 지정(선택적)

[판매데이터(SALES_DATA)] 테이블

지점코드 (BRANCH_ID)	분류코드 (CATEGORY_ID)	상품명 (PRODUCT_NAME)	월 (MONTH)	매출액 (SALES_AMOUNT)
001	001	상품A	1	5000
001	001	상품B	2	8000
001	001	상품C	3	11000
002	002	상품D	1	25000
002	002	상품E	2	25000
002	002	상품F	3	15000
003	003	상품G	1	7000
003	003	상품H	2	8000
003	003	상품I	3	9000
004	004	상품J	1	40000
004	004	상품K	2	50000

02 그룹 내 순위 함수

그룹 내 순위 함수는 테이블 안에서 행과 행과의 관계를 순위로 비교해주는 윈도우 함수입니다. 종류는 RANK(), DENSE_RANK(), ROW_NUMBER()가 있으며, 시험과 실무에 모두 자주 사용됩니다.

1) RANK()

RANK() 함수는 동일 순위를 허용하고, 동시에 동일 순위를 건너뛰는 방식으로 순위를 매깁니다. 예시와 함께 실행 순서를 분석해 보겠습니다.

```
SELECT BRANCH_ID, PRODUCT_NAME, SALES_AMOUNT
     , RANK() OVER (ORDER BY SALES_AMOUNT DESC) AS RANKING
  FROM SALES_DATA;
```

① OVER(ORDER BY SALES_AMOUNT DESC) 기준으로 데이터를 정렬된 상태로 가정하고 연산을 수행합니다.

지점코드 (BRANCH_ID)	분류코드 (CATEGORY_ID)	상품명 (PRODUCT_NAME)	월 (MONTH)	매출액 (SALES_AMOUNT)
004	004	상품K	2	50000
004	004	상품J	1	40000
002	002	상품D	1	25000
002	002	상품E	2	25000
002	002	상품F	3	15000
001	001	상품C	3	11000
003	003	상품I	3	9000
003	003	상품H	2	8000
001	001	상품B	2	8000
003	003	상품G	1	7000
001	001	상품A	1	5000

> **기적의 TIP**
>
> 이해를 돕기 위해 정렬된 형태로 표현했지만, 윈도우 함수의 ORDER BY는 계산 순서만 지정할 뿐 결과 행을 정렬하지 않습니다. 실제 출력 순서를 보장하려면 쿼리 끝에 별도의 ORDER BY 절을 사용해야 합니다.

② 위에서부터 순서대로 순위를 부여합니다. 동일 값은 동순위, 그다음은 순위를 건너뜁니다.

지점코드 (BRANCH_ID)	분류코드 (CATEGORY_ID)	상품명 (PRODUCT_NAME)	월 (MONTH)	매출액	RANKING
004	004	상품K	2	50000	1
004	004	상품J	1	40000	2
002	002	상품D	1	25000	3
002	002	상품E	2	25000	3
002	002	상품F	3	15000	5
001	001	상품C	3	11000	6
003	003	상품I	3	9000	7
003	003	상품H	2	8000	8
001	001	상품B	2	8000	8
003	003	상품G	1	7000	10
001	001	상품A	1	5000	11

동순위 → 4순위 건너뛰기
동순위 → 9순위 건너뛰기

2) DENSE_RANK()

기본적인 흐름은 RANK()와 동일합니다. DENSE_RANK() 함수는 동일 순위를 허용하고, 동일 순위 이후에 순위를 건너뛰지 않습니다.

```sql
SELECT BRANCH_ID, PRODUCT_NAME, SALES_AMOUNT
     , DENSE_RANK() OVER (ORDER BY SALES_AMOUNT DESC) AS RANKING
  FROM SALES_DATA;
```

① OVER(ORDER BY SALES_AMOUNT DESC) 기준으로 데이터를 정렬된 상태로 가정하고 연산을 수행합니다.

지점코드 (BRANCH_ID)	분류코드 (CATEGORY_ID)	상품명 (PRODUCT_NAME)	월 (MONTH)	매출액 (SALES_AMOUNT)
004	004	상품K	2	50000
004	004	상품J	1	40000
002	002	상품D	1	25000
002	002	상품E	2	25000
002	002	상품F	3	15000
001	001	상품C	3	11000
003	003	상품I	3	9000
003	003	상품H	2	8000
001	001	상품B	2	8000
003	003	상품G	1	7000
001	001	상품A	1	5000

② 위에서부터 순서대로 순위를 부여합니다. 동일 값은 동순위, 그다음은 순위를 건너뛰지 않습니다.

지점코드 (BRANCH_ID)	분류코드 (CATEGORY_ID)	상품명 (PRODUCT_NAME)	월 (MONTH)	매출액	RANKING	
004	004	상품K	2	50000	1	
004	004	상품J	1	40000	2	
002	002	상품D	1	25000	3	동순위
002	002	상품E	2	25000	3	
002	002	상품F	3	15000	4	→ 순위 건너뛰지 않고 4순위 부여
001	001	상품C	3	11000	5	
003	003	상품I	3	9000	6	
003	003	상품H	2	8000	7	동순위
001	001	상품B	2	8000	7	
003	003	상품G	1	7000	8	→ 순위 건너뛰지 않고 8순위 부여
001	001	상품A	1	5000	9	

3) ROW_NUMBER()

기본적인 흐름은 RANK(), DENSE_RANK()와 동일합니다. ROW_NUMBER() 함수는 동일 순위 여부에 상관없이 고유한 값을 순서대로 부여합니다.

```sql
SELECT BRANCH_ID, PRODUCT_NAME, SALES_AMOUNT
     , ROW_NUMBER() OVER (ORDER BY SALES_AMOUNT DESC) AS RANKING
  FROM SALES_DATA;
```

① OVER(ORDER BY SALES_AMOUNT DESC) 기준으로 데이터를 정렬된 상태로 가정하고 연산을 수행합니다.

지점코드 (BRANCH_ID)	분류코드 (CATEGORY_ID)	상품명 (PRODUCT_NAME)	월 (MONTH)	매출액 (SALES_AMOUNT)
004	004	상품K	2	50000
004	004	상품J	1	40000
002	002	상품D	1	25000
002	002	상품E	2	25000
002	002	상품F	3	15000
001	001	상품C	3	11000
003	003	상품I	3	9000
003	003	상품H	2	8000
001	001	상품B	2	8000
003	003	상품G	1	7000
001	001	상품A	1	5000

② 위에서부터 순서대로 순위를 부여합니다. (모든 값에 대해 고유한 순위를 부여합니다.)

지점코드 (BRANCH_ID)	분류코드 (CATEGORY_ID)	상품명 (PRODUCT_NAME)	월 (MONTH)	매출액	RANKING
004	004	상품K	2	50000	1
004	004	상품J	1	40000	2
002	002	상품D	1	25000	3
002	002	상품E	2	25000	4
002	002	상품F	3	15000	5
001	001	상품C	3	11000	6
003	003	상품I	3	9000	7
003	003	상품H	2	8000	8
001	001	상품B	2	8000	9
003	003	상품G	1	7000	10
001	001	상품A	1	5000	11

→ 모든 값에 고유한 순위 부여

4) ROW_NUMBER()에 PARTITION BY 추가 사용

추가로 ROW_NUMBER 케이스를 하나 더 설명하면서 윈도우 함수 내 문법인 PARTITION BY에 대해 알아보겠습니다. PARTITION BY는 특정 컬럼을 기준으로 논리적으로 칸막이를 쳐서 각각 파티션 별로 처리하게 됩니다.

```
SELECT BRANCH_ID, PRODUCT_NAME, SALES_AMOUNT
     , ROW_NUMBER() OVER (PARTITION BY BRANCH_ID
                          ORDER BY SALES_AMOUNT DESC) AS RN
  FROM SALES_DATA;
```

① PARTITION BY BRANCH_ID : BRANCH_ID 별로 그룹(칸막이)를 가상으로 나눕니다.

BRANCH_ID	PRODUCT_NAME	SALES_AMOUNT
001	상품A	5000
001	상품B	8000
001	상품C	11000
002	상품D	25000
002	상품E	25000
002	상품F	15000
003	상품G	7000
003	상품H	8000
003	상품I	9000
004	상품J	40000
004	상품K	50000

② 각 파티션 별로 ORDER BY SALES_AMOUNT DESC를 가상으로 정렬합니다.

BRANCH_ID	PRODUCT_NAME	SALES_AMOUNT
001	상품C	11000
001	상품B	8000
001	상품A	5000
002	상품D	25000
002	상품E	25000
002	상품F	15000
003	상품I	9000
003	상품H	8000
003	상품G	7000

BRANCH_ID	PRODUCT_NAME	SALES_AMOUNT
004	상품K	50000
004	상품J	40000

③ 지점별로 순위를 부과하고, 각 파티션을 넘지 않습니다.

BRANCH_ID	PRODUCT_NAME	SALES_AMOUNT	RN
001	상품C	11000	1
001	상품B	8000	2
001	상품A	5000	3
002	상품D	25000	1
002	상품E	25000	2
002	상품F	15000	3
003	상품I	9000	1
003	상품H	8000	2
003	상품G	7000	3
004	상품K	50000	1
004	상품J	40000	2

[최종 출력 결과]

BRANCH_ID	PRODUCT_NAME	SALES_AMOUNT	RN
001	상품C	11000	1
001	상품B	8000	2
001	상품A	5000	3
002	상품D	25000	1
002	상품E	25000	2
002	상품F	15000	3
003	상품I	9000	1
003	상품H	8000	2
003	상품G	7000	3
004	상품K	50000	1
004	상품J	40000	2

기적의 TIP

위 상황에서 RN = 1인 결과만 가져온다면, 각 지점(BRANCH_ID)별로 매출액이 가장 높은 상품을 확인할 수 있습니다.

BRANCH_ID	PRODUCT_NAME	SALES_AMOUNT	RN
001	상품C	11000	1
002	상품D	25000	1
003	상품I	9000	1
004	상품K	50000	1

03 그룹 내 집계 함수

그룹 내 집계 함수는 GROUP BY에서 사용했던 MAX(), MIN(), COUNT(), AVG(), SUM()과 의미는 같지만, 큰 차이점이 있습니다.

구분	GROUP BY	윈도우 함수
결과 행 수	행이 줄어듦(그룹별 1행)	행을 그대로 유지
동작 방식	그룹별 하나의 결과	각 행에 대해 누적 또는 비교 결과 제공

윈도우 함수는 테이블 내 행을 줄이지 않고, 행마다 집계 결과를 계산하여 표시할 수 있습니다.

간단한 예시를 보며 이해해봅시다.

1) 실행 순서 분석

```
SELECT BRANCH_ID, PRODUCT_NAME, SALES_AMOUNT, MONTH
     , SUM(SALES_AMOUNT) OVER (PARTITION BY BRANCH_ID
                               ORDER BY MONTH) AS 누적합
  FROM SALES_DATA;
```

① BRANCH_ID를 기준으로 테이블 내의 데이터를 논리적으로 파티셔닝합니다.

② MONTH 컬럼을 기준으로 오름차순 정렬합니다.

BRANCH_ID	PRODUCT_NAME	SALES_AMOUNT	MONTH
001	상품A	5000	1
001	상품B	8000	2
001	상품C	11000	3
002	상품D	25000	1
002	상품E	25000	2
002	상품F	15000	3
003	상품G	7000	1
003	상품H	8000	2

003	상품I	9000	3

004	상품J	40000	1
004	상품K	50000	2

③ 각 파티션별로 SUM() 합계를 구합니다.

BRANCH_ID	PRODUCT_NAME	SALES_AMOUNT	MONTH	누적합
001	상품A	5000	1	5000
001	상품B	8000	2	13000
001	상품C	11000	3	24000
002	상품D	25000	1	25000
002	상품E	25000	2	50000
002	상품F	15000	3	65000
003	상품G	7000	1	7000
003	상품H	8000	2	15000
003	상품I	9000	3	24000
004	상품J	40000	1	40000
004	상품K	50000	2	90000

실행 결과를 보면 각 파티션 내에 상품 금액의 합계가 점차 누적된 것을 볼 수 있습니다. 이 결과가 나온 이유를 알려면 WINDOWING 개념을 알아야 합니다.

2) WINDOWING 개념 이해하기

```
윈도우 함수(입력값) OVER ( [PARTITION BY 컬럼] [ORDER BY 컬럼] [WINDOWING 절] )
```

WINDOWING 절은 해당 윈도우 함수를 적용할 행의 범위를 직접 지정하는 문법입니다. WINDOWING에 사용할 수 있는 예시를 알아보고 해석해보겠습니다.

[WINDOWING에서 사용할 수 있는 문법]
- UNBOUNDED PRECEDING : 그룹 내 첫 행부터
- UNBOUNDED FOLLOWING : 그룹 내 마지막 행까지
- CURRENT ROW : 그룹 내 현재 행부터 /까지
- RANGE : 논리적인 값을 기준으로 범위 지정
- ROWS : 물리적인 행을 기준으로 범위 지정

기적의 TIP

단, RANGE는 숫자형 또는 날짜형 정렬 컬럼에서만 사용 가능하며, 문자형은 지원하지 않습니다.

① 예시 1 - 파티션의 처음부터 끝까지 합 계산

```
SELECT BRANCH_ID, PRODUCT_NAME, SALES_AMOUNT, MONTH,
       SUM(SALES_AMOUNT) OVER (
       PARTITION BY BRANCH_ID
       ORDER BY MONTH
       ROWS BETWEEN UNBOUNDED PRECEDING AND UNBOUNDED FOLLOWING) AS 합계
  FROM SALES_DATA;
```

ROWS는 물리적인 행을 기준으로 하고 UNBOUNDED PRECEDING은 파티션 내 첫 행부터 파티션 내 마지막 행까지 집계 대상에 포함한다는 의미입니다.
아래 출력 결과는 PARTITION BY BRANCH_ID ORDER BY MONTH까지 진행한 내용입니다.

BRANCH_ID	PRODUCT_NAME	SALES_AMOUNT	MONTH
001	상품A	5000	1
001	상품B	8000	2
001	상품C	11000	3
002	상품D	25000	1
002	상품E	25000	2
002	상품F	15000	3
003	상품G	7000	1
003	상품H	8000	2
003	상품I	9000	3
004	상품J	40000	1
004	상품K	50000	2

이제 WINDOWING을 적용한 SUM을 연산하면 아래와 같습니다.

BRANCH_ID	PRODUCT_NAME	SALES_AMOUNT	MONTH	합계
001	상품A	5000	1	24000
001	상품B	8000	2	24000
001	상품C	11000	3	24000
002	상품D	25000	1	65000
002	상품E	25000	2	65000
002	상품F	15000	3	65000
003	상품G	7000	1	24000
003	상품H	8000	2	24000
003	상품I	9000	3	24000

004	상품J	40000	1	90000
004	상품K	50000	2	90000

[결과 분석]

첫 번째 파티션인 BRANCH_ID = '001'인 대상에 대해 물리적인 행(ROWS)를 기준으로 처음부터 끝까지를 연산의 범위로 지정했습니다. 즉, 첫 번째 행인 상품 A 행에서 가격은 5000 + 8000 + 11000이 더해져 24000이 되었습니다. 세 번째 행인 상품 C 행도 연산범위를 처음부터 끝까지 했으므로 동일하게 24000이 됩니다.

② 예시2 - 처음부터 현재 행까지 누적합 계산

```
SELECT BRANCH_ID, PRODUCT_NAME, SALES_AMOUNT, MONTH,
    SUM(SALES_AMOUNT) OVER (
    PARTITION BY BRANCH_ID
    ORDER BY MONTH
    ROWS BETWEEN UNBOUNDED PRECEDING AND CURRENT ROW ) AS 합계
  FROM SALES_DATA;
```

이번에는 연산의 범위를 맨 처음(UNBOUNDED PRECEDING)부터 현재 행(CURRENT ROW)으로 바꾸고 실행한 결과입니다.

BRANCH_ID	PRODUCT_NAME	SALES_AMOUNT	MONTH	합계
001	상품A	5000	1	5000
001	상품B	8000	2	13000
001	상품C	11000	3	24000
002	상품D	25000	1	25000
002	상품E	25000	2	50000
002	상품F	15000	3	65000
003	상품G	7000	1	7000
003	상품H	8000	2	15000
003	상품I	9000	3	24000
004	상품J	40000	1	40000
004	상품K	50000	2	90000

[결과 분석]

첫 번째 행인 상품 A에 대한 SUM 연산이 맨 처음(UNBOUNDED PRECEDING)부터 현재 행(CURRENT ROW)이므로 합계는 5000이 됩니다. 그다음 행인 상품 B에 대한 연산은 처음부터 현재 행까지이므로 5000 + 8000 = 13000이 됩니다. 상품 E는 첫 행의 가격이 25000, 본인의 합계가 25000이므로 합계가 50000이 됩니다. 즉, 누적합을 구할 수 있게 됩니다.

> **기적의 TIP**
>
> 따로 WINDOWING을 지정하지 않으면 기본범위는 RANGE BETWEEN UNBOUNDED PRECEDING AND CURRENT ROW입니다. (처음부터 현재 행까지)

③ 예시 3 – 현재 행 값을 기준으로 범위 조건 내의 값들만 합계

```
SELECT BRANCH_ID, PRODUCT_NAME, SALES_AMOUNT,
       SUM(SALES_AMOUNT) OVER (
         PARTITION BY BRANCH_ID
         ORDER BY SALES_AMOUNT
         RANGE BETWEEN 5000 PRECEDING AND 10000 FOLLOWING ) AS 합계
  FROM SALES_DATA;
```

아래 결과는 PARTITION BY BRANCH_ID ORDER BY SALES_AMOUNT까지 진행한 내용입니다.

BRANCH_ID	PRODUCT_NAME	SALES_AMOUNT
001	상품A	5000
001	상품B	8000
001	상품C	11000
002	상품F	15000
002	상품D	25000
002	상품E	25000
003	상품G	7000
003	상품H	8000
003	상품I	9000
004	상품J	40000
004	상품K	50000

RANGE BETWEEN 5000 PRECEDING AND 10000 FOLLOWING을 적용하기에 앞서 의미를 해석해보면 현재 행의 SALES_AMOUNT 기준 -5000 ~ +10000 사이의 범위를 가진 행을 더하라는 의미입니다.

BRANCH_ID	PRODUCT_NAME	SALES_AMOUNT	합계
001	상품A	5000	24000
001	상품B	8000	24000
001	상품C	11000	19000
002	상품F	15000	65000
002	상품D	25000	50000
002	상품E	25000	50000
003	상품G	7000	24000

003	상품H	8000	24000
003	상품I	9000	24000
004	상품J	40000	90000
004	상품K	50000	50000

- 예를 들어 첫 번째 행인 상품 A의 가격은 5000입니다. 5000 기준 0~15000 사이의 행이 파티션 내에 5000, 8000, 11000 있으므로 모두 더한 24000이 됩니다.
- 두 번째 행인 상품 C의 가격은 11000입니다. 11000 기준 6000~21000 사이의 행이 파티션 내에 8000, 11000 있으므로 모두 더한 19000이 됩니다.
- 상품 K의 경우, 현재 행이 50000이고, 50000 기준 45000~60000 사이의 행이 파티션 내에 자신밖에 없으므로 50000을 더한 50000이 됩니다.

> **기적의 TIP**
>
> RANGE를 이용할 때 기준은 ORDER BY에 사용된 컬럼의 값을 기준으로 합니다.

04 그룹 내 행 순서 함수

이번에는 그룹 내 행 순서 함수를 알아보겠습니다. 행(Row) 간의 이동을 통해 이전 값 또는 다음 값을 참조할 수 있게 해주는 함수들입니다. 대표 함수로는 LAG(), LEAD()가 있습니다.

1) LAG()

LAG() 함수는 현재 행 기준 "이전 행"의 값을 가져오는 함수입니다.

```
LAG(컬럼, 오프셋, 디폴트)
```

- 컬럼 : 이전 행을 가져올 컬럼
- 오프셋 : 몇 번째 이전 행을 가져올지 지정(기본 1)
- 디폴트 : 값이 없을 경우 출력할 기본값(기본 NULL)

```sql
SELECT BRANCH_ID, PRODUCT_NAME, SALES_AMOUNT, MONTH
     , LAG(SALES_AMOUNT, 1) OVER (PARTITION BY BRANCH_ID
                                  ORDER BY MONTH) AS PREV_SALES
  FROM SALES_DATA;
```

→ PARTITION BY BRANCH_ID ORDER BY MONTH까지 한 상태는 다음과 같습니다.

BRANCH_ID	PRODUCT_NAME	SALES_AMOUNT	MONTH
001	상품A	5000	1
001	상품B	8000	2
001	상품C	11000	3

002	상품D	25000	1
002	상품E	25000	2
002	상품F	15000	3

003	상품G	7000	1
003	상품H	8000	2
003	상품I	9000	3

| 004 | 상품J | 40000 | 1 |
| 004 | 상품K | 50000 | 2 |

→ LAG(SALES_AMOUNT, 1)이므로 현재 행 기준 첫 번째 이전의 SALES_AMOUNT를 가져옵니다.

BRANCH_ID	PRODUCT_NAME	SALES_AMOUNT	MONTH	PREV_SALES
001	상품A	5000	1	NULL
001	상품B	8000	2	5000
001	상품C	11000	3	8000
002	상품D	25000	1	NULL
002	상품E	25000	2	25000
002	상품F	15000	3	25000
003	상품G	7000	1	NULL
003	상품H	8000	2	7000
003	상품I	9000	3	8000
004	상품J	40000	1	NULL
004	상품K	50000	2	40000

2) LEAD( )

LEAD( ) 함수는 현재 행 기준 "이후 행"의 값을 가져오는 함수입니다.

LEAD(컬럼, 오프셋, 디폴트)

- 컬럼 : 이후 행을 가져올 컬럼
- 오프셋 : 몇 번째 이후 행을 가져올지 지정(기본 1)
- 디폴트 : 값이 없을 경우 출력할 기본값(기본 NULL)

```
SELECT BRANCH_ID, PRODUCT_NAME, SALES_AMOUNT, MONTH
     , LEAD(SALES_AMOUNT, 2, 999) OVER (PARTITION BY BRANCH_ID
                         ORDER BY MONTH) AS NEXT_SALES
  FROM SALES_DATA;
```

→ PARTITION BY BRANCH_ID ORDER BY MONTH까지 한 상태는 다음과 같습니다.

BRANCH_ID	PRODUCT_NAME	SALES_AMOUNT	MONTH
001	상품A	5000	1
001	상품B	8000	2
001	상품C	11000	3
002	상품D	25000	1
002	상품E	25000	2
002	상품F	15000	3
003	상품G	7000	1
003	상품H	8000	2
003	상품I	9000	3
004	상품J	40000	1
004	상품K	50000	2

→ LEAD(SALES_AMOUNT, 2, 999)이므로 현재 행 기준 두 번째 이후의 SALES_AMOUNT를 가져옵니다. 만약 값이 없으면 기본값인 999를 출력합니다.

BRANCH_ID	PRODUCT_NAME	SALES_AMOUNT	MONTH	NEXT_SALES
001	상품A	5000	1	11000
001	상품B	8000	2	999
001	상품C	11000	3	999
002	상품D	25000	1	15000
002	상품E	25000	2	999
002	상품F	15000	3	999
003	상품G	7000	1	9000
003	상품H	8000	2	999
003	상품I	9000	3	999
004	상품J	40000	1	999
004	상품K	50000	2	999

05 그룹 내 비율 함수

그룹 내 비율 함수는 전체 데이터나 그룹 내부에서 현재 행이 차지하는 비율이나 위치를 계산해주는 함수입니다.

> [대표 함수]
> - RATIO_TO_REPORT()
> - PERCENT_RANK()
> - CUME_DIST()
> - NTILE()

1) RATIO_TO_REPORT()

RATIO_TO_REPORT() 함수는 현재 행의 값이 그룹 전체 합계에서 차지하는 비율을 계산합니다.

[예시 쿼리]

```sql
SELECT BRANCH_ID, PRODUCT_NAME, SALES_AMOUNT
     , RATIO_TO_REPORT(SALES_AMOUNT) OVER (PARTITION BY BRANCH_ID) AS SALES_RATIO
  FROM SALES_DATA
 ORDER BY BRANCH_ID, SALES_AMOUNT DESC;
```

[실행 결과]

BRANCH_ID	PRODUCT_NAME	SALES_AMOUNT	SALES_RATIO
001	상품C	11000	0.4583
001	상품B	8000	0.3333
001	상품A	5000	0.2083
002	상품D	25000	0.3846
002	상품E	25000	0.3846
002	상품F	15000	0.2308
003	상품I	9000	0.3750
003	상품H	8000	0.3333
003	상품G	7000	0.2917
004	상품K	50000	0.5556
004	상품J	40000	0.4444

예를 들어, BRANCH_ID가 001인 지점의 SALES_AMOUNT 총합은 24,000원입니다. 이 중 상품 C의 매출액은 11,000원이며, 전체 매출에서 차지하는 비중은 11,000/24,000으로 0.4583임을 확인할 수 있습니다.

2) PERCENT_RANK()

PERCENT_RANK()는 전체 데이터 내에서 백분율 순위(Percentile Rank)를 계산합니다.

[예시 쿼리]

```
SELECT BRANCH_ID, PRODUCT_NAME, SALES_AMOUNT
     , PERCENT_RANK() OVER (PARTITION BY BRANCH_ID
                            ORDER BY SALES_AMOUNT) AS PCT_RANK
  FROM SALES_DATA
ORDER BY BRANCH_ID, SALES_AMOUNT ASC;
```

[실행 결과]

BRANCH_ID	PRODUCT_NAME	SALES_AMOUNT	PCT_RANK
001	상품A	5000	0.0
001	상품B	8000	0.5
001	상품C	11000	1.0
002	상품F	15000	0.0
002	상품D	25000	0.5
002	상품E	25000	0.5
003	상품G	7000	0.0
003	상품H	8000	0.5
003	상품I	9000	1.0
004	상품J	40000	0.0
004	상품K	50000	1.0

예를 들어 상품 B는 BRANCH_ID 내에서 두 번째 행이고, 해당 지점에는 총 3개의 행이 존재합니다. 따라서 그 중간인 0.5를 출력합니다.

3) CUME_DIST()

CUME_DIST()는 현재 행까지 누적된 데이터 분포 비율을 계산합니다.

[예시 쿼리]

```
SELECT BRANCH_ID, PRODUCT_NAME, SALES_AMOUNT
     , CUME_DIST() OVER (PARTITION BY BRANCH_ID
                         ORDER BY SALES_AMOUNT) AS CUME_DIST
  FROM SALES_DATA
ORDER BY BRANCH_ID, SALES_AMOUNT ASC;
```

[실행 결과]

BRANCH_ID	PRODUCT_NAME	SALES_AMOUNT	CUME_DIST
001	상품A	5000	0.3333
001	상품B	8000	0.6667
001	상품C	11000	1.0000

002	상품F	15000	0.3333
002	상품D	25000	1.0000
002	상품E	25000	1.0000
003	상품G	7000	0.3333
003	상품H	8000	0.6667
003	상품I	9000	1.0000
004	상품J	40000	0.5000
004	상품K	50000	1.0000

예를 들어 상품 B는 BRANCH_ID 내에서 두 번째 행이고, 해당 지점에는 총 3개의 행이 존재하므로 누적 비율이 0.6667이 됩니다.

4) NTILE(N)

NTILE(N)는 데이터를 N개의 그룹(분위)로 나눕니다.

[STUDENT] 테이블

STUDENT_ID	SCORE
1	95
2	90
3	85
4	80
5	75
6	70
7	65
8	60
9	55
10	50

[예시 쿼리] 4분위 나누기

```
SELECT STUDENT_ID, SCORE,
       NTILE(4) OVER (ORDER BY SCORE DESC) AS QUARTILE
  FROM STUDENT_SCORE;
```

[실행 결과]

STUDENT_ID	SCORE	QUARTILE(NTILE(4))
1	95	1
2	90	1
3	85	1
4	80	2
5	75	2
6	70	2

→ 각 그룹에 2개씩 행 배정 후 나머지 2개는 상위 그룹에 하나씩 추가 배정

7	65	3
8	60	3
9	55	4
10	50	4

- 총 10개의 행이 있으므로 NTILE(4)는 각 그룹에 최소 2개씩([10/4]=2.5) 행을 배정할 수 있습니다.
- 남는 부분은 상위 그룹에서부터 하나씩 추가로 행을 부여합니다. 즉, 2개씩 행 배정 후 남은 2개 행은 앞에서부터 하나씩 배정합니다.

03 PARTITION BY와 GROUP BY의 차이

윈도우 함수의 PARTITION BY와 SELECT 내의 GROUP BY 차이점을 알아봅시다.

구분	PARTITION BY	GROUP BY
위치	윈도우 함수 내부(OVER 절)	SELECT 문 GROUP BY 절
데이터 분할 방식	논리적 그룹핑(행 유지)	물리적 그룹핑(행 줄어듦)
결과 행 수	변하지 않음	줄어듦

▲ PARTITION BY와 GROUP BY 비교

[SALES_DATA] 테이블

BRANCH_ID	PRODUCT_NAME	SALES_AMOUNT
001	상품A	5000
001	상품B	8000
001	상품C	11000
002	상품D	25000
002	상품E	25000
002	상품F	15000

1) PARTITION BY 적용

```
SELECT BRANCH_ID, PRODUCT_NAME, SALES_AMOUNT
     , SUM(SALES_AMOUNT) OVER (PARTITION BY BRANCH_ID) AS BRANCH_TOTAL
  FROM SALES_DATA;
```

BRANCH_ID	PRODUCT_NAME	SALES_AMOUNT	BRANCH_TOTAL
001	상품A	5000	24000
001	상품B	8000	24000
001	상품C	11000	24000
002	상품D	25000	65000

002	상품E	25000	65000
002	상품F	15000	65000

- 각 행을 그대로 유지하며, 따로 WHERE 절을 사용하지 않았습니다.
- 각 지점별 합계 값이 모든 행마다 함께 표시됩니다.

2) GROUP BY 사용

```
SELECT BRANCH_ID, SUM(SALES_AMOUNT) AS BRANCH_TOTAL
  FROM SALES_DATA
GROUP BY BRANCH_ID;
```

BRANCH_ID	BRANCH_TOTAL
001	24000
002	65000

- BRANCH_ID 별로 GROUP BY 되어 실제 행이 감소합니다.
- 상품별 정보가 사라지고, 지점별 합계만 남아있습니다.

이론을 확인하는 기출문제

01 다음 SQL을 실행한 결과로 옳은 것을 고르시오.

[SALES_DATA] 테이블

BRANCH_ID	PRODUCT_NAME	SALES_AMOUNT	MONTH
001	상품A	5000	1
001	상품B	8000	2
001	상품C	11000	3
002	상품D	25000	1
002	상품E	25000	2
002	상품F	15000	3
003	상품G	7000	1
003	상품H	8000	2
003	상품I	9000	3

```
SELECT BRANCH_ID, PRODUCT_NAME, SALES_AMOUNT
  FROM (
        SELECT BRANCH_ID
             , PRODUCT_NAME
             , SALES_AMOUNT
             , ROW_NUMBER() OVER
               (PARTITION BY BRANCH_ID
ORDER BY SALES_AMOUNT DESC) AS RN
          FROM SALES_DATA
       )
 WHERE RN = 1;
```

①
BRANCH_ID	PRODUCT_NAME	SALES_AMOUNT
001	상품C	11000
002	상품D	25000
003	상품I	9000

②
BRANCH_ID	PRODUCT_NAME	SALES_AMOUNT
001	상품C	11000
002	상품F	15000
003	상품I	9000

③
BRANCH_ID	PRODUCT_NAME	SALES_AMOUNT
001	상품C	11000
002	상품D	25000
003	상품H	8000

④
BRANCH_ID	PRODUCT_NAME	SALES_AMOUNT
001	상품C	11000
002	상품E	25000
003	상품G	7000

위 쿼리는 윈도우 함수를 이용해 지점별로 PARTITION BY 하여 SALES_AMOUNT 기준 내림차순 정렬하고 있다.

BRANCH_ID	PRODUCT_NAME	SALES_AMOUNT	MONTH
001	상품C	11000	3
001	상품B	8000	2
001	상품A	5000	1

BRANCH_ID	PRODUCT_NAME	SALES_AMOUNT	MONTH
002	상품D	25000	1
002	상품E	25000	2
002	상품F	15000	3

BRANCH_ID	PRODUCT_NAME	SALES_AMOUNT	MONTH
003	상품I	9000	3
003	상품H	8000	2
003	상품G	7000	1

정답 01 ①

ROW_NUMBER는 위에서부터 순서대로 고유값을 부여하며, WHERE 조건에 RN = 1이 있으므로 각 파티션 별로 SALES_AMOUNT가 가장 큰 값을 하나만 가져온다.

BRANCH_ID	PRODUCT_NAME	SALES_AMOUNT
001	상품C	11000
002	상품D	25000
003	상품I	9000

02 아래 SQL 실행 시 RANK() 결과와 DENSE_RANK() 결과를 비교했을 때 다음 중 옳은 것은?

```
SELECT PRODUCT_NAME, SALES_AMOUNT,
       RANK() OVER (ORDER BY SALES_AMOUNT DESC) AS R,
       DENSE_RANK() OVER (ORDER BY SALES_AMOUNT DESC) AS DR
FROM SALES_DATA;
```

① RANK와 DENSE_RANK 모두 동일한 결과를 반환한다.
② RANK는 순위를 건너뛰며, DENSE_RANK는 건너뛰지 않는다.
③ RANK는 순위를 건너뛰지 않고, DENSE_RANK는 건너뛴다.
④ RANK와 DENSE_RANK 동일한 값에 동일한 순위를 부여하지 않는다.

RANK는 동일한 값에 동순위를 부여하고 다음 순위를 건너뛴다. DENSE_RANK는 동일한 값에 동순위를 부여하고 다음 순위를 건너뛰지 않는다.

03 다음 SQL을 실행했을 때 상품H의 PREV_SALES 값은?

[SALES_DATA] 테이블

BRANCH_ID	PRODUCT_NAME	SALES_AMOUNT	MONTH
001	상품A	5000	1
001	상품B	8000	2
001	상품C	11000	3
002	상품D	25000	1
002	상품E	25000	2
002	상품F	15000	3
003	상품G	7000	1
003	상품H	8000	2
003	상품I	9000	3

```
SELECT PRODUCT_NAME, SALES_AMOUNT,
       LAG(SALES_AMOUNT, 1) OVER
(PARTITION BY BRANCH_ID
   ORDER BY MONTH) AS PREV_SALES
FROM SALES_DATA;
```

① 7000
② 8000
③ NULL
④ 9000

먼저 윈도우 함수를 실행한 결과는 아래와 같다. 또한 SALES_AMOUNT 컬럼 기준으로 이전(1) 행을 가져오고 있다. 실행 결과 상품H의 PREV_SALES 는 7000이 된다.

BRANCH_ID	PRODUCT_NAME	SALES_AMOUNT	MONTH	PREV_SALES
001	상품A	5000	1	NULL (이전 행 없음)
001	상품B	8000	2	5000
001	상품C	11000	3	11000

BRANCH_ID	PRODUCT_NAME	SALES_AMOUNT	MONTH	PREV_SALES
002	상품D	25000	1	NULL (이전 행 없음)
002	상품E	25000	2	25000
002	상품F	15000	3	25000

정답 02 ② 03 ①

BRANCH_ID	PRODUCT_NAME	SALES_AMOUNT	MONTH	PREV_SALES
003	상품G	7000	1	NULL (이전 행 없음)
003	상품H	8000	2	7000
003	상품I	9000	3	8000

04 윈도우 함수에 대한 설명으로 가장 적절한 것은?

① 윈도우 함수는 OVER 절 없이도 사용할 수 있다.
② 윈도우 함수는 항상 결과 행 수가 줄어든다.
③ 윈도우 함수는 다중 행 함수이며, 집계 결과를 각 행마다 보여준다.
④ 윈도우 함수는 GROUP BY로 파티셔닝을 수행한다.

> 윈도우 함수는 OVER()가 반드시 있어야 하며, GROUP BY와 달리 집계 등 다중 행 함수를 실행할 때 행 수가 줄어들지 않는다.

05 다음 중 DENSE_RANK() 함수의 특징으로 가장 올바른 것은?

① 동순위가 있으면 순위를 건너뛴다.
② ROW_NUMBER()와 동일하게 고유한 순위를 부여한다.
③ RANK()와 동일하게 순위를 건너뛴다.
④ 동순위가 있어도 다음 순위는 이어서 부여된다.

> ROW_NUMBER()는 동일한 값에 관계없이 고유한 순위를 부여한다. RANK()는 동일한 값에 동순위를 부여하고 다음 순위를 건너뛴다. DENSE_RANK()는 동일한 값에 동순위를 부여하지만 다음 순위를 건너뛰지 않는다.

06 다음 SQL의 실행 결과로 올바른 것은?

[SALES_DATA] 테이블

BRANCH_ID	PRODUCT_NAME	SALES_AMOUNT	MONTH
001	상품A	5000	1
001	상품B	8000	2
001	상품C	11000	3
002	상품D	25000	1
002	상품E	25000	2
002	상품F	15000	3

```
SELECT BRANCH_ID, MONTH, SALES_AMOUNT,
    SUM(SALES_AMOUNT) OVER (
        PARTITION BY BRANCH_ID
        ORDER BY MONTH
            ROWS BETWEEN UNBOUNDED
PRECEDING AND CURRENT ROW
    ) AS CUMULATIVE_SALES
FROM SALES_DATA;
```

①

BRANCH_ID	MONTH	SALES_AMOUNT	CUMULATIVE_SALES
001	1	5000	89000
001	2	8000	89000
001	3	11000	89000
002	1	25000	89000
002	2	25000	89000
002	3	15000	89000

②

BRANCH_ID	MONTH	SALES_AMOUNT	CUMULATIVE_SALES
001	1	5000	5000
001	2	8000	8000
001	3	11000	11000
002	1	25000	25000
002	2	25000	25000
002	3	15000	15000

정답 04 ③ 05 ④ 06 ③

③

BRANCH_ID	MONTH	SALES_AMOUNT	CUMULATIVE_SALES
001	1	5000	5000
001	2	8000	13000
001	3	11000	24000
002	1	25000	25000
002	2	25000	50000
002	3	15000	65000

④

BRANCH_ID	MONTH	SALES_AMOUNT	CUMULATIVE_SALES
001	1	5000	5000
001	2	8000	6500
001	3	11000	8000
002	1	25000	25000
002	2	25000	25000
002	3	15000	21666.67

이 쿼리는 지점별 월별 누적 매출을 구하는 쿼리이다. 지점별로 파티셔닝 하여 월별로 오름차순 정렬한 뒤에, 각각 첫 번째 행부터 현재 행까지의 범위에 있는 SALES_AMOUNT 합계를 누적해 구한다.

07 다음 중 GROUP BY와 PARTITION BY의 주요 차이점으로 올바른 것은?

① 둘 다 결과 행을 줄인다.
② PARTITION BY는 SELECT 절에서 사용될 수 없다.
③ GROUP BY는 결과 행을 줄이지만, PARTITION BY는 유지한다.
④ GROUP BY는 윈도우 함수 전용이다.

GROUP BY는 행을 집계하여 줄이고, PARTITION BY는 논리적 분할만 하여 행 수를 유지한다.

08 STUDENT_SCORE 테이블에 총 10개의 데이터가 있다고 할 경우 5 번째에 위치한 학생의 QRT 값으로 올바른 것은? (단, SCORE 기준 내림차순 정렬이며 점수는 모두 다르다고 가정한다.)

```
SELECT STUDENT_ID, SCORE,
       NTILE(4) OVER (ORDER BY SCORE DESC) AS QRT
FROM STUDENT_SCORE;
```

① 1   ② 2
③ 3   ④ 4

NTILE(n)함수는 데이터를 n 분위로 나누는 윈도우 함수이다. 총 10개의 행을 균등하게 n개로 나눈다. 여기서는 4이므로 10/4 = 2.5이다. 최소 분위별로 2개씩 행이 입력되고, Oracle은 앞쪽 그룹부터 하나씩 더 할당한다. 즉 아래와 같이 할당된다.

분위(QRT)	포함되는 순위	개수
1	1, 2, 3	3개
2	4, 5, 6	3개
3	7, 8	2개
4	9, 10	2개

따라서 다섯 번째에 위치한 학생의 QRT는 2이다.

09 다음 SQL에서 상품B의 합계 값은 얼마인가?

[SALES_DATA] 테이블

PRODUCT_NAME	SALES_AMOUNT
상품A	5000
상품B	8000
상품C	11000
상품G	7000
상품H	8000
상품I	9000

```
SELECT PRODUCT_NAME, SALES_AMOUNT,
       SUM(SALES_AMOUNT) OVER (
           ORDER BY SALES_AMOUNT
             RANGE BETWEEN 3000 PRECEDING
AND 2000 FOLLOWING
           ) AS 합계
FROM SALES_DATA;
```

①
PRODUCT_NAME	SALES_AMOUNT	합계
상품B	8000	8000

②
PRODUCT_NAME	SALES_AMOUNT	합계
상품B	8000	24000

③
PRODUCT_NAME	SALES_AMOUNT	합계
상품B	8000	37000

④
PRODUCT_NAME	SALES_AMOUNT	합계
상품B	8000	27000

SALES_AMOUNT를 기준으로 오름차 정렬하면 다음과 같다.

PRODUCT_NAME	SALES_AMOUNT
상품A	5000
상품G	7000
상품B	8000
상품H	8000
상품I	9000
상품C	11000

RANGE BETWEEN 3000 PRECEDING AND 2000 FOLLOWING은 현재 행 기준 SALES_AMOUNT의 값 −3000 ~ +2000 사이에 있는 행을 의미한다. 예를 들어 상품A는 SALES_AMOUNT가 5000이므로 2000 ~ 7000 사이의 값을 찾아 합계를 구한다. 즉 5000 + 7000 = 12000이 출력된다. 상품H는 8000이므로 5000 ~ 10000 사이의 값을 찾아 더한다. 즉 5000 + 7000 + 8000 + 8000 + 9000 = 37000이 출력된다.

10 아래 결과를 만들기 위해 사용한 순위 함수는 무엇인가?

PRODUCT_NAME	SALES_AMOUNT	순위(RNK)
상품A	10000	1
상품B	10000	1
상품C	9000	3
상품D	8000	4
상품E	8000	4
상품F	7000	6

① ROW_NUMBER()
② DENSE_RANK()
③ RANK()
④ LAG()

RANK는 동일한 값에 동순위 부여, 그다음 값은 순위를 건너뛴다.

SECTION 05 TOP-N 쿼리

빈출 태그 ▶ TOP-N, ROWNUM, FETCH 문

01 TOP-N

TOP-N이란 SQL에서 "상위 N개 행"을 추출하는 기술을 말합니다. 쉽게 말해, 특정 기준으로 가장 높은 (또는 낮은) 데이터를 일정 수만 조회할 때 사용하는 방식입니다. 예 점수가 가장 높은 학생 상위 3명, 매출이 가장 높은 상품 5개 출력 등

TOP-N은 주로 인라인 뷰와 ROWNUM을 조합해 구현합니다. 따라서 먼저 ROWNUM의 개념을 이해한 뒤, TOP-N 구현 방식을 살펴보겠습니다.

[STUDENT_SCORE] 테이블

STUDENT_ID	NAME	SUBJECT	SCORE
1	Alice	Math	95
2	Bob	Math	90
3	Carol	Math	85
4	Dave	Math	88
5	Erin	Math	92
6	Frank	Math	87
7	Grace	Math	82

02 ROWNUM

01 ROWNUM의 개념

ROWNUM은 Oracle 데이터베이스에서 조회 결과에 대해 임시로 부여되는 순차 번호입니다. 조회된 행의 순서대로 1부터 번호가 매겨지며, 이는 테이블에 실제 존재하지 않고 조회 시점에 일시적으로 생성되는 가상 컬럼입니다. 대표적인 가상 컬럼에는 ROWNUM, ROWID, LEVEL 등이 있습니다.

[ROWNUM 출력 예시]

```
SELECT ROWNUM, STUDENT_ID, NAME, SCORE
  FROM STUDENT_SCORE;
```

[출력 결과]

ROWNUM	STUDENT_ID	NAME	SCORE
1	1	Alice	95
2	2	Bob	90
3	3	Carol	85
4	4	Dave	88
5	5	Erin	92
6	6	Frank	87
7	7	Grace	82

테이블의 저장 순서가 아니라, 조회된 결과 순서에 따라 ROWNUM이 부여됩니다.

02 WHERE 절에서 ROWNUM 사용

ROWNUM은 WHERE 절에서도 사용할 수 있습니다. ROWNUM을 이용해서 특정 수 이하의 행만 추출할 때 유용합니다. 다음은 테이블에서 상위 3개의 데이터만 조회하는 쿼리 예시입니다.

```sql
SELECT ROWNUM, STUDENT_ID, NAME, SCORE
  FROM STUDENT_SCORE
 WHERE ROWNUM <= 3;
```

ROWNUM(확인용)	STUDENT_ID	NAME	SCORE
1	1	Alice	95
2	2	Bob	90
3	3	Carol	85

즉, 출력되는 테이블에 조회된 결과 순서에 따라 ROWNUM이 부여되는데, 조건에 ROWNUM ≤3까지만 출력하도록 하여 총 3개가 출력되었습니다.

03 ROWNUM 사용 시 주의사항

ROWNUM은 항상 1부터 시작하며 순차적으로 증가해야 합니다. 다시 말해, ROWNUM은 1을 사용하지 않으면 그다음 값을 사용할 수 없습니다. 이는 ROWNUM이 가상의 값으로 순차적인 평가가 필요하기 때문입니다.

1) 잘못된 예시 (ROWNUM = 2)

```sql
SELECT *
  FROM STUDENT_SCORE
 WHERE ROWNUM = 2;
```

[출력 결과] (결과 0건)

STUDENT_ID	NAME	SUBJECT	SCORE

ROWNUM이 2부터 사용되었기 때문에 기준을 알 수 없어 아무것도 출력이 되지 않습니다.

2) 가능한 예시 (ROWNUM = 1)

```
SELECT *
  FROM STUDENT_SCORE
 WHERE ROWNUM = 1;
```

[출력 결과]

STUDENT_ID	NAME	SUBJECT	SCORE
1	Alice	Math	95

ROWNUM = 1은 첫 번째 행을 의미하므로 정상적으로 출력됩니다.

3) 잘못된 예시 (ROWNUM >= 2)

```
SELECT *
  FROM STUDENT_SCORE
 WHERE ROWNUM >= 2;
```

[출력 결과]

STUDENT_ID	NAME	SUBJECT	SCORE

ROWNUM이 2부터 사용되기 때문에 기준점인 1을 찾을 수 없어 아무것도 출력되지 않습니다.

4) 가능한 예시 (ROWNUM <= 3)

```
SELECT *
  FROM STUDENT_SCORE
 WHERE ROWNUM <= 3;
```

[출력 결과]

STUDENT_ID	NAME	SUBJECT	SCORE
1	Alice	Math	95
2	Bob	Math	90
3	Carol	Math	85

ROWNUM ≤ 3은 내부적으로 1, 2, 3을 순차적으로 사용한다는 의미입니다. 즉, ROWNUM = 1을 알고 있으므로 그다음 상대적인 ROWNUM = 2를 알 수 있고, 그다음 ROWNUM = 3을 알 수 있게 됩니다.

> **기적의 TIP**
>
> 헷갈릴 때는 ROWNUM이 1부터 시작한다는 점을 기억하세요.

04 인라인 뷰 + ROWNUM으로 구현하는 정확한 TOP-N

이번에는 ROWNUM과 인라인 뷰를 조합하여 정렬된 결과에서 상위 N개 데이터를 정확히 추출하는 방법을 알아보겠습니다. 아래 예시를 통해 인라인 뷰를 써야 하는 이유와 TOP-N을 구현하는 방법을 알 수 있습니다.

1) 예시 - 점수가 가장 높은 3명의 학생 이름 추출하기(잘못된 케이스)

STUDENT_ID	NAME	SCORE
1	Alice	95
2	Bob	90
3	Carol	85
4	Dave	88
5	Erin	92
6	Frank	87
7	Grace	82

```
SELECT STUDENT_ID, NAME, SCORE
  FROM STUDENT_SCORE
 WHERE ROWNUM <= 3
 ORDER BY SCORE DESC;
```

[출력 결과]

STUDENT_ID	NAME	SCORE
1	Alice	95
2	Bob	90
3	Carol	85

→ 원하는 결과(95, 92, 90)가 제대로 출력되지 않았음

Oracle에서는 ROWNUM 필터링이 ORDER BY보다 먼저 적용되므로, 정렬되지 않은 결과에서 먼저 ROWNUM ≤ N 조건이 적용됩니다. 따라서 정확한 상위 N개를 추출하려면 반드시 인라인 뷰에서 정렬을 먼저 수행한 후, ROWNUM 조건을 적용해야 합니다.

2) 인라인 뷰를 이용한 예시

```
SELECT STUDENT_ID, NAME, SCORE
  FROM (
         SELECT STUDENT_ID, NAME, SCORE
           FROM STUDENT_SCORE
          ORDER BY SCORE DESC
       )
 WHERE ROWNUM <= 3;
```

① FROM이 먼저 실행되므로 SCORE로 내림차순 정렬한 가상의 테이블을 만들어냅니다.

STUDENT_ID	NAME	SCORE
1	Alice	95
5	Erin	92
2	Bob	90
4	Dave	88
6	Frank	87
3	Carol	85
7	Grace	82

② WHERE ROWNUM ≤ 3은 기존과 동일하게 테이블을 위에서 3개만 필터링합니다. 이미 정렬이 되어 있으므로 상위 N개 개념이 적용됩니다.

[출력 결과]

STUDENT_ID	NAME	SCORE
1	Alice	95
5	Erin	92
2	Bob	90

05 SQL Server의 TOP-N 구현 방식

SQL Server에서는 오라클처럼 인라인 뷰 + ROWNUM 조합을 사용할 필요 없이, TOP(N) 키워드를 이용해 간단하게 상위 N개 데이터를 조회할 수 있습니다.

1) TOP(N) 구문 형식

```
SELECT TOP (N) [PERCENT] [WITH TIES] 컬럼목록
FROM 테이블명
ORDER BY 정렬기준;
```

옵션	설명
TOP (N)	상위 N개 행을 반환한다.
PERCENT	입력 시 N개가 아닌 N%를 반환한다.
WITH TIES	ORDER BY 결과의 마지막 값과 동일한 데이터까지 추가 반환한다. 이때, 반드시 ORDER BY가 있어야 한다.

2) 예시 1 – 점수가 가장 높은 상위 3명 학생 조회하기

```
SELECT TOP (3) STUDENT_ID, NAME, SCORE
  FROM STUDENT_SCORE
 ORDER BY SCORE DESC;
```

[출력 결과]

STUDENT_ID	NAME	SCORE
1	Alice	95
5	Erin	92
2	Bob	90

3) 예시 2 – 점수가 가장 높은 상위 3명 학생 조회 + 동일한 점수도 함께 출력하기

```
SELECT TOP (3) WITH TIES STUDENT_ID, NAME, SCORE
  FROM STUDENT_SCORE
 ORDER BY SCORE DESC;
```

WITH TIES는 정렬 기준의 마지막 값과 동일한 데이터가 있을 경우 함께 출력합니다. 이때 ORDER BY를 반드시 명시해야 합니다. 예를 들어 Dave 학생의 점수가 88이 아닌 90이었다면 아래와 같은 결과가 출력됩니다.

[출력 결과]

STUDENT_ID	NAME	SCORE
1	Alice	95
5	Erin	92
2	Bob	90
4	Dave	90

→ Dave의 점수가 90일 경우 동일 점수도 출력

06 FETCH 문으로 간단한 ORACLE TOP-N 처리

Oracle은 12c부터 ROW LIMITING 문법을 지원하여, 복잡한 인라인 뷰 없이도 간단하게 TOP-N 쿼리를 작성할 수 있습니다.

1) FETCH 구문 구조

```
[OFFSET offset {ROWS}]
[FETCH {FIRST | NEXT} {rowcount | percent PERCENT} ROWS {ONLY | WITH TIES}]
```

키워드	설명
OFFSET	조회 시 건너뛸 행의 수를 지정한다.
FETCH	가져올 행 수 또는 비율을 지정한다.
FIRST, NEXT	앞에서부터 지정한 수만큼 행을 가져온다. (같은 의미로 사용)
ONLY	정확히 지정한 수만 반환하는 옵션이다.
WITH TIES	마지막 값과 동순위인 행도 함께 반환한다.

2) 예시 1 – 점수가 가장 높은 상위 3명의 점수 출력하기

```
SELECT STUDENT_ID, NAME, SCORE
  FROM STUDENT_SCORE
ORDER BY SCORE DESC FETCH FIRST 3 ROWS ONLY;
```

SCORE 기준으로 내림차순 정렬하고 상위(FIRST) 3개의 행(3 ROWS)만(ONLY) 가져옵니다.

[출력 결과]

STUDENT_ID	NAME	SCORE
1	Alice	95
5	Erin	92
2	Bob	90

3) 예시 2 – 점수가 가장 높은 상위 3명을 건너뛰고, 그다음 2명을 조회하기

```
SELECT STUDENT_ID, NAME, SCORE
  FROM STUDENT_SCORE
 ORDER BY SCORE DESC OFFSET 3 ROWS FETCH NEXT 2 ROWS ONLY;
```

- SCORE 기준 내림차순 정렬합니다.
- OFFSET 3 ROWS : 앞의 3개 행을 건너뜁니다. (95, 92, 90 패스)
- FETCH NEXT 2 ROWS ONLY : 그다음 2개의 행(2 ROWS)만(ONLY) 출력합니다. (88, 87)

[출력 결과]

STUDENT_ID	NAME	SCORE
4	Dave	88
6	Frank	87

이론을 확인하는 기출문제

01 다음 중 Oracle에서 ROWNUM에 대한 설명으로 옳지 <u>않은</u> 것은?

① ROWNUM은 SELECT 결과에 순차적으로 부여되는 가상 컬럼이다.
② ROWNUM은 항상 1부터 순차적으로 증가한다.
③ ROWNUM은 ORDER BY 이후에 적용된다.
④ ROWNUM은 WHERE 절에서 사용할 수 있다.

> Oracle에서는 ROWNUM이 ORDER BY보다 먼저 적용된다. 따라서 정렬된 결과에서 상위 N개를 뽑으려면 인라인 뷰로 정렬을 먼저 해야 한다.

02 아래 SQL을 실행할 경우 발생하는 결과로 옳은 것은?

```
SELECT *
  FROM 테이블
 WHERE ROWNUM = 2;
```

① 테이블의 두 번째 행이 정확히 출력된다.
② 오류는 발생하지 않지만, 결과가 0건으로 출력된다.
③ 항상 하나의 행이 출력된다.
④ ROWNUM은 실수형 데이터이기 때문에 정확한 비교가 불가능하다.

> ROWNUM은 1부터 시작해야 하는 가상 컬럼이다. 따라서 ROWNUM = 2는 1이라는 기준이 없으므로 원하는 데이터를 찾을 수 없어 0행이 반환된다. 참고로 ROWNUM <= 2 는 내부적으로 ROWNUM 1, 2가 순차적으로 사용되므로 테이블 내 2행이 반환된다.

03 아래 SQL의 실행 결과로 옳은 것을 고르시오.

```
SELECT STUDENT_ID, NAME, SCORE
  FROM STUDENT_SCORE
 WHERE ROWNUM <= 3
 ORDER BY SCORE DESC;
```

① 점수 기준 상위 3명이 출력된다.
② 이름 기준 정렬된 결과의 상위 3명이 출력된다.
③ 정렬되지 않은 결과에서 처음 3명이 출력된다.
④ 실행 시 오류가 발생한다.

> WHERE가 ORDER BY보다 먼저 실행되므로 정렬되기 전 테이블 상태에서 ROWNUM <=3이 먼저 실행된다. 즉 순서가 정렬되지 않은 3개 데이터가 출력된다.

04 다음 중 ROWNUM 사용 시 주의할 점으로 적절한 것을 모두 고른 것은?

> ㄱ. ROWNUM은 항상 1부터 시작한다.
> ㄴ. ROWNUM ≥ 2만 사용하면 원하는 결과가 정확히 출력된다.
> ㄷ. 정렬 전에 ROWNUM이 적용되므로 인라인 뷰를 활용해야 한다.
> ㄹ. 인라인 뷰 없이도 항상 정확한 정렬이 가능하다.

① ㄱ, ㄴ
② ㄱ, ㄷ
③ ㄴ, ㄹ
④ ㄷ, ㄹ

> ㄱ은 ROWNUM의 기본 원칙이며, ㄷ은 Oracle의 평가 순서이다.

정답 01 ③ 02 ② 03 ③ 04 ②

05 다음 중 SQL Server에서 상위 N개 데이터를 조회하는 SQL 문으로 올바른 것은?

①
```
SELECT *
  FROM (SELECT * FROM STUDENT_SCORE ORDER BY SCORE DESC)
  WHERE ROWNUM <= 5;
```

②
```
SELECT FIRST 3 * FROM STUDENT_SCORE;
```

③
```
SELECT TOP 3 * FROM STUDENT_SCORE ORDER BY SCORE DESC;
```

④
```
SELECT * FROM STUDENT_SCORE LIMIT 3;
```

SQL Server는 TOP N 구문을 사용하여 정렬된 결과에 대해 상위 N개 데이터를 추출할 수 있다.

오답 피하기
① Oracle 방식의 TOP-N 쿼리이며 ROWNUM은 Oracle 전용 문법이다.
④ Mysql의 방식이며 SQL Server에서는 지원하지 않는다.

06 SQL Server에서 다음과 같은 결과를 얻기 위한 적절한 SQL은?

〈조건〉
점수 상위 3명을 출력하되, 동일한 점수가 있을 경우 모두 출력한다.

①
```
SELECT TOP 3 WITH TIES * FROM STUDENT_SCORE ORDER BY SCORE DESC ;
```

②
```
SELECT * FROM STUDENT_SCORE WHERE ROWNUM <= 3;
```

③
```
SELECT * FROM STUDENT_SCORE FETCH FIRST 3 ROWS ONLY;
```

④
```
SELECT * FROM STUDENT_SCORE WHERE ROWNUM = 3;
```

WITH TIES는 SQL Server에서 TOP N과 함께 사용되며, 정렬 기준값이 같은 행(동점자)을 함께 출력할 때 사용한다. 예를 들어 상위 점수가 100, 95, 90, 90일 때, WITH TIES가 없으면 3명만 출력되지만, WITH TIES를 사용하면 3번째 점수인 90과 같은 점수의 행도 함께 출력되어 3명 이상 출력될 수 있다.

정답 05 ③ 06 ①

07 아래 SQL 실행 시 출력 결과로 적절한 것은? (단, Oracle 버전은 12c 이상이다.)

```
SELECT STUDENT_ID, NAME, SCORE
  FROM STUDENT_SCORE
 ORDER BY SCORE DESC
 OFFSET 3 ROWS FETCH NEXT 2 ROWS ONLY;
```

① 상위 3명을 출력한다.
② 상위 5명을 출력한다.
③ 4, 5번째로 점수가 높은 학생 2명을 출력한다.
④ 에러가 발생한다.

Oracle은 12c 버전 이상부터 개선된 TOP-N 기법을 제공한다. 위 쿼리는 SCORE 기준 내림차순 정렬한 후, OFFSET은 건너뛸 행 수를 의미하며, FETCH 2 ROWS는 2개의 행을 출력하라는 의미이다. 따라서 상위 3개를 건너뛰고 4, 5번째로 점수가 높은 2명을 출력하는 쿼리이다.

08 다음 중 WITH TIES 옵션 사용 시 주의사항으로 틀린 것은?

① ORDER BY가 반드시 필요하다.
② 정렬 기준 마지막 값과 동일한 데이터도 함께 출력한다.
③ 12c 이상 오라클에서 WITH TIES는 지원되지 않는다.
④ FETCH FIRST N ROWS WITH TIES 로 사용할 수 있다.

WITH TIES 옵션은 ORDER BY와 함께 사용되어야 하며, 정렬 기준 마지막 값과 동일한 데이터가 있으면 추가로 출력한다. Oracle 12c부터 WITH TIES 옵션을 FETCH와 함께 사용할 수 있다.

09 점수 상위 5명의 정보를 정확히 출력하고자 할 때, 올바른 SQL 문은?

①
```
SELECT *
  FROM STUDENT_SCORE
 WHERE ROWNUM <= 5
 ORDER BY SCORE DESC;
```

②
```
SELECT *
  FROM (SELECT * FROM STUDENT_
SCORE ORDER BY SCORE DESC)
 WHERE ROWNUM <= 5;
```

③
```
SELECT *
  FROM STUDENT_SCORE
 ORDER BY SCORE DESC
 WHERE ROWNUM <= 5;
```

④
```
SELECT *
  FROM STUDENT_SCORE
 WHERE ROWNUM BETWEEN 1 AND 5;
```

Oracle에서는 정렬된 후 ROWNUM을 적용하기 위해 반드시 인라인 뷰를 사용해야 합다.

오답 피하기
① 순서가 잘못되었다.
③ 문법적인 오류가 존재한다.

SECTION 06 계층형 질의와 셀프 조인

빈출 태그 ▶ 계층형 질의, START WITH, CONNECT BY, PRIOR, ORDER SIBLINGS BY, 셀프 조인

01 계층형 질의

01 계층형 테이블의 개념

계층형 테이블이란 하나의 테이블 안에 상하 관계(부모-자식 관계)를 표현하는 컬럼이 존재하는 구조를 말합니다. 예시 테이블로는 메뉴 테이블, 상하관계를 가지는 직원 테이블 등이 있습니다.

1) 계층형 테이블의 예시

[메뉴] 테이블

메뉴ID	상위메뉴ID	메뉴이름
M000	NULL	홈
M001	M000	훈련연계과정
M002	M000	수강생관리
M003	M000	프로젝트
M004	M000	후기
M005	M000	회사소개
M006	M000	QNA
M007	M005	인사말
M008	M005	오시는 길

[메뉴 계층 구조도]

2) 계층형 질의(Query)

계층형 질의란 계층 구조를 가진 테이블에서 데이터를 부모-자식 관계에 따라 트리 형태로 조회하는 SQL 방식입니다.

> **기적의 TIP**
>
> 계층형 질의는 Oracle의 전용 문법입니다. SQL server에서의 계층 질의는 뒤에서 설명합니다.

[계층형 질의 예시]

```
SELECT 메뉴ID
     , 상위메뉴ID
     , 메뉴이름
     , LEVEL
     , LPAD(' ', (LEVEL - 1 ) * 2, ' ') || 메뉴이름
  FROM 메뉴
 WHERE 1=1
 START WITH 상위메뉴ID IS NULL
 CONNECT BY 상위메뉴ID = PRIOR 메뉴ID
 ORDER SIBLINGS BY 메뉴ID;
```

02 계층형 질의 문법 알아보기

01 START WITH, CONNECT BY, PRIOR

계층형 질의는 일반 SELECT 문에 다음과 같은 키워드를 추가하여 구성됩니다.

키워드	설명
START WITH	계층의 시작 위치를 지정한다. (루트 노드)
CONNECT BY	부모와 자식의 관계를 지정해 계층을 전개한다.
PRIOR	부모/자식 간 방향성을 지정한다.

> **기적의 TIP**
>
> LEVEL은 계층 질의에서 자동으로 부여되는 가상 컬럼입니다. 루트가 1이고 그 아래는 2, 3… 순으로 깊이에 따라 증가합니다. 일반 SELECT에서는 보이지 않으며, 계층 질의에서만 사용할 수 있습니다.

1) 기본 계층형 질의 예시

```
SELECT LEVEL, 메뉴ID, 상위메뉴ID, 메뉴이름
   FROM 메뉴
  WHERE 메뉴ID IN ('M000', 'M004')
  START WITH 상위메뉴ID IS NULL
  CONNECT BY PRIOR 메뉴ID = 상위메뉴ID;
```

2) 실행 순서 분석

① FROM 메뉴

데이터를 가져올 테이블을 명시합니다.

메뉴ID	상위메뉴ID	메뉴이름
M000	NULL	홈
M001	M000	훈련연계과정
M002	M000	수강생관리
M003	M000	프로젝트
M004	M000	후기
M005	M000	회사소개
M006	M000	QNA
M007	M005	인사말
M008	M005	오시는 길

② START WITH
- 조건에 맞는 대상을 계층을 전개할 시작 지점(루트)으로 설정합니다.
- 상위메뉴가 NULL인 'M000' 메뉴가 계층 전개 시작점이 됩니다.
- LEVEL은 가상 컬럼으로 현재 행의 계층 레벨(루트 레벨 : 1)을 보여줍니다.

```
START WITH 상위메뉴ID IS NULL
```

LEVEL	메뉴ID	상위메뉴ID	메뉴이름
1	M000	NULL	홈

③ CONNECT BY PRIOR 메뉴ID = 상위메뉴ID
- CONNECT BY는 다음 계층을 전개할 조건을 지정합니다.
- PRIOR가 붙은 컬럼이 현재 기준 행이며, 반대쪽 컬럼은 비교 대상으로 다음 행을 찾습니다.
- 예로 현재 기준 행은 루트 행인 M000이고, 이 메뉴ID 값을 자신의 상위메뉴ID로 가지는 행들을 찾아 전개하라는 의미입니다.

```
CONNECT BY PRIOR 메뉴ID = 상위메뉴ID    ─ 상위메뉴ID가 M000인 대상을 찾아 전개
```

- 상위메뉴ID가 M000인 행(M001, M002, M003, M004, M005, M006)은 다음과 같습니다.

LEVEL	메뉴ID	상위메뉴ID	메뉴이름
1	M000	NULL	홈
2	M001	M000	훈련연계과정
2	M002	M000	수강생관리
2	M003	M000	프로젝트
2	M004	M000	후기
2	M005	M000	회사소개
2	M006	M000	QNA

- M000에 대해 더는 전개할 하위 항목이 없으면, 다음 기준 행(M001)으로 전개를 시도합니다.

CONNECT BY PRIOR 'M001' = 상위메뉴ID — 상위메뉴ID가 M000인 대상을 찾아 전개

- M001을 상위메뉴ID로 갖는 다른 행들이 없으므로 별도의 계층 전개를 진행하지 않고 다음 행인 M002로 넘어갑니다.
- M002를 상위메뉴ID로 가지는 행도 없으니 계속 넘어갑니다.
- M005를 상위메뉴ID로 가지는 행(M007, M008)이 존재하므로 하위에 붙여줍니다.

LEVEL	메뉴ID	상위메뉴ID	메뉴이름
1	M000	NULL	홈
2	M001	M000	훈련연계과정
2	M002	M000	수강생관리
2	M003	M000	프로젝트
2	M004	M000	후기
2	M005	M000	회사소개
3	M007	M005	인사말
3	M008	M005	오시는길
2	M006	M000	QNA

- 더 이상 전개할 계층이 없으니 계층 전개(CONNECT BY)를 종료합니다.

④ WHERE 메뉴ID IN ('M000', 'M004')

- 전개가 완료된 대상에 대해 필터링을 수행합니다.
- 전개가 일단 완료되고 나서 필터링(WHERE)을 수행하는 것임에 주의합니다.

LEVEL	메뉴ID	상위메뉴ID	메뉴이름
1	M000	NULL	홈
2	M004	M000	후기

⑤ SELECT LEVEL, 메뉴ID, 상위메뉴ID, 메뉴이름

- 최종 출력 대상 컬럼들을 선택합니다.
- LEVEL은 현재 행의 계층 레벨을 표현하는 가짜(가상)의 컬럼입니다.
- 최종 결과는 다음과 같습니다.

[출력 결과]

LEVEL	메뉴ID	상위메뉴ID	메뉴이름
1	M000	NULL	홈
2	M004	M000	후기

02 ORDER SIBLINGS BY로 정렬하기

ORDER SIBLINGS BY는 같은 계층끼리 정렬하는 것을 의미합니다. LEVEL 1은 LEVEL 1끼리, LEVEL 2는 LEVEL 2끼리 정렬하는 형식입니다. 이전에 실행했던 쿼리에 추가로 ORDER SIBLINGS BY를 추가해보겠습니다.(전개 설명을 위해 WHERE는 제외했습니다.)

```sql
SELECT LEVEL, 메뉴ID, 메뉴이름, 상위메뉴ID
FROM 메뉴
START WITH 상위메뉴ID IS NULL
CONNECT BY PRIOR 메뉴ID = 상위메뉴ID
ORDER SIBLINGS BY 메뉴ID DESC;
```

[계층 전개 후, 계층별 정렬하기 전 테이블]

LEVEL	메뉴ID	상위메뉴ID	메뉴이름
1	M000	NULL	홈
2	M001	M000	훈련연계과정
2	M002	M000	수강생관리
2	M003	M000	프로젝트
2	M004	M000	후기
2	M005	M000	회사소개
3	M007	M005	인사말
3	M008	M005	오시는길
2	M006	M000	QNA

다음은 정렬 흐름을 분석해 보겠습니다.

① LEVEL 1

현재 LEVEL 1인 메뉴ID는 하나밖에 없으므로 그대로 둡니다.

LEVEL	메뉴ID	상위메뉴ID	메뉴이름
1	M000	NULL	홈

② LEVEL 2

- LEVEL 2인 대상들끼리만 메뉴ID 기준으로 내림차순 정렬합니다.
- 정렬된 결과를 부모 메뉴(M000)의 하위 항목으로 연결합니다.

LEVEL	메뉴ID	상위메뉴ID	메뉴이름
1	M000	NULL	홈
2	M006	M000	QNA
2	M005	M000	회사소개

2	M004	M000	후기
2	M003	M000	프로젝트
2	M002	M000	수강생관리
2	M001	M000	훈련연계과정

③ LEVEL 3

- LEVEL 3인 대상들끼리만 메뉴ID 기준으로 내림차순 정렬합니다.
- 정렬된 결과를 부모 메뉴(M005)의 하위 항목으로 연결합니다.

LEVEL	메뉴ID	상위메뉴ID	메뉴이름
1	M000	NULL	홈
2	M006	M000	QNA
2	M005	M000	회사소개
3	M008	M005	오시는길
3	M007	M005	인사말
2	M004	M000	후기
2	M003	M000	프로젝트
2	M002	M000	수강생관리
2	M001	M000	훈련연계과정

[최종 정렬 결과] ORDER SIBLINGS BY 메뉴ID DESC ;

LEVEL	메뉴ID	상위메뉴ID	메뉴이름
1	M000	NULL	홈
2	M006	M000	QNA
2	M005	M000	회사소개
3	M008	M005	오시는길
3	M007	M005	인사말
2	M004	M000	후기
2	M003	M000	프로젝트
2	M002	M000	수강생관리
2	M001	M000	훈련연계과정

03 계층 질의에서 전개 방향 판별법

계층 질의에서 전개 방향은 데이터가 부모에서 자식으로 내려가는지, 또는 자식에서 부모로 올라가는지에 따라 순방향과 역방향으로 나뉩니다. 이때, 방향은 PRIOR 키워드의 위치를 기준으로 판단할 수 있습니다.

구문	전개 방향	예시
부모 컬럼 = PRIOR 자식 컬럼	순방향(부모 → 자식)	상위메뉴ID = PRIOR 메뉴ID
자식 컬럼 = PRIOR 부모 컬럼	역방향(자식 → 부모)	메뉴ID = PRIOR 상위메뉴ID

[컬럼 용어 정리]
- 부모 컬럼 : 상위 계층의 값을 가지는 컬럼 ❹ 상위메뉴ID
- 자식 컬럼 : 현재 행(하위 항목)을 식별하는 컬럼 ❹ 메뉴ID

참고로 일부 서적에서는 다음과 같이 설명하기도 합니다.
- PRIOR가 PRIMARY KEY에 붙으면 순방향
- PRIOR가 FOREIGN KEY에 붙으면 역방향

이는 일반적으로 자식 컬럼이 PRIMARY KEY이고, 부모 컬럼이 FOREIGN KEY 관계인 경우이기 때문에 같은 의미로 이해할 수 있습니다.

메뉴ID(PK)	상위메뉴ID(FK)	메뉴이름
M000	NULL	홈
M001	M000	훈련연계과정
M002	M000	수강생관리
M003	M000	프로젝트
M004	M000	후기
M005	M000	회사소개
M007	M005	인사말
M008	M005	오시는길
M006	M000	QNA

→ PRIOR가 자식 컬럼(메뉴ID)에 붙어 있으므로 순방향 전개

> **기적의 TIP**
>
> 시험 관계에서 역방향인지 순방향인지 물어보는 문제가 자주 출제됩니다. 쉽게 생각하면, 계층 조건에서 PRIOR 키워드가 부모 컬럼(상위메뉴ID 매니저ID 등)에 붙었으면 역방향, 자식 컬럼(메뉴ID, 직원ID 등)에 붙었으면 순방향 전개입니다.

03 계층 질의에서 사용할 수 있는 가상 컬럼 및 함수

계층형 질의는 특정 계층의 상태, 지금까지의 경로 등을 확인할 수 있는 계층 쿼리 전용함수를 제공합니다.

01 CONNECT_BY_ISLEAF, CONNECT_BY_ISCYCLE

1) CONNECT_BY_ISLEAF

현재 행이 말단(LEAF)인지 여부를 확인하며, 말단이면 1, 말단이 아니면 0을 반환합니다. 말단이란 더 이상 하위 항목이 없는 상태를 의미하며, 트리 구조에서 '잎' 노드에 해당합니다.

```
SELECT LEVEL, 메뉴ID, 메뉴이름,
       CONNECT_BY_ISLEAF AS 단말유무
  FROM 메뉴
START WITH 상위메뉴ID IS NULL
CONNECT BY PRIOR 메뉴ID = 상위메뉴ID;   ── PRIOR 가 자식 컬럼 (메뉴ID) 에 붙었으므로 순방향!
```

[출력 결과]

LEVEL	메뉴ID	메뉴이름	단말유무
1	M000	홈	0
2	M001	훈련연계과정	1
2	M002	수강생관리	1
2	M003	프로젝트	1
2	M004	후기	1
2	M005	회사소개	0
3	M007	인사말	1
3	M008	오시는 길	1
2	M006	QNA	1

M000은 자식 계층이 있으므로 0, M007은 자식 계층이 없으므로 1을 반환하였습니다.

2) CONNECT_BY_ISCYCLE

Oracle의 계층형 질의에서 순환(Cycle)이 발생했는지 판단할 수 있는 함수입니다. 사이클이 감지되면 1, 그렇지 않으면 0을 반환합니다.

> **더 알기 TIP**
>
> **사이클(CYCLE)이란?**
> 자신이 상위 노드로 계속 반복되는 구조로 계층 전개 중 무한 루프가 발생하는 현상입니다.
>
> | 메뉴ID | 상위메뉴ID | 메뉴이름 |
> |---|---|---|
> | M000 → M005 | | 홈 |
> | M005 → M000 | | 회사소개 |
>
> M000의 상위메뉴는 M005, M005의 상위메뉴는 M000,
> M000의 상위메뉴는 M005… (무한반복)

[직원] 테이블

직원ID	직원명	매니저ID
A	에이	B
B	비비	C
C	시시	A

```sql
SELECT 직원ID, 직원명, 매니저ID
     , CONNECT_BY_ISCYCLE AS IS_CYCLE
  FROM 직원
START WITH 직원ID = 'A'
CONNECT BY NOCYCLE PRIOR 직원ID = 매니저ID;
```

[출력 결과]

직원ID	직원명	매니저ID	IS_CYCLE
A	에이	B	0
C	시시	A	0
B	비비	C	1

직원ID가 C일 때 순환(CYCLE)이 발생했기 때문에 CONNECT_BY_ISCYCLE이 1을 반환합니다.

+ 더 알기 TIP

전개 조건(CONNECT BY)에 NOCYCLE을 추가하지 않으면 무한 전개로 오류가 발생합니다. (ORA-01436: 순환 참조가 CONNECT BY에 감지되었습니다.) 따라서 순환 가능성이 있는 계층 질의에서는 NOCYCLE을 반드시 사용하는 것이 안전합니다. NOCYCLE은 전개 중에 사이클이 발생할 경우 이후 전개를 하지 않도록 해줍니다.

02 SYS_CONNECT_BY_PATH, CONNECT_BY_ROOT

1) SYS_CONNECT_BY_PATH

계층 질의에서 현재 행이 루트부터 어떤 경로를 거쳐왔는지 문자열로 표시합니다. 형식은 다음과 같습니다.

```
SYS_CONNECT_BY_PATH(컬럼명, '구분자')
```

[예시 쿼리]

```sql
SELECT LEVEL, 메뉴ID, 메뉴이름,
       SYS_CONNECT_BY_PATH(메뉴ID, '-') AS 경로
  FROM 메뉴
START WITH 상위메뉴ID IS NULL
CONNECT BY PRIOR 메뉴ID = 상위메뉴ID;
```

[출력 결과]

LEVEL	메뉴ID	메뉴이름	경로
1	M000	홈	-M000
2	M006	QNA	-M000-M006
2	M005	회사소개	-M000-M005
3	M008	오시는 길	-M000-M005-M008
3	M007	인사말	-M000-M005-M007
2	M004	후기	-M000-M004
2	M003	프로젝트	-M000-M003
2	M002	수강생관리	-M000-M002
2	M001	훈련연계과정	-M000-M001

- M008은 루트부터 M000 → M005 → M008의 계층을 가지고 있으며 구분자는 '-'입니다.
- M000은 본인이 루트(최상위계층)이기 때문에 -M000으로 표현합니다.

2) CONNECT_BY_ROOT

현재 행의 루트(=최상위) 노드 값을 반환합니다. 형식은 다음과 같습니다.

CONNECT_BY_ROOT 컬럼명

[예시 쿼리]

```
SELECT LEVEL, 메뉴ID, 메뉴이름,
       CONNECT_BY_ROOT 메뉴ID AS 루트메뉴,
       CONNECT_BY_ROOT 메뉴이름 AS 루트메뉴명
  FROM 메뉴
START WITH 상위메뉴ID IS NULL
CONNECT BY PRIOR 메뉴ID = 상위메뉴ID;
```

[출력 결과]

LEVEL	메뉴ID	메뉴이름	루트메뉴	루트메뉴명
1	M000	홈	M000	홈
2	M006	QNA	M000	홈
2	M005	회사소개	M000	홈
3	M008	오시는 길	M000	홈
3	M007	인사말	M000	홈
2	M004	후기	M000	홈
2	M003	프로젝트	M000	홈
2	M002	수강생관리	M000	홈
2	M001	훈련연계과정	M000	홈

모든 행의 루트 행이 홈(M000)임을 알 수 있음

04 셀프 조인

계층형 데이터를 조회하는 대표적인 방법은 계층 질의지만, 계층 질의가 없던 시절에는 SELF JOIN(자기 자신과의 조인)을 활용해 계층 구조를 표현해야 했습니다.

1) SELF JOIN의 개념

SELF JOIN은 말 그대로 하나의 테이블을 자기 자신과 조인하는 방식입니다. 같은 테이블이 FROM 절에 2번 등장하며, 동일한 테이블이 서로 다른 역할을 하므로 각 별칭(A, B 등)을 반드시 부여해야 합니다.

2) SELF JOIN 문법으로 계층 구조를 표현한 예시

```
SELECT A.메뉴ID AS 하위메뉴,
       A.메뉴이름 AS 하위메뉴명,
       B.메뉴ID AS 상위메뉴,
       B.메뉴이름 AS 상위메뉴명
  FROM 메뉴 A, 메뉴 B
 WHERE A.상위메뉴ID = B.메뉴ID;
```

[출력 결과] 테이블 2개를 이용해서 상위 계층 1개 표현 가능

하위메뉴	하위메뉴명	상위메뉴	상위메뉴명
M001	훈련연계과정	M000	홈
M002	수강생관리	M000	홈
M003	프로젝트	M000	홈
M004	후기	M000	홈
M005	회사소개	M000	홈
M006	QNA	M000	홈
M007	인사말	M005	회사소개
M008	오시는 길	M005	회사소개

3) SELF JOIN의 한계점

계층을 더 깊이 조회하려면 테이블을 늘려야 하기에 가독성도 나쁘고 성능도 떨어집니다. 예를 들어 테이블을 3번 사용해야만 특정 행의 상위의 상위 계층을 볼 수 있습니다.

```
SELECT A.메뉴ID    AS 하위메뉴,
       A.메뉴이름  AS 하위메뉴명,
       B.메뉴ID    AS 중간메뉴,
       B.메뉴이름  AS 중간메뉴명,
       C.메뉴ID    AS 루트메뉴,
       C.메뉴이름  AS 루트메뉴명
  FROM 메뉴 A
  LEFT JOIN 메뉴 B ON A.상위메뉴ID = B.메뉴ID
  LEFT JOIN 메뉴 C ON B.상위메뉴ID = C.메뉴ID;
```

[출력 결과] 테이블 3개를 사용해서 상위 계층, 그 상위 계층을 표현

하위메뉴	하위메뉴명	중간메뉴	중간메뉴명	루트메뉴	루트메뉴명
M000	홈	NULL	NULL	NULL	NULL
M001	훈련연계과정	M000	홈	NULL	NULL
M002	수강생관리	M000	홈	NULL	NULL
M003	프로젝트	M000	홈	NULL	NULL
M004	후기	M000	홈	NULL	NULL
M005	회사소개	M000	홈	NULL	NULL
M006	QNA	M000	홈	NULL	NULL
M007	인사말	M005	회사소개	M000	홈
M008	오시는 길	M005	회사소개	M000	홈

4) 계층 질의와 셀프 조인 정리

항목	SELF JOIN	계층 질의
구성 방식	테이블 간 조인	계층 전개
깊이 전개	수동(1단계씩 조인)	자동(N단계까지 반복 전개)
가독성	나쁨(테이블 수 증가)	좋음(START WITH, CONNECT BY만으로 가능)
성능	비효율적	최적화된 내부 알고리즘 활용

05 SQL Server에서 계층 질의하는 법

Oracle은 START WITH, CONNECT BY 구문으로 계층 질의를 쉽게 구현할 수 있었습니다. SQL Server는 START WITH ~ CONNECT BY 구문을 지원하지 않기 때문에, 다른 방식으로 계층 구조를 전개해야 합니다. SQL Server는 계층 질의를 위해 CTE(Common Table Expression) + 재귀 호출 구조를 활용해 계층형 데이터를 전개합니다.

> **기적의 TIP**
>
> SQLD 시험은 Oracle 기반 출제되므로, SQL Server에서는 CTE로 계층 전개를 수행한다는 정도만 이해하면 충분합니다.

1) 재귀 CTE 개념을 사용한 계층 질의 예시

```
WITH MenuCTE (메뉴ID, 상위메뉴ID, 메뉴이름, [Level] ) AS (
    -- 루트 메뉴(상위메뉴ID가 NULL인 항목)
    SELECT 메뉴ID, 상위메뉴ID, 메뉴이름, 1 AS Level
    FROM 메뉴
    WHERE 상위메뉴ID IS NULL

    UNION ALL

    -- 하위 메뉴들(자식들을 재귀적으로 탐색)
    SELECT M.메뉴ID, M.상위메뉴ID, M.메뉴이름, C.Level + 1
    FROM 메뉴 M
    JOIN MenuCTE C ON M.상위메뉴ID = C.메뉴ID
)
SELECT *
FROM MenuCTE
ORDER BY Level, 메뉴ID;
```

- WITH는 인라인 뷰와 비슷한 개념으로 쿼리 결과를 가상의 테이블처럼 쓸 수 있습니다.
- 루트 메뉴를 지정하고, 하위 메뉴를 반복 접근해서 UNION ALL합니다.
- 그 결과물을 가상의 테이블인 MenuCTE에 담아 출력합니다.

[출력 결과]

메뉴ID	상위메뉴ID	메뉴이름	Level
M000	NULL	홈	1
M001	M000	훈련연계과정	2
M002	M000	수강생관리	2
M003	M000	프로젝트	2
M004	M000	후기	2
M005	M000	회사소개	2
M006	M000	QNA	2
M007	M005	인사말	3
M008	M005	오시는 길	3

2) 구성 요소 요약

구분	이름	설명
WITH 내 상단 쿼리	앵커 멤버	계층의 시작 위치(루트) 지정
WITH 내 하단 쿼리	재귀 멤버	계층을 반복적으로 확장(자식 탐색)
UNION ALL	중간 연결부	루트 + 하위 계층을 하나로 결합

3) ORACLE vs SQL Server 계층 질의 비교 정리

항목	Oracle	SQL Server
계층 질의 구문	START WITH ~ CONNECT BY	WITH ~ CTE + 재귀 UNION ALL
전개 방식	내장 계층 확장	재귀 호출로 단계별 전개
시작점	START WITH	CTE의 앵커 멤버
반복 조건	CONNECT BY	CTE 내부 JOIN 조건(재귀 멤버)

> **기적의 TIP**
>
> 조금 어렵다면 SQL Server는 CTE + 재귀 개념으로 계층 질의를 구현한다 정도로만 이해하고 넘어가도 괜찮습니다. Oracle 계층형 쿼리에 더 집중합시다.

이론을 확인하는 기출문제

01 다음 중 Oracle의 계층형 질의에서 계층의 시작 지점을 지정하는 구문은?

① CONNECT BY
② PRIOR
③ LEVEL
④ START WITH

START WITH는 계층 전개의 시작점을 지정하는 구문이다. CONNECT BY는 계층을 전개하기 위한 조건을 기술한다. PRIOR가 붙은 쪽이 기준 행이며, LEVEL은 현재 계층이 몇 레벨에 있는지 알 수 있다.

02 다음 계층 질의에서 전개 방향은?

```
...
CONNECT BY PRIOR 메뉴ID = 상위메뉴ID
```

① 자식 → 부모 (역방향)
② 부모 → 자식 (순방향)
③ 순환 전개
④ 방향 없음

일반적으로 테이블 내에서 계층 관계가 있을 때 상위 계층을 부모, 하위 계층을 자식으로 표현한다. 예로 매니저는 부모, 사원은 자식이다. PRIOR 키워드가 부모 컬럼에 붙어있으면 역방향, 자식 컬럼에 붙어있으면 순방향이다. 즉, 위에서는 자식 컬럼인 메뉴ID에 PRIOR가 붙어있으므로 순방향 전개이다.

03 Oracle 계층형 질의에서 사용되는 가상 컬럼으로, 현재 행의 계층 레벨을 나타내는 것은?

① ROWID
② LEVEL
③ ROWNUM
④ CONNECT_BY_LEVEL

LEVEL은 계층 질의에서 자동 생성되는 가상 컬럼으로, 트리 깊이를 나타낸다.

04 다음 테이블에 대해 아래 SQL을 실행했을 때 결과로 올바른 것은? (단, 각 선택 문항의 메뉴 ID 뒤 괄호는 계층 레벨을 의미한다.)

[메뉴] 테이블

메뉴ID	상위메뉴ID	메뉴이름
M1	NULL	홈
M2	M1	소개
M3	M1	제품
M4	M2	인사말

```
SELECT 메뉴ID, LEVEL
FROM 메뉴
START WITH 메뉴ID = 'M2'
CONNECT BY PRIOR 메뉴ID = 상위메뉴ID;
```

① M2(1), M4(2)
② M2(2), M4(3)
③ M2(1), M1(2)
④ M2(1)만 출력

PRIOR가 붙은 쪽이 계층의 기준 행(부모)이며, 다른 쪽은 이를 기준으로 비교 대상(자식)이 된다. 먼저 START WITH 조건인 메뉴ID = 'M2'에 해당하는 행을 기준으로 계층 전개를 시작한다.

M2	M1	소개

이제 M2를 상위메뉴ID로 가지는 행들을 찾아 하위로 전개한다.

M2	M1	소개
M4	M2	인사말

M4는 M2의 하위 메뉴이다. 이후 M4를 상위로 가지는 행이 더이상 없으므로 계층 전개는 종료된다. 결과적으로 M2는 루트 노드이므로 LEVEL = 1, M4는 그 하위 노드이므로 LEVEL = 2로 표시된다.

정답 01 ④ 02 ② 03 ② 04 ①

05 아래 질의는 어떤 방향으로 계층 전개가 이루어지는가?

```
SELECT *
FROM 메뉴
START WITH 메뉴ID = 'M4'
CONNECT BY 메뉴ID = PRIOR 상위메뉴ID;
```

① 순방향 (부모 → 자식)
② 역방향 (자식 → 부모)
③ 사이클 전개
④ 전개 불가능

PRIOR가 오른쪽(상위메뉴ID)에 있어 자식 → 부모로 전개되는 역방향이다.

06 ORDER SIBLINGS BY 구문에 대한 설명으로 옳은 것은?

① 계층 전체를 정렬한다.
② 루트 노드만 정렬한다.
③ 같은 부모를 가진 형제 노드끼리 정렬한다.
④ 레벨 순서대로 정렬한다.

ORDER SIBLINGS BY는 같은 계층(형제 노드) 단위로 정렬한다.

07 다음 질의 결과에서 단말 노드(하위 자식 없음)인 행만 출력되도록 하려면 WHERE 절에 어떤 조건이 추가되어야 하는가?

```
SELECT 메뉴ID, 메뉴이름, CONNECT_BY_
ISLEAF
FROM 메뉴
START WITH 상위메뉴ID IS NULL
CONNECT BY PRIOR 메뉴ID = 상위메뉴ID
```

① WHERE CONNECT_BY_ISLEAF = 1
② WHERE LEVEL = 1
③ WHERE 메뉴ID IS NULL
④ WHERE PRIOR 메뉴ID IS NULL

CONNECT_BY_ISLEAF = 1은 자식이 없는 단말 노드를 의미한다. 이를 통해 조직도에서 말단 부서, 최종 하위 카테고리 등의 정보만 추출할 수 있다.

08 다음 SQL을 실행했을 때 메뉴ID가 M3인 대상의 경로로 옳은 것은?

[메뉴] 테이블

메뉴ID	상위메뉴ID	메뉴이름
M1	NULL	홈
M2	M1	소개
M3	M2	인사말

```
SELECT 메뉴ID, SYS_CONNECT_BY_PATH(메뉴
이름, '>') AS 경로
FROM 메뉴
START WITH 메뉴ID = 'M1'
CONNECT BY PRIOR 메뉴ID = 상위메뉴ID;
```

① >홈>소개
② >홈>소개>인사말
③ >소개>인사말
④ >인사말

계층 전개 시 M1 → M2 → M3 순서로 전개된다. M3 기준으로 루트부터 자신의 계층까지 메뉴이름 기준 구분자 '>'로 경로를 표현하면 >홈>소개>인사말이 된다.

정답 05 ② 06 ③ 07 ① 08 ②

09 SELF JOIN을 이용해 각 메뉴의 상위 메뉴명을 출력하는 SQL로 알맞은 것은?

① FROM 메뉴 JOIN 메뉴 ON A.메뉴ID = B.상위메뉴ID
② FROM 메뉴 A JOIN 메뉴 B ON A.상위메뉴ID = B.메뉴ID
③ FROM 메뉴 A, 메뉴 B WHERE A.메뉴ID = B.메뉴ID
④ FROM 메뉴 A LEFT JOIN 메뉴 B ON A.메뉴ID = B.상위메뉴ID

A가 자식, B가 부모, 자식의 상위메뉴ID = 부모 메뉴ID로 연결해야 한다. SELF JOIN은 같은 테이블을 여러 번 사용하기 때문에 각 테이블에 별칭(A, B)을 부여해 구분해야 한다.

10 SQL Server에서 계층형 질의를 구현하기 위한 방식은?

① START WITH ~ CONNECT BY
② 셀프 조인
③ 서브쿼리
④ CTE(Common Table Expression) + 재귀

SQL Server에서는 계층 전개를 CTE + 재귀 방식으로 구현한다.

11 다음 쿼리의 실행 결과로 올바른 설명을 고르시오.

[메뉴] 테이블

메뉴ID	상위메뉴ID
M1	NULL
M5	M1
M6	M5

```
SELECT 메뉴ID, CONNECT_BY_ROOT 메뉴ID AS 루트ID
FROM 메뉴
START WITH 메뉴ID = 'M5'
CONNECT BY PRIOR 메뉴ID = 상위메뉴ID;
```

①
메뉴ID	루트ID
M5	M1
M6	M1

②
메뉴ID	루트ID
M5	M5
M6	M5

③
메뉴ID	루트ID
M5	M1
M6	M5

④
메뉴ID	루트ID
M5	NULL
M6	NULL

START WITH가 M5이고 PRIOR 메뉴ID = 상위메뉴ID 조건에 따라 M5(LV 1) → M6(LV 2)로 전개된다. 이때 M5를 기준으로 루트 행은 M5, M6을 기준으로 루트 행은 M5이므로 적절한 답은 ②가 된다.

12 아래 쿼리를 실행할 때 출력되는 행 수는?

[메뉴] 테이블

메뉴ID	상위메뉴ID
M1	NULL
M2	M1
M3	M2

```
SELECT 메뉴ID
FROM 메뉴
WHERE 메뉴ID = 'M2';
START WITH 상위메뉴ID IS NULL
CONNECT BY PRIOR 메뉴ID = 상위메뉴ID
```

① 0   ② 1
③ 2   ④ 3

START WITH에 따라 루트 노드 M1에서 전개가 시작되며, CONNECT BY PRIOR 메뉴ID = 상위메뉴ID 조건으로 자식인 M2, M3가 순차적으로 전개된다. 전개가 완료된 후 WHERE 메뉴ID = 'M2' 조건에 따라 해당 행만 추출되어 출력된다.

13 다음 쿼리 결과에서 형제 노드가 내림차순으로 정렬되도록 하려면 어떤 키워드를 사용해야 하는지 (ㄱ)에 들어갈 알맞은 구문을 고르면?

```
SELECT 메뉴ID
FROM 메뉴
START WITH 상위메뉴ID IS NULL
CONNECT BY PRIOR 메뉴ID = 상위메뉴ID
          (ㄱ)
```

① ORDER BY LEVEL DESC
② ORDER BY 메뉴ID DESC
③ ORDER SIBLINGS BY 메뉴ID DESC
④ ORDER CONNECT BY 메뉴ID DESC

계층 전개 중 형제끼리 정렬하려면 ORDER SIBLINGS BY를 사용한다.

14 다음 중 계층형 질의에서 루트부터 현재 행까지의 경로를 문자열로 출력하는 함수는?

① CONNECT_BY_ROOT
② CONNECT_BY_ISCYCLE
③ SYS_CONNECT_BY_PATH
④ CONNECT_BY_ISLEAF

SYS_CONNECT_BY_PATH는 계층 경로를 문자열로 보여준다.

15 계층 쿼리가 무한 루프되는 것을 방지하기 위해 추가하는 키워드는?

[직원] 테이블

직원ID	매니저ID
A	B
B	C
C	A

```
SELECT 직원ID
FROM 직원
START WITH 직원ID = 'A'
CONNECT BY PRIOR 직원ID = 매니저ID;
```

① WHERE 매니저ID IS NOT NULL
② NOCYCLE
③ CONNECT_BY_ISLEAF
④ 따로 사용하지 않아도 알아서 방지해준다.

계층을 전개해보면 A → B → C → A ...로 무한 전개되므로 따로 NOCYCLE을 지정하지 않으면 오류가 발생한다(ORA-01436 : 순환 참조가 CONNECT BY에 감지되었습니다). NOCYCLE을 지정하면 C → A로 사이클이 감지되는 순간 전개를 중단해 A → B → C만 출력된다.

SECTION 07 PIVOT 절과 UNPIVOT 절

빈출 태그 ▶ PIVOT, UNPIVOT

01 PIVOT

PIVOT은 데이터를 행 기반에서 열 기반으로 전환하여 요약하거나 재구성하는 기능입니다. 즉, 행 데이터를 열로 전환하여 보고서 형태로 요약 결과를 도출할 때 사용됩니다.

01 엑셀로 PIVOT 기능 이해하기

엑셀의 PIVOT 테이블 기능을 먼저 이해해 보겠습니다. 아래의 엑셀 예시에서는 꼬꼬댁 매출 현황 데이터를 분석하기 위해 피벗 테이블을 활용했습니다.

- 열 위치 : 년월
- 행 위치 : 지점코드
- 값 영역 : 매출액 합계

꼬꼬댁 통닭 매출 현황 (2022년 1월~3월)			
지점코드	지점명	년월	매출액
001	우산점	202201	200
001	우산점	202202	150
002	잠실점	202201	300
002	잠실점	202202	150
002	잠실점	202203	100
003	역삼점	202201	250
003	역삼점	202203	100
004	방배점	202201	300
004	방배점	202202	200
004	방배점	202203	200
005	용봉점	202201	250
005	용봉점	202202	100
005	용봉점	202203	350

합계 : 매출액	열 레이블			
행 레이블	202201	202202	202203	총합계
001	200	150		350
002	300	150	100	550
003	250		100	350
004	300	200	200	700
005	250	100	350	700
총합계	1300	600	750	2650

[피벗 테이블 결과]

지점코드	202201	202202	202203	총합계
001	200	150	NULL	350
002	300	150	100	550
003	250	NULL	100	350
004	300	200	200	700
005	250	100	350	700
월합계	1300	600	750	2650

- 피벗 테이블 결과에서 열 위치에는 년월 데이터 202201, 202202, 202203이 입력되었으며 행 위치에는 지점코드가 입력되었습니다.
- 내부에는 두 데이터 사이의 관계를 매출액 합계로 집계해 표현하고 있습니다.

이와 같이 컬럼 간(지점코드-년월)의 집계, 비교 등을 보고서 형태로 쉽게 표현하는 기능이 PIVOT입니다.

02 SQL로 PIVOT 표현하기

SQL에서 사용하는 PIVOT 문법은 아래와 같습니다.

```
SELECT ..
  FROM (집계에 사용할 데이터)
  PIVOT (집계함수(컬럼) FOR 열에 놓을 컬럼 IN (값1 AS "별칭1", 값2 AS "별칭2", ...)
)
```

1) PIVOT 사용 예시 1

[꼬꼬댁통닭매출현황] 테이블

지점코드	지점명	년월	매출액
001	우산점	202201	200
001	우산점	202202	150
002	잠실점	202201	300
002	잠실점	202202	150
002	잠실점	202203	100
003	역삼점	202201	250
003	역삼점	202203	100
004	방배점	202201	300
004	방배점	202202	200
004	방배점	202203	200
005	용봉점	202201	250
005	용봉점	202202	100
005	용봉점	202203	350

[PIVOT SQL]

```
SELECT *
  FROM (
        SELECT 지점코드, 년월, 매출액
          FROM 꼬꼬댁통닭매출현황
       )
  PIVOT (
        SUM(매출액)
        FOR 년월 IN (
            '202201' AS "202201",
            '202202' AS "202202",
            '202203' AS "202203"
        )
  )
```

[출력 결과]

지점코드	202201	202202	202203
001	200	150	NULL
002	300	150	100
003	250	NULL	100
004	300	200	200
005	250	100	350

2) 실행 순서 분석

① FROM (SELECT 지점코드, 년월, 매출액 FROM 꼬꼬댁통닭매출현황)

→ 피벗에 사용할 기초 데이터를 추출합니다.

② PIVOT (SUM(매출액) FOR 년월 IN ('202201' AS "202201", …)

- SUM(매출액) : 집계할 컬럼과 사용할 함수를 지정합니다.
- FOR 컬럼 IN (값 AS 별칭) : 열로 전환할 컬럼의 값을 별칭과 함께 지정합니다.
- 예를 들어 년월 컬럼에 있는 값들(202201, 202202, 202203)에 대해 각각 별칭을 지정해 아래와 같이 열에 위치시킬 수 있습니다.

202201	202202	202203

③ SELECT ..

→ FROM으로부터 추출된 컬럼(지점코드, 년월, 매출액) 중에서 열 및 집계에 쓰이지 않은 컬럼이 행에 지정됩니다.

[예시]
- 매출액 → SUM 집계함수에 사용
- 년월 → 열 위치에 사용
- 지점코드 → 자동으로 행 위치에 사용

지점코드	202201	202202	202203
001	200	150	NULL
002	300	150	100
003	250	NULL	100
004	300	200	200
005	250	100	350

이해를 위해 또 다른 예시를 보겠습니다.

3) PIVOT 사용 예시 2

```
SELECT *
  FROM (
        SELECT 지점코드, SUBSTR(년월, 1, 4) AS 연도, 매출액
          FROM 꼬꼬댁통닭매출현황
       )
  PIVOT (
         SUM(매출액)
         FOR 연도 IN ('2022' AS "2022년도매출", '2023' AS "2023년도매출")
        )
  ORDER BY 지점코드;
```

4) 실행 순서 분석

① FROM (…)
- 피벗 테이블에 사용할 데이터를 작성합니다.
- 지점코드, 연도(202201 → 2022, 202202 → 2022 등), 매출액

② PIVOT (SUM(매출액) IN 연도 ('2022' AS "2022년도매출" …)
- 매출액 컬럼을 합계로 설정하고, 열 위치에 연도 컬럼을 세팅합니다.
- 2022값을 2022년도매출로 별칭을 부여합니다. (큰따옴표는 모든 ALIAS 표현 가능)

③ SELECT ..
→ 따로 사용되지 않은 FROM 내 컬럼은 행 위치에 둡니다. (지점코드)

④ ORDER BY로 지점코드별 오름차순 정렬을 합니다.

지점코드	2022년도매출	2023년도매출
001	350	NULL
002	550	NULL
003	350	NULL
004	700	NULL
005	700	NULL

03 PIVOT 기능 더 알아보기

1) 집계 함수에 별칭(ALIAS)을 추가로 줄 경우

집계 함수에 별칭(ALIAS)을 부여하면, 출력되는 열의 이름은 ALIAS 뒤에 추가됩니다. 예를 들어 연도 IN ('2022' AS "2022" ..)인 상태에서 "SUM(매출액) AS 매출합계"로 별칭을 주면 "2022_매출합계"로 별칭이 부여됩니다.

```
SELECT *
  FROM (
        SELECT 지점코드, SUBSTR(년월, 1, 4) AS 연도, 매출액
          FROM 꼬꼬댁통닭매출현황
       )
  PIVOT (
        SUM(매출액) AS 매출합계
        FOR 연도 IN ('2022' AS "2022", '2023' AS "2023")
       )
  ORDER BY 지점코드;
```

[출력 결과]

지점코드	2022_매출합계	2023_매출합계
001	350	NULL
002	550	NULL
003	350	NULL
004	700	NULL
005	700	NULL

2) PIVOT 결과에 추가로 WHERE 조건을 주고 싶은 경우

PIVOT 아래에 WHERE 절을 추가해 작성하며 이때 컬럼의 이름에 주의해서 조건을 작성합니다. 별칭이 숫자로 시작하거나 기존 컬럼 명명 규칙에 맞지 않으면, 큰따옴표로 감싸야 오류를 방지할 수 있습니다.

```
SELECT *
  FROM (
        SELECT 지점코드, SUBSTR(년월, 1, 4) AS 연도, 매출액
          FROM 꼬꼬댁통닭매출현황
       )
  PIVOT (
        SUM(매출액) AS 매출합계
        FOR 연도 IN ('2022' AS "2022", '2023' AS "2023")
       )
  WHERE "2022_매출합계" >= 600
  ORDER BY 지점코드 ;
```

[출력 결과]

지점코드	2022_매출합계	2023_매출합계
004	700	NULL
005	700	NULL

3) 여러 집계 함수를 사용하는 경우

여러 집계 함수를 함께 사용할 경우, 각 결과에 대해 별칭을 부여해 열을 생성합니다.

```
SELECT *
  FROM (
        SELECT 지점코드, SUBSTR(년월, 1, 4) AS 연도, 매출액
          FROM 꼬꼬댁통닭매출현황
       )
  PIVOT (
        SUM(매출액) AS 매출합계, COUNT(*) AS 합계대상개수
        FOR 연도 IN ('2022' AS "2022", '2023' AS "2023")
       )
  ORDER BY 지점코드 ;
```

[출력 결과]

지점코드	2022_매출합계	2022_합계대상개수	2023_매출합계	2023_합계대상개수
001	350	2	NULL	0
002	550	3	NULL	0
003	350	2	NULL	0
004	700	3	NULL	0
005	700	3	NULL	0

02 CASE 문으로 PIVOT처럼 보고서 만들기

PIVOT 절이 없는 환경에서는 CASE WHEN 구문을 활용해 PIVOT과 유사한 보고서를 생성할 수 있습니다. 실제로는 많은 실무 SQL이 이러한 방식으로 작성되고 있으며, PIVOT 절이 처음 도입되기 전까지 가장 널리 사용된 방식이기도 합니다.

1) 사용 예시

```
SELECT
    지점코드,
    지점명,
    SUM(CASE WHEN SUBSTR(년월, 1, 4) = '2022' THEN 매출액 ELSE 0 END) AS "2022",
    SUM(CASE WHEN SUBSTR(년월, 1, 4) = '2023' THEN 매출액 ELSE 0 END) AS "2023"
FROM
    꼬꼬댁통닭매출현황
GROUP BY 지점코드, 지점명;
```

2) 실행 순서 분석

① FROM 꼬꼬댁통닭매출현황

→ 데이터를 가져올 테이블을 가져옵니다.

② GROUP BY 지점코드, 지점명

→ 대상을 지점코드, 지점명 별로 그룹화합니다.

지점코드	지점명
001	우산점
002	잠실점
003	역삼점
004	방배점
005	용봉점

③ SELECT .. 출력할 행 횟수만큼 데이터를 가져옵니다. 이때, SUM 안에 CASE 문은 원본 테이블의 데이터를 치환했다고 가정하고 연산하면 됩니다.

지점코드	지점명	SUBSTR(년월, 1, 4)	매출액
001	우산점	202201 → 2022	200
001	우산점	202202 → 2022	150
002	잠실점	202201 → 2022	300
002	잠실점	202202 → 2022	150
002	잠실점	202203 → 2022	100
003	역삼점	202201 → 2022	250
003	역삼점	202203 → 2022	100

004	방배점	202201 → 2022	300
004	방배점	202202 → 2022	200
004	방배점	202203 → 2022	200
005	용봉점	202201 → 2022	250
005	용봉점	202202 → 2022	100
005	용봉점	202203 → 2022	350

이제 값이 2022이면 매출액을 SUM에 추가하고, 그렇지 않으면 0을 더하게 됩니다.

```
SELECT
    지점코드,
    지점명,
    SUM(CASE WHEN SUBSTR(년월, 1, 4) = '2022' THEN 매출액 ELSE 0 END) AS "2022",
    SUM(CASE WHEN SUBSTR(년월, 1, 4) = '2023' THEN 매출액 ELSE 0 END) AS "2023"
```

[출력 결과]

지점코드	지점명	2022	2023
001	우산점	350	0
002	잠실점	550	0
003	역삼점	350	0
004	방배점	700	0
005	용봉점	700	0

이 방식은 특정 연도가 추가될 때마다 CASE WHEN 절을 하나씩 추가해야 하므로, 유지보수가 번거롭고 가독성이 낮아질 수 있습니다. 따라서 의미 있는 데이터 분석 및 집계를 하기 위해선 그룹 함수, 윈도우 함수, 피벗 테이블 등을 활용하고 이해할 수 있으면 좋습니다.

비교 항목	CASE 문 방식	PIVOT 절
가독성	다소 복잡	간결함
호환성	모든 DBMS에서 사용 가능	일부 DBMS (Oracle 11g 이상) 지원
동적 구성	수동으로 WHEN 절 추가 필요	IN (...) 리스트로 열 구성 가능
학습 난이도	상대적으로 쉬움	초반 학습 난이도 있음

▲ CASE 방식과 PIVOT 방식 비교

03 UNPIVOT

UNPIVOT은 PIVOT의 반대 개념으로, 열(Column)로 표현된 데이터를 다시 행(Row) 기반으로 되돌리는 작업을 의미합니다. 즉, 가로로 펼쳐져 있는 데이터를 다시 세로 형태로 정규화(Normalize)할 수 있게 해주는 기능입니다.
- 열 → 행 전환
- 피벗된 데이터를 원래 구조로 복원

01 UNPIVOT 기본 문법

```
SELECT *
  FROM 테이블명
UNPIVOT (
    대상컬럼명
      FOR 피벗해제컬럼명
      IN (컬럼1 [AS '값1'], 컬럼2 [AS '값2'], ...)
);
```

- 대상컬럼명 : 피벗 해제 시 열값이 들어갈 컬럼
- 피벗해제컬럼명 : 열의 이름(컬럼명)이 변환되어 들어갈 컬럼
- IN(...) : 기존에 존재하던 열(컬럼)을 어떤 값으로 바꿔서 표현할지 지정

> **기적의 TIP**
> UNPIVOT의 AS '값'은 결과 열의 값으로 치환되며, SQL에서의 별칭(Alias)과는 다릅니다.

02 예시 - PIVOT된 연도별 매출 데이터를 UNPIVOT하기

1) PIVOT 예시

다음은 PIVOT 되어 있는 테이블 연도별_매출_피벗의 예시입니다.

```
SELECT *
  FROM (
        SELECT 지점코드, SUBSTR(년월, 1, 4) AS 연도, 매출액
          FROM 꼬꼬댁통닭매출현황
  )
  PIVOT (
      SUM(매출액) AS 매출합계
      FOR 연도 IN ('2022' AS "2022", '2023' AS "2023")
  )
ORDER BY 지점코드;
```

지점코드	2022_매출합계	2023_매출합계
001	350	NULL
002	550	NULL
003	350	NULL
004	700	NULL
005	700	NULL

2) UNPIVOT 예시

이제 위 결과를 다시 연도별 행으로 복원해 보겠습니다.

```
SELECT *
  FROM 연도별_매출_피벗
UNPIVOT (
    매출 FOR 연도 IN (
        "2022_매출합계" AS '2022',
        "2023_매출합계" AS '2023'
    )
)
ORDER BY 지점코드, 연도;
```

[출력 결과]

지점코드	연도	매출
001	2022	350
002	2022	550
003	2022	350
004	2022	700
005	2022	700

2023_매출합계는 NULL 데이터만 보유하고 있어 출력에서 제외되었습니다. UNPIVOT은 기본적으로 NULL 값은 제외하고 출력하는 EXCLUDE NULLS를 설정합니다. NULL 데이터도 함께 출력하려면 INCLUDE NULLS를 추가하면 됩니다.

```
SELECT *
  FROM 연도별_매출_피벗
UNPIVOT INCLUDE NULLS (
    매출 FOR 연도 IN (
        "2022_매출합계" AS '2022',
        "2023_매출합계" AS '2023'
    )
)
ORDER BY 지점코드, 연도;
```

[INCLUDE NULLS 추가한 결과]

지점코드	연도	매출
001	2022	350
001	2023	NULL
002	2022	550
002	2023	NULL
003	2022	350
003	2023	NULL
004	2022	700
004	2023	NULL
005	2022	700
005	2023	NULL

[EXCLUDE NULLS 추가한 결과(기본값)]

지점코드	연도	매출
001	2022	350
002	2022	550
003	2022	350
004	2022	700
005	2022	700

03 PIVOT vs UNPIVOT 비교

항목	PIVOT	UNPIVOT
방향	행 → 열	열 → 행
목적	데이터 요약 / 보고서	데이터 정규화 / 복원
사용 구문	PIVOT (...)	UNPIVOT (...)
집계 함수 필요 여부	O (SUM, AVG 등)	X
대표 용도	엑셀 스타일 요약	데이터 정제, 마트 적재 등

이론을 확인하는 기출문제

01 매출 정보를 담은 테이블에 대해 아래 SQL 결과로 올바른 것은?

[매출_현황] 테이블

지점	년월	매출
A	202301	100
A	202302	150
B	202301	200
B	202302	300

```
SELECT *
  FROM (
    SELECT 지점, 년월, 매출
      FROM 매출_현황
  )
  PIVOT (
    SUM(매출)
      FOR 년월 IN ('202301' AS "1월",
 '202302' AS "2월")
);
```

①
지점	1월	2월
A	100	150
B	200	300

②
지점	1월	2월
A	150	100
B	300	200

③
지점	1월	2월
A	100	150
B	100	300

④
지점	1월	2월
A	100	150
B	200	300

PIVOT을 이용해 지점에 대해 1월, 2월 매출합계를 구하고 있다. 이처럼 PIVOT은 데이터 분석을 위한 표 생성을 용이하게 한다.

02 다음 SQL 문장 중 문법상 오류가 발생하는 부분은?

```
SELECT *
  FROM (
    SELECT 지점, 년월, 매출
      FROM 매출_현황
  )
PIVOT (
  COUNT(매출)
  FOR '년월' IN ('202301', '202302')
);
```

① SELECT 절
② PIVOT 안의 COUNT
③ FOR '년월' → 컬럼에 작은따옴표 사용
④ IN 절의 값 지정 오류

FOR 절에서는 컬럼명에 작은따옴표('')가 아니라 컬럼명 그대로 써야 한다. '년월'은 문자열이므로 오류가 발생한다. 참고로 PIVOT 절의 IN (..) 안에 나열하는 값들은 FOR 뒤의 컬럼에 실제 존재하는 값이어야 하며, 데이터 타입도 일치해야 한다.

정답 01 ④ 02 ③

03 다음 SQL 문은 어떤 집계 결과를 출력하는가?

[매출_현황] 테이블

지점	년월	매출
A	202301	100
A	202302	150
B	202301	200
B	202302	300

```
SELECT
  지점,
  SUM(CASE WHEN SUBSTR(년월, 5, 2) = '01' THEN 매출 ELSE 0 END) AS "1월",
  SUM(CASE WHEN SUBSTR(년월, 5, 2) = '02' THEN 매출 ELSE 0 END) AS "2월"
FROM 매출_현황
GROUP BY 지점;
```

①
지점	1월	2월
A	100	150
B	200	300

②
지점	2023	2024
A	250	0
B	500	0

③
지점	1월
A	100
B	200

④
지점	지점	2월
A	A	NULL
B	B	NULL

CASE 문을 사용하면 PIVOT과 동일한 효과를 낼 수 있다. 해당 문제는 집계 안에 있는 CASE의 값을 임의로 치환한 후에 풀면 쉽게 접근할 수 있다.
예를 들어 CASE 안에 있는 SUBSTR(년월, 5, 2)을 적용하면 다음과 같다. 주의할 점은 실제 치환이 아니라 치환했다고 가정하고 진행해야 한다는 것이다.

지점	년월	매출
A	202301 → 01	100
A	202302 → 02	150
B	202301 → 01	200
B	202302 → 02	300

"1월" 컬럼은 년월이 01이면 매출액, 그렇지 않으면 0을 치환한다.

지점	년월	매출
A	202301 → 01	100 → 100
A	202302 → 02	150 → 0
B	202301 → 01	200 → 200
B	202302 → 02	300 → 0

이를 토대로 집계 시 1월은 다음과 같다.

지점	1월
A	100
B	200

"2월" 컬럼은 년월이 02이면 매출액, 그렇지 않으면 0을 치환한다.

지점	년월	매출
A	202301 → 01	100 → 0
A	202302 → 02	150 → 150
B	202301 → 01	200 → 0
B	202302 → 02	300 → 300

이를 토대로 집계 시 2월은 다음과 같다.

지점	1월	2월
A	100	150
B	200	300

정답 03 ①

04 다음 SQL에 대한 설명으로 올바른 것은?

```
SELECT *
FROM (
   SELECT 지점, SUBSTR(년월,1,4) AS 연도, 매출
   FROM 매출_현황
)
PIVOT (
   SUM(매출) AS 매출합계
   FOR 연도 IN ('2023' AS "2023", '2024' AS "2024")
)
WHERE "2023_매출합계" >= 500;
```

① 열 이름으로 조건을 줄 수 없다.
② 별칭이 숫자로 시작해서 오류가 발생한다.
③ 2023_매출합계 컬럼의 값이 500 이상인 대상만 필터링한다.
④ PIVOT보다 WHERE가 먼저 실행되므로 오류가 발생한다.

피벗 후 생성된 열 이름은 WHERE 절에서 사용할 수 있다. 숫자로 시작되어도 큰따옴표로 감싸면 문제없이 실행할 수 있다. WHERE는 PIVOT 결과에 대해 필터링한다.

05 아래 테이블 지점별_월별매출이 있다. SQL 실행 결과로 올바른 것은?

[지점별_월별매출] 테이블

지점	1월	2월
A	100	200
B	150	300

```
SELECT *
FROM 지점별_월별매출
UNPIVOT (
   매출 FOR 월 IN ("1월" AS '1', "2월" AS '2')
);
```

①
지점	월	매출
A	1	100
A	2	200
B	1	150
B	2	300

②
지점	월	매출
A	1월	100
A	2월	200
B	1월	150
B	2월	300

③
지점	월	매출
A	1	250
B	2	500

④
지점	월	매출
A	1	100
A	2	250
B	1	150
B	2	300

UNPIVOT은 열을 행으로 전환하는 연산이다. 주어진 테이블 지점_월별매출은 1월, 2월이라는 열(Column)에 매출 데이터가 저장되어 있으며, 이를 UNPIVOT 하면 각 월이 행(Row)으로 바뀌게 된다.

정답 04 ③ 05 ①

06 다음 SQL의 결과로 옳은 것은?

[지점별_월별매출] 테이블

지점	1월	2월
A	100	NULL
B	150	300

```
SELECT *
FROM 지점별_월별매출
UNPIVOT INCLUDE NULLS (
  매출 FOR 월 IN ("1월" AS '1', "2월" AS '2')
);
```

①

지점	월	매출
A	1	100
A	2	NULL
B	1	150
B	2	300

②

지점	월	매출
A	1	100
A	2	300
B	1	150

③

지점	월	매출
A	1	100
B	1	150
B	2	300

④

지점	월	매출
A	1	100
A	2	0
B	1	150
B	2	300

기본적으로 UNPIVOT은 NULL인 결과를 제외하고 출력하지만, INCLUDE NULLS 옵션을 사용하면 NULL 데이터도 포함해서 출력할 수 있다. 만약 INCLUDE NULLS가 없거나 EXCLUDE NULLS를 이용하면 ③이 옳은 결과가 된다.

07 다음 SQL의 실행 결과 컬럼명을 올바르게 나타낸 것은?

```
SELECT *
FROM (
  SELECT 지점, SUBSTR(년월, 1, 4) AS 연도, 매출
  FROM 매출_현황
)
PIVOT (
  SUM(매출) AS 합계
  FOR 연도 IN ('2023' AS "2023", '2024' AS "2024")
);
```

① "2023", "2024"
② "2023_합계", "2024_합계"
③ "합계_2023", "합계_2024"
④ "SUM_매출_2023"

PIVOT 절에서 SUM(매출) AS 합계로 집계 함수에 별칭(합계)을 지정하면, 결과 컬럼명은 [피벗값]_[집계별칭] 형식으로 생성된다.
- 피벗 대상 값 : '2023', '2024'
- 집계 함수 별칭 : 합계

따라서 최종 결과 컬럼명은 "2023_합계", "2024_합계"가 된다.

08 다음 SQL의 실행 결과로 올바른 것은?

[매출_현황] 테이블

지점	년월	매출
A	202301	100
A	202302	150
B	202301	200
B	202302	300

```
SELECT *
FROM (
  SELECT 지점, SUBSTR(년월, 1, 4) AS 연도, 매출
  FROM 매출_현황
)
PIVOT (
  SUM(매출) AS 총합, COUNT(*) AS 건수
  FOR 연도 IN ('2023' AS "2023")
);
```

①
2023_총합	2023_건수
250	2
500	2

②
지점	2023_총합	2023_건수
A	250	2
B	500	2

③
지점	연도	2023_총합	2023_건수
A	2023	250	2
B	2023	500	2

④
지점	연도	매출	2023_총합	2023_건수
A	2023	100	250	2
B	2023	200	500	2

PIVOT 결과에는 지점과 '2023'에 대해 지정된 두 개의 집계 항목인 2023_총합, 2023_건수가 출력된다. 즉 PIVOT을 사용하면 한 번에 여러 개의 집계를 수행할 수 있다.

09 다음 테이블에 대해 쿼리 실행 후 결과가 아래와 같을 때, SQL 문의 빈칸에 들어갈 알맞은 것은?

지점	2023_매출	2024_매출
A	300	400

[SQL]

```
SELECT *
FROM PIVOT_결과
UNPIVOT (_____)
```

[SQL 실행 후 결과]

지점	연도	매출
A	2023	300
A	2024	400

① 매출 FOR 연도 IN (2023_매출 AS '2023', 2024_매출 AS '2024')
② 매출 FOR 연도 IN ("2023_매출" AS '2023', "2024_매출" AS '2024')
③ 매출 FOR 연도 IN ('2023_매출', '2024_')
④ 연도 FOR 매출 IN ("2023", "2024")

UNPIVOT은 열 이름을 행 값으로 변환하는 구문이다. "2023_매출", "2024_매출"은 기존 열 이름이므로 큰따옴표로 감싸야 Oracle이 정확히 인식할 수 있다. AS '2023', AS '2024'는 변환된 결과에서 연도 컬럼에 들어갈 값(Value)을 의미한다. 즉, 해당 열이 행으로 전환될 때 연도 컬럼에는 각각 '2023', '2024'라는 문자열이 들어가게 된다.
UNPIVOT에서의 AS는 일반적인 별칭(Alias)이 아니라, 전환된 행의 값으로 사용될 리터럴을 지정하는 용도로 쓰인다는 점에서 용도가 다르다.

정답 08 ② 09 ②

10 다음 CASE 구문을 활용한 SQL을 PIVOT으로 전환했을 때 올바른 구문은?

```
SELECT
    지점,
    SUM(CASE WHEN 연도 = '2023' THEN 매출
ELSE 0 END) AS "2023",
    SUM(CASE WHEN 연도 = '2024' THEN 매출
ELSE 0 END) AS "2024"
FROM 매출_현황
GROUP BY 지점;
```

① PIVOT(SUM(매출) FOR 연도 IN ('2023' AS "2023", '2024' AS "2024"))
② PIVOT(CASE WHEN...THEN 매출 FOR 연도 IN (...))
③ PIVOT(연도 FOR 매출 IN (...))
④ 가능하지 않다.

CASE를 사용하는 방식은 열별 조건 집계를 수행하며, PIVOT은 동일 결과를 간결하게 표현할 수 있다.

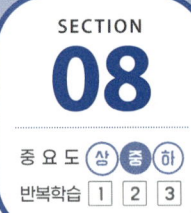

SECTION 08 정규 표현식

빈출 태그 ▶ 정규 표현식, POSIX 연산자, PERL 연산자, REGEXP_LIKE, REGEXP_SUBSTR, REGEXP_INSTR, REGEXP_COUNT, REGEXP_REPLACE

01 정규 표현식

01 정규 표현식의 개념

정규 표현식은 문자열에서 특정 패턴을 찾거나 바꾸는 데 사용하는 강력한 도구입니다. 기존의 LIKE, REPLACE보다 더 복잡하고 정밀한 조건을 처리할 수 있습니다.

기능	일반 함수	정규식 함수
패턴 매칭	LIKE, INSTR	REGEXP_LIKE, REGEXP_INSTR
패턴 추출	SUBSTR	REGEXP_SUBSTR
치환	REPLACE	REGEXP_REPLACE
횟수 카운트	없음	REGEXP_COUNT

02 정규 표현식의 필요성

예를 들어 LIKE는 %, _와 같은 와일드카드를 사용해 "이 글자로 시작하는 데이터", "이 글자를 포함하는 데이터" 정도의 간단한 매칭은 가능했습니다.

```
WHERE 이름 LIKE '김__'       — 김으로 시작하고 세 글자인 이름
WHERE 전화번호 LIKE '010%'   — 010으로 시작하는 전화번호
```

하지만 만약 다음과 같은 조건이 필요하다면 어떨까요?

[조건]
숫자 세 자리로 시작하고, 중간쯤에 7이 있으며, 마지막은 반드시 소문자 알파벳으로 끝나는 값

이처럼 정규 표현식은 복잡한 패턴을 정밀하게 제어할 수 있도록 해줍니다.

> **기적의 TIP**
>
> 정규 표현식은 2024년부터 SQLD 시험에 정식 포함되었으며, 기존 문자열 함수보다 더 강력한 필터링과 전처리 기능을 제공하기 때문에 실무와 데이터 분석에서도 점차 사용 빈도가 늘고 있습니다. 정규 표현식 기반 함수들은 다음과 같은 상황에서 사용됩니다.
> - 로그 데이터에서 특정 포맷의 문자열만 추출하고 싶을 때
> - 값이 복잡하게 섞여 있는 문자열 컬럼을 정리하고 싶을 때
> - 유효한 형식(이메일, 숫자, 코드 등)을 만족하는지 검증하고 싶을 때

02 정규 표현식 기본 문법 – POSIX 정규 표현식 연산자

정규 표현식은 대표적으로 POSIX 방식과 PERL 방식이 존재합니다. 여기서는 POSIX 문법을 중심으로 설명합니다.

표현식	설명	예시
.	문자 1개와 매칭	강.현 → 강민현, 강수현 등 한 글자 사이 매칭
|	OR 조건(둘 중 하나 포함되면 매칭)	a|b → 문자가 a 이거나 b인 것
\	특수기능 무효화(이스케이프)	a\\|b → a|b 출력(| 는 일반문자가 됨)
[...]	대괄호 안에 있는 문자 중 하나 매칭	a[bcd]e → abe, ace, ade
[^...]	대괄호 안에 없는 문자 중 하나 매칭	a[^bcd]e → aee, afe, a1e 등
*	바로 앞 문자가 0회 이상 반복	a*b → b, ab, aab, ...
+	바로 앞 문자가 1회 이상 반복	a+b → ab, aab, aaab 등
?	바로 앞 문자가 0회 또는 1회 반복	a?b → b, ab
{n}	정확히 n번 반복	a{3}b → aaab
{n,}	최소 n번 이상 반복	a{3,}b → aaab, aaaab, ...
{n,m}	최소 n ~ 최대 m번 반복	a{3,5}b → aaab ~ aaaaab
^	문자열 시작	^a → a로 시작하는 문자열
$	문자열 끝	a$ → a로 끝나는 문자열
( )	그룹화 (여러 문자를 하나처럼 묶음)	(ab)+ → ab, abab, ababab 등

▲ 주요 연산자 정리

01 dot(.), or(|), backslash(\)

표현식	설명	예시
.	문자 1개와 매칭	강.현 → 강민현, 강수현 등 한 글자 사이 매칭
|	OR 조건(둘 중 하나 포함되면 매칭)	a|b → 문자가 a 이거나 b인 것
\	특수기능 무효화(이스케이프)	a\\|b → a|b 출력 (| 는 일반문자가 됨)

[고객] 테이블

이름
김철수
이영희
박민준
최민수
강우빈
mak.saka

① 이름의 가운데 글자가 '민'이면서, 앞뒤로 한 글자만 있는 사람의 이름 추출

'.'은 임의의 문자 1개를 의미하며, '.민.'은 '민'이 이름의 가운데에 있는 세 글자 이름과 매칭됩니다.

`SELECT * FROM 고객 WHERE REGEXP_LIKE(이름, '.민.');` — 결과 : 박민준, 최민수

② 이름이 '강'으로 시작하거나, '이'를 포함하는 사람 추출

- or(|)는 제시된 조건들 중 하나를 매칭합니다.
- ^ 기호는 문자열의 처음을 의미합니다.

`SELECT * FROM 고객 WHERE REGEXP_LIKE(이름, '^강|이');` — 결과 : 이영희, 강우빈

만약 이름이 '강'으로 시작하거나 '이'로 시작하는 사람을 찾고 싶으면 아래와 같이 작성합니다.

`SELECT * FROM 고객 WHERE REGEXP_LIKE(이름, '^강|^이');`

③ 이름에 마침표(.)가 포함된 사람 추출

- 역슬래시(\)는 기존 특수한 기능을 하던 문자를 일반 문자로 처리합니다.
- 즉, 이름에 '.' 기호가 있는 대상을 출력합니다.

`SELECT * FROM 고객 WHERE REGEXP_LIKE(이름, '\.');` — 결과: mak.saka

'.'은 문자 1개를 의미하므로, REGEXP_LIKE(이름, '.')은 모든 결과가 매칭됩니다.

REGEXP_LIKE(이름, '.')으로 쓰게 될 경우 모든 이름이 문자 하나는 존재하므로 조건에 맞아 모두 출력됩니다. 단, NULL 값은 REGEXP_LIKE 조건에 해당되지 않아 자동으로 제외됩니다.

`SELECT * FROM 고객 WHERE REGEXP_LIKE(이름, '.');` — 모든 이름 출력

02 대괄호 [ ], ^, $

표현식	설명	예시
[...]	대괄호 안에 있는 문자 중 하나 매칭	a[bcd]e → abe, ace, ade
[^...]	대괄호 안에 없는 문자 중 하나 매칭	a[^bcd]e → aee, afe, a1e 등
^	문자열 시작	^a → a로 시작하는 문자열
$	문자열 끝	a$ → a로 끝나는 문자열

이번에도 REGEXP_LIKE를 활용해서 POSIX 문법 예시를 보도록 하겠습니다.

[TAB] 테이블

ID	텍스트
1	cat
2	dog
3	catdog
4	mycat
5	cats
6	ab
7	aab
8	aaab
9	a
10	123

① 텍스트 중에서 소문자 b, d 중 하나라도 매칭되는 데이터 추출

대괄호 안에 명시된 값 중 하나라도 매칭되면 참입니다. (b|d와 동일)

```
SELECT * FROM TAB WHERE REGEXP_LIKE(텍스트, '[bd]');
```

[출력 결과]

ID	텍스트
2	dog
3	catdog
6	ab
7	aab
8	aaab

대괄호에 원하는 문자를 직접 나열해도 되지만 [a-z], [A-Z], [0-9]처럼 범위로도 지정할 수 있습니다. 이는 각각 소문자, 대문자, 숫자를 의미합니다. 예를 들어 [0-9]는 [0123456789]와 동일하며 0~9중 하나라도 매칭되면 된다는 의미입니다.

② 알파벳 소문자나 대문자 또는 숫자로 시작하는 경우 추출

- 대괄호 내에 'a-z0-9'와 같이 조건을 이어붙일 수 있습니다.
- 대괄호 앞에 '^'기호가 있으면 대괄호 문자로 시작하는 데이터를 의미합니다.
- 이 경우 모든 데이터가 소문자로 시작하거나 숫자로 시작하므로 모두 출력됩니다.

```
SELECT * FROM TAB WHERE REGEXP_LIKE(텍스트, '^[a-z0-9]')
```

[출력 결과]

ID	텍스트
1	cat
2	dog
3	catdog
4	mycat
5	cats
6	ab
7	aab
8	aaab
9	a
10	123

③ a, b, c로 시작하지 않는 대상 추출

대괄호 밖의 '^'는 문자열의 시작을 의미하며, 대괄호 안에서 '^'는 not의 개념을 의미합니다. (a, b, c가 아닌 것)

```
SELECT * FROM TAB WHERE REGEXP_LIKE(텍스트, '^[^a-c]');
```

[출력 결과]

ID	텍스트
2	dog
4	mycat
10	123

④ a, b, c로 시작하지 않으면서 마지막에 g 혹은 t로 끝나는 대상 추출

- '^[^a-c]'는 문자의 시작이 a, b, c가 아닌 문자임을 의미합니다.
- '.*'에서 '.'은 문자 1개를 매칭하며, * 기호는 수량사로 '.'(문자 1개)를 0회 이상 매칭할 수 있습니다.
- '[gt]$'에서 '$'는 문자열의 마지막을 의미하므로 'g'나 't'로 끝나는 대상을 찾습니다.

```
SELECT * FROM TAB WHERE REGEXP_LIKE(텍스트, '^[^a-c].*[gt]$');
```

[출력 결과]

ID	텍스트
2	dog	→ '.*'에서 문자 1회 매칭(o)
4	mycat	→ '.*'에서 문자 3회 매칭(yca)

참고로 [0-9], [a-z] 등의 일반문자 클래스를 다음과 같이 POSIX 문자 클래스로도 표현이 가능합니다.

연산자	설명	동일(동등한 표현)
[:digit:]	숫자	[0-9]
[:lower:]	소문자	[a-z]
[:upper:]	대문자	[A-Z]
[:alpha:]	영문자	[a-zA-Z]
[:alnum:]	영문자와 숫자	[0-9a-zA-Z]
[:blank:]	공백 문자	–
[:space:]	공간 문자(space, enter, tab)	–

— 일반 문자 클래스로 표현한 경우
```
SELECT * FROM TAB WHERE REGEXP_LIKE(텍스트, '^[a-z0-9]');
```

— posix 문자 클래스로 표현한 경우
```
SELECT * FROM TAB WHERE REGEXP_LIKE(텍스트, '^[[:lower:][:digit:]]');
```

03 수량사 *, +, ?, { }

수량사는 특정 문자열이 최소 몇 번 나오고, 최대 몇 번 나와야 하는지 등을 지정할 수 있습니다.

표현식	설명	예시
*	바로 앞 문자가 0회 이상 반복	a*b → b, ab, aab, ...
+	바로 앞 문자가 1회 이상 반복	a+b → ab, aab, aaab 등
?	바로 앞 문자가 0회 또는 1회 반복	a?b → b, ab
{n}	정확히 n번 반복	a{3}b → aaab
{n,}	최소 n번 이상 반복	a{3,}b → aaab, aaaab, ...
{n,m}	최소 n ~ 최대 m번 반복	a{3,5}b → aaab ~ aaaaab

[TAB] 테이블

ID	텍스트
1	cat
2	dog
3	catdog
4	mycat
5	cats
6	ab
7	aab
8	aaab
9	a
10	123

① a가 0회 이상, b가 0회 이상인 데이터 추출
- '*' 수량사는 앞의 문자를 0~여러 번 반복한다는 의미입니다.
- 조건식 양 끝에 ^(문자열 시작)과 $(문자열 끝) 기호가 함께 사용되었습니다.
- 내부에 'a*'과 'b*'은 a와 b가 0~여러 번 반복 출력된다는 의미입니다.

```
SELECT * FROM TAB WHERE REGEXP_LIKE(텍스트, '^a*b*$');
```

[출력 결과]

ID	텍스트
6	ab
7	aab
8	aaab	→ a가 3회 이상, b가 1회 매칭
9	a	→ a가 1회, b가 0회 매칭

② a가 1회 이상, b가 1회 이상인 데이터 추출
- '+' 수량사는 앞의 문자를 1~여러 번 반복한다는 의미입니다. (최소 1번 이상)
- 'a+', 'b+'은 각각 a가 최소 1번 이상, b가 최소 한 번 이상 매칭된다는 의미입니다.

```
SELECT * FROM TAB WHERE REGEXP_LIKE(텍스트, '^a+b+$')
```

[출력 결과]

ID	텍스트
6	ab
7	aab
8	aaab

ID 9는 b가 최소 1회 이상 매칭되지 않기 때문에 조건에 부합하지 않습니다.

③ a가 최소 2회 이상이고, b로 끝나는 데이터를 추출
- {m, n} 중괄호를 이용해서 최소 m회, 최대 n회 횟수를 지정할 수 있습니다.
- 별도로 지정하지 않으면 여러 횟수로 해석됩니다.

```
SELECT * FROM TAB WHERE REGEXP_LIKE(텍스트, '^a{2,}b$');
```

[출력 결과]

ID	텍스트
7	aab
8	aaab

a가 최소 2회 이상 반복된 대상을 추출하면서 마지막에 b로 끝나는 대상을 추출합니다.

④ a가 1~2회까지 나오고, b로 끝나는 데이터 추출

```
SELECT * FROM TAB WHERE REGEXP_LIKE(텍스트, '^a{1,2}b$');
```

[출력 결과]

ID	텍스트
6	ab
7	aab

⑤ a는 0~1회까지 나오고, b로 끝나는 데이터 추출

'?' 수량사는 0~1회까지 매칭되도록 하는 수량사입니다.

```
SELECT * FROM TAB WHERE REGEXP_LIKE(텍스트, '^a?b$');
```

[출력 결과]

ID	텍스트
6	ab

04 그룹화 ( )

그룹화는 여러 문자를 하나의 단위로 묶어, 수량자나 연산자를 적용할 수 있게 합니다.

표현식	설명	예시
( )	그룹화 (여러 문자를 하나처럼 묶음)	(ab)+ → ab, abab, ababab 등

① ab로 시작하는 데이터 추출

```
SELECT * FROM TAB WHERE REGEXP_LIKE(텍스트, '^(ab)');
```

[출력 결과]

ID	텍스트
6	ab

② ab를 포함하는 데이터 추출

```
SELECT * FROM TAB WHERE REGEXP_LIKE(텍스트, '(ab)');
```

[출력 결과]

ID	텍스트
6	ab
7	aab
8	aaab

③ ca로 시작하거나 og로 끝나는 데이터 추출

```sql
SELECT * FROM TAB WHERE REGEXP_LIKE(텍스트, '^(ca)|(og)$');
```

[출력 결과]

ID	텍스트
1	cat
2	dog
3	catdog
5	cats

03 정규 표현식 기본 문법 – PERL 정규 표현식 연산자

1) 정규 표현식 기본 문법 예시

PERL 정규 표현식은 POSIX보다 더 간결하고 직관적인 축약 표현을 제공합니다. 복잡한 문자 패턴을 짧은 문법으로 표현할 수 있어 매우 실용적입니다.

표현식	설명	POSIX 대체 표현
\d	숫자 (0~9)	[0-9]
\D	숫자가 아닌 문자	[^0-9]
\w	영문자, 숫자, 밑줄(_)	[a-zA-Z0-9_]
\W	영문자, 숫자, 밑줄이 아닌 문자	[^a-zA-Z0-9_]
\s	공백 문자 (space, tab, 개행 등)	[\t\r\n\f]
\S	공백이 아닌 문자	[^ \t\r\n\f]

즉, PERL 정규 표현식은 복잡한 POSIX 표현을 간단하게 표현할 수 있도록 도와줍니다.

[고객정보] 테이블

고객ID	이름	전화번호	이메일	주소
1	김철수	010-1234-5678	chulsu.kim@gmail.com	서울시 강남구
2	이영희	02-9876-5432	younghee_lee@naver.com	부산시 해운대구
3	박민수	010-5678-1234	minsu90@kakao.com	서울시 서초구
4	최지우	(NULL)	jiwoo123@gmail.com	광주시 북구
5	강호동	031-555-8888	hodong_kang@daum.net	경기도 성남시
6	유재석	010-1111-2222	(NULL)	서울시 마포구
7	하하	02-333-4444	haha_laugh@yahoo.co.kr	서울시 강서구
8	정형돈	055-222-3333	don_jun@gmail.com	경상남도 창원시

① 메일에 @ 기호가 포함되고, 마지막에 com으로 끝나는 메일 정보를 가진 데이터 추출
- '\w+'는 숫자 및 문자, 언더바[a-zA-Z0-9_] 중 하나를 매칭합니다. ('+' 기호가 있으니 1회 이상)
- '@' 문자가 나온 후에 'w+'가 반복되고 있습니다.
- '\.'은 '.'기호가 원래는 문자 하나를 매칭하므로 이스케이프(Escape)시켜 일반 '.'문자로 매칭합니다.
- 마지막에 com으로 끝나도록 합니다.

```
SELECT *
  FROM 고객정보
 WHERE REGEXP_LIKE(이메일, '^\w+@\w+\.com$') ;
```

[출력 결과]

고객ID	이름	전화번호	이메일	주소
2	이영희	02-9876-5432	younghee_lee@naver.com	부산시 해운대구
3	박민수	010-5678-1234	minsu90@kakao.com	서울시 서초구
4	최지우	(NULL)	jiwoo123@gmail.com	광주시 북구
8	정형돈	055-222-3333	don_jun@gmail.com	경상남도 창원시

② 연락처 형식이 3자리-4자리-4자리인 데이터 추출

'\d'는 숫자 [0-9] 중 하나를 의미하며, 수량사로 횟수를 정확히 지정하였습니다.

```
SELECT *
  FROM 고객정보
 WHERE REGEXP_LIKE (전화번호, '^\d{3}-\d{4}-\d{4}')
```

[출력 결과]

고객ID	이름	전화번호	이메일	주소
1	김철수	010-1234-5678	chulsu.kim@gmail.com	서울시 강남구
3	박민수	010-5678-1234	minsu90@kakao.com	서울시 서초구
6	유재석	010-1111-2222	(NULL)	서울시 마포구

2) 정규 표현식의 탐욕성(Greedy) vs 비탐욕성(Lazy)

PERL 정규 표현식에서는 * , + 등의 수량사 뒤에 ? 기호를 붙일 경우 비탐욕적(Lazy)으로 작동합니다. POSIX 정규식은 탐욕적 매칭 방식이 기본이며, PERL 정규식은 기본적으로 비탐욕 매칭을 지원합니다.

- 탐욕적(Greedy) 매칭 : 가능한 한 많이 매칭하려는 방식
- 비탐욕적(Lazy) 매칭 : 가능한 한 적게(최소한) 매칭하려는 방식

예를 들어, 정규식 a*b는 문자열 ab, aab, aaab 등과 매칭될 수 있습니다. 탐욕적 매칭을 기본으로 하는 POSIX 정규식에서는 가능한 많은 a를 포함하여, b, ab, aab, aaab를 모두 매칭합니다. 반면, 비탐욕적 매칭을 지원하는 PERL 정규식에서는 최소한의 매칭을 시도하므로 문자열 aaab에 대해 b만으로도 매칭이 성립합니다. (a가 0회인 경우)

표현식	의미
*?	0회 이상(최소 매칭)
+?	1회 이상(최소 매칭)
??	0 또는 1회(최소 매칭)
{n}?	정확히 n회 반복
{n,}?	최소 n회 이상(최소 매칭)
{n,m}?	n~m회 반복(최소 매칭)

아래의 예시와 함께 탐욕적 매칭과 비탐욕적 매칭의 차이를 비교해 보겠습니다.

[TAB] 테이블

문자열
b
ab
aab
aaab
aaaab

① POSIX 방식의 탐욕적 수량사

REGEXP_SUBSTR은 문자열에서 패턴에 매칭되는 첫 번째 문자열을 추출합니다.

```
SELECT 문자열, REGEXP_SUBSTR(문자열, 'a*b') AS 탐욕적수량사 FROM TAB ;
```

[출력 결과]

문자열	탐욕적수량사
b	b
ab	ab
aab	aab
aaab	aaab
aaaab	aaaab

② PERL 방식의 비탐욕적 수량사

```
SELECT 문자열,
       REGEXP_SUBSTR(문자열, 'a+?') AS 비탐욕적수량사,
       REGEXP_SUBSTR(문자열, 'a+') AS 탐욕적수량사
  FROM TAB ;
```

[출력 결과]

문자열	비탐욕적수량사	탐욕적수량사
b	NULL	NULL
ab	a	a
aab	a	aa
aaab	a	aaa
aaaab	a	aaaa

04 정규 표현식 조건 및 함수

정규 표현식은 단순 매칭을 넘어서, 문자열 내 특정 패턴을 정밀하게 검색하거나 치환할 수 있도록 도와주는 기능입니다. 여기서는 정규 표현식 관련 주요 함수들을 설명합니다.

01 REGEXP_LIKE

REGEXP_LIKE(확인할문자열, 정규식패턴 [, 매칭옵션])

정규식 패턴에 문자열이 매칭되면 TRUE, 그렇지 않으면 FALSE를 반환합니다.

매칭 옵션	의미	예시
i	대소문자 무시	John, john, jOhN 모두 매칭
c	대소문자 구분(기본값)	c와 C를 다른 값으로 인식
n	dot(.)을 개행 문자와 일치시킴	REGEXP_LIKE('abc\ndef', 'abc.def', 'n') → \n(공백)을 .(dot)으로 매칭시켜줌
m	다중 행 모드	REGEXP_LIKE('abc\ndef', '^def', 'm') → def를 두번째 줄의 시작으로 매치해줌
x	공백 무시(패턴 내 공백 무시)	REGEXP_LIKE('abc', 'a b c', 'x') → 공백을 무시하고 abc로 해석해 매칭

[employees] 테이블

ID	name
1	John
2	john
3	JOHN
4	Jo hn
5	Jo hn
6	Johnny
7	jon

8	jonathan
9	Alice

[1] SELECT * FROM employees WHERE REGEXP_LIKE(name, 'john', 'i'); — 대소문자 무시
[2] SELECT * FROM employees WHERE REGEXP_LIKE(name, 'john', 'c'); — john만 매칭
[3] SELECT * FROM employees WHERE REGEXP_LIKE(name, 'jo hn', 'x'); — 공백 무시

[출력 결과]

[1]

ID	name
1	John
2	john
3	JOHN
6	Johnny

[2]

ID	name
2	john

[3]

ID	name
1	John
2	john
3	JOHN
4	Jo hn
5	Jo hn
6	Johnny

02 REGEXP_SUBSTR

정규식에 매칭되는 문자열을 추출합니다. 기본적으로 첫 번째 매칭된 결과를 반환하고, 시작위치, 발생순서 등의 입력값으로 세부 제어가 가능합니다.

REGEXP_SUBSTR(원본문자열, 패턴 [, 시작위치 [, 발생순서 [, 옵션 [, 그룹번호]]]])

① 이메일 추출

```
SELECT REGEXP_SUBSTR('My email is john.doe@example.com',
                    '[a-z0-9._%+-]+@[a-z0-9.-]+\.[a-z]{2,4}')
FROM dual;
```

[출력 결과]

john.doe@example.com

② 두 번째 영단어 추출

```
SELECT REGEXP_SUBSTR('apple banana cherry', '[a-z]+', 7, 2)
FROM dual;
```

원본 문자열(apple banana cherry)에서 소문자 영단어 1개 이상 매칭되는 대상을([a-z]+) 7번째 문자열 위치부터 검색해(b) 2번째로 매칭되는 값(cherry, 첫 번째 매칭은 banana)을 가져옵니다.

[출력 결과]
cherry

③ 핸드폰 번호 중간 자리만 추출

```
SELECT REGEXP_SUBSTR('My phone is 010-1234-5678',
                    '([0-9]{3})-([0-9]{4})-([0-9]{4})',
                    1, 1, NULL, 2)
FROM dual;
```

원본 문자열 ('My phone is 010-1234-5678')에 대한 매칭 조건('([0-9]{3})-([0-9]{4})-([0-9]{4})') 에 대해 첫 번째 문자(1)부터 첫 번째 매칭되는(1) 대상을 기본 옵션으로(NULL, 기본옵션은 c) 가져옵니다. 이때, 괄호 기준 추출한 그룹 번호 2번째 매칭되는 값을 가져옵니다.

[출력 결과]
1234

03 REGEXP_INSTR

REGEXP_INSTR(문자열, 패턴 [, 시작위치 [, 발생순서 [, 리턴옵션 [, 옵션 [, 그룹번호]]]]])

1) INSTR 함수

INSTR 함수는 원본 문자열에서 특정 값이 있는 위치값을 반환하는 단일 행 함수입니다.

```
SELECT INSTR('안녕하세용안녕', '녕') FROM DUAL;   — 녕이 있는 위치 2를 반환
SELECT INSTR('반갑습니다', '무') FROM DUAL;      — 무가 반갑습니다에 없으므로 0 반환
```

세 번째 인자를 추가하면 값을 찾기 시작할 위치를 지정할 수 있습니다.

```
SELECT INSTR('안녕하세용안녕', '녕', 3) FROM DUAL;   — 3번째 문자(하)부터 검색해 그 이후에 있는 녕의 위치인 7을 반환
```

2) REGEXP_INSTR 함수

REGEXP_INSTR은 이를 업그레이드한 기능입니다.

```
REGEXP_INSTR(source_char, pattern
            [, position [, occurrence
            [, return_opt [, match_param
            [, subexpr]]]]])
```

파라미터	설명	기본값
source_char	검색할 문자열 (컬럼명 또는 직접 입력)	필수
pattern	정규식 패턴 (찾을 문자열)	필수
position	검색을 시작할 위치 (1부터 시작)	1
occurrence	몇 번째로 등장하는 패턴의 위치를 반환할지 지정	1
return_opt	반환 값 선택 (0: 패턴 시작 위치, 1: 패턴 끝 위치)	0
match_param	정규식 옵션 (i, c, m, n, x)	없음
subexpr	캡처 그룹 ( )로 지정한 부분의 위치 반환	없음

```
[1] SELECT REGEXP_INSTR('apple banana cherry', 'banana') FROM dual;   — 'banana'의 위치(공백 포함 7번째)
[2] SELECT REGEXP_INSTR('apple banana cherry', 'a', 9) FROM dual;   — 'a'를 9번째 위치부터 탐색
[3] SELECT REGEXP_INSTR('one two three', '[a-z]+', 1, 2, 1) FROM dual;   — 두 번째 영단어의 끝 위치 반환
```

[출력 결과]

[1] 7

banana가 시작하는 위치가 공백 포함 원본 문자열의 7번째에 존재합니다.

[2] 10

원본 문자열의 9번째 문자(ban의 n) 이후부터 나오는 a는 10입니다.

[3] 8

- 조건([a-z]+)에 따라 one, two, three가 매칭되며, 띄어쓰기는 매칭되지 않습니다.
- 원본 문자열 처음부터 시작해서 두 번째로 매칭되는 two가 시작되는 위치는 5입니다.
- 하지만 마지막 옵션 (return_opt)을 1로 주어 끝나는 위치+1을 반환하므로 two의 o 다음인 8이 반환됩니다.

04 REGEXP_COUNT

REGEXP_COUNT는 정규식 패턴이 문자열 내에서 몇 번 매칭되는지 반환합니다.

```
REGEXP_COUNT(문자열, 패턴 [, 시작위치 [, 옵션]])
```

다음 탐욕적 매칭과 비탐욕적 매칭의 예시를 살펴보겠습니다.

```
SELECT REGEXP_COUNT('ABCDEAABCDE', 'A') FROM dual;   — A가 문자열 내 3회 매칭
SELECT REGEXP_COUNT('ABCDEAABCDE', 'AB') FROM dual;   — AB가 문자열 내 2회 매칭
```

1) 탐욕적 매칭 예시

```sql
SELECT REGEXP_COUNT('ABCDEAABCDE', '[A-Z]+E') FROM dual;  -- 1
```

- 영어 대문자가 ABCDEAABCDE 1회 매칭됩니다.
- 탐욕적 매칭이므로 +가 최대한 많이 매칭하려 합니다.

2) 비탐욕적 매칭 예시

```sql
SELECT REGEXP_COUNT('ABCDEAABCDE', '[A-Z]+?E') FROM dual;  -- 2
```

- ABCDE에서 한번 매칭이 되고, 그다음 AABCDE가 한번 매칭되어 2회 매칭됩니다.
- 비탐욕적 매칭이므로 최소한의 매칭을 수행해 개수를 셉니다.

05 REGEXP_REPLACE

REGEXP_REPLACE는 정규 표현식을 통해 특정 패턴을 찾아 이를 대체하는 기능을 제공합니다.

```
REGEXP_REPLACE(문자열, 패턴 [, 대체문자 [, 시작위치 [, 발생순서 [, 옵션]]]])
```

정규식에 매칭되는 부분을 대체 문자열로 치환합니다. 기타 옵션들은 이전 정규 표현식 옵션들에서 설명하였으므로 생략합니다.

[예시]

```sql
[1] SELECT REGEXP_REPLACE('Hello123World', '[0-9]', '*') FROM dual;  -- 숫자를 *로 대체
[2] SELECT REGEXP_REPLACE('010-1234-5678', '[0-9]+', 'XXXX', 1, 2) FROM dual;
    -- 두 번째 숫자 그룹만 XXXX로 치환
```

[출력 결과]

[1] Hello***world

Hello123World에서 숫자[0-9]가 매칭되는 123를 *로 변경됩니다.

[2] 010-XXXX-5678

조건에 매칭되는 010, 1234, 5678 중 2번째 매칭되는 1234를 XXXX로 치환됩니다.

이론을 확인하는 기출문제

01 다음 SQL의 결과로 출력되는 텍스트를 올바르게 나열한 것은?

[TAB] 테이블

ID	텍스트
1	apple
2	dog
3	catdog
4	ab
5	egg

```
SELECT * FROM TAB WHERE REGEXP_LIKE(텍스트, '[bd]');
```

① apple, dog
② dog, catdog, ab
③ catdog, ab, egg
④ dog, catdog, ab, egg

[bd]는 b 또는 d가 포함된 텍스트를 의미하므로 각각 "d"og, cat"d"og, a"b"인 ②가 정답이다.

02 텍스트 컬럼에서 소문자 혹은 숫자로 시작하는 행만 조회하는 SQL을 작성하려고 한다. 빈칸에 들어갈 표현식으로 알맞은 것은?

```
SELECT * FROM TAB
WHERE REGEXP_LIKE(텍스트, _____);
```

① '^[[:alpha:]]'
② '^[[:digit:]]'
③ '^[a-z0-9]'
④ '[^a-z0-9]'

^[a-z0-9]는 소문자 또는 숫자로 시작하는 문자열을 의미한다. ^[[:alpha:]]는 영문자 전체를 의미해 a~z, A~Z로 시작하는 대상을 의미하며, ^[[:digit:]]는 숫자 0~9로 시작하는 대상을 의미한다.

오답 피하기
④ [^a-z0-9]는 a~z와 0~9가 아닌 단일 문자를 의미한다.

03 다음 이메일 중 정규 표현식 ^\w+@\w+\.com$에 부합하지 않는 것은?

① user1@domain.com
② johndoe@mail.com
③ a@a.com
④ user@mail.kr

\w는 [a-zA-Z0-9_]와 동일한 의미를 가지며, 문자나 숫자 밑줄(_) 중 하나를 의미한다. + 기호를 보았을 때 문자가 최소 1개 이상으로 시작한다는 알 수 있으며, @ 기호 뒤에도 문자가 최소 1개 이상(\w+) 이어져야 한다. 점(.)은 단순 문자로 쓰려면 이스케이프(\)를 붙여 처리한다. 마지막은 com으로 끝나야 하므로 kr로 끝나는 ④는 조건에 부합하지 않는다.

정답 01 ② 02 ③ 03 ④

04 다음 SQL의 실행 결과로 옳은 것은?

```
SELECT REGEXP_COUNT('ABCDEFABC', 'A')
FROM DUAL;
```

① 1 ② 2
③ 3 ④ 4

문자열에 'A'는 2번 등장한다.

05 다음 SQL의 실행 결과로 옳은 것은?

```
SELECT REGEXP_INSTR('apple banana
cherry', '[a-z]+', 1, 2, 1)
FROM DUAL;
```

① 7 ② 8
③ 12 ④ 13

REGEXP_INSTR은 문장 내에 표현식에 맞는 대상의 위치를 반환한다. 위 정규 표현식은 'apple banana cherry' 중에서 영어 소문자가 최소 하나 이상([a-z]+)인 대상을 찾는다.
• 세 번째 인자('1') → 검색을 시작할 문자열 위치
• 네 번째 인자('2') → 일치하는 n번째 항목을 의미
• 다섯 번째 인자('1') → 반환할 위치 형태를 지정(0은 시작 위치 반환, 1은 끝 다음 위치를 반환)
즉, 이 정규 표현식은 두 번째 매칭되는 banana의 끝자리인 13을 반환하게 된다.

06 다음 중 a{2,3}b{0,1} 정규 표현식에 부합하지 않는 문자열은?

① aab   ② aaab
③ ab   ④ aa

ab는 a가 1회만 등장하므로 조건에 충족하지 않는다.

07 다음 SQL의 실행 결과로 옳은 것은?

```
SELECT REGEXP_REPLACE('abc123xyz',
'[0-9]', '*') FROM DUAL;
```

① abc123xyz
② abc***xyz
③ ***abcxyz
④ abcxyz

REGEXP_REPLACE는 문자열 내에서 표현식에 맞는 대상을 치환한다. 이 경우 문자열 'abc123xyz'로부터 숫자인 영역[0-9]을 모두 '*' 기호로 바꾸므로 'abc***xyz'가 출력된다.

08 이름이 '강'으로 시작하거나 '이'가 포함된 데이터를 찾는 SQL은?

① REGEXP_LIKE(이름, '강|이')
② REGEXP_LIKE(이름, '^강|이')
③ REGEXP_LIKE(이름, '^(강|이)')
④ REGEXP_LIKE(이름, '강|^이')

'^강|이'는 '강'으로 시작하거나 '이'를 포함하는 문자열을 의미한다. 이 부분을 '강'으로 시작하거나 '이'로 시작하는 문자열로 잘못 해석하지 않도록 주의해야 한다.

정답 04 ② 05 ④ 06 ③ 07 ② 08 ②

09 다음 SQL에서 추출되는 텍스트는?

[TAB] 테이블

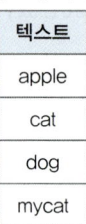

```
SELECT * FROM TAB WHERE REGEXP_LIKE(텍
스트, '^[^a-c]');
```

① apple   ② cat
③ dog, mycat   ④ 모두 해당 없음

[ ] 내부의 ^ 기호는 not을 의미하며, 여기서는 a-c(a부터 c)가 아닌 문자를 의미한다. 반면, [ ] 외부에서 ^는 문자열의 시작을 의미하므로 여기서는 a-c가 아닌 문자로 시작하는 문자열을 찾게 된다. 그 결과 "dog"와, "mycat"이 출력된다.

10 다음 SQL의 실행 결과로 옳은 것은?

```
SELECT REGEXP_SUBSTR('aaababaab',
'a.*?b') FROM DUAL;
```

① aaab   ② aaababaab
③ aaabab   ④ aab

수량사에 ? 기호가 붙으면 비탐욕적 매칭을 의미한다. 예를 들어 패턴 'a.*?b' 에서 .은 문자 하나가 오는 것을 의미하고 *는 0개 이상의 수량을 의미하므로 .* 는 문자를 0개 이상 매칭할 수 있다. 그런데 ? 기호가 붙으면 해당 매칭을 최소로 한다. 따라서 'a.*b'일 경우에는 탐욕적 매칭을 하므로 a 뒤에 내용을 최대한 매칭하면서 마지막에 b로 끝나는 구간까지가 해당된다. 이 경우 2번이 답이다. 하지만 'a.*?b' 은 비탐욕적 매칭이므로 a 뒤에 문자가 매칭되다가 b가 나오는 순간까지만 해당되므로 'aaab'인 1번이 정답이 된다.

정답 09 ③ 10 ①

CHAPTER

03

관리 구문

학습 방향

본 챕터에서는 데이터 조작이나 테이블 생성 및 제어와 같은 명령어를 체계적으로 학습합니다. 각 구문의 기능과 문법, 데이터 및 데이터베이스의 구조에 미치는 영향을 파악하고 대표적인 명령어에 대해 알아봅니다.

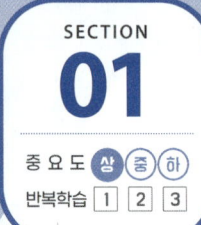

DML

빈출 태그 ▶ DML의 개념, UPDATE, DELETE, MERGE

01 DML(Data Manipulation Language)

DML은 테이블에 데이터를 추가, 수정, 삭제하기 위해 사용하는 문법입니다. 아래 EMPLOYEE 테이블을 예시로 하여 DML 명령어를 활용한 데이터 조작 방법을 학습하겠습니다.

[EMPLOYEE] 테이블

EMP_ID	NAME	DEPT	SALARY
101	Alice	Sales	5000
102	Bob	HR	4500
103	Charlie	IT	5500

[EMPLOYEE 생성 DDL]

```
CREATE TABLE EMPLOYEE (
    EMP_ID NUMBER PRIMARY KEY,
    NAME VARCHAR2(30) NOT NULL,
    DEPT VARCHAR2(50),
    SALARY NUMBER DEFAULT 0
);
```

02 DML 명령어의 종류

01 INSERT

1) INSERT 기본 개념
INSERT는 테이블에 데이터를 추가(삽입)할 때 사용하는 문법입니다.

2) INSERT 기본 문법

```
INSERT INTO 테이블명 (컬럼1, 컬럼2, ...) VALUES (값1, 값2, ...);
```

- 컬럼 리스트는 테이블에 정의된 컬럼 순서와 달라도 됩니다.
- 컬럼과 값의 개수는 반드시 일치해야 합니다.

3) INSERT 사용 예시

```
INSERT INTO EMPLOYEE (EMP_ID, NAME) VALUES (104, 'kiki');
```

4) INSERT 사용 시 주의사항

구분	설명
① 식별자에 NULL 입력 불가	식별자 컬럼은 반드시 값이 있어야 한다.
② NOT NULL 제약 컬럼에 NULL 입력 불가	NOT NULL 설정된 컬럼은 값을 필수로 입력해야 한다.
③ 자료형 불일치 오류	숫자형 컬럼에 문자형 입력 시 오류가 발생한다.
④ 식별자 중복 불가	식별자는 유일해야 하며 중복 삽입 시 오류가 발생한다.
⑤ 컬럼/값 개수 불일치 오류	컬럼 리스트와 VALUES 값 개수 불일치 시 오류가 발생한다.

① 식별자에 NULL 입력 불가

위 EMPLOYEE 테이블의 식별자(Primary Key)는 EMP_ID입니다. 데이터 입력 시 EMP_ID는 NULL일 수 없으며 반드시 값이 입력되어야 합니다.

```
INSERT INTO EMPLOYEE (EMP_ID, NAME) VALUES (NULL, 'ewol');  — 오류!
```

② NOT NULL 제약 컬럼에 NULL 입력 불가

테이블 생성(DDL) 시 각 컬럼에 필수 입력 여부를 지정할 수 있습니다. NAME 컬럼은 생성 당시 NOT NULL 설정을 했으므로 반드시 값이 입력되어야 합니다.

```
INSERT INTO EMPLOYEE (EMP_ID, NAME) VALUES (105, NULL);  — 오류!
```

③ 자료형 불일치 오류

숫자형 컬럼에 문자를 입력할 수 없습니다.

```
INSERT INTO EMPLOYEE (EMP_ID, NAME, SALARY) VALUES (106, 'kiki', '오백원');  — 오류! '오백원'은 유효한 숫자가 아님
```

> **기적의 TIP**
>
> ORACLE은 내부적으로 형변환을 시도합니다. 예를 들어 SALARY가 숫자형인데 문자가 들어오려고 하면 TO_NUMBER('문자값')을 내부적으로 시도합니다. 따라서 '300' 같은 값은 숫자형으로 변환되어 입력이 가능합니다. 하지만 TO_NUMBER('E300') 등은 숫자형 변환이 불가능하므로 오류가 발생합니다.

④ 식별자 중복 불가

식별자인 EMP_ID에 중복된 값은 허용되지 않습니다.

```
INSERT INTO EMPLOYEE (EMP_ID , NAME) VALUES ( 101, 'newman' ) ;
― 오류! EMP_ID가 101인 대상이 이미 있음
```

⑤ 컬럼/값 개수 불일치 오류

INSERT 시 컬럼과 값의 개수가 일치하지 않으면 오류가 발생합니다.

```
INSERT INTO EMPLOYEE (EMP_ID) VALUES (101, 'HI');  ― 오류, 값이 너무 많음
INSERT INTO EMPLOYEE (EMP_ID, NAME) VALUES(101);   ― 오류, 값이 너무 적음
```

5) INSERT 추가 특징

① 컬럼 일부만 지정해도 INSERT 가능

작성하지 않은 컬럼은 기본값(DEFAULT)을 사용하거나 NULL이 들어갑니다.

> [예시]
> • SALARY는 미입력 시 기본값 0이 들어감 → SALARY NUMBER DEFAULT 0
> • DEPT는 미입력 시 기본값 NULL이 들어감 → 별도로 DEFAULT 명시를 하지 않으면 DEFAULT NULL
> DEFAULT, NOT NULL 설정 등은 DDL에서 자세히 다룹니다.

다음 쿼리 예시와 그 실행 결과를 보겠습니다.

```
INSERT INTO EMPLOYEE (EMP_ID, NAME) VALUES (107, 'sizer');
```

[실행 결과]

EMP_ID	NAME	DEPT	SALARY
101	Alice	Sales	5000
102	Bob	HR	4500
103	Charlie	IT	5500
107	sizer	(NULL)	0

→ 별도 DEFAULT가 명시되지 않았으므로 NULL
→ DEFAULT 0으로 명시

② 컬럼 리스트를 아예 생략해도 입력 가능

단, 이 경우 테이블 생성(DDL) 시 정의된 컬럼 순서, 자료형, 개수를 정확히 알고 있어야 하며 모든 컬럼에 대한 값을 입력해야 합니다.

```
INSERT INTO EMPLOYEE VALUES (108, 'hia', NULL, 2000);
```

[실행 결과]

EMP_ID	NAME	DEPT	SALARY
101	Alice	Sales	5000
102	Bob	HR	4500
103	Charlie	IT	5500
107	sizer	(NULL)	0
108	hia	(NULL)	2000

```
INSERT INTO EMPLOYEE VALUES (109, 'tanya', 2000);
― 오류! 값이 부족함
```

③ INSERT ~ SELECT 구문을 이용해 여러 데이터를 한 번에 삽입 가능

일반적으로 INSERT는 한 번에 한 행(튜플)씩 입력되는 반면, INSERT ~ SELECT 구문을 이용하면 여러 행을 한꺼번에 입력할 수 있습니다.

아래는 [EMPLOYEE_BACKUP] 테이블에 EMPLOYEE 정보를 입력하는 예시입니다.

[테이블 생성 문법]
```
CREATE TABLE EMPLOYEE_BACKUP (
    EMP_ID NUMBER PRIMARY KEY,
    NAME VARCHAR2(30) NOT NULL,
    DEPT VARCHAR2(50),
    SALARY NUMBER DEFAULT 0
);
```

[실행 결과]
[EMPLOYEE_BACKUP] 테이블

EMP_ID	NAME	DEPT	SALARY

테이블 생성 후, 데이터 비어 있음

다음은 SELECT 결과를 EMPLOYEE_BACKUP 테이블에 INSERT 하는 쿼리입니다. 단, 자료형, 개수 등이 맞아야 하며, 실행 결과를 보면 3행의 데이터가 추가되었음을 확인할 수 있습니다.

```
INSERT INTO EMPLOYEE_BACKUP(EMP_ID, NAME, DEPT, SALARY)
SELECT EMP_ID, NAME, DEPT, SALARY
  FROM EMPLOYEE
 WHERE EMP_ID IN (101, 102, 103) ;
```

[실행 결과]
[EMPLOYEE_BACKUP] 테이블

EMP_ID	NAME	DEPT	SALARY
101	Alice	Sales	5000
102	Bob	HR	4500
103	Charlie	IT	5500

데이터 3행 추가됨

02 UPDATE

1) UPDATE 기본 개념

UPDATE는 테이블에 존재하는 기존 데이터를 수정할 때 사용하는 문법입니다.

2) UPDATE 기본 문법

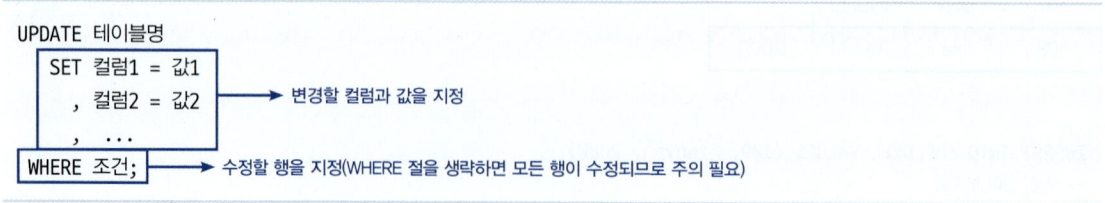

3) UPDATE 사용 예시 1 – Bob의 부서를 IT로 변경하기

EMP_ID가 '102'인 Bob의 부서(DEPT)를 IT로 변경합니다.

```
UPDATE EMPLOYEE
   SET DEPT = 'IT'
 WHERE EMP_ID = 102;
```

[실행 전]

EMP_ID	NAME	DEPT	SALARY
101	Alice	Sales	5000
102	Bob	HR	4500
103	Charlie	IT	5500

[실행 후]

EMP_ID	NAME	DEPT	SALARY
101	Alice	Sales	5000
102	Bob	IT	4500
103	Charlie	IT	5500

4) UPDATE 사용 예시 2 – 모든 직원의 연봉 10% 인상하기

전체 직원의 연봉을 10% 인상합니다. WHERE가 없으면 모든 행이 수정되는 점에 주의해야 합니다.

```
UPDATE EMPLOYEE
   SET SALARY = SALARY * 1.1;
```

[실행 전]

EMP_ID	NAME	DEPT	SALARY
101	Alice	Sales	5000
102	Bob	HR	4500
103	Charlie	IT	5500

[실행 후]

EMP_ID	NAME	DEPT	SALARY
101	Alice	Sales	5500
102	Bob	HR	4950
103	Charlie	IT	6050

03 DELETE

1) DELETE 기본 개념

DELETE는 테이블에서 특정 행(Row)을 삭제하는 명령어입니다.

2) DELETE 기본 문법

```
DELETE FROM 테이블명
  WHERE 조건;
```

이때, WHERE 없이 DELETE 하면 모든 데이터가 삭제되므로 주의해야 합니다.

3) DELETE 사용 예시 1 – HR 부서 직원 삭제하기

DEPT가 'HR'인 직원(Bob)을 삭제합니다.

```
DELETE FROM EMPLOYEE
  WHERE DEPT = 'HR';
```

[실행 전]

EMP_ID	NAME	DEPT	SALARY
101	Alice	Sales	5000
102	Bob	HR	4500
103	Charlie	IT	5500

[실행 후]

EMP_ID	NAME	DEPT	SALARY
101	Alice	Sales	5000
103	Charlie	IT	5500

4) DELETE 사용 예시 2 – EMPLOYEE 테이블 전체 삭제

EMPLOYEE 테이블의 모든 행이 삭제됩니다. ROLLBACK으로 복구할 수 있지만, 실수 방지 차원에서 신중하게 사용해야 합니다.

```
DELETE FROM EMPLOYEE;
```

> **기적의 TIP**
>
> ROLLBACK 개념은 뒤에서 다룰 TCL(Transaction Control Language) 섹션에서 자세히 설명합니다.

[실행 전]

EMP_ID	NAME	DEPT	SALARY
101	Alice	Sales	5000
102	Bob	HR	4500
103	Charlie	IT	5500

[실행 후] (데이터 0건 출력)

EMP_ID	NAME	DEPT	SALARY

04 MERGE

1) MERGE 기본 개념

MERGE는 병합의 의미를 가지고 있습니다. 예를 들어 두 테이블을 병합할 때 조건을 기준으로 대상을 변경(UPDATE) 하거나 삽입(INSERT) 할 수 있습니다.

> **기적의 TIP**
>
> 실무에서는 데이터가 존재하면 수정하고, 없으면 삽입하는 경우가 많습니다. 일반적으로는 SELECT를 통해 데이터의 유무를 판단하고 UPDATE 혹은 INSERT를 합니다. 즉 쿼리(SQL)을 2번 날리는 비효율이 존재합니다. MERGE를 사용하면 한 번의 명령으로 SELECT 및 UPDATE/INSERT를 한 번에 처리할 수 있어 성능을 최적화할 수 있습니다.

2) MERGE 기본 문법

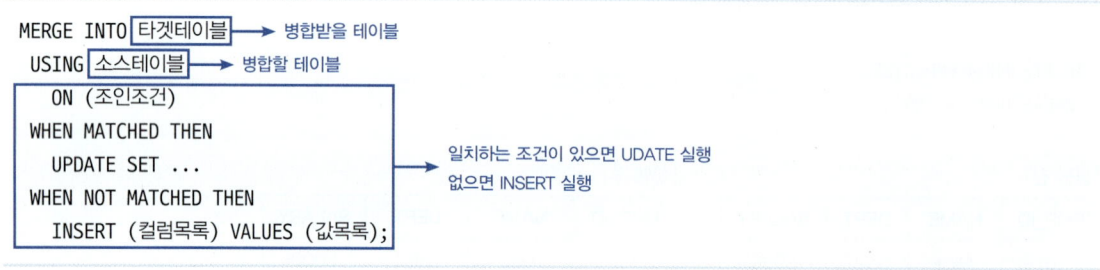

3) MERGE 사용 예시

MERGE 예시를 위해 아래 2개의 테이블을 병합해 보겠습니다. 목적은 EMPLOYEE_UPDATE 테이블의 내용을 EMPLOYEE에 병합하는 것입니다. 이때 EMP_ID가 이미 존재하면 UPDATE, 존재하지 않으면 INSERT가 수행됩니다.

[EMPLOYEE] 테이블 (기존 직원 테이블)

EMP_ID	NAME	DEPT	SALARY
101	Alice	Sales	5000
102	Bob	HR	4500
103	Charlie	IT	5500

[EMPLOYEE_UPDATE] 테이블 (변경사항이 작성된 테이블)

EMP_ID	NAME	DEPT	SALARY
101	Alice_K	Sales	5200
102	Bob_K	HR	4700
103	Charlie_K	IT	5700
104	David	Sales	4800
105	Eva	HR	4600

```
MERGE INTO EMPLOYEE E
  USING EMPLOYEE_UPDATE U
    ON (E.EMP_ID = U.EMP_ID)
  WHEN MATCHED THEN
    UPDATE SET E.NAME = U.NAME,
               E.DEPT = U.DEPT,
               E.SALARY = U.SALARY
```

```
WHEN NOT MATCHED THEN
  INSERT (EMP_ID, NAME, DEPT, SALARY)
  VALUES (U.EMP_ID, U.NAME, U.DEPT, U.SALARY);
```

소스 테이블인 EMPLOYEE_UPDATE 테이블로부터 하나씩 데이터를 가져옵니다.

① U_EMP_ID = 101일 때 EMPLOYEE 테이블에 101이 존재하므로, WHEN MATCHED THEN 절이 실행됩니다.

[EMPLOYEE 테이블 결과]

EMP_ID	NAME	DEPT	SALARY
101	Alice_K	Sales	5200	→ EMPLOYEE_UPDATE의 값으로 업데이트
102	Bob	HR	4500
103	Charlie	IT	5500

② U_EMP_ID = 102, 103일 때, 위 로직과 동일합니다.

[EMPLOYEE 테이블 결과]

EMP_ID	NAME	DEPT	SALARY
101	Alice_K	Sales	5200
102	Bob_K	HR	4700
103	Charlie_K	IT	5700	→ 업데이트

③ U_EMP_ID = 104일 때 EMPLOYEE 테이블에 104인 EMP_ID는 없으므로 WHEN NOT MATCHED THEN 절이 실행됩니다.

[EMPLOYEE 테이블 결과]

EMP_ID	NAME	DEPT	SALARY
101	Alice_K	Sales	5200
102	Bob_K	HR	4700
103	Charlie_K	IT	5700
104	David	Sales	4800	→ EMPLOYEE_UPDATE의 값 삽입

④ U_EMP_ID = 105일 때, 위 로직과 동일합니다.

[EMPLOYEE 테이블 결과]

EMP_ID	NAME	DEPT	SALARY
101	Alice_K	Sales	5200
102	Bob_K	HR	4700
103	Charlie_K	IT	5700
104	David	Sales	4800
105	Eva	HR	4600	→ 삽입

이론을 확인하는 기출문제

01 다음 중 INSERT 문으로 올바르게 작성된 문장은 무엇인가?

```
CREATE TABLE CUSTOMER (
    CUST_ID NUMBER PRIMARY KEY,
    NAME VARCHAR2(30) NOT NULL,
    GRADE VARCHAR2(3),
    POINT NUMBER DEFAULT 0
);
```

① INSERT INTO CUSTOMER VALUES (1001, '홍길동');
② INSERT INTO CUSTOMER (CUST_ID, NAME) VALUES (1001);
③ INSERT INTO CUSTOMER (CUST_ID, NAME) VALUES (1001, '홍길동');
④ INSERT INTO CUSTOMER (CUST_ID, NAME, GRADE) VALUES ('1001', '홍길동', 'VVIP');

오답 피하기
① 컬럼리스트 없이 바로 VALUES가 나왔기 때문에 모든 컬럼에 대한 값을 명시해야 한다.
② 컬럼리스트와 값의 개수가 일치하지 않는다.
④ GRADE 컬럼이 문자열 3바이트까지 입력받는데 VVIP는 4byte 크기이므로 오류가 발생한다.

02 다음 중 DML 명령어로만 구성된 것은?

① CREATE, INSERT, DELETE
② UPDATE, DELETE, INSERT
③ SELECT, CREATE, DROP
④ ALTER, DELETE, GRANT

CREATE, DROP, ALTER는 DDL이고 GRANT는 DCL에 해당한다.

03 다음 SQL 실행 결과, EMPLOYEE 테이블에는 몇 개의 행이 존재하게 되는가?

```
CREATE TABLE EMPLOYEE (
    EMP_ID NUMBER PRIMARY KEY,
    NAME VARCHAR2(20),
    SALARY NUMBER DEFAULT 0
);

INSERT INTO EMPLOYEE (EMP_ID, NAME)
VALUES (1, 'Alice');
INSERT INTO EMPLOYEE VALUES (2, 'Bob', 3000);
```

① 1   ② 2
③ 0   ④ 테이블 생성 오류

각각 정상 입력되므로 총 2행이 입력된다.

EMP_ID	NAME	SALARY
1	Alice	0
2	Bob	3000

04 다음 중 모든 사원의 SALARY를 10% 인상하는 SQL 문으로 적절한 것은? (단, SALARY는 NOT NULL이다.)

① SELECT EMPLOYEE SET SALARY = SALARY + SALARY * 0.1;
② SELECT EMPLOYEE SET SALARY = SALARY * 1.1 WHERE SALARY > 0;
③ UPDATE EMPLOYEE SET SALARY = SALARY * 1.1;
④ UPDATE EMPLOYEE SET SALARY = 10%;

오답 피하기
①, ②, ④는 문법 오류가 발생한다. SQL은 특수문자를 _, $, # 만 허용하므로 ④의 % 입력은 오류를 발생시킨다.

정답 01 ③ 02 ② 03 ② 04 ③

05 아래 두 테이블을 기준으로 MERGE를 수행한 결과로 올바른 것은?

[EMPLOYEE] 테이블

EMP_ID	NAME	SALARY
1	Alice	3000
2	Bob	4000

[EMPLOYEE_UPD] 테이블

EMP_ID	NAME	SALARY
1	Alice_K	3200
3	Charlie	3500

```
MERGE INTO EMPLOYEE E
USING EMPLOYEE_UPD U
ON (E.EMP_ID = U.EMP_ID)
WHEN MATCHED THEN
    UPDATE SET E.NAME = U.NAME, E.SALARY
= U.SALARY
WHEN NOT MATCHED THEN
    INSERT (EMP_ID, NAME, SALARY)
    VALUES (U.EMP_ID, U.NAME, U.SALARY);
```

①

EMP_ID	NAME	SALARY
1	Alice_K	3200
2	Bob	4000

②

EMP_ID	NAME	SALARY
1	Alice_K	3200
2	Bob	4000
3	Charlie	3500

③

EMP_ID	NAME	SALARY
1	Alice_K	3000
2	Bob	4000
3	Charlie	3500

④

EMP_ID	NAME	SALARY
1	Alice_K	3200
3	Charlie	3500

EMPLOYEE 테이블을 기준으로 EMPLOYEE_UPD 테이블 병합을 수행하며, EMP_ID 1은 이미 존재하므로 업데이트, 3은 없으므로 INSERT로 병합된다.

06 다음 DELETE 문 실행 후 EMPLOYEE 테이블은 몇 개의 행이 남게 되는가?

```
DELETE FROM EMPLOYEE WHERE DEPT = 'IT';
```

[EMPLOYEE] 테이블

EMP_ID	NAME	DEPT
1	Alice	Sales
2	Bob	IT
3	Chris	HR

① 1
② 2
③ 0
④ 실행 오류

'IT' 부서인 Bob만 삭제되며 나머지 2행은 유지된다.

07 다음 중 INSERT ~ SELECT 구문에 대한 설명으로 적절한 것은?

① 반드시 대상 테이블과 소스 테이블의 컬럼명이 일치해야 한다.
② 대상 테이블에 데이터가 없어야만 수행할 수 있다.
③ SELECT 결과의 컬럼 수와 대상 INSERT 컬럼 수가 일치해야 한다.
④ WHERE 절은 사용할 수 없다.

오답 피하기
① 컬럼명이 반드시 일치할 필요는 없다. 하지만 매칭되는 컬럼의 자료형과 개수는 일치해야 한다.
② 대상 테이블에 데이터가 있어도 사용할 수 있다. 단, PK중복 등 오류가 발생할 수 있으니 주의해야 한다.
④ INSERT ~ SELECT 시 SELECT에 WHERE 절을 사용할 수 있다.

08 다음 SQL 문을 실행했을 때 오류가 발생하는 이유로 적절한 것은?

```
CREATE TABLE EMPLOYEE (
    EMP_ID    NUMBER      PRIMARY KEY,
    NAME      VARCHAR2(100),
    DEPT      VARCHAR2(100),
    SALARY    NUMBER      NOT NULL
);

INSERT INTO EMPLOYEE VALUES (1,
'Alice', 3000);
```

① DEPT 컬럼은 문자형인데 숫자형 3000을 넣었다.
② 테이블 생성 오류가 발생한다.
③ PRIMARY KEY는 ALTER 문법으로 지정해야 한다.
④ EMPLOYEE 컬럼 개수와 값 개수가 매칭되지 않는다.

INSERT 문법에서 컬럼리스트를 제외할 경우 VALUES에는 테이블에 명시된 컬럼의 순서, 자료형, 개수에 맞춰서 모든 값을 명시해야 한다.

09 다음 SQL 중 데이터 및 테이블을 삭제하는 명령어가 아닌 것은?

① DELETE FROM EMPLOYEE;
② TRUNCATE TABLE EMPLOYEE;
③ DROP TABLE EMPLOYEE;
④ ROLLBACK;

ROLLBACK은 데이터를 복구하는 개념이다. DELETE, TRUNCATE, DROP은 실제 데이터를 삭제하거나 테이블 구조를 포함해 삭제한다.

10 다음 SQL이 수행되었을 때, EMPLOYEE 테이블의 SALARY 평균은 얼마인가?

[EMPLOYEE] 테이블

EMP_ID	NAME	SALARY
1	Alice	3000
2	Bob	NULL
3	Chris	4500

```
DELETE FROM EMPLOYEE WHERE SALARY IS
NULL;

UPDATE EMPLOYEE SET SALARY = SALARY +
500;

SELECT ROUND(AVG(SALARY), 0) FROM
EMPLOYEE;
```

① 4000
② 4250
③ NULL
④ 2833

DELETE에서 NULL인 데이터를 제거하면 EMP_ID가 1과 3만 남는다. 두 행에 대해 SALARY를 각각 500씩 추가하면 3500, 5000이 되며 평균값은 4250이 된다.

11 다음 중 실행 시 오류가 발생하는 SQL문을 모두 고른 것은?

```
CREATE TABLE PRODUCT (
    PROD_ID NUMBER PRIMARY KEY,
    PROD_NAME VARCHAR2(100) NOT NULL,
    PRICE NUMBER
);
```

> ㄱ. INSERT INTO PRODUCT VALUES (1, '모니터', 200000);
> ㄴ. INSERT INTO PRODUCT (PROD_ID, PROD_NAME) VALUES (2, NULL);
> ㄷ. INSERT INTO PRODUCT (PROD_ID, PROD_NAME, PRICE) VALUES (3, '키보드', '10만원');
> ㄹ. INSERT INTO PRODUCT (PROD_ID, PROD_NAME) VALUES (4, '마우스');

① ㄱ, ㄴ ② ㄱ, ㄹ
③ ㄴ, ㄷ ④ ㄷ, ㄹ

ㄴ. PROD_NAME이 NOT NULL이므로 NULL을 입력할 수 없어 오류가 발생한다.
ㄷ. PRICE가 NUMBER(숫자)형인데 '10만원'은 숫자로 변환할 수 없어 오류가 발생한다.

오답 피하기

ㄹ. PRICE에 DEFAULT 값이 들어가며, 별도로 설정하지 않을 경우 DEFAULT NULL이므로 NULL이 입력된다.

12 다음 중 DDL 명령어로만 구성된 것은?

① CREATE, INSERT, DELETE
② UPDATE, DELETE, INSERT
③ TRUNCATE, CREATE, DROP
④ ALTER, DELETE, ROLLBACK

INSERT, DELETE, UPDATE, SELECT는 DML이고, ROLLBACK은 TCL에 해당한다.

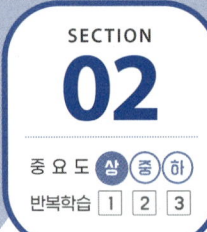

TCL

빈출 태그 ▶ TCL의 개념, COMMIT, ROLLBACK, 트랜잭션, ACID 원칙, SAVEPOINT, AUTO COMMIT

01 TCL(Transaction Control Language)

TCL은 데이터베이스에서 트랜잭션(논리적인 작업 단위)을 제어하는 명령어로 COMMIT, ROLLBACK, SAVEPOINT 문법이 있습니다.

[트랜잭션 예시]
AAA가 BBB에게 100만 원을 송금하기 (계좌 테이블의 PK는 [소유주+계좌번호])
(1) AAA와 BBB가 계좌가 존재하는지 확인한다.

```
SELECT COUNT(*) FROM 계좌 WHERE 소유주 = 'AAA' AND 계좌번호 = '111';
```

```
SELECT COUNT(*) FROM 계좌 WHERE 소유주 = 'BBB' AND 계좌번호 = '222';
```

(2) AAA의 잔액이 100만 원 이상인지 확인한다.

```
SELECT COUNT(*) FROM 계좌
    WHERE 소유주 = 'AAA' AND 계좌번호 = '111' AND 보유금액 >= 1000000;
```

(3) AAA의 계좌에서 100만 원을 차감한다.

```
UPDATE 계좌
    SET 보유금액 = 보유금액 - 1000000
    WHERE 소유주 = 'AAA' AND 계좌번호 = '111';
```

(4) BBB의 계좌에 100만 원을 추가한다.

```
UPDATE 계좌
    SET 보유금액 = 보유금액 + 1000000
    WHERE 소유주 = 'BBB' AND 계좌번호 = '222';
```

(5) 송금 완료!

```
COMMIT;
```

위 예시에서는 송금이라는 업무를 수행하기 위해 내부적으로 여러 SQL이 실행되고 있음을 확인할 수 있습니다. 즉, 논리적인 작업 단위(위 예시에서는 '송금')를 트랜잭션이라고 하고, 트랜잭션 안에는 여러 SQL이 존재할 수 있습니다. 트랜잭션 내 작업을 모두 성공적으로 완료하면 COMMIT으로 영구 반영하고, 하나라도 실패하면 ROLLBACK으로 전체 변경 사항을 취소합니다.

> **기적의 TIP**
>
> 트랜잭션이란 하나 이상의 SQL 문장을 논리적인 하나의 작업 단위로 묶은 것을 의미합니다.

02 TCL 명령어의 종류

01 COMMIT

COMMIT은 실행한 트랜잭션 범위 내의 변경 사항을 데이터베이스에 영구 반영합니다. 위의 트랜잭션 예시 순서에서 UPDATE 문이 사용된 과정을 다시 한번 살펴봅시다.

```
(3) AAA의 계좌에서 100만 원을 차감한다.

UPDATE 계좌
    SET 보유금액 = 보유금액 - 1000000
    WHERE 소유주 = 'AAA' AND 계좌번호 = '111';

(4) BBB의 계좌에 100만 원을 추가한다.

UPDATE 계좌
    SET 보유금액 = 보유금액 + 1000000
    WHERE 소유주 = 'BBB' AND 계좌번호 = '222';
```

(3), (4) 단계에서는 UPDATE 문을 통해 금액 정보를 수정했습니다. 하지만 실제 데이터베이스에 변경분이 반영되려면 COMMIT이 되어야 합니다. 아래 예시를 보며 이해해 봅시다.

① 사용자 A는 소유주 AAA의 금액을 1,000,000원 차감합니다.

`[A] UPDATE 계좌 SET 보유금액 = 보유금액 - 1000000 WHERE 소유주 = 'AAA' AND ..`

[변경 전 데이터]

소유주	계좌번호	금액
AAA	111	1200000
BBB	222	500000

② A가 COMMIT을 실행하기 전에, 사용자 A, B가 각각 소유주 AAA의 금액 정보를 조회합니다. 그 결과 A는 200,000으로 변경된 데이터가 출력되고 B는 변경 이전 데이터가 출력됩니다.

```
[A] SELECT * FROM 계좌 WHERE 소유주 = 'AAA' ;    — A는 200,000 출력
[B] SELECT * FROM 계좌 WHERE 소유주 = 'AAA' ;    — B는 1,200,000 출력
```

③ 사용자 A가 커밋을 하고 나서 다시 사용자 B가 소유주 AAA 정보를 조회합니다. 커밋으로 변경 사항이 데이터베이스에 영구 반영되어 사용자 B도 변경된 데이터를 볼 수 있습니다.

```
[A] COMMIT;
[B] SELECT * FROM 계좌 WHERE 소유주 = 'AAA' ;    — 200,000 출력
```

02 ROLLBACK

ROLLBACK은 트랜잭션을 취소하고 트랜잭션 내에 변경된 내용을 이전으로 되돌립니다. 트랜잭션 실행 중 오류가 발생하거나 직접 취소하고자 할 때 ROLLBACK을 사용합니다. 트랜잭션 예시의 송금 순서를 다시 보겠습니다.

```
(3) AAA의 계좌에서 100만 원을 차감한다.

UPDATE 계좌
     SET 보유금액 = 보유금액 - 1000000
     WHERE 소유주 = 'AAA' AND 계좌번호 = '111';

(4) BBB의 계좌에 100만 원을 추가한다.

UPDATE 계좌
     SET 보유금액 = 보유금액 + 1000000
     WHERE 소유주 = 'BBB' AND 계좌번호 = '222';

—(4) 실행 중 시스템 오류 발생

ROLLBACK;
```

(4) 단계에서 오류가 발생하면 (3)의 변경도 함께 취소되어야 합니다. 만약 (3)이 먼저 COMMIT 되고 (4)만 ROLLBACK 된다면, AAA의 계좌에서 100만 원이 사라지는 논리적 오류가 발생할 수 있습니다.

03 묵시적 트랜잭션과 명시적 트랜잭션

트랜잭션은 명시적으로 시작 및 종료를 할 수도 있고, 시스템이 자동으로(묵시적으로) 트랜잭션을 관리하게 할 수도 있습니다.

1) 명시적 트랜잭션(Explicit Transaction)

사용자가 BEGIN TRANSACTION, COMMIT, ROLLBACK 등의 명령어로 트랜잭션의 시작과 종료를 직접 제어하는 방식입니다. 복잡한 데이터 처리 작업이나 트랜잭션 경계를 명확히 해야 하는 상황에서 사용됩니다.

```
BEGIN TRANSACTION;  ─트랜잭션을 명시적으로 시작

UPDATE 계좌 SET 보유금액 = 보유금액 - 1000000 WHERE 계좌번호 = '111';
UPDATE 계좌 SET 보유금액 = 보유금액 + 1000000 WHERE 계좌번호 = '222';

COMMIT;  ─트랜잭션이 종료되었음을 알림
```

2) 묵시적 트랜잭션(Implicit Transaction)

트랜잭션을 명시적으로 시작하지 않아도 DML 문장을 실행하면 자동으로 트랜잭션이 시작되며, COMMIT 또는 ROLLBACK을 실행할 때까지 유지됩니다.

```
─ 직접 BEGIN TRANSACTION을 안 해도 DML(INSERT,UPDATE,DELETE) 실행 시 자동으로 트랜잭션 시작
UPDATE 계좌 SET 보유금액 = 보유금액 - 1000000 WHERE 계좌번호 = '111';
UPDATE 계좌 SET 보유금액 = 보유금액 + 1000000 WHERE 계좌번호 = '222';

COMMIT;  ─트랜잭션이 종료되었음을 알림
```

3) Oracle과 SQL Server 비교

구분	Oracle	SQL Server
기본 설정	묵시적 트랜잭션	자동 커밋 모드(묵시적 트랜잭션 아님)
트랜잭션 시작	INSERT, UPDATE, DELETE 등의 문장 실행 시 자동 시작	SET IMPLICIT_TRANSACTIONS ON 설정 시 자동 시작
종료 조건	명시적 COMMIT 또는 ROLLBACK	명시적 COMMIT 또는 ROLLBACK

Oracle은 기본적으로 묵시적으로 트랜잭션을 관리하므로 DML 문장이 실행되면 알아서 트랜잭션을 시작하고, 사용자가 직접 COMMIT/ROLLBACK을 호출해 트랜잭션을 종료합니다.

반면, SQL Server는 묵시적으로 트랜잭션을 실행하려면 아래의 예시와 같이 SET IMPLICIT_TRANSACTIONS ON 설정을 해주면 됩니다.

```
SET IMPLICIT_TRANSACTIONS ON;
    UPDATE 계좌 SET 보유금액 = 보유금액 - 1000000 WHERE 계좌번호 = '111';
COMMIT;  ─→ 트랜잭션은 자동 시작되었지만, COMMIT
            또는 ROLLBACK 전까지 유지됨
```

▲ SQL Server에서 묵시적 트랜잭션 사용 예시

03 트랜잭션의 ACID 원칙

ACID 원칙이란, 트랜잭션이 데이터베이스에서 정확하고 안전하게 처리되기 위해 반드시 지켜야 하는 4가지 원칙입니다. 트랜잭션을 잘못 설계하면 논리적인 오류부터 금전적인 손실까지 발생할 수 있으므로 ACID 원칙을 잘 지켜야 합니다. 시험 단골 출제 주제이니 종류와 특징을 반드시 기억합시다.

약어	원칙 이름	설명
A	Atomicity (원자성)	전부 성공하면 DB에 영구 반영되거나, 하나라도 실패시 모두 되돌린다.
C	Consistency (일관성)	트랜잭션 전후 데이터베이스 상태는 항상 정상 유지한다.
I	Isolation (고립성)	트랜잭션 간 간섭을 금지한다.
D	Durability (지속성)	커밋된 결과는 영구히 보존한다.

1) 원자성(Atomicity)

- 트랜잭션은 모두 성공하거나 하나라도 실패할 경우 모두 되돌려야 합니다(ALL OR NOTHING).
- 이를 통해 데이터의 변경 사항이 깨지는 문제를 해결할 수 있습니다.
- 트랜잭션의 원자성은 COMMIT, ROLLBACK으로 구현할 수 있습니다.

2) 일관성(Consistency)

- 트랜잭션을 수행하기 전, 후의 데이터베이스 상태가 모두 정상이어야 한다는 의미입니다.
- 예를 들어 아래 테이블에서 추가로 ID를 1로 INSERT 하면 PK 중복 오류가 발생합니다. 이처럼 트랜잭션이 시작(여기서는 INSERT)하기 전과 후의 DB 상태가 정상적이어야 합니다.

ID(PK)	COL1
1	'A'
2	'B'

```
INSERT INTO TAB (ID, COL1) VALUES(1, 'C');    ─ PK 중복 오류!
```

트랜잭션의 일관성은 데이터베이스의 제약조건(PK, FK, CHECK 등)으로 구현할 수 있습니다.

3) 고립성/격리성(Isolation)

테이블의 특정 행이나 테이블 자체를 대상으로 트랜잭션이 실행될 때, 다른 트랜잭션의 간섭을 받지 않도록 격리합니다. 트랜잭션의 고립성은 COMMIT과 ROLLBACK으로 구현할 수 있습니다. 다음 예시를 보며 고립성의 개념을 이해해 봅시다.

① 사용자 A가 소유주 AAA의 금액 100만 원을 차감하고, 다음 사용자 B가 소유주 AAA의 금액에 50만 원 추가를 시도합니다. 이 경우 똑같은 행에 UPDATE가 발생하면서 두 개의 트랜잭션이 서로 충돌하게 됩니다.

② 사용자 A가 아직 변경(UPDATE) 후에 COMMIT이나 ROLLBACK을 하지 않았기 때문에 사용자 B의 트랜잭션은 실행을 멈추고 대기하게 됩니다. 즉, 사용자 A의 트랜잭션이 해당 ROW를 점유 중이며 이를 LOCK이라고 표현합니다.

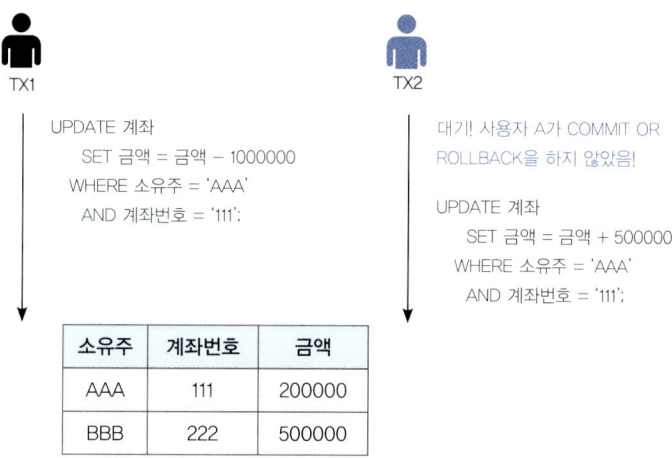

③ 사용자 A가 COMMIT(혹은 ROLLBACK)을 하는 순간 사용자 B의 트랜잭션이 바로 실행됩니다. 즉, COMMIT과 ROLLBACK은 트랜잭션 LOCK을 해제하는 열쇠 같은 개념입니다.

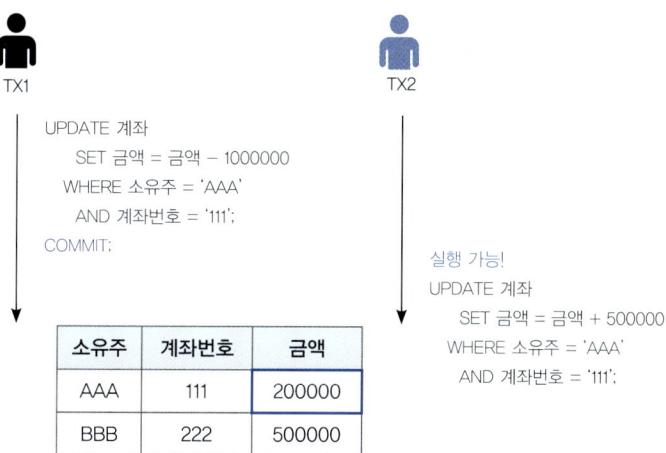

[내부적으로 실행된 순서]
(1) 사용자 A : UPDATE 계좌 SET 금액 = 금액 − 1000000 WHERE 소유주 = 'AAA' ..
(2) 사용자 A : COMMIT; → 이 시점에 AAA의 금액은 200,000
(3) 사용자 B : UPDATE 계좌 SET 금액 = 금액 + 500000 WHERE 소유주 = 'AAA' ...
(4) 사용자 B : 이후 COMMIT을 하면 AAA의 금액은 700,000이 됨

이처럼 한 트랜잭션이 실행되는 동안에는 해당 데이터에 대해 다른 트랜잭션의 접근이 제한되며, 이러한 특성을 고립성(Isolation)이라고 합니다. 고립성은 내부적으로 락(LOCK) 메커니즘을 통해 보장되며, 이를 통해 트랜잭션 간의 동시성 문제(동시에 접근하는 문제)를 방지할 수 있습니다.

> **기적의 TIP**
>
> 위 예시는 동일한 튜플(행)에 대해 트랜잭션의 접근을 제한(LOCK)한 경우입니다. 만약 트랜잭션 TX2가 소유주가 BBB인 행에 접근하려 했다면, 해당 행은 잠겨 있거나 다른 트랜잭션이 사용하고 있지 않으므로 즉시 실행이 가능합니다. 참고로, 트랜잭션의 격리 수준을 높이면 행 단위가 아닌 테이블 단위로도 잠금 범위를 확장할 수 있습니다.

4) 지속성(Durability)

트랜잭션이 성공적으로 진행되면 영구적으로 데이터베이스에 반영되어야 합니다.

> **기적의 TIP**
>
> 만약 중요한 파일을 저장했는데 다시 열어보니 텅 비어 있으면 정말 당황스럽겠죠? 지속성은 COMMIT을 하면 반드시 변경 사항이 데이터베이스에 반영되어야 함을 의미합니다.

04 트랜잭션의 고립성 격리 레벨

고립성은 하나의 트랜잭션이 수행되는 동안 다른 트랜잭션이 해당 작업에 간섭하지 못하도록 보장하는 특성입니다. 이로 인해 다수의 사용자가 동시에 데이터베이스를 사용할 때 발생할 수 있는 동시성 문제를 방지할 수 있습니다.

격리 수준(Isolation Level)이 높아질수록 잠금 범위와 지속 시간이 길어져 데이터의 일관성은 높아지지만, 그만큼 동시 처리 성능(속도)이 떨어질 수 있습니다. 따라서 시스템의 특성과 중요도에 따라 적절한 격리 수준을 선택하는 것이 매우 중요합니다.

격리 레벨	설명	발생 가능 문제	트랜잭션 간 영향
0	Read Uncommitted	DIRTY READ	커밋되지 않은 데이터도 읽음
1	Read Committed	NON-REPEATABLE READ	커밋된 데이터만 읽음(Oracle, SQL Server의 기본 설정 값)
2	Repeatable Read	PHANTOM READ	SELECT 결과는 고정되나 INSERT는 허용
3	Serializable	없음(완벽 고립)	성능 저하, 병렬처리 제한

▲ 고립성(Isolation) 격리수준 레벨 정리표

1) Read Uncommitted(격리 레벨 : 0)
- 격리 수준을 아예 설정하지 않은 것으로 트랜잭션 간 간섭을 허용하는 레벨입니다.
- COMMIT/ROLLBACK 하지 않은 데이터도 접근할 수 있게 됩니다.
- DIRTY READ 문제 발생 : DIRTY(확정되지 않은) 데이터를 READ(조회)하는 문제가 발생합니다.

→ TX1이 소유주 AAA의 금액을 1000000으로 변경합니다.
→ TX1이 COMMIT OR ROLLBACK 하기 전에 TX2가 해당 데이터를 조회하게 됩니다.(금액 1000000원으로 조회됨)
→ TX1이 ROLLBACK을 해서 트랜잭션을 이전 상태로 되돌립니다.(다시 금액이 1200000이 됨)
→ 그 결과 TX2가 읽은 1000000이라는 데이터의 의미 없는(DIRTY) 값이 됩니다.

2) Read Committed(격리 레벨 : 1)

- COMMIT한 데이터를 다른 트랜잭션이 접근할 수 있도록 합니다. (조회는 상관없음)
- 테이블 내의 행(ROW)을 기준으로 잠금(LOCK)하고 해제합니다.
- Oracle과 SQL Server의 기본적인 고립 수준 설정 값입니다.
- 비반복읽기(Non-repeatable Read) 문제가 발생합니다.

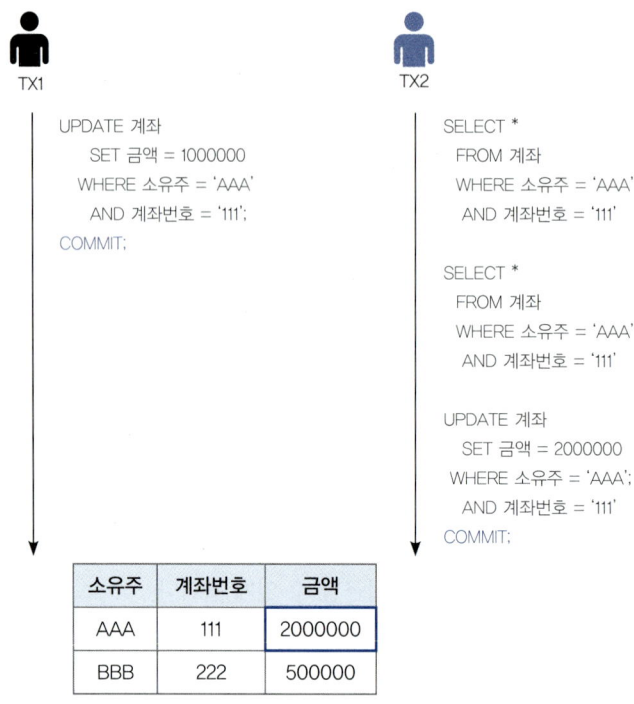

→ TX1이 AAA의 금액을 1200000에서 1000000으로 변경합니다.
→ COMMIT 및 ROLLBACK 전까지 해당 행(ROW)을 TX2가 변경할 수 없습니다.
→ TX1이 COMMIT 하기 전에 SELECT를 한 TX2는 1200000 결과(이전 값)를 받게 됩니다.
→ TX1이 COMMIT한 후에 SELECT를 한 TX2는 1000000 결과(변경된 값)를 받게 됩니다.
→ TX1이 커밋한 후 TX2가 해당 행에 접근해 UPDATE를 실행합니다.
→ TX2가 동일한 SELECT 쿼리를 실행했는데 결과가 달라졌습니다. 이처럼 동일한 조회 쿼리를 실행했는데 결과가 다른 경우를 비반복읽기라고 합니다.

> **더 알기 TIP**
>
> 조회(SELECT)는 트랜잭션 LOCK에 영향받지 않으며, 튜플 삽입, 삭제, 수정과 같은 DML은 트랜잭션 LOCK에 영향을 받게 됩니다.

3) Repeatable Read(격리 레벨 : 2)

- 같은 SELECT를 여러 번 실행해도 동일한 결과를 반환하도록 합니다. (비반복읽기 문제 해결)
- SELECT한 범위에 락을 걸어, 다른 트랜잭션이 UPDATE 하지 못하게 합니다.

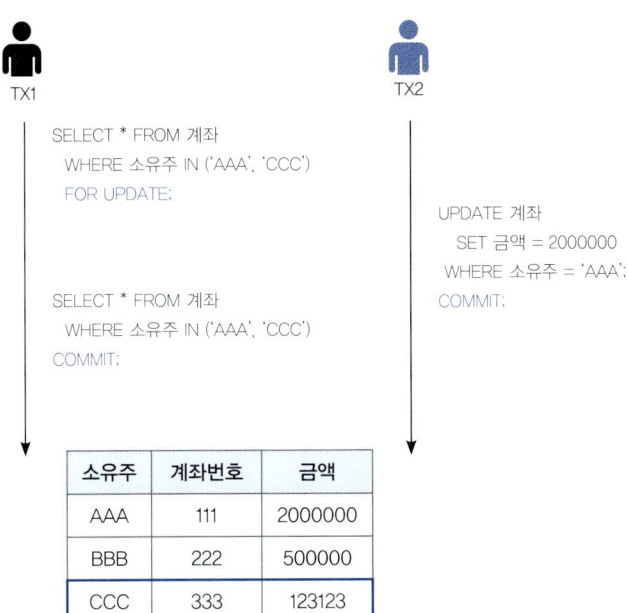

→ TX1이 SELECT .. FOR UPDATE를 실행하면 조건에 맞는 행에 LOCK을 설정할 수 있습니다. 즉, 특정 범위를 잠금으로써 변경을 할 수 없게 합니다.
→ TX2는 소유주 AAA의 값을 업데이트하려고 하지만 현재 행이 LOCK 상태이므로 TX1을 기다려야 합니다.
→ TX1이 다시 SELECT 문법을 실행해도 이전과 동일한 결과를 실행할 수 있습니다. (반복 읽기)
→ TX1이 COMMIT 및 ROLLBACK을 하면 TX2가 접근 가능하게 됩니다.
→ 동일한 조회 결과는 얻었지만 새로운 행이 추가되는 현상은 막을 수 없는 Phantom Read(유령 읽기)는 여전히 발생합니다.

+ 더 알기 TIP

SELECT .. FOR UPDATE는 명시적으로 LOCK의 범위를 지정한 것이지, REPEATABLE READ의 표준 구현 방식은 아닙니다. 고립성의 이해를 위해 활용한 것이므로 해석할 수 있는 정도로만 기억하면 됩니다.

4) Serializable Read(격리 레벨 : 3)
- 가장 강력한 격리 수준으로, 트랜잭션 간 철저한 일관성을 유지합니다.
- 조건에 맞는 행이나 범위에 락을 걸어, 동시에 변경·삽입되는 것을 차단합니다.
- 덕분에 Phantom Read와 같은 문제를 방지할 수 있지만, 성능과 동시성은 낮아질 수 있습니다.

5) 격리 수준 별 발생 가능한 이슈

격리수준	DIRTY READ	NON-REPEATABLE	PHANTOM
Read Uncommitted	발생함	발생함	발생함
Read Committed	막음	발생함	발생함
Repeatable Read	막음	막음	발생함
Serializable Read	막음	막음	막음

05 SAVEPOINT

01 SAVEPOINT의 개념과 예시

1) SAVEPOINT의 개념

SAVEPOINT는 트랜잭션 실행 범위 내에서 ROLLBACK을 실행할 때 특정 지점까지만 되돌릴 지점을 설정하는 명령어입니다.

명령 구분	Oracle	SQL Server
저장점 설정	SAVEPOINT SV1;	SAVE TRANSACTION SV1;
지정한 저장점으로 이동	ROLLBACK TO SV1;	ROLLBACK TRANSACTION SV1;

2) SAVEPOINT 예시

다음은 가격이 600,000인 상태에서 여러 번의 UPDATE와 SAVEPOINT를 설정한 예입니다.

```
UPDATE 가격 = 가격 + 10000 WHERE..;  — 610000
SAVEPOINT SV1;

UPDATE 가격 = 가격 + 10000 WHERE..;  — 620000
SAVEPOINT SV2;

UPDATE 가격 = 가격 + 10000 WHERE.. ;  — 630000
SAVEPOINT SV3;

ROLLBACK TO SV2;
COMMIT;
```

620000까지 되돌림

[실행 설명]
ROLLBACK TO SV2 실행 시
→ 가격은 SV2 시점(620,000)으로 되돌아가며, 이후 저장점(SV3)은 삭제된다.
→ 이후 COMMIT을 실행하면 현재 상태인 620,000이 영구 반영된다.
→ 만약 ROLLBACK을 실행하면 마지막 COMMIT 시점으로 되돌아가므로 600,000이 된다.

02 SQL Server에서의 SAVEPOINT

```
BEGIN TRANSACTION;

— 가격을 610,000으로 증가
UPDATE 가격 = 가격 + 10000 WHERE..   — 610000;
SAVE TRANSACTION SV1;
```

```
— 가격을 620,000으로 증가
UPDATE 가격 = 가격 + 10000 WHERE..   — 620000;
SAVE TRANSACTION SV2;


— 가격을 630,000으로 증가
UPDATE 가격 = 가격 + 10000 WHERE..   — 630000;
SAVE TRANSACTION SV3;


— 오류 발생 또는 조건 미 충족 시 롤백
ROLLBACK [TRANSACTION] SV2;


— 가격은 620,000 상태로 복원됨
COMMIT [TRANSACTION];
```

- SQL Server는 트랜잭션을 "명시적"으로 설정하기 때문에 최상단에 BEGIN TRANSACTION을 기술합니다.
- BEGIN TRANSACTION : 트랜잭션을 명시적으로 시작한다.
- COMMIT/ROLLBACK TRANSACTION : 트랜잭션을 커밋 또는 롤백한다.
- SQL Server는 저장점 설정을 위해 'SAVE TRANSACTION 저장점이름;'으로 사용합니다.

06 AUTO COMMIT

01 AUTO COMMIT의 개념

AUTO COMMIT은 SQL DML 문장이 실행될 때 자동으로 COMMIT 할지에 대한 여부를 설정합니다. 오라클과 SQL Server가 서로 설정값이 다르기 때문에 시험에 자주 출제되는 부분입니다.

항목	Oracle	SQL Server
기본 설정	AUTO COMMIT = FALSE	AUTO COMMIT = TRUE
DML(INSERT, UPDATE 등)	수동 COMMIT 필요	자동 COMMIT 됨
DDL(CREATE 등)	자동 COMMIT 발생	자동 COMMIT 됨

▲ 오라클 vs SQL Server 비교

시험에서는 SQL Server에 명시적 트랜잭션(Begin Transaction)을 사용하면 DDL도 롤백이 가능하다는 점이 주로 출제됩니다. 실제 쿼리를 통해 개념을 확인해 보겠습니다.

1) ORACLE(AUTO COMMIT : false, 묵시적 트랜잭션)

```
UPDATE PRD SET AMT = 30000;   — DML 수행 시 자동 트랜잭션 실행
CREATE TABLE TEST_222 (...);
ROLLBACK;
SELECT AMT FROM PRD;
```

① UPDATE PRD SET AMT = 30000;
- DML이므로 자동으로 트랜잭션이 시작됩니다.
- 수동 COMMIT이므로 아직 COMMIT 되지 않은 상황입니다.

② CREATE TABLE TEST_222 (…);
- DDL이므로 자동 COMMIT이 됩니다.
- 이때 이전의 변경 사항까지 모두 COMMIT 되므로 AMT = 30000이 영구 반영되고 테이블도 생성됩니다.

③ ROLLBACK;
- 마지막 커밋 시점까지 되돌립니다.
- CREATE 시점에 COMMIT이 실행되었기에 AMT = 30000, TEST_222 테이블은 롤백되지 않습니다.

④ SELECT AMT FROM PRD;
AMT가 30000으로 조회됩니다.

2) SQL Server(AUTO COMMIT : true)

```
UPDATE PRD SET AMT = 30000;
CREATE TABLE TEST_222 (...);
ROLLBACK;
SELECT AMT FROM PRD;
```

① UPDATE PRD SET AMT = 30000;
- AUTO COMMIT = true이므로 DML도 자동 COMMIT 대상입니다.
- 해당 시점에 이미 AMT = 30000이 영구반영됩니다.

② CREATE TABLE TEST_222 (…);
- AUTO COMMIT = true이므로 DDL도 자동 COMMIT 대상입니다.
- 해당 시점에 이미 TEST_222 테이블 생성이 영구 반영됩니다.

③ ROLLBACK;
- 마지막 커밋시점까지 되돌립니다.
- CREATE 시점에 COMMIT이 실행되었기에 AMT = 30000, TEST_222 테이블은 롤백되지 않습니다.

④ SELECT AMT FROM PRD;
AMT가 30000으로 조회됩니다.

3) SQL server(AUTO COMMIT : false, BEGIN TRANSACTION 명시)

```
BEGIN TRANSACTION;

UPDATE PRD SET AMT = 30000;
CREATE TABLE TEST_222 (...);
ROLLBACK;
SELECT AMT FROM PRD;
```

① UPDATE PRD SET AMT = 30000;
- AUTO COMMIT = false이므로 DML은 수동 COMMIT입니다.
- 해당 시점은 AMT = 30000이 COMMIT 되기 전입니다.

② CREATE TABLE TEST_222 (…) ;
- 일반적으로 SQL Server에서 DDL은 자동 커밋되지만, BEGIN TRANSACTION을 명시한 경우에는 DDL도 트랜잭션에 포함되어 ROLLBACK이 가능합니다.
- 즉, TEST_222는 아직 커밋되지 않았습니다.

③ ROLLBACK ;
- 마지막 커밋 시점까지 되돌립니다.
- 도중에 커밋된 이력이 없으므로 UPDATE, CREATE 모두 되돌립니다.
- 이 시점에 AMT = 30000과 TEST_222는 반영되지 않습니다.

④ SELECT AMT FROM PRD ;
- AMT가 30000이 아닌 이전 값으로 조회합니다.
- 추가로 SELECT * FROM TEST_222 ;는 테이블이 없으므로 오류가 발생합니다.

> **기적의 TIP**
>
> 과거 기출 문제 중 일부에서는 SQL Server에서 AUTO COMMIT = FALSE 설정만으로도 DDL이 수동 COMMIT이 된다고 설명하고 있습니다. 하지만 정확히는 AUTO COMMIT 설정 여부와 관계없이, DDL은 항상 자동으로 COMMIT이 됩니다. 단, BEGIN TRANSACTION과 같이 명시적으로 트랜잭션을 시작한 경우에만, DDL도 수동 COMMIT 대상이 되어 ROLLBACK이 가능합니다.

이론을 확인하는 기출문제

01 다음 중 트랜잭션의 ACID 원칙 중 고립성(Isolation)에 대한 설명으로 옳은 것은?

① 트랜잭션이 성공하면 변경 내용이 영구 저장된다.
② 트랜잭션 간 간섭이 발생하지 않도록 데이터 접근을 제어한다.
③ 트랜잭션 전후 데이터 상태는 항상 동일해야 한다.
④ 트랜잭션이 수행되면 무조건 COMMIT 된다.

고립성은 Isolation으로, 하나의 트랜잭션이 완료되기 전까지 다른 트랜잭션이 해당 데이터에 접근하지 못하게 하여 간섭을 방지한다.

02 다음 중 COMMIT 이후의 결과를 올바르게 설명한 것은?

> 소유주 AAA의 초기 계좌 보유 금액 : 1000000

```
UPDATE 계좌 SET 보유금액 = 보유금액 -
500000 WHERE 소유주 = 'AAA';
COMMIT;
UPDATE 계좌 SET 보유금액 = 보유금액 +
250000 WHERE 소유주 = 'AAA';
ROLLBACK;
SELECT 보유금액 FROM 계좌 WHERE 소유주 =
'AAA';
```

① 1000000
② 에러가 발생한다.
③ 500000
④ 750000

초기 1000000에서 500000을 뺀 후 COMMIT이 실행되었기 때문에 500000이 영구반영된다. 이후 250000을 더하여 750000이 되지만, ROLLBACK이 수행되어 다시 500000으로 원상 복구된다.

03 다음은 SQL Server에서 실행된 트랜잭션 흐름이다. 이에 대한 설명으로 적절하지 않은 것은?

```
BEGIN TRANSACTION;
UPDATE 계좌 SET 보유금액 = 보유금액 -
1000000 WHERE 계좌번호 = '111';
SAVEPOINT TRANSACTION SP1;
UPDATE 계좌 SET 보유금액 = 보유금액 +
1000000 WHERE 계좌번호 = '222';
ROLLBACK TRANSACTION SP1;
COMMIT;
```

① 두 번째 UPDATE는 롤백된다.
② 첫 번째 UPDATE는 유지된다.
③ 전체 트랜잭션은 롤백된다.
④ 커밋 이후 첫 번째 UPDATE는 영구 반영된다.

ROLLBACK TRANSACTION SP1은 해당 저장점 이후의 작업만 취소하고 이전 작업은 유지된다. 따라서 전체 트랜잭션이 롤백되지 않고 첫 번째 UPDATE는 유지된다.

04 다음 쿼리를 실행한 후 COMMIT하지 않은 상태에서 사용자 B가 AAA의 보유금액을 조회했다. 이때 출력되는 값은? (단, Oracle 기준이다.)

[계좌] 테이블

소유주	계좌번호	보유금액
AAA	111	1200000
BBB	222	500000

정답 01 ② 02 ③ 03 ③ 04 ①

```
-- 사용자 A
UPDATE 계좌 SET 보유금액 = 보유금액 - 1000000 WHERE 소유주 = 'AAA';

-- 사용자 B
SELECT 보유금액 FROM 계좌 WHERE 소유주 = 'AAA';
```

① 1200000
② 200000
③ 에러 발생
④ NULL

COMMIT 전이므로 다른 사용자(B)는 변경 이전의 값을 조회한다. 이처럼 서로 다른 트랜잭션끼리 간섭하지 않도록 트랜잭션은 고립성(Isolation)의 특징을 가진다.

05 다음 중 SAVEPOINT에 대한 설명으로 올바르지 않은 것은?

① 트랜잭션 중간에 저장 지점을 설정할 수 있다.
② 저장점은 여러 개 설정할 수 있다.
③ SAVEPOINT는 COMMIT 이후에도 유지된다.
④ SQL Server에서는 SAVE TRANSACTION을 사용한다.

COMMIT을 수행하면 SAVEPOINT는 모두 사라지고, 해당 시점의 데이터가 영구 반영된다.

06 Oracle에서 다음 쿼리 실행 후 ROLLBACK을 수행했다. 이후 올바른 값은?

PRD_ID 가 P0001인 상품의 초기 AMT 값 : 60000

```
UPDATE PRD SET AMT = 30000 WHERE PRD_ID = 'P0001';
CREATE TABLE TEST_222 (COL1 VARCHAR2(10));
ROLLBACK;
SELECT AMT FROM PRD WHERE PRD_ID = 'P0001';
```

① AMT : 30000, TEST_222 테이블은 사라진다.
② AMT : 30000, TEST_222 테이블은 존재한다.
③ AMT : 60000, TEST_222 테이블은 사라진다.
④ AMT : 60000, TEST_222 테이블은 존재한다.

Oracle은 DML은 직접 커밋, DDL은 자동 커밋된다. 위에서 CREATE TABLE을 실행하는 시점에 자동으로 COMMIT 되어 이전 UPDATE 명령어도 영구 반영되어 AMT는 30000이 된다. ROLLBACK은 마지막 COMMIT 시점까지만 되돌리기 때문에 CREATE TABLE을 실행한 이후까지만 롤백된다. 따라서 AMT는 30000이며 TEST_222 테이블은 존재한다.
VARCHAR2(10)와 같이 ORACLE은 문자열 뒤에 2를 붙이므로, Oracle임을 판단할 수 있다.

07 다음 중 트랜잭션의 원자성(Atomicity)을 가장 잘 설명하는 것은?

① 중복된 키 삽입 시 오류가 발생한다.
② 하나의 트랜잭션은 전부 성공하거나 전부 실패해야 한다.
③ 데이터는 항상 정해진 형식으로 입력되어야 한다.
④ 실행 중 트랜잭션은 자동으로 종료된다.

원자성은 "ALL OR NOTHING"의 원칙을 따르며, COMMIT, ROLLBACK으로 실현할 수 있다.

08 격리 수준이 READ COMMITTED일 때 발생할 수 있는 문제로 올바르지 않은 것은?

① Dirty Read
② Phantom Read
③ Non-Repeatable Read
④ Lost Update

> READ COMMITTED는 다른 트랜잭션이 커밋된 데이터를 읽을 수 있으므로 Dirty Read는 발생하지 않는다. Dirty Read는 commit 되지 않은 데이터도 읽을 수 있는 상태를 의미한다. Lost update란, 동일한 데이터를 수정하려고 할 때 이전 내역의 변경 사항이 덮어써지는 현상을 의미하며 Read Committed 환경에서도 발생할 수 있다.

09 다음 중 Oracle과 SQL Server의 트랜잭션 기본 설정 차이에 대한 설명으로 옳지 않은 것은?

① Oracle은 AUTO COMMIT = false이다.
② SQL Server는 DML 실행 시 자동 COMMIT 된다.
③ Oracle에서는 DDL도 수동 COMMIT이 가능하다.
④ SQL Server에서는 명시적 트랜잭션 설정 시 DDL도 ROLLBACK 가능하다.

> Oracle에서는 DDL 실행 시 자동 COMMIT이 되어 수동 ROLLBACK이 불가능하다.

10 Oracle 기준으로 다음 트랜잭션 실행 후, 실행 결과로 올바른 것은?

```
CREATE TABLE TAB (
    COL1 VARCHAR2(10) PRIMARY KEY,
    COL2 NUMBER
);

INSERT INTO TAB VALUES ('A', 10);
INSERT INTO TAB VALUES ('B', 20);
INSERT INTO TAB VALUES ('C', 30);
SAVEPOINT SV1;

UPDATE TAB SET COL2 = COL2 + 50 WHERE COL1 = 'A';
SAVEPOINT SV2;

CREATE TABLE TAB2 (
    COL1 VARCHAR2(10) PRIMARY KEY,
    COL2 NUMBER
);

DELETE FROM TAB WHERE COL1 = 'C';
SAVEPOINT SV3;

INSERT INTO TAB VALUES('D', 40);
ROLLBACK TO SV3;

COMMIT;
---
SELECT SUM(COL2) FROM TAB;
```

① 70   ② 110
③ 120   ④ 80

> SAVEPOINT SV1 이전까지 [('A', 10), ('B', 20), ('C', 30)] 상태이며, SAVEPOINT SV2 이전까지 [('A', 60), ('B', 20), ('C', 30)]이 된다. CREATE 문법이 실행되면서 자동 COMMIT 되므로 [('A', 60), ('B', 20), ('C', 30)] 상태가 DB에 영구 반영된다. 이후 SAVEPOINT SV3 전까지 [('A', 60), ('B', 20)]이고 INSERT INTO..를 실행하면 [('A', 60), ('B', 20), ('D', 40)]이지만 ROLLBACK TO SV3 명령으로 INSERT가 없던 일이 된다. 그 결과 [('A', 60), ('B', 20)]행의 SUM(COL2)는 80이 된다.

11 다음 중 지속성(Durability)에 대한 설명으로 올바른 것은?

① 트랜잭션은 다른 트랜잭션과 독립적으로 실행되어야 한다.
② 트랜잭션이 수행되기 전과 후에 데이터의 무결성이 항상 유지되어야 한다.
③ 트랜잭션이 완료되어 정상 COMMIT 되면 그 결과는 DB에 영구 보존되어야 한다.
④ 트랜잭션은 중간에 실패해도 일부 작업 결과를 남길 수 있다.

지속성은 데이터가 COMMIT 될 경우 DB에 데이터가 영구 반영되어야 한다는 성질이다.

12 다음 중 트랜잭션의 성질로 올바르지 않은 것은?

① Isolation
② Durability
③ Integration
④ Consistency

트랜잭션은 원자성(Atomicity), 일관성(Consistency), 고립성(Isolation), 지속성(Durability)의 성질을 가진다. 줄여서 ACID 속성이라고도 한다.

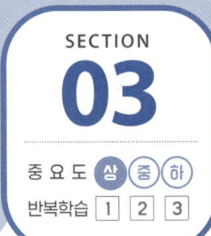

SECTION 03 DDL

빈출 태그 ▶ DDL의 개념, CREATE와 자료형, 테이블 제약조건, ALTER, DROP, RENAME, TRUNCATE, 뷰(VIEW)

01 DDL(Data Definition Language)

DDL은 데이터베이스에서 테이블이나 객체를 생성, 수정, 삭제할 수 있는 명령어 집합입니다.

주요 명령어	설명
CREATE	객체(테이블, 뷰 등)를 생성
ALTER	객체 구조 변경
DROP	객체 삭제
RENAME	객체 이름 변경
TRUNCATE	테이블 전체 데이터 삭제 (구조는 유지)

02 CREATE와 자료형

01 자료형의 개념

테이블을 생성할 때는 각 컬럼에 필수로 자료형(Data Type)을 지정해야 합니다. 자료형은 해당 컬럼에 어떤 값(문자값, 숫자값, 날짜값 등)이 들어가는지 정하는 역할을 합니다.

02 오라클의 자료형

Oracle에서 자주 사용되는 대표 자료형은 다음과 같습니다.

자료형	설명
VARCHAR2(N)	가변 길이 문자형(최대 N 바이트)
CHAR(N)	고정 길이 문자형(N 바이트 고정)
NUMBER	정수/실수 모두 입력 가능한 숫자형
DATE	날짜 + 시간 저장
TIMESTAMP	날짜 + 시간 + 밀리초 저장(더 정밀)

1) 문자 자료형(VARCHAR2/CHAR)

VARCHAR2(N)과 CHAR(N)은 모두 문자형이며 최대 N 바이트까지 입력할 수 있습니다. VARCHAR2(N)는 입력한 길이만큼 가변 저장되고, CHAR(N)은 항상 고정 길이로 저장된다는 점에서 차이가 있습니다.

구분	설명	예시
VARCHAR2(10)	• 최대 10바이트까지 문자 입력 가능 • 입력한 크기 만큼만 가변적으로 저장	• 'abc' → 3byte만 저장 • '1234567890' → 10byte 저장
CHAR(10)	무조건 10바이트를 고정 후 남은 공간은 공백(1byte)을 채워 맞춤	'abc' → 'abc ' 10byte로 저장

실무에서는 저장 공간을 효율적으로 쓸 수 있기에 CHAR보다 VARCHAR2를 훨씬 많이 사용합니다.

> **기적의 TIP**
>
> VARCHAR2의 '2'는 실질적인 의미는 없습니다. ORACLE 회사에서 VARCHAR를 나중에 다른 목적으로 사용할 예정이라서 VARCHAR2를 써달라는 것입니다. (Oracle에서는 VARCHAR를 사용해도 내부적으로 VARCHAR2로 변환됩니다.)

2) 숫자 자료형(NUMBER)

예를 들어 NUMBER(4, 2)는 최대 99.99까지 표현이 가능합니다. 실무에서는 입력값의 유연성을 위해 NUMBER만 사용하기도 합니다. 따로 m, n을 지정하지 않으면 NUMBER는 최대 38자리까지 정수+소수를 저장할 수 있습니다.

> **기적의 TIP**
>
> Oracle은 다른 DBMS와 달리 정수, 실수 등을 NUMBER 자료형 하나로 모두 표현할 수 있습니다. (SQL Server는 INT, SMALLINT, FLOAT 등 다양하게 나뉘어 있습니다.)

3) 날짜 자료형(DATE/TIMESTAMP)

자료형	사용 시기	포함 정보
DATE	초단위까지만 표현해도 될 경우(회원가입일시 등)	연, 월, 일, 시, 분, 초 예) 2024-04-30 17:44:34
TIMESTAMP	소수초 단위의 정밀한 시간을 필요로 하는 경우(로그 기록, 실시간 시스템 기록 등)	연, 월, 일, 시, 분, 초, 소수초(밀리초~나노초) 예) 2024-04-30 17:44:34.123456

TIMESTAMP는 밀리초 단위까지 표현해 더 정밀한 시간을 계산할 수 있습니다. 일반적으로 초 단위까지만 저장해도 되면 DATE를 이용하고, 밀리초 단위의 정밀한 시간을 필요로 하는 경우에는 TIMESTAMP를 이용합니다.

4) 자료형을 활용한 테이블 생성 예시

```
CREATE TABLE EMPLOYEE (
    EMP_ID VARCHAR2(10) PRIMARY KEY,    직원ID(문자형 10byte까지 가능)
    NAME    VARCHAR2(20),                이름(문자형 20byte까지 가능)
    SALARY NUMBER,                       연봉(숫자형)
    HIRE_DATE DATE                       입사일시(날짜형, 초 단위까지만 필요)
);
```

03 SQL Server 자료형

SQL Server의 자료형은 Oracle과 표현 방식과 범위에서 차이가 있습니다. SQLD 시험은 오라클 중심이므로 비교 차원에서 개념 위주로 알아두면 충분합니다.

구분	Oracle	SQL Server	차이점
가변 문자	VARCHAR2	VARCHAR	오라클은 최대 4000byte, SQL Server는 8000byte
고정 문자	CHAR	CHAR	오라클은 최대 2000byte, SQL Server는 8000byte
정수	NUMBER	INT, SMALL-INT, BIGINT …	• 오라클은 NUMBER로 정수+실수 모두 처리 • SQL Server는 정수, 소수, 통화 등 모두 분리해서 표현
실수	NUMBER	FLOAT, REAL, DECIMAL	• 오라클은 NUMBER로 정수+실수 모두 처리 • SQL Server는 정수, 소수, 통화 등 모두 분리해서 표현
날짜	DATE, TIMESTAMP	DATETIME, DATE, TIME …	• 오라클의 DATE는 시, 분, 초 단위까지 저장 • SQL Server의 DATE는 연월일 저장, TIME은 시분초 저장 • DATETIME은 연월일시분초 저장(오라클의 DATE와 동일)

> **기적의 TIP**
>
> SQL Server는 자료형이 더 세분화되어 있으며, VARCHAR나 DATETIME이 보이면 SQL Server 관련 문법으로 문제를 풀면 됩니다.

04 CREATE 문법 분석

1) CREATE 문법

CREATE는 테이블, 뷰, 시퀀스 등 다양한 객체를 생성하는 DDL 문법입니다. 아래는 테이블을 생성하는 예시입니다.

```
CREATE TABLE 테이블명 (
    컬럼명1 자료형 [NOT NULL] [DEFAULT 기본값],
    컬럼명2 자료형 ...
);
```

- 컬럼명과 자료형은 필수입니다.
- NOT NULL을 추가하면 해당 컬럼은 필수 입력이 되며, 생략 시 NULL이 됩니다.
- DEFAULT를 추가하면 해당 컬럼에 값이 입력되지 않을 때 기본값을 넣어주며, 생략 시 DEFAULT NULL이 됩니다.

2) CREATE TABLE 문법 예시

```
CREATE TABLE QNA (
    Q_ID       NUMBER           NOT NULL PRIMARY KEY,
    Q_CONTENT  VARCHAR2(100)    NOT NULL,
    Q_ANSWER   VARCHAR2(100),
    REG_DATE   DATE DEFAULT TO_DATE('2025-01-01 00:00:00','YYYY-MM-DD HH24:MI:SS')
);
```

[생성 결과]
[QNA] 테이블

Q_ID	Q_CONTENT	Q_ANSWER	REG_DATE

- Q_ID : 숫자값을 입력받고 필수 입력입니다. PRIMARY KEY로 중복값 입력이 불가합니다.
- Q_CONTENT : 문자값을 최대 100byte까지 입력받으며, 필수 입력입니다.
- Q_ANSWER : 문자값을 최대 100byte까지 입력받으며, 선택 입력입니다.
  - 따로 NOT NULL을 명시하지 않으면 기본 NULL
  - 따로 DEFAULT 값을 명시하지 않으면 기본 DEFAULT NULL
  - 즉, Q_ANSWER VARCHAR2(100)은 생략된 DEFAULT NULL, NULL 조건이 자동으로 포함된다.
- REG_DATE : 날짜값을 선택적으로 입력받으며, 값이 없을 경우 기본적으로 2025-01-01 00:00:00 값을 부여합니다.

3) 테이블 생성 시 주의사항

항목	차이점
테이블명	중복 불가, 일반적으로 단수 명사 사용(엔터티 주의사항과 동일)
컬럼명	동일 엔터티 내에서 중복 불가, 대소문자 구분하지 않음(자동 대문자 처리)
컬럼 정의	컬럼명 + 자료형은 필수, NOT NULL, DEFAULT는 선택
특수문자	_, $, #만 허용되며, 그 외는 사용 불가

03 테이블 제약조건

제약조건(Constraint)은 테이블에 잘못된 데이터가 들어가지 않도록 입력 조건을 제한하는 규칙입니다. 데이터의 정확성과 일관성을 보장하며, DDL 단계에서 테이블 생성 시 또는 ALTER를 통해 설정합니다.

제약조건	설명	중복 허용	NULL 허용
PRIMARY KEY	테이블의 식별자 (중복 불가)	X	X
UNIQUE	유일한 값 유지	X	O
NOT NULL	반드시 값 입력	O	X
CHECK	조건에 부합할 경우만 허용	O	O
FOREIGN KEY	다른 테이블 참조 (관계 설정)	O	O(기본값 기준)

▲ 제약조건 종류 요약

총 5개의 제약조건에 대해 하나씩 알아보도록 하겠습니다.

01 PRIMARY KEY

논리적 모델링의 식별자를 물리적 모델링으로 표현한 것으로 PRIMARY KEY로 설정된 컬럼은 중복값을 입력받을 수 없고, NULL을 입력받을 수 없습니다. 또한 테이블당 하나만 지정할 수 있습니다.

1) PRIMARY KEY 설정 방법 4가지

① 컬럼에 직접 지정 – 테이블 생성 시점
- 식별자 구성 컬럼이 단일이어야 가능한 방법입니다.
- 제약조건 이름은 설정할 수 없습니다.

```
CREATE TABLE TAB1 (
        EMP_ID NUMBER PRIMARY KEY ,
        NAME VARCHAR2(20) , ...
);
```

② 테이블 마지막에 CONSTRAINT로 지정 – 테이블 생성 시점
- 식별자 구성 컬럼은 단일과 복합 행 모두 가능합니다.
- 제약조건 이름을 설정할 수 있습니다. 예 PK_EMP

```
CREATE TABLE TAB1 (
        EMP_ID NUMBER,
        NAME VARCHAR2(20),
        SALARY NUMBER,
        HIRE_DATE DATE,
        CONSTRAINT PK_EMP PRIMARY KEY(EMP_ID)
);
```

③ 테이블 마지막에 PRIMARY KEY로 설정 – 테이블 생성 시점
- 식별자 구성 컬럼은 단일, 복합 행 모두 가능합니다.
- 제약조건 이름은 설정할 수 없습니다.

```
CREATE TABLE TAB1 (
        EMP_ID NUMBER,
        NAME VARCHAR2(20),
        SALARY NUMBER,
        HIRE_DATE DATE,
        PRIMARY KEY(EMP_ID)    — PRIMARY KEY(컬럼 조합)
);
```

④ 테이블 생성 후 ALTER로 추가 – 테이블 생성 후 시점
- 식별자 구성 컬럼은 단일, 복합 행 모두 가능합니다.
- 제약조건 이름을 설정할 수 있습니다.

```
CREATE TABLE TAB1 (
        EMP_ID NUMBER,
        NAME VARCHAR2(20),
        SALARY NUMBER,
        HIRE_DATE DATE
);
```

[테이블 생성 후 테이블의 속성을 변경(ALTER)]
```
ALTER TABLE TAB1 ADD CONSTRAINT PK_EMP PRIMARY KEY(EMP_ID) ;
```

02 UNIQUE KEY

1) PRIMARY KEY와 UNIQUE KEY 비교

UNIQUE KEY는 PRIMARY KEY와 동일하게 중복 값을 입력받을 수 없습니다. 대신 UNIQUE KEY로 설정된 컬럼은 NULL 데이터를 입력받을 수 있습니다. 만약 중복이 있으면 안되면서 데이터가 NULL일 수 있다면 UNIQUE KEY를 설정하면 됩니다.

구분	PRIMARY KEY	UNIQUE KEY
중복 여부	X	X
NULL 허용 여부	X	O
테이블 내 KEY 개수	1개만 가능	여러 개 가능

2) UNIQUE KEY 설정 방법 4가지

UNIQUE KEY 설정 방법은 PRIMARY KEY를 지정하는 방법과 거의 유사합니다.

① 컬럼에 직접 지정 – 테이블 생성 시점

- 여러 컬럼에 UNIQUE 지정이 가능합니다.
- 제약조건 이름 설정이 불가능합니다.

```
CREATE TABLE TAB1 (
        EMP_ID NUMBER PRIMARY KEY,
        NAME VARCHAR2(20) NOT NULL UNIQUE,
        SALARY NUMBER UNIQUE,
        HIRE_DATE DATE
);
```

→ NAME 컬럼과 SALARY 컬럼에 중복 값 입력 불가
→ NAME은 NOT NULL이므로 NULL 값을 허용하지 않고, SALARY는 NULL 값을 허용

② 테이블 마지막에 CONSTRAINT로 지정 – 테이블 생성 시점

- UNIQUE 제약조건 구성 컬럼이 단일, 복합 행이 모두 가능합니다.
- 제약조건 이름 설정이 가능합니다.

```
CREATE TABLE TAB1 (
        EMP_ID NUMBER PRIMARY KEY,
        NAME VARCHAR2(20),
        SALARY NUMBER,
        HIRE_DATE DATE,
        CONSTRAINT UK_EMP_NAME UNIQUE(NAME),
        CONSTRAINT UK_EMP_SALARY UNIQUE(SALARY)
);
```

③ 테이블 마지막에 UNIQUE KEY로 설정 – 테이블 생성 시점

- UNIQUE 제약조건 구성 컬럼이 단일, 복합 행 모두 가능합니다.
- 제약조건 이름은 설정할 수 없습니다.

```
CREATE TABLE TAB1 (
        EMP_ID NUMBER,
        NAME VARCHAR2(20),
        SALARY NUMBER,
        HIRE_DATE DATE,
        UNIQUE(NAME)
);
```

④ 테이블 생성 후 ALTER로 추가 – 테이블 생성 후 시점
- UNIQUE 제약조건 구성 컬럼이 단일, 복합 행 모두 가능합니다.
- 제약조건 이름 설정이 가능합니다.

```
CREATE TABLE TAB1 (
        EMP_ID NUMBER,
        NAME VARCHAR2(20),
        SALARY NUMBER,
        HIRE_DATE DATE
);
```

[테이블 생성 후 테이블의 속성을 변경(ALTER)]
```
ALTER TABLE TAB1 ADD CONSTRAINT UK_EMP UNIQUE(NAME) ;
```

03 NOT NULL

컬럼에 NULL 값 입력을 허용하지 않는 제약조건입니다.

```
CREATE TABLE TAB1 (
        EMP_ID NUMBER,
        NAME VARCHAR2(20) NOT NULL,
        SALARY NUMBER NOT NULL,
        HIRE_DATE DATE
);
```

04 CHECK

속성이 입력받을 수 있는 범위(=도메인)를 더 강하게 제약하는 조건입니다.

```
CREATE TABLE 설문 (
응답여부 VARCHAR2(1) CONSTRAINT 응답_CHK CHECK(응답여부 IN('O', 'X')) ,
응답번호 VARCHAR2(1) ,
...
);
```

예를 들어 위 응답여부 속성은 문자열 1바이트(Byte)이지만, 입력값이 O 또는 X일 때만 입력을 허용하도록 CHECK 제약조건을 추가했습니다.

[형식] CONSTRAINT 제약조건명 CHECK (조건)

반면, 응답번호 속성은 문자열 1바이트로 어떤 값이든 입력 가능합니다.

05 FOREIGN KEY

논리적 모델링에서 엔터티 간의 관계를 물리적 모델링에서 FOREIGN KEY로 구현합니다. 이때, FOREIGN KEY는 다른 엔터티의 기본키를 참조하는 컬럼(=외부식별자)입니다. FOREIGN KEY는 참조 무결성을 보장합니다.

아래 CREATE 문법을 보면서 FOREIGN KEY 제약조건을 이해해 보겠습니다.

```
CREATE TABLE DEPARTMENT (
  DEPT_ID VARCHAR2(20) PRIMARY KEY,
  DEPT_NAME VARCHAR2(50)
);

CREATE TABLE EMPLOYEE (
  EMP_ID VARCHAR2(20) PRIMARY KEY,
  EMP_NAME VARCHAR2(50),
  DEPT_ID VARCHAR2(20),
  CONSTRAINT FK_DEPT FOREIGN KEY(DEPT_ID)
  REFERENCES DEPARTMENT(DEPT_ID)    ─ 외래키 지정
);
```

```
                                          ┌─→ 참조할 테이블과 컬럼을 설정
CONSTRAINT FK_DEPT FOREIGN KEY (DEPT_ID) REFERENCES DEPARTMENT(DEPT_ID)
          │                 └─→ EMPLOYEE의 DEPT_ID를 외래키(FOREIGN KEY)로 설정
          └─→ 제약조건명을 FK_DEPT로 설정 (이름은 자유)
```

위 쿼리와 제약조건은 DEPARTMENT 테이블, EMPLOYEE 테이블을 생성함과 동시에 EMPLOYEE 테이블에서 DEPARTMENT 테이블과의 관계를 외래키로 지정하고 있습니다.

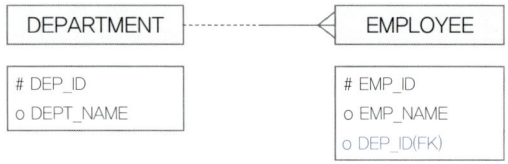

외래키 설정은 참조를 원하는 테이블에서 진행합니다. 현재 EMPLOYEE가 DEPARTMENT의 DEPT_ID를 참조하고 싶으므로 EMPLOYEE 쪽에서 외래키 제약조건을 추가하겠다 하고, 자신의 DEPT_ID와 연결하고 있습니다.

1) 참조 무결성의 의미

참조 무결성이란 외래키가 참조하는 대상 테이블의 값만 사용할 수 있다는 의미입니다.

[DEPARTMENT] 테이블

DEPT_ID(PK)	DEPT_NAME
D0001	인사과
D0002	개발팀
D0003	회계팀

[EMPLOYEE] 테이블

EMP_ID(PK)	EMP_NAME	DEPT_ID(FK)
E0001	사원1	D0001
E0002	사원2	D0002
E0003	사원3	D0002

EMPLOYEE 테이블의 DEPT_ID는 현재 DEPARTMENT 테이블의 PRIMARY KEY인 DEPT_ID를 참조하고 있습니다. 따라서 EMPLOYEE의 DEPT_ID에는 D0001, D0002, D0003 중 하나만 입력할 수 있습니다.

```
INSERT INTO EMPLOYEE (EMP_ID, EMP_NAME, DEPT_ID)
VALUES('E0004', '사원4', 'D0004');   — 부모 테이블에 대한 값이 없으므로 불가능
```

반대로 부모 테이블(DEPARTMENT)의 데이터를 삭제(DELETE)하려고 할 때도 참조 무결성은 영향을 미칩니다. 만약 자식 테이블이 어떤 값을 참조 중인데 삭제하면 무결성이 깨지게 됩니다.

```
DELETE FROM DEPARTMENT WHERE DEPT_ID = 'D0001' ;
  — 현재 참조 중인 EMPLOYEE가 DEPT_ID = 'D0001' 값을 사용하고 있으므로 불가능
```

이럴 때 필요한 설정이 ON DELETE 옵션입니다.

2) ON DELETE 옵션

ORACLE은 외래키 제약조건에 ON DELETE 옵션을 추가할 수 있습니다.

```
CREATE TABLE EMPLOYEE (
  EMP_ID    CHAR(5) PRIMARY KEY,
  EMP_NAME VARCHAR2(20),
  DEPT_ID   CHAR(5),
  CONSTRAINT EMP_FK_DEPT FOREIGN KEY (DEPT_ID)
    REFERENCES DEPARTMENT(DEPT_ID) ON DELETE [ CASCADE | SET NULL ]
);
```

① ON DELETE CASCADE : 부모 데이터 삭제 시 자식 데이터도 함께 삭제합니다.

```
DELETE FROM DEPARTMENT WHERE DEPT_ID = 'D0002' ;
```

실행하면 참조 중인 자식 테이블의 데이터도 삭제됩니다.

[실행 결과]

EMP_ID(PK)	EMP_NAME	DEPT_ID(FK)
E0001	사원1	D0001

② ON DELETE SET NULL : 부모 데이터 삭제 시 자식 데이터를 NULL로 세팅합니다.

```
DELETE FROM DEPARTMENT WHERE DEPT_ID = 'D0002' ;
```

실행하면 참조 중인 자식 테이블의 DEPT_ID가 NULL로 변합니다. 단, EMPLOYEE 테이블의 DEPT_ID가 NULLABLE이어야 합니다.

EMP_ID(PK)	EMP_NAME	DEPT_ID(FK)
E0001	사원1	D0001
E0002	사원2	NULL
E0003	사원3	NULL

> **기적의 TIP**
>
> 외래키 제약조건을 지정할 때 아무 옵션도 주지 않으면 RESTRICT 개념이 적용됩니다. RESTRICT는 데이터를 삭제할 때 참조 중인 테이블이 있으면 삭제를 허용하지 않는 옵션입니다.

3) SQL Server에서의 ON DELETE 옵션

SQL Server는 Oracle보다 더 다양한 기능을 제공합니다. ON DELETE뿐만 아니라 ON UPDATE(변경) 시점에도 아래와 같은 옵션을 적용할 수 있습니다.

옵션	DELETE 시 동작	UPDATE 시 동작
CASCADE	참조 중인 자식도 함께 삭제	자식의 FK도 자동 변경
SET NULL	자식의 외래키를 NULL로 설정	자식의 외래키를 NULL로 설정
SET DEFAULT	자식의 외래키를 기본값으로 설정	자식도 기본값으로 변경
NO ACTION	참조 중이면 삭제/수정 허용 안 됨	기본 동작

04 ALTER, DROP, RENAME, TRUNCATE

CREATE 이외의 DDL 문법을 알아보도록 하겠습니다. ALTER는 속성 변경, DROP은 삭제, RENAME은 명칭 바꾸기, TRUNCATE는 데이터 삭제입니다.

01 ALTER

테이블, 사용자 등 객체의 속성을 변경할 때 사용합니다. 그중 ALTER TABLE .. 명령은 테이블의 구조를 변경하는 명령어입니다.

[EMP] 테이블

```
CREATE TABLE EMP (
        EMP_ID NUMBER PRIMARY KEY,
        EMP_NAME VARCHAR2(20) NOT NULL
);
```

[실행 결과]

EMP_ID	EMP_NAME
1	사원1
2	사원2

1) 테이블에 컬럼 추가

테이블에 새로운 컬럼을 추가합니다.

[Oracle]
```
ALTER TABLE 테이블명 ADD (컬럼명 자료형 [DEFAULT] [NOT NULL], ... )
```

[SQL Server]
```
ALTER TABLE 테이블명 ADD 컬럼명 자료형 [DEFAULT] [NOT NULL]
```
— 하나씩만 가능

예를 들어 아래 쿼리는 EMP 테이블에 AGE 컬럼을 숫자형으로 추가한다는 의미입니다.

```
ALTER TABLE EMP ADD (AGE NUMBER) ;
```
— 나이 속성 추가

[실행 결과]

EMP_ID	EMP_NAME	AGE
1	사원1	NULL
2	사원2	NULL

> **기적의 TIP**
>
> 오라클은 테이블 컬럼 추가를 괄호( ) 안에 여러 개 지정할 수 있지만, SQL Server는 괄호 없이 하나씩만 추가할 수 있습니다.

2) 테이블에 컬럼 삭제

테이블에 존재하는 컬럼을 삭제합니다.

[Oracle]
```
ALTER TABLE 테이블명 DROP (컬럼1, 컬럼2 ...);
```

[SQL Server]
```
ALTER TABLE 테이블명 DROP COLUMN 컬럼1, 컬럼2, ...;
```

```
ALTER TABLE EMP DROP AGE ;
```

[실행 결과]

EMP_ID	EMP_NAME
1	사원1
2	사원2

> **기적의 TIP**
>
> ORACLE은 DROP 뒤에 여러 개를 삭제하려면 괄호( ) 안에 넣으면 됩니다. SQL Server는 DROP COLUMN 키워드를 쓰고 괄호를 사용하지 않습니다.

3) 테이블의 컬럼 속성 수정

기존의 테이블이 가진 속성을 변경합니다.

[Oracle]
```
ALTER TABLE 테이블명 MODIFY (기존속성 자료형 [DEFAULT] [NOT NULL], ...)
```

[SQL Server]
```
ALTER TABLE 테이블명 ALTER COLUMN 칼럼명 자료형 NOT NULL
```

```
ALTER TABLE EMP MODIFY ( EMP_NAME VARCHAR2(50) NULL );
```
→ 기존 VARCHAR2(20) NOT NULL을 VARCHAR2(50) NULL로 변경

> **기적의 TIP**
>
> - Oracle은 괄호 안에 여러 속성을 한 번에 변경할 수 있습니다.
> - SQL Server는 괄호 없이 한 번에 하나의 속성만 변경할 수 있습니다.
> - SQL Server는 ALTER COLUMN 키워드를 사용합니다.
> - SQL Server에서는 ALTER COLUMN으로는 DEFAULT 값을 설정할 수 없습니다.

4) 테이블의 컬럼 이름 변경

[Oracle]
```
ALTER TABLE 테이블명 RENAME COLUMN 기존컬럼명 TO 새로운컬럼명
```

[SQL Server]
별도의 sp_rename이라는 프로시저를 사용
◎ sp_rename '테이블명.기존컬럼명', '바꿀컬럼명', 'COLUMN'

```
ALTER TABLE EMP RENAME COLUMN EMP_NAME TO NAME;
```

[실행 결과]

EMP_ID	NAME
1	사원1
2	사원2

 DROP

DROP은 테이블 자체를 삭제하는 문법으로, 삭제된 테이블과 데이터는 복구되지 않습니다.

```
DROP TABLE 테이블명 [CASCADE CONSTRAINTS] ;
```

```
DROP TABLE EMP ;
```

CASCADE CONSTRAINTS를 함께 사용하면 EMP를 참조하고 있던 테이블과의 제약조건도 함께 삭제됩니다.

03 RENAME

RENAME은 테이블의 이름을 변경하는 문법입니다.

[Oracle]
```
RENAME 기존테이블명 TO 새로운테이블명 ;
```

[SQL Server]
별도의 sp_rename 프로시저 사용
예) sp_rename '기존테이블명', '새로운테이블명'

```
RENAME EMP TO EMPLOYEE;    ─ 테이블명을 EMP에서 EMPLOYEE로 변경
```

04 TRUNCATE

TRUNCATE는 테이블의 모든 데이터를 삭제하고 비워주는 문법입니다. 테이블 구조는 그대로 유지되지만, 삭제된 데이터는 복구할 수 없습니다.

[EMP] 테이블

```
CREATE TABLE EMP (
        EMP_ID NUMBER PRIMARY KEY,
        EMP_NAME VARCHAR2(20) NOT NULL
);
```

[실행 결과]

EMP_ID	EMP_NAME
1	사원1
2	사원2

```
TRUNCATE TABLE 테이블명;
```

```
TRUNCATE TABLE EMP;   — EMP 내 데이터 모두 삭제, 테이블 자체는 남아있음
```

[TRUNCATE 실행 후 조회 결과]

EMP_ID	EMP_NAME

05 삭제 명령어 비교

SQL에서 삭제 명령어로 DROP, TRUNCATE, DELETE를 배웠습니다. 이 셋을 비교하는 문제가 시험에 잘 나오기 때문에 차이점을 설명하도록 하겠습니다.

	DELETE	TRUNCATE	DROP
되돌릴 수 있는가?	O	X	X
실행 후 테이블이 존재하는가?	O	O	X
어디에 소속되어 있는가?	DML	DDL	DDL

▲ DROP vs TRUNCATE vs DELETE 비교

1) DELETE
- 테이블의 데이터(행)을 삭제합니다. (WHERE로 특정 행 필터링 가능)
- 실행 후 테이블이 존재합니다.
- ROLLBACK을 이용해 삭제를 원상 복구할 수 있습니다.

2) TRUNCATE
- 테이블의 데이터(행)을 삭제합니다. (WHERE 없음, 모두 삭제)
- 실행 후 테이블이 존재합니다.
- 실행 후 데이터를 원상 복구할 수 없습니다.

3) DROP
- 테이블 자체를 삭제합니다.
- 실행 후 테이블이 존재하지 않습니다.
- 실행 후 데이터를 원상 복구할 수 없습니다.

06 뷰(VIEW)의 개념과 인라인 뷰(Inline View)와의 차이점

01 VIEW와 테이블 차이점

VIEW는 복잡한 SELECT 문장을 마치 테이블처럼 사용할 수 있도록 저장한 객체입니다. 과거 인라인 뷰가 FROM 절에 서브쿼리 결과를 가상의 테이블로 사용했다면, VIEW는 그 쿼리를 데이터베이스에 저장해 두고 필요할 때 불러와 사용하는 것입니다.

> **기적의 TIP**
>
> 인라인 뷰 서브쿼리를 따로 뷰로 저장할 수 있습니다.

[인라인 뷰 버전]

```
SELECT A.*
  FROM EMPLOYEE A
     , (
        SELECT DEPT , AVG(SALARY) AS AVG_SALARY
          FROM EMPLOYEE
         GROUP BY DEPT
       ) B
 WHERE A.DEPT = B.DEPT
   AND A.SALARY > AVG_SALARY ;
```

[뷰 생성 및 사용]

```
— VIEW 객체 생성(VIEW 이름 : EMP_AVG_SALARY)
CREATE VIEW EMP_AVG_SALARY AS
SELECT DEPT , AVG(SALARY) AS AVG_SALARY
FROM EMPLOYEE
GROUP BY DEPT ;

— VIEW 사용(가상의 테이블이므로 FROM 뒤에 테이블처럼 사용)
SELECT A.*
  FROM EMPLOYEE A
     , EMP_AVG_SALARY B
 WHERE A.DEPT = B.DEPT
   AND A.SALARY > AVG_SALARY ;
```

구분	테이블(TABLE)	뷰(VIEW)
데이터 저장	O(실제 데이터 보관)	X(데이터 없음)
생성 방식	CREATE TABLE	CREATE VIEW
DML 가능 여부	O	단일 테이블 기반 뷰만 가능
보안성	테이블 전체 노출	컬럼 제한 가능
인덱스 생성	가능	불가능
독립성	구조 변경 시 직접 영향	일부 변경에 독립적(단, 컬럼 DROP은 영향 있음)

▲ 테이블과 뷰 비교표

02 VIEW의 장점

1) 편의성 – 데이터 저장 관점

테이블은 실제 자신의 저장소 안에 튜플(행) 데이터를 저장할 수 있어 물리적인 데이터를 가집니다. 하지만 VIEW는 단순히 실행 시 내부에 쿼리를 재실행할 뿐 실제 데이터는 가지고 있지 않습니다.

```
— VIEW 객체 생성(VIEW 이름 : EMP_AVG_SALARY)
CREATE VIEW EMP_AVG_SALARY AS
SELECT DEPT , AVG(SALARY) AS AVG_SALARY
FROM EMPLOYEE
GROUP BY DEPT;

— VIEW 사용(가상의 테이블이므로 FROM 뒤에 테이블처럼 사용)
SELECT A.*
  FROM EMPLOYEE A
     , EMP_AVG_SALARY B
 WHERE A.DEPT = B.DEPT
   AND A.SALARY > AVG_SALARY ;
```

위 쿼리에서 EMP_AVG_SALARY에 데이터가 있는 게 아니라, CREATE VIEW.. 당시 AS 뒤에 있는 쿼리를 재실행한 결과를 출력할 뿐입니다.

2) 보안성 – 보안성 관점

EMP 테이블에 노출하기 어려운 컬럼(주민등록번호, 패스워드 등)이 있다면, 뷰를 활용해서 접근을 막을 수 있습니다.

```
[직원 테이블] - 직원ID(PK), 이름, 주민등록번호, 패스워드, 나이, 부서ID ..

--민감한 정보를 제외한 컬럼만 조회할 수 있도록 VIEW 생성
CREATE VIEW EMP_VIEW AS
SELECT 직원ID, 이름, 나이, 부서ID
FROM 직원 ;
```

이제 사용자에게 직원 테이블의 접근 권한을 차단하고, EMP_VIEW 뷰만 조회할 수 있도록 하면 민감한 내용을 노출하지 않아도 됩니다. 즉, 뷰를 활용해서 보안성을 강화할 수 있습니다.

3) 독립성 – 독립성 관점

테이블 구조가 바뀌어도 뷰 자체를 바꿀 필요가 없습니다. 내부에 쿼리만 잘 실행되면 됩니다. 단, 기존 테이블에서 DROP을 했는데 해당 컬럼을 뷰에서 사용하고 있었다면 수정이 필요합니다.

03 VIEW의 단점

1) 용량의 문제

결국 테이블처럼 데이터베이스 어딘가에 객체를 생성하므로 약간의 용량을 차지하게 됩니다.

2) 관리 난이도

뷰가 많아지면 관리가 복잡하고 어려워집니다. 따라서 실무에서는 정말 긴 쿼리이거나 공용으로 많이 사용하는 쿼리만 뷰로 생성하고, 짧은 쿼리는 인라인 뷰로 사용하기도 합니다.

3) 물리적 데이터와 인덱스

뷰 자체에는 물리적인 데이터가 없으므로 인덱스 생성이 불가합니다. 인덱스는 뷰가 참조하는 원본 테이블에만 생성이 가능합니다.

04 시험에 자주 출제되는 포인트

질문	뷰(VIEW)
뷰에 데이터가 저장되는가?	X (쿼리를 저장하고 재실행만)
인덱스를 생성할 수 있는가?	X (인덱스 생성은 테이블이 하는 것)
DML이 가능한가?	단일 테이블 기반이면 가능, 복합 뷰는 제한됨

이론을 확인하는 기출문제

01 CREATE 문에 대한 설명으로 옳지 <u>않은</u> 것은?

① 테이블 생성 시 컬럼명과 자료형은 반드시 명시해야 한다.
② CREATE 문 내 컬럼에 DEFAULT 값을 지정할 수 있다.
③ 컬럼에 NOT NULL을 지정하지 않으면 기본값으로 0이 설정된다.
④ CREATE TABLE은 물리적인 테이블을 생성하는 명령이다.

NOT NULL을 명시하지 않으면 기본값은 NULL이 설정된다. 0으로 기본값을 설정하고 싶으면 DEFAULT 0처럼 DEFAULT를 이용해야 한다. CREATE TABLE은 실제 물리적인 크기를 가진 테이블을 생성하는 명령어이다.

02 다음 중 Oracle에서 사용할 수 있는 문자형 자료형은 무엇인가?

① INT
② VARCHAR2
③ TEXT
④ NCHARACTER

Oracle은 VARCHAR2를 사용하며, TEXT나 NCHARACTER는 지원하지 않는다. 오라클은 숫자형을 NUMBER로 지정하며 정수, 실수를 모두 표현할 수 있다.

03 다음 테이블 생성문에 대한 설명으로 옳지 <u>않은</u> 것은?

```
CREATE TABLE DEPT (
    DEPT_ID VARCHAR2(10) PRIMARY KEY,
    DEPT_NAME VARCHAR2(50) NOT NULL,
    LOCATION VARCHAR2(50)
);
```

① DEPT_ID는 중복 값을 허용하지 않는다.
② DEPT_NAME은 반드시 값이 입력되어야 한다.
③ LOCATION 컬럼은 기본적으로 NULL을 허용한다.
④ DEPT_ID는 NULL을 허용한다.

DEPT_ID는 PRIMARY KEY로 설정되어 있으며, PRIMARY KEY는 중복을 허용하지 않고 NULL 데이터를 허용하지 않는다.

04 다음 중 CREATE 문으로 뷰(View)를 올바르게 생성한 것은?

① `CREATE VIEW AS SELECT * FROM EMP;`
② `CREATE VIEW V1 SELECT * FROM EMP;`
③ `CREATE VIEW V1 AS SELECT * FROM EMP;`
④ `CREATE TABLE V1 AS SELECT * FROM EMP;`

View를 생성하는 형식은 CREATE VIEW V1 AS SELECT...이다.

오답 피하기
① 뷰 이름이 빠져있다.
② AS 키워드가 빠져있다.
④ 테이블을 생성하는 CREATE 문이다.

정답 01 ③ 02 ② 03 ④ 04 ③

05 다음 테이블 구조를 보고 올바르지 않은 설명을 고르시오.

```
CREATE TABLE DEPT (
  DEPT_ID VARCHAR2(10) PRIMARY KEY
);

INSERT INTO DEPT VALUES ('A');
INSERT INTO DEPT VALUES ('B');

CREATE TABLE EMP (
  EMP_ID VARCHAR2(10) PRIMARY KEY,
  DEPT_ID VARCHAR2(10),
   CONSTRAINT FK_DEPT FOREIGN KEY
(DEPT_ID) REFERENCES DEPT(DEPT_ID)
);
```

① INSERT INTO EMP VALUES ('E001', 'A')는 정상 실행된다.
② INSERT INTO DEPT VALUES ('C'); 는 정상 실행된다.
③ DELETE FROM DEPT WHERE DEPT_ID = 'B';는 정상 실행된다.
④ INSERT INTO EMP VALUES ('E001', 'D');는 정상 실행된다.

외래키 제약조건으로 인해 EMP 테이블의 DEPT_ID 컬럼은 DEPT 테이블의 DEPT_ID가 존재하는 값만 입력할 수 있다. 즉, DEPT 테이블은 'A', 'B' 값이 존재하므로 EMP 테이블도 'A', 'B'를 입력받을 수 있으나, 'D' 값은 DEPT 테이블에 없으므로 입력이 불가능하다.

06 다음 테이블에서 SALARY 컬럼을 삭제하려고 한다. 올바른 SQL은? (단, Oracle 기준이다.)

```
CREATE TABLE EMP (
  EMP_ID NUMBER,
  SALARY NUMBER
);
```

① ALTER TABLE EMP DELETE COLUMN SALARY;
② ALTER EMP DROP COLUMN SALARY;
③ ALTER TABLE EMP DROP COLUMN (SALARY);
④ DROP COLUMN FROM EMP (SALARY);

Oracle에서는 ALTER TABLE...DROP COLUMN(컬럼명) 형식을 사용한다.

07 DROP, DELETE, TRUNCATE를 비교한 내용으로 옳지 않은 것은?

① DELETE는 WHERE 절을 사용할 수 있으며, 일부 행만 삭제할 수 있다.
② TRUNCATE는 테이블 구조를 유지한 채 모든 데이터가 삭제된다.
③ DROP은 테이블의 데이터는 삭제하지만, 테이블 구조는 남겨둔다.
④ TRUNCATE와 DROP은 ROLLBACK이 불가능하다.

DROP은 TRUNCATE, DELETE와 달리 실행 후 테이블 구조 자체가 삭제된다.

08 테이블의 구조가 다음과 같을 때, 다음 쿼리의 실행 결과는?

[테이블 구조]
```
CREATE TABLE SURVEY (
  RESPOND_ID VARCHAR2(10),
  ANSWER VARCHAR2(1),
  CONSTRAINT CK_ANSWER CHECK (ANSWER IN ('Y', 'N'))
);
```

[쿼리]
```
INSERT INTO SURVEY VALUES ('001', 'A');
```

① 정상 입력된다.
② 테이블이 생성되지 않는다.
③ 오류가 발생한다.
④ 자동으로 'Y'로 대체된다.

CHECK 제약조건은 특정 컬럼이 입력받을 수 있는 값의 범위를 세밀하게 제어할 수 있다. 위의 경우 ANSWER 컬럼에 대해 값이 'Y', 'N'일 때만 입력 가능하도록 하였으므로 'A'는 입력되지 않고 CHECK 제약조건에 의해 오류를 반환한다.

09 다음 중 DDL로만 묶인 것은?

① SELECT, UPDATE, DELETE
② ALTER, DROP, COMMIT
③ GRANT, COMMIT, MERGE
④ TRUNCATE, CREATE, ALTER

TRUNCATE, CREATE, ALTER는 DDL 문법에 해당한다.

10 뷰(VIEW)에 대한 설명으로 올바르지 않은 것은?

① 뷰는 물리적인 데이터를 저장한다.
② 보안 관점에서 활용할 수 있다.
③ 복잡한 쿼리를 뷰로 만들어 쿼리를 단순하게 표현할 수 있다.
④ 단일 테이블로 만든 뷰는 삽입, 삭제, 수정이 비교적 자유롭다.

뷰(VIEW)는 SQL을 저장한 것일 뿐 실제 데이터가 저장된 곳은 테이블이다. 즉, 뷰는 물리적인 데이터가 아닌 SQL 코드를 "재실행"할 뿐이다.

11 다음 중 VIEW에 대한 설명으로 적절하지 않은 것은?

① 여러 테이블의 조인을 통해 만들어진 복합 뷰는 삽입, 삭제, 수정에 제약이 발생한다.
② 뷰는 실제 데이터를 저장하지 않으며, 원본 테이블의 데이터에 의존한다.
③ 뷰는 복잡한 JOIN이나 집계 쿼리를 단순하게 재사용할 수 있다.
④ 뷰에 기반한 테이블이 삭제되더라도 뷰는 계속 정상적으로 작동한다.

뷰(VIEW)는 SQL 코드를 저장한 것이므로, SQL 코드 내의 테이블이 삭제될 경우 오류가 발생한다.

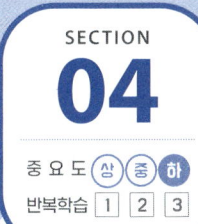

SECTION 04 DCL

빈출 태그 ▶ DCL의 개념, GRANT, REVOKE, ROLE

01 DCL(Data Control Language)

DCL은 데이터베이스 객체(테이블, 뷰 등)에 대한 접근 권한을 제어하는 언어입니다. 데이터베이스 보안 유지와 사용자 권한 통제를 위해 사용되며, 주로 DBA(데이터베이스 관리자)가 활용합니다.

명령어	설명
GRANT	사용자에게 권한을 부여
REVOKE	사용자로부터 권한을 회수
ROLE	여러 권한을 그룹화해서 일괄 부여 가능

01 GRANT – 권한 부여

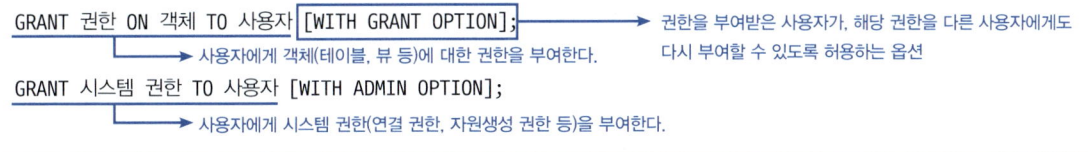

```
GRANT 권한 ON 객체 TO 사용자 [WITH GRANT OPTION];
```
→ 사용자에게 객체(테이블, 뷰 등)에 대한 권한을 부여한다.
→ 권한을 부여받은 사용자가, 해당 권한을 다른 사용자에게도 다시 부여할 수 있도록 허용하는 옵션

```
GRANT 시스템 권한 TO 사용자 [WITH ADMIN OPTION];
```
→ 사용자에게 시스템 권한(연결 권한, 자원생성 권한 등)을 부여한다.

1) GRANT 사용 예시

```
-- USER_A에게 TAB1 테이블을 조회,수정할 권한 부여
GRANT SELECT, UPDATE ON TAB1 TO USER_A;

-- USER_A에게 접속 권한 부여
GRANT CREATE SESSION TO USER_A;
```

2) 시스템 권한 vs 객체 권한 구분

항목	시스템 권한	객체 권한
예시	CREATE SESSION, CREATE TABLE 등	SELECT, INSERT ... ON 테이블 등
GRANT 문	GRANT CREATE SESSION TO 사용자;	GRANT SELECT ON 테이블 TO 사용자;
ON 사용 여부	X 없음	O 필요함
주 용도	DB 접속, 객체 생성 등 시스템 전반 제어	특정 테이블/뷰/시퀀스 등 접근 제어

3) WITH GRANT OPTION

WITH GRANT OPTION은 권한을 다른 사용자에게도 다시 부여할 수 있는 권한까지 포함합니다.

```
-- USER_A는 SELECT 권한을 다른 사람에게도 부여 가능
SYSTEM(관리자) : GRANT SELECT ON TAB1 TO USER_A WITH GRANT OPTION;

-- USER_A가 SELECT 권한을 USER_B에게 부여하면서, USER_B도 다른 계정에 부여 가능
USER_A : GRANT SELECT ON TAB1 TO USER_B WITH GRANT OPTION ;

-- USER_B가 SELECT 권한을 USER_C에게 부여. USER_C는 다른 계정에 부여 불가!
USER_B : GRANT SELECT ON TAB1 TO USER_C ;
```

참고로 WITH GRANT OPTION은 객체에 대한 권한을 부여할 때 주는 것이고, 시스템 권한은 WITH ADMIN OPTION으로 줄 수 있습니다.

02 REVOKE – 권한 회수

```
REVOKE 권한목록 ON 객체 FROM 사용자;
            └──→ 사용자로부터 객체에 대한 권한목록을 회수
REVOKE 권한목록 FROM 사용자;
            └──→ 사용자로부터 권한목록 회수
```

CASCADE는 WITH GRANT OPTION으로 부여된 권한을 함께 회수합니다.

1) REVOKE 사용 예시

USER_B, USER_C에게 남은 권한은 각각 무엇일지 알아봅시다.

```
① USER_A : GRANT SELECT, UPDATE ON TAB1 TO USER_B WITH GRANT OPTION ;
② USER_B : GRANT SELECT, UPDATE ON TAB1 TO USER_C ;
③ USER_A : REVOKE UPDATE ON TAB1 FROM USER_B;
④ USER_A : REVOKE SELECT ON TAB1 FROM USER_B;
```

① USER_B는 USER_A로부터 SELECT, UPDATE 권한을 부여받게 됩니다. 또한 WITH GRANT OPTION으로, 받은 권한(SELECT, UPDATE)을 다른 사용자에게 부여할 수 있습니다.

```
[현재 상태]
USER_B : SELECT, UPDATE
```

② USER_B가 자신이 부여받은 권한으로 USER_C에게 SELECT, UPDATE 권한을 부여합니다.

```
[현재 상태]
USER_B : SELECT, UPDATE
USER_C : SELECT, UPDATE
```

③ USER_A가 USER_B의 UPDATE 권한을 다시 회수합니다.

→ 이때 Oracle은 자동으로 WITH GRANT OPTION을 통해 연쇄적으로 부여된 권한까지 함께 제거하지만, SQL Server는 연쇄적으로 삭제하지 않습니다.

[현재 상태]
- Oracle인 경우
  - USER_B : SELECT
  - USER_C : SELECT

- SQL Server인 경우
  - USER_B : SELECT
  - USER_C : SELECT, UPDATE

④ USER_A가 USER_B의 SELECT 권한을 다시 회수합니다.

→ 이때 Oracle은 자동으로 WITH GRANT OPTION을 통해 연쇄적으로 부여한 권한을 함께 제거하지만, SQL Server는 연쇄적으로 삭제하지 않습니다.

[현재 상태]
- Oracle인 경우
  - USER_B : 권한없음
  - USER_C : 권한없음

- SQL Server인 경우
  - USER_B : 권한없음
  - USER_C : SELECT, UPDATE

03 ROLE – 권한 묶음

ROLE은 여러 유사한 권한을 하나로 묶은 권한 모음입니다.

예시 ROLE	권한 설명
CONNECT	접속 권한 부여 등 접속 관련 권한들을 모아놓은 ROLE
RESOURCE	테이블 등 객체 생성 권한들을 모아놓은 ROLE

실제로 부여할 수 있는 권한 목록은 매우 다양하며 시스템 권한은 280개 이상 있기때문에 전체 권한을 암기할 필요는 없습니다.

권한	설명
CREATE SESSION	데이터베이스에 접속할 수 있는 권한
CREATE TABLE	테이블을 생성할 수 있는 권한
CREATE VIEW	뷰를 생성할 수 있는 권한
CREATE SEQUENCE	시퀀스를 생성할 수 있는 권한

CREATE PROCEDURE	프로시저를 생성할 수 있는 권한
CREATE USERE	새로운 사용자를 생성할 수 있는 권한
ALTER USER	사용자의 속성을 변경할 수 있는 권한

권한을 세밀하게 분류하면 특정 사용자에 대한 접근 권한을 엄격하게 설정하여 데이터베이스 보안을 강화할 수 있습니다. 하지만 각 유저 별로 권한을 하나씩 부여한다면 매우 귀찮은 일이 될 수 있습니다. 이러한 불편을 해소하기 위해, 관련 권한을 묶어 일괄 부여할 수 있는 ROLE 개념이 도입되었습니다.

ROLE(롤)	설명
CONNECT	기본적인 데이터베이스 접속 및 작업 권한 제공
RESOURCE	프로시저, 트리거, 인덱스 생성 등의 개발 작업 권한 제공
DBA	데이터베이스의 모든 작업을 수행할 수 있는 권한

▲ 주요 롤 예시

주로 사용되는 ROLE은 CONNECT, RESOURCE 등이 있습니다.
CONNECT는 DB 접속 관련된 권한을 모두 부여합니다. RESOURCE는 테이블 등 데이터베이스 자원을 생성하는 권한을 부여합니다. 위 ROLE들은 직접 생성할 수도 있으나, 지금은 기본 개념 중심으로 다루겠습니다. GRANT, REVOKE 명령과 동일한 방법으로 ROLE을 부여하거나 회수합니다.

```
GRANT CONNECT TO 사용자;
REVOKE CONNECT FROM 사용자;
```

이론을 확인하는 기출문제

01 다음 중 객체 권한 부여 SQL 문으로 올바른 것은?

① GRANT CREATE SESSION ON EMP TO USER_A;
② GRANT SELECT, INSERT TO EMPLOYEE;
③ GRANT DELETE ON EMPLOYEE TO USER_A;
④ GRANT RESOURCE ON EMPLOYEE TO USER_A;

오답 피하기
① 시스템 권한을 줄 때는 ON을 사용하지 않는다.
② 객체(테이블, 뷰 등)에 대한 권한은 반드시 ON과 함께 대상 객체를 명시해야 하는데 생략되었다.
④ ROLE을 부여할 때는 ON을 사용하지 않는다.

02 다음 중 WITH GRANT OPTION에 대한 설명으로 옳지 않은 것은? (단, Oracle 기준이다.)

① 부여받은 권한을 타 사용자에게 전달할 수 있다.
② REVOKE 시 권한 전달 관계도 모두 회수된다.
③ WITH GRANT OPTION은 시스템 권한에는 사용할 수 없다.
④ WITH GRANT OPTION은 기본적으로 관리자만 사용할 수 있다.

일반 사용자도 권한을 부여받으면 WITH GRANT OPTION을 통해 타인에게 권한 부여 가능하므로 관리자만 부여할 수 있는 것은 아니다. 시스템 권한을 다른 사용자에게 부여하고 싶을 때는 WITH ADMIN OPTION을 사용한다.

03 다음 쿼리를 순서대로 실행한 후 남은 권한으로 올바른 것을 고르시오. (단, Oracle 기준이다.)

```
--(1)
SYSTEM : GRANT SELECT, UPDATE ON PROD
TO USER_A WITH GRANT OPTION;

--(2)
USER_A : GRANT SELECT, UPDATE ON PROD
TO USER_B;

--(3)
SYSTEM : REVOKE SELECT ON PROD FROM
USER_A;
```

① USER_A : UPDATE / USER_B : SELECT, UPDATE
② USER_A : UPDATE / USER_B : UPDATE
③ USER_A : UPDATE / USER_B : 없음
④ USER_A : SELECT / USER_B : 없음

(1) SYSTEM이 USER_A에게 SELECT, UPDATE 권한을 부여하면서, 권한을 줄 수 있는 권한(WITH GRANT OPTION)도 함께 부여한다.
(2) USER_A가 USER_B에게 SELECT, UPDATE 권한을 부여한다.
(3) SYSTEM이 USER_A에게 SELECT 권한을 회수할 때, WITH GRANT OPTION으로 부여된 권한도 함께 회수되므로 USER_B의 SELECT 권한도 회수된다.

04 다음 중 DCL 종류로 바르게 짝지어진 것은?

① COMMIT, ROLLBACK
② GRANT, REVOKE
③ SELECT, GRANT
④ REVOKE, DENY

DCL의 종류로는 GRANT, REVOKE가 있다.

정답 01 ③ 02 ④ 03 ② 04 ②

05 다음 쿼리를 순서대로 실행한 후 남은 권한으로 올바른 것을 고르시오. (단, SQL Server 기준이다.)

```
--(1)
SYSTEM : GRANT SELECT, UPDATE ON PROD
TO USER_A WITH GRANT OPTION;

--(2)
USER_A : GRANT SELECT, UPDATE ON PROD
TO USER_B;

--(3)
SYSTEM : REVOKE SELECT ON PROD FROM
USER_A;
```

① USER_A : UPDATE / USER_B : SELECT, UPDATE
② USER_A : 없음 / USER_B : UPDATE
③ USER_A : UPDATE / USER_B : 없음
④ USER_A : SELECT / USER_B : 없음

SQL Server는 Oracle과 달리 권한을 회수할 때 자동 회수되지 않는다. 따라서 REVOKE SELECT...FROM USER_A의 결과 USER_A의 SELECT 권한만 회수되고, USER_B는 SELECT 권한이 남아있게 된다.

06 다음 SQL 중 오류가 발생하는 문장은?

① GRANT CONNECT TO USER_A;
② GRANT SELECT ON EMP TO USER_B WITH GRANT OPTION;
③ REVOKE DELETE, INSERT ON EMP FROM USER_B;
④ REVOKE CREATE SESSION ON EMP FROM USER_B;

시스템 권한은 ON 객체를 사용하지 않는다.

07 GRANT UPDATE, INSERT ON SALES TO USER_X WITH GRANT OPTION; 이후 USER_X가 USER_Y에게 권한을 주고, 이후 USER_X의 UPDATE, INSERT 권한을 회수하면 USER_Y의 권한 상태는? (단, Oracle 기준이다.)

① UPDATE만 남는다.
② 모두 회수된다.
③ 권한 유지된다.
④ SELECT로 바뀐다.

oracle은 with grant option으로 부여된 권한에 대해 다시 회수하면 연쇄적으로 함께 회수된다.

08 다음 중 WITH GRANT OPTION 및 REVOKE에 대한 설명으로 옳지 않은 것은?

① WITH GRANT OPTION을 사용하면, 권한을 부여받은 사용자가 다른 사용자에게도 권한을 전달할 수 있다.
② Oracle에서는 권한을 회수할 때 REVOKE만 사용해도, 그 권한을 전달받은 사용자까지 자동으로 권한이 회수된다.
③ SQL Server에서는 REVOKE를 사용하면 권한을 부여받은 사용자뿐 아니라, 그 권한을 전달받은 사용자에게도 자동으로 권한이 회수된다.
④ WITH GRANT OPTION은 테이블, 뷰 등의 객체 권한에 대해 사용할 수 있다.

SQL Server는 REVOKE를 사용해도 권한을 부여받은 사용자의 권한만 회수하고, 이를 전달받은 사용자의 권한은 유지된다.

정답 05① 06④ 07② 08③

PART 03

기출 유형문제

차례

기출 유형문제 01회	440
기출 유형문제 02회	454
기출 유형문제 03회	469
기출 유형문제 04회	485
기출 유형문제 05회	501

해설과 함께 보는 기출 유형문제 01회

SQL 개발자 | 소요 시간: 총 90분 | 문항 수: 총 50문항

수험번호 : _____
성　　명 : _____

1과목 데이터 모델링의 이해

01 다음 중 개체 무결성(Entity Integrity)을 위반하는 경우는?

① 기본키 컬럼에 NULL을 저장한 경우
② 외래키 컬럼이 부모 테이블의 값을 참조한 경우
③ CHECK 제약조건을 설정한 경우
④ 중복값을 허용하지 않는 UNIQUE 제약조건을 설정한 경우

개체 무결성은 기본키가 NULL이거나 중복되는 것을 허용하지 않는다. ①은 NULL을 저장했으므로 위반이다. 시험에서 개체 무결성이 언급되면 Primary key 무결성을 떠올려야 한다.

02 다음 중 개념적 데이터 모델링의 특징으로 옳은 것은?

① 물리적 저장 구조를 포함한다.
② 인덱스 등의 성능 요소를 반영한다.
③ 사용자 관점에서 전체적인 데이터 구조를 표현한다.
④ 정규화를 진행해 데이터의 이상 현상을 제거한다.

개념적 모델은 사용자 중심으로 전체 데이터 구조와 엔터티 간 관계를 표현한다.

오답 피하기
①, ② 물리적 모델링의 특징이다.
④ 논리적 모델링 과정에서 수행한다.

03 다음 중 정규화 과정에서 부분 함수 종속을 제거한 직후의 정규형은?

① 1NF　　② 2NF
③ 3NF　　④ BCNF

2차 정규형은 부분 함수 종속을 제거하여 모든 일반 속성이 기본키 전체에 종속되도록 한다. 이를 부분함수종속 제거라고 하며 2차 정규화라고도 한다. 2차 정규화를 마치면 2NF(정규형)이 된다.

04 다음 중 모델링 관점으로 올바르지 않은 것은?

① 데이터 관점
② 상관 관점
③ 정규화 관점
④ 프로세스 관점

모델링 관점에서는 데이터를 중심으로 데이터 모델링, 업무 흐름을 중심으로 프로세스 모델링, 업무에 따른 데이터의 처리 흐름을 상관 관점 모델링으로 표현한다.

05 다음 중 발생 시점에 따른 엔터티 분류가 아닌 것은?

① Fundamental Entity
② Main Entity
③ Active Entity
④ Event Entity

발생 시점에 따른 엔터티 분류는 각각 기본/키(Fundamental/Key) 엔터티, 중심(Main) 엔터티, 행위(Active) 엔터티가 있다. Event(사건) 엔터티는 유무형에 따른 엔터티 분류이다.

정답 01 ① 02 ③ 03 ② 04 ③ 05 ④

06 다음 중 각각의 정규화 때 수행할 작업으로 올바르지 않은 것은?

① 1차 정규화 – 도메인 원자성을 제거한다.
② 2차 정규화 – 부분 종속을 제거한다.
③ 3차 정규화 – 이행 종속을 제거한다.
④ BCNF 정규화 – 모든 결정자가 후보키여야 한다.

1차 정규화는 도메인 원자성을 유지하는 것이 목적이다. 따라서 다중값(Multi Value)를 원자적으로 쪼개서 도메인의 원자성을 유지해야 한다.

07 다음 중 외래키(Foreign Key)에 대한 설명으로 옳지 않은 것은?

① 참조하는 테이블의 PRIMARY KEY나 UNIQUE KEY를 참조해야 한다.
② 외래키 컬럼은 NULL 값을 가질 수 있다.
③ 외래키는 참조 무결성을 보장한다.
④ 부모 테이블에 없는 키값도 외래키에서 사용할 수 있다.

외래키는 반드시 부모 테이블에 있는 키값을 참조해야 한다. 그렇지 않으면 참조 무결성 위배로 오류를 발생시킨다. 예를 들어 회원 테이블의 회원ID(Primary key)를 회원연락처 테이블이 참조하는 상태에서, 고객 테이블의 회원ID가 {1, 2, 3}만 존재한다면 회원연락처 테이블에서 사용할 수 있는 회원ID도 {1, 2, 3}만 가능하다.

08 다음은 R1 테이블의 속성들과 함수 종속 관계를 표현한 것이다. 이 테이블에 대해 적절한 정규화 과정을 거쳤을 때, 정규화 단계와 정규화된 테이블 스키마로 올바른 것은?

- [R1] 테이블 : {A, B, C, D, E}
- 식별자 : {A, B}
- 함수 종속 관계
  (1) {A, B} → {C, D, E}
  (2) {B} → {D}

① 정규화 필요 없음. 테이블 유지 R1 {A, B, C, D, E}
② 2차 정규화, 정규화 후 테이블 R1 {A, B, C, E}, R2 {B, D}
③ 1차 정규화, 정규화 후 테이블 R1 {A, B, C}, R2 {B, D, E}
④ BCNF 정규화, 정규화 후 테이블 R1 {A, B, C, E}, R2 {B, D}

이 문제는 식별자 {A, B} 조합의 부분인 B가 일반속성을 부분 함수 종속하고 있으며, 부분 함수 종속을 제거하는 2차 정규화가 필요하다. 따라서 B와 D를 따로 분리한다. R1: {A, C, E} R2: {B, D}. 그리고 기존 테이블과 연결은 되어야 하므로 R1에 B를 남겨둔다. R1: {A, B, C, E} , R2 : {B, D}

09 IE, Barker 표기방식에 대한 설명으로 올바르지 않은 것은?

① IE 표기방식과 Barker 표기방식 모두 NOT NULL 여부를 확인할 수 있다.
② IE 표기방식과 Barker 표기방식 모두 관계의 카디널리티를 표현할 수 있다.
③ Barker 표기방식은 식별자를 # 기호를 붙여 표현한다.
④ IE 표기방식은 식별자와 비식별자를 각각 엔터티 내의 선으로 구분하여 표현한다.

IE표기방식은 NULL 여부를 확인할 수 없으며, Barker표기방식은 NOT NULL인 속성 앞에 *기호를 붙여 표현할 수 있다.

10 다음 모델링에 대한 설명으로 올바르지 않은 것은?

① Barker 표기 방식이다.
② 한 고객이 여러 리뷰를 작성할 수 있고, 혹은 작성하지 않을 수 있다.
③ 한 리뷰는 반드시 고객에 속한 사람에 의해 작성되어야 한다.
④ 고객과 리뷰는 식별 관계이다.

Barker 표기방식은 식별 관계 시 bar(|)를 붙여서 표현한다. 위 경우 별도의 bar 표시가 없으므로 둘은 비식별 관계이다.

2과목 SQL 기본 및 활용

11 다음 SQL 실행 결과로 가장 알맞은 것은?

[TB_SALE] 테이블

CUST_ID	AMOUNT
A	100
B	NULL
C	200

```
SELECT SUM(AMOUNT)
  FROM TB_SALE;
```

① 300　　　　② 0
③ NULL　　　④ 200

별도의 GROUP BY 없이 집계함수가 사용되면, 테이블 전체를 하나의 그룹으로 보라는 의미이다. 따라서 전체 테이블의 AMOUNT의 합계를 수행하는데, 100, NULL, 200 중 SUM은 NULL 데이터를 무시하고 합계를 구한다. 따라서 100+200=300이 된다.

12 다음 중 뷰(View)에 대한 설명으로 옳지 <u>않은</u> 것은?

① 뷰는 하나 이상의 테이블을 조합하여 생성할 수 있다.
② 뷰를 통해 DML 작업이 항상 가능하다.
③ 뷰는 논리적 테이블로 데이터를 저장하지 않는다.
④ 뷰는 SELECT 문을 기반으로 정의된다.

복합뷰나 제약조건이 걸린 VIEW는 DML에 제약이 발생할 수 있다.

13 다음 SQL 실행 결과로 가장 알맞은 것은?

[EMP] 테이블

ENAME	SAL
A	5000
B	NULL
C	1000

```
SELECT NVL(SAL, 0) FROM EMP WHERE
ENAME = 'B';
```

① NULL　　　② 0
③ 1000　　　④ 5000

B의 SAL 값은 NULL이며, NVL은 이를 0으로 변환한다.

14 다음 중 UNPIVOT 시 NULL을 처리하는 설명으로 옳은 것은?

① EXCLUDE NULLS는 NULL 값을 0으로 치환해서 출력한다.
② INCLUDE NULLS 옵션은 PIVOT에서만 사용이 가능하다.
③ UNPIVOT에서 기본 설정은 INCLUDE NULLS이다.
④ EXCLUDE NULLS를 사용하면 측정치가 NULL인 행은 결과에서 제거된다.

오라클 UNPIVOT에서 EXCLUDE NULLS는 측정치((예) Amount)가 NULL인 경우 해당 행을 결과에서 제외한다.

오답 피하기
① 치환이 아니라 제거된다는 점에서 틀린 설명이다.
② UNPIVOT에서도 사용이 가능하다.
③ UNPIVOT에서 기본값은 EXCLUDE NULLS이다.

15 다음 쿼리를 실행했을 때 출력되는 COL1의 순서로 올바른 것은?

```
CREATE TABLE TAB (
    COL1 VARCHAR2(10) PRIMARY KEY,
    COL2 VARCHAR2(10)
);

INSERT INTO TAB VALUES('A', '100') ;
INSERT INTO TAB VALUES('B', '99') ;
INSERT INTO TAB VALUES('C', '900') ;
INSERT INTO TAB VALUES('D', '1000') ;

SELECT COL1 FROM TAB ORDER BY COL2 DESC ;
```

① B, C, D, A
② D, C, A, B
③ B, A, C, D
④ D, C, B, A

COL2는 현재 문자열이므로 정렬 시 숫자 크기 기준이 아닌 문자 크기 기준(사전 순)으로 진행된다. 즉, '100'과 '99'를 비교했을 때 '100'은 앞이 '1'이고 '99'는 앞이 '9'이므로 사전 순으로 '99'가 더 큰 값이 된다. 따라서 사전 순으로 더 큰 값을 나열하면 '99', '900', '1000', '100'이 되므로 B, C, D, A가 답이다.

'1000'과 '100' 문자열을 비교하는 방식

문자 위치	'1000'	'100'	비교 결과
1번째 문자	'1'	'1'	같음
2번째 문자	'0'	'0'	같음
3번째 문자	'0'	'0'	같음
4번째 문자	'0'	(없음)	'1000'이 더 김 → 크다

16 다음 중 Oracle의 정규 표현식 함수 사용에 대한 설명으로 옳지 않은 것은?

① REGEXP_LIKE는 WHERE 조건절에서 패턴 매칭을 위해 사용된다.
② REGEXP_REPLACE는 정규표현식으로 특정 패턴을 치환할 수 있다.
③ REGEXP_INSTR은 패턴이 일치하는 문자열의 위치를 반환한다.
④ REGEXP_COUNT는 Oracle에서 지원되지 않는 함수이다.

Oracle은 REGEXP_COUNT 함수를 지원하며, 문자열 내 정규표현식 패턴의 등장 횟수를 반환한다.

17 다음 중 SQL 명령어 중 데이터 제어어(DCL)에 해당하는 것은?

① SELECT
② COMMIT
③ GRANT
④ CREATE

GRANT, REVOKE는 데이터 제어어(DCL)이다. SELECT는 DML, COMMIT은 TCL, CREATE는 DDL이다.

18 다음 중 아래 쿼리를 실행한 결과로 올바른 것은?

```
SELECT LOWER(REPLACE('abcdefg', 'cde', 'XYZ'))
FROM DUAL;
```

① abXYZfg
② abXYZefg
③ abcXYZfg
④ abxyzfg

REPLACE는 정확히 일치하는 문자열 'cde'만 찾아 대체한다. 그래서 'abcdefg' 중에 'cde'를 'XYZ'로 바꾸어 'abXYZfg'가 된다. 여기서 한 번 더 LOWER 함수로 감싸므로 모든 영어 대문자가 소문자로 바뀌어 'abxyzfg'가 된다.

19 다음 SQL 실행 결과로 가장 알맞은 것은?

[T1] 테이블

COL1
1
2
3

[T2] 테이블

COL1
2
3
4

```
SELECT COUNT(T2.COL1)
    FROM T1 LEFT OUTER JOIN T2
    ON (T1.COL1 = T2.COL1) ;
```

① 0 ② 1
③ 2 ④ 3

T1과 T2를 LEFT OUTER JOIN 하면 아래와 같이 조인된다.

T1.COL1	T2.COL1
1	NULL
2	2
3	3

COUNT(T2.COL1)에서 NULL은 집계에서 세지 않으므로 2, 3을 세서 총 2개의 건수가 출력된다.

20 다음 중 아래 SQL에서 오류가 발생하는 이유로 옳은 것은?

```
SELECT DEPTNO, SUM(SAL)
    FROM EMP
    WHERE SUM(SAL) > 1000
GROUP BY DEPTNO;
```

① GROUP BY 절이 잘못되었다.
② WHERE 절에서 집계 함수를 사용할 수 없다.
③ SUM 함수의 문법이 잘못되었다.
④ SAL 컬럼에 NULL이 있으면 오류가 발생한다.

집계 함수는 WHERE 절에서 사용할 수 없다. 집계 결과에 조건을 줄 때는 HAVING을 사용해야 한다.

21 다음 중 그룹 함수에 대해 올바른 설명은?

① ROLLUP은 모든 조합을 출력하고 CUBE는 계층적 집계를 출력한다.
② ROLLUP은 계층적 집계를 출력하고 GROUPING SETS는 원하는 집계를 나열할 수 있다.
③ CUBE는 전체 그룹에 대한 집계를 할 수 없다.
④ ROLLUP은 나열된 컬럼의 모든 경우의 수만큼 집계하므로 CPU 연산량이 많다.

ROLLUP은 계층적 집계를 수행하고 GROUPING SETS는 원하는 집계를 나열할 수 있다. CUBE는 나열된 컬럼의 경우의 수를 모두 집계하므로 CPU 연산량이 가장 많다.

정답 18 ④ 19 ③ 20 ② 21 ②

22. 다음 중 SQL 실행 결과가 다른 하나는?

[TBL] 테이블

COL1	COL2
1	100
2	200
3	NULL
4	NULL

①
```
SELECT SUM(COL2) FROM TBL ;
```

②
```
SELECT SUM(COL2) FROM TBL
WHERE COL2 BETWEEN 100 AND 300 ;
```

③
```
SELECT SUM(COL2) FROM TBL
WHERE COL2 IS NOT NULL;
```

④
```
SELECT SUM(COL2) FROM TBL
WHERE COL2 NOT IN (NULL) ;
```

①과 ③은 모두 SUM(COL2)의 결과로 300이 나온다. ④는 NOT IN 뒤에 NULL 값이 하나라도 들어갈 경우 아무것도 출력되지 않아 NULL을 반환한다.

23. 다음 SQL 실행 결과로 가장 알맞은 것은?

[TB_ORDER] 테이블

ORDER_ID	AMOUNT
1	100
2	300
3	200
4	200

```
SELECT AMOUNT
     , DENSE_RANK() OVER (ORDER BY
AMOUNT DESC) AS RANK
  FROM TB_ORDER;
```

①

AMOUNT	RANK
100	1
300	2
200	3
200	4

②

AMOUNT	RANK
300	1
200	2
200	3
100	4

③

AMOUNT	RANK
300	1
200	2
200	2
100	4

④

AMOUNT	RANK
300	1
200	2
200	2
100	3

DENSE_RANK()는 동일한 값에 동일 순위를 부여하고, 그 다음 값에는 순위를 건너뛰지 않는다. ③은 RANK()을 사용한 결과이며, ②는 ROW_NUMBER()를 사용한 결과이다.

24 다음 SQL 실행 결과로 가장 알맞은 것은?

[TB_SCORE] 테이블

STUDENT_ID	SCORE
S001	90
S002	85
S003	85
S004	80
S005	75

```
SELECT TOP (2) WITH TIES STUDENT_ID
  FROM TB_SCORE
ORDER BY SCORE DESC;
```

① S001, S002, S003 총 3행이 출력된다.
② S001, S002 총 2행이 출력된다.
③ S001 총 1행이 출력된다.
④ 오류가 발생한다.

위 쿼리는 SCORE 기준 내림차순 정렬하고 TOP(2)로 상위 2개를 출력한다. 이때 WITH TIES 컬럼을 활용하면 2등인 SCORE 85와 동일한 SCORE를 가진 S003도 함께 포함되어 총 3개 행이 출력된다.

25 다음 SQL 실행 결과로 가장 알맞은 것은?

```
SELECT REGEXP_SUBSTR('abc123xyz', '[0-
9]+') FROM DUAL;
```

① abc   ② abcxyz
③ 123   ④ 123xyz

[0-9]+ 패턴은 숫자가 최소한 한 개 이상 매칭되는 것을 의미한다. abc123xyz에서 숫자로 시작되는 1부터 3까지 매칭되고, 그 뒤는 영어이므로 매칭이 종료된다. 따라서 123이 출력된다.

26 아래 쿼리 중 결과가 나머지와 다른 것은?

① ISNULL(2, 1)
② NVL(NULL, 1)
③ NULLIF(1, 2)
④ COALESCE(NULL, 1, NULL)

SQL Server의 ISNULL은 Oracle의 NVL과 동일하게 첫 인자값이 NULL이면 두 번째 인자값을 출력하고, NULL이 아니면 첫 번째 인자값을 출력한다. NULLIF는 두 인자값이 동일하면 NULL, 그렇지 않으면 첫 번째 인자를 반환한다. COALESCE는 입력된 값들 중에 NULL이 아닌 값을 반환한다. ①만 2를 출력하고 나머지는 1을 출력한다.

27 다음 중 SQL에서 LEFT OUTER JOIN의 특징으로 옳은 것은?

① 양쪽 테이블 모두 일치하는 행만 조회한다.
② 왼쪽 테이블 기준으로 조인하며, 조인 조건이 일치하지 않으면 오른쪽 테이블에 NULL을 채워 출력한다.
③ 오른쪽 테이블의 모든 행을 기준으로 조인한다.
④ NULL을 포함한 행은 항상 제외된다.

LEFT OUTER JOIN은 왼쪽 테이블 기준으로 매칭되지 않는 오른쪽 테이블값을 NULL로 출력한다.

정답 24 ① 25 ③ 26 ① 27 ②

28 다음 SQL 실행 결과로 가장 알맞은 것은?

[EMP] 테이블

ENAME	MGR
A	NULL
B	A
C	B

```
SELECT ENAME
  FROM EMP
START WITH MGR IS NULL
CONNECT BY PRIOR ENAME = MGR;
```

①
ENAME
A
B
NULL

②
ENAME
A
B

③
ENAME
C
B
A

④
ENAME
A
B
C

계층형 쿼리로, MGR이 NULL인 A부터 시작해 CONNECT BY PRIOR ENAME = MGR 로 계층을 전개한다. A를 상위계층으로 가지는 B가 전개되고, B를 상위계층으로 가지는 C가 전개되어 A→B→C 형태가 된다.

29 다음 중 집계 함수의 특성으로 옳지 않은 것은?

① NULL 값은 COUNT(*)에 포함된다.
② COUNT(컬럼명)는 NULL을 제외한다.
③ SUM(컬럼명)은 NULL을 무시하고 계산된다.
④ AVG(컬럼명)는 NULL을 포함해 전체 행 수로 나눈다.

AVG는 NULL을 제외한 값들의 평균을 구하므로 전체 행 수가 아닌 유효값 수로 나눈다. 예를 들어 행이 1, 2, NULL이 있을 경우 (1+2+NULL)/3이 아니라 3/2로 평균을 구한다.

30 다음 SQL 실행 결과로 가장 알맞은 것은?

[TB_SALE] 테이블

CUST_ID	AMT
A	100
A	200
B	300
B	400

```
SELECT CUST_ID, SUM(AMT) AS TOTAL
FROM TB_SALE
GROUP BY CUST_ID
HAVING SUM(AMT) >= 400;
```

①
CUST_ID	TOTAL
B	700

②
CUST_ID	TOTAL
A	300

③
CUST_ID	TOTAL
A	100
B	300

④
CUST_ID	TOTAL
A	700
B	300

CUST_ID 별로 그룹화하면 각각 A는 300, B는 700의 합계를 가지며, HAVING SUM(AMT)≥400 조건으로 A의 집계 값이 누락되어 {CUST_ID: B, TOTAL: 700} 값만 남게 된다.

31 다음 중 WHERE 절과 HAVING 절의 차이로 옳은 것은?

① 둘 다 GROUP BY 이후 필터링을 수행한다.
② WHERE는 집계 결과를 필터링한다.
③ HAVING은 집계 함수에 조건을 줄 때 사용된다.
④ HAVING은 개별 행에 대한 조건을 지정한다.

WHERE는 GROUP BY 이전에 실행되고 HAVING은 GROUP BY 이후에 실행된다. 또한 집계 함수는 그룹화된 이후에 사용할 수 있으므로 WHERE 시점에서는 집계 함수를 사용할 수 없다.

32 다음 중 SQL에서 NULL 비교가 옳은 방식은?

① WHERE COL = NULL
② WHERE COL != NULL
③ WHERE COL IS NULL
④ WHERE COL == NULL

NULL은 정상적인 산술, 비교 연산이 불가능하며, IS NULL 또는 IS NOT NULL와 같은 특수한 연산자로만 비교할 수 있다.

33 다음 중 ROLLUP 함수의 결과로 생성되지 않는 집계 수준은?

```
SELECT DEPT, JOB, SUM(SAL)
FROM EMP
GROUP BY ROLLUP (DEPT, JOB);
```

① GROUP BY DEPT, JOB
② GROUP BY JOB
③ GROUP BY () //전체를 의미
④ GROUP BY DEPT

ROLLUP은 집계 시 뒤의 컬럼을 하나씩 제거해가며 계층적으로 집계한다. ROLLUP(DEPT, JOB)은 GROUP BY DEPT,JOB; GROUP BY DEPT; GROUP BY () 형태로 집계되며 GROUP BY JOB으로는 집계되지 않는다.

34 트랜잭션의 특징 중 "모두 수행되거나 모두 수행되지 않아야 한다"는 속성은?

① 원자성(Atomicity)
② 지속성(Durability)
③ 일관성(Consistency)
④ 격리성(Isolation)

원자성은 트랜잭션의 작업이 전부 성공하거나 전부 실패해야 함을 의미한다.

35 다음 SQL 실행 결과로 가장 알맞은 것은?

[EMP] 테이블

ENAME	SAL
A	1000
B	2000
C	3000

```
SELECT ENAME, SAL,
 SUM(SAL) OVER (
   ORDER BY SAL
    ROWS BETWEEN 1 PRECEDING AND 1
FOLLOWING) AS ROLLING_SUM
FROM EMP;
```

①
ENAME	SAL	ROLLING_SUM
A	1000	3000
B	2000	6000
C	3000	5000

②
ENAME	SAL	ROLLING_SUM
A	1000	3000
B	2000	6000
C	3000	3000

③
ENAME	SAL	ROLLING_SUM
A	1000	1000
B	2000	3000
C	3000	3000

④
ENAME	SAL	ROLLING_SUM
A	1000	1000
B	2000	2000
C	3000	3000

WINDOWING 문제로 ROWS BETWEEN 1 PRECEDING AND 1 FOLLOWING은 물리적인 행을 기준으로 앞에서 1개, 뒤에서 1개까지를 범위로 하겠다는 의미이다. SAL이 1000일 때 앞에는 행이 없고 뒤에는 2000이 있으므로 3000이 출력된다. SAL이 2000일 때 앞에는 1000, 뒤에는 3000이므로 6000이 출력된다. SAL이 3000일 때 앞은 2000, 뒤는 없으므로 5000이 출력된다.

- A : (A, B) = 1000+2000 = 3000
- B : (A, B, C) = 1000+2000+3000 = 6000
- C : (B, C) = 2000+3000 = 5000

36 다음 SQL 중 실행 시 결과가 나머지와 다른 하나는?

[EMP] 테이블에 컬럼은 ENAME, SAL, DEPTNO가 있다.

①
```
SELECT ENAME AS EMP_NAME, SAL FROM EMP
ORDER BY EMP_NAME DESC, SAL ;
```

②
```
SELECT ENAME AS EMP_NAME, SAL FROM EMP
ORDER BY 1 DESC, 2 ;
```

③
```
SELECT ENAME, SAL FROM EMP
ORDER BY ENAME DESC, SAL ;
```

④
```
SELECT ENAME, SAL FROM EMP
ORDER BY 1, 2 DESC ;
```

ORDER BY는 별칭, 컬럼, 숫자 모두 혼용할 수 있다. ①, ②, ③은 모두 동일하게 ENAME 기준 내림차순 정렬, SAL 기준 오름차순 정렬이며, ④만 ENAME 기준 오름차순 정렬, SAL 기준 내림차순 정렬이다.

37 다음 중 SQL의 함수 사용에 대한 설명으로 옳지 않은 것은?

① NVL(expr1, expr2) 함수는 expr1이 NULL이면 expr2를 반환한다.
② ROUND(123.456, 2)의 결과는 123.5이다.
③ LENGTH('SQ L')의 결과는 4이다.
④ MAX(SAL) 함수는 NULL 값을 제외하고 최댓값을 계산한다.

ROUND 함수는 두 번째 인자의 숫자 값까지 반올림한다. 따라서 ROUND(123.456, 2)는 소수점 둘째 자리까지 반올림해서 123.46이 된다. LENGTH의 경우 띄어쓰기(공백)도 문자이므로 LENGTH('SQ L')의 길이는 4이다.

정답 35 ① 36 ④ 37 ②

38 다음 SQL 실행 결과로 가장 알맞은 것은?

[TEST] 테이블

COL1
10
NULL
20

```
SELECT SUM(NVL(COL1, 900)) FROM TEST;
```

① 30 ② NULL
③ 930 ④ 900

NVL(COL1, 900) 함수는 COL1이 NULL일 경우 900으로 대체한다. 따라서 COL1값이 각각 10, NULL, 20일 때, NVL 적용 후에는 10, 900, 20이 된다. 이 값을 SUM 함수로 합산하면 10+900+20 = 930이 된다.

39 다음 SQL 실행 결과로 가장 알맞은 것은?

[A] 테이블

COL1
1
2

[B] 테이블

COL1
1
2
3

```
SELECT COUNT(*)
  FROM A CROSS JOIN B ;
```

① 6
② 조인 조건을 명시하지 않아 오류 발생
③ 2
④ 3

CROSS JOIN은 조인 조건 없이 두 테이블의 모든 행을 곱집합하는 연산이다. 테이블 A는 2행, B는 3행이므로 6행이 출력된다. CROSS JOIN은 조인 조건을 명시하지 않아야 하며, 조인 조건(ON)을 명시하면 오류가 발생한다.

40 다음 SQL 문이 순서대로 실행되었을 때, 최종적으로 EMP 테이블에 존재하는 행(Row)의 수는? (단, EMP 테이블의 초기 상태는 0행이며, NAME 컬럼만 보유하고 있다.)

```
INSERT INTO EMP VALUES ('A');
INSERT INTO EMP VALUES ('B');
DELETE FROM EMP WHERE NAME = 'A';
CREATE TABLE DEPT (DNO NUMBER);
INSERT INTO EMP VALUES ('C');
ROLLBACK;
SELECT COUNT(*) FROM EMP;
```

① 0 ② 1
③ 2 ④ 3

- INSERT INTO EMP VALUES ('A'); → A 삽입, {A}, 트랜잭션 자동 시작
- INSERT INTO EMP VALUES ('B'); → B 삽입, {A, B}
- DELETE FROM EMP WHERE NAME = 'A'; → A 삭제, {B}
- CREATE TABLE DEPT (DNO NUMBER); → DDL 명령으로 자동 COMMIT 발생, 위 DML도 영구 반영
- INSERT INTO EMP VALUES ('C'); → C 삽입, {B, C}, 트랜잭션 자동 시작
- ROLLBACK: → 마지막 커밋 시점까지 되돌려지므로 'C'만 없던 일로 처리됨, {B}

따라서 최종 EMP 테이블 상태는 B만 존재하므로 답은 1행이다.

41 다음 중 서브쿼리에 대한 설명으로 옳지 <u>않은</u> 것은?

① SELECT 절에서 사용할 수 있다.
② FROM 절에서 사용할 수 있다.
③ WHERE 절에서 사용할 수 있다.
④ ORDER BY 절에서 사용할 수 있다.

서브쿼리는 ORDER BY에서 직접 사용할 수 없다. 인라인 뷰 등에서 ORDER BY 사용 시 제한이 있다.

42 아래 쿼리는 직원 중에 승인 대상자가 아닌 대상을 찾는 쿼리이다. 빈칸에 들어갈 연산자로 올바른 것은?

```
SELECT EMP_ID
    FROM EMP      --전체 직원 테이블
    (          )
SELECT EMP_ID
    FROM PROMOTION -- 승인대상자 정보
```

① INTERSECT
② UNION
③ MINUS
④ UNION ALL

이 문제는 전체 직원(EMP 테이블) 중에서 승인 대상자(PROMOTION 테이블)에 없는 사람, 즉, 승인 대상자가 아닌 직원을 찾는 SQL 쿼리를 묻고 있다. 이를 해결하기 위해서는 두 테이블 간의 차집합 연산이 필요하다. 따라서 EMP 테이블에는 있지만 PROMOTION 테이블에는 없는 EMP_ID를 구해야 하므로 MINUS(차집합) 연산이 필요하다.

43 다음 중 서브쿼리와 관련된 문장으로 옳은 것은?

① 다중행 서브쿼리는 = 연산자로 사용한다.
② 서브쿼리는 항상 SELECT 절에서만 사용할 수 있다.
③ EXISTS는 서브쿼리의 결과값 존재 여부를 판단하므로 SELECT는 중요하지 않다.
④ 서브쿼리 결과가 여러 행이면 오류가 발생하지 않는다.

다중행 서브쿼리는 IN,ANY,ALL 등의 다중행 연산자와 함께 사용해야 하며, 서브쿼리는 FROM, WHERE, HAVING 절 등에도 이용할 수 있다. 서브쿼리를 단일행 연산자(= , 〈 등)과 사용할 경우 여러 행이 출력되면 오류가 발생할 수 있다.

44 다음 일련의 작업이 실행된 후 남아있는 권한 상태로 올바른 것은? (Oracle 기준)

```
DBA : GRANT SELECT, UPDATE ON EMP TO
USER1 WITH GRANT OPTION;
USER1 : GRANT SELECT, UPDATE ON EMP TO
USER2 WITH GRANT OPTION;
USER2 : GRANT SELECT ON EMP TO USER3;
DBA : REVOKE SELECT, UPDATE ON EMP
FROM USER1;
```

① USER1 : 권한없음 | USER2 : 권한없음 | USER3 : 권한없음
② USER1 : 권한없음 | USER2 : 권한없음 | USER3 : SELECT
③ USER1 : 권한없음 | USER2: SELECT, UPDATE | USER3 : SELECT
④ USER1 : 권한없음 | USER2 : SELECT | USER3 : SELECT

이 문제는 WITH GRANT OPTION을 통해 권한이 연쇄적으로 전이된 경우, 최초 권한 부여자가 REVOKE 되었을 때 어떤 영향이 발생하는지를 묻는 문제이다. ORACLE은 권한을 회수할 때 WITH GRANT OPTION으로 전이된 권한은 자동으로 회수된다. 따라서 USER1의 권한이 회수되면서 USER2의 권한도 회수되고, USER3의 권한도 연쇄 회수된다.

정답 42 ③ 43 ③ 44 ①

45 다음 일련의 작업이 실행된 후 남아있는 권한 상태로 올바른 것은? (SQL Server 기준)

```
DBA   : GRANT SELECT,UPDATE ON EMP TO
USER1 WITH GRANT OPTION;
USER1 : GRANT SELECT,UPDATE ON EMP TO
USER2 WITH GRANT OPTION;
USER2 : GRANT SELECT ON EMP TO USER3;
DBA   : REVOKE SELECT,UPDATE ON EMP FROM
USER1;
```

① USER1 : 권한없음 | USER2 : 권한없음 | USER3 : 권한없음
② USER1 : 권한없음 | USER2 : 권한없음 | USER3 : SELECT
③ USER1 : 권한없음 | USER2: SELECT, UPDATE | USER3: SELECT
④ USER1 : 권한없음 | USER2 : SELECT | USER3 : SELECT

> SQL Server는 Oracle과 달리 권한을 전이한 대상을 REVOKE해도 하위 사용자(USER2, USER3)의 권한을 자동으로 회수하지 않는다. 따라서 DBA가 USER1의 권한을 회수해도 나머지는 권한을 그대로 유지한다.

46 다음 중 TRUNCATE 명령의 특징으로 옳지 않은 것은?

① 테이블의 모든 데이터를 삭제한다.
② ROLLBACK으로 복구가 가능하다.
③ DELETE보다 성능이 빠르다.
④ 테이블 구조는 유지된다.

> TRUNCATE는 DDL 계열의 명령어로 실행 즉시 자동으로 COMMIT되며, ROLLBACK으로 복구할 수 없다. 반면 DELETE는 DML 명령으로 트랜잭션 내에서 수행되며 ROLLBACK이 가능하다. 또한 DELETE는 ROLLBACK을 위해 삭제 시 UNDO 로그를 남기는데, TRUNCATE는 남기지 않으므로 훨씬 빠르다. TRUNCATE를 실행해도 테이블 구조는 남아있다.

47 다음은 DROP, DELETE, TRUNCATE를 비교한 것이다. 올바르지 않은 것은?

① DROP은 DELETE, TRUNCATE와 달리 테이블의 구조를 영구 삭제한다.
② DELETE는 DROP, TRUNCATE와 달리 데이터를 원상복구할 수 있다.
③ DROP, TRUNCATE는 DDL이며 DELETE는 DML이다.
④ DELETE FROM 테이블 WHERE COL1 = 'A'와 TRUNCATE TABLE 테이블 WHERE COL1 = 'A'는 동일한 결과를 출력한다.

> TRUNCATE는 전체 테이블을 초기화하는 명령으로 따로 WHERE 절을 사용할 수 없다.

48 다음 중 테이블에 특정 컬럼을 변경하는 문법으로 올바르지 않은 것은?

①
```
ALTER TABLE EMP MODIFY COL1 VARCHAR2(20);
```

②
```
ALTER TABLE EMP ALTER COLUMN COL1 VARCHAR(20);
```

③
```
ALTER TABLE EMP MODIFY (COL1 VARCHAR2(20), COL2 VARCHAR2(20));
```

④
```
ALTER TABLE EMP ALTER COLUMN (COL1 VARCHAR(20), COL2 VARCHAR(20));
```

MODIFY는 ORACLE에서 속성을 변경할 때 사용하는 문법이고, ALTER COLUMN은 SQL Server에서 속성을 변경할 때 사용하는 문법이다. 둘을 구분하는 기준은 VARCHAR2이면 ORACLE, VARCHAR면 SQL Server이다. MODIFY는 여러 컬럼을 한꺼번에 변경할 수 있지만, ALTER COLUMN은 한 번에 한 컬럼만 변경할 수 있으며 괄호로 여러 컬럼을 묶는 문법은 존재하지 않는다.

49 다음 SQL의 실행 결과로 올바른 것은?

[TBL] 테이블

VAL
10
20
30
NULL

```
SELECT SUM(VAL)/COUNT(*) FROM TBL;
```

① 20   ② 15
③ 10   ④ NULL

SUM(VAL) → 10 + 20 + 30 = 60이며, NULL은 무시된다. COUNT(*)은 NULL을 포함해 개수를 세므로 4가 된다. 따라서 60/4는 15이다.

50 다음 중 휴대폰 번호 형식(000-0000-0000)만을 조회하는 쿼리는?

[USERS] 테이블

NAME	PHONE
철수	010-1234-5678
영희	011-9876-5432
민수	010-111-2222
수진	010-3333-9999

①
```
SELECT *
  FROM USERS
 WHERE REGEXP_LIKE(PHONE, '^010-[0-9]{4}-[0-9]{4}$');
```

②
```
SELECT *
  FROM USERS
 WHERE REGEXP_LIKE(PHONE, '^010-\d{3}-\d{4}$');
```

③
```
SELECT *
  FROM USERS
 WHERE REGEXP_LIKE(PHONE, '010-[0-9]+-[0-9]+');
```

④
```
SELECT *
  FROM USERS
 WHERE PHONE LIKE '010-%-%';
```

①의 쿼리는 정규 ^ 기호를 이용해 010으로 시작하고 중간에 - 기호가 있으면서 [0-9]{4}는 숫자 4자리를 받는 것을 의미한다. $ 기호는 문자의 마지막을 의미한다.

오답 피하기

② \d 표시가 [0-9]와 동일한 개념인데 \d{3}는 3자리만 받으므로 매칭되지 않는다.
③ [0-9]+로 표현이 되어 최소 1개 이상 매칭을 의미하므로 4자리가 아니어도 매칭이 된다.
④ 정규 표현식이 아니다.

해설과 함께 보는 기출 유형문제 02회

SQL 개발자	소요 시간	문항 수
	총 90분	총 50문항

수험번호 : _____
성   명 : _____

1과목 데이터 모델링의 이해

01 다음 중 데이터 모델링의 특징으로 바르지 <u>않은</u> 것은?

① 논리적 모델링에서 정규화를 수행한다.
② 논리적 모델링에서 식별자를 설정한다.
③ 개념적 모델링에서 엔터티를 도출한다.
④ 물리적 모델링에서 속성을 도출한다.

개념적 모델링 단계에서 현실 세계의 객체로부터 엔터티 및 속성을 추출한다. 논리적 모델링에서 정규화 및 식별자를 설정하고 물리적 모델링 단계에서는 물리적인 저장 구조 설정 및 반정규화를 수행한다.

02 다음 중 ERD(Entity-Relationship Diagram)에서 관계(Relationship)에 대한 설명으로 옳지 <u>않은</u> 것은?

① 엔터티 간의 논리적인 연관성을 나타낸다.
② 관계에는 차수(1:1, 1:N 등)를 표현할 수 있다.
③ 엔터티는 일반적으로 관계가 없어도 사용할 수 있다.
④ 관계에는 선택성과 필수성을 표현할 수 있다.

관계란, 두 개 이상의 엔터티 사이의 연관성을 표현할 수 있으며, 얼마나 관계에 참여하는지(관계차수), 관계에 반드시 반영해야 하는지(필수 여부)를 표현할 수 있다. ERD에서 엔터티는 하나 이상의 관계에 참여해야 하며, 그렇지 않으면 의미 없는 엔터티로 판단된다(단, 통계성, 코드성 엔터티는 예외).

03 다음 중 인조식별자(Surrogate Key)의 특징으로 옳지 <u>않은</u> 것은?

① NULL을 입력받을 수 있다.
② 자동 증가 컬럼으로 구현할 수 있다.
③ 변경 가능성이 낮다.
④ 업무상 의미 없는 유일한 번호를 사용한다.

인조식별자뿐 아니라 본질식별자도 중복을 허용하지 않고 NULL 입력을 허용하지 않는다.

04 다음 중 데이터 모델링에서 속성(Attribute)에 대한 설명으로 옳지 <u>않은</u> 것은?

① 하나의 속성은 하나의 값만 가져야 한다.
② 속성은 가능한 정규화된 상태로 유지되어야 한다.
③ 속성명은 일반적으로 복수형으로 작성한다.
④ 속성은 데이터 타입을 가진다.

속성명은 단수형을 원칙으로 한다. ⓓ 이름, 주소 등

정답 01 ④ 02 ③ 03 ① 04 ③

05 다음 테이블에 대해 현재 정규형과 필요한 정규화로 올바른 것은?

[STUDENT] 테이블 (식별자 : 학번)

| 학번 | 학과코드 | 학과명 |

함수 종속 관계
- {학번} → {학과코드, 학과명}
- {학과코드} → {학과명}

① 1차 정규형, 2차 정규화 필요
② 2차 정규형, 3차 정규화 필요
③ 3차 정규화, 3차 정규화 필요
④ 2차 형규형, 2차 정규화 필요

일반속성인 학과코드가 학과명을 결정하므로, 학번 → 학과명은 이행 함수 종속이다. 제3정규화는 이행 함수 종속을 제거하는 것이며, 정규화는 순차적으로 진행되므로, 제3정규형은 먼저 제1, 제2정규형을 만족한 후에 적용할 수 있다.

06 다음 중 키에 대한 설명으로 올바르지 않은 것은?

① 슈퍼키(Super Key)는 튜플을 유일하게 식별할 수 있는 속성들의 집합으로, 후보키를 포함한다.
② 후보키(Candidate Key)는 유일성과 최소성을 만족하며, 기본키가 될 수 있는 키이다.
③ 기본키(Primary Key)는 후보키 중 하나를 선택한 것으로, NULL을 포함할 수 있다.
④ 대체키(Alternate Key)는 후보키 중 기본키로 선택되지 않은 나머지 키이다.

기본키(Primary Key)는 후보키 중에서 선택된 유일한 키로, 테이블 내 각 행을 식별한다. 기본키는 NULL 값을 포함할 수 없으며, 반드시 유일해야 한다.

07 다음 중 키에 대한 설명으로 틀린 것은?

① Super Key : 유일성을 만족하고 최소성을 만족하지 않는다.
② Candidate Key : 유일성과 최소성을 만족한다.
③ Alternate Key : 최소성을 만족하고 유일성을 만족하지 않는다.
④ Primary Key : 하나의 테이블에 하나만 존재해야 한다.

Super Key는 튜플을 유일하게 식별할 수 있는 모든 조합이므로 유일성만 만족한다. 예로 테이블에 컬럼이 5개 있으면 5개를 조합해도 식별은 되므로 유일성을 만족하나, 컬럼 수가 많아 최소성을 만족하지 않는다. Candidate Key는 Super Key 목록 안에서도 최소성까지 만족하는 대상을 의미한다. 이 Candidate Key에서 선택된 단 하나의 Key가 Pimary Key가 되고, 나머지는 Alternate Key가 된다. Alternate Key 또한 유일성과 최소성을 모두 만족한다.

08 관계에 대한 설명으로 옳지 않은 것은?

① 엔터티 사이의 논리적인 정보 조합을 만들 수 있다.
② 관계 차수는 1:1, 1:M, N:M이 있다.
③ 관계 선택성이란 인스턴스가 반드시 관계에 참여하는지 여부를 명시한다.
④ 관계명은 명사로 표현한다.

관계명은 동사형으로 표현하는 것이 원칙이다.

09 다음 중 정규화보다 반정규화가 더 적절할 수 있는 상황은?

① 데이터의 중복을 제거하여 무결성을 강화하고 싶은 경우
② 조회 빈도가 매우 높은 대용량 테이블을 단순화하고 싶은 경우
③ 삽입, 삭제, 갱신 이상 현상이 자주 발생하는 경우
④ 여러 엔터티 간의 관계를 더 정밀하게 표현하고 싶은 경우

> 반정규화는 성능 개선(특히 조회 성능 향상)을 목적으로 하며, 특히 조회 빈도가 매우 높고 성능 병목이 우려되는 경우 적절하다. 그 외의 상황(무결성 확보, 이상 현상 방지 등)은 정규화를 우선 고려한다.

10 다음 중 3차 정규화(3NF)를 위해 해야 할 행동은?

① 모든 속성이 원자값을 갖도록 테이블을 나눈다.
② 기본키의 일부 속성에만 종속된 속성을 분리한다.
③ 일반 속성이 또 다른 일반 속성에 종속된 경우 이를 분리한다.
④ 후보키가 아닌 컬럼을 기본키로 선택한다.

> 3차 정규화(3NF)는 이행 함수 종속성 제거를 목표로 한다. 즉, 일반 속성이 또 다른 일반 속성에 종속된 경우 이를 분리해야 한다.

오답 피하기
① 1차 정규화(도메인의 원자성)에 해당한다.
② 2차 정규화(부분 함수 종속 제거)에 해당한다.
④ 정규화 원칙을 위배하는 잘못된 설계이다.

2과목 SQL 기본 및 활용

11 다음 SQL 실행 결과로 가장 알맞은 것은?

[DEPT] 테이블

DNO	DNAME
10	SALES
20	MARKETING
30	IT
40	SERVICE

```
SELECT DNO, LENGTH(DNAME) AS NAME_LEN
  FROM DEPT
 WHERE DNAME LIKE 'S%';
```

①
DNO	NAME_LEN
10	5
40	7

②
DNO	NAME_LEN
10	7
40	5

③
DNO	NAME_LEN
20	9
30	2

④
DNO	NAME_LEN
20	2
30	9

> DNAME LIKE 'S%' 는 부서명이 'S'로 시작하는 값만 필터링하므로 SALES, SERVICE 대상이 출력된다. 각각 길이는 5, 7이므로 답은 ①이다.

정답 09 ② 10 ③ 11 ①

12 다음 SQL 실행 결과로 가장 알맞은 것은?

[SCORE] 테이블

NAME	SCORE
A	90
B	85
C	90

```
SELECT NAME
FROM (
    SELECT NAME, RANK() OVER (ORDER BY
SCORE DESC) AS RK
    FROM SCORE
)
WHERE RK = 1;
```

①
NAME
A
B
C

②
NAME
A
C

③
NAME
C

④
NAME
A

RANK는 동일한 값에 동순위를 부여한다. SCORE 기준 내림차순 정렬 후 A와 C의 RK값은 1이며, 그다음 값은 3이 된다. 따라서 ②가 정답이다.

13 다음 중 T1 테이블과 T2 테이블을 CROSS JOIN할 때 출력되는 튜플과 컬럼의 개수로 알맞은 것은?

- T1은 3개의 튜플과 4개의 컬럼을 가짐
- T2는 4개의 튜플과 2개의 컬럼을 가짐

① 튜플 : 12, 컬럼 : 8
② 튜플 : 12, 컬럼 : 6
③ 튜플 : 7, 컬럼 : 8
④ 튜플 : 7, 컬럼 : 6

CROSS JOIN은 카티션 곱을 수행해 조합가능한 모든 경우의 조합을 생성한다. 이 경우 튜플은 3*4만큼 생성되고, 컬럼은 4+2만큼 생성된다.

14 다음 SQL 실행 결과로 가장 알맞은 것은?

```
SELECT ROUND(123.4567, 2) AS ROUND_N
     , TRUNC(123.4567, 2) AS TRUNC_N
     , CEIL(123.4567)     AS CEIL_N
     , FLOOR(123.4567)    AS FLOOR_N
  FROM DUAL;
```

①
ROUND_N	TRUNC_N	CEIL_N	FLOOR_N
123.457	123.45	123	124

②
ROUND_N	TRUNC_N	CEIL_N	FLOOR_N
123.46	123.46	124	123

③
ROUND_N	TRUNC_N	CEIL_N	FLOOR_N
123.46	123.45	123	123

④
ROUND_N	TRUNC_N	CEIL_N	FLOOR_N
123.46	123.45	124	123

- ROUND(123.4567, 2) → 소수점 둘째 자리까지 반올림하여 123.46
- TRUNC(123.4567, 2) → 소수점 둘째 자리에서 버리므로 123.45
- CEIL(123.4567) → 올림 처리하므로 123보다 큰 가장 작은 정수인 124
- FLOOR(123.4567) → 내림 처리하므로 123보다 작거나 같은 가장 큰 정수인 123

정답 12 ② 13 ② 14 ④

15 다음 SQL을 실행했을 때 각각 출력되는 결과로 알맞은 것은?

[TEST] 테이블

COL1
NULL
100
200

```
SELECT COUNT(COL1), COUNT(*) FROM
TEST;
```

① 2, 2   ② 3, 2
③ 2, 3   ④ 3, 3

COUNT(컬럼)은 해당 컬럼의 NULL을 세지 않는다. COUNT(*)은 NULL 여부에 상관없이 개수를 센다. 따라서 정답은 ③이다.

16 다음 중 제약조건(Constraint) 설정 시 오류가 발생하지 않는 경우는?

① UNIQUE 제약조건이 NULL 값을 갖는 경우
② NOT NULL 제약조건이 NULL 값을 갖는 경우
③ FOREIGN KEY가 존재하지 않는 값을 참조하는 경우
④ 모두 발생한다.

UNIQUE 제약조건은 중복 값을 허용하지 않고 NULL 입력은 허용한다.

17 다음 중 SELECT 문에서 단일 행 함수가 아닌 것은?

① UPPER( )
② ROUND( )
③ COUNT( )
④ SUBSTR( )

COUNT는 집계 함수, 나머지는 단일 행 함수이다.

18 다음 SQL 실행 결과로 가장 알맞은 것은?

```
SELECT SUBSTR('SQLDATABASE', 5, 4)
FROM DUAL;
```

① ATAB   ② LATA
③ SQLD   ④ DATA

문자열 'SQLDATABASE'에서 5번째 문자부터 4자리 → A, T, A, B → ATAB

19 다음 중 WHERE 절 조건으로 적절하지 않은 것은?

① SAL BETWEEN 2000 AND 5000
② SUM(SAL) 〉 3000
③ DEPT IN (10, 20, 30)
④ NAME LIKE '김%'

집계 함수는 WHERE 절에서 사용할 수 없고 HAVING 절에서 사용해야 한다.

20 다음 SQL 실행 결과로 가장 알맞은 것은?

```
SELECT LTRIM('   SQL fighting   ') AS
RESULT FROM DUAL;
```

① 'SQL fighting   '
② '   SQL fighting'
③ 'SQL fighting'
④ 'SQLfighting'

LTRIM 함수는 문자열 왼쪽의 공백 또는 지정된 문자를 제거하는 함수이다. 왼쪽부터 지정된 문자를 제거하면서 지정 외의 문자가 나오면 제거를 멈춘다. 따라서 왼쪽부터 공백을 제거하다가 S를 마주치면 제거를 멈춘다. 오른쪽 공백은 유지된다.

21 다음 중 그룹 함수에 대한 설명으로 올바르지 않은 것은?

① 그룹 함수에는 CUBE, ROLLUP, GROUPING SETS 가 있다.
② 그룹 함수는 다차원 집계를 수행하므로 정렬이 불가능하다.
③ 그룹 함수는 여러 GROUP BY 작업을 용이하게 해준다.
④ 그룹 함수 중 CUBE는 ROLLUP, GROUPING SETS에 비해 CPU 연산량이 많다.

그룹 함수도 ORDER BY를 이용해서 정렬할 수 있다. 그룹 함수 자체가 다차원 집계를 지원하는 만큼 여러 GROUP BY 작업을 한 번의 SQL로 실행할 수 있다. 그룹 함수 중 CUBE는 입력된 컬럼의 모든 조합으로 집계하므로 다른 그룹 함수보다 CPU 연산량이 일반적으로 더 많다.

22 다음 중 동일한 결과를 반환하지 <u>않는</u> 쿼리는?

- [EMP] 테이블 : EMPNO, ENAME, DEPTNO 컬럼 보유
- [DEPT] 테이블 : DEPTNO, DNAME 컬럼 보유

①
```
SELECT EMPNO FROM EMP INNER JOIN
DEPT ON EMP.DEPTNO = DEPT.DEPTNO;
```

②
```
SELECT EMPNO FROM EMP INNER JOIN
DEPT USING (DEPTNO);
```

③
```
SELECT EMPNO FROM EMP NATURAL JOIN
DEPT;
```

④ 모두 동일한 결과를 반환한다.

INNER JOIN .. ON ( )조건은 직접 조인조건을 지정하는 방식이다. INNER JOIN .. USING 방식은 컬럼만 명시하면 두 테이블이 보유한 똑같은 컬럼(DEPTNO)으로 동등조인을 해준다. NATURAL JOIN은 두 테이블이 보유한 동일한 컬럼(DEPTNO)으로 자동으로 동등조인을 해준다.

23 다음 쿼리는 SIMPLE CASE 방식을 사용한 예이다. 동일한 결과가 나오는 쿼리로 가장 적절한 것을 고르시오.

[원본 쿼리]
```
SELECT CASE COL1 WHEN 'A' THEN '에이'
              WHEN 'B' THEN '비'
              ELSE '나머지'
         END AS COL1_CASE
  FROM TAB;
```

①
```
SELECT CASE WHEN COL1 = 'A' THEN '에이'
           WHEN COL1 = 'B' THEN '비'
           ELSE '나머지'
      END
  FROM TAB;
```

②
```
SELECT CASE WHEN COL1 = 'A' THEN '에이'
           WHEN COL1 = 'B' THEN '비'
           ELSE '나머지'
      END AS COL1_CASE
  FROM TAB;
```

③
```
SELECT CASE WHEN COL1 = 'A' THEN '에이'
           WHEN COL1 = 'B' THEN '비'
      END AS COL1_CASE
  FROM TAB;
```

④
```
SELECT CASE WHEN COL1 = 'A' THEN '에이'
           ELSE '나머지'
           WHEN COL1 = 'B' THEN '비'
      END AS COL1_CASE
  FROM TAB;
```

오답 피하기
① 결과는 동일하나 ALIAS가 누락되었다.
③ ELSE가 누락되어 만약 COL1 이 'A', 'B'가 아닌 대상이 입력되면 다른 결과가 반환된다.
④ 문법 오류로 WHEN은 반드시 ELSE 앞에 와야 한다.

24 다음 중 오라클의 TRANSACTION 제어에 대한 설명으로 옳지 않은 것은?

① COMMIT은 트랜잭션을 종료하고 변경 사항을 DB에 영구 반영한다.
② DDL 명령어를 사용하면 이전 변경 내역들이 DB에 영구 반영된다.
③ SAVEPOINT는 여러 개 설정 가능하다.
④ DML 명령어 이후 자동으로 COMMIT이 실행된다.

Oracle은 Auto commit = false 설정으로 DDL은 자동 커밋되지만 DML은 수동 커밋이므로 직접 COMMIT 명령어를 사용해야 영구 반영된다. SAVEPOINT는 여러 개 설정할 수 있다.

25 다음 SQL 실행 결과로 가장 알맞은 것은?

[DATA] 테이블

COL1	COL2	COL3
10	20	NULL
NULL	30	40
5	NULL	15

```
SELECT SUM(COL1+COL2+COL3) / 4 AS TOTAL
FROM DATA;
```

① NULL ② 120
③ 0   ④ 30

SUM 안에 COL1+COL2+COL3를 먼저 각각 수행하면 다음과 같다.
• 10+20+NULL = NULL
• NULL + 30 + 40 = NULL
• 5 + NULL + 15 = NULL
집계 함수 SUM은 NULL을 무시하지만 모든 값이 NULL일 때는 NULL을 반환한다. 마지막으로 NULL/4를 해도 NULL이 출력되어 답은 ①이 된다.

26 다음 중 급여(SAL)가 높은 상위 3명을 조회하는 SQL로 올바른 것은?

[EMP 테이블 구조]
EMPNO(PK), ENAME, SAL

①
```
SELECT *
FROM EMP
WHERE ROWNUM <= 3
ORDER BY SAL DESC;
```

②
```
SELECT *
FROM EMP
WHERE SAL >= (SELECT MAX(SAL) FROM
EMP WHERE ROWNUM <= 3);
```

③
```
SELECT *
FROM (SELECT * FROM EMP ORDER BY
SAL DESC)
WHERE ROWNUM <= 3;
```

④
```
SELECT *
FROM EMP
ORDER BY ROWNUM DESC
FETCH FIRST 3 ROWS ONLY;
```

①은 ROWNUM이 정렬되기 전에 필터링되어 원하는 상위 N개 결과를 출력할 수 없다. 따라서 ③처럼 인라인 뷰로 먼저 정렬된 테이블을 만들고 나서 필터링을 해야 한다. ②는 단순히 EMP 테이블에서 정렬 전의 결과 3건 중에 최대값으로 비교하는 문항이므로 원하는 결과가 나오지 않는다. ④ 또한 ROWNUM을 내림차순 한다고 해서 가격이 내림차순 정렬되는 것은 아니므로 다른 결과가 나온다.

정답 24 ④ 25 ① 26 ③

27 다음 SQL 실행 결과로 가장 알맞은 것은?

[SCORE] 테이블

NAME	SCORE
A	90
B	90
C	85
D	80

```
SELECT NAME, ROW_NUMBER() OVER (ORDER
BY SCORE DESC) AS RANKING
FROM SCORE;
```

①
NAME	RANKING
A	1
B	2
C	3
D	4

②
NAME	RANKING
A	1
B	1
C	3
D	4

③
NAME	RANKING
A	1
B	1
C	2
D	3

④
NAME	RANKING
A	1
B	1
C	1
D	1

ROW_NUMBER는 값에 상관없이 고유한 순위를 부여하므로 ①이 정답이다.

오답 피하기

ROW_NUMBER()가 아닌 RANK()였다면 ②, DENSE_RANK()였다면 ③이 정답이 된다.

28 다음 SQL 실행 결과로 가장 알맞은 것은?

[TB_SALE] 테이블

ID	AMOUNT
1	100
2	200
3	200
4	300
5	400

```
SELECT ID, AMOUNT,
       SUM(AMOUNT) OVER (
         ORDER BY AMOUNT
           RANGE BETWEEN 100 PRECEDING
AND 100 FOLLOWING
       ) AS RANGE_SUM
FROM TB_SALE;
```

①
ID	AMOUNT	RANGE_SUM
1	100	100
2	200	400
3	200	400
4	300	600
5	400	400

②
ID	AMOUNT	RANGE_SUM
1	100	500
2	200	800
3	200	800
4	300	1100
5	400	700

③
ID	AMOUNT	RANGE_SUM
1	100	500
2	200	600
3	200	600
4	300	900
5	400	700

정답 27 ① 28 ②

④

ID	AMOUNT	RANGE_SUM
1	100	1200
2	200	1200
3	200	1200
4	300	1200
5	400	1200

윈도우 함수에서 AMOUNT를 기준으로 오름차순 정렬을 한 후 지정된 범위에 맞춰 합계를 구한다. RANGE BETWEEN 100 PRECEDING AND 100 FOLLOWING의 의미는 현재 행의 AMOUNT에서 −100 ~ + 100 한 범위의 대상을 지정하겠다는 의미이다.
- ID = 1, AMOUNT 100일 때 0~200 범위의 값은 100, 200, 200이므로 500 출력
- ID = 2, AMOUNT 200일 때 100~300 범위의 값은 100, 200, 200, 300이므로 800 출력
- ID = 3, AMOUNT 200일 때 100~300 범위의 값은 100, 200, 200, 300이므로 800 출력
- ID = 4, AMOUNT 300일 때 200~400 범위의 값은 200, 200, 300, 400이므로 1100 출력
- ID = 5, AMOUNT 400일 때 300~500 범위의 값은 300, 400이므로 700 출력

29 다음 중 아래 쿼리와 동일한 결과를 출력하는 SQL은?

```
SELECT *
FROM A, B
WHERE A.ID = B.ID;
```

① A LEFT OUTER JOIN B
② A RIGHT OUTER JOIN B
③ A FULL OUTER JOIN B
④ A INNER JOIN B ON A.ID = B.ID

동등 조인은 INNER JOIN으로 대체할 수 있다.

30 다음 중 INNER JOIN 시 결과 건수가 가장 많은 경우는?

[T1] 테이블

ID	COL1
1	A
2	B
3	C
4	D
5	E

[T2] 테이블

ID	COL1
1	A
2	B
3	C
4	D

[T3] 테이블

ID	COL1
1	A
2	B
3	C

① T1 INNER JOIN T2 ON T1.ID = T2.ID

② T1 INNER JOIN T2 ON T1.ID = T2.ID
   INNER JOIN T3 ON T2.ID = T3.ID

③ T1 INNER JOIN T2 USING(ID)

④ T1 단독조회

- T1 INNER JOIN T2 ON T1.ID = T2.ID 는 1, 2, 3, 4 총 4건이 출력됨
- T1 INNER JOIN T2 ON T1.ID = T2.ID INNER JOIN T3 ON T2.ID = T3.ID는 1, 2, 3 총 3건이 출력됨
- T1 INNER JOIN T2 USING(ID)는 1, 2, 3, 4 총 4건이 출력됨
- T1 단독조회 → 따로 조인이 없이 1, 2, 3, 4, 5 총 5건이 출력됨

31 다음 중 서브쿼리를 사용할 수 없는 절은?

① SELECT
② FROM
③ ORDER BY
④ WHERE

ORDER BY에서는 일반적으로 서브쿼리를 직접 사용할 수 없다.

32 다음 중 DCL(Data Control Language)에 속하는 명령어는?

① GRANT
② CREATE
③ DELETE
④ ALTER

GRANT, REVOKE는 DCL(권한 제어)에 해당한다.

33 다음 중 명령어 종류별로 바르게 짝지어지지 않은 것은?

① SELECT, INSERT, DELETE
② GRANT, REVOKE
③ ROLLBACK, TRUNCATE, COMMIT
④ CREATE, ALTER, DROP

ROLLBACK과 COMMIT은 TCL, TRUNCATE는 DDL이다.

오답 피하기
①은 DML, ②는 DCL, ④는 DDL로, 모두 올바르게 짝지어져 있다.

34 다음 SQL 실행 결과로 가장 알맞은 것은?

```
SELECT COALESCE(NULL, NULL, 'SQL',
'DB') FROM DUAL;
```

① NULL   ② SQL
③ DB   ④ 오류 발생

COALESCE는 NULL이 아닌 첫 번째 값을 반환하므로 SQL이 정답이다.

35 다음 중 집합 연산자 INTERSECT의 특징으로 옳은 것은?

① 두 집합의 모든 행을 결합한다.
② 두 집합의 중복을 포함한 전체 결과를 보여준다.
③ 두 집합 간 공통된 행만 반환한다.
④ 각 집합의 SELECT 절이 달라도 된다.

INTERSECT는 두 SELECT 결과의 교집합(공통행)을 반환하며, 중복도 제거한다.

정답 32 ① 33 ③ 34 ② 35 ③

36 다음 SQL 문을 실행했을 때 결과로 올바른 것은?

[EMP] 테이블

ENAME	MGR
A	NULL
B	A
C	B

```
SELECT ENAME
FROM EMP
START WITH MGR IS NULL
CONNECT BY PRIOR ENAME = MGR;
```

① A → B → C
② C → B → A
③ A, B
④ B, C

계층형 쿼리는 START WITH부터 PRIOR 조건으로 계층을 전개하므로 시작점인 A부터 CONNECT BY PRIOR ENAME = MGR 조건에 따라 B → C로 확장된다.

37 다음 설명 중 옳지 않은 것은?

① UNION과 INTERSECT 모두 중복 제거를 위해 정렬을 수행한다.
② UNION은 UNION ALL보다 부하가 크다.
③ MINUS는 집합 간의 차집합을 반환한다.
④ UNION과 UNION ALL 실행 결과는 항상 동일하다.

UNION은 중복을 제거하고 UNION ALL은 중복을 포함하므로 중복값이 있을 경우 결과 개수가 달라질 수 있다.

38 다음 설명 중 옳지 않은 것은?

[T1] 테이블

COL1
1
2

[T2] 테이블

COL2
2
NULL

① SELECT COUNT(*) FROM T1과 SELECT COUNT(*) FROM T2 결과는 같다.
② SELECT COUNT(COL1) FROM T1과 SELECT COUNT(COL2) FROM T2 결과는 다르다.
③ SELECT COUNT(*) FROM (SELECT COL1 FROM T1 UNION SELECT COL2 FROM T2)의 결과 개수는 3이다.
④ SELECT COUNT(*) FROM (SELECT COL1 FROM T1 UNION ALL SELECT COL2 FROM T2)의 결과 개수는 3이다.

④는 UNION ALL로 인해 인라인 뷰의 결과가 COL {1, 2, 2, NULL} 총 4행이 출력되므로 이를 COUNT(*) 하면 NULL을 포함해 4개를 반환한다.

39. 다음 SQL의 실행 결과로 올바른 것은? (단, 출력되는 결과는 REGION : SUM(AMT), R 형식으로 한다.)

[TB_SALE] 테이블

REGION	AMT
A	100
B	200
A	300
B	100

```
SELECT REGION
     , SUM(AMT)
     , RANK() OVER (ORDER BY SUM(AMT)
DESC) AS R
  FROM TB_SALE
 GROUP BY REGION;
```

① A : 400, 1 / B : 300, 2
② A : 400, 2 / B : 300, 1
③ A : 400, 1 / B : 300, 1
④ A : 400, 2 / B : 300, 2

TB_SALE로부터 REGION을 기반으로 그룹화하면 다음과 같다.

REGION
A
B

여기에 SUM(AMT)을 집계하면 다음과 같다.

REGION	SUM(AMT)
A	400
B	300

그다음 RANK() OVER(ORDER BY SUM(AMT) DESC)는 위 집계된 값을 기준으로 내림차순 정렬한 후 RANK()를 부여한다.

REGION	SUM(AMT)	R
A	400	1
B	300	2

그 결과 A : 400, 1 | B : 300, 2가 정답이 된다.

40. 다음 설명 중 옳지 않은 것은?

① Oracle은 내림차순 정렬 시 NULL이 가장 먼저 출력된다.
② SQL Server는 내림차순 정렬 시 NULL이 가장 마지막에 출력된다.
③ Oracle에서 내림차순 정렬을 해도 NULLS LAST를 추가하면 NULL이 가장 마지막에 출력된다.
④ SQL Server는 내림차순 정렬을 해도 NULLS LAST를 추가하면 NULL이 가장 마지막에 출력된다.

NULLS LAST 문법은 SQL Server에서 지원하지 않는다.

41. 다음 중 TRANSACTION의 특징으로 올바르지 않은 것은?

① 지속성(Durability)은 COMMIT된 데이터는 시스템 장애가 발생하면 ROLL-BACK 되어야 함을 의미한다.
② 일관성(Consistency)은 트랜잭션 전후의 데이터가 무결성을 유지해야 함을 의미한다.
③ 격리성(Isolation)은 하나의 트랜잭션이 다른 트랜잭션에 영향을 주지 않아야 함을 의미한다.
④ 원자성(Atomicity)은 트랜잭션의 작업들이 전부 수행되거나 전부 수행되지 않아야 함을 의미한다.

지속성은 COMMIT된 순간, 그 데이터는 DB에 영구 반영되고 시스템 장애가 나도 보존되어야 한다는 의미이다.

42 다음 SQL 실행 결과로 가장 알맞은 것은?

[T1] 테이블

COL1
2
1

[T2] 테이블

COL1
2
3
4

```
SELECT COUNT(*)
  FROM (
            SELECT COL1
            FROM T1
            UNION ALL
            SELECT COL1
            FROM T2
            WHERE COL1 >= 3
            UNION
            SELECT COL1
            FROM T2 ;
        );
```

① 5 ② 4
③ 3 ④ 2

인라인 뷰 안의 집합 연산자를 위에서부터 차례로 실행한다.
(1) SELECT COL1 FROM T1 → {2, 1}
(2) SELECT COL1 FROM T2 WHERE COL1 ≥ 3 → {3, 4}
(3) SELECT COL1 FROM T2; → {2, 3, 4}
(1)과 (2)를 UNION ALL 하면 {2, 1, 3, 4} 가 된다.
위 결과와 (3)을 UNION 하면 정렬 및 중복 제거되어 {1, 2, 3, 4}가 된다.

43 다음 중 SQL 문에서 SQL 실행 순서가 올바른 것은?

① ORDER BY → WHERE → SELECT
② FROM → SELECT → WHERE
③ FROM → WHERE → ORDER BY
④ SELECT → FROM → ORDER BY

SQL 처리 순서
FROM → WHERE → GROUP BY → HAVING → SELECT → ORDER BY

44 다음 SQL 실행 결과로 가장 알맞은 것은?

[TB_SALE] 테이블

REGION	MONTH	AMOUNT
EAST	JAN	100
EAST	FEB	150
WEST	JAN	200
WEST	FEB	300
WEST	JAN	100

```
SELECT *
  FROM (
            SELECT REGION, MONTH, AMOUNT
              FROM TB_SALE
        )
  PIVOT (
            SUM(AMOUNT)
              FOR MONTH IN ('JAN' AS JAN,
'FEB' AS FEB)
        );
```

①

REGION	JAN	FEB
EAST	100	150
WEST	300	300

②

MONTH	EAST	WEST
JAN	100	300
FEB	150	300

③

REGION	JAN	FEB
EAST	NULL	NULL
WEST	NULL	NULL

④

REGION	AMOUNT
EAST	250
WEST	600

정답 42 ② 43 ③ 44 ①

- PIVOT은 행을 열로 회전시키는 연산을 통해 데이터 분석용 리포트를 만들어준다.
- 먼저 인라인 뷰로 어떤 데이터를 사용할지 명시를 하고(SELECT REGION, MONTH, AMOUNT FROM TB_SALE), 이를 PIVOT에 활용한다.
- PIVOT(SUM(AMOUNT) FOR MONTH IN ('JAN' AS JAN, 'FEB' AS FEB)은 MONTH 컬럼에 있는 'JAN', 'FEB'를 각각 컬럼으로 변환시킨다는 의미이며 SUM(AMOUNT)는 여러 'JAN', 여러 'FEB'에 대한 합계를 집계하는 것이다.
- 따로 참여하지 않은 컬럼은 그대로 두면 된다(REGION).
- 따라서 REGION은 그대로 있고 JAN, FEB가 컬럼화 되었으며 내부에는 각 집계가 들어간 ①이 답이 된다.

45 다음 중 UNION ALL과 UNION의 차이로 옳은 것은?

① UNION ALL은 정렬을 자동으로 수행한다.
② UNION은 NULL 값을 제거한다.
③ UNION은 중복을 제거하고 UNION ALL은 그대로 출력한다.
④ 두 연산자는 서로 결과가 완전히 동일하다.

UNION은 중복 제거, UNION ALL은 중복을 제거하지 않는다.

46 다음 쿼리를 ANSI 표준 조인으로 변환한 것으로 옳은 것은?

```
SELECT T1.COL1
     , T2.COL3
  FROM T1, T2
 WHERE T1.COL1 = T2.COL1(+)
   AND T2.COL2(+) = 'YES'
   AND T1.COL2 = 'K' ;
```

①
```
SELECT T1.COL1, T2.COL3
  FROM T1
  INNER JOIN T2
    ON T1.COL1 = T2.COL1
    AND T2.COL2 = 'YES'
 WHERE T1.COL2 = 'K';
```

②
```
SELECT T1.COL1, T2.COL3
  FROM T1
  RIGHT OUTER JOIN T2
    ON T1.COL1 = T2.COL1
    AND T2.COL2 = 'YES'
 WHERE T1.COL2 = 'K';
```

③
```
SELECT T1.COL1, T2.COL3
  FROM T1
  LEFT OUTER JOIN T2
    ON T1.COL1 = T2.COL1
 WHERE T2.COL2 = 'YES'
   AND T1.COL2 = 'K';
```

④
```
SELECT T1.COL1, T2.COL3
  FROM T1
  LEFT OUTER JOIN T2
    ON T1.COL1 = T2.COL1
    AND T2.COL2 = 'YES'
 WHERE T1.COL2 = 'K';
```

오라클 방식의 조인을 ANSI 표준으로 바꾸는 경우
(1) SELECT 부분은 변경되지 않는다.
(2) OUTER JOIN인 경우 (+) 기호의 반대쪽이 기준 테이블이며, ANSI에서는 해당 테이블이 있는 방향으로 LEFT, RIGHT를 지정한다.
(3) 일반 조건에 (+)가 붙어있다는 건 기준 테이블이 아닌 테이블에 조건을 준 것이며 이때는 조인조건에 같이 명시한다.
(4) 기준 테이블에 대한 조건은 WHERE 절에 기술한다.
이 조건을 모두 만족하는 ④가 정답이다.

47 다음 중 SQL 명령어에 대한 설명으로 옳지 않은 것은?

① GRANT – 객체 및 시스템에 대한 권한을 부여한다.
② DROP – 테이블 내의 튜플을 모두 삭제해 테이블을 초기 상태로 되돌린다.
③ UPDATE – 테이블의 기존 행의 특정 컬럼 값을 수정한다.
④ ROLLBACK – COMMIT 되지 않은 변경사항을 되돌린다.

DROP은 테이블 자체를 삭제하므로 테이블을 초기 상태로 되돌리는 것은 맞지 않는다.

48 다음 중 DCL에 대한 설명으로 옳지 않은 것은?

① GRANT 명령어를 통해 사용자는 특정 객체에 대한 SELECT, INSERT 등의 권한을 부여받을 수 있다.
② GRANT ... WITH GRANT OPTION을 사용하면, 권한을 부여받은 사용자가 다른 사용자에게도 권한을 부여할 수 있다.
③ REVOKE 명령어는 권한을 회수하며, 회수된 권한은 즉시 적용된다.
④ REVOKE 명령어는 객체 소유자만 사용할 수 있으며, 시스템 권한에는 사용할 수 없다.

REVOKE 및 GRANT 명령은 모두 객체, 시스템 권한에 사용할 수 있다.

49 다음 중 제약조건이 아닌 것은?

① PRIMARY KEY
② NOT NULL
③ INDEX
④ FOREIGN KEY

INDEX는 성능 향상 도구이며 제약조건이 아니다.

50 다음 테이블에 대해 아래 INSERT 문 중 오류 없이 실행되는 것은?

[MEMBER] 테이블

컬럼명	데이터 타입	NULL여부
ID	VARCHAR2(10)	NOT NULL
NAME	VARCHAR2(20)	NOT NULL
AGE	NUMBER	NULL

①
```
INSERT INTO MEMBER (ID, NAME)
VALUES ('U001', 'Alice');
```

②
```
INSERT INTO MEMBER (ID, NAME,
AGE) VALUES ('U001', 'Alice',
'Twenty');
```

③
```
INSERT MEMBER VALUES ('U001',
'Alice', 25);
```

④
```
INSERT INTO MEMBER VALUES ('U001',
'Alice');
```

오답 피하기
② AGE에 문자가 들어가 오류가 발생한다.
③ INTO가 빠져 문법 오류이다.
④ 컬럼리스트를 명시하지 않고 값만 쓸 경우 MEMBER의 모든 컬럼 개수 및 자료형에 맞춰 입력해야 한다.

해설과 함께 보는 기출 유형문제 03회

SQL 개발자	소요 시간	문항 수
	총 90분	총 50문항

수험번호 : _____
성   명 : _____

1과목 데이터 모델링의 이해

01 다음 중 논리적 모델링에 대한 설명으로 옳지 않은 것은?

① key, 속성, 관계 등을 정확하게 표현한다.
② 정규화를 수행한다.
③ 모델링 시점에 주로 사용되어 재사용성이 낮다.
④ 다른 모델링에 비해 시간이 더 걸린다.

> 논리적 모델링은 설계 이후 개발, 유지보수 등에서도 꾸준히 참고되므로 재사용성이 매우 높다. 실제 개발 시에는 테이블 수가 매우 많아서 외우기 어렵기도 하고, 논리적 모델링을 참고하면 테이블 간 관계를 쉽게 파악할 수 있다. 논리적 모델링 시점에 모든 요구사항이 반영되어야 하며 정규화 등 작업을 하므로 상대적으로 시간이 더 오래 걸린다.

02 다음 중 식별자의 특징이 아닌 것은?

① 최소성
② 유일성
③ 불변성
④ 가변성

> 식별자는 최소성, 유일성, 불변성, 존재성 4가지 특징을 가진다.

03 다음 중 일반 엔터티의 명명 규칙으로 옳지 않은 것은?

① 의미 있는 단어를 사용한다.
② 개발자들에게 친숙한 용어를 사용해야 개발 편의성이 향상된다.
③ 단수형 명사로 작성한다.
④ 약어 사용을 피한다.

> 엔터티 명명 규칙은 서비스를 이용한 현업(고객)에게 친숙한 용어로 작성해야 한다. 예를 들어 고객이 전기 업계에 종사한다면 일반적으로 쓰이는 전봇대가 아니라 전주와 같은 전기 업계 용어를 사용해야 한다.

04 다음 중 속성의 특성에 따른 분류에 대해 적절하지 않은 것은?

① 기본 속성
② 설계 속성
③ 파생 속성
④ 도메인 속성

> 속성은 특성에 따라 기본 속성, 설계 속성, 파생 속성으로 나뉜다.
> • 기본 속성은 요구사항에서 직접 도출된 속성이다.
> • 설계 속성은 설계 편의나 식별을 위해 만든 속성이다.
> • 파생 속성은 다른 속성들로부터 계산되는 속성이다.

정답 01 ③ 02 ④ 03 ② 04 ④

05 아래 관계에 대한 설명으로 올바르지 않은 것은? (단, IE 표기 방식이다.)

① 주문상세는 주문 없이 독립적으로 생성될 수 있다.
② 주문상세는 주문을 참조하는 외래키를 가진다.
③ 주문상세의 기본키는 주문의 기본키를 포함한다.
④ 주문상세는 주문이 있어야 생성된다.

제시된 ERD는 IE 표기법을 따르고 있으며, 관계선이 실선으로 표시되어 있는 것으로 보아 식별관계(Identifying Relationship)이다. 식별관계의 주요 특징은 다음과 같다.
- 자식 엔터티(주문상세)는 부모 엔터티(주문)의 존재에 의존하며, 부모의 기본키가 자식의 기본키에 포함되어 복합키를 구성한다.
- 자식은 부모 없이 생성될 수 없다.

따라서 ②, ③, ④는 모두 식별관계의 특성에 부합하며 올바른 설명이다.
반면, ①의 "주문상세는 주문 없이 독립적으로 생성될 수 있다"는 설명은 식별관계의 특성을 위배하는 내용으로, 틀린 설명이다.

06 다음 중 제1정규형(1NF)을 만족하지 않는 테이블은?

① 부분 종속이 존재할 경우
② 하나의 컬럼에 여러 값이 저장된 경우
③ 이행 종속이 존재할 경우
④ 결정자가 후보키가 아닌 함수 종속이 존재할 경우

---

①은 2차 정규화(2NF)의 대상이며, ③은 3차 정규화(3NF), ④는 BCNF에서 해결해야 할 조건이다. 반면, ②는 1차 정규화(1NF)의 위반 사항으로, 하나의 컬럼에 여러 값이 저장되어 속성의 원자성을 만족하지 않는다. 따라서 1NF를 만족하지 않는 테이블은 ②이다. 또한, 2NF, 3NF, BCNF는 모두 그 이전 단계의 정규형을 만족한 상태에서 진행된다. 즉, 1NF를 먼저 만족해야 이후 정규화가 가능하다.

07 식별자의 기준과 분류로 올바르지 않은 것은?

① 대표성 여부에 따라 – 주식별자 vs 보조식별자
② 자생 여부에 따라 – 내부식별자 vs 외부식별자
③ 대체 여부에 따라 – 기본식별자 vs 인조식별자
④ 단일 속성 여부에 따라 – 단일식별자 vs 복합식별자

식별자는 대체 여부에 따라 본질식별자 vs 인조식별자로 나뉜다.

08 다음 ERD 해석으로 올바르지 않은 것은? (단, IE 표기 방식이다.)

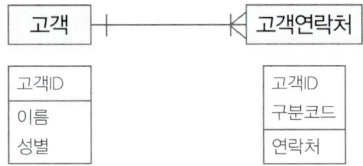

① 고객연락처는 고객이 입력되지 않으면 생성할 수 없다.
② 하나의 고객은 여러 연락처를 보유할 수 있으며, 최소 하나 이상 가져야 한다.
③ 고객연락처는 특정 고객에 의해 보유된다.
④ 비식별관계로 고객 데이터는 독립적인 생성이 가능하다.

두 엔터티는 식별관계이므로 고객 연락처는 고객의 식별자(고객ID)를 기본키로 포함한다. 따라서 고객이 없으면 고객연락처를 생성할 수 없다. 관계선을 보면 1:다 필수관계이므로 한 고객의 최소 하나 이상의 연락처를 보유할 수 있으며, 반대로 특정 연락처는 특정 고객에 의해 보유되어야 한다. 고객 데이터는 독립적인 생성이 가능하나 비식별관계가 잘못된 말이다.

정답 05 ① 06 ② 07 ③ 08 ④

09 식별관계와 비식별관계에 대한 설명으로 옳지 않은 것은?

① 식별관계에서는 부모 엔터티의 식별자가 자식 엔터티의 기본키에 포함된다.
② 비식별관계는 자식 엔터티가 부모 엔터티의 식별자를 외래키로만 참조하며, 기본키에는 포함되지 않는다.
③ 식별관계는 자식이 부모보다 먼저 생성될 수 있다.
④ 비식별관계는 자식 엔터티가 독립적으로 생성 가능한 구조를 갖는다.

식별관계는 자식이 부모의 식별자를 참조하므로, 부모가 먼저 생성되어야 자식을 생성할 수 있다.

10 다음은 어떤 용어에 대한 설명인지 고르시오.

속성에 입력될 수 있는 데이터의 타입, 허용 범위, 형식 등을 정의한 제약 조건의 집합이다.

① 도메인
② 제약조건
③ 단어사전
④ 시스템 카탈로그

해당 설명은 도메인에 대한 내용이다.

2과목 SQL 기본 및 활용

11 다음 중 올바른 SELECT 문은?

① SELECT * FROM WHERE EMP;
② SELECT EMP FROM *;
③ SELECT * FROM EMP;
④ SELECT FROM EMP *;

SELECT * FROM 테이블명; 이 기본 문법이며 그 외에는 문법 오류이다.

12 다음 SQL 실행 결과로 가장 알맞은 것은?

```
SELECT LENGTH(REPLACE('SQL D', 'SQL', 'ABC')) FROM DUAL;
```

① 4
② 5
③ 6
④ 오류 발생

함수는 중첩되면 내부에서 먼저 실행을 한다. 즉, REPLACE('SQL D', 'SQL', 'ABC')으로 치환되면 'ABC D'가 된다. 이를 LENGTH('ABC D')로 적용하면 길이는 5가 된다.

13 다음 SQL 실행 결과로 가장 알맞은 것은? (단, COL1 컬럼은 VARCHAR2(10)이다.)

[TBL] 테이블

COL1
100
A
B
200

```
SELECT SUM(COL1)
  FROM (
    SELECT CASE COL1
        WHEN 'A' THEN 50
        WHEN 'B' THEN 70
        ELSE TO_NUMBER(COL1)
        END AS COL1
    FROM TBL
  ) ;
```

① 120
② 300
③ 오류 발생
④ 420

FROM 내의 CASE문을 이용해 'A'를 50, 'B'를 70으로 치환한다. 그렇지 않으면 기존 값을 TO_NUMBER로 형 변환한다. 즉 CASE 문법 실행을 통해 아래와 같이 변환된다.

변환된 COL1
100
50
70
200

이를 SUM하면 100+50+70+200=420이 된다.

14 다음 SQL 실행 결과로 가장 알맞은 것은?

```
SELECT INSTR('DATABASE', 'A') FROM
DUAL;
```

① 1 ② 2
③ 3 ④ 4

INSTR 함수는 문자열 내에서 특정 문자 위치를 반환한다. 즉, 'DATABASE'에서 'A'는 각각 2, 4, 6번 위치에 있으며 기본적으로 가장 처음 나타나는 위치를 반환한다. 만약 탐색할 위치와 N 번째 등장할 문자의 위치를 지정하고 싶다면 옵션을 추가하면 된다.
예) INSTR('DATABASE', 'A', 1, 2) → 첫 번째(1) 문자 위치부터 탐색하면서 두 번째(2)로 매칭되는 순서를 가져온다. 그 결과 4가 출력된다.

15 다음 쿼리의 실행 결과로 알맞은 것은?

```
SELECT NVL(NULL, 'A')         AS COL1
     , COALESCE(NULL, NULL, 'B') AS COL2
     , NULLIF('C', 'C')        AS COL3
  FROM DUAL;
```

①
COL1	COL2	COL3
A	B	C

②
COL1	COL2	COL3
A	B	NULL

③
COL1	COL2	COL3
A	NULL	C

④
COL1
A
B
NULL

NVL(NULL, 'A')는 첫 번째 인자가 NULL이므로 두 번째 인자인 'A'를 출력한다. COALESCE(NULL, NULL, 'B')는 앞에서부터 NULL이 아닌 데이터를 찾아 반환하므로 'B'를 출력한다. NULLIF('C', 'C')는 첫 번째 인자와 두 번째 인자가 동일하면 NULL을 반환하므로 NULL을 출력한다. 따라서 각 컬럼에 대해 A, B, NULL을 가지는 2번이 정답이다.

16 다음 SQL 실행 결과와 동일한 것은?

[TBL] 테이블

COL1	COL2
1	A
2	B
3	C

```
SELECT COL2
  FROM TBL
 WHERE COL1 IN (SELECT COL1 FROM TBL
                 WHERE COL1 <= 2);
```

①
```
SELECT COL2
  FROM TBL A
 WHERE EXISTS (
            SELECT 'X'
              FROM TBL
             WHERE TBL.COL1 = A.COL1
               AND COL1 <= 2
       );
```

②
```
SELECT COL2
  FROM TBL A
 WHERE EXISTS (
            SELECT
              FROM TBL
             WHERE TBL.COL1 = A.COL1
               AND COL1 <= 2
       );
```

③
```
SELECT COL2
  FROM TBL A
 WHERE EXISTS (
            SELECT 'X'
              FROM TBL
             WHERE COL1 <= 2
       );
```

정답 14 ② 15 ② 16 ①

④
```
SELECT COL2
  FROM TBL A
 WHERE EXISTS (
                SELECT 'X'
                  FROM TBL
                 WHERE TBL.COL1 = A.COL1
              );
```

EXISTS는 상관 서브쿼리를 통해 외부 쿼리의 각 행에 대해 조건을 만족하는 내부 행이 존재하는지 여부를 확인한다. ①은 외부 테이블 A.COL1과 내부 TBL.COL1을 비교하며 COL1 <= 2 조건을 만족하는 경우에만 해당 행을 출력하므로, 원래 쿼리(COL1 IN (...))와 동일한 결과(A, B)를 반환한다.

오답 피하기
② SELECT 절이 비어 있어 문법 오류가 발생한다.
③ 내부 쿼리에서 COL1<=2인 행이 항상 존재하기 때문에 모든 외부 행이 조건을 만족하여 결과는 A, B, C가 출력된다.
④ 외부 테이블의 COL1과 동일한 값이 내부 테이블에 항상 존재하므로 조건은 항상 참이 되지만, COL1<=2 조건이 없으므로 역시 A, B, C 전체가 출력된다.

17 다음 SQL 실행 결과를 나열한 것으로 알맞은 것은?

[DEPT] 테이블

DNO	LOC
10	SEOUL
20	BUSAN
30	DAEGU
40	seoul

```
SELECT LOC
FROM DEPT
WHERE LOC LIKE '%S%';
```

① SEOUL
② SEOUL, BUSAN
③ seoul
④ BUSAN

LOC에 'S'가 포함되어 있으면 대상을 출력한다. LIKE는 대소문자를 구분한다.

18 VIEW에 대한 설명으로 옳지 않은 것은?

① 물리적인 데이터를 저장한다.
② 보안적인 관점에서 사용할 수 있다.
③ CREATE VIEW AS ··· 문법을 활용한다.
④ 복잡한 쿼리를 저장해 사용하므로 가독성을 증진시킬 수 있다.

VIEW는 가상의 테이블로, 실제 데이터를 물리적으로 저장하지 않고 SELECT 쿼리의 정의만 저장해두는 객체이다. VIEW를 실행하면 저장된 쿼리가 매번 재실행되며, 기본 테이블에서 최신 데이터를 가져온다. VIEW는 테이블의 특정 컬럼이나 행만을 보여줄 수 있으므로 사용자에게 VIEW에만 접근 권한을 부여함으로써 테이블 내의 민감한 정보를 보호할 수 있어 보안적인 측면에서도 유용하다. 또한, 복잡한 쿼리를 VIEW로 정의해두면 FROM 절에서 일반 테이블처럼 재사용할 수 있어, 쿼리의 가독성과 유지보수성도 크게 향상된다.

19 다음 SQL의 실행 결과, 반 순서대로 출력되는 최대나이를 올바르게 나열한 것은?

[수강생정보] 테이블

반	이름	나이
A	학생1	20
A	학생2	22
A	학생3	NULL
B	학생4	NULL
B	학생5	30
C	학생6	NULL

```
SELECT 반, MAX(나이) AS 최대나이
  FROM 수강생정보
 GROUP BY 반 ;
```

① 20, 30, NULL
② 22, NULL, NULL
③ 22, 30, NULL
④ 22, 30, 0

MAX 집계함수는 NULL을 무시하고 집계하며, 모든 비교값이 NULL이면 NULL을 반환한다. A의 최댓값은 20, 22 중에 22이고, B의 최댓값은 30이다. C는 비교 대상이 NULL밖에 없어 NULL이 출력된다.

20 다음 TAB 테이블에 대해 SQL을 실행했더니, 아래와 같은 결과가 나왔다. 빈칸 (A), (B)에 들어갈 적절한 것을 고르면?

[TAB] 테이블

COL1	COL2
A	100
B	20
C	40
D	40
E	80

```
SELECT (A)
     , (B) OVER (ORDER BY COL2) AS RN
  FROM TAB
 ORDER BY RN DESC
```

[결과]

COL1	RN
A	4
E	3
C	2
D	2
B	1

① COL1, RANK()
② COL2, RANK()
③ COL2, DENSE_RANK()
④ COL1, DENSE_RANK()

DENSE_RANK() 함수는 동일한 값에는 같은 순위를 부여하고, 다음 순위를 건너뛰지 않는 윈도우 함수이다. COL2를 기준으로 오름차순 정렬한 뒤, 그 순위를 RN으로 부여하고 마지막에 RN DESC로 정렬하여 높은 순위부터 출력한 결과이다.

21 다음 중 INNER JOIN의 결과로 올바른 것은?

[T1] 테이블

ID	NAME
1	A
2	B

[T2] 테이블

ID	CITY
1	SEOUL
3	BUSAN

```
SELECT T1.ID
     , T2.CITY
  FROM T1 INNER JOIN T2
    ON T1.ID = T2.ID;
```

①
ID	CITY
1	A
2	NULL

②
ID	CITY
1	SEOUL

③
ID	CITY
1	SEOUL
NULL	BUSAN

④
ID	CITY
1	BUSAN

T1.ID=1과 T2.ID=1만 매칭됨 → A와 SEOUL

22 다음 중 올바르지 않은 설명을 고르면?

① DROP TABLE .. CASCADE CONSTRAINTS는 해당 테이블과 테이블에 연결된 외래키 제약조건을 제거한다.
② TRUNCATE 테이블;과 DELETE FROM 테이블;은 둘 다 데이터 행수가 0이다.
③ DELETE FROM 테이블;과 DROP TABLE 테이블;은 동일한 결과가 나온다.
④ DELETE와 달리 TRUNCATE, DROP은 실행 후 ROLLBACK이 불가능하다.

DELETE는 테이블 구조를 남기지만 DROP은 테이블 구조 자체를 제거한다.

23 다음 중 ROWNUM에 대한 설명으로 올바르지 않은 것은?

① ROWNUM은 SELECT된 결과에 대해 순서대로 부여되는 일련번호이다.
② 행이 10개 있는 테이블에서 WHERE ROWNUM <= 3은 3행을 반환한다.
③ 행이 10개 있는 테이블에서 WHERE ROWNUM >= 1은 10행을 반환한다.
④ 행이 10개 있는 테이블에서 WHERE ROWNUM >= 2는 9행을 반환한다.

ROWNUM은 가상 컬럼으로, SELECT 결과의 각 행에 위에서부터 순서대로 일련번호를 붙인다. Oracle은 결과를 하나씩 읽으면서 조건을 먼저 검사하고, 조건을 통과한 행에만 ROWNUM = 1부터 번호를 부여한다. 예를 들어 ROWNUM<=3은 조건을 만족한 행에만 ROWNUM이 부여되므로 1, 2, 3까지 정상적으로 번호가 매겨지고 결과가 반환된다. ROWNUM>=1도 마찬가지로 모든 행이 조건을 만족하므로 전체가 출력된다. 반면 ROWNUM>=2는 첫 번째 행이 ROWNUM=1이 되는데, 조건을 만족하지 못해 제외된다. Oracle은 이 첫 행이 통과하지 못하면 그 뒤에 오는 행에도 ROWNUM을 부여하지 않기 때문에, 결과는 0행이 된다.

24 다음 중 INNER JOIN에 대한 설명으로 올바르지 않은 것은?

① INNER JOIN은 두 테이블 간 조인 컬럼을 기준으로 값이 동일한 대상만 가져온다.
② 테이블 A의 COL1이 1, 2, 3이고 테이블 B의 COL1이 3, 4, 5, 3이면 두 테이블을 COL1 기준 INNER JOIN 하면 결과는 2건 출력된다.
③ 테이블 조인 시 조인할 컬럼은 서로 자료형이 달라도 오류가 발생하지 않는다.
④ 테이블 조인 시 조인할 컬럼은 서로 컬럼명이 달라도 실행할 수 있다.

INNER JOIN은 두 테이블의 조인 조건에 맞는 값이 일치하는 행만 반환한다. 조인 시 컬럼 이름이 달라도 상관없지만, 자료형은 호환되어야 하며, 서로 다른 자료형을 가진 컬럼끼리 조인을 시도하면 에러가 발생하거나 암시적 형 변환으로 인한 성능 저하가 발생할 수 있다.

25 다음 두 테이블에 대한 쿼리의 실행 결과가 다른 하나는?

[A] 테이블

ID
1
2
3
4

[B] 테이블

ID
2
3
NULL

①
```
SELECT ID
  FROM A
WHERE NOT EXISTS (
    SELECT 1
      FROM B
     WHERE A.ID = B.ID
  );
```

②
```
SELECT A.ID
  FROM A
LEFT JOIN B ON A.ID = B.ID
WHERE B.ID IS NULL;
```

③
```
SELECT ID FROM A
 MINUS
SELECT ID FROM B;
```

④
```
SELECT ID FROM A
WHERE ID NOT IN (SELECT ID FROM B);
```

이 문제는 NOT EXISTS, LEFT JOIN ... IS NULL, MINUS, NOT IN을 활용하여 A 테이블에만 존재하는 ID를 찾는 문제이다.
보기 ①~③은 모두 B 테이블에 없는 ID인 1, 4를 정상적으로 반환한다. 하지만 ④는 NOT IN 절 내부에 NULL 값이 포함된 경우, Oracle에서 비교 자체가 성립하지 않아 아무 결과도 반환되지 않는다(0건 반환).
따라서 ④는 다른 결과를 반환하는 유일한 쿼리로, 정답은 ④이다.

26 다음 중 OUTER JOIN에 대한 설명으로 옳은 것은?

① 양쪽 테이블에 모두 존재하는 행만 출력한다.
② 한쪽 테이블에만 존재해도 결과에 포함될 수 있다.
③ NULL 값은 조인 결과에서 제외된다.
④ 집계 함수에만 사용된다.

OUTER JOIN은 조인 조건에 불일치하더라도 한쪽의 행을 유지하며 다른 쪽은 NULL로 채운다.

27 다음 SQL 실행 결과를 순서대로 작성한 것은?

[USERS] 테이블

ID	GRADE
1	VIP
2	VVIP
3	BASIC

```
SELECT ID
FROM USERS
ORDER BY CASE GRADE
            WHEN 'VVIP' THEN 1
            WHEN 'VIP' THEN 2
            ELSE 3
         END;
```

① 2 → 1 → 3
② 1 → 2 → 3
③ 3 → 1 → 2
④ 2 → 3 → 1

이 SQL은 CASE 구문을 활용하여 GRADE 값에 따라 정렬 우선순위를 직접 지정하는 방식이다. VVIP는 1, VIP는 2, 그 외는 3으로 변환되어 ORDER BY에 사용된다. 각 GRADE가 변환된 정렬 값에 따라 ID가 2 → 1 → 3 순서로 출력된다. CASE와 ORDER BY를 조합하면 비정형적인 정렬 기준을 자유롭게 정의할 수 있다.

28 다음 테이블을 기준으로 쿼리를 실행했을 때 올바르지 않은 것은?

[EMP] 테이블

EMPNO	DEPTNO
101	10
102	NULL
103	20
104	NULL

```
SELECT
  COUNT(*)       AS CNT_A,
  COUNT(DEPTNO)  AS CNT_B,
  COUNT(0)       AS CNT_C,
  COUNT(1)       AS CNT_D
FROM EMP;
```

① COUNT(*)과 COUNT(0)은 다른 결과를 출력한다.
② COUNT(DEPTNO)는 NULL을 제외하고 집계하므로 2가 출력된다.
③ COUNT(*), COUNT(0), COUNT(1)은 동일하게 작동한다.
④ COUNT(NULL)은 0을 반환한다.

COUNT(*)는 테이블의 전체 행 수를 계산하며, NULL 여부와 관계없이 모든 행을 포함한다. 반면, COUNT(컬럼)은 해당 컬럼의 값이 NULL이 아닌 행만 집계한다. COUNT(0)이나 COUNT(1)처럼 상수를 대상으로 하는 COUNT 함수는 각 행마다 항상 NULL이 아닌 값이 적용되므로, 모든 행이 카운트되어 COUNT(*)와 동일한 결과를 반환한다. 한편, COUNT(NULL)은 NULL 값만 대상으로 하며, NULL은 집계 대상에서 무시되므로 항상 결과는 0이 된다. 따라서 COUNT(*)와 COUNT(0)은 같은 결과를 반환하므로, ①은 잘못된 설명이다.

29 다음 테이블이 있고 아래 쿼리를 각각 실행했을 때 결과로 알맞은 것은?

[A] 테이블

ID	NAME
1	Alee
2	Bora
3	Chan

[B] 테이블

ID	CITY
2	Seoul
2	Busan
4	Incheon
5	daegu

(ㄱ) SELECT COUNT(*) FROM A LEFT OUTER JOIN B ON A.ID = B.ID;
(ㄴ) SELECT COUNT(*) FROM A RIGHT OUTER JOIN B ON A.ID = B.ID;
(ㄷ) SELECT COUNT(*) FROM A FULL OUTER JOIN B ON A.ID = B.ID;

① (ㄱ) 3, (ㄴ) 4, (ㄷ) 12
② (ㄱ) 4, (ㄴ) 4, (ㄷ) 6
③ (ㄱ) 3, (ㄴ) 3, (ㄷ) 5
④ (ㄱ) 4, (ㄴ) 3, (ㄷ) 7

각 OUTER JOIN을 푸는 방법
- 조건에 맞는 대상을 INNER JOIN한다.
- 기준 테이블에 맞춰 조인에 실패한 행도 가져온다.
- LEFT OUTER JOIN : 이너조인에 성공한 대상은 2건(2, 2회), 조인에 실패한 나머지 2건(1, 3) 출력 → 4건
- RIGHT OUTER JOIN : 이너조인에 성공한 대상은 2건(2, 2회), 조인에 실패한 나머지 2건(4, 5) 출력 → 4건
- FULL OUTER JOIN : 이너조인에 성공한 대상은 2건(2, 2회), 왼쪽 기준 조인에 실패한 나머지 2건(1, 3), 오른쪽 기준 조인에 실패한 나머지 2건(4, 5) 출력 → 6건

30. 다음 SQL 실행 결과로 가장 알맞은 것은?

[TB_PRODUCT] 테이블

ID	PRICE
P1	100
P2	200
P3	100
P1	100
P2	300
P4	200
P4	300

```
SELECT PRICE, COUNT(*)
  FROM TB_PRODUCT
  WHERE NOT ID = 'P3'
GROUP BY PRICE
ORDER BY PRICE DESC;
```

①
PRICE	COUNT
100	3
200	2
300	2

②
PRICE	COUNT
300	2
100	2
200	2

③
PRICE	COUNT
100	2
200	3
300	2

④
PRICE	COUNT
300	2
200	2
100	2

SQL 실행 순서
FROM → WHERE → GROUP BY → HAVING → SELECT → ORDER BY
먼저 WHERE에서 ID가 'P3'인 대상을 제외한다. 그 후 PRICE 기준으로 그룹화하여 COUNT를 하면 각각 {100:2, 200:2, 300:2}로 집계된다. 마지막으로 ORDER BY로 내림차순 정렬하면 {300:2, 200:2, 100:2}가 된다.

31. 다음 SQL 실행 결과로 가장 알맞은 것은?

```
SELECT NVL(NULL, NVL(NULL, 'A')) FROM DUAL;
```

① NULL
② A
③ 0
④ 오류 발생

NVL(NULL, NVL(NULL, 'A')) → NVL(NULL, 'A') → A

32 서브쿼리에 대한 설명으로 올바르지 <u>않은</u> 것은?

① 스칼라 서브쿼리와 달리 인라인 뷰는 내부에 ORDER BY를 사용할 수 있다.
② 서브쿼리는 다중행 연산자와 단일행 연산자가 있으며, 단일행 연산자는 1개 이하의 행만 받을 수 있다.
③ 메인 쿼리와 서브쿼리가 1:N 관계일 경우 N 쪽으로 크기가 확장된다.
④ 스칼라 서브쿼리란 하나의 행, 하나의 열에 대한 값을 가져온다.

> 서브쿼리는 메인 쿼리 내부에서 필터링하거나 특정 값을 가공하는 데 사용되며, 결과의 행 수를 늘리지 않는다. 1:N 관계일 때 결과가 N 쪽으로 확장되는 현상은 JOIN에서 발생한다. 즉, 일반적인 JOIN은 1:다 관계일 때 다수 쪽 행의 수만큼 결과가 증가하지만, 서브쿼리는 메인 쿼리의 각 행에 맞춰 단일 값 또는 조건을 반환하므로 결과는 메인 쿼리의 행 수를 기준으로 유지된다.

33 다음 중 결과가 나머지와 <u>다른</u> 쿼리는?

①
```
SUM(CASE WHEN COL1 = 'A' THEN 1
ELSE NULL END)
```

②
```
SUM(CASE WHEN COL1 = 'A' THEN 1
END)
```

③
```
SUM(CASE WHEN COL1 = 'A' THEN 1
ELSE 1 END)
```

④
```
SUM(CASE WHEN COL1 = 'A' THEN 1
ELSE 0 END)
```

> CASE 문에서 ELSE 절을 생략하면 조건을 만족하지 않는 경우 NULL을 반환한다. SUM 함수는 NULL 값을 무시하고 계산하기 때문에, 조건이 맞을 때만 1을 반환하고 그렇지 않으면 NULL을 ①, ②, ④의 쿼리는 모두 같은 결과를 출력한다. 반면 ③의 쿼리는 조건에 맞지 않아도 ELSE 1로 인해 모든 행에서 1이 더해지므로 합계가 달라지게 된다. 따라서 ③의 쿼리만 결과가 다르다.

34 다음 SQL 실행 결과로 가장 알맞은 것은?

[DEPT] 테이블

DNO	LOC
10	SEOUL
20	BUSAN
30	DAEGU

```
SELECT LOC
FROM DEPT
WHERE LOC IN ('SEOUL', 'GWANGJU')
INTERSECT
SELECT LOC
FROM DEPT
WHERE DNO <= 20;
```

① SEOUL
② SEOUL, BUSAN
③ SEOUL, SEOUL, BUSAN
④ 모두 출력

> INTERSECT 기준 위쪽 쿼리는 {SEOUL}을 출력하고 아래는 {SEOUL, BUSAN}을 출력한다. INTERSECT는 교집합을 구하는 것이므로 LOC 기준으로 둘 다 보유한 {10:SEOUL}이 출력된다.

35 다음 SQL 실행 결과로 가장 알맞은 것은?

```
SELECT 10 || 20 FROM DUAL;
```

① 30   ② 1020
③ 오류   ④ 10 20

> ||는 문자열 연결 연산자로 숫자로 문자열로 변환 후 연결하므로 '1020'이 된다.

36 다음 계층 쿼리에 대한 설명으로 올바르지 않은 것은?

[메뉴] 테이블

메뉴ID	상위메뉴ID	메뉴이름
M000	NULL	홈
M001	M000	훈련연계과정
M002	M000	수강생관리
M003	M000	프로젝트
M004	M000	후기
M005	M000	회사소개
M006	M000	QNA
M007	M005	인사말
M008	M005	오시는 길

```
SELECT 메뉴ID
     , 상위메뉴ID
     , 메뉴이름
  FROM 메뉴
 START WITH 상위메뉴ID IS NULL
 CONNECT BY 상위메뉴ID = PRIOR 메뉴ID
 ORDER SIBLINGS BY 메뉴ID ;
```

① 순방향 전개를 하고 있다.
② 비단말 계층은 총 2행이다.
③ 최상위 계층의 메뉴ID는 M000이다.
④ 계층 전개된 결과 전체를 대상으로 정렬을 수행하고 있다.

- CONNECT BY에서 PRIOR가 자식 컬럼((예) 메뉴ID)에 붙어있으면, 부모 → 자식 방향의 순방향 전개이다. 이 문제에서는 부모가 '상위메뉴ID'이고 자식이 '메뉴ID'이므로 순방향 전개이다.
- 비단말 계층은 하위 항목이 존재하는 노드를 말하며, 이 테이블에서는 M000이 M001~M006의 부모, M005가 M007, M008의 부모이므로 총 2개(M000, M005)이다.
- 최상위 계층은 START WITH 조건에 따라 결정되며, 상위메뉴ID IS NULL인 M000이 루트 노드이다.
- ORDER SIBLINGS BY는 계층 전체가 아니라 같은 부모를 가진 형제 노드끼리만 정렬할 때 사용된다.

37 SELF JOIN에 대한 설명으로 올바르지 않은 것은?

① 같은 테이블을 서로 다른 별칭으로 두 번 사용하여 조인을 수행한다.
② 자기 자신과의 관계를 표현할 때 사용되며, 계층 구조를 조회할 때 활용된다.
③ SELF JOIN은 반드시 PRIMARY KEY와 FOREIGN KEY가 존재해야 수행할 수 있다.
④ WHERE 절 또는 JOIN 절에서 각 테이블의 조건을 설정해 연결한다.

SELF JOIN은 하나의 테이블을 서로 다른 별칭으로 사용하여 자기 자신과 조인하는 방식이다. 이 방식은 주로 상사-직원 관계, 카테고리-하위카테고리처럼 자체 내 계층적 관계를 조회할 때 활용된다. SELF JOIN은 일반적인 조인처럼 조건만 성립하면 사용할 수 있으며, 필수적으로 외래키(FK)나 기본키(PK)가 있어야 하는 것은 아니다. 따라서 ③은 잘못된 설명이다.

38 다음 SQL을 순서대로 실행했을 때 최종 결과로 올바른 것은? (단, 초기 테이블은 행이 0건이다.)

```
CREATE TABLE TAB (
    COL1 NUMBER PRIMARY KEY ,
    COL2 NUMBER
);
INSERT INTO TAB VALUES(1, 100);
INSERT INTO TAB VALUES(2, 100);
INSERT INTO TAB VALUES(3, 200);
UPDATE TAB SET COL2 = 200 WHERE COL2 = 100;
DELETE FROM TAB WHERE COL2 = 200;
SELECT COUNT(*) FROM TAB;
```

① 3　　② 2
③ 1　　④ 0

INSERT 3회 진행 시 {1:100, 2:100, 3:200}이 되며 UPDATE 시 {1:200, 2:200, 3:200}이 된다. DELETE 시 COL2가 200인 데이터가 모두 삭제되므로 0건이 되어 0이 출력된다.

39 다음 쿼리의 실행 결과로 알맞은 것은?

[TB_SALE] 테이블

ID	AMOUNT
1	500
2	400
3	300
4	200
5	100

```
SELECT ID,
       AMOUNT,
       LAG(AMOUNT, 2, 100) OVER (ORDER BY ID) AS PREV2,
       LEAD(AMOUNT, 2, 100) OVER (ORDER BY ID) AS NEXT2
  FROM TB_SALE;
```

①

ID	AMOUNT	PREV2	NEXT2
1	500	100	300
2	400	100	200
3	300	500	100
4	200	400	100
5	100	300	100

②

ID	AMOUNT	PREV2	NEXT2
1	500	NULL	300
2	400	NULL	200
3	300	500	100
4	200	400	NULL
5	100	300	NULL

③

ID	AMOUNT	PREV2	NEXT2
1	500	100	100
2	400	100	100
3	300	100	100
4	200	100	100
5	100	100	100

④

ID	AMOUNT	PREV2	NEXT2
1	500	NULL	NULL
2	400	NULL	NULL
3	300	500	NULL
4	200	400	NULL
5	100	300	NULL

LAG(AMOUNT, 2, 100)은 현재 행 기준으로 2행 전의 AMOUNT를 가져오되, 존재하지 않으면 100을 기본값으로 사용한다. LEAD(AMOUNT, 2, 100)은 현재 행 기준으로 2행 후의 AMOUNT를 가져오고, 역시 없으면 100을 반환한다. 예를 들어 ID가 1일 때, 2행 전 데이터는 없으므로 LAG는 100, 2행 후는 ID=3의 300이므로 LEAD는 300이다. 이처럼 각 행마다 2칸 앞/뒤의 값을 가져오고, 부족한 경우는 기본값 100을 반환하기 때문에 옳은 답은 ①이다.

40 다음 SQL 실행 결과로 가장 알맞은 것은?

```
SELECT CASE
           WHEN NULL = NULL THEN 'YES'
           ELSE 'NO'
           END
  FROM DUAL;
```

① YES
② NO
③ NULL
④ 오류 발생

NULL은 정상적인 비교 연산이 불가능하므로 ELSE로 로직이 흘러 'NO'가 반환된다.

41. 다음 SQL 실행 결과로 가장 알맞은 것은?

[TB_SALE] 테이블

ID	AMOUNT
1	100
2	200
3	200
4	300

```
SELECT ID,
       AMOUNT,
       SUM(AMOUNT) OVER (
         ORDER BY AMOUNT
                 RANGE BETWEEN UNBOUNDED PRECEDING AND CURRENT ROW
       ) AS CUM_SUM
FROM TB_SALE;
```

①
ID	AMOUNT	CUM_SUM
1	100	100
2	200	500
3	200	500
4	300	800

②
ID	AMOUNT	CUM_SUM
1	100	100
2	200	200
3	200	400
4	300	700

③
ID	AMOUNT	CUM_SUM
1	100	100
2	200	300
3	200	500
4	300	800

④
ID	AMOUNT	CUM_SUM
1	100	100
2	200	200
3	200	200
4	300	300

AMOUNT를 기준으로 오름차순 정렬한 후, SUM 함수의 누적 범위를 지정하고 있다.
RANGE BETWEEN UNBOUNDED PRECEDING AND CURRENT ROW는 첫 행부터 현재 행까지의 정렬 기준값을 포함하는 모든 행을 의미한다.
- ID가 1일 때 AMOUNT는 100이고, 첫 번째이자 현재 행이므로 누적 합은 100이다.
- ID가 2일 때 AMOUNT는 200이며, 정렬 기준값 200 이하인 모든 행(100, 200, 200)이 포함되어 누적 합은 500이 된다.
- ID가 3일 때 정렬 기준값이 200이므로 동일한 범위가 적용되어 역시 500이 된다.
- ID가 4일 때는 300 이하의 모든 값(100, 200, 200, 300)이 포함되어 누적 합은 800이 된다.
- RANGE는 정렬 컬럼의 값 기준으로 범위를 지정하므로, 동일한 값이 있는 경우 함께 포함된다는 점에 주의해야 한다. 이런 방식은 일반적인 누적 합을 계산할 때 유용하게 활용된다.

42. 다음 중 UNION ALL 연산의 특징은?

① 중복을 제거한다.
② UNION보다 연산 속도가 느리다.
③ 정렬된 결과를 반환한다.
④ 중복을 포함하여 모두 반환한다.

UNION ALL은 두 개 이상의 SELECT 결과를 결합하되, 중복된 행도 포함하여 모두 반환하는 집합 연산자이다. 중복 체크가 없으므로 UNION보다 성능이 우수하며, 정렬은 따로 ORDER BY를 지정하지 않는 한 보장되지 않는다. 따라서 "중복을 포함하여 모두 반환한다"는 ④가 올바른 설명이다.

43 다음 일련의 SQL을 실행할 때 최종 행 수로 알맞은 것은? (단, SQL Server 환경이다.)

```
BEGIN TRAN;
CREATE TABLE TAB (
    ID INT PRIMARY KEY
);
INSERT INTO TAB VALUES (1);
INSERT INTO TAB VALUES (2);
SAVE TRAN SAVE1;
INSERT INTO TAB VALUES (5);
INSERT INTO TAB VALUES (6);
ROLLBACK TRAN SAVE1
INSERT INTO TAB VALUES (7);
ROLLBACK;
SELECT COUNT(*) FROM TAB;
```

① 테이블 자체가 없으므로 오류가 발생한다.
② 2
③ 4
④ 5

이 문제는 SQL Server 환경에서 트랜잭션과 SAVEPOINT의 동작 방식, 그리고 DDL 문장인 CREATE TABLE이 트랜잭션에 포함되는지를 묻는 문제이다. BEGIN TRAN 문으로 트랜잭션이 시작되며, 그 안에서 테이블을 생성하고 데이터를 삽입한다. 이후 SAVEPOINT를 설정한 뒤 추가 데이터를 삽입하고, SAVEPOINT 지점으로 롤백한다. 이때 SAVEPOINT 이후의 작업은 되돌려지며, 트랜잭션은 유지된다. 그다음에 다시 데이터를 삽입하고 마지막에 ROLLBACK을 실행하면, 전체 트랜잭션이 모두 취소된다. 현재 SQL Server는 명시적으로 BEGIN TRAN을 설정했으므로 CREATE TABLE과 같은 DDL 문도 트랜잭션에 포함되기 때문에, 마지막 ROLLBACK 시 테이블 생성 자체도 취소된다. 따라서 최종적으로 SELECT COUNT(*) FROM TAB 문장은 테이블이 존재하지 않아 오류를 발생시킨다.

44 다음 중 DDL이 아닌 것은?
① TRUNCATE
② DROP
③ GRANT
④ ALTER

GRANT는 DCL(Data Control Language)이다.

45 다음 중 실행 시 오류가 발생하는 구간은?

(ㄱ) DBA : GRANT SELECT,UPDATE ON TAB TO USER_A WITH GRANT OPTION ;
(ㄴ) USER_A : GRANT SELECT ON TAB TO USER_B ;
(ㄷ) USER_B : GRANT SELECT ON TAB TO USER_C ;
(ㄹ) DBA : REVOKE UPDATE ON TAB FROM USER_A ;

① ㄱ
② ㄴ
③ ㄷ
④ ㄹ

USER_B는 USER_A로부터 SELECT 권한을 받았지만, 이를 다른 계정에 위임하는 WITH GRANT OPTION은 부여받지 않았다. 따라서 USER_B는 USER_C에게 권한을 줄 수 없어 오류가 발생한다.

46. 다음 SQL 실행 결과로 가장 알맞은 것은?

[EMP] 테이블

ENAME	SAL
A	3000
B	2500
C	4000
D	2000
E	4000
F	1000

```
SELECT ENAME, SAL
    FROM (
        SELECT ENAME, SAL
        FROM EMP
        WHERE SAL > 1000
        ORDER BY SAL DESC
    )
WHERE ROWNUM <= 3
ORDER BY ENAME;
```

①
ENAME	SAL
A	3000
B	2500
C	4000

②
ENAME	SAL
A	3000
C	4000
E	4000

③
ENAME	SAL
E	4000
C	4000
A	3000

④
ENAME	SAL
D	2000
E	4000
F	1000

서브쿼리에서 SAL>1000 조건을 만족하는 행을 급여 내림차순으로 정렬한 후, 그 결과에서 ROWNUM<=3 조건으로 상위 3개 행이 선택된다. 이후 외부에서 ENAME 기준으로 정렬이 적용되고, 최종적으로 선택된 사원은 A(3000), C(4000), E(4000)이며, 이름 순으로 정렬되어 출력된다.

47. 다음 ROLLBACK에 대한 설명으로 올바르지 않은 것은?

① 마지막 COMMIT 이후 변경사항을 모두 복구한다.
② SAVEPOINT와 함께 사용하면 특정 시점까지만 복구할 수 있다.
③ ROLLBACK은 TCL 명령이다.
④ ROLLBACK을 ROLLBACK하면 ROLLBACK 이전 상태로 되돌아간다.

ROLLBACK을 한 번 수행하면 해당 트랜잭션의 변경 사항은 영구 취소되며, 이를 다시 되돌릴 수는 없다.

48 다음 중 외래키 제약조건 위반에 해당하는 것은?

① 부모 테이블에 존재하지 않는 값을 참조
② 동일한 값을 두 번 입력
③ NOT NULL 조건을 무시
④ 숫자 대신 문자열 입력

> 외래키는 부모 테이블의 값만 참조할 수 있으므로 존재하지 않는 값이면 제약 위반이다.

49 다음 SQL 실행 결과로 가장 알맞은 것은?

[EMP] 테이블

ENAME	SAL
A	1000
B	2000
C	3000
D	3000

```
SELECT ENAME
FROM (
    SELECT ENAME, DENSE_RANK() OVER
(ORDER BY SAL DESC) AS RK
    FROM EMP
)
WHERE RK <= 2
ORDER BY ENAME;
```

① A, B, C ② A, B, D
③ B, C, D ④ C, D, B

> 인라인뷰를 풀어보면 SAL 기준 내림차 정렬 후에 DENSE_RANK로 순위를 부여하고 있다. 이 경우 C와 D는 각각 1, B는 2, A는 3이 되며 WHERE RK≤2 조건에 의해 C, D, B가 출력된다. 마지막으로 ORDER BY를 통해 ENAME 기준 오름차 정렬하므로 최종적으로 B, C, D가 출력된다.

50 다음 쿼리의 실행 결과로 올바른 것은?

[TB_EMAIL] 테이블

ID	EMAIL
1	kim@test.com
2	lee@company.co.kr
3	park@domain123.org

```
SELECT ID
     , REGEXP_SUBSTR(EMAIL, '@[^.]+')
AS DOMAIN_PART
  FROM TB_EMAIL;
```

①

ID	DOMAIN_PART
1	@test
2	@company
3	@domain123

②

ID	DOMAIN_PART
1	test
2	company
3	domain123

③

ID	DOMAIN_PART
1	@.com
2	@.co
3	@.org

④

ID	DOMAIN_PART
1	com
2	co
3	org

> 매칭 패턴인 '@[^.]+' 해석은 다음과 같다.
> • @문자로 매칭을 한다(첫 문자가 @이어야 한다는 의미가 아님).
> • [^.] 는 점(.)이 아닌 문자를 의미하고 +는 최소 1개 이상을 의미한다.
> • 즉, @문자를 가지면서 그 뒤에 점(.)이 아닌 문자가 1개 이상인 것을 찾는다.
> • 예를 들어 kim@test.com은 @test가 출력된다.

해설과 함께 보는 기출 유형문제 04회

SQL 개발자 | 소요 시간: 총 90분 | 문항 수: 총 50문항

수험번호 : _____
성   명 : _____

1과목 데이터 모델링의 이해

01 다음은 DB 스키마에 대한 설명이다. 올바르지 않은 것은?

① 외부 스키마 – 사용자 각각의 관점을 의미한다.
② 개념 스키마 – 통합적인 관점을 의미한다.
③ 내부 스키마 – 물리적인 저장 구조 관점을 의미한다.
④ 개념 스키마 – 내부 스키마가 변경되면 개념 스키마를 갱신해야 한다.

데이터베이스는 외부 스키마, 개념 스키마, 내부 스키마의 3단계 구조로 이루어져 있다. 이 구조는 데이터 독립성을 확보하기 위한 것으로, 각 단계는 서로의 변경에 영향을 받지 않아야 한다. 특히, 물리적 저장 구조(내부 스키마)가 변경되더라도 논리적 구조(개념 스키마)는 변경되지 않아야 하며, 이로 인해 응용 프로그램의 논리적 구조가 영향을 받지 않게 된다. 따라서 ④에서 제시한 "개념 스키마를 갱신해야 한다"는 설명은 3단계 구조의 기본 원리에 어긋나므로 올바르지 않은 설명이다.

02 다음 중 ERD(Entity Relationship Diagram)에서 관계(Relationship)에 대한 설명으로 옳지 않은 것은?

① 엔터티 간의 논리적인 연관성을 표현한다.
② 관계는 차수(Cardinality)를 가진다.
③ Barker 방식의 ERD는 선택 관계를 O 기호로 표현한다.
④ 관계는 필수 여부를 ERD에 표현할 수 있다.

③은 IE 표기방식에서의 선택 관계를 표현한 것이다. Barker 표기법은 관계선의 반대편 선을 점선으로 표시함으로써 선택 관계임을 표현할 수 있다.

03 다음은 N:N 관계에 대한 설명이다. 올바르지 않은 것은? (단, 회원 – 상품은 N:N 관계이다.)

① N:N은 엔터티를 1:N, N:1로 분리해야 한다.
② 하나의 상품은 하나의 회원에 의해서만 구매된다.
③ 한 명의 회원은 여러 상품을 구매할 수 있다.
④ N:N 관계는 식별일 수도 비식별일 수도 있다.

N:N 관계는 양쪽이 여러 관계를 가질 수 있으므로 하나의 상품을 여러 회원이 구매할 수 있다. N:N 관계는 구조상 반드시 중간 엔터티를 추가해서 1:N, N:1로 분리해야 한다.

04 다음 중 발생 시점에 따른 엔터티 분류로 올바르지 않은 것은?

① 기본/키 엔터티   ② 유형 엔터티
③ 중심 엔터티   ④ 행위 엔터티

유형 엔터티는 유무형에 따른 엔터티의 분류에 속한다.

05 엔터티의 특징으로 올바르지 않은 것은?

① 엔터티는 1개 이상의 인스턴스가 있어야 한다.
② 엔터티는 반드시 속성이 있어야 한다.
③ 엔터티는 인스턴스를 유일하게 식별할 식별자가 있어야 한다.
④ 엔터티 이름은 데이터 모델에서 유일해야 한다.

엔터티는 집합 개념이므로 인스턴스가 2개 이상 존재해야 한다. 그렇지 않으면 엔터티로 인정되지 않는다.

정답 01 ④ 02 ③ 03 ② 04 ② 05 ①

06 다음 중 BCNF(Boyce−Codd Normal Form) 정규형의 정의로 올바른 것은?

① 모든 결정자가 후보키인 정규형
② 모든 속성이 기본키에 완전 함수 종속된 정규형
③ 이행 함수 종속을 제거한 정규형
④ 원자값만 포함하는 정규형

BCNF는 모든 결정자(함수 종속 좌측 값)가 후보키여야 만족한다.

07 다음 중 식별 관계의 특징으로 올바른 것은?

① 부모 테이블의 기본키가 자식 테이블의 일반 속성으로 들어간다.
② 자식 테이블은 부모 없이 독립적으로 생성될 수 있다.
③ 자식 테이블의 기본키에 부모의 기본키가 포함된다.
④ 양방향 참조가 필요하다.

식별 관계는 부모의 기본키가 자식의 기본키에 포함되는 관계이다.

08 다음 ERD에서 알 수 있는 내용으로 올바르지 <u>않은</u> 것은?

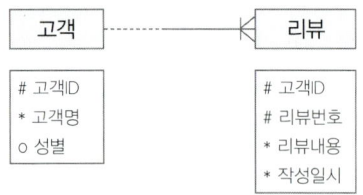

① 고객 성별은 반드시 입력될 필요는 없다.
② 두 엔터티는 비식별관계이다.
③ 고객이 반드시 리뷰를 작성할 필요는 없다.
④ 리뷰내용은 NOT NULL이다.

- Barker 표기법에서는 엔터티 간의 관계에서 식별 관계와 비식별 관계를 관계선 끝단의 모양으로 표현한다.
- 자식 엔터티 쪽 끝이 굵은 막대(|)로 표시되면 이는 식별 관계를 의미하며, 부모 엔터티의 기본키가 자식의 기본키로 승계됨을 뜻한다.
- 반대로 자식 엔터티 쪽 끝에 굵은 막대가 없다면 이는 비식별 관계로, 외래키는 존재하지만 자식의 기본키에는 포함되지 않는다.
- 제시된 ERD에서 리뷰 엔터티는 고객 엔터티에 대해 굵은 막대(|)가 관계선 끝에 표현되어 있으며, 이는 식별 관계임을 명확히 나타낸다.
- Barker 표기법은 NULL 허용 여부를 판단할 수 있으며 * 기호는 NOT NULL, O 기호는 NULLABLE이다.

09 다음 ERD에서 나타나는 식별자에 대한 설명으로 옳지 <u>않은</u> 것은?

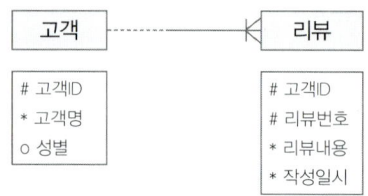

① 리뷰 엔터티는 복합식별자이고 고객 엔터티는 단일식별자이다.
② 고객 엔터티의 고객ID는 내부식별자이고 리뷰 엔터티의 고객ID는 외부식별자이다.
③ 고객과 리뷰 엔터티는 식별관계이다.
④ 고객 엔터티의 주식별자는 고객ID이고, 보조식별자는 고객명이다.

보조식별자란 주식별자가 될 수 있지만 선택되지 않은 나머지 후보키를 의미한다. 보조식별자 또한 유일성과 최소성을 만족해야 하며, 고객명은 중복된 이름이 들어올 수 있으니 보조식별자가 될 수 없다.

10 다음 중 일반 집합 연산자가 <u>아닌</u> 것은?

① UNION
② INTERSECT
③ PROJECTION
④ PRODUCT

PROJECT(ION)은 순수 관계 연산자로 π 기호로 표현하며 SQL의 SELECT와 매칭된다.

2과목 SQL 기본 및 활용

11 다음 중 문법적으로 올바른 SQL 문은?

① SELECT FROM EMPLOYEE *;
② SELECT * WHERE SAL > 3000 FROM EMPLOYEE;
③ SELECT * FROM EMPLOYEE WHERE SAL > 3000;
④ FROM EMPLOYEE SELECT * WHERE SAL > 3000;

①, ②, ④는 모두 문법적으로 오류가 있는 SQL 문이다.

12 다음 SQL 실행 순서로 올바른 것은?

① FROM → WHERE → SELECT → GROUP BY → HAVING → ORDER BY
② FROM → WHERE → GROUP BY → HAVING → SELECT → ORDER BY
③ SELECT → FROM → WHERE → GROUP BY → HAVING → ORDER BY
④ FROM → WHERE → GROUP BY → HAVING → ORDER BY → SELECT

조회 쿼리가 실행되기 위한 올바른 순서는 FROM → WHERE → GROUP BY → HAVING → SELECT → ORDER BY이다.

13 다음 SQL 실행 결과로 가장 알맞은 것은?

```
SELECT ROUND(100.556, 1)
     + CEIL(100.556)
     + FLOOR(100.556)
     + TRUNC(100.556, 1) AS RESULT
  FROM DUAL;
```

① 402.1   ② 402
③ 401.1   ④ 401

- ROUND(100.556, 1) : 소수점 첫째 자리까지 반올림해서 100.6
- CEIL(100.556) : 올림 처리하여 101
- FLOOR(100.556) : 내림 처리하여 100
- TRUNC(100.556, 1) : 소수점 첫째 자리에서 버림 처리하여 100.5

모두 합산하면 402.1이 된다.

14 다음 SQL 실행 결과로 가장 알맞은 것은?

SELECT INITCAP('sQl d') FROM DUAL;

① SQL D
② Sql D
③ sQl D
④ SQLD

INITCAP() 함수는 입력된 문자열을 단어 단위로 구분하여, 각 단어의 첫 글자를 대문자로, 나머지 글자는 소문자로 변환하는 Oracle 문자열 함수이다.
단어의 구분 기준은 공백 문자(SPACE)이다. 따라서 'sQl d'는 두 개의 단어 "sQl"과 "d"로 인식되며, 결과적으로 "Sql D"로 변환된다.

15 다음 중 TCL에 해당하는 명령어만 묶은 것으로 옳은 것은?

① CREATE, ALTER, TRUNCATE
② GRANT, ROLLBACK
③ COMMIT, ROLLBACK
④ INSERT, UPDATE, DELETE

TCL은 트랜잭션 제어로 COMMIT, ROLLBACK 등이 있다.

SQL 명령어 분류

구분	설명	대표 명령어
DDL	데이터 구조 정의	CREATE, ALTER, DROP, TRUNCATE
DML	데이터 조작	INSERT, UPDATE, DELETE
DCL	권한 제어	GRANT, REVOKE
TCL	트랜잭션 제어	COMMIT, ROLLBACK, SAVEPOINT

정답 11 ③ 12 ② 13 ① 14 ② 15 ③

16 다음은 TB_SALE 테이블의 데이터와 쿼리 실행 결과이다. 실행 결과를 만드는 SQL 문으로 가장 알맞은 것은?

[TB_SALE] 테이블

SALE_ID	EMP_ID	SALE_DATE	AMOUNT
1	101	2024-01-01	500
2	101	2024-01-05	700
3	102	2024-01-03	400
4	102	2024-01-04	400
5	103	2024-01-02	900
6	103	2024-01-06	700
7	101	2024-01-07	700
8	102	2024-01-08	800
9	103	2024-01-09	700

[쿼리 실행 결과]

SALE_ID	EMP_ID	AMOUNT	RANK_IN_EMP
2	101	700	1
7	101	700	1
1	101	500	2
8	102	800	1
3	102	400	2
4	102	400	2
5	103	900	1
6	103	700	2
9	103	700	2

①
```
SELECT
    SALE_ID,
    EMP_ID,
    AMOUNT,
    DENSE_RANK() OVER (PARTITION BY EMP_ID ORDER BY AMOUNT DESC) AS RANK_IN_EMP
FROM TB_SALE;
```

②
```
SELECT
    SALE_ID,
    EMP_ID,
    AMOUNT,
    RANK() OVER (PARTITION BY EMP_ID ORDER BY AMOUNT DESC) AS RANK_IN_EMP
FROM TB_SALE;
```

③
```
SELECT
    SALE_ID,
    EMP_ID,
    AMOUNT,
    DENSE_RANK() OVER (ORDER BY AMOUNT DESC) AS RANK_IN_EMP
FROM TB_SALE;
```

④
```
SELECT
    SALE_ID,
    EMP_ID,
    AMOUNT,
    ROW_NUMBER() OVER (PARTITION BY EMP_ID ORDER BY AMOUNT DESC) AS RANK_IN_EMP
FROM TB_SALE;
```

RANK_IN_EMP의 순위가 EMP_ID 별로 따로 부여되는 것으로 보아 PARTITION BY EMP_ID가 사용되었다. AMOUNT 기준 내림차순 정렬하여 순위를 부여하는데 동일한 값은 동 순위, 그다음 값은 순위를 건너뛰지 않으므로 DENSE_RANK()가 적절하다.

17 다음 그룹 함수를 GROUP BY로 순차적으로 풀었을 때 올바른 것은?

```
GROUP BY COL1,
GROUPING SETS(COL1, (COL1, COL2), ())
-- ()는 전체대상을 의미
```

①
```
GROUP BY COL1
GROUP BY COL1, COL2
```

정답 16 ① 17 ②

②
```
GROUP BY COL1
GROUP BY COL1, COL2
GROUP BY COL1
```

③
```
GROUP BY COL1
GROUP BY COL1, COL2, ()
GROUP BY COL1, ()
```

④ 그룹 함수를 사용할 때 다른 컬럼과 혼용할 수 없다.

GROUP BY에 컬럼과 그룹함수가 혼용될 경우 순차적으로 합쳐진다. 먼저 GROUPING SETS를 풀어보면 GROUP BY COL1, GROUP BY COL1, COL2, GROUP BY ()와 동일하며 앞에 COL1을 하나씩 붙여주면 다음과 같다.
- GROUP BY COL1 + COL1 = GROUP BY COL1 → GROUP BY에 동일한 컬럼은 하나만 둬도 됨
- GROUP BY COL1 + COL1 + COL2 = GROUP BY COL1, COL2
- GROUP BY COL1 + () = GROUP BY COL1 → 전체대상과 컬럼이 합쳐질 경우 컬럼으로 만들어짐

따라서 각각 GROUP BY COL1, GROUP BY COL1, GROUP BY COL1, COL2 형태로 집계된다.

18 다음 요청 사항을 적절하게 반영한 쿼리는?

- 기존에 생성되어 있는 EMP 테이블에 등록일시 컬럼을 날짜형으로 추가하려고 한다.
- 이때 값이 입력되지 않아도 기본 SYSDATE로 작동되도록 한다.

①
```
CREATE TABLE EMP ( 등록일시 DATE
DEFAULT SYSDATE ) ;
```

②
```
ALTER TABLE EMP ADD 등록일시 DATE
CONSTRAINT DF_등록일시 DEFAULT
SYSDATE;
```

③
```
ALTER TABLE EMP ADD 등록일시 DATE
NOT NULL;
```

④
```
ALTER TABLE EMP ADD 등록일시 DATE
DEFAULT SYSDATE;
```

기존 테이블에 컬럼을 추가하려면 ALTER TABLE .. ADD 문법을 사용해야 한다. 기본값으로 SYSDATE를 주기 위해 자료형과 함께 DEFAULT SYSDATE를 설정한 ④가 옳은 답이다.

19 다음 중 올바른 설명을 고르면?

① DROP 명령어는 테이블만 삭제할 수 있다.
② DROP과 DELETE는 DML이다.
③ TRUNCATE는 ROLLBACK할 수 있다.
④ TRUNCATE와 DELETE는 테이블 자체를 삭제하진 않는다.

DROP은 테이블을 포함한 뷰, 시퀀스 등 다양한 객체를 삭제할 수 있으며 DDL에 속한다. TRUNCATE는 DDL로 ROLLBACK이 불가능하며, DELETE와 TRUNCATE 모두 실행해도 데이터만 삭제될 뿐 테이블 자체는 남아있다.

20 다음 일련의 쿼리를 실행한 후 행의 개수로 알맞은 것은? (단, 초기 EMP 테이블은 비어 있으며, Oracle 환경이다.)

```
INSERT INTO EMP (EMPNO, ENAME) VALUES
(9001, 'KIM');
SAVEPOINT s1;
INSERT INTO EMP (EMPNO, ENAME) VALUES
(9002, 'PARK');
CREATE TABLE TEMP_EMP (ID NUMBER);
ROLLBACK;
SELECT COUNT(*) FROM EMP;
```

① 0
② 1
③ 2
④ CREATE 문으로 SAVEPOINT가 사라져 ROLLBACK;은 오류가 발생한다.

Oracle에서는 DDL문(CREATE, ALTER, DROP 등)이 실행되면 자동으로 COMMIT이 수행되어 이전 트랜잭션이 종료된다. 따라서 두 번의 INSERT로 입력된 데이터는 CREATE TABLE TEMP_EMP 구문이 실행되는 시점에 영구 반영된다. 이후 ROLLBACK은 마지막 COMMIT 이후의 작업만 되돌릴 수 있으므로, 이미 커밋된 INSERT에는 영향을 주지 않는다. 결과적으로 EMP 테이블에는 두 개의 행이 남으며, SELECT COUNT(*) 결과는 2가 된다.

21 다음 SQL 실행 결과로 가장 알맞은 것은?

[TB_SALE] 테이블

PROD_ID	QTY
P1	10
P1	5
P2	7

```
SELECT PROD_ID, SUM(QTY) AS 수량합계
FROM TB_SALE
GROUP BY PROD_ID;
```

①
PROD_ID	수량합계
P1	15
P2	7

②
PROD_ID	수량합계
P1	7
P2	15

③
PROD_ID	수량합계
P1	10
P2	7

④
PROD_ID	수량합계
P1	5
P2	7

이 쿼리는 TB_SALE 테이블에서 PROD_ID를 기준으로 그룹화한 뒤, 각 그룹의 QTY 합계를 SUM() 함수로 계산한다.
- P1은 10과 5 → 합계 15
- P2는 7만 존재 → 합계 7

따라서 두 개의 행이 결과로 출력되며, PROD_ID별 수량 합계가 나타난다.

22 다음 SQL 실행 결과로 가장 알맞은 것은?

[TB_STUDENT] 테이블

S_ID	GRADE
001	A
002	B
003	A
004	C
005	NULL
006	NULL

```
SELECT COUNT(DISTINCT GRADE) FROM
STUDENT;
```

① 4   ② 3
③ 2   ④ 1

COUNT(DISTINCT 컬럼) 함수는 해당 컬럼에서 중복을 제거하고 난 후의 개수를 계산한다. COUNT(컬럼)은 NULL을 포함하지 않으므로 제외된다. 따라서 GRADE 컬럼에서 A, B, C는 서로 다른 3개의 값이고, NULL은 제외되므로 결과는 3이다.

23 다음 SQL 실행 결과로 가장 알맞은 것은?

[EMP] 테이블

ENAME	SAL
A	3000
B	2000
C	1000
D	4000

```
SELECT ENAME
FROM (
  SELECT ENAME, SAL
  FROM EMP
  ORDER BY SAL DESC
)
WHERE ROWNUM <= 2;
```

①
ENAME	SAL
D	4000
A	3000

②
ENAME	SAL
C	1000
B	2000

③
ENAME
D
A

④
ENAME
A
D

이 쿼리는 EMP 테이블에서 급여(SAL)가 높은 순으로 정렬한 뒤, 상위 2명의 사원 이름(ENAME)을 추출하는 쿼리이다.
내부 서브쿼리에서 먼저 SAL DESC로 정렬된 결과를 생성하고, 외부 쿼리에서 ROWNUM <= 2 조건으로 상위 2명만 선택한다. 따라서 급여 상위 2명인 대상의 ENAME인 D, A가 출력된다.

24 다음 쿼리의 실행했을 때 출력되는 컬럼으로 올바른 것은? (단, TAB1과 TAB2의 COL1, COL2, COL3, COL4는 모두 숫자형이다.)

```
SELECT COL1, COL2, 10 AS COL3
  FROM TAB1
  UNION ALL
SELECT COL3, COL4, 20 AS COL6
  FROM TAB2
  WHERE COL3 <= 10;
```

① COL1, COL2, COL3
② COL3, COL4, COL6
③ COL1, COL2, 10
④ 컬럼명이 달라서 오류 발생

집합 연산자를 사용할 때 전체 SELECT 문의 출력 컬럼명은 첫 번째 SELECT 절의 컬럼명(혹은 별칭)이 기준이 된다. 따라서 컬럼명이 서로 달라도 위 컬럼에 맞춰 COL1, COL2, COL3으로 출력된다.

25 다음 SQL 실행으로 출력되는 값을 올바르게 나열한 것은?

[TB_PRODUCT] 테이블

CATEGORY	PRICE
A	100
A	200
B	150
C	200
C	NULL

```
SELECT CATEGORY
FROM TB_PRODUCT
GROUP BY CATEGORY
HAVING AVG(PRICE) >= 150;
```

① A
② A, B
③ A, C
④ A, B, C

CATEGORY 별로 AVG(PRICE)를 구하면 다음과 같다.
• A일 때 (100+200)/2 = 150
• B일 때 (150)/1 = 150
• C일 때 (200)/1 = 200 → AVG 집계 시 NULL은 무시하고 그 개수만큼 분모에서 제외함
따라서 HAVING AVG(PRICE) ≥ 150에 모두 만족하므로 A, B, C가 출력된다.

26 다음 중 ORDER BY와 관련된 설명으로 옳지 않은 것은?

① ASC는 오름차순 정렬을 의미한다.
② DESC는 내림차순 정렬을 의미한다.
③ ORDER BY는 WHERE 절 앞에 작성한다.
④ ORDER BY는 SELECT 절 이후에 실행된다.

ORDER BY는 SQL 문장의 가장 마지막에 작성되어야 한다.

27 집합 연산자에 대한 설명으로 올바르지 않은 것은?

```
SELECT ...
집합연산자
SELECT ...
```

① 집합 연산자 이용 시 위아래 쿼리의 컬럼명은 동일해야 한다.
② 집합 연산자 이용 시 위아래 쿼리의 컬럼 자료형은 동일해야 한다.
③ 집합 연산자 이용 시 위아래 쿼리의 컬럼 개수는 동일해야 한다.
④ 집합 연산자 이용 시 ORDER BY는 전체 결과에 대해 마지막에만 사용할 수 있다.

SQL의 집합 연산자(UNION, UNION ALL, INTERSECT, MINUS)는 두 SELECT 문의 컬럼 개수와 자료형 호환성만 일치하면 실행 가능하며, 컬럼 이름은 일치하지 않아도 무방하다. 최종 출력 컬럼명은 첫 번째 SELECT 절을 따른다. 또한, ORDER BY는 전체 집합 결과에 대해 마지막에 한 번만 사용할 수 있다.

28 다음 중 MAX() 함수에 대한 설명으로 올바른 것은?

① NULL 값을 포함하여 가장 큰 값을 찾는다.
② 숫자형 컬럼에만 적용 가능하다.
③ 그룹 내 가장 큰 값을 반환한다.
④ SELECT 절에서만 사용할 수 있다.

MAX 함수는 집계 함수이며, 그룹 내에서 가장 큰 값을 계산할 때 사용된다. GROUP BY 절과 함께 사용할 경우 각 그룹별로 최댓값을 구할 수 있다. 이 함수는 숫자형뿐만 아니라 문자형, 날짜형 컬럼에도 적용 가능하며, NULL 값은 계산에서 제외된다. 또한 MAX 함수는 SELECT 절 외에도 HAVING 절, 서브쿼리, ORDER BY 절 등 다양한 위치에서 사용할 수 있다. 따라서 보기 중에서 올바른 설명은 ③이다.

29 다음 중 아래 쿼리의 의미를 올바르게 해석한 것은? (단, TB_CUSTOMER는 고객, TB_ORDER는 주문 테이블이며, 고객과 주문 테이블은 1:다 관계이다.)

```
SELECT *
  FROM TB_CUSTOMER C
 WHERE NOT EXISTS (
        SELECT 1
        FROM TB_ORDER O
        WHERE O.CUST_ID = C.CUST_ID
 );
```

① 주문을 한 고객만 조회하는 쿼리이다.
② 고객 테이블과 주문 테이블의 모든 데이터를 조인한 결과를 조회한다.
③ 고객과 주문 정보 중 CUST_ID가 동일한 경우만 조회한다.
④ 주문을 한 번도 하지 않은 고객만 조회한다.

이 쿼리는 NOT EXISTS 문법을 활용해서 TB_ORDER에 CUST_ID가 없는 고객만 추출한다. 메인 쿼리의 CUST_ID 컬럼을 서브쿼리에 넣어서 조회해보고 출력값이 없으면 메인 쿼리의 값을 반환한다. 즉, 주문을 한 적이 없는 고객만 조회한다.

30 다음 쿼리와 동일한 결과를 반환하는 쿼리로 올바른 것은?

```
SELECT *
  FROM TAB1
 WHERE (COL1, COL2) IN (('A', 'B'),
('C', 'D'));
```

①
```
SELECT *
  FROM TAB1
 WHERE COL1 = 'A' OR COL2 = 'B' OR
COL1 = 'C' OR COL2 = 'D';
```

②
```
SELECT *
  FROM TAB1
 WHERE (COL1 = 'A' AND COL2 = 'B')
OR (COL1 = 'C' AND COL2 = 'D');
```

③
```
SELECT *
  FROM TAB1
 WHERE COL1 IN ('A', 'C') AND COL2
IN ('B', 'D');
```

④
```
SELECT *
  FROM TAB1
 WHERE COL1 = COL2;
```

다중 컬럼 서브쿼리 (COL1, COL2) IN(('A', 'B'), ('C', 'D'));는 내부적으로 AND 조건을 쓰고 외부적으로 OR 조건을 사용해 매칭한다.

31 KING 사원을 기준으로 하위 직원 전체를 계층 조회하는 쿼리를 모두 고르면?

[EMP] 테이블

EMPNO	ENAME	MGR
100	KING	NULL
101	JONES	100
102	SCOTT	101
103	ADAMS	102
104	SMITH	103
105	ALLEN	101

①
```
SELECT *
  FROM EMP
 START WITH MGR IS NULL
CONNECT BY PRIOR EMPNO = MGR;
```

②
```
SELECT *
  FROM EMP
 START WITH EMPNO = 100
CONNECT BY PRIOR MGR = EMPNO;
```

③
```
SELECT *
  FROM EMP
 START WITH EMPNO = 100
CONNECT BY PRIOR EMPNO = MGR;
```

④
```
SELECT *
  FROM EMP
CONNECT BY EMPNO = PRIOR MGR;
```

계층형 쿼리에서 START WITH 절은 계층의 시작점이 되는 루트 노드를 지정하고, CONNECT BY 절은 부모와 자식 간의 연결 조건을 지정한다. CONNECT BY PRIOR EMPNO = MGR은 부모의 EMPNO가 자식의 MGR과 같을 때 관계를 연결하는 구조이다. 따라서 ③은 EMPNO가 100인 KING 사원을 루트로 하여, 하위 직원을 모두 계층적으로 조회하는 쿼리이다.

오답 피하기

② PRIOR MGR = EMPNO 조건이 잘못되어 부모-자식 관계가 역으로 연결된다.
④ START WITH 절이 없어서 루트가 명확하지 않으며, 연결 조건 또한 일반적으로 사용되는 방향과 다르다.

정답 30 ② 31 ①, ③

32 다음 SQL 실행 결과로 가장 알맞은 것은?

[T1] 테이블

ID	NAME
1	A
2	B

[T2] 테이블

ID	LOC
1	SEOUL
3	BUSAN

```
SELECT T1.ID, NAME, LOC
    FROM T1 LEFT OUTER JOIN T2 ON T1.ID
= T2.ID
UNION
SELECT T1.ID, NAME, LOC
    FROM T1 RIGHT OUTER JOIN T2 ON T1.ID
= T2.ID
```

①
ID	NAME	LOC
1	A	SEOUL
2	B	NULL
NULL	NULL	BUSAN

②
ID	NAME	LOC
1	A	SEOUL
2	B	NULL
3	NULL	BUSAN

③
ID	NAME	LOC
1	A	SEOUL
3	B	BUSAN

④
ID	NAME	LOC
1	A	SEOUL

T1과 T2를 LEFT OUTER JOIN하면 아래 결과가 나온다. (ID는 T1 테이블의 ID)

ID	NAME	LOC
1	A	SEOUL
2	B	NULL

T1과 T2를 RIGHT OUTER JOIN하면 아래 결과가 나온다. (ID는 T1 테이블의 ID)

ID	NAME	LOC
1	A	SEOUL
NULL	NULL	BUSAN

둘을 UNION할 경우 ID, NAME, LOC를 조합한 중복이 없으므로 아래와 같이 출력된다.

ID	NAME	LOC
1	A	SEOUL
2	B	NULL
NULL	NULL	BUSAN

33 다음 SQL 실행 결과로 가장 알맞은 것은?

[TBL] 테이블

C1	C2
10	NULL
NULL	20
NULL	NULL

```
SELECT NVL(SUM(C1) + SUM(C2), 0) AS TOTAL
   FROM TBL;
```

① 30　② 0
③ NULL　④ 10

SUM(C1)은 NULL을 제외하고 합계가 10이다. SUM(C2)는 NULL 제외하고 합계가 20이다. 둘을 더하면 30이 되므로 NVL(30, 0)은 30이 출력된다.

정답 32 ① 33 ①

34 다음 테이블 정의를 기준으로, INSERT 실행 시 오류가 발생하는 구문을 고르면?

```
CREATE TABLE EMP (
  EMPNO   NUMBER PRIMARY KEY,
  ENAME   VARCHAR2(10) NOT NULL,
  DEPTNO  NUMBER DEFAULT 10,
  SAL     NUMBER DEFAULT 0
);
```

①
```
INSERT INTO EMP (EMPNO, ENAME, SAL) VALUES (1001, 'KING', 5000);
```

②
```
INSERT INTO EMP (EMPNO, ENAME, DEPTNO, SAL) VALUES (1002, 'SCOTT', NULL, 3000);
```

③
```
INSERT INTO EMP (EMPNO, ENAME, SAL) VALUES (1003, NULL, 4000);
```

④
```
INSERT INTO EMP (EMPNO, ENAME, SAL) VALUES (1004, 'FORD', -100);
```

③은 ENAME이 NOT NULL이므로 NULL 데이터를 입력할 수 없다.

---

35 다음 중 집합 연산자 중 중복 제거를 하지 <u>않는</u> 것은?

① UNION
② UNION ALL
③ INTERSECT
④ MINUS

UNION ALL만 중복을 제거하지 않고 전체 결과를 반환한다.

---

36 다음 SQL의 의도로 올바른 것은?

```
SELECT *
FROM EMP
WHERE SAL > (SELECT AVG(SAL) FROM EMP);
```

① 모든 직원 조회
② 평균 급여보다 높은 직원 조회
③ 급여가 NULL인 직원 조회
④ 평균 급여 구하기

서브쿼리를 통해 평균 급여를 구하고, 그보다 높은 직원 조회한다.

---

37 다음 SQL에서 오류가 발생하는 이유는?

```
SELECT *
FROM EMP
NATURAL JOIN DEPT
ON EMP.DEPTNO = DEPT.DEPTNO;
```

① NATURAL JOIN은 FULL OUTER JOIN 만 허용되어서
② JOIN 대상 테이블이 동일해서
③ SELECT에 컬럼을 명시하지 않아서
④ NATURAL JOIN은 ON 절을 허용하지 않아서

NATURAL JOIN은 자동 조건으로 조인되며, ON 절을 작성하면 오류가 발생한다.

정답 34 ③ 35 ② 36 ② 37 ④

38 다음 중 전화번호 형식(000-0000-0000)에 하이픈(-)이 포함된 고객만 조회하는 SQL은?

[TB_CUSTOMER] 테이블

CUST_ID	PHONE
101	010-1234-5678
102	010-9876-4321
103	01012345678

①
```
SELECT *
  FROM CUSTOMERS
 WHERE REGEXP_LIKE(PHONE, '^[0-9]{11}$');
```

②
```
SELECT *
  FROM CUSTOMERS
 WHERE REGEXP_LIKE(PHONE, '-');
```

③
```
SELECT *
  FROM CUSTOMERS
 WHERE REGEXP_LIKE(PHONE, '^[0-9\-]+$');
```

④
```
SELECT *
  FROM CUSTOMERS
 WHERE REGEXP_LIKE(PHONE, '^[0-9]{3}-[0-9]{4}-[0-9]{4}$');
```

정확한 매칭은 ④에서 가능하며 ^[0-9]{3} 는 숫자로 시작하면서 3번 매칭, 그다음 '-' 기호가 오고 숫자 4자리 매칭, 그다음 '-' 기호가 오고 숫자 4자리를 매칭한다.

오답 피하기
① 하이픈 없이 11자리 숫자일 때만 매칭된다.
② 단순히 -가 포함되었는지만 보고 있으므로 올바른 패턴이 아니다.
③ -로도 시작할 수 있어 올바른 패턴이 아니다.

39 다음 중 올바른 이메일 형식을 조회하는 SQL은? (단, @과 .이 포함되어야 하며 @ 앞은 숫자, 영대소문자 가능, @와 .뒤는 영어 소문자만 가능)

[EMP] 테이블

EMPNO	EMAIL
1001	kim@test.com
1002	lee@test
1003	park99@test.net

①
```
SELECT *
  FROM EMP
 WHERE REGEXP_LIKE(EMAIL, '^[a-zA-Z0-9_]+@[a-z]+\.[a-z]+$');
```

②
```
SELECT *
  FROM EMP
 WHERE REGEXP_LIKE(EMAIL, '@');
```

③
```
SELECT *
  FROM EMP
 WHERE REGEXP_LIKE(EMAIL, '^[a-zA-Z]+$');
```

④
```
SELECT *
  FROM EMP
 WHERE REGEXP_LIKE(EMAIL, '.*\.com$');
```

①은 요구사항에 맞는 이메일을 찾을 수 있는 패턴 식으로 [a-zA-Z0-9_]는 영어 대소문자나 숫자, 언더바로 시작을 하면서 +기호는 최소 1회 이상 매칭을 의미한다. 그다음 @ 기호가 온 후에 영어 소문자가 최소 1회 이상 오고 점(.)이 온다. 이때 이스케이프(\)기호가 붙은 이유는, 원래 .이 문자 하나를 매칭하는 특수한 역할을 제공하기 때문에 특수 기능을 제거하고 일반 문자로 인식하도록 하기 위함이다. 그다음 영어 소문자가 최소 1회 이상 오고 문자열의 끝($)을 표시한다.

40. 다음 중 숫자를 제거하고 이름만 조회하는 정규 표현식으로 올바른 것은?

[TB_CUSTOMER] 테이블

CUST_ID	NAME
1	Kim99
2	Lee22A
3	Park

①
```
SELECT NAME
  FROM TB_CUSTOMER
 WHERE REGEXP_REPLACE(NAME, '[0-9]', '') = NAME;
```

②
```
SELECT REGEXP_REPLACE(NAME, '[0-9]', '')
  FROM TB_CUSTOMER;
```

③
```
SELECT REPLACE(NAME, '[0-9]', '')
  FROM TB_CUSTOMER;
```

④
```
SELECT REGEXP_REPLACE(NAME, '[^0-9]', '')
  FROM TB_CUSTOMER;
```

REGEXP_REPLACE 함수는 지정된 패턴과 일치하는 문자열을 치환한다. ②는 전체 내용 중 [0-9] 패턴을 찾아서 빈 문자열로 바꾸므로 숫자를 제거한 결과가 출력된다.

오답 피하기
① 의미가 NAME 컬럼에서 숫자를 빈 문자열로 치환한 값과 원래 NAME 이 똑같은지 묻는 것으로 Park 하나만 출력되어 원하는 결과가 아니다.
③ REPLACE 문법은 패턴을 인식하지 못하므로 그저 [0-9]라는 문자를 빈칸으로 바꾸라고 인식해버린다.
④ 숫자가 아닌 값을 빈값으로 매칭하므로 값이 Kim99 → 99와 같이 나오 게 된다.

41. 다음 중 DDL(Data Definition Language)에 해당하는 명령어는?

① INSERT
② GRANT
③ CREATE
④ ROLLBACK

CREATE는 테이블, 뷰 등을 생성하는 명령어로 DDL에 속한다.

42. DEPT 테이블이 존재하지 않을 때 아래 쿼리의 실행 결과로 올바른 것은?

```
CREATE TABLE EMP (
  EMPNO NUMBER PRIMARY KEY,
  ENAME VARCHAR2(20) NOT NULL,
  DEPTNO NUMBER,
   CONSTRAINT FK_DEPT FOREIGN KEY (DEPTNO) REFERENCES DEPT(DEPTNO)
);
```

① 정상적으로 생성된다.
② 외래키가 무시되고 정상적으로 생성된다.
③ EMP 생성에 실패한다.
④ 먼저 생성되고 DEPT 테이블을 만들면 자동으로 외래키를 생성한다.

참조 테이블(DEPT)이 존재하지 않으면 외래키 설정 시 참조할 테이블이 없어 오류가 발생한다. 따라서 EMP 테이블도 생성되지 않는다.

정답 40 ② 41 ③ 42 ③

43 다음 중 제품별 월별 판매 합계액을 열(Column)로 나열하는 SQL은?

[TB_SALE] 테이블

PROD_ID	MONTH	AMOUNT
P1	1	100
P1	2	150
P2	1	200
P2	2	300

①
```
SELECT *
  FROM TB_SALE
  PIVOT (SUM(AMOUNT) FOR MONTH IN (1, 2));
```

②
```
SELECT *
  FROM TB_SALE
  PIVOT (AMOUNT FOR MONTH IN (1, 2));
```

③
```
SELECT *
  FROM TB_SALE
  PIVOT (SUM(AMOUNT) FOR PROD_ID IN ('P1', 'P2'));
```

④
```
SELECT *
  FROM TB_SALE
  PIVOT (SUM(AMOUNT) FOR MONTH);
```

제품별로 월별 판매 합계액을 열(Column)로 나열하는 SQL문은 ①로, 아래와 같이 출력된다.

PROD_ID	1	2
P1	100	150
P2	200	300

오답 피하기
② 집계 함수가 없어 PIVOT 문법 오류가 발생한다.
③ MONTH가 아니라 PROD_ID를 기준으로 컬럼을 전환하므로 원하는 형태가 아니다.
④ FOR 컬럼 뒤에 IN으로 값을 부여하지 않아 문법 오류가 발생한다.

44 다음 중 각 월의 값을 행(Row) 단위로 변환하여 컬럼을 MONTH, AMOUNT로 표현하는 SQL은? (단, MONTHLY_TOTAL 테이블은 현재 PIVOT 되어있다.)

[MONTHLY_TOTAL] 테이블

PROD_ID	JAN	FEB	MAR
P1	100	120	90
P2	200	180	150

[UNPIVOT한 결과]

PROD_ID	MONTH	AMOUNT
P1	JAN	100
P1	FEB	120
P1	MAR	90
P2	JAN	200
P2	FEB	180
P2	MAR	150

①
```
SELECT *
  FROM MONTHLY_TOTAL
  UNPIVOT (AMOUNT FOR MONTH IN ('JAN', 'FEB', 'MAR'));
```

②
```
SELECT *
  FROM MONTHLY_TOTAL
  UNPIVOT (MONTH FOR AMOUNT IN (JAN, FEB, MAR));
```

③
```
SELECT *
  FROM MONTHLY_TOTAL
  UNPIVOT (AMOUNT IN (JAN, FEB, MAR));
```

④
```
SELECT *
  FROM MONTHLY_TOTAL
  UNPIVOT (AMOUNT FOR MONTH IN (JAN, FEB, MAR));
```

오답 피하기

① IN 안에 UNPIVOT할 컬럼을 입력해야 하는데 문자열이 입력되어 오류가 발생한다.
② AMOUNT가 아닌 MONTH가 입력되어야 하므로 변환하고자 하는 대상이 잘못되었다. 이 경우 AMOUNT 컬럼 안에 'JAN', 'FEB' .. 가 들어가게 된다.
③ 컬럼 FOR .. 이 누락되었다.

45 다음 중 NOT NULL 제약조건을 위반하는 경우는?

① 값이 없는 상태로 INSERT한다.
② 유일한 값을 두 번 INSERT한다.
③ 부모 테이블이 없는 외래키를 참조한다.
④ CHECK 제약조건과 충돌한다.

NOT NULL 제약이 설정된 컬럼에 NULL을 삽입하면 오류가 발생한다.

46 다음 SQL 실행 결과 출력되는 행의 개수로 올바른 것은?

[TB_SALE] 테이블

REGION	SALE_AMOUNT
A	100
B	200
A	300
B	400

```
SELECT COUNT(*)
    FROM (
        SELECT REGION, SUM(SALE_AMOUNT)
        FROM TB_SAIL
        GROUP BY ROLLUP(REGION)
);
```

① 4   ② 2
③ 3   ④ 5

GROUP BY ROLLUP(REGION)은 각각 GROUP BY로 풀면 GROUP BY(REGION), GROUP BY()가 된다. REGION으로 그룹핑할 때 2행이 출력되고, 전체를 대상으로 그룹핑할 때 1행이 출력되어 총 3행이 출력된다.

47 다음 쿼리에 대한 설명으로 올바른 것은?

```
SELECT ENAME, DENSE_RANK() OVER (ORDER BY SAL DESC) AS R
FROM EMP;
```

① SAL이 큰 것부터 순위를 부여하되, 고유한 번호를 부여한다.
② SAL이 큰 것부터 순위를 부여하되, 동일한 순위는 건너뛴다.
③ SAL이 큰 것부터 순위를 부여하되, 동일한 순위는 건너뛰지 않는다.
④ SAL이 큰 것부터 순위를 부여하되 무작위로 부여한다.

DENSE_RANK는 내림차순으로 순위를 매기되, 동일값은 같은 순위를 부여하고 순서를 건너뛰지 않는다.

48 다음 SQL 실행 결과로 가장 알맞은 것은? (단, Oracle 기준이다.)

```
CREATE TABLE TAB (
    COL1 VARCHAR2(10)
);
INSERT INTO TAB VALUES('50');
INSERT INTO TAB VALUES('100');
INSERT INTO TAB VALUES('90');
SELECT 100 + MAX(COL1) FROM TAB ;
```

① 100100   ② 190
③ 200   ④ 10090

COL1은 문자형 데이터이므로 MAX는 문자 기준 가장 큰 값인 '90'을 반환한다. 이는 문자 기준 '1' 보다 '9'가 크기 때문이다. 그다음 100 + '90' 연산에서 연산자의 자료형을 맞추기 위해 Oracle은 자동형 변환을 시도한다. 이때 문자가 숫자로 변환되므로 100 + TO_NUMBER('90')인 190이 된다.

49 다음 테이블을 생성한 후 SQL을 실행했을 때 오류가 발생하는 것을 바르게 짝지은 것은? (단, ㄱ~ㅂ은 순서대로 실행된다.)

```
CREATE TABLE DEPT (
  DEPT_ID    VARCHAR2(10),
  DEPT_NAME VARCHAR2(50),
   CONSTRAINT PK_DEPT PRIMARY KEY
(DEPT_ID)
);

CREATE TABLE EMP (
  EMP_ID    VARCHAR2(10),
  EMP_NAME VARCHAR2(10),
  DEPT_ID   VARCHAR2(10),
   CONSTRAINT PK_EMP PRIMARY KEY (EMP_ID),
   CONSTRAINT FK_EMP_DEPT FOREIGN KEY
(DEPT_ID) REFERENCES DEPT(DEPT_ID)
);
```

(ㄱ) INSERT INTO DEPT VALUES (10, 'SALES');
(ㄴ) INSERT INTO DEPT(DEPT_ID) VALUES ('D01');
(ㄷ) INSERT INTO EMP VALUES ('E001', 'ELSA', '10');
(ㄹ) INSERT INTO EMP VALUES ('E002', 'KYE', 'D02');
(ㅁ) UPDATE EMP SET EMP_NAME = 'JAMES TAEWOO' WHERE EMP_ID = 'E001';
(ㅂ) DELETE FROM EMP WHERE DEPT_ID = 'D02';

① ㄹ, ㅁ   ② ㄱ, ㅂ
③ ㄹ, ㅂ   ④ ㄱ, ㄴ

(ㄹ) EMP가 참조하는 DEPT_ID 중에 'D02' 값이 없으므로 참조 무결성 오류가 발생한다.
(ㅁ) EMP_NAME의 최대 입력 길이가 문자 10 BYTE인데, JAMES TAEWOO는 12 BYTE이므로 오류가 발생한다.
나머지는 모두 정상 실행된다.

50 Oracle 12c에서 도입된 ROW LIMITING 절을 활용하여 "1, 2, 3월 매출 합계 기준 매출이 많은 상위 3개 제품"을 조회하려고 한다. 다음 중 올바른 SQL 문은 무엇인가?

①
```
SELECT *
FROM MONTHLY_TOTAL
ORDER BY JAN + FEB + MAR DESC
FETCH FIRST 3 ROWS ONLY;
```

②
```
SELECT *
FROM MONTHLY_TOTAL
WHERE ROWNUM <= 3
ORDER BY JAN + FEB + MAR DESC;
```

③
```
SELECT *
FROM (SELECT * FROM MONTHLY_TOTAL
ORDER BY JAN + FEB + MAR DESC)
WHERE ROWNUM <= 3;
```

④
```
SELECT *
FROM MONTHLY_TOTAL
ORDER BY JAN + FEB + MAR
LIMIT 3;
```

Oracle 12c부터 지원하는 ROW LIMITING 기술은 FETCH FIRST n ROWS ONLY 구문을 활용해서 정렬 후 상위 n개 데이터를 가져올 수 있다. 해당 기준 이전에는 ③과 같이 인라인 뷰로 미리 정렬된 테이블을 ROWNUM으로 필터링했던 반면, 기준 적용 이후에는 더 직관적으로 TOP-N을 구현할 수 있게 되었다. ROW LIMITING의 경우 ORDER BY가 먼저 실행된 후에 FETCH FIRST 3 ROWS ONLY가 적용되며, FETCH FIRST 3 ROWS ONLY는 "상위 3개 행만 가져오라"라는 의미이다.

해설과 함께 보는 기출 유형문제 05회

SQL 개발자 | 소요 시간: 총 90분 | 문항 수: 총 50문항

수험번호 : _____
성　명 : _____

1과목 데이터 모델링의 이해

01 다음 중 데이터베이스 독립성에 대한 설명으로 옳지 않은 것은?

① 데이터베이스는 내부적으로 외부 스키마, 개념 스키마, 물리 스키마 3단계 구조로 나뉜다.
② 개념 스키마는 하나의 통합적 관점을 제공한다.
③ 논리적 독립성이란 개념 스키마가 변경되어도 외부 사용자에게 영향을 주지 않는다는 의미이다.
④ 물리적 독립성이란 물리적인 저장 구조가 바뀌어도 개념 스키마에 영향을 주지 않는다는 의미이다.

> 데이터베이스는 ANSI-SPARC에서 정의한 3단계 스키마 구조로 외부(External) 스키마, 개념(Conceptual) 스키마, 내부(Internal) 스키마를 포함한다.

02 다음 중 엔터티의 명명규칙으로 올바르지 않은 것은?

① 현업 용어를 사용한다.
② 약어를 자주 사용한다.
③ 단수형 명사를 사용한다.
④ 이름은 데이터 모델에서 유일해야 한다.

> 약어를 사용하게 되면 직관성과 가독성이 떨어지고 다른 사람들과 협업이 어려워진다. 따라서 약어는 가급적 지양하고, 필요할 경우 협의를 거쳐야 한다.

03 다음 시나리오에서 도출하는 특성에 따른 속성 분류로 올바른 것은?

[시나리오]
- OO대학은 A학과, B학과, C학과가 존재하며 각각 A, C학과는 공학, B학과는 사회계열이다.
- A학과는 학생수가 10명, B학과는 21명, C학과는 25명이다.
- 학과로 PRIMARY KEY를 관리하기가 부담스러워 학과ID 속성을 추가했다.
- 새로운 학과가 추가될 때마다 학과계열학생수 컬럼에 학과계열별 학생수의 합계를 구해 업데이트한다.

① 기본 속성 : 학과ID, 학과계열, 학생수, 학과계열별학생수, 학과ID | 파생 속성 : 없음 | 설계 속성 : 없음
② 기본 속성: 학과명 | 파생 속성 : 학생수, 학과계열별학생수 | 설계 속성 : 학과계열, 학과ID
③ 기본 속성: 학과ID, 학과명, 학과계열, 학생수 | 파생 속성 : 학과계열별학생수 | 설계 속성 : 없음
④ 기본 속성: 학과명, 학과계열, 학생수 | 파생 속성 : 학과계열별학생수 | 설계 속성 : 학과ID

> 학과명, 학과계열, 학생수는 본연적으로 사용되는 속성이다. 학과ID는 편의를 위해서 학과명 대신 식별용으로 추가한 설계 속성이다. 학과계열학생수 컬럼은 학과계열과 학생수 컬럼을 통해 계산되는 속성이므로 파생 속성이다.

정답 01 ① 02 ② 03 ④

04 다음 중 비식별 관계에 대한 설명으로 가장 적절한 것은?

① 자식 테이블이 부모의 기본키를 반드시 상속받는다.
② 자식 테이블은 독립적인 기본키를 가질 수 있다.
③ 부모 테이블 없이 자식 테이블이 생성될 수 없다.
④ 부모와 자식은 항상 1:1 관계를 맺는다.

비식별 관계는 자식이 부모의 기본키를 기본키로 포함하지 않아도 되는 관계이다.

05 다음 중 정규화(정규형)에 대한 설명으로 옳지 않은 것은?

① 제1정규형은 속성의 원자성을 보장한다.
② 제2정규형은 부분 함수 종속을 제거한다.
③ 제3정규형은 결정자 후보키가 아닌 속성도 허용한다.
④ BCNF는 모든 결정자가 후보키인 상태이다.

제3정규형은 후보키가 아닌 속성이 결정자가 될 수 없다. 즉, 일반 속성이 다른 일반 속성을 이행적으로 종속하는 이행 종속 상태를 제거해야 한다.

06 다음 관계 체크 사항으로 올바르지 않은 것은?

① 두 엔터티 사이에 관심 있는 연관 규칙이 있는가?
② 두 엔터티 사이에 정보의 조합이 발생하는가?
③ 업무기술서, 장표에 관계 연결에 대한 규칙이 서술되어 있는가?
④ 업무기술서, 장표에 관계 연결을 가능하게 하는 명사(Noun)가 있는가?

관계의 이름은 명사(Noun)가 아니라 동사(Verb) 형태로 표현해야 한다. 이는 두 엔터티 간의 논리적인 관계를 명확히 나타내기 위해서이다. 예를 들어, "보유하다", "작성하다", "속한다"와 같이 행위를 나타내는 동사형 표현을 사용하여 관계명을 정의해야 한다.

07 다음 중 제약조건에 대한 설명으로 올바르지 않은 것은?

① PRIMARY KEY : NULL과 중복을 허용하지 않는다.
② UNIQUE KEY : NULL은 허용하고 중복은 허용하지 않는다.
③ FOREIGN KEY : NULL을 허용하지 않으며, 참조하는 컬럼의 값만 사용할 수 있다.
④ NOT NULL : NULL을 허용하지 않는다.

FOREIGN KEY는 NULL 값을 허용할 수 있으며, NULL이 아닌 경우에는 참조 무결성을 만족해야 한다. 참조 무결성이란, 자신이 참조하는 컬럼의 값만 사용할 수 있다는 의미이다.

08 다음 중 속성(Attribute)에 대한 설명으로 옳지 않은 것은?

① 전체 데이터 모델에서 유일해야 한다.
② 엔터티는 하나 이상의 속성을 가져야 한다.
③ 속성은 식별자 역할을 할 수 있다.
④ 하나의 속성은 하나의 값만 가져야 한다.

속성은 해당 엔터티 내에서만 유일해도 된다. 즉 다른 엔터티에서 똑같은 속성명을 사용할 수 있다. 하지만 가급적 데이터 모델 전체에 유일한 속성명을 확보하는 것을 권고한다. 엔터티의 구성 요건 중 하나로 최소한 한 개 이상의 속성을 가져야 한다. 속성을 이용해서 식별자를 선택하며, 하나의 속성의 하나의 속성값만 있어야 한다(도메인 원자성).

09 다음 중 NULL의 의미로 적절한 것은?

① 숫자 0과 동일한 의미이다.
② 공백과 동일한 의미이다.
③ 값이 정해지지 않았다는 의미이다.
④ 문자열 'NULL'을 입력해도 동일하게 작동한다.

NULL은 값이 존재하지 않거나 아직 입력되지 않은 상태를 의미한다. 숫자 0, 공백, 문자열 'NULL'과는 모두 다른 개념이며, 이들과 동일하게 처리되지 않는다.

정답 04 ② 05 ③ 06 ④ 07 ③ 08 ① 09 ③

10 다음 ERD 모델에 대한 설명으로 올바르지 않은 것은? (단, 학생과 교수 엔터티는 배타 관계이다.)

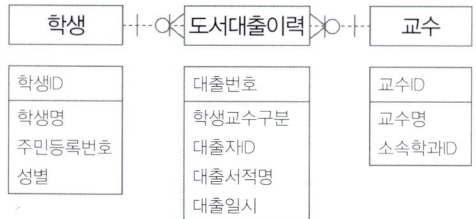

① 학생ID와 교수ID는 상호 간에 동일할 수 없다.
② 학생과 도서대출이력은 비식별 관계이다.
③ 대출서적명은 NULL 입력이 가능하다.
④ 학생ID와 교수ID를 UNION한 결과와, UNION ALL한 결과는 모두 동일한 값을 반환한다.

IE 표기법은 NULL 여부를 알 수 없다.

오답 피하기

①, ④ 학생과 교수는 배타적 관계이므로 상호 간에 겹치는 데이터가 있을 수 없다. 따라서 중복도 없으니 UNION, UNION ALL은 동일한 결과를 반환한다.
② 학생과 도서대출이력 사이 선이 점선으로, IE 표기법에서의 비식별 관계를 표현하고 있다.

2과목 SQL 기본 및 활용

11 다음 SQL 실행 결과로 가장 알맞은 것은?

[TAB] 테이블

COL1	COL2
A	1
A	1
A	2
B	1
B	1
C	2

SELECT DISTINCT COL1, COL2 FROM TAB;

①
COL1	COL2
A	1
A	2
B	1
C	2

②
COL1	COL2
A	1
B	1
C	2

③
COL1
A
B
C

④
COL1	COL2
A	1
A	1
A	2
B	1
B	1
C	2

DISTINCT COL1, COL2는 두 컬럼을 조합해서 중복을 제거한다. 따라서 (A, 1)과 (A, 2)는 별개이므로 ① 이 정답이다.

12 다음 SQL 실행 결과로 가장 알맞은 것은?

```
SELECT CONCAT('A', CONCAT('B', 'C'))
AS RESULT FROM DUAL;
```

① BCA   ② ABC
③ CBA   ④ BAC

중첩 함수는 내부에서부터 실행된다. 즉, 내부의 CONCAT('B', 'C')이 실행되어 'BC'가 되고 이를 CONCAT('A', 'BC')처리하여 'ABC'가 출력된다.

13 다음 SQL 실행 결과로 가장 알맞은 것은?

```
SELECT REPLACE(SUBSTR('ABCDEFG', -2),
'AB', '123') FROM DUAL;
```

① 123FG
② ABCDEFG
③ FG
④ G

SUBSTR('ABCDEFG', -2)에서 두 번째 인자가 음수인 경우, 문자열의 뒤에서부터 해당 위치에서 끝까지의 문자열을 추출한다. 따라서 'FG'가 반환된다. 이어서 REPLACE('FG', 'AB', '123')는 'FG' 문자열에서 'AB'를 찾아 '123'으로 바꾸라는 의미지만, 'AB'는 'FG'에 존재하지 않기 때문에 아무 변경도 발생하지 않고 최종 결과는 그대로 'FG'가 출력된다.

14 다음 SQL 실행 결과로 가장 알맞은 것은?

[TB_SALE] 테이블

SALE_ID	REGION	PRODUCT	SALES_AMOUNT
1	East	Laptop	1000
2	East	Tablet	500
3	West	Laptop	700
4	West	Tablet	300
5	East	Laptop	1200
6	West	Laptop	400
7	East	Tablet	600

```
SELECT REGION, PRODUCT, SUM(SALES_
AMOUNT)
  FROM TB_SALE
GROUP BY ROLLUP(REGION, PRODUCT);
```

① 총 6행이 출력된다.
② 총 9행이 출력된다.
③ 총 7행이 출력된다.
④ 총 4행이 출력된다.

ROLLUP(REGION, PRODUCT)는 각각 GROUP BY REGION,PRODUCT, GROUP BY REGION, GROUP BY () 순으로 수행된다.
• GROUP BY REGION,PRODUCT → 4행
• GROUP BY REGION → 2행
• GROUP BY () → 1행
총 7행이 출력된다.

15 다음 SQL 실행 결과로 가장 알맞은 것은? (단, TAB 테이블은 COL1 컬럼 하나만 존재한다.)

```
SELECT NVL(MAX(COL1), 0) + 1 FROM TAB
WHERE 1 = 0 ;
```

① 오류가 발생한다.
② NULL
③ 0
④ 1

WHERE 1=0은 거짓인 조건이므로 공집합을 반환한다. MAX(COL1)는 공집합인 경우 NULL을 반환하므로 NVL(NULL, 0) + 1 형태가 된다. NVL은 첫 번째 인자가 NULL이면 두 번째 인자를 반환하므로 0+1=1이 출력된다.

16 다음 SQL 실행 결과로 가장 알맞은 것은?

[TAB1] 테이블

COL1
A
A
A
B
B
C

```
SELECT COL1
   , COUNT(COL1) AS COUNT개수
   , COUNT(DISTINCT COL1) AS DIS_COUNT개수
  FROM TAB1
GROUP BY COL1 ;
```

①
COL1	COUNT개수	DIS_COUNT개수
A	3	1
B	2	1
C	1	1

정답 13 ③ 14 ③ 15 ④ 16 ①

②

COL1	COUNT개수	DIS_COUNT개수
A	3	3
B	2	2
C	1	1

③

COL1	COUNT	DIS_COUNT
A	3	1
B	2	1
C	1	1

④

COL1	COUNT개수	DIS_COUNT개수
A	3	0
B	2	0
C	1	0

GROUP BY COL1을 하면 각 그룹의 COL1 값은 동일하므로, COUNT(COL1)은 그룹 내 행의 개수, COUNT(DISTINCT COL1)은 항상 1이 된다. 즉, 고유값의 개수는 그룹화된 키 하나뿐이므로 모든 행에서 DIS_COUNT개수는 1이다.

오답 피하기

③ 컬럼 별칭이 잘못되었다.

17 ORDER BY에 대한 설명으로 올바르지 <u>않은</u> 것은?

① ORDER BY에 컬럼, 숫자, 별칭 등을 혼용할 수 있다.
② Oracle은 오름차순 정렬 시 NULL을 가장 앞에 둔다.
③ Oracle은 오름차순 정렬 시 NULLS FIRST를 추가하면 NULL을 가장 앞에 둔다.
④ SQL Server는 내림차순 정렬 시 NULL을 가장 뒤에 둔다.

Oracle에서는 오름차순 정렬 시 기본적으로 NULL 값을 가장 뒤에 배치한다. NULL을 앞에 두고 싶다면 NULLS FIRST를 명시해야 한다. 따라서 "Oracle은 오름차순 정렬 시 NULL을 가장 앞에 둔다"는 설명은 잘못되었다.

18 다음은 TAB1, TAB2를 다양한 JOIN으로 연결한 경우이다. 각각 JOIN 연산 (1), (2), (3) 결과의 합계로 올바른 것은?

[TAB1] 테이블

COL1
A
B
C

[TAB2] 테이블

COL1
B
C
D

(1) SELECT * FROM TAB1 T1 INNER JOIN TAB2 T2 ON T1.COL1 = T2.COL1;
(2) SELECT * FROM TAB1 T1 FULL OUTER JOIN TAB2 T2 ON T1.COL1 = T2.COL1;
(3) SELECT * FROM TAB1 T1 CROSS JOIN TAB2 T2;

① 14 ② 15
③ 9   ④ 11

(1) 두 테이블을 INNER JOIN 하면 {(B, B), (C, C)} 2행이 출력된다.
(2) FULL OUTER JOIN은 양쪽으로 OUTER JOIN을 하므로 {(A, NULL), (B, B), (C, C), (NULL, D)} 총 4행이 출력된다.
(3) CROSS JOIN은 테이블의 행의 수만큼 곱하므로 3X3=9행이 출력된다.
모두 더하면 2+4+9 = 15행이 된다.

19 서브쿼리에 대한 설명으로 올바르지 <u>않은</u> 것은?

① 스칼라 서브쿼리에 ORDER BY를 쓸 수 있다.
② 인라인 뷰에 ORDER BY를 쓸 수 있다.
③ 다중 행 연산자는 서브쿼리 결과행으로 1행 이상 입력받을 수 있다.
④ 스칼라 서브쿼리는 하나의 행과 하나의 컬럼을 결과값으로 반환한다.

스칼라 서브쿼리에 ORDER BY를 사용하면 문법 오류가 발생한다.

20 다음 오라클 방식의 조인을 ANSI 표준으로 변환한 것으로 옳은 것은?

```
SELECT E.EMP_ID, E.EMP_NAME, D.DEPT_NAME
  FROM EMP E, DEPT D
 WHERE E.DEPT_ID = D.DEPT_ID(+);
```

①
```
SELECT E.EMP_ID, E.EMP_NAME, D.DEPT_NAME
  FROM EMP E INNER JOIN DEPT D
    ON E.DEPT_ID = D.DEPT_ID;
```

②
```
SELECT E.EMP_ID, E.EMP_NAME, D.DEPT_NAME
  FROM EMP E FULL JOIN DEPT D
    ON E.DEPT_ID = D.DEPT_ID;
```

③
```
SELECT E.EMP_ID, E.EMP_NAME, D.DEPT_NAME
  FROM EMP E RIGHT JOIN DEPT D
    ON E.DEPT_ID = D.DEPT_ID;
```

④
```
SELECT E.EMP_ID, E.EMP_NAME, D.DEPT_NAME
  FROM EMP E LEFT JOIN DEPT D
    ON E.DEPT_ID = D.DEPT_ID;
```

Oracle의 (+) 연산자는 OUTER JOIN을 나타내며, 괄호가 있는 쪽의 반대편 테이블을 기준 테이블로 잡는다. 즉 D.DEPT_ID(+)의 반대쪽인 E.DEPT_ID의 E 테이블이 기준 테이블이므로 OUTER JOIN으로 변환 시 EMP가 있는 왼쪽으로 LEFT OUTER JOIN을 작성한다.

21 테이블 4개를 조인할 경우 필요한 최소 조인 개수로 올바른 것은?

① 1　　② 2
③ 3　　④ 4

조인은 항상 두 테이블씩 순차적으로 연결되며, 테이블 간의 논리적인 관계를 만들기 위해서는 최소 (테이블 개수 − 1)만큼의 조인조건이 필요하다. 만약 조인조건이 부족할 경우, 카티션 곱(Cartesian Product)이 발생하여 원하지 않는 의미 없는 결과가 반환될 수 있다.

22 다음 SQL 실행 결과로 가장 알맞은 것은?

[TB_ORDER] 테이블

ORDER_ID	QTY
O1	5
O2	10
O3	15

```
SELECT COUNT(*)
FROM TB_ORDER
WHERE QTY BETWEEN 5 AND 10;
```

① 1　　② 2
③ 3　　④ 0

QTY 5, 10 → 포함됨 → O1, O2 → 총 2건이 된다.

23 다음 SQL에서 오류가 발생하는 이유로 올바른 것은?

```
SELECT DEPTNO, COUNT(ENAME) AS ENAME
FROM EMP
WHERE COUNT(ENAME) >= 2
GROUP BY DEPTNO;
```

① 집계 함수에 별칭을 줄 수 없다.
② GROUP BY가 먼저 실행되어야 한다.
③ HAVING 절 없이 집계 불가하다.
④ 집계 함수를 WHERE에서 사용할 수 없다.

집계 함수는 WHERE 절에서 사용 불가하며 HAVING에서 사용해야 한다.

정답 20 ④　21 ③　22 ②　23 ④

24. 다음 중 DML로만 구성된 것을 고르면?

① INSERT, ALTER, DROP
② CREATE, SELECT, UPDATE
③ DELETE, TRUNCATE, ADD
④ INSERT, MERGE, UPDATE

DML(데이터 조작어)는 데이터의 삽입, 수정, 삭제와 관련된 명령어로 INSERT, UPDATE, DELETE, MERGE 등이 있다. MERGE는 병합으로 내부 조건에 따라 삽입 혹은 수정을 처리해주는 문법이다. SELECT는 엄밀히 따지면 데이터를 조작하지는 않지만, SQLD 시험 관점에서 SELECT도 DML에 포함된다고 생각하고 문제를 풀면 된다.

25. 다음 SQL 실행 결과로 가장 알맞은 것은?

[TB_PRODUCT] 테이블

NAME	PRICE
A	100
B	200
C	150
D	200
E	120

```
SELECT NAME, PRICE
FROM TB_PRODUCT
ORDER BY PRICE DESC
FETCH FIRST 1 ROWS WITH TIES;
```

①
NAME	PRICE
B	200
D	200

②
NAME	PRICE
B	200

③
NAME	PRICE
D	200
B	150

④
NAME	PRICE
D	200

Oracle 12c부터 도입된 FETCH 문법은 TOP-N 쿼리를 가독성 있게 작성할 수 있도록 해준다. ORDER BY PRICE DESC는 가격 기준으로 내림차순 정렬을 수행하며, FETCH FIRST 1 ROWS는 가장 상위 1개의 행을 가져온다. WITH TIES를 함께 사용하면, 상위 순위와 동일한 값을 가진 행들도 모두 포함되어 출력된다. 이 예제에서는 가격이 1위인 200을 가진 B와 D가 모두 결과에 포함된다.

26. 다음 NULL 관련 함수에 대한 설명으로 올바르지 않은 것은?

① COALESCE(NULL, 'C', NULL, 'B')는 'C'를 반환한다.
② ISNULL('A', 'B')는 'A'를 반환한다.
③ NVL('A', 'B')는 'A'를 반환한다.
④ NVL2('A', 'B', 'C')는 'C'를 반환한다.

COALESCE는 NULL이 아닌 첫 번째 값을, ISNULL과 NVL은 첫 번째 인자가 NULL이 아니면 그대로 반환한다. NVL2는 첫 번째 인자가 NULL이 아닐 경우 두 번째 값, NULL이면 세 번째 값을 반환하므로, 'A'가 NULL이 아니므로 'B'가 출력된다.

27. 다음 계층형 질의 결과로 말단(LEAF) 노드만 출력하려 한다. 빈칸에 들어갈 올바른 WHERE 조건은?

```
SELECT 메뉴ID, 메뉴이름, CONNECT_BY_
ISLEAF AS 단말여부
  FROM 메뉴
 START WITH 상위메뉴ID IS NULL
CONNECT BY PRIOR 메뉴ID = 상위메뉴ID
   WHERE (        );
```

① CONNECT_BY_ISLEAF = 1
② CONNECT_BY_ISLEAF = 0
③ LEVEL = 1
④ 상위메뉴ID IS NOT NULL

CONNECT_BY_ISLEAF 함수는 말단 노드 여부를 나타내며 말단이면 1, 아니면 0을 반환한다. 말단이란, 더 이상 하위 계층이 없는 계층의 노드를 의미한다.

정답 24 ④ 25 ① 26 ④ 27 ①

28 다음 계층형 질의의 실행 결과로 올바른 것은?

[메뉴] 테이블

메뉴ID	상위메뉴ID	메뉴이름
M000	NULL	홈
M001	M000	훈련연계과정
M002	M000	수강생관리
M003	M000	프로젝트
M004	M000	후기
M005	M000	회사소개
M006	M000	QNA
M007	M005	인사말
M008	M005	오시는 길

```
SELECT *
  FROM 메뉴
 START WITH 상위메뉴ID IS NULL
CONNECT BY PRIOR 메뉴ID = 상위메뉴ID
 WHERE 메뉴ID IN ('M000', 'M004');
```

①
메뉴ID	상위메뉴ID	메뉴이름
M000	NULL	홈
M001	M000	훈련연계과정
M002	M000	수강생관리
M004	M000	후기

②
메뉴ID	상위메뉴ID	메뉴이름
M004	M000	후기

③
메뉴ID	상위메뉴ID	메뉴이름
M000	NULL	홈
M004	M000	후기

④
메뉴ID	상위메뉴ID	메뉴이름
M000	NULL	홈
M001	M000	훈련연계과정
M002	M000	수강생관리
M003	M000	프로젝트
M004	M000	후기
M005	M000	회사소개

메뉴ID	상위메뉴ID	메뉴이름
M007	M005	인사말
M008	M005	오시는 길
M006	M000	QNA

계층 전개가 완료된 후에 WHERE가 실행된다.
(1) 계층 전개 상태

메뉴ID	상위메뉴ID	메뉴이름
M000	NULL	홈
M001	M000	훈련연계과정
M002	M000	수강생관리
M003	M000	프로젝트
M004	M000	후기
M005	M000	회사소개
M007	M005	인사말
M008	M005	오시는 길
M006	M000	QNA

(2) WHERE로 필터링(메뉴ID가 M000, M004인 것)

메뉴ID	상위메뉴ID	메뉴이름
M000	NULL	홈
M004	M000	후기

29 다음 SQL 실행 결과로 가장 알맞은 것은?

[SALES_DATA] 테이블

BRANCH_ID	PRODUCT_NAME	SALES_AMOUNT	MONTH
001	상품A	5000	1
001	상품B	8000	2
001	상품C	11000	3

```
SELECT BRANCH_ID, PRODUCT_NAME, SALES_
AMOUNT, MONTH,
       SUM(SALES_AMOUNT) OVER (
       PARTITION BY BRANCH_ID
       ORDER BY MONTH
       ROWS BETWEEN UNBOUNDED PRECEDING
AND CURRENT ROW) AS 누적합
  FROM SALES_DATA;
```

①
PRODUCT_NAME	누적합
상품A	5000
상품B	8000
상품C	11000

②
PRODUCT_NAME	누적합
상품A	5000
상품B	13000
상품C	24000

③
PRODUCT_NAME	누적합
상품A	24000
상품B	24000
상품C	24000

④
PRODUCT_NAME	누적합
상품A	5000
상품B	5000
상품C	5000

윈도우 함수를 사용해 누적합을 구하는 문제이다. BRANCH_ID 별로 그룹을 나누어서 각각 MONTH 기준 오름차순 정렬하고, 각 파티션에 대해 누적합을 구한다. 이때 합계의 범위를 지정할 수 있다. ROWS는 물리적인 행을 의미하고, BETWEEN UNBOUNDED PRECEDING AND CURRENT ROW는 첫 번째 행부터 현재 행까지의 합을 구하라는 의미이다.

30 다음 SQL 실행 결과로 가장 알맞은 것은?

[STUDENT_SCORE] 테이블

STUDENT_ID	SCORE
1	95
2	90
3	85
4	80
5	75
6	70
7	65
8	60
9	55
10	50

```
SELECT STUDENT_ID, SCORE,
       NTILE(4) OVER (ORDER BY SCORE DESC) AS NT
  FROM STUDENT_SCORE;
```

①
STUDENT_ID	SCORE	NT
1	95	1
2	90	1
3	85	2
4	80	2
5	75	2
6	70	3
7	65	3
8	60	3
9	55	4
10	50	4

②
STUDENT_ID	SCORE	NT
1	95	1
2	90	1
3	85	1
4	80	1
5	75	2
6	70	2
7	65	3
8	60	3
9	55	4
10	50	4

③
STUDENT_ID	SCORE	NT
1	95	1
2	90	1
3	85	1
4	80	2
5	75	2
6	70	2
7	65	3
8	60	3

9	55	4
10	50	4

④
STUDENT_ID	SCORE	NT
1	95	1
2	90	2
3	85	2
4	80	3
5	75	3
6	70	4
7	65	4
8	60	4
9	55	4
10	50	4

NTILE(n) 윈도우 함수는 전체 데이터를 N개의 그룹(타일)로 균등하게 나눈다. 위에서는 10개의 행이 있으므로 10/4 = 2.5이므로 최소 2개씩은 배정이 된다. 그다음 남은 2개는 앞에서부터 하나씩 더 배정하므로 그룹 당 3, 3, 2, 2가 된다.

31. 다음 SQL 실행 결과로 가장 알맞은 것은?

[TB_ORDER] 테이블

ORDER_ID	CUSTOMER_ID	STATUS
1	101	DELIVERED
2	102	CANCELLED
3	103	PENDING
4	101	PENDING
5	102	DELIVERED
6	104	PENDING

```
SELECT *
  FROM TB_ORDER
 WHERE (CUSTOMER_ID, STATUS) IN (
        SELECT CUSTOMER_ID, STATUS
          FROM TB_ORDER
         WHERE CUSTOMER_ID IN (102, 103)
       );
```

①
ORDER_ID	CUSTOMER_ID	STATUS
2	102	DELIVERED
3	103	PENDING
5	102	DELIVERED

②
ORDER_ID	CUSTOMER_ID	STATUS
2	102	CANCELLED
3	103	PENDING
4	101	PENDING

③
ORDER_ID	CUSTOMER_ID	STATUS
2	102	CANCELLED
5	102	DELIVERED

④
ORDER_ID	CUSTOMER_ID	STATUS
2	102	CANCELLED
3	103	PENDING
5	102	DELIVERED

(COL1, COL2) IN (SELECT COL1, COL2 …)에서 서브쿼리를 먼저 실행하면 다음 행이 출력된다. → {(102, 'CANCELLED'), (102, 'DELIVERED'), (103, 'PENDING')} 이를 풀어쓰면 (COL1 = 102 AND COL2 = 'CANCELLED') OR (COL1 = 102 AND COL2 = 'DELIVERED') OR (COL1 = 103 AND COL2 = 'PENDIING')이 된다.

32. 다음 중 자체 조인(Self Join)을 사용하는 상황으로 가장 적절한 것은?

① ROLLUP 집계를 수행할 때
② 두 테이블의 공통 데이터를 찾을 때
③ 서브쿼리로 조건 비교할 때
④ 직원과 그 직원의 상사인 매니저를 연결하는 경우

한 테이블 내에서 '사원'과 '매니저'처럼 같은 계층 구조를 서로 비교할 때 자체 조인을 사용한다.

33 다음 중 실행 결과가 나머지와 다른 하나는? (단, 컬럼 개수는 고려하지 않는다.)

[EMP] 테이블

EMPNO	ENAME	DEPTNO
1001	KING	10
1002	SMITH	20
1003	ALLEN	30

[DEPT] 테이블

EMPNO	DNAME
10	ACCOUNTING
20	RESEARCH
40	OPERATIONS

①
```
SELECT *
  FROM EMP JOIN DEPT
    ON EMP.DEPTNO = DEPT.DEPTNO;
```

②
```
SELECT *
  FROM EMP JOIN DEPT
    USING (DEPTNO);
```

③
```
SELECT *
  FROM EMP NATURAL JOIN DEPT;
```

④
```
SELECT *
  FROM EMP JOIN DEPT
    ON EMP.EMPNO = DEPT.DEPTNO;
```

④ EMPNO = DEPT.DEPTNO 조건에 매칭되는 값이 없어 0행이 반환된다.

오답 피하기

①, ②, ③ 모두 공통 컬럼인 DEPTNO를 기준으로 조인되며, 행 기준 결과는 동일하다.

34 다음 중 집합 연산자의 결과로 알맞은 것은?

[A] 테이블

COL
X
Y
Z

[B] 테이블

COL
Y
Z
W

```
SELECT COL AS T1 FROM A
MINUS
SELECT COL FROM B
UNION ALL
SELECT COL FROM A ;
```

①
COL
X
X
Y
Z

②
COL
X
Y
Z

③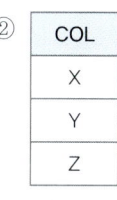

T1
X
X
Y
Z

④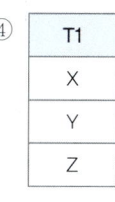

T1
X
Y
Z

SELECT COL FROM A MINUS SELECT COL FROM B를 실행하면 {X} 집합이 남게 된다. 이 집합과 UNION ALL SELECT COL FROM A를 실행하면 중복 제거나 정렬 없이 붙기만 하므로 {X, X, Y, Z} 가 된다. 또한 집합 연산자는 가장 상단의 SELECT의 컬럼명에 맞춰 출력되므로 컬럼명이 T1이 된다.

35 다음 집합 연산자 중 중복을 제거하지 않는 것은?

① UNION
② UNION ALL
③ INTERSECT
④ MINUS

UNION ALL은 중복 제거 없이 모든 결과를 출력한다.

정답 33 ④ 34 ③ 35 ②

36 다음 SQL 실행 결과로 가장 알맞은 것은?

[꼬꼬댁통닭매출현황] 테이블

지점코드	년월	매출액
001	202201	200
001	202202	150
002	202201	300
002	202202	150
002	202203	100

```
SELECT *
  FROM (
        SELECT 지점코드, 년월, 매출액
          FROM 꼬꼬댁통닭매출현황
       )
  PIVOT (
        SUM(매출액)
        FOR 년월 IN (
            '202201' AS "JAN",
            '202202' AS "FEB"
        )
  );
```

①
지점코드	JAN	FEB
001	200	150
002	300	150

②
지점코드	JAN	FEB	202203
001	200	150	100
002	300	150	NULL

③
지점코드	JAN	FEB
001	350	0
002	550	0

④
지점코드	202201	202202
001	200	150
002	300	150

PIVOT은 FOR 년월 IN ('202201' AS "JAN", '202202' AS "FEB")에 따라 행에 있는 년월 값을 열로 바꾼다. 따로 명시되지 않은 지점코드는 자동으로 GROUP BY처럼 행 기준으로 적용된다. '202203'은 IN에 포함되지 않으므로 출력되지 않는다.

37 다음 설명 중 올바르지 않은 것은?

① DROP TABLE 테이블;은 테이블 구조 자체를 삭제한다.
② DELETE FROM 테이블;과 TRUNCATE TABLE 테이블; 실행 시 데이터는 0건이 된다.
③ DELETE, TRUNCATE는 ROLLBACK 할 수 있다.
④ Oracle에서 DROP은 자동 커밋된다.

TRUNCATE는 DDL로 롤백할 수 없다.

38 다음 중 VIEW에 대한 설명으로 옳지 않은 것은?

① VIEW가 복합 테이블 기반일 경우 DML(INSERT, UPDATE 등)이 가능하다.
② VIEW는 쿼리를 저장하고 실행 시 해당 쿼리를 다시 실행한다.
③ VIEW는 특정 컬럼만 노출하도록 하여 보안성을 높일 수 있다.
④ VIEW는 테이블처럼 데이터를 물리적으로 저장하지 않는다.

VIEW는 단일 테이블을 기반으로 할 경우에는 INSERT, UPDATE, DELETE 같은 DML 연산이 가능하다. 하지만 여러 테이블을 조인한 복합 VIEW의 경우에는 대부분 DML이 제한되거나 불가능하다. 특히 INSERT는 거의 불가능하며, UPDATE나 DELETE도 조건이 충족되지 않으면 제한된다.

정답 36 ① 37 ③ 38 ①

39 다음 SQL 실행 결과로 가장 알맞은 것은?

```
SELECT REGEXP_SUBSTR(
    '010-1234-5678',
    '([0-9]{3})-([0-9]{4})-([0-9]{4})',
    1, 1, NULL, 2)
FROM dual;
```

① 010   ② 1234
③ 5678   ④ -

REGEXP_SUBSTR 함수에서 마지막 인자(2)는 그룹 번호이다. 괄호로 묶은 세 개의 그룹 중 두 번째 그룹인 1234를 반환한다. 전체 패턴이 ([0-9]{3})-([0-9]{4})-([0-9]{4})이므로, 1번 그룹 : 010, 2번 그룹: 1234, 3번 그룹: 5678이 매칭된다.

40 다음 중 이름 컬럼에서 마침표(.)가 포함된 행을 찾기 위한 정규 표현식은?

[TAB] 테이블

이름
박민준
강우빈
mak.saka
이영희

① REGEXP_LIKE(이름, '.')
② REGEXP_LIKE(이름, '\.')
③ REGEXP_LIKE(이름, '[.]$')
④ REGEXP_LIKE(이름, '^.$')

정규 표현식에서 마침표(.)는 문자 한 개를 매칭하는 특수 기능을 가지고 있다. 이를 일반 문자열로 만들려면 이스케이프를 붙여서 '\.'로 표현해야 한다. 따라서 이름에서 일반 문자열 마침표(.)를 포함하는 패턴은 ②이다.

41 다음 SQL 실행 결과로 가장 알맞은 것은?

```
SELECT REGEXP_REPLACE('010-1234-5678',
    '[0-9]+', 'XXXX', 1, 2)
FROM dual;
```

① XXXX-1234-5678
② 010-XXXX-5678
③ 010-1234-XXXX
④ XXXX-XXXX-5678

[0-9]+는 숫자 그룹 전체를 의미하며, '010', '1234', '5678'이 1~3번째 매칭에 해당한다. 다섯 번째 인자인 2는 두 번째로 매칭된 값만 'XXXX'로 치환하라는 의미이므로 두 번째 숫자 그룹인 1234가 XXXX로 치환되어 결과는 010-XXXX-5678이 된다.

42 다음 중 DML(데이터 조작어)에 해당하는 명령어는?

① CREATE   ② INSERT
③ GRANT   ④ COMMIT

DML은 데이터를 조회하거나 조작하는 SQL로 INSERT, UPDATE, DELETE 등이 포함된다.

43 다음 중 트랜잭션의 ACID 특성에 대한 설명으로 옳지 않은 것은?

① 원자성(Atomicity) : 트랜잭션은 전부 성공하거나 전부 실패해야 한다.
② 일관성(Consistency) : 트랜잭션 전후의 데이터는 항상 무결성을 유지해야 한다.
③ 지속성(Durability) : 트랜잭션이 실패하면 이전 상태로 복구되어야 한다.
④ 고립성(Isolation) : 다른 트랜잭션의 영향을 받지 않고 독립적으로 실행되어야 한다.

지속성(Durability)은 성공적으로 COMMIT된 트랜잭션의 결과는 영구적으로 반영되어야 함을 뜻한다. "트랜잭션이 실패하면 복구"는 오히려 원자성(Atomicity)에 가까운 설명이다.

44 다음 중 Oracle과 SQL Server의 AUTO COMMIT 설정 차이에 대한 설명으로 옳지 <u>않은 것은?</u>

① Oracle은 기본적으로 DML 문장이 실행되면 자동으로 트랜잭션이 시작된다.
② SQL Server는 기본적으로 DML 실행 시 자동으로 COMMIT된다.
③ Oracle은 CREATE TABLE 실행 시 자동 COMMIT이 발생하지 않는다.
④ SQL Server에서 BEGIN TRANSACTION을 명시하면 DDL도 ROLLBACK 가능하다.

Oracle에서 DDL(CREATE, DROP 등)을 실행하면 자동 COMMIT이 발생한다.

45 다음 중 Isolation Level과 관련된 설명으로 올바른 것은?

① Repeatable Read는 커밋되지 않은 데이터도 읽을 수 있다.
② Read Uncommitted는 Dirty Read를 방지할 수 있다.
③ Read Committed는 Non-Repeatable Read와 Phantom Read 모두 방지한다.
④ Serializable은 모든 동시성 문제를 방지하지만 성능이 저하될 수 있다.

Serializable은 가장 높은 격리 수준으로 Dirty Read, Non-Repeatable Read, Phantom Read까지 모두 방지한다. 대신 트랜잭션 간 병렬 실행 성능이 떨어지는 단점이 있다.

오답 피하기
① Repeatable Read는 커밋된 데이터만 읽을 수 있다.
② Read Uncommitted는 Dirty Read를 방지 하지 못한다.
③ Read Committed는 Phantom Read를 방지하지 못한다.

46 다음 중 MERGE 문에 대한 설명으로 옳지 <u>않은 것은?</u>

① MERGE는 INSERT와 UPDATE를 동시에 처리할 수 있는 명령어이다.
② WHEN MATCHED THEN은 조건이 일치하지 않을 때 INSERT 작업을 수행한다.
③ MERGE INTO는 대상 테이블이며, USING은 참조할 테이블이다.
④ ON 절에서 지정된 조건이 기준이 되어 MERGE가 실행된다.

WHEN MATCHED THEN 조건에 일치하면 UPDATE를 수행한다. INSERT는 WHEN NOT MATCHED THEN에서 수행한다.

47 다음 SQL 실행 결과로 가장 알맞은 것은?

[DATA] 테이블

COL1	COL2	COL3
10	20	NULL
NULL	30	40
5	NULL	15

```
SELECT SUM(NVL(COL1, 0) + NVL(COL2, 0)
+ NVL(COL3, 0)) / 4 AS TOTAL
FROM DATA;
```

① NULL ② 120
③ 0   ④ 30

SUM 안에 NVL(COL1, 0) + NVL(COL2, 0) + NVL(COL3, 0)을 먼저 각 각 수행하면 다음과 같다.
• NVL(10, 0) +NVL(20, 0)+NVL(NULL, 0) = 10 + 20 + 0 = 30
• NVL(NULL, 0) +NVL(30, 0)+NVL(40, 0) = 0 + 30 + 40 = 70
• NVL(5, 0) +NVL(NULL, 0)+NVL(15, 0) = 5 + 0 + 15 = 20
이를 집계함수로 SUM하면 120이 되고 마지막으로 4로 나누면 30이 된다.

48 다음 SQL 문을 실행했을 때 결과로 올바른 것은?

```
SELECT REGEXP_SUBSTR('user123@example.com', '[^@]+') AS RESULT
FROM DUAL;
```

① user123@example.com
② example.com
③ user123
④ @example.com

패턴 [^@]+를 해석하면 문자가 @로 시작하지 않으면서 최소 1개 이상인 문자열을 의미한다. 따라서 앞의 user123이 매칭되고 그다음에는 example.com이 매칭된다. 위에서는 기본 옵션인 첫 번째 매칭 값을 출력하므로 답은 ③이 된다.
REGEXP_SUBSTR('user123@example.com', '[^@]+', 1, 2)로 할 경우에는 example.com이 출력된다.

49 다음 설명에 해당하는 트랜잭션의 특징으로 올바른 것은?

> 트랜잭션은 모두 성공하거나 모두 되돌려져야 하며, COMMIT과 ROLLBACK으로 구현할 수 있다.

① 영속성
② 고립성
③ 일관성
④ 원자성

보기의 내용은 트랜잭션의 특징 중 원자성에 대한 설명에 해당한다.

50 TAB1 테이블은 COL1, COL2, COL3 총 3개의 컬럼을 보유하고 있다. 다음 중 문법상 올바른 쿼리를 고르면?

①
```
SELECT COL1, COL2, COL3
  FROM TAB1
WHERE COL3 IS NOT NULL
ORDER BY 4;
```

②
```
SELECT COL1, COL2, COL3 AS 컬럼3
FROM TAB1
  WHERE 컬럼3 IS NOT NULL
  ORDER BY 컬럼3;
```

③
```
SELECT COL1, COL2, COL3 AS 컬럼3
  FROM TAB1
WHERE COL3 = IS NULL
ORDER BY 1;
```

④
```
SELECT COL1, COL2
FROM TAB1
  WHERE COL1 IS NOT NULL
ORDER BY COL3;
```

오답 피하기

① ORDER BY에서 숫자를 사용할 때 SELECT의 컬럼 개수까지만 작성이 가능하다. 즉, ORDER BY 2는 ORDER BY COL2와 동일한 개념이다. SELECT에는 컬럼이 3개까지만 존재하므로 ORDER BY 4는 오류이다.
② WHERE가 SELECT보다 먼저 실행되므로, 이 시점에서는 SELECT의 ALIAS인 COL3을 사용할 수 없다.
③ WHERE에서 IS NULL 조건의 문법이 잘못되었다.

먼 곳을 항해하는 배가 풍파를 만나지 않고
조용히만 갈 수는 없다. 풍파는 언제나
전진하는 자의 벗이다.

프리드리히 니체

이기적 강의는
무조건 0원!
이기적 영진닷컴

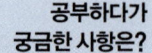
공부하다가
궁금한 사항은?
이기적 스터디 카페

PART 04

실전 모의고사

차례

실전 모의고사 01회 ·············· 518
실전 모의고사 02회 ·············· 530
정답&해설 ·············· 544

실전 모의고사 01회

SQL 개발자 | 소요 시간: 총 90분 | 문항 수: 총 50문항

수험번호: _____
성   명: _____

정답 & 해설 ▶ 544p

1과목 데이터 모델링의 이해

01 다음 중 데이터 모델링의 세 가지 단계로 가장 올바르게 나열된 것은?

① 물리 – 논리 – 개념
② 개념 – 논리 – 물리
③ 논리 – 물리 – 개념
④ 개념 – 물리 – 논리

02 다음 중 개념적 데이터 모델링 단계에서 수행하지 않는 것은?

① 업무 엔터티 식별
② 속성 추출
③ 인덱스 구성
④ 관계 설정

03 다음 중 ERD(Entity Relationship Diagram)에서 관계(Relationship)의 구성 요소가 아닌 것은?

① Membership
② Optionality
③ Attribute
④ Cardinality

04 다음 중 엔터티(Entity)의 명명 기준으로 가장 적절한 것은?

① 동사로 시작하는 이름을 사용한다.
② 약어 사용을 우선한다.
③ 가능한 단수형 명사를 사용한다.
④ 내부식별자 값을 포함한다.

05 다음 중 정규화의 이점으로 적절하지 않은 것은?

① 데이터 중복 최소화
② 처리 성능 향상
③ 이상 현상 제거
④ 무결성 보장

06 다음 중 개념적 데이터 모델링 단계의 주요 산출물은?

① 테이블과 인덱스
② ERD(Entity Relationship Diagram)
③ SQL 스크립트
④ 실행 계획(Execution Plan)

07 다음 중 SQL의 특징으로 가장 적절하지 않은 것은?

① 절차적 언어이며 반복문을 포함한다.
② 데이터 정의, 조작, 제어 언어를 포함한다.
③ 관계형 데이터베이스 질의에 사용된다.
④ ANSI 표준으로 대부분의 DBMS에서 지원된다.

08 다음 중 식별자(Entity Identifier)의 특징이 아닌 것은?

① 가변성
② 유일성
③ 최소성
④ 존재성

09 다음 중 일반 속성과 설계 속성에 대한 설명으로 올바른 것은?

① 설계 속성은 요구사항에서 직접 도출된다.
② 일반 속성은 개발상 편의를 위해 추가된 속성이다.
③ 파생 속성은 무조건 저장되어야 한다.
④ 파생 속성은 다른 속성으로부터 계산된 값을 가진다.

10 다음은 R1 테이블의 속성들과 함수 종속 관계를 표현한 것이다. 이 테이블에 대해 적절한 정규화 과정을 거쳤을 때, 정규화 단계와 정규화된 테이블 스키마로 올바른 것은?

- R1 테이블 : {A, B, C, D, E}
- 식별자 : {A, B}
- 함수 종속
(1) {A, B} → {C, D, E}
(2) {C} → {D}

① 정규화 필요 없음. 테이블 유지 R1 {A, B, C, D, E}
② 2차 정규화, R1 {A, B, C, E}, R2 {B, D}
③ 1차 정규화, R1 {A, B, C}, R2 {B, D, E}
④ 3차 정규화, R1 {A, B, C, E}, R2 {C, D}

2과목 SQL 기본 및 활용

11 다음 SQL 실행 결과로 가장 알맞은 것은?

```
SELECT TRIM('  Hello SQL  ') AS RESULT
FROM DUAL;
```

① '   Hello SQL'
② 'Hello SQL   '
③ 'Hello SQL'
④ 'HelloSQL'

12 다음 SQL 실행 결과로 가장 알맞은 것은?

```
SELECT ROUND(78.34, 1) FROM DUAL;
```

① 78
② 78.3
③ 78.4
④ 79

13 다음 테이블을 기준으로, 아래의 SQL을 실행했을 때 그 결과로 올바른 행 개수를 고르시오.

[TB_STUDENT] 테이블

ID	NAME	AGE
1	Kim	20
2	Lee	22
3	Park	NULL
4	Choi	21

```
SELECT COUNT(AGE) FROM TB_STUDENT
WHERE AGE > 20 ;
```

① 2　　　② 3
③ 4　　　④ 1

14 다음 SQL 실행 결과로 가장 알맞은 것은?

```
CREATE TABLE TAB1 (
  COL1 INTEGER PRIMARY KEY,
  COL2 INTEGER
) ;
CREATE TABLE TAB2 (
  COL3 INTEGER PRIMARY KEY,
    COL4 INTEGER REFERENCES TAB1(COL1)
ON DELETE CASCADE;
) ;
INSERT INTO TAB1 VALUES(1, 1);
INSERT INTO TAB1 VALUES(2, 2);
INSERT INTO TAB1 VALUES(3, 3);
INSERT INTO TAB2 VALUES(4, 3);
INSERT INTO TAB2 VALUES(5, 2);
DELETE FROM TAB1 WHERE COL2 IN (3);
SELECT COUNT(*) FROM TAB2;
```

① 0　　　② 1
③ 2　　　④ 3

15 다음 SQL 실행 결과로 가장 알맞은 것은?

[EMP] 테이블

ID	NAME	SALARY
1	Kim	3000
2	Lee	4000
3	Park	NULL

```
SELECT NAME, NVL(SALARY, 0) AS SALARY
FROM EMP;
```

①

NAME	SALARY
Kim	3000
Lee	4000
Park	0

②

NAME	SALARY
Kim	3000
Lee	4000
Park	NULL

③

NAME	SALARY
Kim	0
Lee	0
Park	0

④

NAME	NVL(SALARY, 0)
Kim	3000
Lee	4000
Park	0

16 다음 중 FULL OUTER JOIN에 대한 설명으로 올바르지 않은 것은?

① 양쪽으로 OUTER JOIN하는 조인 기법을 의미한다.
② 조인 조건이 있어야 한다.
③ 오라클 방식에서는 조인 조건 양쪽에 (+) 기호를 사용해 구현할 수 있다.
④ 내부적으로 LEFT JOIN, RIGHT JOIN을 한 후 UNION한 것과 동일하다.

17 다음 중 역방향 전개가 되기 위한 전개 조건으로 올바른 것은? (단, EMP_ID와 MANAGER_ID는 서로 계층관계가 있으며 EMP_ID가 하위, MANAGER_ID가 상위이다.)

① CONNECT BY PRIOR EMP_ID = MANAGER_ID
② CONNECT BY EMP_ID = PRIOR MANAGER_ID
③ WHERE PRIOR EMP_ID = MANAGER_ID
④ WHERE EMP_ID = PRIOR MANAGER_ID

18 여러 트랜잭션이 서로 영향받지 않고 독립적으로 실행되어야 한다는 특징으로 옳은 것은?

① 영속성
② 원자성
③ 일관성
④ 고립성

19 서브쿼리에 대한 설명으로 올바르지 않은 것은?

① 서브쿼리는 SELECT, FROM, WHERE 절 등 다양한 위치에서 사용될 수 있다.
② 인라인 뷰는 ORDER BY를 사용할 수 있다.
③ 스칼라 서브쿼리는 둘 이상의 행을 반환할 수 없다.
④ 서브쿼리는 항상 메인 쿼리보다 먼저 실행된다.

20 다음 중 NULL 값을 0으로 대체하는 데 사용하는 함수는?

① NVL
② UPPER
③ MOD
④ ROUND

21 다음 트랜잭션 처리 결과로 최종 테이블에 남는 데이터의 개수는? (단, SQL Server 환경이다.)

```
BEGIN TRAN;

CREATE TABLE TBL (ID INT PRIMARY KEY);
INSERT INTO TBL VALUES (1);
SAVE TRAN S1;
INSERT INTO TBL VALUES (2);
ROLLBACK TRAN S1;
INSERT INTO TBL VALUES (3);
COMMIT;

SELECT COUNT(*) FROM TBL;
```

① 0
② 1
③ 2
④ 3

22 다음 SQL 실행 결과로 가장 알맞은 것은?

[TB_PRODUCT] 테이블

NAME	PRICE
A	100
B	200
C	100
D	300
E	50

```
SELECT NAME, DENSE_RANK() OVER (ORDER
BY PRICE DESC) AS RN
FROM TB_PRODUCT;
```

①
NAME	RN
D	1
B	2
A	3
C	3
E	4

②
NAME	RN
D	1
B	2
A	3
C	4
E	5

③
NAME	RN
D	1
B	2
A	3
C	3
E	5

④
NAME	RN
D	1
B	2
A	3
C	3
E	3

23 다음 SQL 실행 결과로 가장 알맞은 것은?

[TB_PURCHASE] 테이블

USER_ID	AMOUNT
U1	100
U2	150
U1	200

```
SELECT USER_ID, SUM(AMOUNT)
FROM TB_PURCHASE
GROUP BY USER_ID;
```

① U1 : 200, U2 : 150
② U1 : 300, U2 : 150
③ U1 : 100, U2 : 350
④ U1 : 150, U2 : 200

24 다음 SQL에 대한 설명으로 올바른 것은? (단, COMM은 NULLABLE이다.)

```
SELECT COUNT(*), COUNT(COMM)
FROM EMP;
```

① 두 COUNT는 항상 같다.
② COUNT(COMM)는 NULL을 포함해서 센다.
③ COUNT(*)는 NULL을 제외하고 센다.
④ COUNT(COMM)는 NULL을 제외하고 센다.

25 다음 GROUP BY와 UNION ALL 조합과 동일한 효과를 주는 그룹 함수는?

```
GROUP BY A, B
...
UNION ALL
...
GROUP BY A
...
UNION ALL
...
GROUP BY ()
```

① ROLLUP(A, B)
② CUBE(A, B)
③ GROUPING SETS(A, B)
④ GROUPING SETS((A, B), A)

26 다음 SQL 실행 결과로 가장 알맞은 것은?

```
SELECT REGEXP_SUBSTR('abc123@domain.com', '[a-z]+' , 1 , 2) AS RESULT
FROM DUAL;
```

① abc123
② abc
③ 123
④ domain

27 다음 중 트랜잭션 제어문에 해당하는 명령어는?

① SELECT
② COMMIT
③ CREATE
④ GRANT

28 다음 SQL 실행 결과로 가장 알맞은 것은?

[TB_ITEM] 테이블

ITEM	PRICE
A	100
B	150
C	200

```
SELECT *
FROM (
  SELECT ITEM, PRICE
    FROM TB_ITEM
  ORDER BY PRICE DESC
)
WHERE ROWNUM = 1;
```

① A 100
② B 150
③ C 200
④ 오류 발생

29 다음 SQL 문 아래에 구문을 추가하여 실행하려 한다. 다음 중 오류가 발생하는 구문은?

```
SELECT DEPTNO, ROUND(AVG(SAL), 1) AS DEPTNO_AVG_SAL
```

① FROM EMP
② WHERE AVG(SAL) > 2000
③ GROUP BY DEPTNO
④ ORDER BY 1 DESC ;

30 다음 테이블에 아래의 쿼리를 순서대로 실행할 경우, 그 결과에 대한 설명으로 올바른 것을 고르면?

```
CREATE TABLE TAB (
    COL1 NUMBER PRIMARY KEY,
    COL2 VARCHAR2(10),
    COL3 DATE DEFAULT SYSDATE
);
```

[쿼리]

```
(ㄱ) INSERT INTO TAB(COL1,COL2) VALUES
    (1, '');
(ㄴ) SELECT * FROM TAB WHERE COL2 =
    '';
(ㄷ) UPDATE TAB SET COL2 = 'X' WHERE
    COL2 IS NULL;
(ㄹ) DELETE FROM TAB;
```

① (ㄱ)은 Oracle일 경우 COL2에 NULL이 입력되고, SQL Server는 ''(공백)이 입력된다.
② (ㄱ)이 성공했을 때 (ㄴ)은 Oracle은 1건 조회되고, SQL Server는 조회되지 않는다.
③ (ㄱ)이 성공했을 때 (ㄷ)은 Oracle은 0건 변경되고, SQL Server는 1건 변경된다.
④ (ㄹ)은 Oracle에서만 실행 가능하다.

31 다음 쿼리 중 의미가 다른 하나는? (단, COL1은 날짜형 컬럼이다.)

①
```
SELECT * FROM TAB
 WHERE TO_CHAR(COL1,
'YYYYMMDDHH24') = '2025010113'
    OR TO_CHAR(COL1,
'YYYYMMDDHH24') = '2025010114' ;
```

②
```
SELECT * FROM TAB
  WHERE COL1 >= TO_DATE('20250
101130000', 'YYYYMMDDHH24MISS')
    AND COL1 <= TO_DATE('20250
101145959', 'YYYYMMDDHH24MISS') ;
```

③
```
SELECT *  FROM TAB
 WHERE ((TO_CHAR(COL1, 'YYYYMMDD'),
(TO_CHAR(COL1, 'HH24') )
      IN (('20250101', '13'),
('20250101', '14')) ;
```

④
```
SELECT * FROM TAB
 WHERE COL1 = TO_DATE('2025010113',
'YYYYMMDDHH24')
    OR COL1 = TO_DATE('2025010114',
'YYYYMMDDHH24');
```

32 윈도우 함수에 대한 설명으로 올바르지 않은 것은?

① 윈도우 함수는 GROUP BY와 동일하게 처리 건수가 줄어든다.
② PARTITION BY 컬럼;을 하면 각 컬럼의 값에 대해 윈도우 행 범위를 넘어갈 수 없다.
③ WINDOWING 절을 사용하려면 ORDER BY가 있어야 한다.
④ PARTITION BY 절이 없으면 전체 행을 대상으로 진행한다.

33 다음 각 쿼리의 실행 결과로 옳은 것은?

[EMP] 테이블

ENAME	SAL	BONUS	DEPTNO
A	100	NULL	10
B	NULL	20	10
C	30	10	NULL
D	50	30	20
E	20	NULL	NULL

[쿼리]

```
[1] SELECT SUM(SAL + BONUS) FROM EMP
    WHERE DEPTNO = 10;
[2] SELECT SUM(NVL(SAL, 0) +
    NVL(BONUS, 0)) FROM EMP;
[3] SELECT SUM(SAL) + SUM(BONUS) FROM
    EMP ;
```

① NULL, 260, 260
② 0, 260, 260
③ NULL, 260, 200
④ NULL, 240, 260

34 다음 SQL의 실행 결과로 올바른 것은? (단, Oracle 환경이다.)

```
SELECT TO_CHAR(
TO_DATE('2025030220',
'YYYYMMDDHH24') + 2/24/60/60,
'YYYY-MM-DD HH24:MI:SS')
FROM DUAL;
```

① 2025/03/02 20:00:02
② 2025-03-02 20:00:02
③ 2025/03/02 20:02:00
④ 2025-03-02 20:02:00

35 다음 중 이름이 '이'로 시작하고 전체 글자 수가 세 글자인 대상을 추출하는 SQL로 적절한 것은?

① 이름 LIKE '%이%' ;
② 이름 LIKE '이%' ;
③ 이름 LIKE '이__' ;
④ 이름 LIKE '이_%';

36 다음 중 순수 관계 연산자가 아닌 것은?
① SELECT
② DIVIDE
③ UNION
④ PROJECT

37 다음 중 EMP 테이블에서 부서가 10번인 사원들만 선택하여 EMP_TEMP 테이블에 삽입하는 쿼리는? (단, EMP_TEMP와 EMP 테이블의 컬럼 개수, 자료형, 순서는 모두 같다.)

①
```
INSERT INTO EMP_TEMP SELECT * FROM
EMP;
```

②
```
INSERT INTO EMP_TEMP VALUES
(SELECT * FROM EMP WHERE DEPTNO =
10);
```

③
```
INSERT INTO EMP_TEMP SELECT * FROM
EMP WHERE DEPTNO = 10;
```

④
```
INSERT * INTO EMP_TEMP FROM EMP
WHERE DEPTNO = 10;
```

38 다음 중 DEPT 테이블에 존재하지 않는 부서의 사원을 삭제하는 SQL은? (단, DEPTNO은 PK이다.)

①
```
DELETE FROM EMP WHERE DEPTNO NOT IN (SELECT DEPTNO FROM DEPT);
```

②
```
DELETE * FROM EMP WHERE DEPTNO != ALL (SELECT DEPTNO FROM DEPT);
```

③
```
DELETE FROM EMP WHERE NOT EXISTS DEPT.DEPTNO = EMP.DEPTNO;
```

④
```
DELETE FROM EMP WHERE DEPTNO IS NULL;
```

39 다음 SQL을 ANSI 방식으로 변경한 것으로 옳은 것은?

```
SELECT *
  FROM TAB1, TAB2
 ORDER BY 1;
```

①
```
SELECT * FROM TAB1 INNER JOIN TAB2 ORDER BY 1 ;
```

②
```
SELECT * FROM TAB1 NATURAL JOIN TAB2 ORDER BY 1 ;
```

③
```
SELECT * FROM TAB1 CROSS JOIN TAB2 ORDER BY 1 ;
```

④
```
SELECT * FROM TAB1 INNER JOIN TAB2 ON (TAB1.COL1 = TAB2.COL1) ORDER BY 1 ;
```

40 다음 중 집합 연산자에 대한 설명으로 올바르지 않은 것은?

① UNION 연산자를 사용할 때 각각의 SELECT문에 ORDER BY를 사용할 수 있다.
② UNION은 중복을 제거하는 데 반해 UNION ALL은 중복을 제거하지 않는다.
③ INTERSECT는 중복 제거 및 정렬을 수행한다.
④ 두 집합 간 중복이 없다면 UNION, UNION ALL 모두 동일한 결과를 출력한다.

41 주문과 주문상세 테이블이 1:1 필수관계일 때 이에 대한 설명으로 올바른 것은? (단, 둘 다 PK로 주문번호를 가지고 있으며 식별관계이다.)

① 주문 테이블의 전체 개수와 주문상세 테이블의 전체 개수는 다르다.
② 주문이 입력되어도 주문상세 테이블은 입력되지 않을 수 있다.
③ 주문 테이블 MINUS 주문상세 테이블의 출력 건수는 0건이다.
④ 주문 테이블 INTERSECT 주문상세 테이블의 데이터 합계와 주문 테이블 데이터 합계는 다르다.

42 다음 중 GRANT 명령어에 대한 설명으로 옳지 않은 것은?

① 특정 사용자에게 권한을 부여할 수 있다.
② GRANT ... WITH GRANT OPTION은 다른 사용자에게도 권한을 부여할 수 있게 한다.
③ GRANT는 SELECT와 INSERT 권한을 동시에 줄 수 있다.
④ GRANT는 반드시 DBA만 사용할 수 있다.

43 DELETE, TRUNCATE, DROP 명령을 비교한 것으로 옳은 것은?

① DROP, TRUNCATE는 DDL이고 DELETE는 DML이다.
② DROP, TRUNCATE는 테이블 자체를 삭제하고, DELETE는 테이블 자체는 남아 있다.
③ DELETE FROM 테이블;과 TRUNCATE TABLE 테이블;의 결과 행은 다르다.
④ DELETE는 ROLLBACK이 불가능하다.

44 트랜잭션의 특징에 대한 설명으로 올바르지 않은 것은?

① 원자성(Atomicity) : 트랜잭션 내의 모든 작업은 모두 수행되거나 모두 수행되지 않아야 한다.
② 일관성(Consistency) : 트랜잭션 수행 전과 후에 데이터는 항상 일관된 상태를 유지해야 한다.
③ 고립성(Isolation) : 동시에 실행되는 트랜잭션은 서로 영향을 주지 않아야 한다.
④ 지속성(Durability) : 트랜잭션이 성공적으로 수행되면 그 결과는 시스템이 재시작되더라도 롤백될 수 있다.

45 다음 SQL 실행 결과로 가장 알맞은 것은?

```
SELECT * FROM (
    SELECT '2024' AS YEAR, 'Q1' AS QUARTER, 100 AS SALES, 30 AS PROFIT FROM DUAL
  UNION ALL
    SELECT '2024', 'Q2', 150, 50 FROM DUAL
)
UNPIVOT (
  VALUE FOR METRIC IN (SALES, PROFIT)
);
```

①

YEAR	QUARTER	METRIC	VALUE
2024	Q1	SALES	100
2024	Q2	SALES	150

②

YEAR	QUARTER	SALES	PROFIT
2024	Q1	100	30
2024	Q2	150	50

③

YEAR	QUARTER	METRIC	VALUE
2024	Q1	SALES	100
2024	Q1	PROFIT	30
2024	Q2	SALES	150
2024	Q2	PROFIT	50

④

YEAR	QUARTER	METRIC	VALUE
2024	Q2	SALES	100
2024	Q1	PROFIT	30

46 다음 테이블에 입력될 수 없는 INSERT 문은? (단, 보기의 쿼리는 순차적으로 실행한다.)

```
CREATE TABLE TAB1 (
    COL1 VARCHAR2(10) PRIMARY KEY,
    COL2 VARCHAR2(10) NOT NULL,
    COL3 VARCHAR2(10)
);

CREATE TABLE TAB2 (
    COL1 VARCHAR2(10) PRIMARY KEY,
    COL2 VARCHAR2(10) REFERENCES TAB1(COL1),
    COL3 NUMBER
);
```

①
```
INSERT INTO TAB1 (COL1, COL2, COL3) VALUES ('A001', 'Y', 'Z');
```

②
```
INSERT INTO TAB1 (COL1, COL3) VALUES ('A002', 'ZZ');
```

③
```
INSERT INTO TAB2 (COL1, COL2) VALUES ('K001', 'A001');
```

④
```
INSERT INTO TAB2 (COL1, COL2, COL3) VALUES('K002', 'A001', 100);
```

47 다음 SQL 실행 결과로 가장 알맞은 것은?

```
SELECT TO_NUMBER('0050') + 25 FROM DUAL;
```

① 75
② 5025
③ 오류 발생
④ '75'

48 다음 모델에 대한 설명으로 옳지 않은 것은?

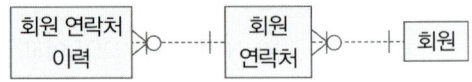

[회원] 테이블

회원ID(PK)	회원명	나이
tae123	태현	25
woo444	우진	24
kim555	김찬	24

[회원연락처] 테이블

연락처 순번(PK)	회원ID (FK)	구분 코드	연락처
1	tae123	집전화	02-123-1234
2	tae123	휴대폰	010-1234-1234
3	kim555	휴대폰	010-5678-5678

[회원연락처이력] 테이블

이력번호 (PK)	연락처 순번(FK)	연락처
1	1	02-111-1111
2	1	02-123-1234
3	3	010-5678-5678

① 회원ID가 tae123인 회원의 연락처 이력을 알려면 테이블 3개를 조인해야 한다.
② 회원과 회원연락처이력 테이블 사이에는 적절한 조인조건이 없어 카티션 곱이 발생한다.
③ 회원과 회원연락처, 회원연락처와 회원연락처이력은 서로 비식별 관계이다.
④ 특정 회원ID의 이름과 집전화를 알려면 회원과 회원연락처 테이블만 조인하면 된다.

49 다음 SQL 실행 결과로 가장 알맞은 것은?

[TB_GAME_SCORE] 테이블

Player	Game	Score
Alice	Puzzle	80
Alice	Shooter	95
Bob	Puzzle	70
Bob	Racing	88
Charlie	Shooter	90
Charlie	Racing	85

[쿼리]

```
SELECT *
FROM (
  SELECT Player, Game, Score
  FROM TB_GAME_SCORE
)
PIVOT (
  MAX(Score) FOR Game IN (
    'Puzzle' AS Puzzle,
    'Shooter' AS Shooter,
    'Racing' AS Racing
  )
);
```

①
Player	Puzzle	Shooter	Racing
Alice	NULL	80	95
Bob	NULL	70	88
Charlie	85	90	NULL

②
Player	Puzzle	Shooter	Racing
Alice	80	95	NULL
Bob	70	NULL	88
Charlie	NULL	90	85

③
Player	Puzzle	Shooter	Racing
Alice	80	NULL	95
Bob	NULL	70	88
Charlie	NULL	NULL	NULL

④
Player	Puzzle	Shooter	Racing
Alice	95	80	NULL
Bob	88	70	NULL
Charlie	85	90	NULL

50 다음 테이블과 SQL을 기준으로 실행 결과가 올바른 것은?

[TB_USER] 테이블

ID	NAME	GRADE	STATUS
1	Kim	A	ACTIVE
2	Lee	B	INACTIVE
3	Park	A	INACTIVE
4	Choi	C	ACTIVE
5	Jang	B	ACTIVE

[쿼리]

```
SELECT NAME, GRADE, STATUS
FROM TB_USER
WHERE GRADE = 'A' OR GRADE = 'B' AND
STATUS = 'ACTIVE';
```

①
NAME	GRADE	STATUS
Kim	A	ACTIVE
Jang	B	ACTIVE

②
NAME	GRADE	STATUS
Kim	A	ACTIVE
Park	A	INACTIVE
Jang	B	ACTIVE

③
NAME	GRADE	STATUS
Kim	A	ACTIVE
Lee	B	INACTIVE
Park	A	INACTIVE
Jang	B	ACTIVE

④
NAME	GRADE	STATUS
Jang	B	ACTIVE

실전 모의고사 02회

SQL 개발자	소요 시간	문항 수
	총 90분	총 50문항

수험번호 : _____
성 명 : _____

정답 & 해설 ▶ 547p

1과목 데이터 모델링의 이해

01 다음은 두 개의 테이블 관계를 보여준다. 아래 중 가장 옳은 설명은?

[STUDENT] 테이블(STUDENT의 식별자는 STUDENT_ID + DEPT_ID)
– STUDENT_ID
– NAME
– DEPT_ID

[DEPARTMENT] 테이블(DEPARTMENT의 식별자는 DEPT_ID)
– DEPT_ID
– DEPT_NAME

- [IE 표기방식] 둘 사이의 관계는 실선으로 되어 있다.
- [Barker 표기방식] STUDENT 테이블 쪽에 bar(|)가 붙어있다.

① 비식별관계이며 STUDENT는 독립적으로 생성 가능하다.
② 식별관계이며 STUDENT 테이블의 DEPT_ID는 반드시 입력되어야 한다.
③ 식별관계이며 STUDENT는 DEPARTMENT의 DEPT_ID 없이 생성될 수 있다.
④ 비식별관계이며 DEPARTMENT는 STUDENT의 보조식별자이다.

02 다음 중 정규화의 주된 목적을 고르시오.

① 트랜잭션 처리 속도 개선
② 중복 제거와 이상 현상 방지
③ 인덱스 사용 최적화
④ 외래키 무결성 강제

03 다음 중 제3정규형(3NF)이 되기 위한 조건으로 알맞은 것은?

① 기본키가 아닌 컬럼이 다른 일반 컬럼에 이행적으로 종속되는 경우를 제거한다.
② 도메인 원자성을 확보한다.
③ 모든 컬럼이 기본키에 완전 함수 종속하도록 한다.
④ 다치 종속을 제거한다.

04 다음 식별관계와 비식별관계에 대해 옳은 것은?

① 비식별관계는 자식 주식별자 구성에 부모 주식별자를 포함해야 한다.
② 비식별관계는 강한 연결 관계를 의미한다.
③ 식별관계는 부모 쪽의 관계 참여가 선택 관계이다.
④ 식별관계는 부모 엔터티의 주식별자 속성을 자식 엔터티의 식별자에 포함한다.

05 다음 ERD를 바탕으로 올바른 설명은 무엇인가?

① 두 테이블은 식별관계이고, 주문은 고객 없이 생성될 수 없다.
② 두 테이블은 비식별관계이며, CUSTOMER_ID는 주문 테이블의 외래키이다.
③ 관계 선이 점선이므로 물리적 제약조건이 설정되지 않는다.
④ CUSTOMER_ID는 주문 테이블의 보조 식별자이다.

06 엔터티에 대한 설명으로 올바르지 않은 것은?

① 엔터티는 최소 2개 이상의 인스턴스를 보유한다.
② 엔터티는 속성이 없어도 된다.
③ 각 엔터티는 최소 1개 이상의 관계를 가져야 한다. 단, 통계성과 코드성 엔터티는 제외할 수 있다.
④ 엔터티명은 전체 도메인 모델에서 유일해야 한다.

07 다음 중 식별자(Identifier)로 가장 부적절한 속성은?

① 주민등록번호
② 학번
③ 휴대폰번호
④ 이메일 수신 여부(Y/N)

08 다음 중 논리적 데이터 독립성(Logical Data Independence)에 대한 설명으로 옳은 것은?

① 스키마 변경 시 프로그램이 반드시 수정되어야 한다.
② 저장 구조를 바꿔도 응용 프로그램에 영향을 주지 않는 특성이다.
③ 외부 스키마가 바뀌어도 내부 스키마는 유지되는 특성이다.
④ 개념 스키마가 변경되어도 외부 스키마에 영향이 없는 특성이다.

09 다음 ERD를 해석한 것으로 옳지 않은 것은?

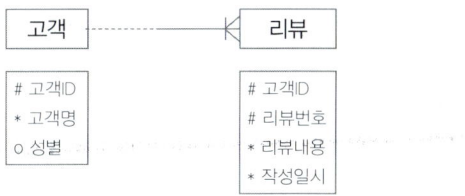

① 고객명은 반드시 입력되어야 한다.
② Barker 표기법이다.
③ 리뷰 테이블의 고객ID는 내부식별자이다.
④ 리뷰 테이블의 식별자는 고객ID + 리뷰번호 조합이다.

10 다음 중 KEY에 대한 설명으로 올바르지 않은 것은?

① 슈퍼키는 유일성과 최소성을 만족한다.
② 후보키는 유일성과 최소성을 만족한다.
③ 대체키는 유일성과 최소성을 만족한다.
④ 주 키는 유일성과 최소성을 만족한다.

2과목 SQL 기본 및 활용

11 다음 SQL의 실행 결과로 출력되는 행 수는?

[TB_ORDER] 테이블

ORDER_ID	CUSTOMER_ID	AMOUNT
1	A	1000
2	A	1500
3	B	700
4	B	800
5	C	NULL

```
SELECT CUSTOMER_ID, SUM(AMOUNT)
FROM TB_ORDER
GROUP BY CUSTOMER_ID
HAVING SUM(AMOUNT) >= 2000;
```

① 1 　　② 2
③ 3 　　④ 0

12 다음 SQL 실행 결과는 몇 건인가?

[A] 테이블

ID
1
2
3

[B] 테이블

ID
2
3
4

```
SELECT * FROM A
FULL OUTER JOIN B ON A.ID = B.ID
WHERE A.ID IS NULL
   OR B.ID IS NULL;
```

① 1 　　② 2
③ 3 　　④ 4

13 다음 SQL 실행 결과로 가장 알맞은 것은?

[TB_SCORE] 테이블

NAME	SCORE
A	90
B	85
C	90

```
SELECT NAME, ROW_NUMBER() OVER (ORDER BY SCORE DESC) AS RN
FROM TB_SCORE;
```

①
NAME	RN
A	1
C	1
B	3

②
NAME	RN
C	1
A	1
B	2

③
NAME	RN
B	1
A	2
C	3

④
NAME	RN
A	1
C	2
B	3

14 다음 SQL 실행 시 최종 출력되는 결과로 가장 알맞은 것은?

[TB_PRODUCT] 테이블

ID	NAME	PRICE
1	Pen	500
2	Pencil	300
3	Book	1000

```
SELECT NAME
FROM TB_PRODUCT
WHERE PRICE = (SELECT MAX(PRICE) FROM
TB_PRODUCT);
```

① Pen
② Pencil
③ Book
④ 오류 발생

15 다음 중 문법적으로 올바른 SQL은?

①
```
SELECT * WHERE DEPTNO = 10 FROM
EMP;
```

②
```
SELECT EMP, * FROM SALARY;
```

③
```
SELECT * FROM EMPLOYEE WHERE
SALARY > 2000;
```

④
```
SELECT WHERE NAME = 'A' * FROM
EMP;
```

16 다음 SQL 실행 결과로 가장 알맞은 것은? (단, TAB 테이블은 5건의 데이터가 존재한다.)

```
SELECT COUNT(NULL), COUNT(*), COUNT(1)
FROM TAB;
```

① 0, 5, 5
② 5, 5, 5
③ 0, 5, 1
④ 1, 1, 1

17 다음 SQL 실행 결과로 가장 알맞은 것은?

[EMP] 테이블

NAME	DEPT	SAL
A	10	3000
B	10	2500
C	20	4000

```
SELECT NAME
FROM EMP
WHERE SAL >= (SELECT MAX(SAL) FROM EMP
WHERE DEPT = 10);
```

① 서브쿼리에서 2행 이상 반환되므로 오류가 발생한다.
② A
③ B
④ A, C

18 다음 중 뷰(View)에 대한 설명으로 옳지 않은 것은?

① 뷰는 실행할 쿼리를 저장한 것으로 데이터를 저장하지 않는다.
② 단일 테이블 기반 뷰는 DML 작업이 가능하다.
③ 복합 뷰는 DML 작업에 제약이 생길 수 있다.
④ 테이블이 삭제되어도 뷰는 정상 실행된다.

19 다음 SQL 실행 결과로 출력되는 NAME은?

[EMPLOYEE] 테이블

NAME	SALARY
A	3000
B	2000
C	4000

```
SELECT NAME
FROM EMPLOYEE
WHERE SALARY > ALL ( SELECT SALARY
FROM EMPLOYEE WHERE NAME != 'C' );
```

① A
② B
③ C
④ A, C

20 다음 SQL 실행 결과로 가장 알맞은 것은?

```
SELECT ROUND(456.789, -2) FROM DUAL;
```

① 400
② 500
③ 460
④ 450

21 다음 SQL 실행 결과, 최종 출력되는 건 수는?

[TB_ORDER] 테이블

ORDER_ID	REGION	AMOUNT
1	EAST	1000
2	EAST	2000
3	WEST	500

```
WITH REGION_TOTAL AS (
  SELECT REGION, SUM(AMOUNT) AS TOTAL
  FROM TB_ORDER
  GROUP BY REGION
)
SELECT COUNT(*) FROM REGION_TOTAL
WHERE TOTAL > 1500;
```

① 1 ② 2
③ 3 ④ 0

22 다음 SQL의 실행 결과로 출력되는 행의 수를 고르시오.

[EMPLOYEE] 테이블

ID	DEPT_ID
1	10
2	20
3	30

[DEPARTMENT] 테이블

DEPT_ID	LOC
10	SEOUL
30	BUSAN

```
SELECT COUNT(*)
FROM EMPLOYEE E
LEFT JOIN DEPARTMENT D ON E.DEPT_ID = D.DEPT_ID
WHERE D.LOC = 'SEOUL';
```

① 1 ② 2
③ 3 ④ 0

23 다음 SQL 실행 결과로 가장 알맞은 것은?

```
SELECT TO_CHAR(TO_DATE('20240305',
'YYYYMMDD'), 'YYYY.MM.DD') FROM DUAL;
```

① 2024/03/05
② 2024-03-05
③ 2024.03.05
④ '20240305'

24 다음 SQL 문의 실행 순서로 가장 적절한 것은?

```
SELECT DEPT, COUNT(*)
FROM EMP
WHERE SAL > 3000
GROUP BY DEPT
HAVING COUNT(*) > 1
ORDER BY DEPT;
```

① SELECT → WHERE → GROUP BY → HAVING → ORDER BY
② FROM → GROUP BY → HAVING → WHERE → SELECT → ORDER BY
③ FROM → SELECT → GROUP BY → WHERE → ORDER BY → HAVING
④ FROM → WHERE → GROUP BY → HAVING → SELECT → ORDER BY

25 다음 SQL 실행 결과로 가장 알맞은 것은?

```
SELECT REPLACE(SUBSTR('ABCDXYZ', 2,
4), 'C', '*') AS RESULT FROM DUAL;
```

① BC*D
② B*D
③ BC*X
④ B*DX

26 다음 중 DML에 해당하지 않는 것은?

① INSERT
② DELETE
③ MERGE
④ TRUNCATE

27 다음 SQL의 실행 결과로 출력되는 행 수는?

[EMPLOYEE] 테이블

EMP_ID	NAME
1	Kim
2	Lee
3	Park

[SALARY] 테이블

EMP_ID	AMOUNT
1	3000
2	NULL

```
SELECT *
FROM EMPLOYEE E
WHERE EXISTS (
         SELECT 1
           FROM SALARY S
          WHERE S.EMP_ID = E.EMP_ID
            AND S.AMOUNT IS NOT NULL
);
```

① 1   ② 2
③ 3   ④ 0

28 다음 SQL 실행 결과로 가장 알맞은 것은?

[SCORE] 테이블

STUDENT	SCORE
A	85
B	72
C	NULL

```
SELECT STUDENT,
   CASE
     WHEN SCORE >= 80 THEN 'PASS'
     WHEN SCORE IS NULL THEN 'NO DATA'
     ELSE 'FAIL'
   END AS RESULT
FROM SCORE;
```

①

STUDENT	RESULT
A	PASS
B	FAIL
C	NO DATA

②

STUDENT	RESULT
A	PASS
B	NO DATA
C	FAIL

③

STUDENT	RESULT
A	FAIL
B	PASS
C	NO DATA

④

STUDENT	RESULT
A	NO DATA
B	PASS
C	FAIL

29 다음 중 트랜잭션의 '일관성(Consistency)' 특성에 대한 설명으로 가장 적절한 것은?

① 트랜잭션이 실패하면 중간 상태가 유지된다.
② 트랜잭션이 시작되면 다른 트랜잭션과 완전히 분리된다.
③ 트랜잭션 실행 전과 후의 데이터 상태가 항상 유효 상태를 유지해야 한다.
④ 트랜잭션은 순차적으로만 실행되어야 한다.

30 다음은 EMP(사원) 테이블이 DEPT(부서) 테이블을 참조하는 관계를 설정하고 있다. DEPT 테이블의 행이 삭제될 때, EMP 테이블의 참조 무결성을 유지하기 위해 ON DELETE CAS-CADE 또는 ON DELETE SET NULL 옵션을 사용할 수 있다. 다음 중 ON DELETE SET NULL과 ON DELETE CASCADE의 동작 설명으로 옳은 것은?

① ON DELETE CASCADE는 부모 테이블의 행이 삭제될 때 자식 테이블의 행도 자동으로 삭제된다.
② ON DELETE SET NULL은 자식 테이블의 해당 행 전체가 삭제된다.
③ ON DELETE CASCADE를 사용하면 참조 무결성 오류가 발생한다.
④ ON DELETE SET NULL은 부모 행 삭제 시 외래키 컬럼이 '0'으로 초기화된다.

31 다음 SQL 실행 결과로 가장 알맞은 것은?

[TB_SALE] 테이블

REGION	AMOUNT
EAST	1000
WEST	2000
EAST	1000

```
SELECT REGION, AMOUNT, COUNT(*)
FROM TB_SALE
GROUP BY CUBE(REGION, AMOUNT);
```

①
REGION	AMOUNT	COUNT(*)
EAST	1000	2
EAST	NULL	2
WEST	2000	1
WEST	NULL	1
NULL	NULL	3

②
REGION	AMOUNT	COUNT(*)
EAST	1000	2
WEST	2000	1
EAST	NULL	2
WEST	NULL	1
NULL	1000	2
NULL	2000	1
NULL	NULL	3

③
REGION	AMOUNT	COUNT(*)
EAST	1000	2
WEST	2000	1
EAST	NULL	2
WEST	NULL	1

④
REGION	AMOUNT	COUNT(*)
EAST	1000	2
WEST	2000	1

32 다음 SQL 실행 결과로 출력되는 행은?

[EMPLOYEE] 테이블

EMP_ID	NAME	DEPT_ID
1	Kim	10
2	Lee	20
3	Park	30

[DEPARTMENT] 테이블

DEPT_ID	LOC
10	SEOUL
20	BUSAN

```
SELECT NAME,
       (SELECT LOC
        FROM DEPARTMENT D
        WHERE D.DEPT_ID = E.DEPT_ID)
AS LOCATION
FROM EMPLOYEE E;
```

①
NAME	LOCATION
Kim	SEOUL
Lee	BUSAN
Park	BUSAN

②
NAME	LOCATION
Kim	SEOUL
Lee	BUSAN
Park	NULL

③
NAME	LOCATION
Kim	SEOUL
Lee	NULL
Park	NULL

④
NAME	LOCATION
Kim	NULL
Lee	NULL
Park	NULL

33 다음 SQL의 의도와 가장 가까운 설명은? (단, SAL은 급여를 의미한다.)

```
SELECT *
FROM EMP
WHERE SAL > (SELECT AVG(SAL) FROM EMP
);
```

① 평균 급여보다 많은 사원 목록을 조회한다.
② 평균 급여보다 적은 사원 목록을 조회한다.
③ 평균 급여를 포함한 전체 사원 목록을 조회한다.
④ 오류가 발생하는 쿼리이다.

34 다음 SQL 실행 결과, 출력되는 이름으로 올바른 것은?

[STUDENT_A] 테이블

[STUDENT_B] 테이블

```
SELECT NAME FROM STUDENT_A
INTERSECT
SELECT NAME FROM STUDENT_B;
```

① Kim, Lee
② Park
③ Lee, Park
④ Kim, Choi

35 다음 SQL 실행 결과로 가장 알맞은 것은?

[EMPLOYEE] 테이블

SALARY
1000
2000
NULL
3000

```
SELECT COUNT(SALARY), SUM(SALARY),
AVG(SALARY)
FROM EMPLOYEE;
```

① 3, 6000, 2000
② 4, 6000, 2000
③ 3, 6000, 1500
④ 3, NULL, 2000

36 SALARY가 높은 상위 2명만 조회하고자 할 때 올바른 SQL은? (단, Oracle 버전은 11g이다.)

①
```
SELECT * FROM EMP WHERE ROWNUM <=
2 ORDER BY SALARY DESC;
```

②
```
SELECT * FROM (SELECT * FROM EMP
ORDER BY SALARY DESC) WHERE ROWNUM
<= 2;
```

③
```
SELECT TOP 2 * FROM EMP ORDER BY
SALARY DESC;
```

④
```
SELECT * FROM EMP WHERE SALARY >=
ALL (SELECT SALARY FROM EMP);
```

37 다음 SQL 실행 결과로 가장 알맞은 것은?

[TB_ORDER] 테이블

ORDER_ID	CUSTOMER	AMOUNT
1	A	3000
2	A	4000
3	B	1000
4	C	5000
5	C	6000
6	D	1000

```
SELECT CUSTOMER, TOTAL
FROM (
   SELECT CUSTOMER, SUM(AMOUNT) AS TOTAL
   FROM TB_ORDER
   GROUP BY CUSTOMER
)
WHERE TOTAL > (
   SELECT AVG(AMOUNT) FROM TB_ORDER
);
```

①
CUSTOMER	TOTAL
A	7000
B	1000

②
CUSTOMER	TOTAL
A	7000
C	11000

③
CUSTOMER	TOTAL
C	11000
D	1000

④
CUSTOMER	TOTAL
A	7000
B	1000
C	11000

38 다음 SQL 실행 시, 최종 출력되는 결과로 가장 알맞은 것은?

[TB_CUSTOMER] 테이블

CUST_ID	NAME	CITY
1	Kim	SEOUL
2	Lee	BUSAN
3	Park	INCHEON
4	Choi	SEOUL

[TB_ORDER] 테이블

ORDER_ID	CUST_ID	AMOUNT
101	1	1000
102	2	2000
103	3	3000
104	4	4000

```
SELECT ORDER_ID
FROM TB_ORDER
WHERE CUST_ID NOT IN (
         SELECT CUST_ID
         FROM TB_CUSTOMER
         WHERE CITY = 'SEOUL'
);
```

① 103
② 101, 104
③ 102, 103
④ 102, 103, 104

39 다음 쿼리를 ANSI 방식으로 변경한 것으로 옳은 것은?

```
SELECT E.ENAME, D.DNAME
FROM EMP E, DEPT D
WHERE E.DEPTNO = D.DEPTNO;
```

①
```
SELECT ENAME, DNAME
FROM EMP
JOIN DEPT USING (EMP.DEPTNO = DEPT.DEPTNO);
```

②
```
SELECT ENAME, DNAME
FROM EMP E
INNER JOIN DEPT D ON E.DEPTNO = D.DEPTNO;
```

③
```
SELECT ENAME, DNAME
FROM EMP E
LEFT JOIN DEPT D ON D.DEPTNO = E.DEPTNO;
```

④
```
SELECT ENAME, DNAME
FROM EMP E
CROSS JOIN DEPT D;
```

40 다음 SQL 실행 결과에 포함되지 않은 직원의 ENAME은?

[EMP] 테이블

EMPNO	ENAME	MGR
1001	KING	NULL
1002	BLAKE	1001
1003	CLARK	1001
1004	JONES	1003
1005	SMITH	1004
1006	SCOTT	1002
1007	JAMES	1006
1008	FORD	NULL

```
SELECT LEVEL, ENAME, MGR
FROM EMP
START WITH ENAME = 'KING'
CONNECT BY PRIOR EMPNO = MGR;
```

① SMITH
② JAMES
③ FORD
④ SCOTT

41 다음 SQL 실행 결과로 가장 알맞은 것은?

[T1] 테이블

COL
1
2
3

[T2] 테이블

COL
1
2
NULL

[T3] 테이블

COL
1
NULL
NULL

```
SELECT COUNT(*) FROM T1
LEFT OUTER JOIN T2 ON T1.COL = T2.COL
LEFT OUTER JOIN T3 ON T1.COL = T3.COL
WHERE T2.COL IS NOT NULL ;
```

① 1   ② 2
③ 3   ④ 0

42 다음 데이터를 기준으로 각 고객이 주문한 금액을 함께 조회하되, 주문경험이 없는 고객도 포함되도록 하는 SQL로 알맞은 것은?

[TB_CUSTOMER] 테이블

CUST_ID	NAME
1	Kim
2	Lee
3	Park

[TB_ORDER] 테이블

ORDER_ID	CUST_ID	AMOUNT
101	1	10000
102	2	12000

①
```
SELECT C.NAME, O.AMOUNT
FROM TB_CUSTOMER C
JOIN TB_ORDER O ON C.CUST_ID = O.CUST_ID;
```

②
```
SELECT C.NAME, O.AMOUNT
FROM TB_ORDER O
LEFT JOIN TB_CUSTOMER C ON C.CUST_ID = O.CUST_ID;
```

③
```
SELECT C.NAME, O.AMOUNT
FROM TB_CUSTOMER C
RIGHT JOIN TB_ORDER O ON C.CUST_ID = O.CUST_ID;
```

④
```
SELECT C.NAME, O.AMOUNT
FROM TB_CUSTOMER C
LEFT JOIN TB_ORDER O ON C.CUST_ID = O.CUST_ID;
```

43 다음 중 USER_ID가 대문자 알파벳으로 시작하고 숫자로 끝나는 사용자만 조회하는 조건으로 알맞은 것은?

[TB_USER] 테이블

USER_ID
A123
1ABC
B5
C_99
DEND
Z8

①
```
WHERE REGEXP_LIKE(USER_ID, '^[A-Z].*[0-9]$')
```

②
```
WHERE USER_ID LIKE '[A-Z]%[0-9]'
```

③
```
WHERE USER_ID LIKE '[A-Z]%[0-9]$'
```

④
```
WHERE REGEXP_LIKE(USER_ID, '[0-9].*[A-Z]$')
```

44 다음 중 UNION ALL에 대한 설명으로 옳은 것은?

① 결과에서 중복을 제거한다.
② 정렬된 결과를 반환한다.
③ 중복을 포함하여 결과를 모두 출력한다.
④ 두 SELECT 결과의 교집합을 구한다.

45 다음 SQL 실행 결과로 가장 알맞은 것은?

[TAB] 테이블

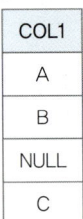

```
SELECT *
  FROM TAB
 WHERE COL1 IN (NULL, 'A', 'A', 'B');
```

①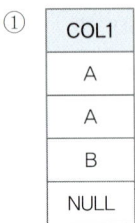

② 아무것도 출력되지 않음

③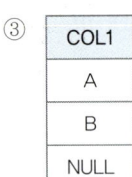

④
COL1
A
B

46 다음 중 DML(데이터 조작어)에 해당하는 SQL은?

① CREATE TABLE
② INSERT INTO EMP VALUES (…)
③ GRANT SELECT ON EMP TO USER1
④ ROLLBACK

47 다음 쿼리를 실행했을 때 TAB 테이블의 데이터 개수로 알맞은 것은? (단, Oracle 환경이다.)

```
CREATE TABLE TAB (COL1 VARCHAR2(10)
PRIMARY KEY, COL2 NUMBER ) ;
INSERT INTO TAB VALUES ('A', 1 ) ;
INSERT INTO TAB VALUES ('B', 2 ) ;
INSERT INTO TAB VALUES ('C', 3 ) ;
SAVEPOINT SV1 ;
UPDATE TAB SET COL2 = 3 WHERE COL1 IN
('A', 'B') ;
SAVEPOINT SV2;
INSERT INTO TAB VALUES ('D', 5) ;
DELETE FROM TAB WHERE COL2 = 3 ;
SAVEPOINT SV3;
ROLLBACK TO SV2;
COMMIT;
SELECT COUNT(*) TAB;
```

① 1   ② 2
③ 3   ④ 4

48 사용자 SCOTT에게 EMP 테이블에 대한 SELECT, UPDATE 권한을 부여하려고 한다. 이때 그 권한을 제3자에게 다시 전달할 수 있도록 하려면 적절한 SQL은?

①
```
GRANT SELECT, UPDATE ON EMP TO SCOTT;
```

②
```
GRANT SELECT, UPDATE ON EMP TO SCOTT WITH GRANT OPTION;
```

③
```
GRANT ALL ON EMP TO SCOTT;
```

④
```
GRANT UPDATE ON EMP TO SCOTT, WITH GRANT OPTION;
```

49 다음 중 EMP 테이블의 DEPTNO에 외래키 제약을 추가하는 SQL은?

①
```
ALTER EMP ADD FOREIGN KEY (DEPTNO) REFERENCES DEPT(DEPTNO);
```

②
```
ALTER TABLE EMP ADD CONSTRAINT FK_DEPT FOREIGN KEY (DEPTNO) REFERENCES DEPT(DEPTNO);
```

③
```
ALTER TABLE EMP FOREIGN KEY (DEPTNO) REFERENCES DEPT;
```

④
```
MODIFY EMP FOREIGN KEY (DEPTNO) REFERENCES DEPT(DEPTNO);
```

50 다음 EMP 테이블에서 사원들의 입사일을 기준으로 이전 입사자와 다음 입사자의 이름을 함께 조회하려고 한다. 아래 SQL 결과가 나오기 위해 (ㄱ), (ㄴ)에 들어갈 알맞은 함수를 짝지은 것은?

[EMP] 테이블

ENAME	HIREDATE
KING	1981-11-17
CLARK	1981-06-09
MILLER	1982-01-23
JONES	1981-04-02

[쿼리]
```
SELECT ENAME,
    (ㄱ)(ENAME) OVER (ORDER BY HIREDATE)
AS PREV_EMP,
    (ㄴ)(ENAME) OVER (ORDER BY HIREDATE)
AS NEXT_EMP
FROM EMP;
```

[실행 결과]

ENAME	PREV_EMP	NEXT_EMP
JONES	NULL	CLARK
CLARK	JONES	KING
KING	CLARK	MILLER
MILLER	KING	NULL

① (ㄱ) LEAD, (ㄴ) LAG
② (ㄱ) LAG, (ㄴ) LEAD
③ (ㄱ) PREV, (ㄴ) NEXT
④ (ㄱ) FIRST_VALUE, (ㄴ) LAST_VALUE

실전 모의고사 정답 & 해설

실전 모의고사 01회   518p

01 ②	02 ③	03 ③	04 ③	05 ②
06 ②	07 ①	08 ①	09 ④	10 ④
11 ③	12 ②	13 ①	14 ②	15 ①
16 ③	17 ②	18 ④	19 ④	20 ①
21 ②	22 ①	23 ②	24 ④	25 ①
26 ④	27 ②	28 ③	29 ②	30 ①
31 ③	32 ①	33 ①	34 ③	35 ③
36 ③	37 ③	38 ①	39 ③	40 ①
41 ③	42 ④	43 ①	44 ④	45 ③
46 ②	47 ①	48 ①	49 ②	50 ②

1과목 데이터 모델링의 이해

01 ②

데이터 모델링은 개념(비즈니스 중심) → 논리(정규화 등 구조화) → 물리(구현 최적화) 순으로 수행된다.

02 ③

인덱스는 물리 모델링에서 다루며, 개념 모델에서는 등장하지 않는다.

03 ③

속성(Attribute)은 엔터티에 속하는 요소이며, 관계는 이름(Membership), 관계선택성(Optionality), 관계차수(Cardinality, 1:1, 1:N, M:N)로 구성된다.

04 ③

엔터티는 업무 용어 기반의 단수형 명사를 사용하는 것이 원칙이다.

05 ②

정규화는 데이터 구조적 안정성 확보에 초점을 두며, 지나친 정규화는 JOIN을 증가시켜 성능을 저하시킬 수 있다.

06 ②

개념적 모델링에서는 주로 ERD를 통해 실세계의 개체, 관계 등을 도식화한다.

07 ①

SQL은 비절차적 언어로 어떤(WHAT) 데이터를 필요로 하는지 명시할 뿐, 어떻게(HOW) 데이터를 가져올지는 명시하지 않는다. 물론, SQL 내의 PL/SQL, T-SQL 등에서도 IF, FOR 문을 활용해서 절차적 언어를 사용할 수 있다.

08 ①

식별자는 유일하고(유일성), 최소한의 속성으로 구성되며(최소성), 변경되지 않는 불변성(불변성)을 지녀야 한다. 또한 값이 존재해야 한다(존재성). 가변성은 잘못된 설명이다.

09 ④

파생 속성은 기존 속성으로부터 유도된 값으로, 꼭 저장할 필요는 없다. 요구사항에 직접 도출되는 것은 기본 속성이고, 편의를 위해 추가한 속성은 설계 속성이다.

10 ④

현재 종속성에서 후보키는 {A, B}이다. 즉 A 컬럼과 B 컬럼을 조합해서 유일한 인스턴스를 식별할 수 있어야 한다. {A, B} → {C, D, E}는 후보키를 제외한 나머지가 "완전함수종속"하므로 2정규형까지 만족하고 있는 상황이다. 그런데 일반속성 C가 D를 종속하고 있으므로 "이행함수종속"이 발생했으며, 이를 해결하기 위해 "3차 정규화(이행함수종속제거)"를 진행해야 한다. 따라서 ④가 올바른 답이 된다.

2과목 SQL 기본 및 활용

11 ③

TRIM은 별도의 설정을 하지 않으면 앞뒤 공백을 제거하므로 'Hello SQL'이 출력된다.

12 ②

ROUND 함수는 두 번째 인자의 수까지 반올림한다. 즉, 78.34에서 첫 번째 자리까지 반올림하면 78.3이 된다.

13 ①

실행 순서상 FROM TB_STUDENT로 데이터가 있는 대상을 가져오고, 그 다음 WHERE AGE > 20 이 실행되면서 행 기준 필터링 된다. 그 결과 20과 NULL은 조건에 맞지 않으므로 (21, 22)인 2행만 남게 된다. 이를 COUNT(AGE)하면 총 2행이 출력된다.

14 ②

외래키에 ON DELETE CASCADE를 지정하면, 참조하는 부모 테이블의 행이 삭제될 때 자식 테이블의 관련 행도 연쇄적으로 삭제된다.
예를 들어, TAB1에 데이터가 [(1, 1), (2, 2), (3, 3)]이며, TAB2에 데이터가 [(4, 3), (5, 2)]인 상태에서, TAB1에서 COL2 = 3인 행을 삭제하면, 해당 행의 COL1 = 3이 삭제되고, 이를 참조하고 있는 TAB2의 (4, 3)도 함께 삭제된다.
따라서 TAB2에는 (5, 2)만 남게 되어, SELECT COUNT(*) FROM TAB2의 결과는 1이 된다.
반면, 외래키에 ON DELETE SET NULL을 지정한 경우에는 부모 테이블의 행이 삭제될 때 자식 테이블의 해당 외래키 값이 NULL로 변경된다.
같은 상황에서 TAB1.COL2 = 3을 삭제하면, TAB2는 [(4, NULL), (5, 2)]가 되며, 해당 외래키만 NULL로 남고 행 자체는 유지된다.

15 ①

NVL 함수는 NULL을 대체하므로 Park의 SALARY는 0으로 출력된다. 또한 AS를 이용해서 다시 별칭을 SALARY로 주었으므로 컬럼이 각각

NAME, SALARY로 표현되어야 한다.

16 ③

오라클은 (+) 기호를 양쪽에서 사용할 수 없다. 따라서 FULL OUTER JOIN을 사용해야 한다.

17 ②

WHERE 절은 PRIOR를 쓸 수 없다. PRIOR가 하위계층(=자식컬럼, EMP_ID)에 붙어있으면 순방향 전개이고 상위계층(=부모컬럼, MANAGER_ID)에 붙어있으면 역방향 전개이다. 따라서 ②가 정답이다.

18 ④

고립성은 여러 트랜잭션이 동시에 수행되더라도 서로 영향을 주지 않고 독립적으로 실행되어야 하는 트랜잭션 특성이다. ACID 네 가지 특성 중 하나이며, 데이터 무결성과 신뢰성을 유지하기 위해 중요하다.

19 ④

서브쿼리는 일반적으로 메인 쿼리보다 먼저 실행되는 것처럼 보이지만, 항상 그런 것은 아니다. 특히 연관 서브쿼리(Correlated Subquery)는 메인 쿼리의 각 행을 기준으로 반복 실행되므로, 메인 쿼리가 먼저 실행되는 구조이다. 따라서 서브쿼리가 항상 먼저 실행된다는 설명은 옳지 않다.

20 ①

NVL(expr, value) → expr이 NULL일 경우 value를 반환한다.

21 ③

먼저 INSERT로 값 1이 등록되고, SAVEPOINT S1이 설정된다. 이후 값 2가 INSERT 되지만, ROLLBACK TRAN S1 명령으로 인해 저장점 이전 상태로 되돌아가면서 값 2는 사라진다. 그다음 값 3이 INSERT되고, COMMIT을 통해 트랜잭션이 정상적으로 종료된다. 따라서 테이블에는 값 1과 3이 남으며, 최종 결과는 2건이다.

22 ①

DENSE_RANK은 동일한 값에 동일 순위를 부여하고, 그다음 순위를 건너뛰지 않는다. 만일 ROW_NUMBER( )였다면 ②가 답이고, RANK( )였다면 ③이 답이 된다.

23 ②

U1의 합계는 100+200 = 300이고, U2는 150이므로 답은 ②이다.

24 ④

COUNT(*)는 NULL을 포함해서 개수를 센다. COUNT(컬럼)처럼 특정 컬럼을 명시하면 해당 컬럼 내에 NULL은 무시하고 개수를 센다.

25 ①

ROLLUP은 계층적 집계를 수행하므로 뒤에서 컬럼을 하나씩 제외해 가며 처리한다.
• ROLLUP(A,B) → GROUP BY A,B; GROUP BY A; GROUP BY ();
• CUBE(A,B) → GROUP BY A,B; GROUP BY A; GROUP BY B; GROUP BY ();
• GROUPING SETS(A,B) → GROUP BY A; GROUP BY B;
• GROUPING SETS((A,B), A) → GROUP BY A,B; GROUP BY A;

26 ④

REGEXP_SUBSTR 정규 표현식은 문자열 내 패턴에 매칭되는 부분을 반환한다.
• 첫 번째 파라미터 : 대상 문자열 'abc123@domain.com'
• 두 번째 파라미터 : 매칭할 패턴 '[a-z]+' 영어소문자로 최소 1회이상 매칭

• 세 번째 파라미터 : 대상 문자열의 몇 번째부터 매칭을 시작할지 설정(여기서는 처음부터 매칭 시도)
• 네 번째 파라미터 : n번째 매칭된 패턴을 추출
즉, 기존 문자열에서 영문자 매칭은 각각 'abc', 'domain', 'com'이다. 이 중 두 번째 매칭 값을 가져오므로 'domain'이 정답이 된다.

27 ②

COMMIT은 트랜잭션을 확정하는 제어문이다.

28 ③

Oracle 11g 버전에서의 상위 n개 데이터를 가져오려면 먼저 인라인 뷰로 내림차순 정렬된 가상의 테이블을 만든 후 ROWNUM으로 필터링한다. 즉, PRICE 기준 내림차 순 정렬해서 가격이 가장 높은 금액 중 하나를 ROW-NUM = 1로 추출하는 쿼리이다. 따라서 답은 ITEM C이다.

29 ②

AVG와 같은 집계 함수는 WHERE 절에서 사용할 수 없다. 집계 함수는 GROUP BY가 실행되어야 쓸 수 있는데 WHERE 절은 GROUP BY 이전에 실행되기 때문이다. GROUP BY 이후에 실행되는 HAVING에서는 집계 함수를 이용한 조건을 줄 수 있다.

30 ①

Oracle은 INSERT나 UPDATE할 때 내부적으로 ''(공백) 데이터를 NULL로 처리한다. 반면 SQL Server는 NULL과 ''(공백)을 별개로 본다. 즉, ㄱ을 실행하면 Oracle은 COL2에 NULL로 처리되고, SQL Server는 COL2에 ''(공백)이 입력된다.
INSERT가 성공했을 때 ㄴ에 대해 Oracle은 0건 출력되며, SQL Server는 1건 출력된다.
INSERT가 성공했을 때 ㄷ에 대해 Oracle은 1건 변경되며, SQL Server는 0건 변경된다(''로 들어있어 IS NULL로 조회가 안되기 때문).
마지막 DELETE FROM TAB;은 둘 다 잘 수행된다.

31 ④

①~③은 모두 2025년 1월 1일 13시 00분 00초부터 2025년 1월 1일 14시 59분 59초까지 범위를 대상으로 필터링하고 있다.
④는 COL1이 2025년 1월 1일 13시 00분 00초이거나 2025년 1월 1일 14시 00분 00초인 대상만 정확하게 추출하므로 ①~③보다 조건 범위가 좁아 의미가 다르다.

32 ①

GROUP BY는 특정 컬럼 값을 기준으로 행을 그룹화하여, 집계된 결과만 출력하므로 출력 행 수가 줄어든다. 반면, 윈도우 함수는 행 수를 줄이지 않고, 각 행에 대해 집계 결과나 순위 등의 값을 추가로 계산한다. 즉, PARTITION BY는 GROUP BY처럼 데이터를 그룹으로 나누는 역할을 하지만, 출력 행 수는 유지된다는 점에서 GROUP BY와는 처리 방식이 다르다.

33 ①

• 첫 번째 쿼리 : DEPTNO가 10인 대상의 SAL+BONUS는 각각 100+NULL , NULL + 20이므로 둘다 NULL이 되어 SUM의 결과는 NULL이 된다.
• 두 번째 쿼리 : NVL(SAL, 0) + NVL(BONUS, 0)은 순서대로 각각 100 + 0, 0 + 20, 30 + 10, 50 + 30, 20 + 0이므로 100, 20, 40, 80, 20의 합계를 구하면 260이다.
• 세 번째 쿼리 : SUM(SAL)은 100, NULL, 30, 50, 20의 합계이며 집계 함수는 NULL을 무시해 100, 30, 50, 20을 더한 200이 출력된다. SUM(BONUS)은 NULL, 20, 10, 30, NULL로 NULL을 제외한 20, 10, 30의 합계인 60이 나오고, 그 결과 200+60 = 260이 된다.

34 ②

Oracle에서 날짜형에 +1을 하면 day(일, 하루)로 인식한다. 예를 들어 SYSDATE의 결과가 2025-06-09 12:12:12라면 SYSDATE +1은 2025-06-10 12:12:12이 반환된다. 1/24는 한 시간, 1/24/60은 1분, 1/24/60/60은 1초를 의미하므로 2/24/60/60은 해당 날짜에 2초를 추가하라는 의미이다. 이후 날짜형 값을 다시 TO_CHAR로 포매팅하면서 YYYY-MM-DD HH24:MI:SS 형태로 출력하므로 정답은 ②가 된다.

35 ③

"이"로 시작하면서 언더바(_)가 하나의 문자를 매칭하므로 두 개를 붙여서 세글자를 추출할 수 있다.

오답 피하기

① "이"를 포함하는 모든 대상이 출력된다.
② "이"로 시작하지만 뒤에 %가 붙어 0개 이상의 문자를 매칭하므로 세 글자를 보장할 수 없다.
④ "이"로 시작하고 뒤에 한 문자가 나오고 그다음에 0개 이상 문자가 매칭되므로 세글자를 보장할 수 없다.

36 ③

UNION은 일반 집합 연산자이며, 순수 관계 연산자는 SELECT, PROJECT, JOIN, DIVIDE 등이 있다.

37 ③

이 문제는 INSERT INTO ... SELECT 문법을 묻는 문제이다. 이 구문은 한 테이블에서 조건에 맞는 여러 행을 다른 테이블에 삽입할 때 사용한다.

오답 피하기

① 모든 직원의 정보를 EMP_TEMP에 삽입하는 문항이므로 오답이다.
②, ④ 문법이 잘못되었다. INSERT INTO EMP_TEMP SELECT * FROM EMP WHERE DEPTNO = 10; 사용 시, 두 테이블(EMP_TEMP, EMP)의 컬럼 수와 자료형 순서가 정확히 일치해야 한다.

38 ①

DEPTNO가 DEPT 테이블에 존재하지 않는 사원을 올바르게 삭제한다.

오답 피하기

②, ③ 문법 오류에 해당한다.
④ 조건 자체가 문제 의도와 다르며, DEPTNO가 PK이므로 NOT IN 사용 시에도 NULL에 대한 우려가 없다.

39 ③

FROM TAB1, TAB2만 있고 별도의 조인조건은 없으므로 카티션 곱이 발생하며, 이는 CROSS JOIN으로 표현할 수 있다. CROSS JOIN은 ON 조인절을 사용하지 않는다는 점을 주의해야 한다.

40 ①

집합 연산자 이용 시 ORDER BY는 전체 집합 결과에 대해 한 번만 사용해야 하므로 마지막 SELECT 문 뒤에 작성된다. UNION ALL은 중복 제거 및 정렬을 수행하지 않지만, 나머지 UNION, MINUS, INTERSECT 집합 연산자는 모두 중복 제거 및 정렬을 수행한다.

41 ③

1:1 필수관계라면 주문에 있는 하나의 주문번호가 반드시 주문상세 테이블에도 하나만 존재한다는 뜻이다. 예를 들어 주문 테이블에 (1, 2, 3)이 있다면 주문상세 테이블에도 반드시 (1, 2, 3)이 있다. 따라서 주문 테이블에서 주문상세 테이블을 MINUS하면 0건이 남게 된다.

42 ④

일반 사용자 계정도 WITH GRANT OPTION 등으로 권한을 부여받아 GRANT할 수 있다.

43 ①

- DELETE는 DML로 ROLLBACK이 가능하며 실행 시 테이블 자체는 남아있다.
- TRUNCATE는 DDL로 ROLLBACK이 불가하며, 실행 시 테이블을 초기 상태로 되돌린다(테이블 구조 자체는 남아있음).
- DROP은 DDL로 ROLLBACK도 불가능하고 테이블 구조 자체를 삭제한다.

44 ④

지속성(Durability)은 트랜잭션이 커밋된 후에는 그 결과가 영구적으로 반영되어야 함을 의미한다. 따라서 "롤백될 수 있다"는 설명은 지속성의 정의에 위배되며 틀린 설명이다.

45 ③

UNPIVOT은 열을 행으로 전환하는 연산이다. UNPIVOT하기 전의 데이터는 다음과 같다.

YEAR	QUARTER	SALES	PROFIT
2024	Q1	100	30
2024	Q2	150	50

이 데이터를 VALUE FOR METRIC IN (SALES, PROFIT)을 하라는 의미는 METRIC이라는 열을 만들어서 SALES, PROFIT 컬럼에 있는 값들을 행으로 채우겠다는 의미이다. 따로 참여하지 않은 컬럼인 YEAR, QUARTER는 계속 컬럼으로 존재한다.
UNPIVOT은 단순히 값을 이동하는 것이기 때문에 아래와 같이 컬럼이었던 SALES, PROFIT이 METRIC의 행으로 전환되고 그 값들은 VALUE 컬럼에 입력된다.

YEAR	QUARTER	METRIC	VALUE
2024	Q1	SALES	100
2024	Q1	PROFIT	30
2024	Q2	SALES	150
2024	Q2	PROFIT	50

46 ②

①은 각 컬럼의 자료형과 NOT NULL 제약 조건을 만족하므로 정상적으로 입력된다.
②는 COL2 값을 입력하지 않았고, 해당 컬럼에는 DEFAULT 설정도 없으므로 자동으로 NULL이 입력되려고 한다. 하지만 COL2는 NOT NULL 제약이 있어 NULL 값이 허용되지 않기 때문에 오류가 발생한다.
③과 ④는 TAB2 테이블에서 외래키인 COL2에 'A001' 값을 입력하는데, 이 값은 ①에서 TAB1 테이블에 이미 등록된 값이므로 외래키 조건을 만족하며 정상적으로 입력된다.

47 ①

'0050'을 숫자로 변환하면 50이 된다. 여기에 25를 더해 75가 출력된다.

48 ①

특성 회원ID를 토대로 회원연락처와 회원연락처이력만 조인해도 원하는 결과를 얻을 수 있다. 단, 회원명이나 나이가 추가로 필요하다면 회원 테이블도 조인을 해야 한다. 회원과 회원연락처이력 테이블 사이에는 적절한 조인 컬럼이 없기 때문에 카티션 곱이 발생할 수 있다. IE 표기법에서 비식별관계는 점선으로 확인할 수 있다.

49 ②

GAME 컬럼에 있던 값들 'Puzzle', 'Shooter', 'Racing'을 각각 컬럼으로 전환시키고 해당 값에 연결된 Score는 MAX 값을 찾아 반환해준다. 예를 들어 Alice는 Puzzle 게임은 80, Shooter 게임은 95, Racing은 하지 않았으니 NULL을 반환한다.

50 ②

WHERE 절에서 AND와 OR가 함께 사용될 경우, AND가 OR보다 먼저 평가된다. 이는 수학에서 덧셈보다 곱셈이 먼저 계산되는 것과 유사한 개념이다. 따라서 조건문은 다음과 같이 해석된다.
- GRADE = 'A' OR (GRADE = 'B' AND STATUS = 'ACTIVE')
- GRADE = 'A'에 해당하는 사람 → Kim, Park
- GRADE = 'B' AND STATUS = 'ACTIVE'에 해당하는 사람 → Jang

이 세 명이 조건을 만족하므로 총 3행이 출력되며, 정답은 ②가 된다.

실전 모의고사 02회 530p

01 ②	02 ②	03 ①	04 ④	05 ②
06 ②	07 ④	08 ④	09 ③	10 ①
11 ①	12 ②	13 ④	14 ③	15 ③
16 ①	17 ④	18 ④	19 ③	20 ②
21 ①	22 ①	23 ③	24 ④	25 ④
26 ④	27 ①	28 ①	29 ③	30 ①
31 ②	32 ②	33 ①	34 ③	35 ①
36 ④	37 ②	38 ③	39 ②	40 ③
41 ②	42 ④	43 ①	44 ③	45 ④
46 ②	47 ③	48 ②	49 ②	50 ②

1과목 데이터 모델링의 이해

01 ②

DEPARTMENT와 STUDENT 테이블은 식별 관계이며, 이는 IE 표기법에서는 두 엔터티 사이의 관계선을 실선으로 표현하고, Barker 표기법에서는 자식 엔터티(STUDENT) 쪽에 bar(|) 기호로 나타낸다.
식별 관계란 부모 테이블의 식별자(PK)가 자식 테이블의 식별자(PK)의 일부로 사용되는 관계를 의미한다. 이때 자식 테이블의 식별자(PK)는 NOT NULL이며 UNIQUE한 특성을 가지므로, 해당 값은 반드시 입력되어야 한다.

오답 피하기

③은 비식별 관계일 경우에 해당하는 설명이므로 본 문항에서는 부적절하다.

02 ②

정규화는 데이터의 중복을 제거하고 삽입, 삭제, 갱신 시 발생할 수 있는 이상 현상(Anomaly)을 방지하여 데이터의 무결성을 확보하는 것이 주요 목적이다. 이를 위해 테이블을 속성 기준으로 분해하여 설계하며, 이로 인해 조인 수가 증가해 조회 성능은 저하될 수 있다. 그러나 정규화는 무결성과 일관성을 우선시하는 논리적 데이터 모델링 단계에서 반드시 수행되는 과정이다.

03 ①

제3정규형(3NF)은 제1정규형과 제2정규형을 만족하면서, 기본키가 아닌 속성이 다른 일반 속성에 이행적으로 종속되는 경우를 제거하는 정규형이다. 이를 통해 삽입, 삭제, 갱신 이상(Anomaly)을 보다 철저히 방지할 수 있다. 따라서 ①이 정답이며, 나머지 보기는 각각 1NF, 2NF, 4NF의 조건에 해당한다.

04 ④

①, ②, ④는 식별관계에 대한 설명이고 ③은 비식별관계에 대한 설명이다. 교재에서는 식별자의 특징으로 다른 엔터티에 "이전"이 필요하다고 설명하고 있으며, 비식별자의 특징으로는 다른 엔터티에 "차단"이 필요하다고 설명하고 있다.

05 ②

이 ERD에서 고객 테이블은 부모, 주문 테이블은 자식이며, 주문.CUSTOMER_ID는 고객.CUSTOMER_ID를 참조하는 외래키(FK)이다. 관계선이 점선으로 표현된 것은 비식별 관계(Non-Identifying Relationship)임을 의미한다. 비식별 관계는 자식 테이블이 부모의 PK를 참조는 하지만, 자신의 PK에는 포함하지 않는 관계이다. 따라서 ②가 올바른 설명이며, 나머지는 의미를 잘못 해석한 설명이다.

06 ②

엔터티는 현실 세계의 개체를 데이터베이스에서 표현하는 논리 단위로, 반드시 하나 이상의 속성(attribute)을 가져야 의미가 있다. 속성이 없으면 데이터가 존재하지 않는 것이므로 엔터티로서 성립하지 않는다.

07 ④

식별자는 유일성을 보장해야 한다. 이메일 수신 여부는 Y, N이 여러 번 입력될 수 있으므로 식별자로는 적합하지 않다.

08 ④

논리적 데이터 독립성이란, 개념 스키마(테이블 구조, 관계, 제약조건 등)가 변경되더라도, 외부 스키마(사용자 관점의 뷰나 응용 프로그램)에 영향을 주지 않는 특성을 말한다. 즉, 테이블의 컬럼이 추가되거나 제약 조건이 변경되더라도, 외부에서 사용하는 응용 프로그램이나 뷰는 그대로 동작할 수 있어야 한다.

> 오답 피하기

② 물리적 데이터 독립성에 대한 설명이다.

09 ③

리뷰 테이블의 식별자는 고객ID + 리뷰번호 조합으로 구성된 복합 식별자이다. 이 중 고객ID는 외래키로 다른 엔터티(CUSTOMER)의 PK를 참조하는 외부 식별자이며, 리뷰번호는 REVIEW 테이블 내부에서 생성된 값으로 내부 식별자이다. 따라서 "고객ID가 내부 식별자"라는 ③의 설명은 잘못되었다.

10 ①

슈퍼키는 유일성만 만족해도 되기 때문에 유일한 인스턴스를 식별할 수 있는 속성 조합이라면 모두 슈퍼키가 될 수 있다. 이 중 최소성까지 만족하면 후보키가 되고, 후보키 중에서 선택된 하나의 키가 주키, 나머지는 대체키가 된다.

2과목 SQL 기본 및 활용

11 ①

CUSTOMER_ID 별로 그룹화하면 A, B, C 3행이 나오게 되고 각각 SUM(AMOUNT) 값은 A = 2500, B = 1500, C = NULL이다.
HAVING에서 집계에 대한 필터링 조건에 따라 B와 C는 출력되지 않고 A = 2500만 출력되므로 1행만 나오게 된다.

12 ②

두 테이블을 FULL OUTER JOIN ON (A.ID = B.ID)한 결과는 다음과 같다.

ID(A 테이블)	ID(B 테이블)
1	NULL
2	2
3	3
NULL	4

그다음 WHERE 절에 의해 (1, NULL)과 (NULL, 4)가 반환되므로 답은 2건이 된다.

13 ④

ROW_NUMBER( )는 값에 상관없이 고유한 순위를 부여한다.

> 오답 피하기

①은 RANK()에 대한 답이고, ②는 DENSE_RANK()에 대한 답이다(A, C는 동점이므로 출력 순서는 A, C 혹은 C, A가 될 수 있다).

14 ③

WHERE에 있는 서브쿼리는 메인 쿼리의 컬럼이 없는 비상관 서브쿼리이므로 독립적으로 먼저 실행할 수 있다. 서브쿼리 실행 결과 1000이 출력되고, 이를 대입해 메인 쿼리를 풀면 Book이 출력된다.

15 ③

③을 제외한 나머지 보기는 모두 문법 오류가 발생한다.

16 ①

COUNT(*)는 NULL 여부에 상관없이 모든 행의 개수를 계산하므로 5가 출력된다. COUNT(1)은 각 행마다 1이라는 상수값을 가진다고 간주되며, 이는 NULL이 아니므로 모든 행이 집계되어 5가 나온다(참고로 COUNT(1), COUNT(0), COUNT(*)는 대부분의 경우 동일하게 동작한다.)
반면, COUNT(NULL)은 NULL은 무시되므로 어떤 행도 집계되지 않아 결과는 0이 된다.

17 ④

서브쿼리를 먼저 풀면 DEPT가 10인 대상의 SAL에는 3000, 2500이 있고, 이 중 MAX는 3000이다. 따라서 WHERE SAL >= 3000으로 메인 쿼리를 풀이하면 A, C가 출력된다.

18 ④

뷰(View)는 가상 테이블로 데이터를 저장하지 않으며, SELECT 문을 통해 정의된다.
단일 테이블 기반의 단순 뷰는 DML(INSERT, UPDATE, DELETE) 작업이 가능하지만, 복합 뷰는 제약이 있어 일부 또는 모든 DML 작업이 제한된다. 기본 테이블이 삭제되면 뷰는 더이상 정상적으로 작동하지 않으며, 실행 시 오류가 발생한다. 따라서 ④는 뷰의 특성에 어긋나므로 옳지 않은 설명이다.

19 ③

서브쿼리를 풀이하면 SALARY가 3000, 2000 두 행이 출력된다. ALL은 다중행 연산자로, SALARY > ALL(3000, 2000)은 SALARY가 3000보다 크고, 2000보다도 커야 한다는 의미이다. 즉, 실질적으로 SALARY > 3000이 되는 조건이다. 이 조건에 부합하는 사람은 C뿐이다.

20 ②

ROUND는 반올림 함수이며, 두 번째 인자의 값이 마이너스(-)일 경우에는 정수부에서 두 자리를 남기고 반올림한다는 의미이다. 즉, 456.789에서 정수 456중 -2는 56에 해당하고 이 위치에서 반올림하면 500이 된다.
- ROUND 자릿수가 양수일 경우 : 소수점 N번째 자리까지 반올림 → ROUND(456.789, 1) = 456.8
- ROUND 자릿수가 0일 경우 : 정수로 반올림 → ROUND(456.789, 0) = 457
- ROUND 자릿수가 음수일 경우 → 정수부의 자릿수를 기준으로 반올림

21 ①

WITH 절(CTE, Common Table Expression)은 SELECT 문 시작 전에 미리 정의된 가상의 테이블(임시 결과셋)을 생성하는 문법이다. 이는 마치 FROM 절에 인라인 뷰를 사용하는 것과 유사한 개념이며, 복잡한 쿼리를 구조화하고 가독성을 높이는 데 유리하다. 또한, 같은 CTE를 여러 번 재사용할 수 있는 장점이 있다. 만약 한 번만 사용할 용도라면 인라인 뷰로 작성해도 무방하다. 이 문제에서 CTE REGION_TOTAL은 TB_ORDER 테이블을 REGION 별로 그룹화한 뒤, 각 지역의 주문 금액 합계를 계산한다. REGION_TOTAL의 결과는 다음과 같다.

REGION	TOTAL
EAST	3000
WEST	500

이후 메인 쿼리에서는 TOTAL 〉 1500 조건을 만족하는 지역만 필터링하여 COUNT(*)를 수행한다. 조건을 만족하는 지역은 EAST 하나뿐이므로, 최종 결과는 1건이다.

22 ①

이 SQL은 EMPLOYEE 테이블을 기준으로 DEPARTMENT 테이블과 DEPT_ID로 LEFT JOIN한다.
LEFT JOIN이므로 EMPLOYEE의 모든 행이 유지되고, 매칭되지 않는 DEPARTMENT는 NULL로 채워진다. 조인 결과는 다음과 같다.

E.ID	E.DEPT_ID	D.DEPT_ID	D.LOC
1	10	10	SEOUL
2	20	NULL	NULL
3	30	30	BUSAN

이후 WHERE D.LOC = 'SEOUL' 조건을 적용하면, D.LOC이 NULL인 행은 제외되므로 결과적으로 SEOUL 지역에 속한 부서(DEPT_ID=10)에 근무하는 직원 1명만 조회된다. 따라서 최종 결과는 1행이며, 정답은 ①이다.

23 ③

이 SQL은 함수가 중첩되어 있으므로 내부 함수인 TO_DATE('20240305', 'YYYYMMDD')가 먼저 실행된다. 이 함수는 문자열 '20240305'를 날짜 타입으로 변환하여 2024년 3월 5일이라는 날짜 값을 생성한다. 시분초는 별도로 지정하지 않았기 때문에 기본적으로 00:00:00이 적용된다. 그다음 TO_CHAR 함수가 이 날짜 값을 'YYYY.MM.DD' 형식으로 문자로 변환하게 되며, 최종 출력 결과는 '2024.03.05.'가 된다. 따라서 정답은 ③이다.

24 ④

SQL 실행 순서는 FROM → WHERE → GROUP BY → HAVING → SELECT → ORDER BY이다.

25 ④

먼저 SUBSTR 함수는 문자열 'ABCDXYZ'에서 두 번째 문자부터 4개의 문자를 잘라내므로 결과는 'BCDX'가 된다. 이어서 REPLACE 함수는 이 결과에서 문자 'C'를 '*'로 바꾸기 때문에 최종 결과는 'B*DX'가 된다.

26 ④

TRUNCATE는 DDL에 해당한다.

27 ①

EXISTS는 서브쿼리의 결과가 존재하는지만 판단하며, 실제 반환되는 값은 중요하지 않다. 이 쿼리는 EMPLOYEE 테이블에서 각 직원의 EMP_ID를 SALARY 테이블과 비교하여, 해당 EMP_ID가 SALARY에 존재하고 AMOUNT가 NULL이 아닌 경우만 포함시킨다. 메인 쿼리의 각 행에 대해 서브쿼리가 다음과 같이 평가된다.
- EMP_ID = 1 → SALARY에 EMP_ID=1, AMOUNT=3000 → 조건 만족 → 포함
- EMP_ID = 2 → SALARY에 EMP_ID=2, AMOUNT=NULL → 조건 불만족 → 제외
- EMP_ID = 3 → SALARY에 EMP_ID=3 없음 → 조건 불만족 → 제외

따라서 결과는 EMP_ID=1 (Kim) 1건이며, 정답은 ①이다.

EMP_ID	NAME
1	Kim

28 ①

이 SQL은 CASE 문을 사용하여 SCORE 값에 따라 각 학생의 결과를 판별한다. CASE 문은 위에서 아래로 조건을 순차적으로 평가하며, 가장 먼저 만족하는 조건에 해당하는 결과를 반환한다.
- A (SCORE = 85)일 경우 85 ≥ 80 조건을 만족하므로 결과는 'PASS'
- B (SCORE = 72)일 경우 72 ≥ 80, 72 IS NULL은 거짓이므로 ELSE가 적용되어 'FAIL'
- C (SCORE = NULL)일 경우 NULL ≥ 80은 비교 불가, NULL IS NULL 조건이 만족하므로 'NO DATA'

29 ③

일관성(Consistency)은 트랜잭션이 실행되기 전과 후에 데이터가 항상 제약조건, 규칙, 스키마 구조 등 시스템이 정의한 유효한 상태를 만족해야 함을 의미한다. 예를 들어, 어떤 컬럼에 PRIMARY KEY 제약조건이 설정되어 있고 해당 컬럼에 값 1이 이미 존재하는 경우, 다시 1을 INSERT하면 트랜잭션은 데이터가 중복되므로 오류를 발생시키고 수행되지 않는다. 이렇게 함으로써 데이터 무결성과 일관성이 유지된다.

30 ①

ON DELETE CASCADE는 부모 행이 삭제될 경우 해당 부모를 참조하던 자식의 행도 자동으로 DELETE 된다. ON DELETE SET NULL은 부모 행이 삭제될 경우 해당 부모를 참조하던 자식의 컬럼 값이 NULL로 변경된다.

31 ②

GROUP BY CUBE(REGION, AMOUNT)는 지정된 컬럼들에 대해 가능한 모든 집계 조합을 자동으로 생성한다. CUBE는 N개의 컬럼에 대해 2^N개만큼 조합을 만듦으로써 4개의 조합이 생성된다.
- GROUP BY REGION, AMOUNT → 두 컬럼을 조합해 GROUP BY 하면 2행 출력[(EAST, 1000), (WEST, 2000)]
- GROUP BY REGION → REGION 컬럼 기준으로 GROUP BY 하면 2행 출력[(EAST), (WEST)]
- GROUP BY AMOUNT → AMOUNT 컬럼 기준으로 GROUP BY 하면 2행 출력[(1000), (2000)]
- GROUP BY( ) → 전체 컬럼 기준으로 GROUP BY 하면 1행 출력

따라서 7개 행이 출력된다.

32 ②

이 쿼리는 SELECT 절 내에서 스칼라 서브쿼리를 사용한다. 각 EMPLOYEE 행에 대해 E.DEPT_ID와 동일한 DEPT_ID를 DEPARTMENT 테이블에서 찾아 LOC을 가져온다. 스칼라 서브쿼리는 행마다 1개의 값만 반환해야 하며, 조건이 일치하지 않으면 NULL이 반환된다.
- E.EMP_ID가 1일 때 → SELECT LOC FROM DEPARTMENT D WHERE D.DEPT_ID = 1;은 SEOUL 반환
- E.EMP_ID가 2일 때 → SELECT LOC FROM DEPARTMENT D WHERE D.DEPT_ID = 2;은 BUSAN 반환

• E.EMP_ID가 3일 때 → SELECT LOC FROM DEPARTMENT D WHERE D.DEPT_ID = 3;은 NULL 반환

따라서 ②가 답이 된다.

33 ①

서브쿼리를 풀면 전체 직원의 평균 금액이 나오고, 이보다 큰 SAL(급여)를 가지고 있는 대상을 찾는 쿼리이다.

34 ③

INTERSECT는 두 테이블에 공통으로 있는 값을 출력한다.

35 ①

집계 함수는 NULL을 제외하고 집계한다. COUNT(SALARY)는 NULL 제외하고 3을 출력한다. SUM(SALARY)는 NULL을 제외하고 1000 + 2000 + 3000 = 6000이 출력된다. AVG(SALARY)는 NULL을 제외하고 (1000 + 2000 + 3000) / 3으로 2000이 출력된다.

36 ②

상위 N개의 데이터를 추출하려면 먼저 인라인 뷰를 이용해 원하는 컬럼을 기준으로 정렬한 가상의 테이블을 만들어야 한다. 그다음 WHERE ROW-NUM ≤ N을 이용해 상위 N개 데이터를 추출할 수 있다.

37 ②

실행 순서상 FROM의 인라인 뷰가 먼저 실행되어 아래와 같은 가상테이블이 생성된다.

CUSTOMER	TOTAL
A	7000
B	1000
C	11000
D	1000

그다음 WHERE의 서브쿼리를 실행하면 전체 주문의 평균 금액이 20000 / 6 = 3333.33이 된다.
즉, WHERE TOTAL 〉 3333.33...이므로 A와 C가 출력된다.

38 ③

CUSTOMER 테이블에서 CITY가 SEOUL인 CUST_ID는 1, 4이다.
즉 WHERE CUST_ID NOT IN (1, 4)이므로 TB_ORDER 테이블에서 ORDER_ID가 102, 103이 출력된다.

39 ②

해당 쿼리는 Oracle 전통 조인 방식으로, EMP와 DEPT를 DEPTNO 기준으로 조인하고 있다.
조인조건이 명시되어 있고 외부 조인이 없으므로 이는 내부 조인(INNER JOIN)에 해당한다. ANSI 방식에서는 INNER JOIN … ON 절을 사용해야 하며, 정답은 ②이다.
USING은 조인하는 두 테이블에 같은 컬럼이 있고 이를 명시하면 자동으로 동등 조인을 해준다. 따라서 USING(컬럼) 형태로 사용하며 조인조건을 작성하지 않는다.

40 ③

KING을 기준으로 계층 전개를 시작하고 PRIOR EMPNO = MGR 조건에 맞게 전개 시 아래와 같이 전개된다.

LEVEL	ENAME	MGR
1	KING	NULL
2	BLAKE	1001
2	CLARK	1001
3	SCOTT	1002
3	JONES	1003
4	JAMES	1006
4	SMITH	1004

따라서 FORD는 계층 전개 조건에 일치하지 않으므로 포함되지 않는다.

41 ②

조인은 두 테이블씩 발생한다.
T1 LEFT OUTER JOIN T2 ON T1.COL = T2.COL 결과는 다음과 같다.

T1.COL	T2.COL
1	1
2	2
3	NULL

위 결과와 T3을 LEFT OUTER JOIN 한다(R1 LEFT OUTER JOIN T3 ON (R1.COL = T3.COL).

T1.COL	T2.COL	T3.COL
1	1	1
2	2	NULL
3	NULL	NULL

이후 T2.COL이 NULL이 아닌 대상만 추출하므로 총 2행이 출력된다.

42 ④

이 문제는 고객 정보를 기준으로 주문 금액을 조회하면서, 주문이 없는 고객도 포함해야 한다. 이는 LEFT OUTER JOIN을 통해 해결하며, 기준 테이블이 고객 테이블이어야 하므로 정답은 ④이다.

43 ①

정규 표현식을 사용할 때 ^는 시작을 의미, $는 끝을 의미한다. '^[A-Z].*[0-9]$'는 대문자 알파벳으로 시작하고, 숫자로 끝나는 문자열을 의미한다. Oracle에서는 복잡한 문자열 패턴 매칭이 필요한 경우 REG-EXP_LIKE를 반드시 사용해야 하며, LIKE는 단순한 와일드카드 (%, _)만 지원한다.

44 ③

UNION ALL은 중복 제거 없이 모든 행을 반환한다.

45 ④

IN 뒤의 NULL은 무시된다. 또한 IN('A', 'A', 'B')처럼 중복되는 값이 있어도, SQL 엔진은 중복된 값을 한 번만 판단한다. 따라서 IN(NULL, 'A', 'A', 'B')는 IN('A', 'B')와 동일하며 답은 ④가 된다.

46 ②

INSERT는 DML(데이터 조작어), CREATE는 DDL(데이터 정의어), GRANT는 DCL(데이터 제어어), ROLLBACK은 TCL(트랜잭션 제어어)이다.

47 ③

- SV1 시점 : TAB 테이블에 [('A', 1), ('B', 2), ('C', 3)]
- SV2 시점 : TAB 테이블에 [('A', 3), (B', 3), ('C', 3)]
- SV3 시점 : TAB 테이블에 [('D', 5)]
- ROLLBACK TO SV2 후 COMMIT할 때 TAB 테이블 : [('A', 3), ('B', 3), ('C', 3)]

따라서 총 3건이 존재한다.

48 ②

GRANT … TO 사용자 구문은 해당 사용자에게 권한만 부여한다. 하지만, 제3자에게 해당 권한을 다시 부여할 수 있도록 하려면 WITH GRANT OPTION 구문이 반드시 함께 사용되어야 한다. 따라서 사용자 SCOTT에게 SELECT와 UPDATE 권한을 부여하고, 그 권한을 다른 사용자에게도 전달할 수 있도록 하려면, WITH GRANT OPTION을 명시해야 한다.

49 ②

이 문제는 기존 테이블(EMP)에 외래키(Foreign Key) 제약조건을 추가하는 SQL 문법을 묻는 문제이다. 외래키는 다른 테이블(여기서는 DEPT)의 기본키를 참조해야 하며, 다음과 같은 문법을 사용한다.

ALTER TABLE 테이블명 ADD CONSTRAINT 제약조건명 FOREIGN KEY(컬럼) REFERENCES 참조할테이블(컬럼);

50 ②

LAG는 현재 행 기준 이전 행의 값을 가져오고 LEAD는 현재 행 기준 다음 행의 값을 가져온다.

- LAG(컬럼, 오프셋, 디폴트) : 컬럼의 오프셋만큼 이전의 행을 가져오고, 없으면 디폴트 값을 출력한다(오프셋 기본값 : 1, 디폴트 기본값 : NULL).
- LEAD(컬럼, 오프셋, 디폴트) : 컬럼의 오프셋만큼 다음의 행을 가져오고, 없으면 디폴트 값을 출력한다(오프셋 기본값 : 1, 디폴트 기본값 : NULL).

먼저 HIREDATE를 기준으로 오름차 정렬할 때의 테이블은 다음과 같다.

ENAME	HIREDATE
JONES	1981-04-02
CLARK	1981-06-09
KING	1981-11-17
MILLER	1982-01-23

- JONES : LAG일 때 이전값이 없으므로 NULL을 반환, LEAD일 때 다음 값은 CLARK이므로 CLARK 반환
- CLARK : LAG일 때 이전값인 JONES 반환, LEAD일 때 다음 값인 KING 반환
- KING : LAG일 때 이전값인 CLARK 반환, LEAD일 때 다음 값인 MILLER 반환
- MILLER : LAG일 때 이전값인 KING 반환, LEAD일 때 다음 값은 없으므로 NULL 반환